نظرية العقد في الفقه الإسلامي

دراسة مقارنة مع الفقه القانوني والقوانين المعاصرة

الدكتور عصمت عبد المجيد بكر

مستشار ورئيس مجلس شورى الدولة في العراق (سابقا)

دار الكتب العلمية
Dar Al-Kotob Al-Ilmiyah
DKi
أسسها محمد علي بيضون سنة 1971 بيروت - لبنان
Est. by Mohammad Ali Baydoun 1971 Beirut - Lebanon
Établie par Mohamad Ali Baydoun 1971 Beyrouth - Liban

http//:www.al-imiyah.com info@ al-imiyah.com sales@ al-imiyah.com baydoun@ al-imiyah.com

الكتاب : نظرية العقد
في الفقه الإسلامي
التصنيف : دراسات فقهية
المؤلف : د.عصمت عبد المجيد بكر
الناشر : دار الكتب العلمية - بيروت
عدد الصفحات : 448
قياس الصفحات : 17*24
سنة الطباعة : 2009
بلد الطباعة : لبنان
الطبعة : الأولى

Title : Theory of Contract in The Islamic jurisprudence

Classification : Juridical Studies

Author Dr. ʿIṣmat ʿAbdul-Majīd Bakr

Publisher : Dar Al-kotob Al-Ilmiyah

Pages : 448

Size : 17*24

Year : 2009

Printed : Lebanon

Edition : 1st

ISBN 978-2-7451-3781-4

ISBN 2-7451-3781-6

9 782745 137814 90000

بسم الله الرحمن الرحيم

تقديم

إن الحمد لله نحمده ونستعينه ونستغفره، اللهم إني أعـوذ بـك مـن علـم لا ينفع وقلب لا يخشع ودعاء لا يسمع وعمل لا يرفع.

أما بعد، فمنذ سنوات طويلة ونحن نمني النفس بأن نجد متسعا من الوقت لتأليف كتاب في (نظرية العقد في الفقه الإسلامي) وقد تجمعت لـدينا خلال تلك السنوات، مصادر جيدة معتمدة تعيننا على الشروع بالتأليف، ولكننا لم نجد هـذا الوقت إلا بعد السفر والإقامة في تركيا (خـلال عـامي 2007 و 2008) بعد احالتي إلى التقاعد (المعاش) من الوظيفة العامة، بناء على طلبي وإلحاحي، فأخذت بالتردد على مكتبات كلية الحقوق والإلهيات " الشريعة " بجامعة انقـرة والمكتبـة الوطنيـة، وتعرفت على اساتذة افاضل في الكليتين، مما سهل الأمر عليّ لاطلاعـي عـلى امهـات المصادر، وفتح الأستاذ البر وفسور الدكتور (شامل داغجي) الأستاذ في كلية الإلهيات، قلبه ومكتبته الخاصة العامرة بالمصادر الغنية، كما أنـه عرفنـي بالقـائمين عـلى أمـور مكتبة الكلية فأخذت بـالتردد عليهـا واستعارة المصادر التـي احتاجهـا، وعنـد ذاك، عادت فكرة تأليف الكتاب تراودني مجددا، فبدأت بكتابـة مسودات الكتاب، وقـد بذلنا الكثير من الوقت والجهد في اعداد هذا الكتاب الذي نأمل أن يكون خطـوة إلى الإمام في التعريف بنظرية العقد في الفقه الإسلامي وإبراز اصالة هـذا الفقـه مـن خلال مقارنته بالفقه القانوني والقوانين الوضعية المعاصرة، وادعو الله سبحانه وتعـالى أن يكون شفيعي يوم القيامة، فلم ارد من تأليفه إلا رضاء الله عز وجل واعلاء كلمتـه والتعريف بالفقه الإسلامي ونشره، ونقر ونعترف باننا

استفدنا الكثير ممـن سبقنا إلى التـأليف في هـذا الميدان مـن رجـال العلـم والفقه من القدماء والمحدثين، إضافة إلى جهودنا العلميـة المبذولـة سـابقا في ميـدان العقود، عند اعدادنا لرسالتينا في الماجستير والدكتوراه، واخيرا، فقد قال ابن سينا (انا لانشتغل بالنظر في الجزئيات لكونها لا تتناهى وأحوالها لا تثبت، وليس علمنا بها، من حيث هي جزئية، تفيدنا كمالا أو تبلغنا غاية حكمية، بل الذي يهمنا هـو النظـر في الكليات)

واخر دعوانا أن الحمد لله رب العالمين

عصمت عبد المجيد بكر

ismatbakir2007@yahoo. com

مقدمة

1 - يتميز الفقه الإسلامي بالاصالة وبانه فقه عملي وواقعي، فهو لا يذهب إلى تقديم نظريات عامة مجردة وإنما يعالج المسائل، مسألة مسألة ويقدم الحلول لها، مثال ذلك كتاب (الشروط) التي تعنى بوضع صيغ لكتابة العقود والإقرارات وكتب (الفتاوى) وكتب في العقود.

2 - فقد وجه الفقهاء المسلمون جهودهم نحو الحلول الفرعية ولم يحاولوا وضع قواعد عامة تحكم العقود، من حيث تكوينه ومحله وعيوبه وتفسيره وانحلاله، فالفقه الإسلامي لا يدرس العقد كنظرية عامة، لأن فقهاء الشريعة الإسلامية عالجوا العقود بصورة متفرقة وتحت عناوين (كتب)، كتاب (البيوع) وكتاب (الإجارة) وكتاب (القرض) وهكذا وذلك بصورة مفصلة.

3 - وذهب الأستاذ المرحوم الدكتور محمد يوسف موسى إلى أن عدم بناء نظرية عامة للعقود يعود إلى اهمال الفقهاء لنظرية العقد[1]، في حين أن ذلك يعود إلى أن الفقه الإسلامي، في كل أدواره كان يهتم بالقضايا والحوادث والواقعات التي كانت السبب الأول لنزول آيات الأحكام وما أثر عن الرسول صلى الله عليه وسلم من السنة على اختلاف ضروبها لبيان الأحكام التشريعية العملية لتلك الحوادث، وهذه الحوادث والواقعات تعد من اهم العوامل للثروة الفقهية التي وصلت الينا، ومن أجل هذا الطابع الذي نراه بوجه عام، استقرائيا وتحليليا أكثر منه تركيبيا، لم نجد من الفقهاء الأقدمين قد توجه لكتابة نظرية عامة عن العقد، تتناول ماهو مشترك وعام في العقود كلها من النواحي المختلفة، وهذا ماذهب إليه الأستاذ الفاضل المرحوم نفسه عن الاتجاه المذكور[2].

4 - فالفقه الإسلامي، فقه عملي وتحليلي وليس تنظيري وتركيبي، فالفقهاء

---

(1) في كتابه القيم الأموال ونظرية العقد في الفقه الإسلامي، القاهرة دار الكتاب العربي الطبعة الأولى 1372 للهجرة 1953م ص 249.
(2) المصدر السابق ص 249.

المسلمون، على اختلاف مذاهبهم، كانوا يتناولون العقود المختلفة عقدا عقدا، عقد البيع وعقد الإجارة وعقد الشركة الخ وكانوا يبداون بدراستهم لكل عقد بتعريفهم له وإثبات مشروعيته من الكتاب أو السنه أو الاجماع أو غير ذلك من مصادر التشريع الأخرى، ثم يتحدثون، بعد ذلك، عن أركانه وشروطه التي يتكون منها، ثم عن أحكامه وآثاره التي تترتب عليه واخيرا عن انتهائه وفسخه, لا شك أن العقود المختلفة تشترك فيما بينها في قواعد عامة وأصول شاملة، غير أن فقهاء الشريعة لم يهتموا بجمع هذه القواعد والأصول وتقديمها في صورة نظرية عامةللعقد، وذلك لانشغالهم ببيان أحكام الحوادث الجزئية التي كانت في المجتمع الإسلامي وقتذاك[1].

5 - ومع ذلك يمكن للباحث أن يستخلص نظرية عامة للعقد من جملة الأنظمة التي وضعها الفقهاء المسلمون لكل عقد على حدة، معروف في عصرهم وبحوثهم حول تعريفات العقد وأركانه وشروطه وأحكامه التي قرروها لكل عقد، وبه يمكن الانتقال من الطابع الاستقرائي والتحليلي للقضايا الفردية الذي سار عليه فقهاؤنا إلى المنهج التركيبي أو النظريات العامة التي يسير عليها الآن فقهاء العصر الحديث في القانون وغيره[2].

6 - فبإمعان النظر وانعامه في الفقه الإسلامي، نجد أن فيه من الأصول والقواعد التي تحكم نظرة هذا الفقه إلى العقود، وتشكل الإطار العام للنظر في العقود بوجه عام، وتعين في الوقت ذاته على إبراز سمات وخصائص العقود في الفقه الإسلامي، بما يميز ويثبت ذاتيته واستقلاله[3].

7 - ومع ذلك فإن فقهاء الإسلام امتازوا على فقهاء العالم باستخلاصهم أصولا ومبادئ عامة من نوع آخر هي أصول استنباط الأحكام من مصادرها، وهذا

---

(1) الدكتور محمود أنور دبور المدخل لدراسة الفقه الإسلامي القاهرة دار الثقافة العربية 1418 للهجرة 1998 م ص 315.
(2) الدكتور وهبة الزحيلي، الفقه الإسلامي وادلته ج4 دمشق دار الفكر ط3 1409 للهجرة 1988م ص 78.
(3) الدكتور عبد الحميد محمود البعلى، ضوابط العقود دراسة مقارنة، القاهرة مكتبة وهبة سنة الطبع بلا تاريخ ص 19.

ماسموه بعلم أصول الفقه، وقد حظيت القواعد الفقهية باهتمام الفقهاء والأصوليين، خصوصا بعد أن دون الفقه وعكف الناس على دراسة مطولاتهم، حين مالوا إلى إيجاد ظواهر مشتركة عامة وممن اشتهر في تدوين القواعد الفقهية ابن نجيم في كتابه الأشباه والنظائر والسيوطي في كتابه الأشباه والنظائر وابن رجب في (تقرير القواعد وتحرير الفوائد) والقرافي في (أنوار البروق في انواء الفروق) وابن المطهر الحلي في (القواعد) ثم شرحه (إيضاح الفوائد في حل مشكلات القواعد)[1].

8 - والنظرية بمعناها المفهوم العام الذي يؤلف نظاما حقوقيا موضوعيا تنطوي تحته جزئيات موزعة في ابواب الفقه المختلفة، كنظرية العقد ونظرية الحق ونظرية الملكية ونظرية الأهلية ونظرية الضمان، فالنظرية بناء عام لقضايا ذات مفهوم واسع مشترك، أما القاعدة فهي ضابط أو معيار كلي في ناحية مخصوصة من نواحي النظرية العامة[2] فالنظريات أشمل واعم من القواعد العامة لأن النظريات تعني مجموعة الأسس العامة التي تضبط طائفة من الموضوعات المترابطة والمتشابهة في أركانها وشروطها وأحكامها العامة، لتنظم موضوعا واحدا، فنظرية العقد تعني اولا بوضع المبادئ العامة في العقود ثم وضع كل عقد من حيث انعقاده وشروطه وآثاره المترتبة عليه وانتهاؤه[3].

9 - ومما يدل على مشروعية العقد في الفقه الإسلامي قول الله سبحانه وتعالى (يَا أَيُّهَا الَّذِينَ آمَنُوا أَوْفُوا بِالْعُقُودِ)[4] وقوله تعالى(وَأَوْفُوا بِالْعَهْدِ إِنَّ الْعَهْدَ كَانَ مَسْئُولًا)[5] وإن الله سبحانه وتعالى أضاف العهد إلى نفسه دلالة على اهمية الوفاء به، فقال في كتابه العزيز(وَأَوْفُوا بِعَهْدِ اللَّهِ إِذَا عَاهَدْتُمْ وَلَا تَنْقُضُوا

---

(1) للتفصيل انظرالأستاذ الدكتور محي هلال السرحان، القواعد الفقهية ودورها في اثراء التشريعات الحديثة، بغداد 1987.
(2) وهبة الزحيلي ج4 ص7.
(3) الدكتور أحمد فراج حسين، الملكية ونظرية العقد في الشريعة الإسلامية، الاسكندرية، الدار الجامعية 1987 هامش ص 126.
(4) سورة المائدة الآية (1).
(5) سورة الإسراء الآية (34).

الْأَيْمَانَ بَعْدَ تَوْكِيدِهَا وَقَدْ جَعَلْتُمُ اللَّهَ عَلَيْكُمْ) [1] وقوله تعالى (وَشَرَوْهُ بِثَمَنٍ بَخْسٍ دَرَاهِمَ مَعْدُودَةٍ) [2] ويقول الرسول الكريم صلى الله عليه وسلم (لا أمان لمن لا أمانة له ولا دين لمن لا عهد له) ولا يخلو كتاب فقهي من كتب الفقه الإسلامي، في جميع مذاهبه، من صفحات مطولة تبحث أنواع العقود وأحكامها وآثارها، وهذا دليل آخر على مشروعية العقد في الفقه الإسلامي.

10 - وتحكم العقود في الفقه الإسلامي قواعد وأصول ومبادئ أساسية تتلخص بما يأتي:

ا - الرضاء: الأصل في العقود في الفقه الإسلامي الرضائية وأساسها الرضاء[3] وتنعقد بالتراضي الحر، بالاتفاق بين طرفي العقد، دون اشتراط شيء من الإجراءات الشكلية، وإن وجود استثناءات قليلة، ومنها، حالات البيع الجبري في حالة قرار القاضي ببيع أموال المدين للوفاء بديونه، ونزع الملكية للنفع العام وثبوت حق الشفعة شرعا للشريك، فهذه الاستثناءات لا تضعف الأصل العام المقرر في الفقه الإسلامي، وهو الرضائية في العقود، وينبغي عدم الخلط بين الشكلية المطلوبة لإثبات العقد والشكلية المفروضة لتكوين العقد وانعقاده[4].

11 - ويحرص الفقه الإسلامي على تحقيق الرضاء الكامل بالعقد، لذلك شرعت الخيارات، وتستند الرضائية في العقود في الفقه الإسلامي إلى قول الله سبحانه وتعالى (يَا أَيُّهَا الَّذِينَ آمَنُوا لَا تَأْكُلُوا أَمْوَالَكُمْ بَيْنَكُمْ بِالْبَاطِلِ إِلَّا أَنْ

(1) سورة النحل الآية (91).
(2) سورة يوسف الآية ((20).
(3) انظر علاء الدين الكاساني، بدائع الصنائع في ترتيب الشرائع الجزء الخامس، فخر الدين الزيلعي، تبيين الحقائق شرح كنز الدقائق الجزء الخامس، المدونة الكبرى للإمام مالك الجزء (11) وابن القيم الجوزية، أعلام الموقعين عن رب العالمين الجزء الثالث، أبو اسحق الشاطبي، الموافقات في أصول الشريعة الجزء الثاني.
(4) الدكتور محمد وحيدالدين سوار، الشكل في الفقه الإسلامي، الرياض معهد الإدارة 1985 ص 36 وما بعدها.

تَكُونَ تِجَارَةً عَنْ تَرَاضٍ مِنْكُمْ) [1] والحديث النبوي الشريف (لايحل مال امرئ مسلم إلا عن طيب نفس منه) [2].

12 - الموقف في القانون المعاصر:

مرت الإرادة من حيث حريتها وكفايتها لإنشاء العقود بأدوار عديدة، ففي القانون الروماني كانت حرية الإرادة في إنشاء العقد، ضيقة وذلك للشكلية المهيمنة وضرورة صب الاتفاقيات في قوالب وشكليات معينة لتنتج آثارها ثم تطورت الأمور وانتصرت الإرادة في أربعة عقود هي البيع والإجارة والشركة والوكالة، ومع ذلك بقي القانون الروماني لا يعترف بمبدأ الرضائية في العقود كمبدأ عام، بل بقيت الشكليات، بالرغم من تخفيفها، هي التي تنشئ العقد، وفي نهاية القرن الثاني عشر الميلادي أخذت الشكليات تتحور إلى التناقص وبدا يبرز دور الإرادة في إنشاء العقود يقوى ويشتد [3] وفي العصر الحديث أصبح التراضي وحده كافيا لإبرام العقد فينشأ العقد بمجرد تطابق إرادتي العاقدين، ايا كانت طريقة التعبير عنها، فمبدأ التراضي يؤدي إلى فك القيود عن الإرادة، إلى كفاية الإرادة لإنتاج الأثر القانوني، ويعد مبدأ الرضائية نتيجة لمبدأ سلطان الإرادة [4] وتبقى الشكلية مطلوبة في اضيق الحدود في القانون المعاصر وذلك حماية للمتعاقدين ولضمان استيفاء الدولة حقها في الضرائب والرسوم.

13 - ب - حسن النية:

يعد حسن النية من الاسس التي يعتمد عليها في إنشاء العقود وتفسيرها وتنفيذها، لذلك نبذت الشريعة الإسلامية كل غش أو تدليس أو تغرير أو إكراه، وكل ما يعيب العقد من ناحية حسن النية ويعيب الرضاء كذلك، وحرصت الشريعة على أن

---

(1) سورة النساء الآية (29).
(2) سبل السلام ج3 ص 59.
(3) الدكتور عبد الرزاق السنهوري الوسيط في شرح القانون المدني ج1 ف 43 ص 142 - 143 الدكتور عبد المجيد الحكيم الموجز في شرح القانون المدني بغداد مطبعة العاني 1974 ف65 - 66 ص 36 - 3718.
(4) الدكتور محمود جمال الدين زكي، الوجيز في النظرية العامة للالتزامات في القانون المدني المصري القاهرة 1978 ف17 ص 43.

يتصف المتعاملون بحسن النية وذلك بحثهم على التحلي بمكارم الاخلاق كالأمانة والوفاء وتجنب التعسف في استعمال الحق بالتزام جانب العدل والاحسان[1] ومن الآيات القرآنية الكريمة التي وردت في هذا الصدد، قوله تعالى إِنَّ (اللَّهَ يَأْمُرُكُمْ أَنْ تُؤَدُّوا الْأَمَانَاتِ إِلَى أَهْلِهَا)[2] (وإِنَّ اللَّهَ يَأْمُرُ بِالْعَدْلِ وَالْإِحْسَانِ)[3] وورد في الحديث النبوي الشريف في قول الرسول الكريم صلى الله عليه وسلم لمعاذ بن جبل (أوصيك بتقوى الله وصدق الحديث ووفاء العهد وأداء الأمانات وترك الخيانة)[4] و(انما الأعمال بالنيات وإنما لكل امرئ ما نوى)[5].

ويقول الشاطبي في الموافقات (إن الأعمال بالنيات والمقاصد معتبرة في التصرفات)[6] ويقول ابن القيم في إعلام الموقعين (إن القصد روح العقد مصححه ومبطله)[7] ولا يكفي أن يكون المتعاقد حسن النية، بمعنى انتفاء قصده الاضرار بالطرف الآخر، فيوصف بحسن النية المطلق، بل عليه كذلك أن يتصف بقدر من اليقظة والحزم والتبصر وبعد النظر لكي يتحاشى الحاق الضرر من غير قصد بالطرف الآخر أو عن سوء تقدير أو اهمال، فعليه أن يبذل العناية الكافية المطلوبة منه، ويقتضي حسن النية من المتعاقد أن يختار في تنفيذ العقد الأمانة والنزاهة في التعامل[8].

14 - الموقف في القانون المعاصر:

نصت المادة (150) من القانون المدني العراقي (1 - يجب تنفيذ العقد

(1) الدكتور عبد الجبار ناجي الملا صالح، مبدأ حسن النية في تنفيذ العقود، بغداد مطبعة اليرموك 1974 ص17.
(2) سورة النساء الآية (28).
(3) سورة النحل الآية (90).
(4) الإمام ابوحامد الغزالي، إحياء علوم الدين ج2 ص75.
(5) صحيح البخاري ج1 كتاب الإيمان (2) وجامع الاحاديث للإمام السيوطي ج3حديث (8086) ص11.
(6) ج2 ص323.
(7) ج3 ص 96 - 98.
(8) السنهوري، الوسيط ج2 ف 413 ص 627 عبد الجبار ناجي ص 19.

طبقا لما اشتمل عليه وبطريقة تتفق مع مايوجبه حسن النية. 2 - ولا يقتصر العقد على الزام المتعاقد بما ورد فيه، ولكن يتناول أيضا ماهو من مستلزماته وفقا للقانون والعرف والعدالة بحسب طبيعة الالتزام) وهذا النص يتطابق مع نص المادة (148) من القانون المدني المصري والمادة (149) من القانون المدني السوري والمادة (202) من القانون المدني الأردني والفصل (231) من قانون الالتزامات والعقود المغربي (ويقصد بالفصل في هذا القانون المادة) والمادة (1/238، 2) من مشروع القانون المدني العربي الموحد، فحسن النية هو القاعدة العامة التي تهيمن على تنفيذ جميع العقود، لا بل يسود العقد في جميع مراحله ابتداء من مرحلة إبرام العقد ومرورا بتنفيذه ومن ثم انقضائه [1] 15 - ج - مبدأ حرية التعاقد: في الفقه الإسلامي اتجاهان:

ا - الاتجاه الأول - الأصل، عند قلة من الفقهاء، المنع حتى يقوم الدليل على الاباحة ووجوب الوفاء، فلا تكون هناك عقود سوى التي وردت بها الآثار ودلت عليها المصادر الشرعية والأدلة الفقهية، فما لم يدل عليه دليل فهو ممنوع والوفاء غير لازم، ومن هذا الاتجاه الظاهرية [2].

ب - الاتجاه الثاني: الأصل عند جمهور الفقهاء، الجواز والاباحة، فحرية التعاقد مكفولة للناس مالم تشتمل على أمر نهى عنه الشارع وحرمه بنص أو قياس أو بمقتضى القواعد المقررة، وذلك حتى يقوم الدليل على المنع والتحريم، وتجرى أصول الإمام أحمد بن حنبل والإمام مالك وبعض الحنابلة وعلى رأسهم ابن القيم وشيخه ابن تيميه [3] لماكان العرف مصدرا من مصادر التشريع الإسلامي لقوله تعالى(خُذِ الْعَفْوَ وَأْمُرْ بِالْعُرْفِ وَأَعْرِضْ عَنِ الْجَاهِلِينَ) [4] لذلك يتخذ العرف أساسا لتحديد الالتزامات والحقوق العقدية في كل ما لم يرد به نص في العقد [5] ومن

---

(1) الحكيم الموجز ف675 ص 390 زكي ف171 ص310.
(2) البعلي ص30 - 31.
(3) الفتاوى الكبرى ج2 ص 326 وما بعدها. وأعلام الموقعين ج2 ص 34 وسنعود إلى هذا الموضوع بالتفصيل في هذا الكتاب.
(4) سورة الأعراف الآية (199).
(5) البعلي ص33.

القواعد الفقهية في العرف (العادة محكمة)[1] و(المعروف عرفا كالمشروط شرطا)[2] و(التعيين بالعرف كالتعيين بالنص)[3].

16 - د - تحديد التزامات المتعاقدين:

17 - الموقف في القانون المعاصر:

يسترشد القاضي بجملة عوامل لتحديد نطاق العقد، فقد نصت الفقرة (2) من المادة (150) من القانون المدني العراقي على أن (ولايقتصر العقد على الزام المتعاقد بما ورد فيه، ولكن يتناول أيضا ما هو من مستلزماته وفقا للقانون والعرف والعدالة بحسب طبيعة الالتزام) ويعود أصل هذا النص إلى الفقرة الثانية من المادة (36) من مرشد الحيران للمرحوم محمد قدري باشا ولما ورد في بدائع الصنائع للكاساني في الفقه الحنفي، فالأمور التي يسترشد بها القاضي هي القانون والعرف والعدالة وطبيعة الالتزام[4].

18 - هاء - الوفاء:

يتعين تنفيذ العقد المشروع المستكمل لشروطه لأنه ملزم لعاقديه، فالعقود الصحيحة إنما أبرمت للتنفيذ ويظهر اثرها في الواقع في معاملات الناس، وقد أمر الله سبحانه وتعالى بالوفاء بالعقود في قوله تعالى(يَا أَيُّهَا الَّذِينَ آَمَنُوا أَوْفُوا بِالْعُقُودِ)[5] **أي** اوفوا بالعهود التي عاهدتموها ربكم والعقود التي عاقدتموها اياه وأوجبتم بها على أنفسكم بها لله فروضا، فاتموها بالوفاء والكمال والتمام منكم لله بما الزمكم بها، ولمن عاقدتموه منكم، اوجبتموه له بها على انفسكم ولا تنكثوها

---

(1) المادة (40) من مجلة الأحكام العدلية والمادة (164) مدني عراقي والمادة (220) مدني أردني، والمادة (27) مشروع عربي.
(2) المادة (43) من المجلة والمادة (163) مدني عراقي والمادة (225) مدني أردني والمادة (30) مشروع عربي.
(3) المادة (45) من المجلة والمادة (1/163) مدني عراقي والمادة (226) مدني أردني والمادة (29) مشروع عربي.
(4) انظر مؤلفنا مصادر الالتزام في القانون المدني، دراسة مقارنة، بغداد 2007، ص199 وما بعدها.
(5) سورة المائدة (1).

فتنقضوها بعد توكيدها)[1].

وجاء في أحكام القرآن للجصاص (العقد ما يعقده العاقد على امره بفعله هو أو يعقد على غيره فعله على وجه الزامه اياه، لأن العقد إذا كان في أصل اللغة الشد، ثم نقل إلى الإيمان، والعقود عقود المبايعات ونحوها، فإن ما اريد به الزام الوفاء بما ذكره وإيجابه عليه)[2].

19 - الموقف في الفقه القانوني والقانون المعاصر:

بعد أن ينتهي القاضي من تفسير العقد وتحديد نطاقه ومستلزماته، يخلص للعقد قوته الملزمة، ويجب عندئذ تنفيذه كما يطبق القانون، فهو قانون المتعاقدين وشريعتهما، ومن ثم لا يجوز لأحد أن يعدل فيه بإضافة التزام إليه أو اعفاء من التزام نص عليه إلا باتفاق الطرفين أو لسبب يقره القانون، وتتحقق المسؤولية العقدية، إذا لم يقم المدين بتنفيذ التزامه الناشئ عن العقد، ولم يمكن اجباره على تنفيذه، أو إذا أصبح تنفيذ الالتزام مستحيلا بفعله، أو إذا نفذه ولكنه كان معيبا أو جزئيا أو متأخرا عن الميعاد المحدد، أما إذا كان في الإمكان اجباره على التنفيذ فنكون بصدد التنفيذ العيني الجبري، وليس المسؤولية العقدية، وإذا استحال على المدين تنفيذ التزامه بسبب لا بد له فيه فلا يلزم بالتعويض[3].

رابعا - موقف الفقه الإسلامي من العقود المسماة وغير المسماة:

20 - يقصد بالعقود المسماة، تلك العقود التي اقرها التشريع ولها أسماء وأحكام خاصة، أما العقود غير المسماة، فهي التي لم تسم باسم خاص يميزها أو لم يرتب لها التشريع أحكاما خاصة[4].

21 - وفي الفقه الإسلامي، من المشهور الأساسي، أن من العقود المسماة في كتب الفقه الإسلامي خمسة وعشرون عقدا، تضمنت مجلة الأحكام العدلية ثمانية عشر عقدا منها، وتختلف المجلة في بعض ترتيبها عن كتب الفقه، كما

---

(1) ابن جرير الطبري، جامع البيان ج6 ص 27 وما بعدها.
(2) أبو بكر الجصاص، أحكام القرآن ط 1335 للهجرة، ج2 ص 294 - 295.
(3) انظر مؤلفنا في مصادر الالتزام ص 201 ثم ص 213.
(4) الشيخ مصطفى أحمد الزرقا، المدخل الفقهي العام، الجزء الأول دمشق دار القلم 1418 للهجرة 1998 م ف 46/ 1 ص 605.

تختلف الكتب الفقهية ذاتها في ترتيبها، والعقود المسماة التي بحثت فيها المجلة أو التي لم تبحث فهي: 1 - البيع. 2 - الإجارة. 3 - الكفالة. 4 - الحوالة. 5 - الرهن 6 - بيع الوفاء. 7 - الايداع. 8 - الإعارة 9 - الهبة. 10 - القسمة. 11 - الشركة. 12 - المضاربة. 13 - المزارعة. 14 - المساقاة, 15 - الوكالة 16 - الصلح. 17 - التحكيم. 18 - المخارجة. 19 - القرض. 20 - العمري. 21 - الموالاة. 22 - الاقالة. 23 - الزواج. 24 - الوصية. 25 - الإيصاء 22 - وفي كتاب (بدائع الصنائع في ترتيب الشرائع) للكاساني، التقسيم التالي للعقود: 1 - الإجارة. 2 - الاستصناع. 3 - البيع. 4 - السلم. 5 - الكفالة. 6 - الحوالة. 7 - الوكالة. 8 - الصلح. 9 - الشركة. 10 - المضاربة. 11 - الهبة. 12 - الرهن. 13 - المزارعة. 14 - المساقاة. 15 - الوديعة. 16 - العارية. 17 - القسمة. 18 - الوصايا. 19 - القرض 23 - وجاء في كتاب المقنع لـ (موفق الدين أبو أحمد عبد الله بن أحمد بن محمد بن قدامة المقدسي) ط 1322 للهجرة، القاهرة، مطبعة المنار الإسلامية، العقود الآتية: 1 - البيع. 2 - السلم. 3 - القرض. 4 - الرهن. 5. الكفالة. 6. الصلح. 7 - الوكالة. 8 - الشركة. 9 - المضاربة. 10 - المساقاة. 11 - المزارعة. 12 - الإجارة. 13 - العارية. 14 - الوديعة. 15 - الجعالة. 16 - الهبة. 17 - الوصايا 24 - وقد نشأت في الفقه الإسلامي عقود جديدة كثيرة في عصور مختلفة وسماها الفقهاء بأسماء خاصة، وقرروا لها أحكاما فأصبحت عقودا مسماة، كبيع الوفاء وعقد الاجارتين والتحكير في الأموال الموقوفة، وقد يبقى بعض العقود زمنا بلا أسماء إلى أن يصطلح لها على اسم، فمن ذلك في القديم، بيع الوفاء الذي يتردد اعتباره بين بيع البيع والرهن، وكذلك الاستصناع الذي كان يتردد اعتباره بين البيع والوعد والاستئجار[1].

25 - وقد يبدو لأول وهلة، إن العقود المذكورة في كتب الفقه الإسلامي، مذكورة على سبيل الحصر، ولكن الباحث يلمح من خلال الأحكام التي يقررها الفقهاء في صدد هذه العقود المسماة أنهم يسلمون بإمكان أن يمتزج عقدان أو أكثر من هذه العقود في عقد واحد، يجمع خصائص العقود التي استمزجت فيه، بل

(1) المصدر السابق ج1 ف 3/47 ص 632 - 633.

ويلمح أن هناك قاعدة فقهية مسلمة، هـي أن المسـلمين عند شروطهـم، وإن كل اتفاق تتوفر فيه الشروط التي قررها الفقه الإسلامي يكون عقدا مشروعا، لذلك فإن العقود التي ذكرها الفقهاء المسلمون في كتبهم، إنما هي العقود التي يكثر أن يقع بها التعامل في زمنهم، فإذا استحدثت الحضارة عقودا أخرى تـوفرت فيها الشروط المقررة فقهـا، كانت عقودا مشـروعة[1] فليس في الشرـع الإسلامي مـا يدل عـلى أي حصر لأنواع العقود وتقييد الناس بها، فكل موضوع لم يمنعه الشرع بـالنص الصرـيح ولا تقتضي القواعد والأصول الشرعية منعه، يجـوز أن يتعاقد عليه النـاس ويلزمـون فيه بعقودهم، وحينئذ يخضع التعاقد فيه للقواعد والشرائط العامة في العقـود، مـن أهلية العاقد وقابلية المحل.. الخ[2].

26 - الموقف في القوانين المعاصرة:

تجيز القوانين المعاصرة أن يرد العقد عـلى الاعيان منقولة كانت أو عقـارا لتمليكها بعوض بيعا أو بغير عوض هبة أو لحفظها وديعـة أو لاستهلاكها بالانتفاع بها قرضا، وعلى منافع الاعيان للانتفاع بعوض إجارة أو بغير عوض إعارة وعـلى عمل معين أو على خدمة معينة، ويصح أن يرد العقد على أي شيء آخـر لا يكون الالتـزام به ممنوعا بالقانون أو مخالفا للنظام العام أو للاداب[3] كما أن القوانين المعاصرة تنص على أن تسري عـلى العقـود المسماة منهـا وغير المسـماة في القانون، القواعـد العامـة التي يشتمل عليها القانون، أما القواعد التي ينفرد بها بعض العقود المدنيـة فتقررها الأحكام الواردة في الفصول المعقودة لهـا، وتقرر قـوانين التجارة القواعـد الخاصة بالعقود التجارية[4].

خامسا - أسلوب البحث في هذا الكتاب:

27 - نحاول في هذا الكتاب، البحث في جميع المـذاهب الإسلامية باعتبارهـا مدارس للفقه الإسلامي، فالمذاهب الفقهية تكونت نتيجة لاختلاف الاراء

---

(1) السنهوري مصادر الحق ج1 ص 81.
(2) الزرقا ج1 ص 540.
(3) انظر المادة (74) مدني عراقي والمادة (88) مدني أردني والمادة (136) مدني مصري والمادة (136) مدني سوري والمادة (2/198) مشروع عربي.
(4) المادة (76) مدني عراقي والمادة (89) مدني أردني والمادة (146) مشروع عربي.

الاجتهادية في تنزيل الوقائع على النصوص والقواعد، فتختلف اراء الفقهاء في العقود صحة وبطلانا وفي الحقوق والالتزامات المالية وفي التكاليف العملية وفي التحريم والاباحة، إثباتا ونفيا، وكلهم يستندون إلى نصوص تشريعية وقواعد واحدة، وكل ذلك من الفقه الذي يقوم في كل نظام تشريعي حول نصوص وتفسيرها واستنتاج الأحكام منها، وإن الخير والافضل هو في اختلاف مفهومهم واجتهادهم، لأن هذا الاختلاف في الفهم والاستنتاج من النصوص يوجد في الأمة ثروة من الفكر التشريعي هي محل اعتزاز وامتياز للامة ويوجد لديها من مختلف المبادئ والقواعد والانظار الفقهية والنظريات الحقوقية اسسا صالحة لحل المشكلات العارضة باختلاف الظروف، ويفتح مجالات واسعة لاختيار الحلول الافضل كلما دعت الحاجة، وأظهر التطبيق بعض المشكلات أو كشف عن الفجوات التي تحتاج إلى ملء بأحكام مناسبة مستمدة من روح النصوص وغرض الشارع، فالذي يمثل الشريعة هو مجموع المذاهب الفقهية المعتمدة واراء المفتين من الصحابة والتابعين من الذين نقلت اراءهم كتب الفقه وهو ما يؤدي إلى القضاء على العصبية المذهبية المقيتة[1].

وبعد أن نذكر موقف الفقه الإسلامي، بمختلف مدارسه الفقهية، نذكر ماورد في الفقه القانوني والقوانين المعاصرة، لندلل على مدى التقدم الذي حققه الفقه الإسلامي واصالته.

خطة البحث:

الفصل الأول: أحكام عامة في العقد.

الفصل الثاني: انعقاد العقد.

الفصل الثالث: آثار العقد.

الفصل الرابع: انتهاء العقد.

---

(1) الأستاذ مصطفى أحمد الزرقا، فتاوى، دمشق دار القلم الطبعة الأولى 1420 للهجرة 1999 م ص 364، 366، 373.

الفصل الأول

أحكام عامة في العقد

28 - في البدايـة، لكـي نتعـرف علـى المقصـود بالعقـد علينـا، الوقـوف علـى
تعريف العقد ومعرفة معناه اللغوي والاصطلاحي الفقهي وتمييزه عـن المصـطلحات
الأخرى التي قد تتشابه معه، ومعرفة مـدى حريـة الإرادة في إنشـاء العقـد واشـتراط
الشروط وتقسيمات العقد من حيث الوجهة التي ننظر إليه، مـن خلالهـا، كـل هـذه
الأمور ندرسها في هذا الفصل، من خلال ثلاثة مباحث.

المبحث الأول

المقصود بالعقد

29 - لكي نصل إلى تحديد المقصود بالعقـد، علينـا أن نقـدم تعريفـا للعقـد،
حيث أن له معنيان لغوي واصطلاحي، ثم نقوم بتمييز العقد عن بعض المصـطلحات
التي تتشابه معه، وندرس هذه المسائل في مطلبين اثنين.

المطلب الأول

معنى العقد

30 - للعقد معنى لغوي واخر اصطلاحي معروف لدى الفقهاء، ورغم وجود
علاقة وثيقة بين المعنيين اللغوي والاصطلاحي، إلا أننا ندرسهما في بندين متتابعين.

البند الأول

المعنى اللغوي للعقد

31 - يعني العقد، لغة، عقد الحبل، نقيض حله وعقد البيع أو اليمين: احكمه، وعقد الخيط، جعل فيه عقدة، وعقد البناء، بنى عقدا وعقد البناء بالجص: الزفة وعقده على الشيء، عاهده وعقد له الشيء: ضمنه، تعاقد القوم: تعاهدوا، انعقد: مطاوع العقد، العقد مصدر، ج اعقاد وعقود[1].

32 - فالعقد يعني، الأحكام والشد، يقال عقد الحبل أي شد، فهو في اللغة بمعنى الربط المحكم، ثم اتسع مدلوله ليشمل في اصطلاح الفقهاء، العهد الذي أخذ الإنسان نفسه على احترامه[2].

33 - ويقصد بالعقد، أيضا، إضافة إلى الربط والشد، التوثيق والأحكام والقوة والجمع بين شيئين، مما يجمعه ويتضمنه في الواقع معنى الربط، والربط المعنى الأصلي لكلمة العقد على مايظهر من بيان اللغويين: يقال عقدت الحبل عقدا من باب ضرب أي سددته وقويته أو جمعت بين طرفيه فقويت الاتصال بينهما واحكمته بالعقد عليهما[3].

34 - ومن معنى الأحكام والتقوية الحسية، أخذ اللفظ واريد به العهد، ولذا صار العقد بمعنى العهد الموثق والضمان، وكل ما ينشئ التزاما[4].

35 - فمدار كلمة (العقد) ومشتقاتها هو الربط والالتزام والتصلب، وقد عرفها اللغويون في هذه المعاني واطلقوها في الاشياء المادية والمعنوية، وقال ابن منظور في (لسان العرب): العقد نقيض الحل وعقد يعقد عقدا وتعاقدا وعقدة، ثم قال لا: واعتقده كعقدة، ثم قال: والعقدة حجم العقد، والجمع عقد، خيوط معقدة

---

(1) لويس معلوف، المنجد في اللغة والادب والعلوم، بيروت المطبعة الكاثوليكية ص 518.

(2) القاموس المحيط فصل العين باب الدال.

(3) أستاذنا الشيخ علي الخفيف، أحكام المعاملات الشرعية، القاهرة، دار الفكر العربي، ط 3 ص 169 وما بعدها والهامش رقم (1) من الصفحة ذاتها.

(4) الشيخ محمد أبو زهرة، الملكية ونظرية العقد في الشريعة الإسلامية، القاهرة، دار الفكر العربي 1977 ص179.

شدد للكثرة ويقال: عقدت الحبل فهو معقود وكذلك العهد، ومنه عقدة النكاح، والجمع اعقاد وعقود وعقد[1].

وقال الراغب في (مفردات القرآن) العقد: الجمع بين اطراف الشيء، ويستعمل ذلك في الاجسام الصلبة كعقد الحبل وعقد البناء، ثم يستعار ذلك للمعاني نحو عقد البيع والعهد وغيرهما، يقال عاقدته وعقدته وتعاقدنا وعقدت[2].

36 - ووردت كلمة (عقد) ومشتقاتها في سبعة مواضع، قال تعالى في كتابه العزيز (وَلَا تَعْزِمُوا عُقْدَةَ النِّكَاحِ حَتَّى يَبْلُغَ الْكِتَابُ أَجَلَهُ)[3] وقال(إِلَّا أَنْ يَعْفُونَ أَوْ يَعْفُوَ الَّذِي بِيَدِهِ عُقْدَةُ النِّكَاحِ)[4] والذين عقدت إيمانكم فاتوهم نصيبهم)[5] وقال(يَا أَيُّهَا الَّذِينَ آَمَنُوا أَوْفُوا بِالْعُقُودِ)[6] وقال (لَا يُؤَاخِذُكُمُ اللَّهُ بِاللَّغْوِ فِي أَيْمَانِكُمْ وَلَكِنْ يُؤَاخِذُكُمْ بِمَا عَقَّدْتُمُ الْأَيْمَانَ)[7] وقال (وَاحْلُلْ عُقْدَةً مِنْ لِسَانِي)[8] وقال (وَمِنْ شَرِّ النَّفَّاثَاتِ فِي الْعُقَدِ)[9].

البند الثاني

المعنى الاصطلاحي للعقد

37 - لا يبعد المعنى الذي اصطلح عليه الفقهاء لكلمة العقد، عن المعنى اللغوي له، بل هو في الواقع تقييد للمعنى اللغوي وحصر له، وتخصيص لما فيه من

(1) ابن منظورمحمد بن مكرم جمال الدين، معجم لسان العرب، الجزء الثالث ص296 وما بعدها.
(2) ص 510.
(3) سورة البقرة الآية (235).
(4) سورة البقرة الآية (237).
(5) سورة النساء الآية (33).
(6) سورة المائدة الآية (1).
(7) سورة المائدة الآية (89).
(8) سورة طه الآية (27).
(9) سورة الفلق الآية (4).

العموم[1].

38 - ومن يطلع على الكتب الفقهية يجد أن للعقد معنيان، عندهم، معنى عام ومعنى خاص ونبحثهما تباعا:

اولا - المعنى العام للعقد:

39 - من الفقهاء من عرف العقد بتعريف اوسع واعم من المعنى الخاص، فعرفه بأنه كل تصرف ينشأ عنه حكم شرعي، سواء أكان صادرا من طرف واحد كالنذر والطلاق والصدقة أم صادرا من طرفين متقابلين كالبيع والإجارة[2].

40 - واطلق في تفسير القرآن الكريم للجصاص، العقد على الـتـزام شيء في المستقبل اعم من أن يكون من جهة واحدة أم من جهتين[3].

41 - وورد في تفسير القرآن الكريم للرازي، إن العقد في أصل اللغة الشد ثم نقل إلى الإيمان والتصرفات الشرعية، من كل ما يراد به الـتـزام شخص الوفاء بشيء يكون في المستقبل أو الزامه به، فيسمى في نظره البيع والنكاح والإجارة وسائر عقود المعاوضات عقودا، لأن كل واحد من العاقدين قد الزم نفسه الوفاء بشيء من جانبه، وإن كـل شـرط يشـتـرطه الشخص عـلـى نفسـه يـعـد عقـدا، لأنه الـتـزم وفاءه في المستقبل[4].

42 - وورد في تفسير الطبري في تفسير الآية الكريمة (يَا أَيُّهَا الَّذِينَ آمَنُوا أَوْفُوا بِالْعُقُودِ) يعني اوفوا بالعهود التي عاهدتموها ربكم والعقود التي عاقدتموها اياه، واوجبتم بها على انفسكم حقوقـا، والـزمتم انفسكم بها لله فروضا، فأتموها بالوفاء والكمال والتمام منكم لله بما الزمكم بها، ولمن عاقدتموه منكم، بما اوجبتموه له بها على انفسكم، ولا تنكثوها فتنقضوها بعد توكيدها[5].

---

(1) محمد أبو زهرة ف 101 ص 179.
(2) جامع الفصولين ج2 ص 2.
(3) أحكام القرآن للجصاص ج2 ص 360 وما بعدها.
(4) الإمام أبو بكر أحمد بن علي الرازي، أحكام القرآن ج2 ص294 - 295.
(5) ابوجعفر محمد بن جرير الطبري، جامع البيان عن تأويل أي القرآن، القاهرة، دار المعارف الجزء التاسع ص 449.

43 - وورد في تفسير (ابن كثير) إن العقود هي العهود، أي ما احل الله وما حرم وما فرض وما حد في القرآن كله ولا تغدروا ولا تنكثوا[1].

44 - وورد في تفسير (القرطبي) إن الله أمر بالوفاء بالعقود والعقود هي الربوط وأحدها، عقد، يقال عقدت العهد والحبل[2].

45 - والعقد، بموجب هذا الاتجاه من الفقهاء، كل تصرف ينشأ عنه حكم شرعي، وهذا ظاهر في كتب المالكية والشافعية والحنابلة أكثر من كتب الاحناف[3].

46 - ويذهب اتجاه إلى أنه ينبغي أن يحمل قول من عرف العقد، بأنه كل تصرف شرعي ينشأ عنه حكم شرعي، على أنه المراد بالتصرف القولي، أما التصرف الفعلي الذي ينشأ عنه حكم شرعي كالقتل الذي يترتب عليه القصاص أو الدية، والسرقة التي يترتب عليها الحد، والاتلاف الذي يترتب عليه الضمان، فإن كل واحد منها، وإن كان تصرفا ينشأ عنه حكم شرعي، إلا أنه لا يسمى عقدا، لأن المراد بالعقد عادة وعرفا التصرفات القولية، وعلى هذا يكون المراد بالعقد بمعناه العام، كل تصرف قولي ينشأ عنه حكم شرعي، سواء أكان صادرا من شخصين أم أكثر، أو كان صادرا من شخص واحد، والعقد بهذا المعنى العام يراد، اصطلاح الالتزام، ولا يزال اخص من اصطلاح التصرف لأن الأخير ينظم الالتزام وغيره كالاستهلاك والانتفاع وغيرهما[4].

47 - كما أن هناك اتجاه يرى أنه لا مانع من تسمية ما يتم بالإرادة المنفردة وحدها، عقدا على أن العقد المكون من إرادتين متوافقتين متقابلتين هو في الحقيقة عقد مؤلف من عقدين أحدهما من ناحية الموجب وثانيهما من ناحية القابل[5].

---

(1) الإمام الحافظ أبي الفداء اسماعيل ابن كثير القرشي الدمشقي، تفسير القرآن العظيم، بيروت دار المعرفة ط2 1407 للهجرة 1987 م ص 4.
(2) أبو عبد الله محمد بن أحمد الانصاري القرطبي، القاهرة، دار الحديث، الجزء الخامس 1423 للهجرة 2002 م ص 410.
(3) الفروق للقرافي ج4 فتح القدير ج5 ص 4 وج 7 ص 114 - 115 ابن تيميه، العقود ص 18 - 19، ص21، ص، 78.
(4) الشيخ علي الخفيف ص 171.
(5) الشيخ أحمد إبراهيم مذكرة في الالتزامات في الشرع الإسلامي 1945 مشار إليه في البعلي ص 42 وما بعدها.

48 - ويرى اتجاه أن العقد بالمعنى الواسع العام يكون مرادفا للفظ (التصرف) لأن التصرف الشرعي هو كل مايكون من تصرفات الشخص القولية ويرتب عليه الشارع أثرا شرعيا في المستقبل[1].

49 - إلا أن التصرف اعم من العقد مطلقا حتى بمعناه الواسع الشامل لعقود الإدارة العامة وذلك:

ا - لأن التصرف لا يختص بالاقوال، بل يشمل الافعال، وينقسم إلى قولي وفعلي، والفقهاء في باب مرور الزمان وغيره يطلقون التصرف على ما يشمل عمل الإنسان في ملكه سواء أكان بعقد يجريه عليه أو بالانتفاع المباشر فيه استعمالا وهدما وبناء.

ب - ولأن التصرف القولي نفسه يشمل اقوالا لا تدخل في مفهوم العقد ولو بمعناه الواسع، كالدعوى والإقرار، فكل ذلك تصرفات قولية تترتب عليها أحكام، وهي لا تعد عقودا بوجه من الوجوه، فالمناسب أن نقول، إن التصرف اوسع من العقد عموما مطلقا[2].

50 - وفي الجملة أن كتب الفقه تذكر كلمة العقد، وتريد بها أحيانا المعنى العام، وتذكرها أحيانا وتريد بها المعنى الخاص، وهو ما لا يتم إلا من ربط كلامين يترتب عليه أثر شرعي يقرره الشارع، وهذا المعنى هو الشائع الكثير المشهور، حتى يكاد ينفرد هو بالاصطلاح، وإذا ما اطلقت كلمة العقد تبادر إلى الذهن، أما المعنى الثاني، فلا تدل عليه كلمة العقد إلا بتنبيه يدل على التعميم، ولا نكاد نجد فقيها يطلق كلمة عقد ويريد الطلاق، أو اليمين مثلا من غير تنبيه، لذلك تعد الاقرب إلى المعنى اللغوي والشائع عند فقهاء المالكية والشافعية والحنابلة[3] فهو كل ماعزم المرء على فعله سواء صدر بإرادة منفردة كالوقف والإبراء والطلاق واليمين أم احتاج إلى إرادتين في انشائه كالبيع والإيجار والتوكيل والرهن، أي أن هذا المعنى

(1) الشيخ أبو زهرة ف 102 ص 181.
(2) الزرقا هامش (2) ص 380 - 381.
(3) نظرية العقد، ابن تيميه ص 18، 21، 78، أبو بكر الرازي أحكام القرآن 2/ 294 وما بعدها.

يتناول الالتزام مطلقا، سواء من شخص واحد أو من شخصين، فالعقد بالمعنى العام ينتظم جميع الالتزامات الشرعية، وهو بهذا المعنى يرادف كلمة الالتزام[1].

ثانيا - المعنى الخاص للعقد:

51 - ويقصد بالعقد بهذا المعنى (ارتباط الإيجاب الصادر من احد العاقدين بقبول الآخر على وجه مشروع يثبت أثره في المعقود عليه، بما يدل على ذلك من عبارة أو كتابة أو اشارة أو فعل، ويترتب عليه التزام كل واحد من العاقدين بما وجب به للاخر سواء أكان عملا أو تركا، وعلى هذا نصت المادة (262) من مرشد الحيران بقولها (العقد هو عبارة عن ارتباط الإيجاب الصادر من احد العاقدين بقبول الآخر على وجه يثبت أثره في المعقود عليه)[2] وبعبارة أخرى، تعلق كلام احد العاقدين بالآخر شرعا على وجه يظهر أثره في المحل[3] وهو التعريف الغالب الشائع في عبارات الفقهاء[4] ويدخل العقد بهذا التعريف في عموم التصرف القانوني، وإنه يتخصص، بين التصرفات القانونية، بقيامه على إرادتين متطابقتين[5].

52 - فالمناط في وجود العقد على وجه الاجمال، هو التحقق من وجود إرادتي العاقدين وتوافقهما على إنشاء التزام شرعي بينهما مما يدل على ذلك من عبارة أو كتابة أو اشارة أو فعل، وبهذا فإن العقد، عند الفقهاء، لا يعني أكثر من الالتزام الذي ينشأ بين طرفين أو ما يتم به هذا الالتزام، أما ما يكون من طرف واحد فلا يسمى عقدا، بناء على ذلك، وإنما يسمى التزاما أو تصرفا، فالوقف ليس بعقد لأنه يتم من المالك وحده، دون أن يشركه فيه شخص آخر، وكذلك التنازل عن الحقوق، كالتنازل عن حق الشفعة أو عن حق المرور أو المسيل، أو عن رد المبيع بسبب عيب ظهر فيه، كل ذلك لا يسمى عقدا وفق المعنى الخاص للعقد، وإنما

---

(1) وهبة الزحيلي ج4 ص 80.
(2) انظر المادة (63) مدني عراقي والمادة (87) مدني أردني والمادتان (103، 104) من مجلة الأحكام العدلية والمادة (145) مشروع عربي.
(3) العناية بهامش فتح القدير 5/ 74، البحر الرائق ج5 ص 262 (ربط القبول بالإيجاب).
(4) وهبة الزحيلي ج4 ص 81.
(5) السنهوري، مصادر الحق ج1 ص73.

يسمى تصرفا أو التزاما إذا كان ملزما، فإن لم يكن ملزما سمي وعدا أو عهدا[1].

53 - وتعريف العقد، بالمعنى الخاص، هو الشائع المشهور عند الفقهاء، ولا يصرف إلى المعنى العام إلا بتنبيه يدل عليه[2] فالعقد، في اصطلاح جمهور الفقهاء، (ارتباط القبول بالإيجاب شرعا على وجه يظهر أثره في المعقود عليه)[3].

البند الثالث

معنى العقد في الفقه القانوني والقانون المعاصر

اولا - تعريف العقد:

54 - اختلف موقف القوانين المدنية من حيث ضرورة تعريف أو عدم ضرورة احتوائها على تعريف للعقد فالقانون المدني المصري والسوري وتقنين الالتزامات السويسري والتركي لم تورد تعريفا للعقد، في حين اتجهت قوانين مدنية أخرى إلى ايراد تعريف للعقد كالقانون المدني العراقي الذي عرفت المادة (73) منه (العقد هو ارتباط الإيجاب الصادر من احد العاقدين بقبول الآخر على وجه يثبت أثره في المعقود عليه) والأردني الذي عرفت المادة (87) منه (العقد هو ارتباط الإيجاب الصادر من احد المتعاقدين بقبول الآخر وتوافقهما على وجه يثبت أثره في المعقود عليه ويترتب عليه التزام كل منهما بما وجب عليه للاخر) وهذا التعريف معتمد على المادة (103) من المجلة وشرحها للأستاذ علي حيدر وما ورد في اول عقد البيع من رد المحتار جزء (4) الصفحة (1 - 20) والمادة (262) من مرشد الحيران[4] وقانون الموجبات والعقود اللبناني الذي نصت المادة (92) على أن (يتم العقد بمجرد أن يتبادل الطرفان التعبير عن إرادتين متطابقتين، مع

---

(1) فتح القدير ج5 علي الخفيف ص 171 أبو زهرة ص 179.

(2) تعريف الدسوقي للعقد في الشرح الكبير ج5 ص 5 فتاوى ابن تيميه ج3 ص 336 وما بعدها.

(3) الهداية بشرح الفتح والعناية ج5 ص 174.

(4) انظر المذكرات الإيضاحية للقانون المدني الأردني، الجزء الأول (نقابة المحامين / عمان) 2000 اعداد المكتب الفني ص 98 - 99.

مراعاة ما يقرره القانون فوق ذلك من أوضاع معينة لانعقاد العقد)[1].

55 - أما الفقه القانوني فيعرفه، بأنه، توافق إرادتين أو أكثر على إنشاء التزام أو نقله أو تعديله أو انهائه[2] كما عرف بأنه، توافق إرادتين أو أكثر بقصد إنشاء علاقة قانونية ذات طابع مالي[3].

56 - فهذا التعريف، وإن كان واضحا وسهلا، إلا أن تعريف العقد في نظر الشرعيين ادق، لأن العقد ليس هو اتفاق الإرادتين ذاته، وإنما هو الارتباط الذي يقره الشرع، فقد يحدث الاتفاق بين الإرادتين، ويكون العقد باطلا لعدم توفر الشروط المطلوبة شرعا، فالتعريف القانوني يشمل العقد الباطل، ثم أن مجرد توافق الإرادتين بدون واسطة للتعبير عنها من كلام أو اشارة أو فعل لا يدل على وجود العقد، وتظل الإرادة حينئذ أمرا خفيا غير معروف، وبذلك يشمل التعريف القانوني الوعد بالعقد مع أنه ليس بعقد[4].

57 - والعقد في القانون المدني احد أنواع الاتفاق، فليس كل اتفاق عقدا، وإنما يتخصص العقد بما يمثل التعارض بين مصلحتين، وبما ينصب على محل وقتي يستنفد وينتهي بالتنفيذ مرة واحدة، فالاتفاق على إنشاء منظمة معينة لا يعتبر عقدا، لأنه لا يمثل تعارضا في المصالح، ولأن محل العقد هو وضع دائم مستمر، وليس وضعا وقتيا يستنفد مرة واحدة، أما العقد في الفقه الإسلامي قلا يعرف هذا التخصص، فالزواج عقد والإسلام عقد والذمة عقد، مع أنها نظم دائمة، والعقد في الإسلام هو دائما انضمام لنظام موجود من قبل، هو النظام النوعي للعقد المبرم الذي وضعه الشرع ليسير عليه الناس، وما على الافراد إلا التقيد التام بأحكام الشرع الذي نظم العقود عليها، فالعقد في القانون اداة لإدراك مصلحة ذاتية شخصية لكل من المتعاقدين أما في الإسلام فهو معد لإدراك مقاصد شرعية عامة[5].

---

(1) انظر مثلا خليل جريج، النظرية العامة للموجبات والعقود ج2 بيروت 1958 ص 61 - 62.

(2) السنهوري، الوسيط ج1 ص 137 أحمد حشمت أبو استيت نظرية الالتزام ص 38.

(3) الدكتور عبد الحي حجازي، النظرية العامة للالتزامات ص 210.

(4) وهبة الزحيلي ج4 ص 81 - 82، الزرقا ج1 ف 27/ 4.

(5) وهبة الزحيلي ج4 ص 82.

ثانيا - مقارنة بين تعريف العقد في الشريعة والقانون:

58 - يتميز تعريف الفقه الإسلامي للعقد عن تعريف الفقه القانوني من عدة نواح:

ا - من حيث النطاق:

يطلق على الاتفاق الذي يتم في نطاق القانون الخاص وفي دائرة المعاملات المالية، عقدا، ومن ثم فلا يطلق على عقد الزواج، لأن العقد ما كان مصدرا لالتزام ذي قيمة مالية، وعقد الزواج ليس كذلك، فالحقوق المترتبة عليه إنما تجب بمقتضى القانون ولا تنشأ عن طبيعة العقد.

أما في الفقه الإسلامي، فيطلق العقد على ما يكون في دائرة المعاملات المالية وكذلك يطلق على عقد الزواج، لأن العقود وسائر التصرفات الشرعية، أوضاع اعتبرها الشارع مستتبعة آثارها ومفيدة أحكاما خاصة بها.

ب - من حيث أثر العقد:

إن العقد في الفقه الإسلامي عبارة عن ارتباط القبول بالإيجاب على وجه يظهرأثره في المحل، أما في القانون، فهو اتفاق على إنشاء التزام أو نقله أو تعديله أو انهائه، فاثر العقد في القانون، هو إنشاء التزامات سواء كان الالتزام يعد نافذا بقوة القانون بمجرد انعقاد العقد كما في بيع المنقول أو كان يجب لنفاده عمل المدين كدفع الثمن، وفي الفقه الإسلامي، ينتج العقد حكمه بمجرد انعقاده صحيحا، وهذا الحكم ينشأ مباشرة عن العقد دون فكرة أخرى متوسطة بينهما ودون اتخاذ إجراء آخر مستقل عن العقد[1].

ج - من حيث التعريف:

(1) ينظر الفقه الإسلامي إلى العقد بأنه ارتباط يعتبره الشارع حاصلا باتفاق الإرادتين، وليس هو اتفاق الإرادتين ذاته، فقد يحصل الاتفاق بين الإرادتين دون أن تتحقق الشروط المطلوبة شرعا للانعقاد، فلا يعد إذ ذاك انعقاد رغم اتفاق إرادتين، وهي حالة بطلان العقد في نظر الشرع والقانون، في حين أن التعريف القانوني للعقد، يشمل العقد الباطل الذي يعده التشريع لغوا من الكلام لا ارتباط فيه

(1) الدكتور أحمد فراج حسين، الملكية ونظرية العقد في الشريعة الإسلامية، الاسكندرية، الدار الجامعية 1987 ص 130 - 131 وانظر وهبة الزحيلي ج4 ص 49 - 54.

ولا ينتج نتيجة، ذلك لأن هذا التعريف القانوني إنما يعرف العقد بواقعته المادية، وهي اتفاق إرادتين، أما التعريف في الفقه الإسلامي فيعرفه بحسب واقعته الشرعية، وهي الارتباط الاعتباري، كما أن التعريف في هذا الفقه امتاز في تصوير الحقيقة العقدية ببيان الاداة المكونة للعقد، أي الاجزاء التي يتركب منها في نظر الشرع، وهي الإيجاب والقبول، فاتفاق الإرادتين في ذاته لا يعرف وجوده، وإنما الذي يكشف عنه هو الإيجاب والقبول اللذان يعتبران عناصر العقد الظاهرة بما فيهما من اعراب عن تحرك كل من الإرادتين نحو الأخرى وتلاقيهما وفاقا، فهذا التحرك والتلاقي هو المعول عليه في معنى الانعقاد، فالتعريف القانوني غير مانع، في حين أن تعريف العقد في الفقه الإسلامي ادق تصويرا واحكم منطقا، وإن كان التعريف القانوني أوضح تصويرا واسهل فهما في طريق التعليم[1].

إن الفقه الإسلامي وقد عبر عن العقد (بالارتباط بين الإيجاب والقبول) مما يدل على الاهتمام بالصيغة كوعاء تظهر فيه الإرادة، ويعبر عن الرضاء واتجاه النية نحو العبارة والأثر المترتب عليها وفق المسلك الفقهي مما يقطع في الدلالة على الاهتمام بالإرادة الظاهرة والباطنة في الصيغة وما يجمعها بالرضا والنية والاختيار من قصد نحو العقد وآثاره المترتبة عليه، وهو ما لم تصل إليه القوانين الوضعية إلا بعد فترة من الزمن مرت فيها بتغليب المذهب الفردي ثم بمرحلة تغليب المصلحة الجماعية على مصلحة الفرد وانتكاص مبدأ سلطان الإرادة وتدخل الدولة في كثير من مسائل التعاقدات الخاصة بالافراد وتغليب النزعة المادية في تكوين وتفسير العقد[2].

---

(1) انظر في كل ذلك الأستاذ مصطفى أحمد الزرقا، المدخل، ج1 ف 4/27 ص 384 - 385 والدكتور رمضان علي الشرنباصي، النظريات العامة في الفقه الإسلامي، الاسكندرية، منشأة المعارف 2000 ص13 - 14.

(2) البعلي ص 49 - 50.

المطلب الثاني

تمييز العقد عن بعض المصطلحات

59 - لكي يتم تحديد المقصود بالعقد، بشكل دقيق، لا بد من التمييز بينه وبين بعض المصطلحات التي قد تتشابه معه، وندرس في البنود التالية، التمييز بين العقد والاتفاق والتصرف والوعد والالزام والالتزام.

البند الأول

العقد والاتفاق

60 - يذهب رأي إلى أن الاتفاق اعم من العقد، فالاتفاق جنس والعقد نوع له، والاتفاق، اتفاق إرادتين على إنشاء التزام أو نقله أو تعديله أو انهائه في حين أن العقد اتفاق على إنشاء التزام أو نقله فقط[1] ويرى الدكتور عبد الحي حجازي أنه ليس ثمة ما يمنع من أن يكون العقد اتفاقا على إنشاء التزام أو نقله ليس فحسب بل يمكن أن يكون العقد من آثاره تعديل التزام أو انهائه، فالعقد سواء أكان منشئا للالتزام أم ناقلا له أم معدلا فيه أم قاضيا عليه، لا يهمنا منه باعتباره مصدرا للالتزام، إلا أن يكون منشئا للالتزام وكفى، أما مازاد على ذلك من آثاره فلا يتعلق بالعقد باعتباره مصدرا للالتزام وإنما يتعلق به باعتباره وسيلة لغاية أخرى، فلا جرم أن يسمى توافق الإرادتين في هذه الأحوال اتفاقا لا عقدا[2].

61 - ويذهب الرأي الآخر إلى أن التفرقة بين العقد والاتفاق، ليس لها اهمية عملية لأن كل منهما يدل على معنى واحد مترادف وأنهما اصطلاحان قانونيان يعني أحدهما ما يعنيه الآخر[3] ومن القوانين التي ميزت بين العقد

---

(1) خليل جريج ج2 ص 61 - 62.

(2) الدكتور عبد الحي حجازي، النظرية العامة للالتزام ج 2 مصادر الالتزام القاهرة مطبعة نهضة مصر 1954 ص 19.

(3) السنهوري، نظرية العقد ص 79 - 83 الوسيط ج1 ف 37 ص 138 الدكتور عبد المجيد الحكيم، الموجز في شرح القانون المدني ج1 بغداد مطبعة العاني 1974 ص 30 - 31 الدكتور حسن علي الذنون النظرية العامة للالتزام بغداد 1976 ص 28 الدكتور محمود سعد الدين الشريف، شرح القانون المدني العراقي، نظرية الالتزام ج1 بغداد 1955 ص 68 الدكتور محمد لبيب شنب، مصادر الالتزام، بيروت 1985 ص 25 هامش رقم (1).

والاتفاق، القانون المدني الفرنسي حيث نصت المادة (1101) منه على أن (العقد اتفاق يلتزم بمقتضاه شخص أو أكثر نحو شخص آخر باعطاء أو بعمل أو بالامتناع عن عمل شيء) ونصت المادة (165) من تقنين الموجبات والعقود اللبناني على أن (الاتفاق هو كل التئام بين مشيئة وأخرى لانتاج مفاعيل قانونية وإذا كان يرمي إلى إنشاء علاقات الزامية سمي عقدا) ونصت المادة (1) من قانون الالتزامات التركي، المستمد من قانون الالتزامات السويسري على أن (يتم العقد بتوافق إرادة الطرفين، وكما يكون التعبير عن الرضا صريحا، يجوز أن يكون ضمنيا).

62 - وانتقد الكثير من الفقهاء في فرنسا التفرقة بين العقد والاتفاق، فهي تفرقة لا تترتب عليها اية نتائج قانونية لذلك كان الأولى العدول عن هذه التفرقة غير المنتجة واعتبارها لفظين مترادفين[1]، ومن القوانين التي لم تميز بين العقد والاتفاق، القانون المدني العراقي والمشروع الفرنسي الايطالي (م1) والتقنين الايطالي (م 1098).

وقد سبق أن رأينا أن الفقه الإسلامي لم يميز بين العقد والاتفاق، على النحو الذي ذهب إليه جانب من الفقه القانوني.

البند الثاني
العقد والتصرف

63 - يجمع الفقهاء المسلمون مصادر الالتزام (اسباب الالتزام) تحت عنوان واحد هو التصرفات الشرعية، والتصرف الشرعي في الاصطلاح الفقهي هو كل عمل ينتج أثرا شرعيا، والأثر الشرعي يشمل بلغة القانون المدني، نشوء الالتزام وانقضاؤه، أي ظهور حالة قانونية جديدة أو انقضاء حالة قانونية موجودة، والتصرفات الشرعية نوعان، قولية وفعلية، والتصرفات القولية تشمل:

---

(1) أستاذنا الدكتور اسماعيل غانم، النظرية العامة للالتزام (1) مصادر الالتزام العقد والإرادة المنفردة، القاهرة، مكتبة عبد الله وهبة، 1966 ف 27 ص 47 - 48.

ا - الإنشاءات: وتشمل العقود والايقاعات كالوقف والنذر والوصية، والايقاع في الاصطلاح الفقهي هو التصرف الشرعي القولي الذي لا يفتقر إلى القبول لينتج أثره الشرعي، فهو يتم بإرادة منشئة ومثاله النذر والوقف والوصية والجعالة على رأي من يعتبرها ايقاعا من الفقهاء، ويقابل الايقاع في القانون المدني، العمل القانوني الصادر من جانب واحد.

ب - الاسقاطات: وهي تقابل الإنشاءات ومثالها الإبراء.

أما التصرفات الفعلية، فهي التي تكون سببا للضمان، كغصب مال الغير واتلافه[1].

64 - وإذا كان للعقد إطلاقان، كما بينا ذلك سابقا، فالعلاقة المنطقية بينه وبين التصرف الشرعي، إنه على اعتبار أن العقد توافق إرادتين ينشأ عنه التزام، أو ربط كلامين ينشأ عنه حكم شرعي، يكون التصرف الشرعي أعم من العقد، لأن التصرف يشمل العقد بهذا المعنى ويشمل غيره، وإما على اعتبار أن العقد كل ما ترتب عليه التزام سواءا تكون من توافق إرادتين، أم بالتزام إرادة واحدة منفردة، فيكون العقد مرادفا للتصرف، ومساويا له في الدلالة والمعنى، لأن التصرف الشرعي كل ما يكون من تصرفات الشخص القولية ويرتب عليه الشارع أثرا شرعيا في المستقبل[2].

65 - فالتصرف اعم من العقد، لأنه يتناول ما كان بإرادتين وما كان بإرادة واحدة، كما يتناول ماكان منشأ لحق أو منهيا له كالطلاق أو مسقطا له كالإبراء، كذلك يتناول ما لم يكن فيه شيئا من ذلك كما في الاخبار بدعوى أو إقرار بحق سابق أو انكار له أو حلف على نفيه[3].

66 - أما في الفقه القانوني، فيقصد بالتصرف، اتجاه الإرادة إلى إحداث أثر قانوني معين يرتبه القانون، أو أنه إرادة محضة تتجه إلى إحداث أثر قانوني معين

(1) الدكتور عبد المجيد الحكيم، الوسيط في نظرية العقد بغداد ف 81 ص 59 - 60.
(2) أبو زهرة ف 102 ص 180 - 181.
(3) أحمد فراج حسين ص 132 وانظر أنور محمود دبور ص 309 - 311.

لا يحظره القانون [1] وهو أما أن يقوم على اتفاق إرادتين فيكون عقدا كالبيع والإيجار، أو يقوم على إرادة منفردة كالوصية والنزول عن حق ارتفاق أو رهن وإقرار تصرف الفضولي ومن ثم فهو ينشئ حقا شخصيا أو يكسب حقا عينيا أو هذا وذاك أو يرتب آثارا قانونية أخرى [2].

67 - وكثيرا مايقرن فقهاء القانون بين التصرف القانوني والواقعة القانونية كمصدرين رئيسين للحقوق جميعا، فالواقعة القانونية أما أن تكون مجردة فيرتب عليها القانون آثارا قانونية لمجرد وقوعها دون أن يابه فيها بالإرادة أو بالنية إن وجدتا، أو أن تكون في صورة العمل القانوني المتميز بأنه مسلك إرادي لشخص ينتج آثارا قانونية لمجرد كونها إراديا، أما التصرف القانوني فنجد فيه تعبيرا إراديا عن النية، فالتعبير يمثل الحدوث الخارجي (الواقعة) واما الإرادة فهي التي جعل من هذه الواقعة عملا، وإما النية فهي التي جعل هذا العمل تصرفا [3].

البند الثالث
العقد والالتزام

اولا - في الفقه الإسلامي:

68 - يقصد بالالتزام لغة، الزام الشخص نفسه ما ليس لازما له، ويطلق البعض الالتزام بمعنيين:

معنى خاص، فعرفه بأنه إيجاب الإنسان شيئا من المعروف على نفسه مطلقا أو معلقا معنى عام، فعرفه بأنه إيجاب الإنسان أمرا على نفسه باختياره وإرادته من تلقاء نفسه [4] وعرفه البعض بأنه (إيجاب الشخص على نفسه أمرا جائزا شرعا) [5].

(1) الدكتور عبد المنعم فرج الصدة، مصادر الالتزام القاهرة دار النهضة العربية 1984 ص46 السنهوري مصادر الحق ج1 ص 66.
(2) البعلي ص 56.
(3) حجازي ص10 وما بعدها وانظر مؤلفنا في مصادر الالتزام بغداد 2007 ص22 - 23.
(4) أحمد إبراهيم، الالتزامات ص 21 وانظر أحمد فراج حسين ص 131 هامش (1).
(5) عبد الناصر توفيق العطار، الأجل في الالتزام رسالة دكتوراه، ص 44.

69 - واستعمل الفقهاء المسلمون لفظ الدين والمدين والطلب والغريم والواجب، للتعبير عن الالتزام ويستعملون أحيانا لفظ الالتزام، ويريدون به غالبا الحالات التي يلزم فيها الشخص نفسه بإرادته المنفردة، ونادرا، الالتزامات التي تنشأ عن العقد، أما الالتزامات التي تنشأ عن المسؤولية فتسمى (الضمانات)[1] ويأتي (الالزام) من الغير، أما (الالتزام) فيأتي من الشخص نفسه، وإن كان الالتزام يتضمن معنى الالزام بذاته[2].

70 - ولم يكن لكلمة (الالتزام) في الفقه الإسلامي مسمى خاص اصطلح عليه فقهاؤنا الأقدمون، وإنما كان استعمالهم لهذه الكلمة، إذا استعملوها، استعمالا لغويا محضا يحدد معناها عند استعمالها مكانها في الكلام ومقامها فيه، وما احتفى من قرائن، ويتناول الالتزام، في الفقه الإسلامي، عددا من الروابط التي تتمايز بموضوعاتها وأحكامها تمايزا لم ير معه الفقهاء ادماجها في وحدة تنتظمها جميعا ويكون لها اسم خاص يدل عليها على الرغم من اشتراكها في بعض الأحكام[3].

71 - وموضوع الالتزام في الفقه الإسلامي، قد يكون حقا لله كما في العبادات وقد يكون حقا للعبد سواء أكان عاما أم خاصا، وسواء أكان ماليا أم غير مالي، فهناك التزامات في العبادات والتزامات في أحوال الاسرة والتزامات في المعاملات المالية والتزامات في الجنايات والعقوبات، والإجراءات والدعاوى والبينات، فهذا الافق الواسع لمضمون الالتزام ومجال تطبيقه هو الذي حال دون بحثه بصورة انفرادية، ورغم ذلك فإن فقهاء الشريعة الإسلامية تناولوه ببحث كاف واف في كل مجال من المجالات المذكورة تحت عناوين مختلفة تارة بتعبير الالتزام وأخرى بما يرادفه، كتعبير التكلف أو الوجوب أو التحمل أو نحو ذلك، ومن الواضح أن العبرة بالمعاني والمقاصد لا بالألفاظ والتعابير[4].

---

(1) السنهوري مصادر الحق ج1 ص 64 وانظر مؤلفنا في مصادر الالتزام ص 6.
(2) الدكتور جمال محمود، سبب الالتزام وشرعيته في الفقه الإسلامي، رسالة دكتوراه، ص 185.
(3) أستاذنا الشيخ علي الخفيف، التصرف الانفرادي والإرادة المنفردة، بحث مقارن، القاهرة معهد الدراسات العربية العالية 1964 ص 15 - 16.
(4) الدكتور مصطفى إبراهيم الزلمي، الالتزامات في الشريعة الإسلامية والتشريعات المدنية العربية، بغداد، 2000 ص 7 - 10.

72 - فالالتزام هو تحمل أداء واجب طوعا أو كرها يترتب عليه انشغال الذمة بحق للغير حتى ينقضي والتحمل يقصد به التكلف أو الالتزام، والأداء هو قيام بفعل كتسليم المبيع أو الثمن وتمكين المستأجر من الانتفاع بالمأجور ودفع الأجرة، ويكون التحمل طوعا، إذا كان سبب الالتزام من الاسباب الاختيارية سواء أكان السبب قوليا كالبيع والهبة أم تصرفا فعليا كالافعال الضارة الصادرة عن الشخص بإرادته المنفردة الحرة، وقد يكون التحمل كرها إذا كان سبب الالتزام قد وقع رغم إرادة الملتزم بأن لم يكن له الإرادة أصلا، كتصرفات عديم الأهلية الضارة، فهي سبب للالتزام بدفع التعويض للمضرور أو كان السبب واقعة شرعية (قانونية) مادية كحوادث السيارات أو معنوية كالقرابة فهي سبب لا إرادي للميراث، ويقصد بالانشغال في اصطلاح القانونيين، المديونية والمسؤولية، والمديونية هي انشغال ذمة بحق للغير حتى يؤدى، أما المسؤولية فكون الإنسان مطالبا بحق للغير عليه اداؤه باختياره وإلا يجبر عليه[1].

73 - ويفرق الفقهاء المسلمون بين الالتزام والالزام، فالالتزام هو إيجاب الشخص على نفسه أمرا جائزا شرعا فهو يرتبط بالإرادة ومصادره هي العهد (الإرادة المنفردة) والعقد تاما الالزام فهو إيجاب المشرع على شخص أمرا، ومصادره العمل المشروع والعمل غير المشروع والقانون والاستيلاء والحيازة الخ.. فالالتزام يعود اولا إلى إرادة الشخص بينما الالزام يعود اولا إلى إرادة الشارع[2].

ثانيا - موقف الفقه القانوني والقوانين المعاصرة:

74 - يعرف الالتزام بأنه رابطة أو علاقة قانونية، أي قيد يرد على إرادة المدين أو حريته، وكان هذا القيد في اولى مراحل القانون الروماني، ماديا، يقع على شخص المدين، ثم صار بعد تطور طويل، رابطة قانونية بحتة لا تتعلق إلا بالذمة المالية، ومقتضاها قهره بمعاونة السلطة العامة عند الضرورة، عند تنفيذ التزامه[3].

(1) الزلمي، الالتزامات، ص 17 - 19.
(2) الدكتور عبد الناصر توفيق العطار، نظرية الالتزام في الشريعة الإسلامية والتشريعات العربية، القاهرة 1975 ص 23.
(3) الدكتور محمود جمال الدين زكي، الوجيز في نظرية الالتزام في القانون المدني المصري، ط 2 مطبعة جامعة القاهرة 1976 ف 2 ص 14 الدكتور توفيق حسن فرج، نظرية العقد، الاسكندرية، المكتب المصري للطباعة والنشر، سنة الطبع بلا تاريخ ص 10.

74 - وفي الالتزام مذهب شخصي، يراه رابطة شخصية بين طرفيه، الدائن والمدين، وهذه الرابطة محلها شخص المدين، فكما في الرق يخضع الرقيق خضوعا كليا بحيث يفقد حريته فإن المدين يخضع إلى الدائن خضوعا جزئيا لاقتصار سلطة الدائن على بعض أعماله[1].

75 - كما أن هناك مذهب مادي في الالتزام، يركز على محل الالتزام وتجريده من الرابطة الشخصية بحيث ينفك عن اشخاص الطرفين ويختلط بمحله ويصبح شيئا ماديا يلقى به في التداول، شأن بقية الأموال الاقتصادية المادية[2]. وتترتب نتائج عملية على المذهب المادي في الالتزام، ومنها، إنه أصبح من السهل أن نتصور تغير اشخاص الالتزام، فتوجد إلى جانب حوالة الحق، حوالة الدين، وتصور وجود التزام دون دائن وقت نشوئه، وبذلك أصبح من الميسور تفسير الكثير من المسائل القانونية ومنها:

ا - التزام المدين بإرادته المنفردة لغيردائن معين كالوعد بالجائزة.

ب - نظرية الاشتراط لمصلحة الغير، كالتامين لمصلحة شخص غير معين أو شخص لما يوجد وقت نشوء الالتزام.

ج - السند لحامله، فينشأ الالتزام دون دائن[3].

76 - وبالنسبة لمصادر الالتزام، فإن القانون المدني العراقي صاغ في الكتاب الأول من القسم الأول (الحقوق الشخصية /الالتزامات) نظرية عامة للالتزام واستمد هذه النظرية من نصوص مجلة الأحكام العدلية ومن الفقه الإسلامي بوجه عام ثم من القانون المدني المصري إلى حد كبير، وعرض في هذه الأحكام لمصادر الالتزام وهي العقد والإرادة المنفردة والعمل غير المشروع

(1) السنهوري، الوسيط ج 1 ف 8 ص 108، الصدة ف 10 ص15.
(2) السنهوري، الوسيط ج1 ف 9 ص 108، أستاذنا الدكتور مالك دوهان الحسن، النظرية العامة في الالتزام، الجزء الأول في مصادر الالتزام، بغداد، دار الطبع والنشر الأهلية، 1971 ص 12.
(3) السنهوري، الوسيط ج 1 ف10 ص 10 - 111، الصدة ف 12 ص 17 - 18.

والكسب دون سبب والقانون ونسق في هذه المصادر مابين الفقه الإسلامي والقوانين المدنية الغربية تنسيقا جعل الفقه الإسلامي يماشي هذه القوانين إلى حد بعيد[1] ويذكر أن القانون المدني الأردني قد استخدم تعبير (مصادر الحقوق الشخصية) بدلا من مصادر الالتزام (الباب الأول من القانون) في حين أن القانون المدني المصري استخدم تعبير (مصادر الالتزام) (الباب الأول من الكتاب الأول من القسم الأول) من القانون وهكذا الحال بالنسبة إلى القانون المدني السوري، ولا شك أن تعبير (مصادر الحق) اقرب إلى تعابير الفقه الإسلامي من مصادر الالتزام.

77 - - موقف الفقه الإسلامي من النظرة المادية إلى الدين:

تبرز مظاهر النظرة المادية إلى الدين فيما يأتي:

ا - أجاز الفقهاء وراثة الدين وتملكه بالوراثة وبذلك يتملك الوارث ما لمورثه، على أنه عنصر مالي من عناصر التركة.

ب - أجاز الفقهاء تملك الدين بالإيصاء، فيجوز للدائن أن يوصي بدينه الـذي له في ذمة شخص ما لشخص آخر.

ج - أجاز المالكية والإمامية بيع الدين لغير من هو عليـه إذا تـوفرت شروط ذلك عندهم.

د - أجاز المالكية رهن الدين الذي في ذمة شخص في دين لشخص آخر.

هاء - أجاز الفقهاء حوالة الدين سواء أكانت على اعتبار انها نقل ديـن مـن ذمة إلى أخرى أم بيع دين بدين على خلافهم في تكييفها.

و - عرف الفقهاء الدين بأنه مال حكمي يثبت في الذمة بسبب مـن اسباب ثبوته كاتلاف مال الغير أو غصبه، وهذا صريح في النظرة إلى الدين نظرة مادية.

ز - أجاز الفقهاء وجود التزام لمن لم يتعين كما في الجعالة.

فهذه الأحكام تدل دلالة واضـحة عـلى النظرة الماديـة إلى الـدين في الفقـه الإسلامي[2].

---

(1) الاسباب الموجبة للقانون المدني العراقي، الفقرة (16).

(2) أستاذنا الشيخ المرحوم علي الخفيف، الضمان في الفقه الإسلامي، القسم الأول، القاهرة، معهد البحوث والدراسات العربية، 1971 ص 25 - 27.

78 - ويميز الفقه القانوني بين عنصرين أساسيين في الالتزام هما، عنصر المديونية ويتضمن ناحية الوجوب في الالتزام، فالمديونية رابطة شخصية بين الدائن والمدين تجعل على المدين واجب الوفاء وهي لا تتضمن عامل الاجبار في الوفاء، وعنصر المسؤولية، ويتضمن ناحية الاجبار على تنفيذ الالتزام عند عدم قيام المدين بتنفيذه طوعا[1].

79 - ويرى الأستاذ الدكتور مصطفى الزلمي، بحق، إن عد المديونية والمسؤولية من عناصر الالتزام، خطأ شائع، لأنه مبني على الخلط بين عناصر الشيء وعوارضه الخاصة بعد وجوده، فالمديونية والمسؤولية هما من العوارض اللازمة للالتزام بعد وجوده وليست من عناصره، فانشغال الذمة بحق للغير، والمطالبة بهذا الحق إنما يكونان بعد قيام الالتزام وتوفر عناصره[2] ويذهب الأستاذ الزلمي، إلى أن عناصر الالتزام هي الملتزم (المكلف أو المتحمل أو المدين) والملتزم له (صاحب الحق أو الدائن) والملتزم فيه وهو موضوع الالتزام ويكون محل العقد في الالتزامات التعاقدية والملتزم به، هو محل الالتزام أي الفعل (الأداء الإيجابي) في الواجبات والسلبي (الامتناع) في المحظورات، وسبب الالتزام وهو التصرف الشرعي أو القانوني والواقعة الشرعية (او القانونية) وهذا هو الذي سماه علماء القانون مصدر الالتزام، وهذه التسمية خاطئة بميزان المنطق وفلسفة القانون[3].

80 - موقف الفقه الإسلامي من عنصري المديونية والمسؤولية:

يتفق أكثر الفقهاء المسلمين على أن للالتزام بالدين ووجوبه مظهرين هما وجوب الدين ذاته ووجوب ادائه ومحلهما الذمة ولكن كلا منهمايتعلق بما لا يتعلق به الآخر، فوجوب الدين يتعلق أيضا بالذمة، ووجوب ادائه ويتعلق بمال المدين وإن

---

(1) الدكتور ثروت حبيب، الالتزام الطبيعي حالاته وآثاره، القاهرة مطبعة الرسالة 1961 ف165 ص 389 وما بعدها، الصدة ف 16 ص 22 - 24.

(2) الزلمي، الالتزامات في الشريعة الإسلامية ص19- 20.

(3) المصدر السابق ص 27.

كان محله الذمة أيضا، ويرى فقهاء الإسلام إن هذين المظهرين غير متلازمين وجودا، فقد يوجد وجوب الأداء ولا يوجد شغل الذمة كما في الديون على بيت المال، والدين يطالب به ناظر الوقف عند الحنفية والحنابلة، فليس هناك ذمة تشغل بالدين في رأيهم، إذ صرحوا بأن ليس للوقف ولا لبيت المال ذمة، ولكن يجب على القائم على بيت المال اداؤه من أموال بيت المال وعلى الناظر الأداء من ريع الوقف، وقد يوجد وجوب الدين دون وجوب الأداء كما في دين المؤجل والدين في ذمة صغير مفلس غير مميز ليس له ولي ولا وصي، وقد يكون وجوب الأداء على شخص ووجوب الدين في ذمة شخص آخر كما في الولي يشتري لقاصر بثمن حال كما في الديون في التركة فإنها تعد شاغلة لذمة المتوفى ووجوب الأداء على الوارث أو وصي التركة[1].

81 - ويقوم الفقه القانوني والقانون المعاصر على أساس التمييز بين الحقين العيني والشخصي، ومع كل الجهود التي بذلت من الفقهاء للتقريب بين الحقين، إلا أن التمييز لا يزال قائما، فالحق العيني سلطة مباشرة لشخص على شيء، والحق الشخصي رابطة بين شخصين ثم أن المهم في الحق العيني هو تحديد محله أما الحق الشخصي فالمهم فيه هو تحديد المدين، وصاحب الحق العيني يحصل على حقه مباشرة من العين التي يرد عليها حقه، أما صاحب الحق الشخصي فلا يمكنه الحصول على حقه إلا بمطالبة المدين[2].

82 - أما الفقه الإسلامي فلم يرد فيه تعبير الحق الشخصي ـ أو الالتزام، فهو تعبير استعرناه من الفقه الغربي، ولو دققنا الأمر لوجدنا أن الحق الشخصي ـ أو الالتزام في الفقه الإسلامي يشتمل على عدة روابط قانونية متميزة بعضها عن بعض، ويستعمل الفقهاء في بعض الحالات لفظ (الحق) ويريدون جميع الحقوق المالية وغير المالية، فيقولون حق الله وحق العبد، ويستعملون لفظ (الحقوق) ويريدون به في حالات حقوق الارتفاق وفي حالات أخرى ما ينشأ عن العقد من التزامات غير الالتزام الذي يعتبر حكم العقد، فعقد البيع حكمه نقل ملكية المبيع وحقوقه تسليم

---

(1) الشيخ علي الخفيف، التصرف الانفرادي والإرادة المنفردة، ص27 وما بعدها.
(2) السنهوري الوسيط ج1 ف5 ص 106 الحكيم ف 15 ص 10.

المبيع ودفع الثمن، ويستعملون أحيانا لفظ (الالتزام) ويريدون به غالبا الحالات التي يلزم فيها الشخص نفسه بإرادته المنفردة، ونادرا الالتزامات التي تنشأ عن العقد، أما الالتزامات التي تنشأ عن غير العقد أو التي تنشأ عن المسؤولية العقدية، أي الالتزامات التي تنشأ عن المسؤولية بوجه عام، تقصيرية كانت أم تعاقدية فتسمى (الضمانات) وإذا أردنا أن نورد تعبيرا فقهيا يقابل لفظ (الالتزام) بالمعنى المعروف في الفقه الغربي وجب أن نستعمل تعبيرين هما (الالتزام) و(الضمان) ولانكون، بعد ذلك، استنفدنا جميع الالتزامات التي تنشأ عن مصادرها المختلفة، فالالتزام يشتمل على روابط قانونية متعددة هي التزام بالدين والتزام بالعين والتزام بالعمل والتزام بالتوثيق [1].

83 - بناء على ذلك، لم يتعرض الفقهاء المسلمون إلى قسمة الحق إلى حق عيني وحق شخصي ولا إلى التمييز بين افراد الحقوق المتصلة بالمال من ناحية توقف الانتفاع بها على توسط شخص آخر غير صاحبها أو عدم توقفه ولم يصطلحوا على تسميتها بهذين الاسمين بناء على ذلك، وإن كانت هذه الافراد معروفة في الفقه الإسلامي وتعرض علماؤنا لبيان أحكامها فردا فردا عند الاقتضاء دون نظمها تحت ضوابط عامة وأحكام كلية تجعلها مجموعات لكل مجموعة قواعدها وأحكامها التي تنتظم افرادها [2].

البند الرابع

العقد والمراحل السابقة عليه

84 - هناك شبه بين العقد والمراحل التي تسبقه، كالوعد بالتعاقد والوعد بجعالة والاتفاق الابتدائي، لذلك ندرس هذه المراحل، في هذا البند، تباعا.

اولا - الوعد بالتعاقد:

85 - يعرف الوعد، لغة، تواعد القوم أي: وعد بعضهم بعضا، هذا في

(1) السنهوري، مصادر الحق ج1 ص 9 - 10.
(2) الشيخ علي الخفيف، التصرف الانفرادي والإرادة المنفردة، ص 44 وما بعدها.

الخير أما في الشر فيقال اتعدوا والايعاد أيضا قبول الوعد[1] **بأنه** اخبار الشخص عن إنشاء المخبر معروفا في المستقبل[2] **أو** ما يفرضه الشخص على نفسه لغيره بالإضافة إلى المستقبل لا على سبيل الالتزام في الحال[3] ومن المتفق عليه، إن الوفاء بالوعد مستحب ديانة، لأن الوفاء بالوعد من مكارم الأخلاق ومن أدلة الصدق والإيمان[4].

86 - واختلف الفقهاء في وجوب الوعد قضاء وذلك على النحو الآتي:

1 - الرأي الأول: إن الوفاء بالوعد مستحب وغير واجب ولا يلزم الوفاء به قضاء، ولا اثم إذا وعد وهو يريد الوفاء، ثم عرض ما منعه من الوفاء، أما إذا وعد وهو عازم على عدم الوفاء فهذه امارة النفاق لحديث الرسول الكريم صلى الله عليه وسلم " اية المنافق ثلاث، إذا حدث كذب، وإذا وعد اخلف، وإذا اؤتمن خان "[5] **وإلى** هذا الاتجاه ذهب جمهور الفقهاء، بما فيهم، الأئمة، أبو حنيفة والشافعي وأحمد والظاهرية وبعض المالكية[6] فالواعد إذا ترك الوفاء فقد فاته الفضل وارتكب المكروه كراهة تنزيهية شديدة، ولكن لا يأثم.

2 - الرأي الثاني: إن الوعد كله لازم ويجبر الواعد على الوفاء به ديانة وقضاء[7].

---

(1) مختار صحاح اللغة للرازي ط2 ص 718.
(2) الدكتور بدران أبو العينين، الشريعة الإسلامية، تاريخها ونظرية الملكية والعقد، ص 367.
(3) السنهوري، مصادر الحق، ج1 ص 45.
(4) انظر عبد القادرأحمد عطا، هذا حلال وهذا حرام، دار التراث العربي الطبعة الثانية ص 272 والشيخ عليش في فتاويه، فتح العلي المالك في الفتاوى على مذهب الإمام مالك لأبي عبد الله محمد عليش.
(5) رواه البخاري في صحيحه مع الفتح، كتاب الإيمان ج1 ص89، وصحيح مسلم، كتاب الإيمان ج1 وانظر الشيخ محمد الزهري الغمراوي، السراج الوهاج على متن المنهاج للنووي، بيروت، دار المعرفة، ص 243.
(6) الاذكار للنووي ص 282 ابن حزم، المحلى 28/8، فتح العلي المالك (254/1) الطبرسي في جامع البيان (278/9).
(7) ابن حزم، المحلى، ج8 ص 28 المسألة رقم (1125) وانظر أيضا أعلام الموقعين ج3 ص 402.

3 - الرأي الثالث: وهو ما ذهب إليه المالكية ولهم أربعة اقوال هي:

ا - إن الواعد لا يلزمه الوفاء في جميع الأحوال[1].

ب - إن الواعد يجبر على الوفاء بوعده قضاء في جميع الأحوال[2]. فالوعد يجب الوفاء به على كل حال إلا لعذر[3].

ج - إنه يلزمه الوفاء بالوعد، إذا كان معلقا على سبب وإلا فلا، سواء دخل الموعود في السبب بالفعل أو لم يدخل.

د - إنه ملزم بالوفاء بوعده إذا كان معلقا على سبب ودخل الموعود في السبب بالفعل، وهذا قول الإمام مالك وابن القاسم والقول الأخير هو المشهور الراجح عند المالكية[4] ومن الفقهاء المحدثين من يذهب إلى أن الوعد مستحب ويكره للواعد الاخلاف فيه كراهة شديدة[5] في حين يرى البعض، ونحن نتفق معهم، إن الوعد ملزم ويجب الوفاء به، ما دام القضاء يستطيع الحكم فيه والنفاذ إليه[6]. وتؤيد آيات القرآن الكريم وجوب الوفاء بالوعد، فقد قال سبحانه وتعالى في كتابه العزيز (يَا أَيُّهَا الَّذِينَ آمَنُوا لِمَ تَقُولُونَ مَا لَا تَفْعَلُونَ)[7] (وَأَوْفُوا بِالْعَهْدِ إِنَّ الْعَهْدَ كَانَ

(1) الفروق للقرافي بيروت، دار المعرفة ج4 ص 24 - 25 فتاوى الشيخ عليش ج1 ص 256.

(2) صاحب تهذيب الفروق بهامش الفروق ج4 ص 47 بيروت دار المعرفة.

(3) ابن العربي، أحكام القرآن، ج4 ص 1799 وما بعدها.

(4) فتاوى الشيخ عليش ج1 ص 256 - 258 فتح العلي المالك ج1 ص 217 البهجة شرح التحفة ج2 ص 251 - 252 وانظر المدونة الكبرى ج3 ص 264 بيروت دار الفكر وانظر أحمد فراج حسين ص 133.

(5) الدكتور محمد رضا عبد الجبار العاني، قوة الوعد الملزمة في الشريعة والقانون، مجلة مجمع الفقه الإسلامي، العدد الخامس الجزء الثاني، 1409 للهجرة 1988م ص 779 والدكتور إبراهيم فاضل الدبو، الوفاء بالوعد، بحث منشور في العدد المذكور ص801 - 802 وهناك بحوث قيمة أخرى عن الوفاء بالوعد في العدد ذاته.

(6) الدكتور محمد علي القره داغي، مبدأ الرضائية ج3 ص 1036.

(7) سورة الصف الآية (2، 3).

مَسْئُولًا)[1].

87 - مشروعية الوعد:

الوعد مباح، فلكل شخص أن يعد بالمعروف والخير من يشاء من الناس، لكن الذي ينبغي الاشارة إليه، هو أن يتحفظ الشخص في إطلاق الوعود للناس، لأن الوفاء بالوعد أمر مستقبل، والشخص لا يملك معرفة أحواله المستقبلية **(وَمَا تَدْرِي نَفْسٌ مَاذَا تَكْسِبُ غَدًا)**[2] إذ قد يكون الواعد عاجزا عن الوفاء، فيكون مخلفا للوعد فيوصم بخصلة من خصال النفاق، لذلك فإن الإمام الغزالي (رحمه الله) قد اعتبر وعد الكاذب افة، إذ يقول، إن اللسان سباق إلى الوعد، ثم النفس ربما لا تسمح بالوفاء فيصير الوعد خلفا وذلك من امارات النفاق[3].

88 - التصرفات التي يدخلها الوعد:

هي التصرفات التي تنضوي تحت تصرفات التبرعات كالقرض والإعارة والهبة والصدقة وما شابهها، أما التصرفات التي هي من المعاوضات المالية كالبيع والإجارة ويلحق بها النكاح، فإن الوعد بها لا يلزم بها، وقال (الإمام مالك رحمه الله) من الزم نفسه معروفا لزمه، لذلك فإن البيع والإجارة والنكاح لا تدخل في دائرة التبرعات وإنما الواعد بها يأخذ عوضا عما يعد به فهي من المعاوضات، ونصت المادة (171) من المجلة على أن (صيغة الاستقبال التي هي بمعنى الوعد المجرد هي معنى مساومة في البيع[4] فالبيع وامثاله من المعاوضات المالية تستدعي جزم الإرادتين في مجلس التعاقد، فلا بد أن تكون صيغة الإيجاب والقبول مفيدة للبت في العقد بصورة لا تردد معها ولا تسويف[5].

89 - موقف القانون المعاصر من الوعد بالتعاقد:

يمهد الوعد بالتعاقد لإبرام العقد النهائي لاحقا، فقد يكون الشخص في

---

(1) سورة الإسراء الآية (34).
(2) سورة لقمان الآية (34) وانظر أحكام القرآن للجصاص ج3 ص 442.
(3) إحياء علوم الدين ج3 ص 132.
(4) علي حيدر، شرح المجلة ج1 ص 120.
(5) محمد رضا عبد الجبار العاني ف 9 ص 760.

وضع مالي لا يسمح له بالدخول في تعاقد ولكن يامل أن تتحسن ظروفه المالية، أو تكون له حاجة مستقبلية إلى المعقود عليه، بضاعة أو قطعة ارض، أو سيارة مثلا، فيحصل من صاحب المال على وعد بالتعاقد الذي يختلف عن الإيجاب الملزم، باعتبار أن الوعد بالتعاقد، عقد يلزم لإنشائه توفر التراضي والمحل والسبب، إلا أنه ليس هو العقد النهائي، في حين أن الإيجاب الملزم هو تعبير بات عن الإرادة ويمثل الشق الأول من العقد مصدره الإرادة المنفردة[1] ويرى اتجاه أن الوعد بالتعاقد وسط بين الإيجاب الملزم والعقد النهائي، فهو أكثر من الأول وأقل من الثاني[2] ويشترط لنشوء الوعد بالتعاقد، الاتفاق على المسائل الجوهرية، كالاتفاق على المبيع والثمن وفي الوعد بالإيجارعلى المأجور والأجرة، والمدة التي يجب إبرام العقد الموعود به خلالها (م91 /1 مدني عراقي) واستيفاء الشكل الذي يقتضيه القانون، إذا كان العقد النهائي شكليا (م91/2 مدني عراقي) ويحتاج الواعد، وقت الوعد فقط، إلى الأهلية اللازمة لإبرام العقد النهائي لأنه يلتزم بذلك في هذه اللحظة، أما الموعود له فإن الأهلية اللازمة له في هذه المرحلة هي أهلية الاغتناء، أي أهلية مباشرة الأعمال النافعة نفعا محضا، أما عند الافصاح عن إرادته بقبول الوعد أي إبرام العقد النهائي، فيلتزم بالتزامات الموعود له كافة حيث يتم العقد النهائي[3].

ويجب أن يكون محل الوعد بالتعاقد محلا معينا، وهو إبرام العقد النهائي، فلكي يقع الوعد صحيحا لا باطلا، وجب أن يكون إبرام العقد النهائي، ممكنا قانونا، والأمر لا يكون كذلك إذا كان (في البيع مثلا) إذا كان المبيع

(1) محمود سعد الدين الشريف ص 105.

(2) الدكتور أحمد حشمت أبو استيت، مصادر الالتزام، القاهرة 1963 ص 100 وانظر السنهوري، الوسيط ج4 ص59 الدكتور سمير عبد السيد تناغو، الاسكندرية، عقد البيع، 1970 ص 46.

(3) أستاذنا الدكتور سعدون العامري الوجيز في شرح العقود المسماة، الجزء الأول في البيع والإيجار، بغداد 1974 ص 53 الدكتور جعفر الفضلي، الوجيز في العقود المدنية (البيع والإيجار والمقاولة) عمان 1977 ف 85 ص 45 الدكتور غازي عبد الرحمن ناجي، الوعد بالبيع، مجلة العلوم القانونية والسياسية، كلية القانون والسياسة، جامعة بغداد، العدد الأول 1978 ص 213 - 214.

مستحيلا ماديا أو قانونيا، فإذا كان الشيء المبيع خارجا عـن دائـرة التعامـل وقع الوعد باطلا[1].

ويسقط الوعد بالتعاقد إذا انتهت المدة المحددة للموعود لـه لابداء رغبته ولم يبد رغبته بإبرام العقد، كذلك يسقط الوعد إذا اعرب الموعـود لـه عـن رغبته في عدم إبرام العقد النهائي أو تصرف بشكل يستدل منه عـدم رغبتـه في إبـرام العقد النهائي[2]. أما إذا ابدى الموعود له رغبته في إبرام العقد النهائي، خلال مـدة الوعـد، فيتم العقد بمجرد ابداء الرغبة ولا حاجة إلى قبول جديد من الواعد[3].

ويلاحظ أن القانون المدني الأردني قـد نصت في المـادة (92) منـه عـلى أن (صيغة الاستقبال التي تكون بمعنى الوعد المجرد ينعقد بهـا العقـد وعـدا ملزمـا إذا انصرف إليه قصد العاقدين) وورد في المذكرة الإيضاحية للقانـون (وقد رؤي الأخـذ بقول من ذهب إلى أن الوعد ملزم توسعة عـلى النـاس في المعـاملات)[4] وهو نـص يطابق نص المادة (78) من القانون المـدني العراقـي، كمـا أن المـادة (254) مـن القانون المدني الأردني عرفت الوعد بأنه (الوعد هو ما يفرضه الشـخص عـلى نفسـه لغيره بالإضافة إلى المستقبل لا عـلى سـبيل الالتـزام في المـال وقـد يقـع عـلى عقـد أو عمل) وورد في المذكرة الإيضاحية لهذا القانون (وقـد رؤي الأخذ براي ابن شـبرمة ومـا وافقه في المذهب المالكي استجابة لمبدأ البر بالعهود الـذي تفرضـه الاديـان والاخـلاق وحسن النية في المعاملات بين الناس[5] أما القانون المدني المصري فقد نصت على أنه (إذا وعد شخص بإبرام عقد ثم نكل وقاضاه المتعاقد الاخرطالبا تنفيذ الوعـد وكانـت الشروط اللازمة لتمام العقد وبخاصة ما يتعلق منها بالشكل

---

(1) السنهوري، الوسيط ج4 عقد البيع ص 62 هامش 2 الدكتور عبد المنعم البدراوي عقد البيع في القانون المدني القاهرة 1957 ف 93 ص 139 ومؤلفنا في مصادر الالتزام ص 68.
(2) السنهوري الوسيط ج4 ص 67، ناجي ص 226 - 227.
(3) انظر مؤلفنا في مصادر الالتزام، ص 70.
(4) الجزء الأول من المذكرات للقانون (اعداد المكتب الفني لنقابة المحامين /عمان/2000) ص 106.
(5) المصدر السابق ص 279.

متوافرة قام الحكم متى حاز قوة الشيء به مقام العقد)[1].

ثانيا - الوعد بجعل (الجعالة / الجائزة):

1 - في الفقه الإسلامي:

90 - الجعالة هي الالتزام بمال معلوم نظير عمل معين معلوم أو لابسته جهالة وقد يكون الإيجاب موجها لشخص معلوم أو لشخص غير معلوم، والوعد بجعالة من اهم تطبيقات الإرادة المنفردة، والأمثلة على الوعد بجائزة كثيرة في الحياة العملية، كأن يعلن شخص طبيعي أو معنوي عن جائزة يمنحها لمن يكتشف دواء لمرض معين أو يعثر على شيء ضائع أو ينجز بحثا علميا في موضوع معين، والوعد بجعالة معروف في الفقه الإسلامي، ويعالجه الفقهاء المسلمون في باب خاص هو كتاب (الجعالة) منطلقين من قوله سبحانه وتعالى (قَالُوا وَأَقْبَلُوا عَلَيْهِمْ مَاذَا تَفْقِدُونَ (71) قَالُوا نَفْقِدُ صُوَاعَ الْمَلِكِ وَلِمَنْ جَاءَ بِهِ حِمْلُ بَعِيرٍ وَأَنَا بِهِ زَعِيمٌ) [2] وللجعالة أركان في الفقه الإسلامي، هي الصيغة والجاعل والعامل والعمل والعوض ويتساوى في نظر هذا الفقه أن يكون الإيجاب موجها إلى الجمهور أو إلى شخص معين[3].

91 - والجعالة، عقد فاسد عند الحنفية، لأنه من قبيل الإجارة التي لم تستوف شروط صحتها من العلم بالعمل والعلم بالأجير وقبوله في المجلس والعلم بالمدة فيما يحتاج إلى مدة وغير ذلك من الشروط[4] ويرى المالكية والشافعية والحنابلة والشيعة الجعفرية وبعض الزيدية انها عقد صحيح ويرى أهل الظاهر أنه لا يقضى بها وإن استحب الوفاء[5].

92 - 2 - في القانون المعاصر:

يشترط أن يكون الواعد متمتعا بأهلية الأداء وأن يكون رضاؤه سليما غير

(1) وهو نص يطابق م103 سوري، م101 ليبي، م86 سوداني، م915 كويتي.
(2) سورة يوسف (71، 72).
(3) انظر في تفصيل الأمر الشيخ المرحوم علي الخفيف، التصرف الانفرادي ص155 وما بعدها.
(4) ابن حزم، المحلى ج8 ص 1327 وما بعدها، الكاساني، البدائع، ج4 ص 184.
(5) المذكرة الاضاحية للقانون المدني الأردني ج1 ص 280.

مشوب بأحد عيوب الإرادة، وأن تتجه إرادته إلى غرض مشروع، أي أن يكون الباعث على الالتزام مشروعا، ومن الطبيعي أن يكون الواعد جادا في وعده، ويشترط أن تتوجه الإرادة إلى جمهور المواطنين لا إلى شخص معين، وهذا ماتميز الإرادة المنفردة عن العقد، فالإرادة إذا وجهت إلى شخص معين أو إلى اشخاص معينين لم تعد وعدا، بل تصبح إيجابا يجب اقتران القبول به، ويلاحظ أن القانون المدني العراقي لم ينص على مثل هذا الشرط، ولكنه مفهوم ضمنا من تطبيق القواعد العامة[1]، فقد نصت الفقرة (1) من المادة (185) من هذا القانون على أن (من وعد بجعل يعطيه لمن يقوم بعمل معين التزم باعطاء الجعل لمن قام بهذا العمل حتى لو قام به دون نظر إلى وعد)[2]. ويجب أن توجه الإرادة بطريق علني، كالاعلان في اجهزة الإعلام المختلفة المقروءة والمرئية والمسموعة، وأن يتضمن الاعلان عن جائزة معينة يلتزم الواعد بها وعملا معينا يجب القيام به لاستحقاق الجائزة[3] **وإذا** لم يحدد الواعد أجلا للقيام بالعمل جاز له الرجوع في وعده على ألا يؤثر ذلك في حق من قام بالعمل قبل الرجوع، وتسقط دعوى المطالبة بالجعل إذا لم ترفع خلال ستة اشهر من تاريخ اعلان القبول[4].

93 - ثالثا - الاتفاق الابتدائي:

قد يريد شخصان التعاقد، ولكنهما لا يستطيعان ذلك في الحال، فقد يتطلب الأمر نفقات كبيرة غير متوفرة لديهما، أو أن بيع العقار يتوقف على الانتهاء من تصديق التصميم الأساسي للمنطقة التي يقع العقار فيها أو أن من المحتمل أن يدخل العقار ضمن عقارات يراد استملاكها لإنشاء مشروع عام أو توسيعه، فيتفقان اتفاقا ابتدائيا يتعهد فيه كل منهما بإتمام العقد في خلال مدة محددة في الاتفاق[5]

---

(1) الحكيم الموجز ف 779 ص 455 ومؤلفنا في مصادر الالتزام ص 247.
(2) انظر م 1/162 مصري م 1/163 سوري م255/أردني م (الفصل 15) الالتزامات والعقود المغربي.
(3) انظر مؤلفنا في مصادر الالتزام ص 247.
(4) انظر المواد (2/185، 3) عراقي (162م2) مصري (2/163) سوري (2/255) أردني (الفصل 16و17) مغربي وللتفصيل انظر مؤلفنا في مصادر الالتزام ص 247 - 248.
(5) الحكيم، الوسيط في نظرية العقد ف 240ص 930 ومؤلفنا في مصادر الالتزام ص 71.

ونصت المادة (91) من القانون المدني العراقي على شروط وأحكام الاتفاق الابتدائي بقولها (1 - الاتفاق الابتدائي الذي يتعهد بموجبه كلا المتعاقدين أو أحدهما بإبرام عقد معين في المستقبل لا يكون صحيحا إلا إذا حددت المسائل الجوهرية للعقد المراد إبرامه والمدة التي يجب أن يبرم فيها. 2 - فإذا اشترط القانون للعقد استيفاء شكل معين فهذا الشكل تجب مراعاته أيضا في الاتفاق الابتدائي الذي يتضمن وعدا بإبرام هذا العقد)[1].

وينشئ هذا الاتفاق حقا شخصيا لكل من الطرفين بإبرام العقد النهائي إذا اراد هو، والتزاما على عاتق كل منهما بإبرام العقد النهائي إذا ابدى الطرف الآخر رغبته، ولا يترتب على الاتفاق الابتدائي انتقال حق عيني، وإذا حل الميعاد النهائي لإبرام العقد النهائي أصبح الاتفاق الابتدائي عقدا باتا على كل من الطرفين تنفيذه، وإذا امتنع أحدهما عن التنفيذ، تمكن الآخر من اللجوء إلى القضاء لاجباره على ذلك، أما إذا لم يبد أي منهما رغبته في التنفيذ، اعتبر ذلك إقالة منهما للعقد[2].

المبحث الثاني
حرية التعاقد واشتراط الشروط

94 - ينشأ العقد بإرادة الطرفين، فإذا تم العقد ترتبت عليه آثاره الشرعية، ولكن ثبوت هذه الآثار يكون بحكم الشارع، أي أن الإرادة هي التي تنشئ العقد، ثم أن الشارع هو الذي يرتب على كل عقد آثارا معينة، ولهذا يقول الفقهاء، إن العقود اسباب جعلية شرعية، أي أن الشارع هو الذي جعل العقود اسبابا مفضية إلى آثارها، ولولا هذا الجعل من الشارع لما كانت هذه العقود اسبابا لآثارها[3]. ويقول الإمام (ابن تيميه) (إن الأحكام الثابتة بأفعالنا، كالملك الثابت بالبيع، وملك البضع الثابت بالنكاح، نحن احدثنا اسباب تلك الأحكام، والشارع أثبت الحكم لثبوت سببه منا،

---

(1) المواد (101) مصري (102) سوري (105) أردني (19) مغربي.
(2) الحكيم، الوسيط ف 250 - 251، مالك دوهان الحسن ص 260 - 162.
(3) أستاذنا الدكتور عبد الكريم زيدان، المدخل لدراسة الشريعة الإسلامية، بغداد مطبعة العاني ط 4 1389 للهجرة 1969 م ف 465 ص 392. وانظر أبو زهرة ف 127 ص 227.

لم نثبته ابتداء[1]. وندرس حرية الإرادة في إنشاء العقد في المطلب الأول، على أن ندرس حرية الإرادة في اشتراط الشروط في المطلب الثاني.

المطلب الأول

حرية الإرادة في إنشاء العقد

95 - في الفقه الإسلامي ثلاثة اتجاهات بصدد هذه الحرية ومداها، وندرسها في ثلاثة بنود متتابعة.

البند الأول

الاتجاه المضيق

96 - الأصل في العقود الحظر، إلا ما ورد عن الشارع اباحته، فهذا الاتجاه يقيد إرادة الإنسان ويضيق عليها المجال في باب العقود، فآثار العقود وأحكامها جميعها من عمل الشارع، والأصل هو تحريم كل عقد إلا ما ورد الشرع بإجازته، وإلى هذا اتجه المذهب الظاهري، فلم يصحح هذا المذهب عقدا إلا ما ثبت جوازه بنص أو اجماع، وإذا لم يثبت أبطله[2]. فبموجب هذا الاتجاه، نكون مقيدين بعدد العقود التي تذكرها الكتب ووردت بها الآثار ودلت عليها المصادر الشرعية والأدلة الفقهية، فما لم يقم عليه الدليل فهو ممنوع، والوفاء به غير لازم، لأنه لا التزام إلا بما الزم به الشرع، فليس للناس إذن، على هذا القول، أن يعقدوا ما شاءوا من العقود، إلا إذا وجد من الأدلة الفقهية ما يدل عليه ويوجب الوفاء به[3].

97 - والأدلة التي استند إليها هذا الاتجاه هي:

1 - الكتاب: قال تعالى في كتابه العزيز (الْيَوْمَ أَكْمَلْتُ لَكُمْ دِينَكُمْ)[4]

---

(1) فتاوى ابن تيميه ج3 ص 335.
(2) فتاوى ابن تيميه ج3 ص 323، زيدان ف 466 ص 393 117.
(3) أبو زهرة ف 130 ص 233.
(4) سورة المائدة (الآية) (3).

و(وَمَنْ يَتَعَدَّ حُدُودَ اللَّهِ فَأُولَئِكَ هُمُ الظَّالِمُونَ)[1]. و(وَمَنْ يَعْصِ اللَّهَ وَرَسُولَهُ وَيَتَعَدَّ حُدُودَهُ يُدْخِلْهُ نَارًا خَالِدًا فِيهَا)[2].

فإنشاء العقود التي لم يشرعها الإسلام يكون من باب التعدى لحدود الله، والزيادة في دينه، وهذا لا يجوز، فالشريعة الإسلامية رسمت حدودا واقامت معالم لرفع الحق ولتسود المعاملة العادلة بين الناس فلا شطط، ولم تترك أمر الناس فرطا بلا ضوابط ولا حدود ولا قيود تمنع الظلم والغرر والجهالة المفضية إلى النزاع، فكل عقد لم يرد به دليل مثبت له من الشرع أو لا يعتمد على أصوله الثابتة فهو تعد لحدود الشريعة، وما يكون فيه تعد لحدودها لا تقره ولا توجب الوفاء به[3].

2 - السنة: قال رسول الله صلى الله عليه وسلم (من عمل عملا ليس عليه امرنا فهو رد)[4] ومن يعقد عقدا لم يرد به النص الشرعي فيكون خارجا عن أمر الشرع ويكون باطلا[5]. فكل عقد لا يعلم به مصدر من مصادر الشريعة فهو باطل[6].

3 - المعقول - يقول ابن حزم[7](يقال لمن اوجب الوفاء بعقد أو عهد أو شرط أو وعد... إما أن يكون في نص القرآن أو السنة إيجابه وانفاذه، فإن كان ذلك، فنحن لانخالفكم في انفاذ ذلك وإيجابه، وإما أن يكون ليس في نص القرآن ولا في السنة إيجابه وانفاذه.. ففي هذا اختلفنا، فإذا كان هكذا فإنه ضرورة لا ينفك من احد أربعة أوجه لا خامس لها أصلا وهي كما يلي:

ا - إما أن يكون العاقد التزم بعقده أو بشرطه اباحة ما حرمه الله.

ب - أما أن يلتزم بعقده أو بشرطه تحريم ما احله الله.

ج - أما أن يلتزم العاقد اسقاط ما اوجبه الله.

---

(1) سورة البقرة الآية (229).
(2) سورة النساء الآية (14).
(3) أبو زهرة ف 132 ص 233 البعلي ص30.
(4) رواه مسلم، مختصر صحيح مسلم (1237).
(5) ابن حزم، الأحكام في أصول الأحكام، ج5 ص32.
(6) البعلي ص 31 وانظر كاسب عبد الكريم البدران، عقد الاستصناع في الفقه الإسلامي، دراسة مقارنة، الاسكندرية، دار الدعوة، 1980.
(7) الأحكام في أصول الأحكام ج5 ص 6 وما بعدها.

د - أما أن يوجب العاقد على نفسه بعقده ما لم يوجبه الله عليه، فكل وجه من هذه الوجوه لا يجوز.

ورد ابن حزم حجة أصحاب الاتجاه الموسع في العقود، بأن الآيات والاحاديث ليست على عمومها، ولكنها في بعض العهود والعقود والشروط، وهي ما جاء في القرآن والسنة بالالزام به فقط، كما قال... إن الآيات التي تأمر بالوفاء بالعهد حجة لنا لا علينا، لأن العهد جاء فيها مضافا إلى الله، (وبعهد الله اوفوا) ولا يضاف إلى الله إلا ما أمر به لا ما نهى عنه، وأما الأحاديث التي تجعل اخلاف الوعد خصلة من خصال النفاق.. فالمراد بالوعد فيها ما افترض الله الوفاء به، والزم فعله، كالديون الواجبة والأمانات الواجبة اداؤها.

البند الثاني

الاتجاه الموسع

98 - الأصل في العقود الاباحة إلا ما ورد من الشارع الكريم نص بتحريمه، وذهب إلى ذلك فقهاء الحنفية والشافعية والمالكية والحنابلة وعلى راسهم (ابن تيميه وتلميذه ابن القيم) ويرى هذا الاتجاه، إطلاق إرادة الإنسان في العقود ويعطونه حرية واسعة في هذا المجال، ولا يقيدونه ولا يضيقون عليه المجال، كما يفعل أهل الظاهر، فالأصل عندهم، في العقود، الصحة والجواز، فلا يحرم ويبطل منها إلا مادل على تحريمه وإبطاله نص في الكتب أو في السنة أو اجماع صحيح أو قياس معتبر[1].

99 - والأدلة التي استند إليها هذا الاتجاه هي:

1 - الكتاب: قال تعالى في كتابه العزيز (يَا أَيُّهَا الَّذِينَ آمَنُوا أَوْفُوا بِالْعُقُودِ)[2](إِلَّا أَنْ تَكُونَ تِجَارَةً عَنْ تَرَاضٍ مِنْكُمْ)[3] و(وَالْمُوفُونَ بِعَهْدِهِمْ

---

(1) فتاوى ابن تيميه ج3 ص 329 وما بعدها ونظرية العقد ابن تيميه ص 15 - 16.
(2) سورة المائدة الآية (1).
(3) النساء الآية (29).

إِذَا عَاهَدُوا) [1] و(بَلَى مَنْ أَوْفَى بِعَهْدِهِ وَاتَّقَى فَإِنَّ اللَّهَ يُحِبُّ الْمُتَّقِينَ) [2] و(وَأَوْفُوا بِعَهْدِ اللَّهِ إِذَا عَاهَدْتُمْ وَلَا تَنْقُضُوا الْأَيْمَانَ بَعْدَ تَوْكِيدِهَا) [3].

2 - السنة: في الحديث النبوي الشريف تعداد لخصال المنافق ومنها إذا عاهد وغدر، وفي حديث نبوي آخر (ثلاثة انا خصمهم يوم القيامة، رجل اعطى بي ثم غدر ورجل باع حرا ثم اكل ثمنه ورجل استأجر أجيرا فاستوفى منه ولم يعطه أجره) و(الصلح جائز بين المسلمين إلا صلحا حرم حلالا أو احل حراما، والمسلمون على شروطهم إلا شرطا حرم حلالا أو احل حراما)[4] وماورد في صحيح مسلم عن عبد الله بن عمر (رضي الله عنهما) قال، قال رسول الله صلى الله عليه وسلم (أربع من كن فيه كان منافقا خالصا، ومن كانت فيه خلة منها كانت فيه خلة من نفاق حتى يدعها، إذا حدث كذب، وإذا عاهد غدر، وإذا وعد اخلف، وإذا خاصم فجر)[5].

3 - تعد العقود من الافعال العادية، والأصل فيها عدم التحريم حتى يدل دليل على التحريم، وإذا لم تكن حراما كانت مباحة، وقد قال الله سبحانه وتعالى (وَقَدْ فَصَّلَ لَكُمْ مَا حَرَّمَ عَلَيْكُمْ) [6] وهذا عام في الأعيان والأفعال، وليس في الشرع كلها ما يدل على تحريم جنس العقود وقد شرعها كلها بمثل قوله تعالى (وَأَحَلَّ اللَّهُ الْبَيْعَ) [7].

4 - من القواعد الفقهية، الثابت بالعرف كالثابت بالنص، وهذه القاعدة

---

(1) سورة البقرة الآية (177).

(2) سورة آل عمران الآية (76).

(3) سورة النحل الآية (91).

(4) نيل الأوطار للشوكاني ج5 ص 255.

(5) جاء في لفظ عن سفيان ﷺ (. وإن كانت فيه خصلة منهن كانت فيه خصلة من النفاق) رواه مسلم، مختصر مسلم رقم الحديث (26) مختصر مسلم للحافظ المنذري، تحقيق محمد ناصر الالباني ط3 1388 للهجرة، باشراف الدار الكويتية للطباعة، الكويت.

(6) سورة الانعام الآية (119).

(7) سورة البقرة الآية (275).

كافية لفتح باب التعاقد وإطلاق الحرية للمتعاقدين[1] فالأصـل في العـادات عدم الحظر إلا ما حظر الله ورسوله[2].

5 - الأصل في العقود التراضي، فقد قال الله سبحانه وتعالى في كتابه العزيز (إِلَّا أَنْ تَكُونَ تِجَارَةً عَنْ تَرَاضٍ مِنْكُمْ) [3] فلم يشترط في التجارة إلا التراضي وذلك يقتضي أن التراضي هو المبيح للتجارة، فإذا كان الأمر كذلك، فإن تراض المتعاقدان ثبت حل ما تراضيا عليه إلا أن يتضمن ما حرمه الله ورسوله كالتجارة في الخمر ونحو ذلك[4] ومن الحنفية قال الزيلعي (لانسلم أن حرمة البيع أصل، بل الأصل هو الحل، والحرمة إذا ثبتت، إنما تثبت بالدليل الموجب لها)[5] وقال الكاساني، في باب الشركات (إن هذه العقود شرعت لمصالح العباد وحاجاتهم إلى استنماء المال، وهذا النوع، " يقصد شركة العنان " طريق صالح للاستنماء، فكان مشروعا)[6] وفي عقد المضاربة، قال (الكاساني) (إن الناس يحتاجون إلى هذا العقد " أي عقد المضاربة " لأن الإنسان قد يكون له مال لكنه لا يهتدي إلى التجارة، وقد يهتدي إلى التجارة ولكنه لا مال له.. فكان في شرع هذا العقد دفع الحاجتين والله تعالى ما شرع العقود إلا لمصالح العباد ودفع حوائجهم)[7] ونقل عن فقهاء المالكية والشافعية عبارات تفيد أن الأصل في الافعال العادية (الافعال التي ليست بعبادة) هو الجواز والاباحة، وإنه لا يحرم شيء منها إلا بدليل معين يدل على التحريم استنادا إلى قوله تعالى (هُوَ الَّذِي خَلَقَ لَكُمْ مَا فِي الْأَرْضِ جَمِيعًا) [8] وفي الام للشافعي (إن أصل البيوع كلها مباح إذا كانت برضا المتبايعين

(1) أبو زهرة ف 132 ص 235 - 236 زيدان ف 469 ص397.
(2) الموافقات للشاطبي ج2 ص21 والفروق للقرافي ج3 ص135.
(3) سورة النساء الآية (29).
(4) زيدان ف 469 ص 397.
(5) تبيين الحقائق للزيلعي ج4 ص87.
(6) بدائع الصنائع ج8 ص 3588.
(7) المصدر السابق، المكان ذاته.
(8) سورة البقرة الآية (29).

الجائزي الأمر فيما تبايعا، إلا ما نهى عنه رسول الله صلى الله عليه وسلم)[1] وذكر الشاطبي في الموافقات (إن القاعدة المستمرة بين العلماء هي التفرقة بين العبادات والمعاملات، فالأصل في الأولى ألا يقدم عليها المكلف إلا بإذن، إذ لا مجال للعقول في اختراع التعبدات... والأصل في الثانية الاباحة حتى يدل الدليل على خلافه)[2] أما الحنابلة فإن معظم كتبهم تشير إلى القول بأن الأصل في العقود الاباحة، إلا مانهى الشارع عنه، وقد صرح بذلك شيخ الإسلام " ابن تيميه "[3].

البند الثالث

الاتجاه الوسط

100 - إن الرأي الغالب على السابقين من أهل الفقه، لا يؤدي إلى تضييق المعاملات على الناس، فالكثرة من اولئك الذين منعوا الوفاء بالعقد، حتى يقوم الدليل قد وسعوا في الأدلة المثبتة لجواز العقد، حتى وسعت تلك الأدلة كل ما تجري به المعاملات أو أكثره، حتى لا يكون الناس في ضيق، فأكثرهم يقرر بعض أو كل الأصول الآتية:

1 - المصالح المرسلة: هي المصالح التي لم يشرع الشارع أحكاما لتحقيقها ولم يقم دليل معين على اعتبارها أو الغائها[4] فهي تثبت أن كل ما فيه مصلحة غير محرمة يجيزه الشارع، ويقصد بالمصلحة عن الأصوليين، وكما عرفه (الإمام الغزالي) (المحافظة على مقصود الشرع، ومقصود الشرع من الخلق خمسة، وهو أن يحفظ عليهم دينهم ونفسهم وعقلهم ونسلهم ومالهم، فكل مايتضمن حفظ هذه الأصول الخمسة فهو مصلحة وكل مايفوت هذه الأصول فهو مفسدة، ودفعه مصلحة[5] والمصلحة المرسلة هي التي لا يوجد دليل شرعي خاص باعتبارها أو الغائها، وإلا انها تتفق من مقاصد الشريعة واهدافها العامة، وسميت

---

(1) الام للشافعي ج3 ص2.

(2) ص284 - 285.

(3) القواعد النورانية ص184 وما بعدها.

(4) زيدان ف 221 ص 202.

(5) المستصفى ج1 ص 286 وانظر أبو زهرة ف 133 ص 237 - 238.

بالمصالح المرسلة لارسالها أي إطلاقها عن الدليل الشرعي الخاص الـذي يـدل على اعتبارها أو الغائها، ويسميها بعض العلماء بالاستصلاح، أي العمـل بالمصـلحة [1]، والاستصلاح هو بناء الأحكام الفقهية على مقتضى المصالح المرسلة، وهي كل مصلحة داخلة في مقاصد الشارع ولم يرد في الشرع نص عـلى اعتبارهـا بعينهـا أو بنوعها ولا على استبعادها [2]. وإن الإمام (مالك) أخذ بالمصالح المرسلة كما أن المذهبين الحنفـي والمالكي واتباعهما أكثر الفقهاء اعتمادا على الاستحسان والاستصلاح وعملا بهـما، كـما أن الاجتهاد المالكي نحا منحى الاجتهاد المالكي في اعتبار المصالح أصلا يعتمد عليـه في تقرير الأحكام، وذهبت الشافعية إلى انكار نظريـة الاستصلاح، بحجـة أن الشريعة تكفلت ببيان ما يحتاج الإنسان إلى معرفته، أما بالنص الصريح في الكتاب والسـنة أو بالاشارة أو بطريق القياس المشروع [3] ونتفق مع الاتجاه الذي يرى أن الأخذ بالمصالح المرسلة فيه فتح لباب التعاقد واحترامه إذا تحققت فيه مصلحة مهما تكن ما دامت متلائمة مع اغراض الشارع أو غير منافية لمراميه [4].

2 - الاستحسان: وهو العدول بالمسألة عـن حكم نظائرهـا إلى حكـم آخـر، لوجه اقوى يقتضي هذا العدول، وهو عدول المجتهد عن قياس جلي إلى قياس خفي، أو عدول المجتهد عن حكم كلي إلى حكم اسـتثنائي لـدليل رجـح لـه هـذا العـدول، فالمجتهد إذا لم يجـد في المسـألة المطروحـة أمامـه حكـما في الكتـاب أو السـنة أو الاجماع، ووجد لها شبها جليا بمسألة معينة فيها حكم شرعي، ووجد لها أيضا شـبها خفيا بمسألة أخرى فيها حكم شرعي يختلف عن الحكم في المسألة الأولى، ثم عـدل المجتهد عن القياس الجلي إلى القياس الخفي لدليل قام عنده كـان ذلـك استحسانا، وسمي الحكم الثابت به حكما مستحسنا، أو ثابتا على خلاف القياس المعروف عند الأصوليين، والأدلة التي يثبت بها الاستحسان كثيرة ومتعددة،

---

(1) أنور محمود دبور ف 383 ص 282 وهامش رقم (3) من الصفحة ذاتها.
(2) الأستاذ مصطفى أحمد الزرقا، الاستصلاح والمصالح المرسلة في الشريعة الإسلامية وأصول فقهها، دمشق، دار القلم 1988م 1408 للهجرة ف 22 ص 39.
(3) المصدر السابق ف37 ص 60 ف 39 ص 65 ف 44 ص 74.
(4) أبو زهرة ف 136 ص 244.

فهـو يثبـت بـالنص أو بـالاجماع أو بالضـرورة أو بـالعرف، أو بالمصـلحة أو بالقياس الخفي [1].

ويفتح الاستحسان الباب واسعا لحرية التعاقد، وقد انكر هذا الأصل الإمام الشافعي، ومن نحا نحوه في الأصول والفروع، وقال: من استحسن فقد شرع، يقصد بذلك أنه افتى باستحسانه، فقد جعل نفسـه شارعا لا مجتهـدا، والشارع، في نظر الشريعة، هو الله وحده، ولكن الإمام (ابو حنيفة) وأصحابه والإمام (مالك) اخـذوا بالاستحسان، حتى أنه يروى عنه أنه قال (تسعة اعشار العلم الاستحسان) ويرى البعض أن الاستحسان هو القياس الخفي [2] وهناك عقود كالمزارعة والمساقاة أجازها الاستحسان، عند الحنفية، ولقد بالغ بعض فقهاء المالكيـة في الاستحسان، حتـى قـال إنه عماد العلم، ولو طبقنا الاستحسان، لفتحنا ابوابه في العقود اوسع كل ما تقتضيه المعاملات من العقود التي لم يرد نص صريح قاطع بتحريمها كالعقود الربوية [3].

3 - العرف: إن جمهـور الفقهـاء (الحنفيـة والمالكيـة والشـافعية) احتجوا بالعرف باعتبار أن القاعدة تقول إن ما يجري بـه العرف يقرـه الشارع ما لم يكون مصادم النص، والعرف هو مـا تعارف عليـه جمهـور النـاس، لـذلك اعتبروه مصدرا للتشريع، واستدلوا بالأدلة الآتية:

ا - قوله تعالى (خُذِ الْعَفْوَ وَأْمُرْ بِالْعُرْفِ) [4] فيدل ظاهر الآية على أن العرف يجب العمل به.

ب - قولـه صلـى الله عليـه وسـلم (ما رآه المسلمون حسنا فهـو عنـد الله حسن) [5].

ج - إن تعارف الناس على أمر من الأمور يدل على أن هذا الأمر في

(1) محمود أنور دبور ف 368، 369 ص 268 - 269.
(2) الإمام الغزالي، المستصفى، ج1 ص 274 وما بعدها، كشف الاسرار على أصول فخر الإسلام البزدوي ج4 ص 1123.
(3) أبو زهرة ف 135 ص 242.
(4) سورة الأعراف الآية (199).
(5) رواه الإمام أحمد في كتاب السنة عن ابن مسعود انظر مسند الإمام أحمد بن حنبل ج6 ص84.

مصلحة لهم أو دفع للحرج عليهم، ولا شك أن جلب المصلحة ودفع الحرج من اهم مقاصد الشريعة[1] ومن شروط الاحتجاج بالعرف ما يأتي:

(1) ألا يتعارض العرف مع نص قطعي في القرآن أو السنة.

(2) ألا يعارض العرف اتفاق على خلافه.

(3) أن يكون العرف معمولا به في جميع الحوادث والوقائع أو أغلبها[2].

فالعرف عند الحنفية، أصل ثابت، والثابت بالعرف كالثابت بالنص، فالأمر الثابت بالعرف ثابت بدليل شرعي، لأن العرف يعتبر من الدلالات الشرعية اعتمادا على الأثر (ما رآه المسلمون حسنا فهو عند الله حسن)[3] والعرف لا يعارض النص، بل يسقط العرف بجواز النص، وإن العرف دليل شرعي، وإن ما يثبته العرف يقره الشرع ما لم يكن هناك نص يخالفه، والمثال على ذلك عقد الاستصناع، فالتعامل جرى به بين الناس، ومن العقود التي يقرها العرف، شركات المساهمة وغيرها مما اوجده التعامل في العصر الحاضر وهي عقود شرعية يقرها فقه (ابو حنيفة) ما دامت لا تخالف نصا في الشرع، ويكون هذا من تقرير حرية التعاقد وارسالها غير مقيدة إلا بالعرف[4]. فهذه الأصول، لو أخذناها أو ببعضها، وطبقناها في العقود لوجدنا الأكثرين من الفقهاء، قد فتحوا الباب ولم يضيقوا واسعا على الناس وهم يتقاربون بهذا، ممن يقولون إن الأصل في العقود الاباحة حتى يقوم الدليل، وبذلك تخف حدة الخلاف ويهون الفرق[5].

البند الرابع
الرأي الراجح

101 - إن الرأي الراجح والمختار للعمل والفتوى هو ما رآه جمهور الفقهاء وما صرح به (الإمام ابن تيميه رحمه الله) من أن الأصل في العقود هو

(1) محمود أنور دبور ف 394 ص 289.
(2) المصدر السابق ف 395 ص 289 - 290.
(3) رسائل ابن عابدين ج2 ص115.
(4) أبو زهرة ف134 ص240.
(5) المصدر السابق ف 134 ص 238.

الاباحة، وذلك للاسباب الآتية[1]:

1 - الأدلة الواردة على هذا الأمر لم تنتقض، ولم يقدح في دلالتها ما قاله الاتجاه المضيق وما ساقوه من أدلة.

2 - إن الشارع ينص في عمومياته على التيسير على الناس، وإن هذا الدين يسر لا عسر فيه، قال تعالى(وَمَا جَعَلَ عَلَيْكُمْ فِي الدِّينِ مِنْ حَرَجٍ)[2] فهذا وغيره يقتضي أن تطلق حرية المكلف في أن ينشئ من عهد ووعد والتزام طالما ما انشاه وينشئه لا يخالف نصا صريحا من كتاب أو سنة، وهذا يتفق مع قوله تعالى (فَامْشُوا فِي مَنَاكِبِهَا وَكُلُوا مِنْ رِزْقِهِ وَإِلَيْهِ النُّشُورُ)[3].

102 - يقول المرحوم الأستاذ السنهوري، إن ماذكره الفقهاء المسلمون من العقود المسماة إنما هي العقود التي يغلب أن يقع التعامل بها في زمنهم.. فإذا استحدثت الحضارة عقودا أخرى توفرت فيها الشروط المقررة فقها... كانت عقودا مشروعة، وعلى هذه السياسة الشرعية جرى التقنين المدني العراقي حيث جاء في نص المادة (75) (يصح أن يرد العقد على أي شيء آخر لا يكون الالتزام به ممنوعا بالقانون أو مخالفا للنظام العام أو الاداب) ويلاحظ أن دائرة النظام العام في الفقه الإسلامي اوسع منها في الفقه الغربي، فتحريم العقود الربوية، وتحريم عقود الغرر يوسعان كثيرا من هذه الدائرة في الفقه الإسلامي، فالأصل إذن في الفقه الإسلامي هو حرية التعاقد في حدود النظام العام، إلا أن كثرة القواعد التي تعتبرمن النظام العام تضيق من هذه الحرية[4].

---

(1) انظر قرار هيئة كبار العلماء بالمملكة العربية السعودية، مجلة البحوث الإسلامية، مجلد، العدد (2) ص 140 - 141 وانظر المذكرات الإيضاحية للقانون المدني الأردني ج1 ص 96 - 98.
(2) سورة الحج الآية (78).
(3) سورة الملك الآية (15).
(4) انظر مصادر الحق ج1 ص 81 وكاسب عبد الكريم البدران عقد الاستصناع، ص 37 - 38.

البند الخامس
حرية التعاقد في القانون المعاصر

103 - مرت الإرادة من حيث حريتها وكفايتها لإنشاء العقود بأدوار عديدة، ففي القانون الروماني كانت حرية الإرادة في إنشاء العقد ضيقة، وذلك للشكلية المهيمنة وضرورة صب الاتفاقيات في قوالب وشكليات معينة لتنتج آثارها ثم تطورت الأمور وانتصرت الإرادة في أربعة عقود هي (البيع والإجارة والشركة والوكالة) ومع ذلك بقي القانون الروماني لا يعترف بمبدأ الرضائية في العقود، كمبدأ عام، بل بقيت الشكليات، فبالرغم، من تخفيفها، هي التي تنشئ العقد، ومع انتصار المذهب الفردي، ساد مبدأ سلطان الإرادة، الذي ترتب عليه، الإقرار بحرية الافراد في التعاقد أو عدم التعاقد وإنهم احرار في مناقشة شروط العقد ومحتوياته على قدم المساواة مع مراعاة قواعد النظام العام، ولانتشار المذاهب الاجتماعية انتكس مبدأ سلطان الإرادة، بحيث وصل الأمر إلى نفي المبدأ إطلاقا حتى من دائرة العقد، ثم ظهر اتجاه معتدل بين الاتجاهين، يرى ضرورة الرجوع إلى مبدأ سلطان الإرادة كأصل ولكن في حدود معينة، ففي ميدان القانون العام، لا سلطان للإرادة فيها، أما في نطاق القانون الخاص، ففي المعاملات المالية نجد أن دور الإرادة في الحقوق العينية اضعف منه في الحقوق الشخصية (الالتزامات) التي يبرز دور الإرادة فيها، ومع ذلك فالإرادة مقيدة بحدود النظام العام والاداب، كما أن التطورات الاقتصادية والاجتماعية فرضت قيودا على حرية الإرادة كما في نظرية الاستغلال وعقد الاذعان ونظرية الظروف الطارئة، وبدا القضاء يتدخل باستعمال وسائل فنية للحد من الإرادة الفعلية للافراد[1] فالأصل في القانون المعاصر هو حرية التعاقد، فيصح أن يرد العقد على الاعيان، منقولة كانت أو عقارا مادية كانت أو معنوية وعلى منافع الاعيان وعلى عمل معين أو خدمة معينة وعلى أي شيء آخر ليس ممنوعا بنص في القانون أو مخالفا للنظام العام أو الاداب[2]، كما أن القانون

(1) انظر مؤلفنا في مصادر الالتزام، ص 29 وما بعدها.
(2) المواد (74، 75) مدني عراقي، (88) مدني أردني، (263 - 266) مرشد الحيران.

المعاصر كثيرا ما يقرر مبدأ أساسيا يقضي بأن القواعد العامة المتعلقة بالعقود التي ينص عليها القانون تسري على العقود المسماة وغير المسماة، اعترافا منه بجواز إنشاء عقود غير منصوص عليها في القانون[1].

المطلب الثاني

حرية الإرادة في اشتراط الشروط

104 - يعرف الشرط، بأنه ما يتوقف وجود الشيء عليه، دون أن يكون جزءا منه، كاشتراط القدرة على تسليم المبيع لصحة البيع، مع أنه ليس جزءا من العقد، ولكن صحة البيع تتوقف على القدرة على التسليم، فالشرط والركن كلاهما لا وجود للعقد أو للشيء إلا بوجودهما، مع أن الركن داخل في حقيقته وجزء منه، أما الشرط فإنه خارج عن حقيقته وليس جزء منه، يلزم من عدمه العدم، ولا يلزم من وجوده وجود، والشرط قد يكون شرعيا وقد يكون جعليا، فالشرعي هو ما وضعه الشارع والزمنا مراعاته واوجب علينا احترامه، وإذا خالفه المتعاقدان فسد العقد وحرم الانتفاع به، والجعلي، ما يشترطه العاقدان أو أحدهما، ويكون القصد منه تحقيق مصالح خاصة، وقد يكون مقترنا بالعقد أو معلقا عليه[2].

105 - ولا خلاف بين الفقهاء في أن العاقد ليس له مطلق الحرية في اشتراط الشروط، إذ لا يجوز شرعا اشتراط شروط تخالف الشرع أو مقتضى العقد، فكل شرط احل حراما أو حرم حلالا فهو باطل بالاجماع، ولا خلاف بين الفقهاء في شرعية الشروط التي ورد بها الكتاب والسنة كاشتراط الخيار والتوثيق من رهن وكفالة وكتابة واشهاد[3].

(1) انظر المواد (76) مدني عراقي (89) مدني عراقي وكانت المادة (123) من المشروع المصري تنص على نص مماثل فحذفت في لجنة المراجعة لعدم الحاجة إليها، مجموعة الأعمال التحضيرية للقانون المدني المصري ج2 ص 1.

(2) أحمد فراج حسين ص 146 - 147، الزرقا ج1 ف 43/ 1 ص 571 وما بعدها.

(3) انظر الام للشافعي (طبع دار الشعب) ج3 ص 129، 136، 137، 155، 275 المبسوط للسرخسي (مطبعة السعادة بمصر 1331 للهجرة) ج13 ص 14 المغني لابن قدامة ج3 ص 449، المحلى لابن حزم (طبع دار الاتحاد العربي للطباعة، القاهرة، 1389 للهجرة) ج3 ص 403 البعلي ص 292.

106 - ولكـن الفقهـاء اختلفـوا، في الضـابط للشـروط المحللـة السـائغة، والشروط غير السائغة في الشريعة، واختلفوا في كون الشروط مباحة أو محظورة، كما اختلفوا في تقسيمات الشروط وأنواعها مـن حيث البطلان والصحة والفساد ومـن حيث التعليق والتقييد والإضافة، لذلك نبحث هذه المسائل في ثلاثة بنود:

البند الأول

الشروط بين الاباحة والحظر

107 - ذهب الفقهـاء إلى اتجـاهين في أن الأصـل في الشـروط هـو الحظـر أم الاباحة ؟ نراهما، ثم نرى الاتجاه الراجح منهما.

اولا - الشروط محظورة:

يرى هذا الاتجاه، إن الأصل في الشـروط هـو الحظر إلا مـا ورد مـن الشـرع بإجازته وفي مقدمة هـذا الاتجاه الظاهريـة، إذ صححوا سـبعة شروط وحكمـوا مـا عداها بالبطلان، وذهب بعض الفقهاء المحـدثين إلى أن أصحاب المذاهب الأربعـة، كلهم أو جمهورهم (عدا ابن تيمية وابن القيم) يـذهبون إلى أن الأصل في الشروط هو الحظر [1].

ثانيا - الشروط مباحة:

يرى هذا الاتجاه، إن الأصل في الشروط الاباحة والجواز وفي مقدمتهم شـيخ الإسلام (ابن تيميه) وتلميذه (ابن القيم) حيث يقول (ابن تيميه) (والذي يمكن ضبطه فيهما " أي في العقود والشروط " قولان: 1 - أن يقال إن، الأصل في العقـود والشروط فيها ونحو ذلك الحظر إلا ما ورد الشرع بإجازته، فهذا قـول أهل الظاهـر، وكثير من أصول أبي حنيفة تبتنى على هذا، وكثير من أصول الشافعي وطائفة مـن أصول أصحاب مالك وأحمد، فإن أحمد قد يعلل أحيانا بطلان العقد

---

(1) انظر الدكتور محمد سلام مدكور، المدخل للفقه الإسلامي، ص 647، السنهوري، مصادر الحق، ج2 ص174.

بكونه لم يرد فيه أثر ولا قياس[1].

108 - وأدلة هذا الاتجاه هي:

1 - الأصل الشرعي لدى هذا الاتجاه، بمقتضى دلائل نصوص الشريعة والسنة العملية، هو حرية العقود، أنواعا وشروطا، ووجوب الوفاء بكل ما يلتزمه العاقدان ويشترطانه، ما لم يكن في نصوص الشريعة أو قواعدها ما يمنع من عقد أو شرط معين، فعندئذ يمتنع بخصوصه، على خلاف القاعدة، ويعتبر الاتفاق عليه باطلا، كالتعاقد على الربا أو الشروط التي تحل حراما أو تحرم حلالا، وهذا هوالاجتهاد الحنبلي، بحسب نصوص فقهائه المختلفة، وهو أوسع الاجتهادات الفقهية الإسلامية، وارحبها صدرا بمبدأ سلطان الإرادة، ومثله مذهب القاضي شريح ومذهب عبد الله ين شبرمة الكوفي وعلى هذا الرأي بعض فقهاء المالكية[2] ويستفاد هذا الأصل في العقود والشروط من قول القرآن الكريم ﴿ يَا أَيُّهَا الَّذِينَ آمَنُوا أَوْفُوا بِالْعُقُودِ﴾[3] بمقتضى عموم لفظه وإطلاقه ومن الحديث النبوي الشريف (المسلمون عند شروطهم) ويقيد هذا الأصل ما ورد في الحديث الشريف (الا شرطا حرم حلالا أو احل حراما)[4] وكذلك ماورد في الحديث الشريف (كل شرط ليس في كتاب الله فهو باطل) وفي رواية (ما بال اناس يشترطون شروطا ليست في كتاب الله تعالى، من اشترط شرطا ليس في كتاب الله، فليس له وإن اشترط مائة شرط، شرط الله تعالى احق واوثق)[5] فكل شرط لم يرد به نص في الكتاب أو السنة أو الاجماع فهو شرط باطل لا يجوز اشتراطه وتقصر عنه إرادة الإنسان[6].

---

(1) القواعد النورانية ص 184.

(2) انظر الزرقا ج1 ف 42/ 2 ص 552 - 553.

(3) سورة المائدة الآية (1).

(4) نيل الأوطار للشوكاني ج5 ص255.

(5) تيسير الوصول إلى جامع الأصول من حديث الرسول ج1 ص 65.

(6) ويقصد بالكتاب، هنا، من مصدر (كتب) بمعنى اوجب وشرع، أي كل شرط ليس في حكم الله وشرعه فهو باطل، وذلك بأن يكون الشرط منافيا لقواعد الشريعة ومقاصدها، وليس معنى كتاب الله هنا (القرآن الكريم) لأن القرآن إنما بين أصول الشريعة، ولم يتضمن تفاصيل الشروط العقدية المقبولة والممنوعة واستعمال (الكتاب) بالمعنى المتقدم كثير في لسان

2 - تعد الشروط من الافعال العادية، والأصل فيها عدم التحريم حتى يدل دليل على التحريم، وإذا لم تكن حراما كانت مباحة، ثم إن من القواعد الفقهية، إن الثابت بالعرف كالثابت بالنص، وهذه القاعدة كافية لفتح بابا التعاقد وإطلاق الحرية للمتعاقدين[1].

3 - ليس في الشرع ما يدل على تحريم جنس العقود والشروط إلا ما ثبت بعينه، بل في الشرع ما يدل على عكس هذا.

4 - إن القرآن الكريم لم يشترط في التجارة إلا التراضي فقد قال تعالى (إِلَّا أَنْ تَكُونَ تِجَارَةً عَنْ تَرَاضٍ مِنْكُمْ)وهذا يقتضي أن التراضي هو المبيح للتجارة، فإن كان الأمر كذلك، فإن تراض المتعاقدان ثبت حل ما تراضيا عليه إلا أن يتضمن ما حرمه الله ورسوله كالتجارة في الخمر ونحو ذلك[2] فالأصل في العقود والشروط الصحة إلا ما أبطله الشارع أو نهى عنه[3].

ثالثا - الاتجاه الراجح:

109 - يرى الاتجاه الراجح، إن الأصل في الشروط الاباحة والجواز مستندة إلى الأدلة الآتية:

1 - إن الشروط هي قوام العقود، فإذا كان الأصل، عند جمهور الفقهاء، في العقود، هو الاباحة والجواز إلا مانص الشارع على بطلانه، لذلك يلزم أن تكون الشروط مباحة، وإلا تعطلت الحكمة من القول بجواز واباحة العقود بحسب الأصل في الغالب الاعم من المعاملات[4].

الشارع، كما في قوله تعالى (إِنَّ الصَّلَاةَ كَانَتْ عَلَى الْمُؤْمِنِينَ كِتَابًا مَوْقُوتًا) سورة النساء، أي فريضة محددة الأوقات وكذا قوله تعالى عن عدم جواز نكاح المرأة المعتدة (وَلَا تَعْزِمُوا عُقْدَةَ النِّكَاحِ حَتَّى يَبْلُغَ الْكِتَابُ أَجَلَهُ)سورة البقرة الآية (235) أي حين تنتهي العدة التي فرضها وكتبها الشرع على المرأة بانحلال النكاح السابق، انظر في ذلك الزرقا ج1 هامش

(1) ص543 وزيدان ف 469 ص 396.

(1) أبو زهرة ص 272 محمد سلام مدكور ص 599.

(2) زيدان ف 469 ص397.

(3) أعلام الموقعين ج1 ص 344.

(4) البعلي ص 298.

2 - إن كثيرا من العلماء أجازوا الشروط التي جرى بها العرف، والعرف يراد به العادة حيث تصح الشروط التي تجري بها العادة ما دامت لا تدخل تحت حظر [1].

3 - إن الأمة مجمعة على جواز اشتراط الرهن والكفيل والضمين والتأجيل والخيار ثلاثة ايام، ونقد غير نقد البلد فهذا بيع وشرط متفق عليه، وهذا ما ذهب إليه الإمام (ابن القيم) في التعليق على ما رواه (الإمام أبو حنيفة) عن عمرو بن شعيب عن جده، إن النبي صلى الله عليه وسلم نهى عن بيع وشرط [2].

4 - خصص الإمام (البخاري) في صحيحه كتابا للشروط اورد فيه كثيرا من التطبيقات العملية التي حصلت في عهد الرسول صلى الله عليه وسلم.

5 - إن الصواب هو الضابط الشرعي الذي دل عليه النص، كما قال بحق (ابن القيم) في كتابه إعلام الموقعين (طبع المطبعة المنيرية ج3 ص 339 - 240) من الحنابلة وفيه قضيتان كليتان:

ا - إحداهما: إن كل شرط خالف حكم الله وناقض كتابه فهو باطل كائنا ما كان.

ب - والثانية: إن كل شرط لا يخالف حكمه ولا يناقض كتابه، وهو ما يجوز بذله وتركه دون اشتراط، فهو لازم بالشرط.

البند الثاني
تقسيمات الشروط

اختلف الفقهاء في تقسيمات الشرط وذلك على النحو الآتي:

110 - اولا - مذهب أهل الظاهر: إن الشرط إما صحيح واما باطل، فالشرط الصحيح ما ورد به النص أو حصل الاجماع على جوازه كاشتراط الرهن

---

(1) نهاية المحتاج شرح المنهاج ج3، مطبعة مصطفى الحلبي بمصر 1386 للهجرة ص 436 - 438.

(2) قال الحافظ الزيلعي في نصب الراية ج4 ص17 - 18 رواه الطبراني في المعجم الوسيط " حديث ضعيف كما قال ابن العطاء.

في البيع إلى أجل مسمى، والشرط الباطل هو ما لم يرد به نص ولا حصل عليه اجماع هو مبطل للعقد إن اقترن به، فإن لم يقترن، فلا أثر له فيه[1].

وهم لا يجيزون من الشروط إلا سبعة شروط ورد بها النص وهي: (1) اشتراط الرهن فيما تبايعا إلى أجل مسمى لقوله تعالى(وَلَمْ تَجِدُوا كَاتِبًا فَرِهَانٌ مَقْبُوضَةٌ)[2](2) اشتراط تاخير الثمن إلى أجل مسمى لقوله تعالى(إِذَا تَدَايَنْتُمْ بِدَيْنٍ إِلَى أَجَلٍ مُسَمًّى فَاكْتُبُوهُ)[3](3) اشتراط أداء الثمن إلى الميسرة وإن لم يذكرها لقوله تعالى (وَإِنْ كَانَ ذُو عُسْرَةٍ فَنَظِرَةٌ إِلَى مَيْسَرَةٍ)[4](4) اشتراط صفة في المبيع يتراضيان عليها لقوله تعالى (إِلَّا أَنْ تَكُونَ تِجَارَةً عَنْ تَرَاضٍ مِنْكُمْ)[5](5) اشتراط لاخلابة أي لا مخادعة لقول الرسول صلى الله عليه وسلم لحبان بن منقذ (إذا بايعت فقل لاخلابة ثم انك بالخيار ثلاثة)[6](6) بيع أصول نخل فيها ثمرة قد أبرت قبل الطيب أو بعده[7](7) اشتراط المشتري مال العبد أو الأمة سواء أكان كله أم بعضه معلوما أم مجهولا أم مشاعا، ودليل هذين الاخيرين ما رواه عبد الله بن عمر عن أبيه، إن الرسول صلى الله عليه وسلم قال (من باع عبدا وله مال فماله للبائع إلا أن يشترطه المبتاع، ومن باع نخلا قد أبرت ثمرتها فثمرها للبائع إلا أن يشترطه المبتاع)[8].

111 - المذهب الحنفي: إن شرط المتعاقدان شرطا يقتضيه العقد كأن اشترى بشرط أن يسلم البائع المبيع فالعقد جائز، وإن شرطا شرطا لا يقتضيه العقد ولكن ورد الشرع بجوازه كالأجل والخيار، رخصة وتيسيرا، فإنه لا يفسد العقد استحسانا لأنه لما ورد الشرع به بل على أنه من باب المصلحة دون المفسدة

---

(1) ابن حزم، المحلى، ج8 ف 1445 رص 412 وما بعدها.
(2) سورة البقرة الآية (283).
(3) سورة البقرة الآية (282).
(4) سورة البقرة الآية (280).
(5) سورة النساء الآية (29).
(6) نيل الأوطار ج 5 ص 206 - 207.
(7) نيل الأوطار ج5 ص 139.
(8) أعلام الموقعين ج1 ص 344 الفتاوى الكبرى لابن تيميه ج3 ص 474.

والقياس أن يفسد لكونه شرطا مخالفا لموجب العقد وقد أخذ الحنفية بالاستحسان، وإن شرطا شرطا لا يقتضيه العقد ولم يرد به الشرع أيضا لكنه يلائم العقد ويوافقه، نحو أن يشتري شيئا بشرط أن يعطي للبائع كفيلا بالثمن فإن لم يكن الكفيل معلوما كان البيع فاسدا، لأن هذه جهالة تفضي ـ إلى منازعة مانعة من التسليم والتسلم وإن كان معلوما فالقياس أنه لا يجوز البيع وبه أخذ (الإمام زفر)، والاستحسان يجوز وهو قول علماء الحنفية وهو الصحيح، لأن الكفالة (وكذا الرهن) شرعت توثيقا للدين فيكون الشرط بمنزلة اشتراط الجودة في الثمن، فيكون شرطا مقررا لما يقتضيه العقد معنى، وإن شرطا شرطا لا يقتضيه العقد ولا يلائمه ولأحدهما فيه منفعة إلا أنه متعارف، جاز استحسانا، والقياس أنه لا يجوز وهو قول (الإمام زفر) ولكن (الإمام أبو حنيفة وأبو يوسف ومحمد بن الحسن الشيباني) اخذوا بالاستحسان لتعارف الناس كما في الاستصناع، ولو شرطا شرطا لا يقتضيه العقد ولا يلائمه ولا يتعارفه الناس وفيه منفعة لأحد العاقدين كأن اشترى حنطة على أن يطحنها البائع، فالبيع فاسد، وقال (ابن أبي ليلى)، العقد جائز والشرط باطل، في حين قال (ابن شبرمة) العقد جائز والشرط جائز، وصحح (السمرقندي) قول الحنفية، لأن اشتراط المنفعة الزائدة في عقد المعاوضة لأحد العاقدين من باب الربا أو شبهة الربا وإنها ملحقة بحقيقة الربا في باب البيع احتياطا، وهذا في عقود المعاوضات المالية، أما المعاوضات غير المالية، كالنكاح والخلع وفي التبرعات كالهبة فإن الشرط يفسد ويظل العقد صحيحا لأن الربا لا يتصور في هذه العقود، ولو شرطا شرطا فيه ضرر لأحد العاقدين بأن باع ثوبا بشرط أن لا يبيعه ولا يهبه، فالعقد لا يفسد والشرط باطل لأنه ليس لأحد المتعاملين فيه منفعة وروي عن (ابي يوسف) إن العقد بمثل هذا الشرط فاسد والصحيح هو الأول[1].

112 - مذهب المالكية: يقسم هذا المذهب الشروط إلى ثلاثة اقسام:

ا - الشرط الذي يناقض المقصود من العقد وهو فاسد مفسد للعقد ومثاله أن يبيع على أن لا يبيع المشتري المبيع عموما إلا من نفر قليل أو لا يهب أو يخرج

---

(1) السمرقندي، التحفة ج2 ص 69 وما بعدها، الكاساني، بدائع الصنائع، ج5 ص 168 وما بعدها.

من البلد.

ب - الشرط الذي يقتضيه العقد وهو صحيح كشرط تسليم المبيع.

ج - شرط لا يقتضيه العقد ولا ينافيه وهو من مصلحته وهو جائز لازم بالشرط ساقط بدونه مثل أن يبيعه السلعة على رهن أو كفيل أو إلى أجل معلوم وليس في ذلك فساد وكراهية لأن ذلك مما يعود على البيع بمصلحته ولا معارض له من جهة الشرع [1].

113 - مذهب الشافعية: وفيه تفصيل على النحو الآتي:

ا - إن كان الشرط يقتضيه العقد كالتسليم صح.

ب - إن كان الشرط لا يقتضيه العقد ولكن فيه مصلحة كالخيار والأجل لم يبطل، لأن الشرع ورد به ولأن الحاجة تدعو إليه فلا يفسد العقد ويلزم الوفاء بالشرط.

ج - إن شرط ما سوى ذلك من الشروط التي تنافي مقتضى العقد بأن باع دارا بشرط أن يسكنها مدة بطل العقد لما روي عن النبي صلى الله عليه وسلم أنه نهى عن بيع وشرط [2].

114 - مذهب الحنابلة: وتنقسم الشروط إلى أربعة اقسام:

ا - ما هو من مقتضى العقد كاشتراط التسليم في البيع، فهذا وجوده كعدمه لا يفيد حكما ولا يؤثر في العقد. ب - ما تتعلق به مصلحة العاقدين كالأجل والخيار فهذا شرط جائز يلزم الوفاء به، وقالوا: ولانعلم في صحة هذين القسمين خلافا. ج - ماليس من مقتضاه ولا من مصلحته ولا ينافي مقتضاه وهو نوعان: (1) اشتراط منفعة البائع في المبيع " أي العاقد في المعقود عليه " وهذا ما سبق ذكره. (2) اشتراط عقد في عقد نحو أن يبيعه شيئا بشرط أن يبيعه آخر، فهذا شرط فاسد يفسد به البيع.

---

(1) الخرشي على خليل، الطبعة الثانية، المطبعة الاميرية ج5 ص 8 - 82 وانظر المذكرات الإيضاحية للقانون المدني الأردني ج1 ص 170.

(2) الشيرازي، المهذب طبعة الحلبي ج1.

الفصل الأول/ أحكام عامة في العقد

د - اشتراط ما ينافي مقتضى البيع[1].

115 - ونتفق مع الشيخ الجليل المرحوم (محمدابو زهرة) في تقسيم الشروط في كل العقود، كما قسمها (الشاطبي في موافقاته)، إذ قال الشروط مع مشروطاتها ثلاثة اقسام:

1 - أن يكون مكملا لحكمة المشروط وعاضدا لها، بحيث لا يكون فيه منافاة لها على كل حال.

2 - أن يكون الشرط غير ملائم لمقصود العقد، ولا يكمل لحكمته، بل هو على الضد من الأول.

3 - ألا يظهر في الشرط منافاة لمشروطه، ولا ملائمة، وهو محل نظر، والقاعدة في امثال هذا، التفرقة بين العبادات والمعاملات، فما كان من العبادات لا يكتفى فيه بعدم المنافاة دون أن تظهر الملاءمة، لأن الأصل فيها التعبد دون الالتفات إلى المعاني، فلا مجال للعقول في اختراع العبادات، وما كان من العاديات فيكتفى فيه بعدم المنافاة، لأن الأصل فيها الالتفات إلى المعاني دون التعبد، والأصل فيها الإذن، حتى يدل الدليل على خلافه[2].

116 - موقف القانون المعاصر:

يجيز القانون المعاصر اقتران العقد بشرط يؤكد مقتضاه أو يلائمه أو يكون جاريا به العرف والعادة، كما يجيز أن يقترن بشرط فيه نفع لأحد العاقدين أو الغير إذا لم يكن ممنوعا قانونا أو مخالفا للنظام العام أو للاداب وإلا لغا الشرط وصح العقد ما لم يكن الشرط هو الدافع إلى التعاقد فيبطل العقد أيضا[3].

(1) المغني، الشرح الكبير ج4 ص 48 وما بعدها و ص 285 وما بعدها.
(2) الموافقات للشاطبي ج1 ص 196 - 197ابو زهرة ف 138 ص 247 - 248.
(3) انظر المواد (131) مدني عراقي (165) مدني أردني المادة (108) مغربي والمادة (149) التزامات تركي (321 - 322) مرشد الحيران.

البند الثالث
أنواع الشروط

117 - تكون الشروط التي يشترطها الطرفان في العقد أما صحيحة أو باطلة أو فاسدة بحسب اختلاف وجهات نظر الفقهاء إليها، وتختلف أنواع الشروط من حيث التعليق والتقييد والإضافة وندرس كل هذه الأنواع تباعا:

اولا - الشروط من حيث الصحة والبطلان:

118 - 1 - الشرط الصحيح: وهو ماكان موافقا لمقتضى العقد، بأن يكون محققا لاثر من آثار العقد، كاشتراط تسليم المبيع، أو ملائما للعقد وهو تأكيد لما يجب بالعقد وتوثيق له كاشتراط رهن بالثمن أو كفالة، أو شرط ورد الشرع بجوازه كاشتراط الخيار لمدة معينة أو شرط جرى به العرف(1) وحكم هذه الشروط وجوب الوفاء بها وإذا لم تتحقق فيكون للمشترط حق الخيار، وضابط الشروط الصحيحة، عند المالكية، أن لا تتنافى مع مقتضى العقد، سواء اقتضاها أم لا كالأجل والخيار والرهن(2) وفي المذهب الشافعي، فإن الشرط الصحيح هو شرط لا يقتضيه العقد، لكن فيه مصلحة للعاقد كخيار الثلاثة والأجل والضمين ومعه يصح العقد ويثبت المشروط(3).

وعند المذهب الحنبلي، يراد بالشرط الصحيح، الشرط الذي هو من مصلحة العقد، كاشتراط صفة في الثمن كتأجيله أو في صفة في المبيع نحو كون الدابة سريعة في السير، فهذا الشرط صحيح بلا نزاع، فإن وفى به وإلا فلصاحبه الفسخ أو أن يشترط البائع نفعا معلوما في البيع كسكنى الدار شهرا وهذا شرط

---

(1) ابن عابدين، رسالة نشر العرف ضمن مجموعة رسائله، طبع الاستانة، 1325 للهجرة ج2 ص 141 وانظر فتح القدير ج5 ص 215 وما بعدها، البحر الرائق، بيروت، دار المعرفة، ج 6 ص 93.

(2) فتح العلي المالك ج1 ص 338 الشيخ عليش ج1 طبع مصطفى البابي الحلبي بالقاهرة 1378 للهجرة، مواهب الجليل للحطاب، مطبعة السعادة بمصر 1329 للهجرة ج4 ص 376.

(3) المجموع ج9 ص 369 فتح العزيز شرح الوجيز ج8 ص 169.

صحيح [1].

119 - وإذا امتنع العاقد عن الوفاء بشرط صحيح في العقد اشترطه عليه العاقد الآخر، فالأصل في ذلك أن يجبر الممتنع عن تنفيذ الشرط بسلطان القضاء، وهذا ماعليه الاجتهاد الحنفي واجتهادات أخرى، وفي حالة وجود شرط على المشتري بأن يعطي البائع رهنا معينا أو أن يكفله كفيل معين، فإن الرأي الفقهي الراجح، إنه لا يمكن اجبار المشتري قضائيا على اعطاء الرهن المطلوب، لأن الرهن عقد عيني كالتبرع فلا يصير تاما ولازما في حق الراهن إلا بالتنفيذ والتسليم، وهو عقد لا ينعقد إلا بالتراضي، ولا يمكن انتزاع الرضا جبرا على صاحبه [2].

120 - 2 - الشرط الباطل:

وهو الشرط غير الصحيح وغير الفاسد في المذهب الحنفي، فهو ليس من مقتضى العقد ولا يلائمه ولا يجيزه نص شرعي ولا عرف وليس فيه منفعة، وحكمه أنه لا أثر له في العقد ايا كان نوعه فيكون العقد صحيحا لأن مثل هذه الشروط الباطلة لا يؤدي إلى منازعة أو خصام، وفي رواية لأبي يوسف إن الشرط الباطل يبطل البيع به [3].

وفي المذهب الشافعي، يبطل البيع، إذا كان الشرط منافيا لمقتضى- العقد، كأن يشترط البائع على المشتري، عدم بيعه أو عدم الانتفاع به أو أن لا يؤجره وما اشبه ذلك، وكذلك الشرط الذي لا ينافي العقد ولا يقتضيه ولا يتعلق به غرض يورث تنازعا، كشرط ألا يأكل أو يلبس إلا كذا، ومثل هذا الشرط يعد لغوا ويصح العقد، وعند الحنابلة، يعد الشرط الذي ينافي مقتضى العقد باطلا، أما بطلان البيع فعلى روايتين، وكذلك اشتراط عقد آخر كسلف أو قرض أو بيع، والصحيح في المذهب أنه باطل ويبطل البيع وفي رواية عن أحمد يبطل الشرط وحده [4].

---

(1) زاد المستقنع مع حاشية الروض المربع ج4 ص 292، المغني لابن قدامة ج6 ص 647 أعلام الموقعين ج1 ص 346 وانظر الزرقا ج1 ف 11/42 وما بعدها ص 559 وما بعدها.

(2) الزرقا ج1 ف 5/37 ص 493.

(3) شرح العناية على الهداية للمرغيناني ج 5 ص 216.

(4) انظر الانصاف للمرداوي ج4 ص 348، الدكتور محمد وفا، ابرز صور البيوع الفاسدة " بيوع الربا والعذر والبيع المقترن بشرط فاسد " في الفقه الإسلامي والقانون الوضعي، القاهرة 1404 للهجرة 1984 م ص 222.

121 - 3 - الشرط الفاسد:

يعد كل شرط، في المذهب الحنفي، فاسدا، إذا كان يؤدي إلى مفسدة كالربا أو إلى منازعة فهو شرط فاسد، وفي ذلك يقول ابن عابدين (ضابط فساد البيع بشرط، إنه كل شرط لا يقتضيه العقد ولا يلائمه وفيه منفعة لأحد المتعاقدين أو للمعقود عليه وهو من أهل الاستحقاق ولم يجر به العرف ولم يرد به الشرع بجوازه، فلا بد في كون الشرط مفسدا للبيع من هذه الشرائط)[1] وحكم الشروط الفاسدة يختلف باختلاف العقد، ففي عقود المعاوضات المالية إذا قارنتها شروط فاسدة فإنها تفسد بفساد الشرط، أما عقود المعاوضات غير المالية كالنكاح والخلع وكذلك التبرعات كالهبة والقرض والكفالة والوصية ونحوها فإن الشروط الفاسدة إذا قارنتها تلغو الشروط الفاسدة ويبقى العقد صحيحا، والسبب في هذه التفرقة، إن الربا يتحقق في المعاوضات المالية دون التصرفات غير المالية، فالشروط الفاسدة من باب الربا، وهو مختص بالمعاوضات المالية دون غيرها حينما يكون اشتراط المنفعة لاهل الاستحقاق[2].

122 - ثانيا - الشروط من حيث التعليق والتقييد والإضافة:

1 - التعليق على الشرط:

يقصد بالتعليق على الشرط، ربط حصول أمر بحصول أمر آخر، كأن يقول شخص لاخر، إذا سافر مدينك فأنا كفيل بمالك عليه من دين، فيكون القائل قد ربط انعقاد الكفالة بتحقق سفر المدين، فهذا تعليق للكفالة، ويصاغ التعليق عادة بإحدى الأدوات الشرطية التي تربط فعلين، نحو(اذا) و(ان) و(متى) و(كلما) لأن الأمر المعلق عليه هو افعال أو أحداث وقوعية، فالجملة التي تدخل عليها الاداة الشرطية، تسمى (الشرط) أو(جملة الشرط) والجملة الأخرى تسمى (الجزاء) وتدل على الأمر الانشائي المعلق من عقد ونحوه، ويجب أن يكون الأمر المعلق عليه، وهو معدوما على خطر الوجود، أي معدوما محتمل الوقوع، وإذا كان مستحيل الحصول

---

(1) رسالة نشر العرف ومنحة الخالق على البحر الرائق، بيروت دار المعرفة، ج6 ص93.
(2) البحر الرائق ج6 ص 194 وانظر أبو زهرة ف 139 ص 249 - 250 والبعلي ص294.

كان التعليق إبطالا، أي مبالغة في التعبير عن الامتناع وعدم الإرادة، كقوله إن عاش مدينك بعد موته فأنا كفيله[1].

2 - التقييد بالشرط:

ويقصد به، التزام في التصرف القولي لا يستلزمه ذلك التصرف في حالة إطلاقه، كأن يبيع شخص بضاعة على شرط أن تكون محمولة على حسابه إلى محل المشتري، ويعرفه الفقهاء الشرط التقييدي بأنه (التزام أمر لم يوجد في أمر قد وجد)[2] والمقيد هنا هو حكم العقد المنشأ، والقيد هو الشرط الذي التزم به العاقد ما التزم علاوة على الحكم الأصلي للعقد، فالعقد في حالة التقييد هو منجز مبرم ليس معلقا وجوده على شيء، لأن معنى التقييد يشعر بوجود الأمر المقيد، ويصاغ التقييد بعبارة (على أن) أو(على شرط أن) أو(بشرط أن) ونحو ذلك[3].

3 - الإضافة إلى المستقبل:

ويقصد بها، تاخير حكم التصرف القولي المنشأ إلى زمن مستقبل معين، كأن يقول المؤجر (أجرتك هذه الدار سنة بكذا من اول الشهر القادم) وقد يكون الزمن المستقبل ملحوظا، فيكون التصرف مضافا دون تصريح بالإضافة، كما في الوصية، وتصاغ الإضافة عادة بذكر الزمن على سبيل الظرفية للتصرف الانشائي المضاف[4].

ويستفاد مما تقدم، إن التعليق مقتضاه أن العقد المعلق بالشرط مهما كان نوعه هو عدم قبل وقوع الشرط المعلق عليه، أما التقييد فإن مقتضاه أن يعتبر العقد المقيد بالشرط موجودا مثبوتا فيه بين الطرفين، وإنما التزم في ضمنه حكم زائد معدل لموجبه الأصلي، وأما الإضافة فهي تشبه التعليق من وجه، لأنه حكم العقد المضاف مؤخر الظهور، فلا يبدأ إلا في المستقبل المعين، وتشبه التقييد من وجه آخر، لأن الزمن المضاف إليه محقق القدوم وليس على خطر الوجود والعدم كما

(1) الأشباه والنظائر بحاشية الحموي لابن نجيم ج2 ص 224 وانظر الزرقا ج1ف 3/43 ص 573 وما بعدها.
(2) حاشية الحموي على الأشباه 3، 2 ص 224.
(3) الزرقا ج1 ف7/43 ص 575 وما بعدها 150.
(4) المصدر السابق ف 8/43 ص 577.

في الشرط المعلق عليه، ولكن شبهها بالتقييد اقوى لأن المؤخر فيها ليس هو أصل العقد، كما في التعليق، بل حكمه فقط[1].

123 - موقف القانون المعاصر:

يقصد بالعقد المنجز، في القانون المعاصر، ماكان بصيغة مطلقة غير معلقة على شرط ولا مضافة إلى وقت مستقبل، ويقع حكمه في الحال، ويشترط لصحة التعليق أن يكون مدلول فعل الشرط معدوما على خطر الوجود لا محققا ولا مستحيلا، وإذا علق العقد على شرط مخالف للنظام العام أو للاداب كان باطلا إذا كان هذا الشرط واقفا فإن كان فاسخا كان الشرط نفسه لغوا غير معتبر، ومع ذلك يبطل العقد الذي علق على شرط فاسخ مخالف للاداب أو للنظام العام إذا كان هذا الشرط هو السبب الدافع للتعاقد، ولا ينفذ العقد المعلق على شرط واقف إلا إذا تحقق الشرط، ويكون العقد المعلق على شرط فاسخ نافذا غير لازم، فإذا تحقق الشرط فسخ العقد والزم الدائن برد ما اخذه، فإذا استحال رده وجب الضمان، وإذا تخلف الشرط لزم العقد، وتبقى أعمال الإدارة (ومنها الإجارة) التي تصدر من الدائن تبقى قائمة رغم تحقق الشرط، وإذا تحقق الشرط واقفا كان أو فاسخا استند أثره إلى الوقت الذي تم فيه العقد إلا إذا تبين من إرادة المتعاقدين أو من طبيعة العقد أن وجود الالتزام أو زواله يكون في الوقت الذي تحقق فيه الشرط، ومع ذلك لا يكون للشرط أثر رجعي إذا أصبح تنفيذ الالتزام قبل تحقق الشرط غير ممكن بسبب أجنبي لا يد للمدين فيه ويجوز أن يقترن العقد بأجل يترتب على حلوله تنجيز العقد أو انقضاؤه، ولا يصح في العقد اقتران الملكية بأجل، والعقد المضاف إلى أجل واقف ينعقد سببا في الحال ولكن يتأخر وقوع حكمه إلى حلول الوقت المضاف إليه، ويكون العقد المقترن بأجل فاسخ نافذا في الحال ولكن يترتب على انتهاء الأجل انقضاء العقد، ويفترض في الأجل أنه ضرب لمصلحة المدين إلا إذا تبين من العقد أو من نص في القانون أو من الظروف أنه ضرب لمصلحة الدائن أو لمصلحة الطرفين معا، وإذا تمحض الأجل لمصلحة احد الطرفين، جاز لهذا الطرف

(1) المصدر السابق ج1 ف43/9 ص578 - 579.

أن ينزل عنه بإرادته وحده[1].

المبحث الثالث

تقسيمات العقود

124 - تختلف العقود، بوجه عام، بعضها عن بعض، في الأساس الذي تقوم عليه، والموضوع الذي تهدف إليه، والخصائص التي تمتاز بها، والصفات والأحكام التي تحكمها، وغير ذلك من الاعتبارات الشرعية، وقد تشترك مجموعة منها في ناحية تجمعها من بعض الوجوه والاعتبارات، وإن كانت بينها مباينا وفروق من نواح أخرى[2] وندرس هذه العقود من حيث الوصف والآثار، ومن حيث الغرض والطبيعة في أربعة مطالب.

المطلب الأول

العقود من حيث الوصف

125 - يوصف العقد بالحل والحرمة، أو بالوجوب والندب والكراهة، بناء على طلب الشارع له أو اباحته أو نهيه عنه، وعلى أساس نية العاقد وقصده، والوصف، من هذه الأوصاف، الذي يلحق بالعقد يسميه الفقهاء بـ (حكم العقد)، فحكم العقد، يعني فيما يعنيه، ما يلحق بالعقد من هذه الأوصاف، وعلى هذا الأساس يقولون مثلا، حكم البيع الاباحة، أي أنه مباح، وقد يطلق الفقهاء عبارة (حكم العقد) ويريدون بها ما يكون للعقد من وصف يرجع إلى ما للعقد من وجود معين تترتب عليه آثاره أو لا تترتب أو من قوة ملزمة لعاقديه أو غير ملزمة، فيقولون حكم هذا العقد أنه باطل لا تترتب عليه آثاره، وحكم هذا العقد صحيح تترتب عليه آثاره، وحكم عقد المقاولة أنه غير لازم، وحكم عقد الإجارة أنه لازم[3]، وهذا

---

(1) انظر المواد (285 - 294) مدني عراقي (393 - 406) مدني أردني (265 - 274) مدني مصري (265 - 274) مدني سوري (127، 139) مغربي (212، 214، 317، 318، 320، 328) مرشد الحيران.

(2) الزرقا ج1 ف 1/47 و2/47 ص 631.

(3) علي الخفيف، أحكام المعاملات الشرعية ص301 محمد يوسف موسى ف611 ص435 زيدان ف 425 ص 365 - 366.

المعنى الاخير لحكم العقد هو المقصود هنا، وعلى أساسه تنقسم العقود إلى عدة تقسيمات، على أساس الوصف الذي يلحق بالعقد، وندرسها في البنود الآتية:

البند الأول

العقد الصحيح والعقد غير الصحيح

126 - اولا: العقد الصحيح:

هو ماكان سببا صالحا لترتب آثاره الشرعية عليه، وهو العقد المنعقد الذي لا خلل في ركنه لصدوره من اهله، وكان محله قابلا لحكمه، وسلمت أوصافه من الخلل، ولم يقترن به شرط من الشروط الفاسدة، ويعبرعنه الفقهاء بأنه المشروع بذاته، أي بأصله ووصفه، وهذا العقد تترتب عليه آثاره المقررة له شرعا[1].

فالعقد الصحيح هو ماتوفرت فيه جميع شرائطه الشرعية العامة والخاصة، في أصله وفي نواحيه الفرعية كبيع المال المتقوم بثمن معلوم نقدا أو نسيئة إلى أجل معلوم[2].

127 - موقف القانون المعاصر: عرفت الفقرة (1) من المادة (133) من القانون المدني العراقي، العقد الصحيح بأنه (العقد الصحيح هو العقد المشروع ذاتا ووصفا بأن يكون صادرا من اهله مضافا إلى محل قابل لحكمه وله سبب مشروع وأوصافه صحيحة سالمة من الخلل) فلكي يكون العقد صحيحا نافذا لا بد من توفر الشروط الآتية:

1 - أن يكون العقد صادرا من اهله، أي يكون المتعاقد متمتعا بالأهلية اللازمة لإبرامه وأن تكون إرادته سليمة من عيوب الإرادة.

2 - أن يكون العقد مضافا إلى محل قابل لحكمه، أي يكون محل العقد مستوفيا لشروطه.

(1) الخفيف ص 302 زيدان ف 426 ص 366 محمد يوسف موسى ف 619 ص 440 البعلي ص 306.
(2) الزرقا ج1 ف 5/47 ص 636.

3 - أن يكون له سبب مشروع[1].

128 - ثانيا - العقد غير الصحيح:

هـو الـذي لم تتوفـر فيـه شروطـه وأركانه، وهو عنـد الحنفيـة ينقسـم إلى قسمين، باطل وفاسد، فالباطل، عندهم ما كان مختلا، والخلل فيه راجـع إلى ركنـه، كأن تكون صيغة العقد معيبة غير سليمة لا اعتبار لهـا، كـما لـو كـان القبـول غـير مطابق للإيجاب، أو كان المحل غير قابل لحكم العقد كما في بيع مـاليس بمـال أصـلا، والعقد الباطل هو والمعدوم سواء انه غير منعقـد أصـلا وغـير مشروع أصـلا، ولهـذا يعبرون عنه بأنه غير المشروع لا بذاته ولا بوصفه، ولا تترتب عليـه آثـاره الشرعيـة، والفاسد، عند الحنفية، ماكان مختلا، والخلل فيه راجـع إلى وصف مـن أوصافه اللازمة له، فهوعقد منعقد لسلامة ركنه، وهو الإيجاب والقبول، من أي خلل، والمحل قابـل لحكم العقد، وهذا القدر يكفي لانعقاد العقد، ولكن الخلل طرأ على بعض أوصافه الخارجية فافسده، كما لواقترن العقد بشرط فاسد، أو كـان الـثمن مؤجلا إلى أجـل مجهول يؤدي إلى النزاع أو كان المبيع غير معين، ويعـبر الفقهاء عـن العقـد الفاسـد، بأنه ماكان مشروعا بأصله لا بوصفه، والعقد الفاسد لا تترتب عليـه الآثـار الشرعيـة المقررة له لو كان صحيحا ويلزم فسخه من عاقديه لأنه ليس محـل رعايـة للشارع، ولكن قد تترتب عليه، أحيانا، بعض الآثار، إذا قام العاقـد بتنفيـذه، كـما لـو قبـض المشتري المبيع بالبيع الفاسد بإذن البائع فإنه بهذا القبض يملكه[2]، واسـباب الفسـاد في الفقه الحنفي هي: 1 - الإكراه 2 - الغرر 3 - الضرر الـذي يصـحب التسـليم 4 - الشرط الفاسد 5 - الربا.

129 - والفسخ فيه مشروط بشرطين هما:

1 - بقاء المعقود عليه على ماكان عليه قبـل القبـض، فلـو تغـير أو هلـك أو استهلك، فإنه يمتنع الرد وإن كان الإثم باقيا.

---

[1] وانظر نص المواد (167) مدني أردني (311) مرشد الحيران (108) مجلة الأحكام العدلية.

[2] البدائع، الكاساني ج5 ص 299 وما بعدها شرح الكنز للزيلعي ج4 ص 60 - 61 زيدان ف 427 ص 366 - 367.

2 - عدم تعلق حق الغير به وإلا امتنع عليه الرد أيضا[1].

وعلى هذا لو تسلم المشتري المبيع في بيع فاسد حتى اعتبر مالكا بالقبض، ثم باعه أو وهبه أو رهنه بعقد صحيح، أو وقفه، امتنع فسخ العقد الأول الفاسد واستقر الحكم الذي ثبت بتنفيذه (المجلة المادة 372) وغاية الفقهاء من منع الفسخ رغم الفساد، عند عدم توفر الشرطين المذكورين، إنما هي الحرص على استقرار التعامل وصيانة الحقوق المكتسبة[2] ولا يرتفع فساد العقد بإجازة احد العاقدين أو كليهما، لأنه ناشئ عن مخالفة نظام العقد، وليس لأحد أن يقر هذه المخالفة، ولكن الفساد يمكن أن يزول بإزالة سببه، كما لو كان الفساد لشرط ممنوع مفسد فتخلى الطرفان عن الشرط في مجلس العقد، أو كان الفساد لجهالة احد العوضين في البيع، فعين الطرفان العوض، ذلك أن القاعدة الفقهية تقول (إذا زال المانع عاد الممنوع)[3].

130 - ولم تتابع المذاهب الأخرى، الفقه الحنفي، بفكرة العقد الفاسد والعقد الباطل بل خلطت بين النوعين فأصبح الغرر والربا والشرط كلها اسبابا لبطلان العقد ولا يتميز في البطلان عقد باشره مجنون وعقد اقترن بشرط نافع لأحد العاقدين، إلا أن المذهب المالكي وإن لم يميز بين العقد الفاسد والعقد الباطل فإنه ميز في البيع بين العقد المحرم والمكروه، فالمحرم إذا فات مضى بالقيمة والمكروه إذا فات انقلب صحيحا وربما انقلب صحيحا بالقبض لخفة الكراهة فيه[4].

131 - ولا شك أن العقد الفاسد يحمي العاقد نفسه، فهو يحمي المشتري إذا زاد المبيع زيادة غير معزولة ولكنها متصلة به فيمتنع على البائع حق الفسخ وكذا إذا غير المشتري من صورة المبيع تغييرا يخرجه عن صورته الأولى، ففي هاتين الحالتين تستقر ملكية المشتري وتصبح ملكية باتة غير مهددة بالفسخ ولو انها

---

(1) البدائع ج5 ص 300 وما بعدها البحر الرائق لابن نجيم ج6 ص 75 تبيين الحقائق للزيلعي ج4 ص44 الأشباه والنظائر لابن نجيم ص 185 والمادة (98) مجلة الأحكام العدلية.

(2) الزرقا ج1 ف 56م5 ص 753.

(3) انظر المواد (2/4) مدني عراقي و(41) مشروع عربي (24، 51) مجلة الأحكام العدلية.

(4) بداية المجتهد ج2 ص 161 وانظر المذكرات الإيضاحية للقانون المدني الأردني ج1 ص 186 - 187.

انتقلت إليه بعقد فاسخ، وإذا ازيل منه المفسد انقلب صحيحا وانتج أثره لا كواقعة مادية بل كتصرف شرعي، وهناك اتجاه في الفقه الحنفي لا يكتفي بما تقدم بل يرمي إلى التأكيد من قوة العقد ويبعد العقد الفاسد عن الباطل ويجعل المشتري بعقد فاسد لا يملك التصرف في العين فحسب بعد قبضها بل يملك العين نفسها بالقبض كما يملك التصرف فيها وإذا كان لا يحل له الانتفاع بعين المملوك فسبب ذلك هو أن الانتفاع اعراض عن الرد وهو واجب شرعا[1]. فهذا الاتجاه يزيد في ابعاد العقد الفاسد عن العقد الباطل ويقربه من الصحيح من حيث افادة المالك، فهو يجعل العقد الفاسد يفيد ملكا كاملا ينتفع به المالك ولكنه يجعل هذا الانتفاع محرما أو مكروها ومرجع ذلك في الغالب اسباب دينية، وهو يتخفف من الفساد عن طريق التقريب بين العقد الفاسد والعقد النافذ فكلاهما نافذ يفيد الملك الكامل[2].

132 - موقف القانون المعاصر من العقد الفاسد:

أخذ القانون المدني الأردني بنظرية العقد الفاسد، حيث نصت المادة (170) منه على (1 - العقد الفاسد هو ماكان مشروعا بأصله لا بوصفه فإذا زال سبب فساده صح. 2 - ولا يفيد الملك في المعقود عليه إلا بقبضه، 3 - ولا يترتب عليه أثر إلا في نطاق ما تقرره أحكام القانون. 4 - ولكل من عاقديه أو ورثته حق فسخه بعد اعذار العاقد الاخر)[3] **أما** القانون المدني العراقي فلم يأخذ بالعقد الفاسد والحق العقد في الحالات التي يكون فيها فاسدا بالعقد الباطل، فقد نصت المادة (137) من القانون على أن (1 - العقد الباطل هو ما لا يصح أصلا باعتبار ذاته أو وصفا باعتبار بعض أوصافه الخارجية.. 2.. 3 - ويكون باطلا أيضا إذا اختلت بعض أوصافه كأن يكون المعقود عليه مجهولا جهالة فاحشة أو يكون العقد غير مستوف للشكل الذي فرضه القانون) فالعقد الذي لا يصح بوصفه يعد باطلا، وهذا هو العقد الفاسد في الفقه الحنفي، ويعد العقد باطلا إذا كان المعقود عليه

(1) الزيلعي ج4 ص 62 وابن نجيم، البحر ج6 ص 92 - 93.
(2) السنهوري مصادر الحق ج4 ص 298 - 304.
(3) للتوسع انظر الدكتور محمد يوسف الزعبي، اسباب فساد العقد بين الفقه الحنفي والقانون المدني الأردني، مجلة (مؤتة) للبحوث والدراسات، جامعة مؤتة، المجلد الثالث، العدد الثاني، كانون الأول 1988 ص 93 وما بعدها.

مجهولا جهالة فاحشة، وهذه حالة من حالات فساد العقد⁽¹⁾) وكذلك لم يأخذ القانون المدني المصري والسوري بنظرية العقد الفاسد.

133 - موقف جمهور الفقهاء من العقد الصحيح وغير الصحيح:

إن جمهور الفقهاء، من غير الحنفية، يقسمون العقد إلى عقد صحيح وعقد غير صحيح، فالصحيح ما كان منسجما لشروط الصحة والانعقاد، أي ماكانت أركانه وشروطه وأوصافه سليمة لا خلل فيها على نحو تترتب عليه آثاره المقررة له شرعا، وغير الصحيح ما ليس كذلك، فهو عندهم، نوع واحد هو الباطل أو صيغته أو في العاقدين أو في محله أو في أوصافه اللازمة له كجهالة الثمن أو المحل أو تاريخ أداء الثمن، ومع اتفاق الجمهور على ماتقدم، إلا أنهم اختلفوا في حكم العقد الذي يرجع الخلل فيه إلى وصف غير لازم للعقد أي في أمر مجاور له، كما في النهي عن البيع وقت النداء لصلاة الجمعة، أو النهي عن النجش في البيع، فأكثرهم قالوا بصحة العقد في هذه الحالة مع الكراهة، وقلة منهم قالوا بالبطلان⁽²⁾.

البند الثاني
العقد النافذ والعقد الموقوف

134 - اولا - العقد النافذ:

هو العقد الخالي من كل حق لغير العاقدين يوجب توقفه على إرادته، ومن كل مانع آخر يمنع نفاذه⁽³⁾. وهو العقد الصادر من كامل الأهلية والولاية كما لو عقد البالغ العاقل الرشيد عقدا لنفسه أو لغيره بالنيابة عن هذا الغير وكل ما عقده في حدود نيابته، وحكم هذا العقد ترتب آثاره عليه دون توقف على إجازة احد، فالعقد النافذ صادر ممن له ولاية إحداثه، ومتى كان العقد نافذا لزم الوفاء به، وينقسم العقد النافذ إلى نافذ لازم ونافذ غير لازم⁽⁴⁾.

(1) انظر الحكيم، الوسيط ف 774 ص 520 ومؤلفنا في مصادر الالتزام ص 175.
(2) كشاف القناع ج2 ص5 وما بعدها الشرح الكبير للدرديري ج3 ص60 علي الخفيف 304 وما بعدها زيدان ف 428 ص367 - 368 البعلي ص309.
(3) الزرقا ج1 ف 8/47 ص 638.
(4) علي الخفيف ص 309 - 310 زيدان ف 429 ص 368 البعلي ص 306.

135 - ثانيا - العقد الموقوف:

هو العقد الصادر من شخص يتمتع بالأهلية ولكن لا يملك ولاية اصدار هذا العقد وانشائه، كما في تصرفات الفضولي والصبي المميز الدائرة بين النفع والضرر، فتصرفات الفضولي موقوفة على إجازة من له الشأن فيها، وتصرفات الصبي المميز موقوفة على إجازة وليه نفاذا حصلت هذه الإجازة نفذ العقد وإلا بطل ويذهب الاحناف والمالكية والحنابلة، في إحدى الروايتين في المذهب، إلى أن العقد إذا صدر ممن لا ولاية له في اصداره كان صحيحا موقوفا نفاذه على الإجازة ممن يملك تلك الولاية، كعقد الفضولي وبيع الصبي المميز والسفيه، فإذا تحققت الإجازة انقلب العقد صحيحا نافذا، إذ الولاية عندهم شرط في النفاذ ومن ثم لا يظهر أثره في المعقود عليه، إلا بعد إجازته إجازة معتبرة شرعا[1].

ومن أنواع العقد الموقوف، العقد بالإكراه، عقد الصغير المميز، عقد السفيه المحجور عليه، عقد المدين بدين مستغرق، تصرف المريض مرض الموت، تصرفات الرجل المرتد عن الإسلام، عقد الفضولي، على تفصيل في اراء الفقهاء حول هذه الأنواع[2].

136 - موقف القانون المعاصر:

تأثر القانون المدني العراقي بالفقه الإسلامي ونظم أحكام العقد الموقوف في المواد (134 - 137) كما أن القانون المدني الأردني أخذ بأحكام العقد الموقوف في المواد (171 - 175) أما القانون المدني المصري وكذلك القانون المدني السوري فلم يأخذا بالعقد الموقوف، بل اخذا بالبطلان النسبي، تاثرا منهما بالقانون المدني الفرنسي.

البند الثالث

العقد اللازم والعقد غير اللازم

136 - ينقسم العقد النافذ إلى، عقد لازم وعقد غير لازم وندرسهما تباعا.

(1) علي الخفيف ص 309 - 310 الزرقا ف8/48 ص 638 - 639 و ف 6/38 ص 503 - 504 البعلي ص 307.
(2) الزرقا ف 5/38 ص 500 وما بعدها.

137 - اولا - العقد النافذ اللازم هو الذي لا يملك احد العاقدين فسخه دون رضاء العاقد الآخر كالبيع والإجارة، ويكون فسخ العقد اللازم باتفاق الطرفين في العقود القابلة للفسخ، أما التي لا تقبل الفسخ بطبيعتها فإنها تبقى لازمة ولا يمكن فسخها حتى ولو اراد العاقدان ذلك[1] فهو ما كان مشروعا بأصله ووصفه ولم يتعلق به حق الغير ولا يقبل الفسخ بطبيعته، كالخلع، إلا بتراضي طرفيه كالبيع والإجارة، أو إذا اتفقا على التقايل منه[2].

138 - ثانيا - العقد النافذ غير اللازم:

ويسميه بعض الفقهاء، العقد الجائز، وهو العقد الذي بطبيعته يمكن فسخه من احد العاقدين، فهو غير لازم في حقهما، فلكل منهما فسخه على وجه الانفراد والاستقلال متى شاء، كعقد الوديعة والعارية، وقد يكون العقد لازما لأحد العاقدين غير لازم للعاقد الآخر، فيستطيع هذا فسخه بينما لا يستطيع الأول ذ لك، مثل عقد الرهن والكفالة، فالرهن بعد تمامه لازم بالنسبة للمدين لا يجوز فسخه، في حين هو غير لازم بالنسبة للمرتهن، حيث له أن يفسخه متى شاء، والكفالة عقد لازم بالنسبة للكفيل غير لازم بالنسبة للمكفول له، فله فسخ عقد الكفالة دون رضاء الكفيل[3].

والعقود النافذة غير اللازمة تسعة، تنقسم إلى أربعة أنواع:

1 - النوع الأول - عقود غير لازمة مطلقا في حق كلا الطرفين وهي عقود الايداع، الإعارة، الشركة، المضاربة.

2 - النوع الثاني - عقود الأصل فيها عدم اللزوم، ولكنها تلزم في بعض الأحوال، وهي أربعة عقود، الوكالة التحكيم، الوصية، الهبة.

3 - النوع الثالث - عقود الأصل فيها اللزوم، ولكن في طبيعتها شيئا من عدم اللزوم في ظروف محددة، وهي الإجارة والمزارعة[4].

4 - عقود لازمة بالنسبة لحد العاقدين، غير لازمة للعاقد الآخر، وذلك مثل

---

(1) البدائع ج5 ص 306 مجلة الأحكام، المادة (114) البعلي ص306.
(2) البدائع ج5 ص 306، المادة (114) من المجلة.
(3) الخفيف ص 310 - 311 زيدان ف430 ص369 البعلي ص 306 - 307.
(4) الزرقا ج1 ف4/40 وما بعدها ص525 وما بعدها.

الرهن والكفالة، فهما عقدان لازمان بالنسبة للراهن والكفيل، لتعلق حق المرتهن والمكفول له بالعين المرهونة وبذمة الكفيل، ولكن هذين العقدين غير لازمين بالنسبة للمرتهن والمكفول له، لأنهما بالنسبة لهذين، للاستيثاق من استيفاء حقوقهما، ولهما أن يتنازلا عنها[1].

المطلب الثاني

العقد من حيث الآثار

139 - ليست العقود سواء في اتصال آثارها بها، فمنها ما تترتب عليه آثارها فور انعقادها وهذه هي العقود المنجزة، ومنها ما تترتب عليها آثارها في زمن لاحق على انعقادها وهذه هي العقود المضافة إلى المستقبل، ومنها قد لا تترتب عليها آثارها مطلقا لأنها علقت على شرط وقد لا يوجد هذا الشرط، وهذه هي المعلقة على شرط، كل ذلك ندرسه في البنود الآتية.

البند الأول

العقد المنجز

140 - وهو ما تكفي صيغة العقد لانعقاده وترتب آثاره عليه في الحال، وهذا في العقود التي لا تحتاج في تمامها إلى قبض المعقود عليه كما في البيع ونحوه، فالبيع بمجرد صدور صيغته المعتبرة من العاقدين يتم العقد وتترتب آثاره عليه في الحال، فيتملك المشتري المبيع ويتملك البائع الثمن، أما في العقود التي تحتاج في تمامها إلى قبض المعقود عليه كالهبة ونحوها من عقود التبرعات، فلا تكفي الصيغة لإتمام العقد وترتب آثاره عليه في الحال، بل لا بد فيه من قبض المعقود عليه حتى يتم وتترتب آثاره عليه، والعقد هنا قبل القبض صحيح، ولكنه غير تام، وهناك عقود لا تصح دون قبض، كما في السلم والصرف، فلابد لصحة السلم من قبض الثمن ولا بد في الصرف من قبض البدلين في مجلس العقد،

---

(1) أبو زهرة ف221 ص 382.

وبدون هذا القبض لا يصح العقد[1]. وإذا كان الاحناف والشافعية يحملون القبض شرطا في لزوم عقد الهبة وترتب ما يوجبه من التزامات عليه[2]، فإن المالكية يرون إن الالتزام يجئ من الصيغة ذاتها بلا حاجة لقبض الموهوب، وكذلك الأمر عندهم في العارية والرهن أيضا، فلا لزوم للقبض في كل ذلك، حتى ليصح رهن ما لم يوجد بعد أو ما فيه غرر كثمرة لم يبد صلاحها[3]. ومن ثم فإن المالكية يرون إن للموهوب له أن يطالب الواهب بتسليم ما وهب لأنه صار ملكه، وللمستعير المطالبة بتسليم ما اعير له للانتفاع به المدة المحددة، وللمرتهن مطالبة الراهن بتسليم العين التي ارتهنها، إلا أن الإمام مالك، يرى إن الرهن وإن كان يلزم بمجرد صدور صيغته، فهو لا يتم، بمعنى أن يكون للمرتهن حق امتياز على العين، إلا بالقبض لقوله تعالى(فَرِهَانٌ مَقْبُوضَةٌ)[4] والشافعية[5] والحنابلة[6] يذهبون في الرهن مذهب الاحناف، ولكنهم يرون معا إن العارية ليست إلا اباحة، لا عقدا بالمعنى الاخص المعروف، لذا لا يلزم المعير بحال أن يمضي فيها ولو كان قد ضرب لها أجلا محددا والأصل في العقود أن تكون منجزة، إلا ماكان منها بطبيعة لا تقبل التنجيز، كعقد الوصية وعقد الإيصاء، فالوصية، وهي تمليك مضاف إلى ما بعد الموت[7] بطبيعتها لا يظهر اثرها إلا بعد وفاة الموصي، وكذلك الإيصاء، وهي

(1) محمد سلام مدكور، المدخل للفقه الإسلامي ص 611 محمد يوسف موسى ف635 ص448.
(2) حاشية ابن عابدين على الدر المختار شرح متن تنوير الابصار ج5 ص 317 - 318 في الرهن والهبة والصدقة وأيضا ج4 ص531 - 533، الزيلعي ج4 ص 257 في باب الوكالة، حيث ذكر أن هذه العقود وامثالها لا تلزمهاآثارها إلا بالقبض.
(3) الشرح الصغير ج2 ص121 وفي العارية انظر ص226، 227، 229، حيث لم يذكر شروط القبض، وفي الهبة انظر ص 344 ففيها أن الهبة تلزم بلا قبض، حتى لو مات الموهوب إليه كانت لورثته.
(4) سورة البقرة الآية (283).
(5) نهاية المحتاج ج3 ص 268 وج 4 ص 301.
(6) كشاف القناع ج2 ص 144و150، ومنتهى الإرادات على هامشه ج2 ص93 وفيهما أن الرهن من شروطه التنجيز، فلا يصح، كالبيع، مع التعليق.
(7) الدر المختار ج5 ص 568 البعلي ص 301.

إقامة الموصي غيره وصيا على اولاده بعد وفاته[1].

البند الثاني

العقد المضاف إلى المستقبل

141 - وهو العقد الذي تـدل صيغته عـلى انشائه مـن حـين صـدور هـذه الصيغة ولكن آثاره لا تترتب عليه إلا في زمن مستقبل عينه المتعاقدان في العقد، كأن يقـول شخص لاخـر، أجرتـك هـذه الـدار بـالف دينـار في الشهر ابتـداء مـن الشهر القادم[2] وتنقسم العقود، من حيث قبولها الإضافة أو عدمها إلى ثلاثة اقسام:

اولا: عقود لا تنعقد بطبيعتها إلا مضافة للمستقبل وهي الوصية والإيصاء.

ثانيا: عقود لا تقبل الإضافة، وهي عقود التمليكـات أي العقـود التـي تفيـد تمليك الاعيان كالبيع والهبـة والشركة والقسمة والإبـراء مـن الـدين، فهـذه العقـود جعلها الشارع اسبابا مفضية إلى آثارها في الحال، فتأخير هـذه الآثـار لا يتفق وأصل وضعها الشرعي.

ثالثا: عقود تقبل الإضافة، فيصح ايقاعها منجزة كما يصح ايقاعها مضافة إلى المستقبل، وهذه العقود أنواع منها:

1 - الإجارة والمزارعة والعارية ونحوذلـك، وتجـوز الإضافة في هـذه العقـود لأنها ترد على تمليك المنفعة وهي توجد آناً فآناً، فاضافتها لا تنافي في أصل وضعها.

2 - الكفالة والحوالة، وتجوز فيهـا الإضافة لأنـه قـد لا يطالـب الكفيـل ولا المحال عليه الدين إلا بعد زمن، ففيها معنى الإضافة، ولا يتنافى مع الإضافة إلى الزمن المستقبل.

3 - الاسقاطات، وهـي التصرفات المتضـمنة اسقاطا لما يملكـه الشخص، كالطلاق والعتق والوقف، فله أن يؤخر هذا الاسقاط إلى زمـن مسـتقبل، كـما لـه أن يوقعه حالا.

---

(1) زيدان ف 432 ص 370 - 371.

(2) محمد مصطفى شلبي ص 381 - 382.

4 - الإطلاقات، وهي تصرفات فيها إطلاق وتمكين لشخص من تصرف كان ممنوعا منه، كالوكالة والإذن للصبي في التجارة وإنما جازت إضافة هذه التصرفات إلى المستقبل، لأنها بطبيعتها لا تفيد أحكامهاوآثارها كاملة حال صدورها، بل تحدث شيئا فشيئا فلا تتنافى مع الإضافة[1].

البند الثالث

العقد المعلق

142 - ويقصد بالعقد المعلق، العقد الذي علق وجوده على وجود شيء آخر، أي وجود العقد ربط بوجود أمر مستقبل، فإذا وجد وجد العقد وإن لم يوجد لم يوجد العقد، كما لو قال شخص لاخران سافرت إلى خارج العراق فانت وكيلي في بيع داري، فقال الاخرقبلت، فالعقد المعلق لا وجود له قبل وجود الشرط المعلق به، ويشترط لصحة التعليق أن يكون المعلق عليه معدوما وقت التعاقد إلا أنه ممكن الوجود في المستقبل[2]، والتفرقة بين العقد المعلق والمضاف، مذهب الحنفية[3]، والمالكية، أما الشافعية فلا يفرقون بينهما فكلاهما ينعقد سببا في الحال، ولكن تتاخر الأحكام إلى المستقبل[4].

وتنقسم العقود، من ناحية قابليتها للتعليق وعدمه إلى ثلاثة اقسام:

اولا - عقود لا تقبل التعليق، وهي عقود التمليكات التي ترد على الاعيان, أو المنافع، بعوض أو بدونه، كالبيع والإجارة والهبة والقرض والإعارة ونحو ذلك، ولا يجوزالتعليق في هذه العقود، لأن الشان في المعلق عليه أنه يوجد وقد لا يوجد، مما جعل هذه العقود مترددة بين الوجود والعدم، ثم إن عقود التمليكات

(1) المبسوط للسرخسي ج 15 ص 74 وما بعدها فتح القدير ج 7 ص 147 محمد يوسف موسى ص 453 وما بعدها محمد سلام مدكور 613 - 615 زيدان ف 434 ص 371 - 372.

(2) محمد يوسف موسى ص 448 - 450 محمد مصطفى شلبي ص 384 وما بعدها زيدان ف 435 ص372.

(3) المادة (223) مرشد الحيران وما بعدها.

(4) المجموع شرح المهذب ج9 ص 340 ابن تيميه في الفتاوى ج3ص 353 البعلي ص 302.

يجب أن تكون جازمة حتى يتحقق فيها الرضاء الذي هو أساس انعقاد العقد وترتب آثاره، فإذا لم تكن هذه العقود جازمة بل علقت على شرط، فإن الرضاء قد يزول حين تحقق الشرط، فينعقد العقد دون رضاء، وهذا لا يجوز، هذا وهناك رأي آخر يجيز تعليق عقود التمليكات على شرط، سواء أكانت بعوض أو بغير عوض، لأن الحاجة قد تدعو إلى مثل هذا التعليق[1]. وهذا الرأي له وجاهته، وتؤيده بعض الآثار المروية عن النبي صلى الله عليه وسلم ومنها تعليق الهبة على الشرط[2].

ومن العقود التي لا تقبل التعليق، عقود الزواج والخلع والرهن[3].

ثانيا - عقود تقبل التعليق بكل شرط، كالوكالة والوصية والإيصاء والاسقاطات كالطلاق والاعتاق، وسبب جواز التعليق في هذه العقود، إن التعليق في بعض هذه العقود لا يترتب عليه ضرر باحد المتعاقدين، ولأن بعضها كالطلاق، اسقاط لما يملكه الشخص بمحض إرادته، فصح تعليقه على أمر مستقبل، والوكالة لا تفيد آثارها وقت صدورها، بل تحدث هذه الآثار حين مباشرة الوكالة آنا بعد آن، والوصية والإيصاء، لا يترتب عليهما أثر إلا بعد وفاة الموصي، فهما معلقان على شرط الوفاة، فصح تعليقهماعلى شيء آخر غير وفاة الموصي، ولا ضرر في ذلك على احد العاقدين[4].

ثالثا - عقود تقبل التعليق بشرط، وهناك عقود وسط بين النوعين السابقين، فهي تقبل التعليق ولكن بشرط أن يكون المعلق عليه شرطا مناسبا أي ملائما للعقد، ومن هذه العقود الكفالة والحوالة، والشرط الملائم هو ما كان مناسبا لمقتضى العقد حسب الشرع أو العرف، بأن يكون بين الشرط وما علق عليه مناسبة تقتضي هذا التعليق[5]. فيصح إن تقول للمشتري، إن استحق المبيع فانا كفيل بثمنه، أما إذا كان الشرط غير ملائم فلا يصح التعليق، كما لو قال شخص لاخر، إذا امطرت السماء فانا كفيلك بما لك من دين في ذمة فلان، فالتعليق هنا مفسد للعقد لأنه لا

(1) ابن القيم، أعلام الموقعين، ج3ص288.
(2) نيل الأوطار للشوكاني ج6 ص 100.
(3) ابن عابدين وحاشيته ج4 ص 123 - 124.
(4) محمد يوسف موسى ص456 زيدان ف 436 ص 374 البعلي 302.
(5) محمد مصطفى شلبي ص 388.

يظهـر فيـه قصد سليم، فهـو كالهزل، فلا يصح العقد به[1]. أو تعليق الكفالـة أو قبول الحوالة بالدين بنجاح ابنه في الامتحان مثلا، فهذا ضرب من العبث والهزل، ولا تصح العقود مع الهزل، كما هو معروف[2].

المطلب الثالث

العقود من حيث الطبيعة

143 - وتنقسم العقـود، مـن حيث طبيعتهـا، إلى كونهـا فوريـة التنفيـذ أو مستمرة التنفيذ، ونبحثهما في البندين القادمين، على أن نبحث في النتائج المترتبة على التمييز بينهما في البند الثالث.

البند الأول

عقود فورية التنفيذ

144 - من العقود ما تقتضي طبيعتها تنفيذها فور انشائها، أن تـتم الغايـة منها بعد الإيجاب والقبول، ولا يدخل الزمن عنصرا جوهريا في تنفيذه، كالبيع الـذي يملك المشتري المبيع والبائع الثمن بعد انشائه، والزواج الذي يحل استمتاع كل مـن طرفيه بالاخرمتى صدر الإيجاب والقبـول، وهـذا هـو الغالـب في العقـود، وتسـمى العقود الفورية التنفيذ، وهي التي لا يحتاج تنفيذها إلى زمن ممتد، بل يتم تنفيذها فورا دفعة واحدة في الوقت الذي يختاره العاقدان، كالبيع ولو بثمن مؤجـل والصلـح والقرض والهبة[3].

البند الثاني

عقود مستمرة التنفيذ

145 - هناك من العقود ما يتطلب تنفيذها من احد العاقدين وقتا يتم فيه

آنا

---

(1) محمد يوسف موسى ص 457 زيدان ف 436 ص 374.
(2) الهداية والعناية وفتح القدير ج5 ص 404 وما بعدها المبسوط للسرخسي ج 19 ص174 وما بعدها، و ج 20 ص 2 وما بعدها.
(3) الزرقا ج 1 ف 3/47 ص 644 ومؤلفنا مصادر الالتزام ص 36 - 37.

فآنا، أي لا يتحقق المعقود عليه، الذي يقتضي تنفيذه فترة طويلة أو قصيرة من الزمن، إلا شيئا فشيئا بمضي الزمن، فهو تنفيذ مستمر متجدد أو متعاقب، ومن ثم تسمى عقودا مستمرة أو متجددة، فالزمن عنصر جوهري في تنفيذ هذه العقود، الذي يمتد من الزمن بحيث يكون الزمن عنصرا أساسيا في تنفيذها، لذلك تسمى أيضا عقودا زمنية[1]. ومن اهم هذه العقود، عقد الإجارة، سواءاكانت إجارة شيء أم شخص (عقد العمل)، ففي هذا العقد، نرى أن المعقود عليه هو منفعة العين أو الشخص المستأجر، وهذه المنفعة لا توجد فور الإيجاب والقبول، بل توجد للمستأجر شيئا فشيئا مع الزمن ولذلك صح للفقهاء القول بأنه عقد شرع على خلاف القياس لحاجة الناس إليه، إذ القياس لا يصح لعدم وجود المعقود عليه حين العقد[2].

البند الثالث

نتائج التمييز بين العقدين

146 - تترتب نتائج مهمة على التمييز بين العقد الفوري والعقد المستمر التنفيذ، وهي:

1 - أن العقد الفوري التنفيذ كالبيع إذا فسخ فيكون فسخه مستندا إلى الماضي، ويوجب الرد فيما نفذ من التزامات العاقدين، أما العقد المستمر التنفيذ ففسخه يكون مقتصرا غيرمستند، أي بلا أثر رجعي.

2 - إن الالتزامات المتقابلة في عقد المعاوضة المستمر إنما تثبت بصورة متناظرة بين الطرفين شيئا فشيئا، فما تم منها في جانب يتم ما يقابله في الجانب الآخر، ففي عقد الإيجار الذي تتقابل فيه المنفعة بالأجرة إنما يتحقق ويستقر التزام المستأجر بالأجرة تدريجيا كلما انتفع، وبقدر ما انتفع، حتى أنه إذا اشترط تعجيل الأجرة لا يستقر الالتزام بها في ذمة المستأجر، ولو استحق عليه تعجيلها، إلا مجزأ

---

(1) محمد يوسف موسى ف 651 ص 458 الزرقا ف 14/47 ص 644 ومؤلفنا في مصادر الالتزام ص 36 - 37.

(2) البدائع ج 4ص 174 - 175.

بحسب ما يمضي من منافع المأجور تدريجيا على حساب المستأجر.

3 - إن عقد المعاوضة المستمر يعتبر في النظر الفقهي بمثابة عقود متجددة في المدة التي يستغرقها تنفيذه، وعلى هذا كان يحق للمستأجر في عقد الإيجار فسخه بطروء العيب الحادث على المأجور وهو في يده، بخلاف عقد البيع الفوري، فإنه لا يحق للمشتري فسخه بالعيب الحادث في المبيع بعد قبضه اياه، بل بالعيب القديم الموجود فيه قبل التسليم، فاعتبار التجدد في عقد الإيجار مع مرور الزمن يصبح العيب الحادث في المأجور، عيبا قديما بالنسبة إلى المستقبل [1].

المطلب الرابع

العقد من حيث الغرض

147 - لكل عقد آثار معينة تترتب عليه، هي غرض العاقد من انشائه هذا العقد، فعقد البيع يفيد ملكية المبيع للمشتري وملكية الثمن للبائع، وهذا هو الغرض الذي يقصده العاقدان من عقد البيع، وعلى هذا الأساس تتنوع العقود إلى مجموعات، أي على أساس الغرض منها، وقد يكون للعقد الواحد أكثر من غرض واحد فيندرج تحت أكثر من مجموعة، وهذا مانراه في البنود الآتية:

البند الأول

عقود التمليكات

148 - وهي التي يكون الغرض منها تمليك العين أو المنفعة، بعوض أو دون عوض، فالذي بعوض يسمى (معاوضة) كالبيع والإجارة والمزارعة والمساقاة، أما بدون عوض فيسمى (التبرع) كالهبة والإعارة والوصية.

---

(1) محمد يوسف موسى ف 651 وما بعدها ص 459 وما بعدها الزرقا ج1 ف 15/47 ص 645 وما بعدها ومؤلفنا مصادر الالتزام ص 36 - 37.

البند الثاني

الاسقاطات

149 - وهي التي يراد بها اسقاط ما للإنسان من حق، فإذا كان الاسقاط بـلا عـوض، فهـو اسـقاط محـض، وإن كـان الاسـقاط بعـوض، فهـو اسـقاط فيـه معنـى المعاوضة، ومن النوع الأول، الطلاق المجرد من المال والعفو عن القصـاص بـلا بـدل والتنازل عن الشفعة وإبراء الدائن مدينه من الدين، ومن النـوع الثاني، العفـو عـن القصاص على مال يدفعه الجاني.

البند الثالث

عقود التفويض والإطلاق

150 - وهي التي تتضمن تعويض الغير وإطلاق يده في التصرف بعمـل كـان ممنوعا عليه قبل التفويض أو الإطلاق، كعقد الوكالة والإيصاء والإذن للصغير المميز بمباشرة بعض أعمال التجارة.

البند الرابع

التقييدات

151 - وهي تصرفات يراد بها منع شخص من تصرف كان مباحا له من قبل، مثل عزل الوكيل أو ناظر (متولي) الوقف، وعـزل القضـاة والأوصياء والحجـر عـلى المأذون له بالتجارة.

البند الخامس

التوثيقات

152 - ويكون الغرض من عقود التوثيقات أو التأمينات تـأمين الـدائن عـلى دينه قبل مدينه، ومن عقود التوثيقات والتأمينات، الكفالة، الحوالة، الرهن.

البند السادس

الشركات

153 - وهـي التـي يكـون الغـرض منهـا الاشـتراك في العمـل والـربح، ومنهـا المضاربة والمزارعة والمساقاة.

البند السابع

عقود الحفظ

154 - وهي التي يقصد بها حفظ المال، كعقـد الوديعـة، فإن المـودع يضـع ماله عند المودع لديه لغرض حفظ ماله[1].

---

[1] محمد يوسف موسى ف 659 وما بعدها ص463 وما بعدها زيدان ف438 ص 375 - 376 البعلي ص303 وما بعدها.

الفصل الثاني

انعقاد العقد

155 - اتفق الفقهاء على أن العقد ينعقد بوجود العاقدين والإيجاب والقبول والمحل أي المعقود عليه، ولكنهم اختلفوا في اعتبار هذه الأمور كلها أركانا للعقد[1].

156 - وذهب الحنفية والحنابلة إلى أن الركن هو، ما لا يتصور وجود الشيء إلا به، وكان جزءا منه، وعلى هذا فركن العقد عندهم، هو الصيغة فقط، أي الإيجاب والقبول، أما العاقدان والمعقود عليه فليسا ركنين له، لأنهما، وإن كان لا يتصور وجود العقد بدونهما، إلا أنهما ليسا من اجزائه الداخلة فيه، فالصيغة وحدها هي التي تستقل بإيجاد العقد وتكوينه، فاذاوجدت الصيغة وجد العقد، وليس هذا المعنى موجودا بالنسبة للعاقد والمعقود عليه فإنهما موجودان قبل الصيغة، ومع ذلك لم يوجد العقد عند وجودهما[2].

(1) يقصد بالركن جانب الشيء القوي الذي يتوقف عليه وجوده بكونه جزء ماهيته، كتكبيرة الاحرام بالنسبة للصلاة والصيغة بالنسبة للعقد. انظر القاموس المحيط ج1 ص 238 ومنتهى الإرادات ج2 ص256 الاقناع ج2 ص56 مجمع الانهر ج2 ص4.

(2) البدائع للكاساني ج4 ص 174 ج7 ص 331 القاهرة المطبعة الجمالية 1328 للهجرة، حاشية الدسوقي على الشرح الكبير للدردير ج4 ص 422 مطبعة عيسى الحلبي، نهاية المحتاج للرملي ج6 ص 40 مطبعة مصطفى الحلبي 1357 للهجرة كشاف القناع ج 3 457 - 458، القاهرة مطبعة انصار السنة المحمدية 1343 للهجرة، الدكتور محمد سلام مدكور، المدخل للفقه الإسلامي، القاهرة، دار النهضة العربية، 1386 للهجرة ص 513،

157 - أما المالكية والشافعية، فيذهبون إلى أن الركن ما كان جـزءا للماهيـة أو توقف عليه تصور الماهية في الذهن، ومن ثم فقد اعتبروا أن أركان العقد ثلاثة، العاقـد (المـوجب والقابـل) والمعقـود عليـه (الـثمن والمـثمن) والصيغة (الإيجاب والقبول)[1].

158 - ويرى اتجاه، أن هذا الخلاف بين الاتجاهين، مجرد اصطلاح، لا يترتـب عليه أي اثرحقيقي، لأن الفقهاء جميعا متفقون على أن العقد لا يتصور وجوده إلا بوجود العناصر الثلاثة مجتمعة، وهي الصيغة والعاقدان والمحـل، فلـو فقـد واحـد منها لم يكن هناك عقد[2].

159 - ويرى اتجاه آخر، إن قوام العقد إنما يكون بمقومات أربعة لا بـد مـن وجودها في كل عقد، وهي العاقدان، ويسميان طرفي العقد، ومحل العقد، ويسمى المعقود عليه، وموضوع العقد، والأركان هي، العناصر الذاتية الانشائية التـي يتكون منها العقد، وهي الإيجاب والقبول ويسميان صيغة العقد[3].

160 - موقف الفقه القانوني والقانون المعاصر:

يتبين من دراسة نصوص القـوانين المعاصرة، أن أركان العقد هـي التـراضي والمحل والسبب[4]، ويضاف الشكل، إذا كان العقد شكليا، ويرى اتجاه في الفقـه أن أركان العقد تتركز في الإرادة والتراضي والسبب أما المحل، فهو ركن في الالتزام الناشـئ عنه، ولا تظهر أهمية المحل الافي الالتزام الإرادي دون غيره، سـواء نشـأ عـن عقـد أو إرادة منفردة، لأن محل الالتزام غير الإرادي يحدده القانون، فلابد أن يكون مستوفيا لشروطه، أما محل الالتزام الإرادي فالإرادة هي التي تحدده، فيجب أن

زيدان ف 315 ص 288.

(1) نهاية المحتاج ج2 ص 274، شرح الخرشي ج3 ص 261.

(2) محمود أنور دبور ف 43 ص318- 319 وهبة الزحيلي ج4 ص 92.

(3) الزرقا ج 1 ف 1/29 ص 399 وما بعدها.

(4) انظر المواد (77 - 130) مدني عراقي (87 - 165) مدني أردني (89 - 144) مدني مصري (92 - 138) مدني سوري (الفصل 14 - 65) مغربي (1 - 19) التزامات تركي (148 - 201) مشروع عربي.

تراعى في تحديده الشروط التي يستلزمها القانون، ولا تظهر اهمية البحث في المحل إلا بمناسبته، لذلك جرى التقليد في الفقه القانوني على القول بـأن أركـان العقد ثلاثة، التراضي والمحـل والسبب، يضـاف اليهـا الشكل في العقود الشكلية والتسليم في العقود العينية[1] ويرى البعض أن التحليل العميق ينتهي بنا إلى القول بأن للالتزام محلا وللعقد محل آخر، كما للالتزام سببا وللعقد سبب آخر[2]، ولا ينال هذا الخلاف من حقيقة لا سبيل إلى الشك فيها وهـي ان المحـل والسبب ايا كـان الوضع الذي نختاره لهما، يعتبران مـن عناصـر الإرادة، فليس مـن شـأن اعتبارهما، ركنين في الالتزام أو في العقد أن يستبعد كونهما من عناصر الإرادة، وذلك لأن الإرادة المعتبرة قانونا هي تلك التي تتجه إلى التعاقد وهـي علـى بينة مـن المحـل ومدركة للسبب، وإلا كانت إرادة غير واعية لا يحفل بها القانون، ومن ثم يصح القـول بـأن الإرادة هي ركن العقد[3].

161 - أما السبب، فلم نجد من فقهاء المسلمين من صرح باعتباره ركنـا، إلا أن هذا لا يمنع من القول، بأنهم قد درسوا وبنـوا الكثير مـن الأحكـام عليـه[4]. فقد تكلموا عن السبب بإسهاب في أصول الفقه، وهو يشمل جميع أعمال الإنسـان مـن تصرفات قولية وفعلية وعبادات، واهتم الفقهاء المسلمون، مـن جهـة أخـرى، بقصد الإنسان ونيته عند قيامه بعمل من الأعمال، ورتبوا على هـذه الأعمـال مـن النتـائج بحسب النية التي صاحبت القيام بها، وقد تكلموا عـن النية والقصد في التصرفات القولية تحت عنوان (القصود في العقود) وذهبوا إلى أن قصد المتعاقد إذا كـان مشروعا فالعقد صحيح وإلا فالعقـد باطل، ونقطة الابتـداء في مـا يقـرره الفقهـاء، الحديث النبوي الشريف (انما الأعمال بالنيات وإنما لكل أمرا مانوى)[5].

162 - وعند المقارنة بين الفقه الإسلامي من جهة والفقه القانوني

---

(1) الدكتور محمود جمال الدين زكي ف34 ص 85 السنهوري الوسيط ج1 ف 68 ص 170.

(2) حجازي ج1 ص 96، 97، 127 وما بعدها الصدة ف 62 ص 79.

(3) الصدة ف 62 ص 79.

(4) محمود أنور دبور ف 430 ص 319.

(5) انظر الحكيم، الوسيط ف 647 ص 449 ومؤلفنا في مصادر الالتزام ص 138 وسنعود إلى دراسة السبب في الفقه الإسلامي مقارنة مـع الفقه القانوني والقانون المعاصر.

والقانون المعاصـر مـن جهـة أخرى، نجـد أنهـما يتفقـان في ركنـي التراضي والمحل، أما السبب، فلم يعتبره الفقه الإسلامي ركنـا وان كان قـد اعتبره شرطـا لا وجود للعقد بدونه، فالعقد يكون موجودا إذا كان سببه مشروعا، ولا وجـود للعقد إذا كان الشارع قد نهى عن التعامل فيه، ويمكن القول إن الفقه الإسلامي والقانون المعاصر يتفقان في أركان العقد من حيث العموم⁽¹⁾.

163 - لما تقدم، ندرس التراضي، وجوده وصحته، والمحل (المعقود عليه) والسبب في المباحث الثلاثة القادمة، على أن ندرس مراتب الصحة والبطلان في العقد في المبحث الرابع.

المبحث الأول
التراضي

164 - يقصـد بـالتراضي، إرادة المتعاقدين في إنشـاء العقـد والالتـزام بآثـاره وبالتالي فإن التراضي ينبغي أن يكون موجودا وصحيحا، وهـذا مـا نبحثه في المطلبين القادمين.

المطلب الأول
وجود التراضي

165 - يتطلب الأمر تمييز الرضاء عن بعض المصطلحات التي قـد تتشابه أو تتماثل معه اولا، ثم نتعرف على الإرادة والتعبير عنها وتوافق الإرادتين، وتثار مسألة إمكانية إنشاء العقد بالإرادة الواحدة، والخيارات المتاحة للمتعاقد، كل هـذه الأمـور نبحثها في البنود القادمة.

---

(1) أحمد فراج حسين ص 136 - 137.

البند الأول

الرضاء وتمييزه عن بعض المصطلحات

166 - الأصل في العقود الرضائية وأساسها الرضاء [1]. فتنعقد العقود بالتراضي الحر، بالاتفاق بين العاقدين دون اشتراط شيء من الشكليات إلا على سبيل الاستثناء مع اختلاف الفقهاء في نطاق التصرفات التي تخضع للشكلية [2]، فالشكلية لها مجال واسع في عقد النكاح مثلا، ويحرص الفقه الإسلامي على تحقيق الرضاء الكامل بالعقد، وينطلق في ذلك من الآية الكريمة(يَا أَيُّهَا الَّذِينَ آمَنُوا لَا تَأْكُلُوا أَمْوَالَكُمْ بَيْنَكُمْ بِالْبَاطِلِ إِلَّا أَنْ تَكُونَ تِجَارَةً عَنْ تَرَاضٍ مِنْكُمْ) [3] ومن الحديث النبوي الشريف (لايحل مال امرئ مسلم إلا عن طيب نفس منه) [4] فما المقصود بالرضاء والاختيار.

167 - اولا - الرضاء:

يقصد بالرضاء، طيب النفس وارتياحها، ويقول ابن الأثير (الرضا، صفة نفسية قائمة بالقلب) [5] ومن أجل تحقيق الرضاء عن بينة واختيار، شرعت الخيارات، كخيار التعيين وخيار الشرط وخيار الرؤية وخيار العيب وخيار المجلس، ويتحقق التراضي بتوفر أكثر من رضاء، يقول القرطبي في تفسير قوله تعالى (يَا أَيُّهَا الَّذِينَ آمَنُوا لَا تَأْكُلُوا أَمْوَالَكُمْ بَيْنَكُمْ بِالْبَاطِلِ إِلَّا أَنْ تَكُونَ تِجَارَةً عَنْ تَرَاضٍ مِنْكُمْ)

، إلا أن تكون تجارة عن تراض جاءت من التفاعل إذ التجارة بين اثنين أي عن رضاء كل منهما، فالتراضي حقيقة في المشاركة لأنه مصدر باب التفاعل الذي هو

---

(1) الطرق الحكمية ج1 ص 282 ط 1961 الموافقات للشاطبي ج2 البدائع ج 5 أعلام الموقعين ج 3 المدونة الكبرى للإمام مالك ج 11 تبيين الحقائق ج 5.

(2) الدكتور محمد وحيد الدين سوار، الشكل في الفقه الإسلامي، الرياض، معهد الإدارة 1985 ص 36 وما بعدها.

(3) سورة النساء الآية (29).

(4) سبل السلام للصنعاني ج3 ص 59 - 61.

(5) لسان العرب ج 11 ص 1663.

للمشاركة الحقيقية بين طرفين متساويين في الفعل)[1].

168 - والرضاء أمر نفسي داخلي ومن ثم فهو يشتبك بغيره من المصطلحات النفسية الأخرى كالإرادة والاختيار والنية والقصد، وبإمعان النظر في اقـوال الفقهـاء، نجد أن هذه المصطلحات بينها عموم وخصوص، فالقدر المشترك في المعنى بـين هـذه المصطلحات هو(مجرد اتجاه الإرادة إلى الشي) ويثور خـلاف بـين الحنفيـة وجمهـور الفقهاء، فالحنفية يعرفون الرضـا، بأنـه (ايثـار الشيـء واستحسـانه)[2] وبانـه (امـتلاء الاختيار، أي بلوغه نهايته، بحيث يفضي أثره إلى الظاهر من ظهور البشاشة في الوجه ونحوها)[3].

ويستفاد من اقوال الجمهور في تعريف الرضا، إنه القصد إلى تحقيـق أثـر في المعقود عليه أي إرادة التعبير وإرادة الأثر والرغبة في الحكم[4].

169 - ثانيا - الاختيار:

يقصـد بالاختيـار، لغـة، (الاصـطفاء والايثـار والانتقـاء والتفضـيل)[5] و(هـو ترجيح شيء وتقديمه واصطفاؤه وطلب ماهو خير وفعله)[6] فالاختيار، هو القصد إلى الفعل الذي يستطيعه الشخص، سواء أكان ذلك الفعل قولا أم غير قـول، فالاختيـارفي العقود، القصد إلى النطق بالعبارات التي تنشأ بها، ويشمل ذلك القصد ثلاثة اقوال:

1 - حال القصد إلى معاني العقود والرضا بأحكامها والرغبة في آثارها.

2 - وحال قصد النطق بالعبارات المنشئة للعقود غير قاصد لأحكامها، بأن

---

(1) الجامع لأحكام القرآن ج5 ص153 ط دار الكتب المصرية 1387 للهجرة وانظر تفسير ابن كثير ج1 ص 479.
(2) التلويح على التوضيح للتفتازاني ج2 ص 195 مطبعة محمد على صبيح بمصر، حاشية ابن عابدين ج 4 ص 507.
(3) كشف الاسرار على أصول البزدوي لعبد العزيز البخاري ط 1307 للهجرة ج 4 ص 382.
(4) مواهب الجليل للحطاب ج2 ص 195 نهاية المحتاج ج6 ص 334 كشاف القناع للشيخ منصور البهـوتي ج2 ص 5 المحـلى لابـن حـزم ج9 ص 258.
(5) لسان العرب ج 5 ص 1298 القاموس المحيط ج2 ص 26.
(6) المفردات في غريب القرآن ص 160، 161 كشاف مصطلحات الفنون ج 2 ص 195، القاهرة، الهيئة المصرية للكتاب 1972.

كان هازلا، لأنه قد توفر القصد إلى النطق، وبذلك يتحقق القصد.

3 - وحال النطق بعبارات العقد تحت تأثير إكراه أو ارغام، لأن القصد إلى فعل مستطاع ثابت مع الارغام، متحقق فيه وإن كان الرضا غير متحقق ولا ثابت[1].

170 - والاختيار محل خلاف بين الفقهاء، فالحنفية يعرفونه بأنه القصد إلى الشيء وإرادته وهو إما صحيح يستقل الفاعل به دون تأثير من احد، وإما فاسد إذا كان تحت تأثير تهديد وإكراه، والفاسد ينقسم إلى قسمين: أ - إكراه لا ينعدم به الاختيارلبقاء القصد معه، إذا اختار المكره الأهون عليه، حتى ولو كان التهديد بتفويت نفس أو عضو غلب على ظن المستكره وقوعه من المكره وفي هذه الحالة يصبح الاختيار فاسدا.

ب - إكراه لا ينافي الاختيار مطلقا لبقاء القصد مطلقا، إذا كان بشي يتحمله المستكره مع مشقة مثل ضرب خفيف أو حبس ونحو ذلك، وفي هذه الحالة لم يفسد الاختيار[2].

171 - ويعرف جمهور الفقهاء، الاختيار، بأنه القصد إلى الفعل بمحض الإرادة فهو ينافي الإكراه[3]. وبذلك فإن دائرة الاختيار، عند الجمهور، اوسع منها عند الحنفية إذ يخرجون منه الاختيار الفاسد بإكراه ملجئ.

171 - وفرق الحنفية بين الرضاء والاختيار، فالرضاء قصد الأثر المترتب على العقد، أما الاختيارفقصد العبارة المنشئة للعقد، ومن ثم، فإن كل عقد يكون الرضاء شرط فيه يفسد بانتفائه كالبيع، وما لم يكن شرطا فيه لم يفسد بل يصح وينفذ، ورتب الحنفية على توجههم في التفرقة بين الرضاء والاختيار أساسا لتصنيف العقود[4] والتصرفات، فجعلوا الاختيار أساسا لانعقادها، وأما الرضاء

(1) أبو زهرة ف 111 ص 199 - 200.

(2) تيسير التحرير لامير بادشاه طبعة مصطفى الحلبي بمصر 1350 للهجرة ج2 ص290، حاشية ابن عابدين على الدر المختار ط 3 مصطفى الحلبي 1386 للهجرة ج4 ص 507.

(3) مواهب الجليل للحطاب مطبعة السعادة بمصر 1329 للهجرة ج4 ص245، كشاف القناع ج2 ص 5، مكتبة نصر الحديثة بالرياض، الانصاف، تحقيق محمد حامد فقي، ط السنة المحمدية 1375 للهجرة ج4 ص 265.

(4) الدكتور علي محمد الدين القره داغي، مبدأ الرضاء في العقود، دراسة مقارنة في الفقه الإسلامي والقانون المدني، رسالة دكتوراه، بيروت، دار البشائر الإسلامية، 1406 للهجرة 1985 م ج1 ص215.

فليس بلازم لانعقادها جميعها ولا لصحة بعضها وهي التصرفات غير المالية كالنكاح والطلاق وإن كان لازما لصحة بعضها كالبيع والإجارة ونحوها من العقود المالية[1]. وبذلك فهم رتبوا على التفرقة بين الرضاء والاختيار أساسا لتصنيف العقود الذي:

1 - العقود والتصرفات التي لا تقبل الفسخ كالطلاق والعفو عن القصاص واليمين والنذر، فهذه تصرفات لا تنفصل آثارها من اسبابها، وبعضها من قبيل الاسقاطات التي تتلاشى وتنتهي بمجرد صدورها، فلا يتصور فسخها بعد وقوعها كالطلاق والعفو عن القصاص والبعض الآخر من قبيل الالتزام المؤكد وهو متى صدر لا يمكن نقضه والرجوع فيه كاليمين والنذر والايلاء[2].

2 - العقود والتصرفات التي تقبل الفسخ كالمبادلات المالية من بيع وإجارة ومزارعة ومساقاة وقسمة، فهذه العقود قد تتراخى آثارها عن اسبابها باشتراط احد العاقدين أو كليهما خيار الشرط، وكذلك فانهاتقبل الفسخ برضاء العاقدين وبظهور عيب سابق في المعقود عليه بعد العقد، فالاختيار في هذه العقود شرط لانعقادها، والرضاء شرط لصحتها، إذ ينعقد العقد فاسدا بفوات الرضاء[3].

البند الثاني
الإرادة والتعبير عنها

172 - لتحديد المقصود بالإرادة، يقتضي- التعريف به وتمييزه عن بعض المصطلحات، ثم بيان وسائل التعبير عنها ودراسة مسألة الاختلاف بين الإرادة الظاهرة والإرادة الباطنة، ونبحث كل هذه المسائل تباعا.

173 - اولا - المقصود بالإرادة:

---

(1) البعلي ص 26 - 27.
(2) فتح القدير، القاهرة المطبعة الاميرية 1316 للهجرة ج3 ص 40.
(3) البعلي ص 27 - 28، علي محمد القره داغي ج1 ص215.

بغية تحديد المقصود بالإرادة، لا بد من تمييزها عن النية والرضاء والاختيار.

1 - معنى النية:

يقصد بالنية، لغة، القصد وعزم القلب على عمل [1]. أما عند الأصوليين والفقهاء، فهناك اختلاف، فرأي يرى انها القصد [2]. ورأي يرى، إن النية قصد الطاعة والتقرب إلى الله في إيجاد الفعل [3]. وذهب الإمام أبو حامد الغزالي إلى (والنية إذا اطلقت في الغالب اريد بها، انبعاث القصد موجها إلى ذلك الغرض، فالغرض علة ولكن شرط النية الاحاطة بصفات المقصود... اعلم أن النية والإرادة والقصد عبارات متواردة على معنى واحد وهو حالة وصف للقلب يكتنفها امران، علم وعمل، وذلك لأن كل عمل اختيار لا يتم إلا بثلاثة أمور، علم وإرادة وقدرة، فلا تتحقق الإرادة إلا بعد العلم، لأن الإنسان لا يريد ما لا يعلمه فلابد وأن يعلم، ولا يعلم ما لم يرد به من إرادة.... فإذا انبعثت الإرادة انتهضت القدرة لتحريك الاعضاء، فالقدرة خادمة للإرادة، والإرادة تابعة لحكم الاعتقاد والمعرفة، فالنية عبارة عن الصفة المتوسطة وهي الإرادة وانبعاث النفس بحكم الرغبة والميل إلى ما هو موافق للغرض إما في الحال واما في المال، فالمحرك هو الغرض المطلوب وهو الباعث والغرض الباعث هو المقصد المنوي والانبعاث هو القصد والنية) [4].

174 - وهناك علاقة مشتركة بين الرضاء والاختيار والنية، عند جمهور الفقهاء، وهو اتجاه الإرادة ونزوعها إلى الفعل والأثر المترتب عليه، لذلك قال الشاطبي (فالعمل إذا تعلق به القصد تعلقت به الأحكام التكليفية وإذا عري عن القصد لم يتعلق به شيء منها كفعل النائم والغافل والمجنون) [5].

(1) لسان العرب 51 ص 4588، القاموس المحيط ج4 ص 400.
(2) العز بن عبد السلام، قواعد الأحكام في مصالح الأنام، بيروت، دار الكتب العلمية، ج1 ص185.
(3) الأشباه والنظائر للسيوطي، طبع عيسى البابي الحلبي بالقاهرة، ج33، حاشية ابن عابدين ج1 ص 1375.
(4) إحياء علوم الدين، طبعة عيسى الحلبي، ج2 ص 253 - 355.
(5) الموافقات للشاطبي، بيروت، دار المعرفة، ج2 ص 324.

175 - 2 - معنى الإرادة:

يعرف الفقهاء الإرادة بأنها (القصد إلى الشيء والاتجاه إليه)[1] وعرفت بأنها (الإرادة، في الأصل، قوة مركبة من شهوة وحاجة وامل وجعل اسما لنزوع النفس إلى الشيء مع الحكم فيه بأنه ينبغي أن يفعل أو لا يفعل ثم يستعمل مرة في المبدأ وهو نزوع النفس إلى الشيء، وتارة في المنتهى وهو الحكم فيه بأنه ينبغي أن يفعل أو أن لا يفعل، فإذا استعمل في الله فإنه يراد به المنتهى وهو الحكم أو ماشابه ذلك[2].

فجميع الافعال الصادرة من الإنسان لا تصدر منه إلا عن إرادة واختيار، فيعتبر المرء مريدا لفعله متى اعتزمه واتجه إليه، وكذا يعتبر مختارا فيه ما دام متمكنا أن يمتنع عنه، ولو أنه سيلحقه من جراء الامتناع ضرر عظيم، لأنه لم يقدم على الفعل إلا وقد رجحه على الامتناع اجتنابا للضرر، وقد كان في إمكانه أن يمتنع ويتلقى الضرر[3].

فالإرادة اعم، والاختيارمرتبة اخص من الإرادة، لأن المريد يكون متمكنا من خلاف ما يريد أو غير متمكن، أي قد يكون مختارا أو مجبرا، وإن الرضاء مرتبة اخص من الاختيار، لأن الإنسان قد يأتي الفعل مختارا، أي متمكنا من عدمه، ولكنه غير راض به، أي غير راغب فيه مرتاح إليه، كمن يقاتل دفاعا عن نفسه لا رغبة في القتال[4].

176 - وتمر الإرادة، كظاهرة نفسية بمراحل داخل النفس، وهذه المراحل في العمل القانوني هي:

1 - التصور: إذ يستحضر الشخص العمل القانوني الذي يريد إبرامه.

2 - التدبر: حيث يوازن الشخص بين كافة الاحتمالات والنتائج.

---

(1) البحر الرائق شرح كنز الدقائق، المكتبة الإسلامية بديار بكر (تركيا) ج2 ص 322، المقنع، المطبعة السلفية، ج3 ص 143.
(2) الراغب الاصفهاني، المفردات في غريب القرآن، ص 206 وما بعدها.
(3) الزرقا ف 2/34 ص 451.
(4) الشيخ محمد الخضري، أصول الفقه، الطبعة الأولى، ص 127، كشف الاسرار ج4 ص 382 وما بعدها، الزرقا ف 34/ 2 ص 451 - 452.

3 - التصميم: إذ يبت الشخص في الأمر وهـذا هـو جـوهر الإرادة المعبرعنـه بالقصد على نحو ما سلف.

4 - التنفيـذ: وهنـا ينتقـل الشـخص إلى حالـة إحـداث أثـر قـانوني معـين في الخارج[1].

أما إذا بقيت الإرادة في النفس الإنسانية، فإن القانون لا يعتد بها، إلا إذا عبر عنها الإنسان وظهرت الإرادة إلى العالم الخـارجي المحسـوس، ومـن المعلـوم أن هـذه الإرادة يجب أن تتجه إلى إحداث أثر قانوني، لذلك لا يلتفت القـانون إلى الإرادة غـير الجادة، كالإرادة الصادرة على سبيل المزاح أو الهزل[2].

177 - ثانيا - وسائل التعبيرعن الإرادة:

إن الأساس في وجـود العقـد هـو توجـه إرادة العاقـدين إلى انشـائه، وهـذه الإرادة أمر خفي مستترلاسبيل إلى معرفته إلا بمـا يـدل عليـه مـن لفـظ أو مـا يقـوم مقامه مما يكون الإيجاب والقبول، وهذا الدال على الإرادة هو الذي سـماه الفقهـاء بصيغة العقد[3]، ويشترط لاعتبار صيغة العقد أن تكـون واضـحة الدلالـة عـلى إرادة المتعاقدين، ومفهومة لديهما، دون شـك ولا احـتمال لمعنـى آخـر، وتختلـف وسـائل التعبير عن الإرادة، فالمهم أن تكون هذه الوسائل كاشـفة ومظهـرة لإرادة العاقـدين وهي:

1 - اللفظ (الصيغة اللفظية)

178 - أي النطق باللسـان، وهـو الأصـل في الافصـاح عـن التعبـيرعن الإرادة الباطنة[4]. وذهـب البعض إلى أن الأصل أن لا شـكلية في التشرـيع الإسـلامي، فالعقـد ينعقد وتنشـأ الالتزامـات دون حاجـة إلى طقـوس خاصـة مـن حركـات واشـارات أو مراسيم، وإن الفقهاء لا يتقيدون بألفاظ مخصوصة في إبرام العقود، ويعتبر هذا من

(1) الدكتور أنور سلطان، النظرية العامة للالتزام القاهرة، ص 98.
(2) انظر مؤلفنا في مصادر الالتزام ص39 - 40.
(3) الدكتور محمد سلام مدكور، تاريخ التشريع الإسلامي ومصادره، ص 410 محمد مصطفى شلبي ص 261.
(4) أحمد فراج حسين ص 137.

المميزات الأساسية للتشريع الإسلامي، ثم يقول (ويوجد في الفقه الإسلامي نوع خاص من الشكلية نسميه " اللفظية " وهو أثر من آثار ما كان يخص به اللفظ من التقديس في العصور الأولى، حيث كان الناس يعتقدون بالتأثير السحري للكلمات المتلفظ بها) ولهذا السبب نجد الفقهاء على أشد الخلاف فيما يتعلق بحكم التعاطي[1]. ويرد على الرأي بأن الفقه الإسلامي أقر انعقاد العقود بالتعاطي إلا في عقد النكاح الذي اشترط فيه اللفظ لغرض تشريعي تمييزا للغاية المشروعة عن الممنوعة، واقر الفقه الإسلامي انعقاد العقد بما دون التعاطي دلالة من لسان الحال، وهذا الفقه لا يشترط في عقد من العقود لفظا ولا صيغة معينين، بل جعل كل عبارة، من حقيقة ومجاز، صالحة في كل عقد متى اعربت عن معناه النوعي المقصود، فاللفظ في كل تشريع هو تلك الوسيلة الأصلية في اخراج الإرادة إلى حيز الوجود الحسي[2].

179 - واللفظ هو الاداة الطبيعية الأصلية في التعبير عن الإرادة الخفية وهو الأكثر استعمالا في العقود بين الناس لسهولته وقوة دلالته ووضوحه، فيلجأ إليه متى كان العاقد قادرا عليه، وبأية لغة يفهمها المتعاقدان، ولا يشترط فيه عبارة خاصة، وإنما يصح بكل ما يدل على الرضاء المتبادل بحسب أعراف الناس وعاداتهم[3]. لذلك كان للفظ منزلة عظيمة عند الفقهاء، فهو مقدم على ما سواه من وسائل التعبير عن الإرادة، وله مزايا عديدة، فهو أدل من غيره على شخصية المتكلم وحقيقة إرادته ومجموع نفسه[4].

180 - ولا يشترط لانعقاد العقد باللفظ، إلا أن تكون واضح الدلالة على الإرادة، ولا يهم، بعد ذلك، أن يكون باللغة العربية أم غيرها ما دام العاقدان يفهمانها، كما لا يهم أن تكون الألفاظ باللهجة العامية أو اللغة الفصحى، بهذا الأسلوب أو ذاك، فالأصل، عند فريق من الفقهاء، كالشافعية والمالكية، إن عقد

(1) الدكتور شفيق شحاتة، النظرية العامة للالتزامات في الشريعة الإسلامية، القاهرة، ف 123 - 127 ص 130 - 132.
(2) الزرقا ف 14/30 ص 421 وما بعدها.
(3) وهبة الزحيلي ج4 ص 95.
(4) محمد وحيد الدين سوار، التعبير عن الإرادة ص 275.

الزواج لا ينعقد إلا بلفظي النكاح والزواج وما اشتق منهما، وهذا بحق من يحسن اللغة العربية، أما بالنسبة لمن لا يحسنها، فإن عقد الزواج ينعقد باللفظ الذي يؤدي هذا المعنى[1]. فالشافعية يذكرون أنه لا يصح إلا بلفظ التزويج والنكاح، أي ما اشتق منهما ويعللون هذا، بأن ذلك ماورد في كتاب الله، وليس لنا أن نلحق بهاتين المادتين غيرهما بطريق القياس، ويصح عقد النكاح بالعجمية في الأصح، وهي ما عدا العربية من سائر اللغات، وإن أحسن قائلها العربية، اعتبارا بالمعنى[2].

ويرى المالكية أنه لا بد من لفظ (انكحت وزوجت)، وفي انعقاده بلفظ الهبة خلاف بين فقهاء المذهب وجواز انعقاد الزواج بكل لفظ يدل على التمليك كالهبة والصدقة إن سمي مهرا، ليكون قرينة على إرادة الزواج، وبلفظ بعت واملكت، وكل هذا على خلاف[3].

ويرى الحنابلة، إنه لا يصح إيجاب من يحسن العربية إلا بلفظ انكحت وزوجت لورودهما في نص القرآن الكريم، ولا يصح قبول لمن يحسنها إلا بلفظ آخر مشتق من هاتين اللفظتين[4].

أما الاحناف فيجيزون انعقاد الزواج بلفظ تزويج ونكاح وغيرهما مما يشتق من هاتين المادتين، وبكل لفظ آخر لتمليك العين في الحال (الهبة والصدقة والعطية والبيع والشراء) بشرط نية أو قرينة تبين أن المراد هو الزواج وبشرط فهم الشهود المقصود[5].

181 - ومن اهم مبررات الاهتمام باللفظ في عقد الزواج، إنه ليس كسائر العقود الأخرى، لأنه عقد عظيم الخطر شرع لاغراض عظيمة، كتكوين الاسرة وتكثير النسل، ولما فيه من معنى العبادة لله بتكثيرمن يعبدونه في العالم[6].

---

(1) محمد سلام مدكور ف 381 ص 265.
(2) نهاية المحتاج شرح المنهاج للرملي القاهرة، مطبعة مصطفى البابي الحلبي 1357 للهجرة ج5 (او ج6) ص163.
(3) مواهب الجليل للحطاب ج3 ص 419 - 421.
(4) كشاف القناع ج3 ص 20.
(5) الدر المختار وحاشية ابن عابدين عليه، ج2 ص 275 - 276، فتح القدير ج2 ص346.
(6) محمد يوسف موسى ف 381 ص 265.

182 - واللفظ إما أن يكون بصيغة الفعل الماضي أو المضارع أو المستقبل أو الأمر، ونرى هذه الاساليب تباعا:

ا - لفظ الماضي: إن أدل الألفاظ على إرادة إنشاء العقد، صيغة الفعل الماضي، مثل بعت ورهنت، لدلالتها القاطعة على تحقيق إرادة العاقد، فصيغة الماضي هي المظهر الواضح للتعبير عن الإرادة، في مرحلتها النهائية، إرادة قد تجاوزت دور التردد والتفكير والمفاوضة والمساومة إلى دور الجزم والقطع والبت والحسم[1]. فالأصل في العقود أن تنعقد بإيجاب وقبول، وأن يكون بلفظين ماضيين، وإن لفظ الماضي أدل الألفاظ على تحقيق الوجود، فكان انسب الألفاظ لانشائها، وإن اللغة العربية تقصر الألفاظ المنشئة للعقود على الألفاظ الماضية[2]. إذ لا بد من الإتيان بلفظ الماضي[3] ذلك أن صيغة الماضي تفيد الاخبار عن فعل موجود قبل زمان التكلم[4].

فلذلك كانت أدل الصيغ على تحقق وقوع الفعل وثبوته، فينعقد بها العقد من غير توقف على أمر آخر كالنية أو القرينة، ومن هنا اعتبر الفقهاء الاخبار إنشاء في جميع العقود[5].

فالفقهاء المسلمون يؤثرون صيغة الماضي لانعقاد العقد على العموم، لدلالتها على الوجود والتحقق، وباعتبارها المظهر الواضح للتعبير عن الإرادة في مرحلتها النهائية، وصيغة الماضي وإن كانت قد وضعت للماضي، ولكنها جعلت إيجابا للحال في عرف أهل اللغة والشرع، فينعقد بها العقد دون بحث في النية[6].

183 - وفي غير صيغة الماضي يجب الرجوع إلى الظروف والملابسات والبحث في النية للوقوف على إرادة إنشاء العقد مع عدم اغفال أعراف الناس وعاداتهم، كما يلاحظ أن الفقهاء المسلمون، وإن كانوا يؤثرون اللفظ، ولكنهم

---

(1) السنهوري مصادر الحق ج1 ص 85.
(2) أبو زهرة ف 117 ص211 - 121.
(3) العلامة الحلي ابن المطهر، مختلف الشيعة في أحكام الشريعة ج5 مسألة (46) ص 85.
(4) مجمع الانهر ج2 ص4.
(5) أحمد فراج حسين ص 137 - 138.
(6) حاشية ابن عابدين ج4 ص 510 وما بعدها، الأشباه والنظائر للسيوطي ص 319.

يجيزون استعمال أي لفظ بدلا من البيع مثلا، بحيث يؤدي إلى معنى المبادلة، ما دامت الصيغة تتمحض للحال، إذ العبرة للمعنى لا للصور[1].

184 - موقف القانون المعاصر:

الأصل في التعبير عن الإرادة، في القانون المعاصر، إنه لا يخضع إلى شكلية معينة، بعد أن ساد مبدأ الرضائية في العقود، فالإيجاب والقبول كل لفظين مستعملين عرفا لإنشاء العقد، والأصل أن يكون الإيجاب والقبول بصيغة الماضي، بعت واشتريت، وعلى هذا نصت الفقرة (2) من المادة (77) من القانون المدني العراقي[2] هذا وهناك من القوانين المعاصرة تنص على أن يكون التعبير عن الإرادة باللفظ، دون أن تنص على اللفظ الماضي صراحة، ولكن التطبيق العملي جرى على تفضيل هذا اللفظ[3].

185 - ب - لفظ المضارع:

ينعقد العقد، إذا كان كل من الإيجاب والقبول بصيغة المضارع ووجدت النية من العاقدين على إرادة إنشاء العقد، فهو اخبار عن الحال ودليل على الرضاء[4]. فتصلح صيغة المضارع، مثل ابيعك، وبعني، فتصلحان لانعقاد العقد، إن اقترن بهما ما يدل على أن المراد بهما شيئا آخر كالمساومة والوعد ونحو ذلك، ومثل استعمال الجمل الاسمية مثل انا بائع، استعمال كلمة (نعم) في القبول، فالمنظور إليه في الصيغة اللفظية وضوح دلالة الألفاظ على إرادة إنشاء العقد في الحال وصلاحيتها لأن يكون إيجابا وقبولا وعدم احتمال لها معنى آخر[5]. وتحتمل صيغة المضارع، الحال والاستقبال، بل أن استعمالها أغلب للاستقبال، إما حقيقة أو مجازا، ومن ثم فلا يؤخذ في هذه الصيغة بالإرادة الظاهرة لعدم وضوحها فوقعت

---

(1) الكاساني، البدائع، ج5 ص 133 وما بعدها.
(2) انظر مؤلفنا في مصادر الالتزام ص40 والمادة (2/91) مدني أردني، و(2/149) مشروع القانون المدني العربي الموحد.
(3) انظر المادة (1/90) مدني مصري و(1/93) مدني سوري.
(4) أحمد فراج حسين ص 138.
(5) علي الخفيف ص 62 - 63.

الحاجة إلى التعيين بالنية ومن ثم وجب الرجوع إلى الإرادة الباطنة[1].

186 - ويرى الشافعية، إن انعقاد العقد بلفظ المضارع من باب الكفاية فلابد للانعقاد به من قرينة دالة على إرادة العقد[2]. ولم يجوز الحنابلة، انعقاد العقد بلفظ المضارع، لأن العبارة حينئذ من قبيل الوعد بأخذ المبيع[3]. أما المالكية فيصح عندهم انعقاد العقد بلفظ المضارع ولكن العقد لا يكون لازما[4].

187 - موقف القانون المعاصر: يجوز أن يكون الإيجاب والقبول بصيغة المضارع كقول البائع هذا بكذا وقول المشتري (اشتريه) فهذه الصيغة تفيد الحال والاستقبال، لذلك وجب البحث عن نية المتعاقدين أي عن إرادتيهما الباطنة، وقد نصت الفقرة (2) من المادة (77) من القانون المدني العراقي على أن (ويكون الإيجاب والقبول...، كما يكونان بصيغة المضارع...) ويتطابق مع هذا النص ما ورد في الفقرة (2) من المادة (91) من القانون المدني الأردني وكذلك مع الفقرة (2) من المادة (149) من مشروع القانون المدني العربي الموحد.

188 - ب - لفظ الاستفهام:

الأصل، إن العقد لا ينعقد بصيغة الاستفهام، لعدم دلالتها على الإرادة الجازمة، وإنما يطلب الإجابة عن سؤاله، بيد أنه إذا جرت عادة بلدة من البلدان على استعمال المضارع للحال، لا للوعد والاستقبال، فإن العقد ينعقد به من غير توقف على النية[5]. وجاء في البدائع، ولا ينعقد بصيغة الاستفهام بالاتفاق، بأن يقول المشتري للبائع، اتبيع مني هذا الشيء بكذا، أو ابعته مني بكذا، فقال البائع، بعت، لا ينعقد، ما لم يقل المشتري، اشتريت، وكذا إذا قال البائع للمشتري، اشتري مني هذا الشيء بكذا، فقال، اشتريت، لا ينعقد، ما لم يقل البائع بعت[6]. ويتفق

(1) البدائع ج5 ص 133 - 134، السنهوري مصادر الحق، ج1 ص 89.
(2) نهاية المحتاج شرح المنهاج ج3 ص6.
(3) كشاف القناع ج2 ص103.
(4) الدسوقي على الشرح الكبير ج 3 ص4.
(5) البحر الرائق ج5 ص 264 مجمع الانهر ج2 ص 4 أحمد فراج حسين ص 138.
(6) البدائع ج 5 ص 133 وما بعدها وانظر الشرح الصغير ج3 ص 16.

المذهب المالكي مع المذهب الحنفي في أن صيغة الاستفهام لا ينعقد بها العقد[1].

189 - موقف الفقه القانوني والقانون المعاصر:

لم نجد نصا في القوانين المعاصرة التي بين ايدينا يتعلق بصيغة الاستفهام، ويذهب الفقه القانوني إلى أن العقد لا ينعقد بصيغة الاستفهام لأنها لا تفيد الحال[2].

190 - د - صيغة الاستقبال:

وهي الصيغة المقرونة بالسين والسوف، فواضح انها تمحضت للاستقبال، فلا ينعقد بها العقد، وورد في الفتاوى الهندية (واما ما تمحض للاستقبال كالمقرون بالسين وسوف... فلا ينعقد به)[3] ويتفق المذهب المالكي مع المذهب الحنفي في أن صيغة الاستقبال لا ينعقد بها العقد[4] ومن ثم فلا ينعقد العقد لا بلفظين يدلان على الاستقبال ولا بلفظين أحدهما مستقبل والآخر للماضي، ما عدا عقد النكاح[5].

موقف القانون المعاصر: يجيز القانون المعاصر أن يكون الإيجاب والقبول بصيغة الاستقبال التي هي بمعنى الوعد المجرد وينعقد بها العقد وعدا ملزما إذا انصرف إلى ذلك قصد العاقدين، وعلى هذا نصت صراحة المادة (78) من القانون المدني العراقي والمادة (92) من القانون المدني الأردني.

191 - هاء - صيغة الأمر:

اختلف الفقهاء، في انعقاد العقد بصيغة الأمر، إذا وجدت معها قرينة، تدل على إرادة إنشاء العقد في الحال، فذهب جمهور الفقهاء، منهم المالكية والشافعية والحنابلة " في احد قولين "[6] إلى أن العقد ينعقد بها، لقيام القرينة حينئذ، على

---

(1) السنهوري مصادر الحق ج1 ص 94.

(2) مؤلفنا في مصادر الالتزام ص 40.

(3) الفتاوى الهندية ج3 ص4.

(4) السنهوري مصادر الحق ج1 ص94.

(5) أبو زهرة ف 117 ص 211 - 212.

(6) حاشية الصاوي على الشرح الصغير ج3 ص16 ومغني المحتاج ج3 ص5 وغاية المنتهى ج2 ص4، الشيرازي، المهذب ج1 ص 257 المدونة الكبرى ج10 ص 51 وورد في (المغني ج4 ص3 - 4) في مذهب أحمد على قولين، قول يعقد به، وقول لايعقد به.

إنشاء العقد، وإن المقصود ليس هو مجرد الوعد، ومن ثم يجوز انعقاد العقد بلفظ الأمر إيجابا وقبولا[1]، وذهب الحنفية إلى أن العقد لا ينعقد بصيغة الأمر، ولو وجدت القرينة، لأن هذه الصيغة لا تستعمل في الاخبارعن الرغبة في إنشاء العقد في الحال وإنما تستعمل في طلب الإيجاب، فإذا قال البائع للمشتري، اشتر هذا القماش بكذا فقال المشتري، قبلت، لا ينعقد البيع، إذ البائع يطلب من المشتري إيجابا، وهذا الإيجاب يحتاج إلى قبول من البائع[2]، ونصت المادة (172) من مجلة الأحكام العدلية على أن (لاينعقد البيع بصيغة الأمر، كبع واشتر) إلا أنهم أجازوا (الحنفية) إنشاء عقد النكاح بصيغة الأمر وعللوا ذلك بامرين هما:

ا - إن صيغة الأمر توكيل، فإذا قال، زوجني، وقال الآخر، زوجتك، تم العقد، لأن قول الخاطب (زوجني) توكيل منه للولي في تزويجه، وعبارة الولي (زوجتك) تتضمن عبارة الخاطب الموكل، وعبارة الولي من حيث كونه وليا.

ب - إن هناك قرينة تدل على إرادة انعقاد العقد في الحال، وانتفاء معنى المساومة لأن مجلس العقد يسبقه عادة اتفاق على كل ما يتصل به.

192 - ويذهب اتجاه إلى أن الرأي الأول، الذي يذهب إليه الجمهور، هو الراجح، لأن الناس قد تعارفوا على استعمال صيغة الأمر في إنشاء العقود، والعرف يجب العمل به مالم يصادم نصا شرعيا، وهنا لا يوجد نص يمنع انعقاد العقد بصيغة الأمر[3].

193 - فاهتمام الفقهاء المسلمين بالصيغة لم تكن لذاتها أو لمجرد عباراتها وألفاظها وإنما لكونها وعاء الإرادة، فالإرادة تستخلص من الصيغة، والاخيرة قرينة ودليل عليها ولكنها قرينة لا تقبل إثبات العكس[4]، فصيغة الحال ينعقد بها العقد دون بحث في النية وصيغة الاستقبال المقرونة بالسين وسوف لا ينعقد بها العقد دون اعتداد بالنية كذلك، والصيغة التي تحتمل الحال والاستقبال

---

(1) الدسوقي على الشرح الكبير ج3 ص3 كشاف القناع ج2 ص3 نهاية المحتاج شرح المنهاج ج3 ص6.
(2) البدائع ج 5 ص133 - 134.
(3) أنور محمود دبور ص 329 البعلي ص 91.
(4) السنهوري مصادر الحق ج1 ص 91.

ينعقد بها العقد اولاينعقد تبعـا لثبـوت النيـة وقـرائن الأحـوال والظـروف والملابسات من عدمه⁽¹⁾.

193 - موقف القانون المعاصر: أجاز القانون المعاصر أن يكون الإيجاب والقبول بصيغة الأمر إذا اريد بها الحال، وعلـى هـذا نصت الفقـرة (2) من المادة (77) من القانون المدني العراقي وبهذ أخذ القانون المدني الأردني في الفقرة (2) من المادة (91) حيث أخذ القانون بـرأي الأئـمـة (مالك والشـافعي وروايـة عـن أحمـد) حيث ينعقد العقد بصيغة الأمـر متى دل فعل الأمـر عـلى إرادة العاقـد بـه إنشـاء العقد دلالة ليست محلا للشك في عرف المتعاقدين وطرق مخاطبتهم ولم يأخذ بـراي الحنفية من أنه لا ينعقد بها العقد⁽²⁾.

2 - الكتابة

194 - تعـد الكتابـة وسيلة مـن وسـائل التعبيـر عـن الإرادة، فالكتـاب كالخطاب، كما يقول الفقهاء، ينعقد بها العقد، بايـة لغـة كانت مـا دام العاقـدان يفهمانها، وسواء أكان الإيجاب والقبول بهما، أم كان أحـدهما كتابة والآخر شـفاها، وسـواء أكان ذلك ممن يستطيع النطق أم لا، ولم يستثن الفقهـاء مـن ذلك إلا عقـد النكاح، فلا ينعقد هذا العقد إلا بالكتابة عـن حضور الطرفين، إلا عنـد العجـز عـن النطق⁽³⁾.

195 - والفقه الإسلامي لا يأبى التعامـل بالتقنيـات العلميـة، ذلك أن مـنهج الشريعة الإسلامية هـو التيسـير عـلى الأمـة، وإن القواعـد الشرعية تسـتوعب فكرة الاتصالات الحديثة وما ينـتج عنهـا مـن مستخرجات تكنولوجيا يمكن اسـتخدامها كوسيلة لإبرام العقود، ويذهب اتجاه إلى إمكانية إبرام عقد النكاح بـأجهزة الاتصـال الناقلة للصوت مباشرة، كما يمكن إبرامـه بـالاجهزة الناقلة للحروف عـلى اختلافهـا، البرق، التلكس، البريد المصور (الفاكس)، الكمبيوتر، وإن مجلس عقد النكـاح المـراد إبرامه من خلال هذه الاجهزة ليس هو مجلس وصول الخطاب، كما هو

---

(1) البعلي ص 96 وانظر الزرقا ف 5/30 ص 410 - 411.

(2) المذكرات الإيضاحية للقانون المدني الأردني ج1 ص103 - 104.

(3) الكاساني ج5 ص138 علي الخفيف ص 192.

الشأن في العقود الأخرى، بل هـو المجلـس الـذي يتمكن في مـن وجـه إليـه الإيجاب من احضار شاهدين يسمعان قبوله، بعد قراءة الكتاب أمامهم، حتى يكون هذا العقد مستوفيا لجميع أركانه، وذلك لاختصاص هـذا العقد بعدم انعقاده أو صحته إلا بعد تحقق الشهادة[1].

196 - ويشترط في الكتابة، لكي تعتبر، أن تكون مستبينة، أي مكتوبة على شيء تظهروتثبت عليه، فلا تعتبر الكتابة على الهواء أو على سطح المـاء[2] وأن تكون مرسومة، أي مكتوبة بالطريقـة المعتـادة بـين النـاس في مراسـم زمـانهم وتقاليـده، بأن تكون مصدرة باسم المرسل والمرسل إليه أو مختومة أو موقعة مـن المرسـل، أن تكـون في زماننـا عـلى قرطـاس لا عـلى الـواح العظـام وجلـود الحيـوان واوراق الشجر[3].

197 - ويجوز أن تكون الكتابة بين غائبين، ويكون التعاقد صحيحا مطلقـا، لأن الكتابة من الغائب بمثابة النطق مـن الحـاضر، ويشترط صـدور القبـول مـن وجه إليه الإيجاب في مجلس علمه بالإيجاب، فلو أرسل شخص لاخر كتابا يقول فيـه، بعتك سيارتي بالف دينار مثلا فلما وصل الكتاب وقرأه المرسل إليه وفهم محتواه، قال في مجلس قراءته، اشتريت أو قبلت، انعقـد العقـد[4]. فحكـم الإيجاب والقبـول بالكتابة لا يبدا منذ كتابة العبارة، بل عقب وصول الكتابـة وقراءتـه، فعنـدئـذ تأخـذ العبارة مفعولها، فيعتبر الموجب موجبا والقابل قابلا[5].

198 - وهل يجوز التعاقد بالكتابة حال حضور الطرفين ؟ يذهب جمهـور الفقهاء إلى جواز إنشاء العقود بالكتابة بين الحاضرين، سواء أكانا يقدران على اللفظ (النطق) أم لا أم كان أحدهما قادرا عليه والاخرعاجزا، ويستثنى من ذلك

(1) الدكتورعبد الرزاق رحيم الهيتي، حكم التعاقد عبر اجهزة الاتصال الحديثة في الشريعة الإسلامية، عمان (الأردن) دار البيارق 2000 ص78 وانظر مؤلفنا، أثر التقدم العلمي في العقد (تكوين العقد، إثبات العقد) بغداد 2007.
(2) للتوسع انظر مؤلفنا، الوجيز في شرح قانون الإثبات، بغداد 1997 والطبعة الثانية في 2007.
(3) أحمد فراج حسين ص140 - 141، أنور محمود دبور ص 330.
(4) أنور محمود دبور ص331.
(5) الزرقا ج1 ف 7/30 ص 412.

(عقد النكاح) فإنه لا ينعقد بالكتابة بين الحاضرين ما لم يكن أحدهما عاجزاعن النطق لأن الزواج من العقود التي يشترط لصحتها، عند جمهور الفقهاء، حضور شاهدين وسماعهما كلام العاقدين[1].

199 - أما التعاقد بالكتابة بين الغائبين، فيصح التعاقد مطلقا، سواء كان العقد زواجا أم بيعا، فالكتابة بين العاقدين كالنطق بين حاضرين، وعلى هذا الأساس وضعت قاعدة (الكتابة كالخطابة)[2].

200 - وتتفق الكتابة مع الرسالة فيما يأتي:

1 - لو استعمل العاقد، في الكتابة أو الرسالة، صيغة هي في ذاتهاالاتتمحض للحال، فإن ارسالها في كتاب أو مع رسول يجعلها تتمحض للحال بدلالة الظروف، ذلك أن هناك فرقا بين الحاضر والغائب، فصيغة الأمر للحاضر تكون استياما عادة، أما الغائب بالكتابة أو الرسالة فيراد بها احد شطري العقد.

2 - لما كان الإيجاب غير ملزم في أكثر المذاهب ويجوز الرجوع فيه قبل صدور القبول، فالرجوع في الإيجاب بالكتابة أو بالرسالة جائز كذلك، فيصح رجوع الكاتب أو المرسل عن الإيجاب الذي كتبه أو ارسله قبل بلوغ ذلك للعاقد الاخر وقبوله، سواء علم العاقد الاخر بالرجوع أو لم يعلم، حتى لو قبل بعد ذلك لا ينعقد العقد[3].

201 - موقف القانون المعاصر: يجيز القانون المعاصر أن يكون الإيجاب والقبول بالكتابة، فقد نصت المادة (79) على أنه (كما يكون الإيجاب أو القبول بالمشافهة يكون بالمكاتبة...) وبهذا الحكم أخذ القانون المدني الأردني في المادة (93) حيث أجازت أن يكون التعبير عن الإرادة بالكتابة، وكذلك المادة (148) من مشروع القانون المدني العربي الموحد.

(1) فتح القدير ج5 ص344 الشرح الكبير ج3 ص3.
(2) الكاساني ج 5 ص135 والمادة (69) من المجلة.
(3) السنهوري مصادر الحق ج1 101 - 102 وانظر البدائع ج5 ص138 فتح القدير ج5 ص 79.

3 - التعاقد بالاشارة

202 - وينعقد العقد باشارة الاخرس المفهومة، سواء أكان خرسه أصليا بأن ولد هكذا أم كان طارئا ووقع الياس من كلامه[1]. والخرس معناه، عدم استطاعة النطق، واشارته تقوم مقام النطق باللسان باتفاق الفقهاء، إذا كان لا يعرف الكتابة، في جميع تصرفاته التعاملية القولية التي يكون له فيها اشارة معهودة مفهومة جرت عليها عادته[2].

203 - ويرى الشافعية، إن اشارة الاخرس الواضحة في الدلالة على مراده ينعقد بها عقده للضرورة، وكذلك تصح تصرفاته بالكتابة[3].

204 - والحنابلة يوافقون الشافعية والحنفية في أن إشارة الأخرس المفهومة يصح بها عقده للضرورة، أما إذا كانت غير واضحة فلا ينعقد بها العقد حتى ولو كانت مقرونة بالكتابة لأن من المحتمل أن تكون كتابته عبثا والاحتمال لا يصلح أساسا للعقود[4]. وهناك رأي للحنابلة، يجيز انعقاد العقد بكل ما يدل على الرضاء ويكشف عن الإرادة[5].

205 - ويرى الحنفية أنه إذا كان العاقد قادرا على الكلام فإن الاشارة لا تغني عن العبارة، وإذا كان النطق ليس بشرط في انعقاد العقد فيجوز للاخرس أن يتعاقد باشارته المفهومة، فإن التعاقد بالاشارة لا يقبل إلا منه، وسواء أكان خرسه أصليا منذ الميلاد، أم كان عارضا ودام حتى وقع الياس منه[6].

206 - ويجيز المذهب المالكي التعاقد بالاشارة ولو من غير الاخرس، وبذلك يعد هذا المذهب اوسع المذاهب في هذه المسألة، وهو الذي يساير

---

(1) الكاساني ج5 ص135.

(2) الزرقا ج1 ف 8/30 ص 413.

(3) نهاية المحتاج ج3 ص10، المجموع شرح المهذب ج1 ص 171.

(4) كشاف القناع ج 2 ص173.

(5) فتاوى ابن تيميه ج3 ص268.

(6) البدائع ج5 ص 135 فتح القدير ج 4 ص 13 الأشباه والنظائر لابن نجيم ص 188.

مقتضيات التعامل ومن ثم وجب الأخذ به[1].

207 - وإذا كان الاخرس يعرف الكتابة، فقد قال بعض الفقهاء بعدم اعتبار اشارته لأن الكتابة أدل على التعبير عن إرادته وهو قادر عليها، فلا يتحول عنها إلى الاشارة وقال البعض الاخرتعتبر اشارته ما دامت مفهومة إذ هي كالكتابة في الدلالة على الإرادة فلا يمنع منها[2]. وإذا كان لا يعرف الكتابة، فالحنفية والحنابلة يرون أن عقوده لا تصح منه بالاشارة لأن الاشارة تعتبر إذا صارت معهودة وذلك في الاخرس دون المعتقل، ولأن الضرورة في الأصلي لازمة وفي العارض على شرف الزوال إلا إذا عهدت الاشارة منه بالامتداد فحينئذ يكون بمنزلة الاخرس وذهب الشافعية إلى أن إيجابه أو قبوله يصح بالاشارة المفهمة[3].

208 - أما القادر على النطق، فقد ذهب جمهور الفقهاء إلى عدم اعتبار اشارته، وعند بعضهم، كالمالكية، تعتبراشارته لأنها كاللفظ وسيلة صحيحة من وسائل التعبيرعن الإرادة[4].

209 - موقف القانون المعاصر: أجاز القانون المعاصر أن يكون الإيجاب والقبول بالاشارة الشائعة الاستعمال ولو من غير الاخرس، وعلى هذا نصت المادة (79) من القانون المدني العراقي وأجازت المادة (93) من القانون المدني الأردني أن يكون التعبير عن الإرادة بالاشارة المعهودة عرفا ولو من غير الاخرس وهذا هو نص المادة (148) من مشروع القانون المدني العربي الموحد، في حين أجازت الفقرة (1) من المادة (90) من القانون المدني المصري، التعبير عن الإرادة بالاشارة المتداولة عرفا، وهو مطابق لنص المادة (1/93) من القانون المدني السوري.

(1) حاشية الدسوقي على الشرح الكبير ج3 ص 3، الصاوي على الشرح الصغير ج 2 ص 3، السنهوري مصادر الحق ج1 ص 107.
(2) ابن نجيم، الأشباه والنظائر وحاشية الحموي ص 188.
(3) رد المحتار ج5 ص 645 شرح الخرشي ج3 ص 361 ج5 ص 411 المغني ج6 ص 488 - 489 مجمع الانهر ج2 ص 732 الأشباه والنظائر للسيوطي ص 338 - 339 مواهب الجليل ج4 ص 229 نهاية المحتاج ج3 ص 385.
(4) مواهب الجليل للحطاب ج3 ص3 ج 4ص 229 البعلي ص 99 - 101.

4 - التعاقد بالتعاطي

210 - يقصد بالتعاطي، عند الفقهاء، المبادلة الفعلية الدالة على التراضي من غير تلفظ بإيجاب وقبول (المجلة المادة " 175 ") كأن يجد شخص متاعا في حانوت مكتوبا عليه ثمنه، أو كان معروف الثمن، أو استفسر من صاحبه فبينه له، فأخذه ونال البائع ثمنه، فقبضه منه راضيا دون إيجاب وقبول لفظيين، فالبيع يبرم بينهما، بهذا الأخذ والعطاء، لقيامهما مقام الإيجاب والقبول في الدلالة على تبادل الإرادتين الجازم في عقد المعاوضة[1].

211 - ويسمى بيع المعاطاة كما يكون في الإجارة وغيرهما من ضروب المعاملات المالية[2] والأمثلة كثيرة في الحياة العملية، كركوب سيارة النقل ودفع أجرة النقل المقررة أو أخذ الجريدة ووضع ثمنها في المكان المخصص، فالعقد ينعقد بفعل يباشره المتعاقدان دون تلفظ بايجا وقبول.

212 - وللفقهاء اراء مفصلة حول جواز التعاقد بالتعاطي، وقد ذهبوا إلى ثلاثة اتجاهات، نبينها على النحو الآتي:

1 - الاتجاه الأول: احتل التعاقد بالتعاطي في المذهب الحنفي تدرجا لا طفرة واحدة، فقد كان يصح في الخسيس دون النفيس، ثم أصبح يصح في الخسيس والنفيس معا، وقد كان قبض البدلين جميعا شرطا في تمام العقد، ثم صار قبض احد البدلين يكفي، ويشترط، في جميع الأحوال، أن يكون كل من البدلين معلوما[3].

2 - الاتجاه الثاني: ذهب إليه المالكية حيث يجيزون التعاقد بالمعاطاة مطلقا، دون تمييز بين خسيس ونفيس، تم قبض البدلين جميعا اوقبض احد البدلين دون الآخر، ما دام كل من البدلين معلوما، فهذا المذهب أجاز التعاقد بالمعاطاة طفرة واحدة في جميع الصور، غير أن العقد الذي يتم بالمعاطاة لا يكون لازما عن

---

(1) الزرقا ج1 ف 1/30 ص 414.

(2) محمد يوسف موسى ص 270.

(3) البدائع ج5 ص 134 فتح القدير ج5 ص 77 الفتاوى الهندية ج2 ص127 ج3 ص9 ج4 ص 368 - 370 الزيلعي ج4 ص 4 ابن عابدين ج4 ص16.

الإمام مالك، إلا بقبض أحد البدلين جميعا، أما إذا قبض أحد البدلين دون الاخر فان العقد يتم ولكن لا يكون لازما فيجوز الرجوع فيه[1].

وكذلك ذهب الحنابلة إلى جواز التعاقد بالتعاطي، باعتبار ان الله سبحانه وتعالى احل البيع ولم يبين كيفيته، فوجب الرجوع إلى العرف، والمسلمون في اسواقهم وبياعاتهم على ذلك[2] واستدلوا بقوله تعالى(يَا أَيُّهَا الَّذِينَ آمَنُوا لَا تَأْكُلُوا أَمْوَالَكُمْ بَيْنَكُمْ بِالْبَاطِلِ إِلَّا أَنْ تَكُونَ تِجَارَةً عَنْ تَرَاضٍ مِنْكُمْ)[3] فالإيجاب والقبول يردان للدلالة على التراضي، فإذا وجد ما يدل عليه من المساومة والتعاطي قام مقامهما واجزا عنهما لعدم التقيد فيه[4] وهناك رأي في المذهب الشافعي يجيز التعاقد بالتعاطي لأن اسم البيع يصدق عليه[5]. كما أن هناك رأي في مذهب الشيعة الجعفرية يجيز ذلك[6].

3 - الاتجاه الثالث - ذهـب الظاهريـة إلى أن العقـود جميعها لا تنعقـد إلا بالصيغة ولا تجوز فيها المعاطاة، سواء في ذلك النكاح والبيع والإجارة والهبة وغيرها، واستدلوا بأن الأسماء كلها توفيـق مـن الله سبحانه وتعالى، لا سـيما أسـماء وأحكـام الشريعة التي لا يجوز فيها الإحداث ولا يعلم إلا بالنصوص[7].

وهناك رأي في المذهب الشافعي لا يجيز العقد إلا بالقول أو ما قام مقامـه عند العجز عنه، كاشارة الاخرس أو كتابته، فإذا البيع لا ينعقد بالفعل أو المعاطاة في أي شيء مهما كان تافها[8] وكذلك رأي مذهب الشيعة الجعفرية يذهب إلى أن

---

(1) الشرح الكبير للدرديري ج 3 ص 3 الشرح الصغير ج2 ص 3 الحطاب ج4 ص 228.

(2) المغني ج4 ص4 كشاف القناع ج2 ص4.

(3) سورة النساء الآية (29).

(4) البعلي ص 106.

(5) المهذب ج1 ص257.

(6) مختلف الشيعة ج5 المسألة (44) ص 83.

(7) ابن حزم، المحلى، ج8 ص350.

(8) نهاية المحتاج ج3 ص4 شرح المهذب للنووي، المطبعة المنيرية، القاهرة 1353 للهجرة، ج9 ص 162 - 163.

العقود لا تنعقد بالفعل، ولو كان هذا الفعل دالا على الرضا دلالة واضحة[1] **كما أن** هناك خلاف على جواز أو عدم جواز التعاقد بالتعاطي في مذهب الاباضية[2].

213 - ومع اتفاق جمهور الفقهاء على جواز التعاطي في العقود، إلا أنهم استثنوا من ذلك عقد النكاح، فلا يجوز فيه المعاطاة بالاجماع، وذلك لعظم ولخطورة هذا العقد، وإن الأصل في الأموال الاباحة وفي الابضاع الحرمة، وإن الشهادة شرط في النكاح بخلاف البيع ونحوه، حيث لم يشترط الاشهاد[3].

214 - الترجيح بين الاتجاهات:

إن ارجح هذه الاتجاهات، هو الاتجاه القائل، بأن العقود المختلفة تنعقد بالفعل، إذا كان يدل دلالة واضحة على الرضاء، بلا فرق بين ماتعارف الناس على انعقاده به ومالم يتعارفواعلى انعقاده به، وذلك لأنه يستند إلى عمل الناس منذ عصر الرسول صلى الله عليه وسلم إلى وقتنا الحاضر، دون انكار[4] فالعقود تصح بالافعال، كالمبيعات بالمعاطاة، وكالوقف في مثل من بنى مسجدا، وكم دفع ثوبه إلى خياط يعمل بالأجرة أو ركب سفينة ملاح، فهذه العقود لو لم تنعقد بالافعال الدالة عليها لفسدت أمور الناس، وكذلك يستند هذا الاتجاه، إلى أنه يتمشى مع ماعرف عن الشريعة الإسلامية من حرصها على تحقيق مصالح الناس ورفع الحرج عنهم[5] فالفعل صالح للتعبير عن الإرادة، لأن انعقاد العقود يقوم على توفر إرادتي العاقدين على إنشاء العقد، فكل ما يدل على هذا المعنى دلالة واضحة من قول أو فعل يكفي لانعقاد العقد[6].

215 - موقف القانون المعاصر: يجيز القانون المعاصر التعاقد بالتعاطي الدال على التراضي، فقد نصت المادة (79) من القانون المدني العراقي على أن

(1) مفتاح الكرامة للعاملي ج4 ص 151، 154، 163.
(2) النيل ج2 ص 11.
(3) تهذيب الفروق على هامش الفروق للقرافي ج3 ص 181 وما بعدها وانظر الزرقا ج1 ف10/30 ص 416.
(4) ابن تيمية في فتاويه، ج3 ص 267 - 268.
(5) أنور محمود دبور ص 339 - 340.
(6) زيدان ف 330 ص 298.

(كما يكون الإيجاب أو القبول بالمشافهة... وبالمبادلة الفعلية الدالة على التراضي..) وهذا ما نصت عليه المادة (93) من القانون المدني الأردني والمادة (148) من المشروع العربي.

5 - لسان الحال

216 - ويتم التعاقد بلسان الحال، في حالة لوترك إنسان متاعه بين يدي شخص آخر وذهب، وسكت الاخر ولم ينهه ولم يتنصل من حفظه، فإنه ينعقد عقد الايداع بينهما بدلالة الحال، فيصير الموضوع أمامه مودعا مكلفا بالحفظ ومسؤولا عنه، وكذلك إذا دخل إنسان خانا مثلا فسأل صاحبه، اين اربط دابتي، فاراه محلا فربطها فيه وذهب، انعقد الايداع دلالة، وأصبح صاحب الخان مكلفا بحفظ الدابة ومسؤولا عن التقصير فيه[1] فيعتبر التعاقد جائزا باتخاذ أي موقف أو مسلك آخر خلاف ماسبق، لا تدع ظروف الحال شكا في دلالته على الرضاء، فقد جاء في المبسوط للسرخسي- (العقد قد ينعقد بالدلالة كما ينعقد بالتصريح)[2] وجاء في البدائع للكاساني (الشرط قد يثبت نصا اودلالة... واما الاختيارمن طريق الدلالة فهوان يوجد منه فعل في أحدهما يدل على تعيين الملك فيه، وهو كل تصرف هو دليل اختيار الملك في الشراء بشرط الخيار[3] فالعقود تنعقد بكل ما يدل على مقصود العاقدين دلالة واضحة من قول اوفعل جرى به العرف أم لم يجر ليس لذلك حد مقرر لا في شرع ولا في لغة بل يتنوع ويتعدد بتعدد الاصطلاحات وتعددها ولا يجب الزام الناس التزام لفظ معين[4].

217 - موقف القانون المعاصر: أجاز القانون المدني العراقي بأن يكون التعبير عن الإرادة باتخاذ أي مسلك آخر لا تدع ظروف الحال شكا في دلالته على التراضي، وهذا ما ورد أيضا في نص المادة (93) من القانون المدني الأردني، وأخذ المشروع العربي بهذا النص في المادة (148) مع إضافة عبارة " ما لم يستلزم

---

(1) المادة (773) من المجلة وانظر الزرقا ج1 ف 11/30 ص 418.
(2) ج2 ص150.
(3) ج5 ص 261 - 262.
(4) علي الخفيف ص 155 - 155.

القانون أن يكون التعبير صريحا " كما أن المادة (1/90) من القانون المدني المصري أجاز أن يكون التعبير عن الإرادة باتخاذ موقف لا تدع ظروف الحال شكا في دلالته عن حقيقة المقصود، وهو نص المادة (1/93) من القانون المدني السوري.

6 - السكوت

218 - يعد السكوت مظهرا من مظاهر التعبير، وهـو يختلف عـن جميع وسائل التعبير التي رأيناها، فالسكوت موقف سلبي محض، والساكت لم يعبر بطريق إيجابي عن أي إرادة، لذلك قيل في الفقه الإسلامي (لاينسب إلى ساكت قول) وهذا يصدق عـلى الإيجاب دون القبـول، فالإيجاب لا يمكـن أن يستخلص مـن محـض السكوت، أما القبول فيجوز استخلاصه من الظروف الملابسة، لذلك قيل في تكملة العبارة الأولى (ولكن السكوت في معرض الحاجة بيان) أي أن السكوت حـين تلزم الحاجة إلى الكلام، فلو سكت الشفيع حين بيع العقار ولم يطالب بالشفعة في وقتها مع علمه بها كان ذلك السكوت مسقطا لحقه فيها[1]. وقد خرجت عن هذه القاعدة مسائل كثيرة يكون السكوت فيها كالنطق، سكوت البائع الذي حق حبس المبيع حين رأى قبض المشتري للمبيع[2] وكذلك يعد سكوت الموصى له، بعـد وفاة المـوصي، عـن القبول أو الرد حتى مات يعد قبولا، وسكوت الفتاة البكر اذا استأذنها وليها في عقد الـزواج، يعتـبر إذا تـوكيلا بالعقـد استنادا إلى دلالـة العـرف، ويطلـق البـعض عـلى السكوت عبارة (لسان الحال)[3].

219 - ويعد السكوت قبولا إذا اقترنت به ملابسـات تجعـل دلالتـه تنصرف إلى الرضا، ومن هذه الملابسات والظروف ما يأتي:

1 - إذا كان هناك تعامل سابق بين المتعاقدين واتصل الإيجاب بهذا

---

(1) انظر المادة (67) مـن المجلـة وشرحها في درر الحكام ج1 ص59 وشرح الأستاذ المرحوم منير القاضي ج1 ص130 والـدكتور محـي هلال السرحان، القواعد الفقهية ودورها في اثراء التشريعات الحديثة، بغداد 1987ص 40.

(2) ابن نجيم، الأشباه والنظائر ص78 وانظر الأشباه والنظائر للسيوطي ص97 - 98.

(3) الزرقا ج1 ف11/30 ص418 وانظر مؤلفه في الفقه الإسلامي في ثوبه الجديد ج1 ص332.

التعامل.

2 - إذا تمحض الإيجاب لمنفعة من وجه إليه ويدخل في ذلك سكوت المتصدق عليه وسكوت الموقوف عليه.

3 - أن يكون الشخص في وضع بحيث لو لم يكن راضيا لما سكت عن التصريح بالرفض فيعتبر سكوته رضا، ويدخل في ذلك سكوت الفتاة البكرعند الزواج[1].

220 - فالفقهاء انتهوا إلى تصحيح التعاقد في بعض الأحوال دون ما لفظ فما ذلك منهم إلا بعد الاستيثاق من وجود عمل ظاهري أو قرينة تقوم مقام اللفظ، كما في بيع التعاطي، فإن في فعل تنفيذي قام مقام اللفظ، وكما في تجديد عقد الإجارة بالسكوت إذا عقد الطرفان الإيجار كل شهر بأجرة معينة، حيث ينعقد على شهر واحد، ثم كلما دخل شهر جديد، وهما ساكتان دون فسخ، تجددت الإجارة بينهما، ولو انذر المؤجر المستأجر بزيادة الأجرة اعتبارا من الشهر القادم فاستمر في السكنى حتى دخل الشهر وهو ساكت اعتبر قبولا، ولزمته الأجرة[2].

221 - موقف الفقه القانوني والقانون المعاصر:

الأصل أن السكوت لا يفيد شيئا، لأنه عدم ولا ينتج العدم إلا العدم، فالسكوت لا يعتبرقبولا، باعتبار أن الشخص الذي يلتزم الصمت لا يقصد قبول ما وجه إليه من إيجاب، بل معناه رفض الإيجاب الموجه إليه، وتبرير ذلك، إنه لواعتبرنا السكوت قبولا لالزمنا كل من وجه إليه إيجابا بالرد عليه صراحة بالرفض أو القبول، وبذلك تتعرض حريات الافراد إلى المضايقات من جانب من يكثرون، بحكم مهنهم، من توجيه الإيجابات كأصحاب الصحف والمجلات بالنسبة للمشتركين، فالناشر الذي يرسل إلى شخص مجلة دورية دون أن يكون بينهما اتفاق سابق لا يحق له أن يعتبرهذا الشخص مشتركا في المجلة حتى لو ذكران عدم الرد يعتبر قبولا للاشتراك[3]. لذلك تنص القوانين المعاصرة على أنه (لاينسب إلى

(1) السنهوري مصادر الحق ج1 ص130.
(2) المادتان (438، 494) من مجلة الأحكام العدلية.
(3) محمود سعدالدين الشريف ف118 ص113 مالك دوهان الحسن ص 152 - 153 الحكيم، الوسيط ف 172 ص149 هامش (2).

ساكت قول)[1] **أما** القانون المدني المصري فقد نصت المادة (1/98) على أنه (إذا كانت طبيعة المعاملة أو العرف التجاري اوغير ذلك من الظروف تدل على أن الموجب لم يكن ينتظر تصريحا بالقبول فإن العقد يعتبر قد تم إذا لم يرفض الإيجاب في وقت مناسب) وهذا النص يطابق نص المادة (1/99) من القانون المدني السوري، أما المشروع العربي فقد نصت على أن (سكوت من وجه إليه الإيجاب لا يعتبر قبولا إلا إذا اقترن به ما يجعله دالا على الرضا) أما إذا سكت من وجه إليه الإيجاب ولكن ظروف الحال كانت توجب عليه أن يعبر عن إرادته، بالقبول أو الرفض، فإن المشرع اعتبرسكوته دليلا على الرضاء والقبول[2]. فالسكوت في معرض الحاجة إلى البيان يعتبر قبولا، وهذا مايسمى بالسكوت المسبب أو الملابس[3] وذكر الشطر الثاني من الفقرة (1) من المادة (81) من القانون المدني العراقي (ولكن السكوت في معرض الحاجة إلى البيان يعتبرقبولا) أما الفقرة (2) من المادة ذاتها فقد نصت على أن (ويعتبر السكوت قبول بوجه خاص إذا كان هناك تعامل سابق بين المتعاقدين واتصل الإيجاب بهذا التعامل أو إذا تمحض الإيجاب لمنفعة من وجه إليه، وكذلك يكون سكوت المشتري بعد أن يتسلم البضائع التي اشتراها قبولا لما ورد في قائمة الثمن من شروط)[4].

7 - التعاقد بالهاتف

222 - لم يبحث الفقهاء المسلمون، التعاقد بالهاتف، لعدم التوصل إلى اختراع الهاتف، إلا في العضر الحديث، ومع ذلك يرى اتجاه جواز إبرام العقد عن طريق الهاتف ويدعم رأيه بذكر ما ورد في فتح القدير (بان شخصين إذا سمعا

(1) المادة (1/81) مدني عراقي و(1/95) مدني أردني و(67) من المجلة.
(2) الشريف ص 113 - 114 الحسن ص 153.
(3) الدكتور غني حسون طه، الوجيزفي مصادر الالتزام بغداد 1971 ف244 ص 116.
(4) انظر المادة (2/95) مدني أردني و(2/98) مدني مصري و(2/99) مدني سوري و(151) من المشروع العربي.

صوتيهما من بعد، فإنهما يستطيعان إبرام العقد)[1] فليس المراد من اتحاد المجلس كون المتعاقدين في مكان واحد، لأنه قد يكون مكان أحدهما غير مكان الآخر، إذا وجد بينهما واسطة اتصال، كالتعاقد بالهاتف أو بالمراسلة، وإنما المراد باتحاد المجلس، اتحاد الزمن أو الوقت الذي يكون المتعاقدان مشتغلين فيه بالتعاقد، فمجلس العقد، هو الحالة التي يكون فيهما مقبلين على التفاوض في العقد[2] وعلى هذا قال الفقهاء (إن المجلس يجمع المتفرقات)[3] وعلى هذا يكون مجلس العقد في المكالمة الهاتفية، هو زمن الاتصال ما دام الكلام في شأن العقد، فان انتقل المتحدثان إلى حديث آخر انتهى المجلس[4].

223 - موقف القانون المعاصر: أجاز القانون المعاصر التعاقد بالهاتف (التلفون) أو باية طريقة مماثلة واعتبرته كأنه تم بين حاضرين فيما يتعلق بالزمان وبين غائبين فيما يتعلق بالمكان، وعلى هذا نصت المادة (88) من القانون المدني العراقي والمادة (102) من القانون المدني الأردني[5].

8 - التعاقد بوسائل الاتصال الحديثة

224 - شهد العالم تطورا مذهلا في التقنيات العلمية وخاصة في مجال الاتصال الفوري الذي أصبح استخدامها يتزايد بشكل كبير في انجازمختلف أنواع المعاملات وإبرام الصفقات، فكثير من العقود والصفقات الكبيرة تتم بطريق هذه الوسائل[6] فقد اتجه الناس في السنوات الاخيرة إلى استخدام الانترنيت في إبرام

---

(1) فتح القدير ج 5 ص 78 وانظر الدكتور محمد سلام مدكور، المدخل إلى الفقه الإسلامي، القاهرة 1960 ص 527.

(2) الزرقا، المخل الفقهي ف171.

(3) البدائع ج5 ص137.

(4) وهبة الزحيلي ج4 ص109.

(5) كانت المادة (140) من المشروع المصري تعالج الموضوع فحذفت في لجنة المراجعة لوضوح حكمها، انظر مجموعة الأعمال التحضيرية للقانون المدني المصري ج2 ص52 - 53.

(6) الدكتور عباس العبودي، التعاقد عن طريق وسائل الاتصال الفوري وحجيتها في الإثبات، دراسة مقارنة، عمان، مكتبة دار الثقافة للنشر والتوزيع 1997 ص13.

العقود المدنية والتجارية، سواء تعلقت بالسلع أو البضائع، بحيث أصبح التعاقد عن طريق الانترنيت ظاهرة منتشرة في مختلف بقاع العالم، للاستفادة من المزايا التي يتيحها هذا الأسلوب في التعاقد، ومنها إمكانية المقارنة بين عدة سلع من نوع واحد في الوقت ذاته على شاشة الانترنيت وتسليم البضاعة المبيعة في منزل المشتري، إضافة إلى أن المحلات والاسواق تغلق ابوابهافي ساعة محددة، في حين أن المحلات الالكترونية التي تعرض بضاعتهاعبر شبكة الانترنيت مفتوحة على مدار الساعة وطوال اليوم، وبإمكان المشتري الاتصال بها مباشرة في أي وقت يشاء[1] كل ذلك ادى إلى ظهور التجارة الالكترونية، وهي صورة من صور التعاقد عن بعد ادت إلى بروز مشاكل عملية وقانونية تتعلق بفروع القانون المختلفة[2] فالتجارة الالكترونية تمارس من خلال وسائل متطورة في مقدمتها، الهاتف والفاكس والتلفزيون والدفع الالكتروني وأنظمة النقل المالي وتبادل المعلومات الالكترونية إضافة إلى شبكة الانترنيت[3].

225 - وقد بذلت جهود دولية من منظمات دولية وكذلك من العديد من الدول العربية والأجنبية لمواجهة المشاكل القانونية الناجمة عن استخدام التقنيات العلمية في إبرام العقود وإثباتها[4].

226 - موقف الفقه الإسلامي من التقنيات العلمية في التعاقد:

يعد القرآن الكريم، بحق، معجزة المعجزات، ففيه اخبار من قبلنا من الامم وفيه أيضا ما سيحدث من تطورات واختراعات على مر العصور إلى أن تقوم

---

(1) الدكتور نائلة عادل محمد فريد قورة، جرائم الحاسب الآلي الاقتصادية، دراسة نظرية وتطبيقية، منشورات الحلبي الحقوقية، بيروت، 2005 ص 24 والدكتور ايمن سعد سليم، التوقيع الالكتروني، دراسة مقارنة، القاهرة، دار النهضة العربية، 2004 ص8 - 9.

(2) الدكتور مدحت عبد الحليم رمضان، الحماية الجنائية للتجارة الالكترونية، دراسة مقارنة، القاهرة، دار النهضة العربية، 2001 ص21.

(3) الدكتور هادي مسلم يونس، التنظيم القانوني للتجارة الالكترونية، دراسة مقارنة، رسالة دكتوراه، كلية القانون بجامعة الموصل 2002 ص 14.

(4) للتوسع انظر مؤلفنا، أثر التقدم العلمي في العقد (تكوين العقد/إثبات العقد) بغداد 2007 ص 6 وما بعدها.

الساعة، وقد سخر الله، سبحانه وتعالى معطيات الطبيعة لتكون تحت هيمنة الإنسان وتصرفه، وبفضل أعمال الفكر الإنساني تمكن الإنسان من تطويع ما تحت يديه من ماديات ليبدع ويبتكر ويخترع، وفي النهاية يجني ثمار هذا النتاج من فوائد ومكاسب، تحقيقا لقوله تعالى (وَمَغَانِمَ كَثِيرَةً يَأْخُذُونَهَا)[1] والحاسبات الالكترونية من الاجهزة التي ابتكرها العقل البشري، فسبحان من هدى التفكير الإنساني لهذا الاختراع التي تزداد اهميته وفوائده للبشرية، وكل هذه الاختراعات عطاء الله ومنحه الإنسان العقل والفكر[2] والفقه الإسلامي لا يأبى التعامل بالتقنيات العلمية، ذلك أن منهج الشريعة الإسلامية هو التيسير على الأمة، وإن القواعد الشرعية تستوعب فكرة الاتصالات الحديثة وما ينتج عنها من مستخرجات تكنولوجيا يمكن استخدامها كوسيلة لإبرام العقود، حيث يمكن تكييف هذه المستخرجات بأنها صورة لما حرره المتعاقد بنفسه ووقع عليه حسب الوسيلة المتاحة تحت تصرفه فيعلم منها رغبته في إنشاء عقد معين[3].

227 - وقد قرر مجلس مجمع الفقه الإسلامي المنعقد في دورة مؤتمره السادس بجدة (المملكة العربية السعودية) من (17 الى 23 شعبان 14110 للهجرة الموافق 14 - 20 اذار/مارس 1990 م) ما يأتي بشأن حكم إجراء العقود بآلات الاتصال الحديثة (1 - إذا تم التعاقد بين غائبين لا يجمعهما مكان واحد، ولا يرى أحدهما الآخر معاينة ولا يسمع كلامه وكانت وسيلة الاتصال بينهما الكتابة أو الرسالة أو السفارة (الرسول) وينطبق ذلك على البرق والتلكس والفاكس وشاشات الحاسب الآلي (الكمبيوتر) ففي هذه الحالة ينعقد العقد عند وصول الإيجاب إلى الموجب إليه وقبوله. 2 - إذا تم التعاقد بين طرفين في وقت واحد وهما في مكانين متباعدين، وينطبق هذا على الهاتف واللاسلكي، فإن التعاقد بينهما يعتبر تعاقدا بين

---

(1) سورة الفتح الآية (19).

(2) الدكتور رضا متولي وهدان، الضرورة العملية للإثبات بصور المحررات، الاسكندرية، دار الجامعة الجديدة للنشر، 2003.

(3) الدكتور سعيد قنديل، التوقيع الالكتروني، الاسكندرية، دار الجامعة الجديدة للنشر، 2004 ص1 هامش 1 والمصدر الذي يشير إليه.

حاضرين وتطبق على هذه الحالة الأحكام الأصلية المقررة لدى الفقهاء. 3 - إذا صدر العارض بهذه الوسائل إيجابا محدد المدة يكون ملزما بالبقاء على إيجابه خلال تلك المدة، وليس له الرجوع عنه. 4 - إن القواعد المقررة لا تشمل النكاح لاشتراط الاشهاد فيه، ولا الصرف لاشتراط التقابض، ولا السلم لاشتراط تعجيل راس المال، 4 - ما يتعلق باحتمال التزييف أو التزوير أو الغلط يرجع فيه إلى القواعد العامة للإثبات[1].

228 - ثالثا - اختلاف التعبيرعن الإرادة الحقيقية:

قد تختلف الإرادة الظاهرة عن الإرادة الباطنة، لذلك ندرسهما ثم ندرس موقف الفقه الإسلامي منهما على أن نبين، بعد ذلك، موقف الفقه القانوني والقانون المعاصر من الاختلاف في التعبير بين الإرادتين، ثم حالات الاختلاف بين الإرادتين.

228 - 1 - الإرادة الباطنة: لا تقوم الإرادة الباطنة وحدها بالافعال والإنشاءات، فلا ينعقد العقد بمجرد النية ولو تصادق الطرفان على وجود نيتهما، ومن نوى البيع أو الإيجار، مثلا لا يصبح بمجرد نيته وعزيمته بائعا أو مؤجرا، فكل ماكان فعلا لا يتم بمجرد النية، ولكن للنية تأثيرا توجيهيا معتبرا شرعا في وصف ماتصاحبه، فإذا صاحب فعل أو تركا، صبغته بصبغة واكسبته صفة يترتب عليها حكم مدني مخصوص في نظر الشريعة، فإذا كانت نية التملك في إحرازالمباحات تجعل الإحراز مكسبا للملكية، وفي أحكام الضمان، قالوا، إن الوديع إذا استعمل الوديعة المؤتمن على حفظها اعتبر معتديا عليها فيضمنها إذا تلفت كالغاصب، لذلك فإن السكوت لا يعتبر في الأصل قبولا، ومن القواعد أنه (لا ينسب إلى ساكت قول) (المجلة المادة " 67 ") وإذا كان الفقهاء قد انتهوا إلى تصحيح التعاقد في بعض الأحوال دون ما لفظ، فما ذلك منهم إلا بعد الاستيثاق من وجود عمل ظاهري أو قرينة تقوم مقام اللفظ، كما في بيع التعاطي[2].

---

(1) قرار المجمع المرقم (6/3/54) منشور في مجلة المجمع، العدد السادس / الجزء الثاني، 1410 للهجرة 1990 م ص 1267 - 126.
(2) انظر الزرقا ف2/32 ص435 - 436.

229 - ويغلب بعض الفقهاء المسلمين الإرادة الباطنة وذلك بتلمس ما يكنه العاقدان من نية وقصد وغرض من العقد[1]، فمن الفقهاء من اعتد بالنية والقصد في العقود، واعتبرها وأجرى أحكام العقد على مقتضاها، وابرز من ذهب إلى ذلك، الحنابلة، فقد قالوا ببطلان التلجئة، وهو اظها ربيع لم يريده وهو ما يسمى بالصورية، لذلك قالوا بعدم صحة ما قصد به الحرام، كعنب وعصير لمتخذهما خمراونحو ذلك إذا علم البائع ذلك ولو بقرائن[2] ولما كانت الإرادة الباطنة، أمرا نفسيا وهو أمر خفي لا يمكن لأحد أن يطلع عليه، أو يقف على حقيقته إلا صاحبه، اعتبر الشارع التعبير الذي يصدر عن العاقد، والذي اصطلح على تسميته بالإرادة الظاهرة دليلا على وجودها وعنه ينشأ العقد، وإن مجرد إرادة العاقد الباطنة، لا ينعقد بها عقد ولا ينشأ وحدها التزام[3].

فالعبرة، عند جمهور الفقهاء، بالإرادة الباطنة، لذلك قالوا ببطلان عقد الهازل، حيث أنه لم يقصد إنشاء العقد، والالتزام بأحكامه، بل قصد مجرد اللهو واللعب[4].

230 - موقف الفقه القانوني والقانون المعاصر: هناك نظرية في الفقه القانوني تسمى (نظرية الإرادة الباطنة) ترى أنه بغية تحديد مدى التزام المتعاقد ينبغي البحث عن الإرادة التي انطوت عليها نفس المتعاقد باعتبارها التي اتجهت إلى إحداث الأثر القانوني، أما المظهر الخارجي للتعبير فليس إلا قرينة عليها، ومن ثم فإن العبرة، بموجب هذه النظرية، بالإرادة الحقيقية التي انطوت عليها نفس المتعاقد ولا عبرة بالمظهر، وإن الأخذ بالإرادة الباطنة يتفق مع مبدأ سلطان الإرادة، ولكن ذلك يعرض المعاملات إلى خطر عدم الاستقرار، لأن المتعاقد الذي يريد التحلل من التزامه بإمكانه الادعاء بأن إرادته الحقيقية قد اتجهت إلى شيء اخر غير الشيء الذي وقع عليه العقد، وتأخذ القوانين اللاتينية وفي مقدمتها القانون المدني

(1) أعلام الموقعين ج3 ص82 وما بعدها وص106 وص 108.
(2) كشاف القناع ج3 ص5، 52 وابن تيميه ج3 ص49، 237.
(3) أحمد فراج حسين ص158.
(4) أنور محمود دبور ف 360 ص 360.

الفرنسي بهذه النظرية[1].

230 - 2 - الإرادة الظاهرة: هي التعبيرعن الإرادة الحقيقية بكلام أو فعل صادر عن المتعاقد، فهي العامل في العقد دون حاجة إلى البحث عن الإرادة الحقيقية الباطنة، ما دامت تلك الإرادة الحقيقية مستورة لا يوجد دليل ينفيها، فتبقى الإرادة الظاهرة هي المنفردة في ميدان البيان، فتكون دليلا كافيا على وجود الإرادة الحقيقية، وتثبت أحكام العقد بهذه الإرادة الظاهرة التي تعتبرعندئذ هي العالم في أصل انعقاد العقد، وفي تحديد حدوده وقيوده الالتزامية وتعتبر الإرادة الحقيقية، بدلالة القرينة أو العرف، ظاهرة غير باقية في حيز البطون والخفاء، وإن استيعاب الحدود والقيود عسير، فيفترض فيه اعتماد العاقد على القرينة أو العرف[2]. ومن الفقهاء المسلمين من عول على الإرادة الظاهرة (التعبير) في القول بصحة العقد من عدمه، وخاصة في بيع التلجئة[3] وفي بيع العينة وزواج المحلل[4].

231 - موقف الفقه القانوني والقانون المعاصر: هناك في الفقه القانوني نظرية تسمى (نظرية الإرادة الظاهرة، الاعلان عن الإرادة) وتعتد هذه النظرية بالإرادة في مظهرها الاجتماعي وليس بمظهرها النفسي، فالإرادة التي لم تظهر إلى العالم الخارجي المحسوس لا أثر لها في مجال العلاقات القانونية، لأنها تبقى حبيسة وكامنة في اعماق النفس الإنسانية، لذلك فالعبرة، بموجب هذه النظرية، بالتعبير الذي هو شيء مادي محسوس لكي يرتب القانون أثرا عليه دون حاجة إلى البحث فيما انطوت عليه النفس الإنسانية في اعماقها، وإن الأخذ بهذه النظرية يؤدي إلى استقرار المعاملات والعقود واطمئنان الناس إليها وعدم تعرضها للاضطراب،

---

(1) السنهوري، الوسيط ج1 ف78 ص 179 - 180، الحكيم، الموجز ف 112 ص 64 ومؤلفنا في مصادر الالتزام ص 43.

(2) الزرقا ف 3/32 ص 436 - 437.

(3) ابن قدامة، المغني ج4 ص214 - 215 فتح القدير ج5ص76 محمد يوسف موسى ف416 ص291 البعلي ص238 وما بعدها.

(4) البدائع ج7 ص 3089 ويقصد ببيع العينة، التحايل على أخذ الربا ومن صوره أن يبيع شخص سلعة بثمن مؤجل ثم يشتريها بأقل مما باعها به بثمن حال، انظر العناية ج5 ص208 فتح القدير ج5 ص424، 425، البعلي ص 240، أنور محمود دبور ف 460 ص 360.

إلا أن الأخذ بالإرادة الظاهرة يخالف مبدأ سلطان الإرادة لأنه يؤدي إلى الزام الإنسان بأمر لم يرد أن يلتزم به، ولكن يلاحظ، أن هذه النظرية وإن كانت لا تعتد إلا بالإرادة الظاهرة إلا أنها لا تهمل الإرادة الباطنة اهمالا تاما، وأن أصحابها يشترطون أن يكون وراء المظهر الخارجي الذي تاخذه الإرادة إرادة كامنة، ولكن هذه الإرادة تقتصرعلى إرادة التعبير لا إرادة الأثر القانوني، أي أن الشخص الذي تصدر منه عبارة معينة أو فعل معين، أو يتخذ موقفا معينامن شأنه أن ينتج أثرا قانونيا، هذا الشخص يجب أن يفعل ذلك وهو يريد هذا المظهر المادي الذي يقوم به، فإذا كان القانون لا يرتب أثرا على إرادته فلا عبرة بالمظهر الذي يتخذه في التعبير عن هذه الإرادة[1].

232 - 3 - موقف الفقه الإسلامي من اختلاف الإرادتين:

من الفقهاء المسلمين من غلب جانب الإرادة الظاهرة، أي العبارة، وقال بانعقاد العقد إذا توفرت أركان العقد وشروطه، وحجتهم، إن الأحكام في الدنيا تبنى على ما يظهره الإنسان لا على ما يبطنه أي على ظاهر ألفاظه وعباراته لا على نيته وباعثه على إنشاء العقد، فنحن يجب أن نحكم بالظاهر والله يتولى السرائر[2] وهذا الاتجاه يعتد بالألفاظ في العقود دون النية والقصود.

أما الاتجاه الثاني من الفقهاء، فقد غلب الإرادة الباطنة، فأبطل العقد لبطلان هذه الإرادة المتجهة إلى تحقيق غرض غير مشروع ولم يعتد بالمظهر الخارجي للعقد، وحجتهم، إن النيات في العقود لا يجوز اغفالها واهدارها، لأن المقاصد معتبرة في العقود والتصرفات، كما هي معتبرة في العبادات، وعلى هذا دل القرآن الكريم كما في قوله تعالى في النهي عن وصية الضرر(مِنْ بَعْدِ وَصِيَّةٍ يُوصَى بِهَا أَوْ دَيْنٍ غَيْرَ مُضَارٍّ) فإذا اوصى ضررا كان ذلك حراما وكان لورثته إبطال هذه الوصية وحرم على الموصي له أخذ الموصى به دون رضاهم ومن السنة (انما الأعمال

(1) السنهوري الوسيط ج1 ف79 ص 180 - 181، الحكيم، الموجز ف 113 - 114 ص 65 ومؤلفنا في مصادر الالتزام ص 43.
(2) الام للشافعي ج3 ص 65، ج5 ص 71، ج6 ص 22، كشاف القناع ج3 ص5، 52، الدسوقي ج3 ص5 بداية المجتهد ج3 ص 116.

بالنيات وإنما لكل امرئ ما نوى) فهذا الحديث النبوي الشريف أصل في إبطال الاحتيال والوصول إلى المحرمات والاغراض الفاسدة بالعقود والتصرفات التي ظاهرها الحل والصحة، فالألفاظ إنما اعتبرت لدلالتها على المقاصد، فإذا ظهر القصد كان الاعتبار له وتقيد اللفظ به وترتب الحكم على أساسه، أما إذا لم يظهر القصد وظل الباعث مستترا فإن الواجب في هذه الحالة التقيد بالظاهر وحمل الكلام على ما يدل عليه هذا الظاهر[1]. وإنه إضافة إلى قاعدة (العبرة بالمعاني لا بالألفاظ والمباني) هناك قاعدة أخرى تقول (المعتبر في أوامر الله المعنى والمعتبر في أمور العباد الاسم واللفظ)[2].

233 - ورغبة في التوفيق بين هاتين القاعدتين، يرى الأستاذ الدكتور المرحوم محمد يوسف موسى، إن المراد من (المعنى) في الثانية، النية والقصد الذي ليس بالعقد ما يدل عليه صراحةفي حين يراد به في الأول المدلول الذي يؤخذ من مجموع الألفاظ التي استعملت في العقد، منضمنا بعضها إلى بعض، فلا يؤخذ كل لفظ أو عبارة منهاوحده، أما النيات والمقاصد، كأن يريد المتعاقدان ببيع العنب التحايل على التعامل بالربا وبزواج المحلل احلال المطلقة ثلاثا لزوجها الأول، فهذا ما لم تتعرض له القاعدة الأولى[3].

234 - ويرى المرحوم الأستاذ الدكتور عبد الرزاق السنهوري أن الفقه الإسلامي يغلب الإرادة الظاهرة[4] في حين يرى الأستاذ الدكتور عبد الكريم زيدان، إن العبرة بالإرادة الباطنة لا بالإرادة الظاهرة، إذا ما ظهرت وانكشفت، وعلى هذا دلت السنة النبوية[5].

235 - ونتفق مع الاتجاه الذي يرى أنه ليس من السهل تحديد موقف

(1) اغاثة اللهفان ج2 ص295 أعلام الموقعين ج3 ص84.
(2) حاشية الحموي على الأشباه والنظائر لابن نجيم ج2 ص 320 هامش 12، 13.
(3) أبو زهرة ف 125 ص 224 - 225 وانظر محمد يوسف موسى ف 431 ص 304 وهامش (2) من الصفحة ذاتها.
(4) مصادر الحق ج1 ص77، وهذا ما ذهبت إليه الأعمال التحضيرية للقانون المدني المصري ج2 ص99.
(5) زيدان ف 341 ص 305.

الفقه الإسلامي بالقول أنه يأخذ بالإرادة الظاهرة أو بالإرادة الباطنة، وذلك لتشعب الاراء في هذا الصدد وتنوعها وتوزعها بين جمع من الفقهاء وعدد من المدارس والمذاهب الفقهية، خاصة أن المسألة يغلب عليها طابع الاجتهاد والرأي أكثر مما يغلب عليها حكم النص، ومن ثم من الصواب القول، إن الفقه الإسلامي بعمومه لم يتجه إلى وضع ضابط أو معيار عام في هذا المجال، فلكل مسألة ولكل موضوع حكمه ووضعه الخاص، وهي في الغالب مسألة وقائع يرجع في حكمها إلى قاضي الموضوع، حيث يمكن الاعتماد بالإرادة الباطنة في حالات، مثلما يمكن الاعتداد بالتعبير أو الإرادة الظاهرة في حالات أخرى[1].

وترتب على هذا الخلاف بين الاتجاهين، خلاف في أحكام بعض المسائل، من ذلك نكاح المريض مرض الموت بقصد الاضرار بالورثة بادخال وارث جديد عليهم، فهي لا ترث عن زوجها اخذا بالنية، وترث اخذا بالإرادة الظاهرة، ومثله نكاح المحلل باطل، إذا اخذنا بالنية وصحيح إذا لم نأخذ بها[2].

236 - موقف الفقه القانوني والقانون المعاصر: في النظريتين نقف عند المظهر الخارجي للإرادة، في نظرية الإرادة الظاهرة باعتبار أن هذا المظهر هو الـذي ينتج الأثر القانوني وفي نظرية الإرادة الباطنة باعتبارهذا المظهـر دليلا عـلى الإرادة الحقيقية، وتظهر الاهمية العملية عند المقارنة بـين النظريتين، في حالة إمكانيـة تقديم دليل على أن الإرادة الظاهرة تختلف عـن الإرادة الباطنـة إلا أن تقـديم هذا الدليل أمر صعب في أغلب الأحيان، وحتى لو فرضنا أن مثل هذا الـدليل قدم فإن الفرق بين النظريتين يبقى ضئيلا جدا من الناحية العملية، فالمتعاقد الذي يـدعي أن إرادته الظاهرة

---

(1) الدكتور محمود المظفر، نظرية العقد، دراسة قانونية مقارنةبأحكام الشريعة الإسلامية، جدة (السعودية سنة الطبع بلا تاريخ ص 85 - 86).
(2) المدونة الكبرى ج2 ص133، 171 ج3 ص399 وما بعدها، المحلى لابن حزم ج9 ص29 ج10 ص 25، المغني ج6 ص326، الام ج3 ص31 - 32.

خالفت إرادته الباطنة ويريد إبطال العقد ولكن ذلك قد يسبب في إحداث ضرر للمتعاقد الآخر، لأن هذا المتعاقد اطمأن إلى المظهر الذي اتخذه المتعاقد الآخر في التعبيرعن إرادته، فيجب عليه (اي المتعاقد الذي يدعي أن إرادته الظاهرة خالفت إرادته الباطنة) أن يعوض المتعاقد الاخرعن الضرر الذي اصابه، وذلك حماية للثقة المشروعة بين الناس[1]. فتكون النتيجة العملية أن المظهر الخارجي ينتج أثرا في كلتا النظريتين، في نظرية الإرادة الظاهرة على أساس أن هذا المظهر الخداع (وهو عمل ضار) قد فوت على من اطمان إليه، الأثر الذي كان يقصده، فيجب تعويضه عن فواته، وقد يكون خير تعويض في هذه الحالة، اعتبار العقد قائما، وبذلك تكون النتائج متقاربة بين النظريتين[2].

أما القانون المعاصر، فيلاحظ أن القوانين المعاصرة تتميزبتغليب إحدى النظريتين مع إمكانية الأخذ ببعض جوانب النظرية الأخرى، فالقانون المدني المصري الذي أخذ بنظرية الإرادة الباطنة كقاعدة عامة، حيث اعتمدها في تكوين العقد، كما اعتمدها في تفسيره، ولكن بناء على رغبته في اشاعة الاستقرار في نطاق التعامل مال إلى الأخذ، إلى جانب ذلك، بأحكام مختلفة استمدها من نظرية الإرادة الظاهرة[3] ومثله اتجه القانون المدني السوري[4] وكذلك قانون الموجبات والعقود اللبناني الذي نصت المادة (366) منه (على القاضي في الأعمال القانونية أن يقف على نية الملتزم الحقيقية لا أن يقف عند معنى النص الحرفي) وفي القانون المدني العراقي تعد الإرادة الباطنة هي الأصل، ومن تطبيقات هذا الأصل، سقوط الإيجاب أو القبول بموت صاحبها أو فقدان أهليته وامتناع انعقاد العقد إذا مات الموجب قبيل وصول القبول إلى علمه في التعاقد بالمراسلة[5] وكذلك مانصت عليه المادة (155) من القانون، حيث اعتمدت الإرادة الباطنة في تفسير العقد، ولكن القانون

(1) اختلف الفقهاء في أساس هذا التعويض ومن الاراء التي قيلت في ذلك ما يأتي: 1 - المسؤولية تقصيرية. 2 - الخطأ في تكوين العقد. 3 - فكرة الضمان، للتفصيل انظر السنهوري، نظرية العقد ص 174 - 175 وهامش (2) ص175، الحكيم، الوسيط في نظرية العقد، بغداد 1967 ص ص131 هامش (1).

(2) السنهوري، الوسيط ج1 ص 182 وهامش نظرية العقد ص 177، الصدة ف 75 ص 88 - 89 الذنون، مصادر الالتزام ف 63 ص 57 ومؤلفنا في مصادر الالتزام ص 44.

(3) السنهوري الوسيط ص 194، محمود المظفر ص84.

(4) مصطفى أحمد الزرقا، القانون المدني السوري، القاهرة، المطبعة الفنية 1969 ص43 - 44.

(5) محمود سعدالدين الشريف ص94.

أخذ ببعض تطبيقات للإرادة الظاهرة كاستثناء على المبدأ العام ترجيحا لاستقرار المعاملات[1]. أما القانون المدني الأردني فقد أخذ بالإرادة الظاهرة ورجحها على الإرادة الباطنة في انعقاد العقد وتفسيره[2].

237 - رابعا - حالات الاختلاف بين الإرادتين:

1 - عدم قصد التلفظ بالعبارة:

قد لا يقصد المتعاقد التلفظ بالعبارة، ومع ذلك يتعلق بها، وفي هذه الحالة لا يترتب على التعلق بها أي أثر لقيام الدليل على أنه لم يقصد بها التعاقد، وتطبيقا لذلك ذهب الفقهاء إلى بطلان العقود الصادرة من المجنون والصبي غير المميز والنائم والمغمى عليه، إلا أن هناك تطبيقات لهذه الحالة اختلف الفقهاء في حكمها، كما في حالة تعاقد السكران بعبارته والمخطئ والناسي، ولما كنا نبحث في حالة السكران عند دراسة عوارض الأهلية، فيما بعد، لذلك نتطرق هنا إلى تعاقد المخطئ والناسي بعبارتهما، فالمخطئ هو الذي سبق لسانه بحكم العادة اوغيرها إلى العبارة، فمثلا بدل أن يقول بأني افكر في البيع، فيقول بعت، أما الناسي فهو من غاب عن باله شيء ولم يتذكره[3]، واتجه الفقهاء المسلمون، بصدد الاعتداد بعبارة المخطئ والناسي، إلى اتجاهين، نبينهما على النحو الآتي:

الاتجاه الأول: إن عبارة المخطئ والناسي لغو لاحكم لها، فلا ينعقد بها عقد ولا يترتب عليها أثر، وبه قال جمهور الفقهاء[4] ذلك أن أساس التعاقد هو النية وهو الرضا، ومن نطق خطأ أو نسيانا، لانية له ولا قصد، بشرط أن تكون هناك قرائن تدل على الخطأ والنسيان[5]، ويستند هذا الاتجاه على الآية القرآنية الكريمة (وَلَيْسَ

---

(1) انظر مؤلفنا في مصادر الالتزام ص44.

(2) المذكرات الإيضاحية للقانون المدني الأردني ج1 ص 102 و ص 254 - 255.

(3) أحمد فراج حسين ص 160.

(4) الخرشي في شرح مختصر خليل ج3 ص173 - 174 نهاية المحتاج ج6 ص433 مغني المحتاج ج2 ص7.

(5) أحمد فراج حسين ص 160.

عَلَيْكُمْ جُنَاحٌ فِيمَا أَخْطَأْتُم بِهِ وَلَكِن مَّا تَعَمَّدَتْ قُلُوبُكُمْ ﴾ [1] وقوله صلى الله عليه وسلم (رفع عن امتي الخطأ والنسيان، وما استكرهوا عليه)[2].

الاتجاه الثاني: إن تعاقد المخطئ والنسيان صحيح، وتترتب عليه جميع الآثار التي تترتب على تعاقد غير المخطئ والناسي، وبهذا الاتجاه أخذ الاحناف، وحجتهم أن عبارة المخطئ والناسي قد دلت، حسبما يؤخذ من ظاهرها، على الرضا بالتعاقد، ولا يصح بعد ذلك البحث عن الإرادة الباطنة لأنه لا اطلاع لنا عليها، ولأن فتح هذا الباب سيتيح للكثير التخلص من الالتزامات التي تفرضها عليهم العقود بادعاء الخطأ والنسيان أثناء التعاقد، ويرجح البعض الاتجاه الأول لقوة ادلتهم وتعددها[3].

2 - عدم فهم معنى العبارة: قد يتلفظ شخص بعبارة ولكنه لا يدري ولا يفهم معناها، فهل تكون لهذه العبارة أثر أم لا ؟ ذهب الفقهاء إلى اتجاهين:

الاتجاه الأول - ذهب جمهور الفقهاء إلى أن من تلفظ بلفظ وهو غير فاهم لمعنى العبارة فلا ينعقد بها العقد لا قضاء ولا ديانة، سواء أكان العقد من عقود المعاوضة المالية أم سائر العقود والتصرفات، زواجا أو طلاقا اوبيعا أو هبة أو غير ذلك، وذلك لعدم توفر القصد الذي هو الأساس في إنشاء العقود[4]. وورد في شرح الخرشي على مختصر خليل (إن من لقن لفظ الطلاق بالعجمة أو بالعكس، فأوقعه وهو لا يعرف معناه، فإنه لا يلزمه، لا في الفتوى ولا في القضاء، لعدم القصد الذي هو ركن في الطلاق، فإن فهم فإنه يلزمه اتفاقا[5].

الاتجاه الثاني - ذهب بعض فقهاء الحنفية إلى التفريق بين الزواج والطلاق والرجعة وبين غيرهامن سائر التصرفات، فوافقوا جمهور الفقهاءاذا لم يكن التصرف متعلقابواحد من هذه التصرفات، أي أنه لا يتعلق بالتصرف حكم ولا يترتب عليه

---

(1) سورة الأحزاب الآية (5).
(2) رواه الطبراني عن ثوبان، التيسير بشرح الجامع الصغير ج2 ص34.
(3) انظر أحمد فراج حسين ص 160 - 161 أنور محمود دبور ف 496 ص 364 - 365.
(4) أحمد فراج حسين ص 162 أنور محمود دبور ف 498 ص 366.
(5) ج 3 ص173 وانظر نهاية المحتاج ج6ص433 ومغني المحتاج ج3 ص7 فتح القدير ج2 ص349.

أثر، أما إذا تعلق التصرف بزواج أو طلاق أو رجعة أو يمين، فإنه يكون منعقدا ويترتب عليه أثره ويكون لازما قضاء لا ديانة، لأن الفهم لمضمون اللفظ شرط لأجل القصد، وهذه التصرفات لا يشترط فيها القصد، نظرا لما لها من طبيعة خاصة تناسب ما لها من خطر[1]، ويرى الأستاذ الدكتور محمد يوسف موسى، إنه لخطر عقد الزواج، ولما يقوم عليه من حياة خاصة ونظام الاسرة، يشترط أن يكون الموجب والقابل كلاهما فاهمين لما يصدر منهما وقاصدين لإنشاء العقد حقا[2] فقد قال الرسول صلى الله عليه وسلم (ثلاث جدهن جد وهزلهن جد: النكاح والطلاق والرجعة)[3] ويرجح البعض الاتجاه الأول، وهو أن من تلفظ بالعبارة غير فاهم لمعناها لا يحاسب عليه ولا يؤاخذ بها من غير فرق بين تصرف واخر[4].

3 - عدم استعمال العبارة في المعنى الذي تدل عليه: قد يقصد الشخص التلفظ بالعبارة الدالة على التعاقد، ولكنه لا يقصد المعنى المستفاد منها، بل يقصد معنى آخر، كالتعليم أو التمثيل أو الحكاية، وتقوم القرينة على ذلك، وفي هذه الحالة لا يتم العقد، ولا تترتب عليه آثاره، فلو قرأ شخص في احد كتب الفقه، زوجتي طالق، وأخذ يردد ذلك للتعلم، أو قال لزميله، وهما يمثلان على خشبة المسرح، بعتك ارضي فقال زميله قبلت، فلا يتم العقد بذلك لأن المتكلم لم يقصد بعبارته إنشاء العقد، بل قصد التعلم أو التمثيل[5]. وورد في نهاية المحتاج (ولو سبق لسانه بطلاق بلا قصد لغا، للغو اليمين، ومثله تلفظه به حاكيا، أو تكرير الفقيه، للفظه في تصويره ودروسه..)[6].

4 - عدم قصد إنشاء العقد: قد يقصد المتعاقد التلفظ بالعبارة، وهو يعلم معناها، ويقصد استعمالها في هذا المعنى، ولكنه لا يقصد إبرام العقد منها فهو أما مكره أو هازل، ولما كنا سنبحث في عقد الهازل في البند القادم كما سنبحث في

---

(1) أحمد فراج حسين ص 162.
(2) ف410 ص286.
(3) رواية أحمد وأبو داود والترمذي والنسائي وابن ماجة نيل الأوطار ج6 ص234.
(4) أحمد فراج حسين ص162 أنور محمود دبور ف 497 ص 365.
(5) أنور محمود دبور ف499 ص 367 أحمد فراج حسين ص 163.
(6) ج6 ص433 وانظر الخرشي في مختصر خليل ج3 ص173.

الإكراه، عند دراسة عيـوب الإرادة، بشـكل مفصـل، لـذلك لا نتطـرق إلـيهما الآن.

البند الثالث

توافق الإرادتين

238 - لما كان العقـد ارتباطـا بـين إرادتي طرفيـه، والكـلام ونحـوه، كالكتابـة والاشارة، ليس إلا دليلا على هـاتين الإرادتـين، فـلا بـد اذامـن أن يكـون هـذا الـدليل صادرا من مميز عاقل، وأن يكون واضح الدلالة على مايقول، وقاطعا فيما يعنيـه، أي واضح الدلالة على الرغبة في العقدوإرادة وجوده[1]. لذلك يجب أن يكون التعبـيرعن إرادة معتبرة وأن يكون القبول موافقا للإيجاب وأن يعلـم كـل متعاقـد بمـا صـدرمن الآخر وأن يتصـل القبـول بالإيجـاب في مجلـس العقـد، كـما أن هنـاك صـورا خاصـة لتوافق الإرادتين، وقد يتم دفع العربون، في هذه المرحلة، وقد يكـون العقـد صـوريا، وقد يتوفى احد الطرفين وقد يفقد أهليتـه، فـما أثـر ذلـك في التعبـيرعن الإرادة، كـل هذه المسائل ندرسها في هذا البند تباعا.

اولا - الافصاح عن الإرادة:

239 - يتكون العقد من الارتباط بين إرادتي العاقدين، ويشـترط في الإيجـاب والقبول وضوح الدلالة على إرادة كل مـن العاقـدين المتجهـة إلى إنشـاء العقـد، بـأن تكون مادة اللفظ المستعمل لهما في كـل عقـد تـدل لغـة أو عرفـا عـلى نـوع العقـد المقصود للعاقدين[2]. فإن كان في هذه الدلالة شك لم ينعقد العقد، ولا يلزم، في هذه الدلالة الواضحة أن تكون بطريق الحقيقة، بل يمكن أن تكون بطريـق المجـاز أيضـا، ويشترط، كذلك، في الإيجاب والقبول، صدورهما، من شـخص مميـز يـدرك مـا يقـول وبهذا يكون تعبيره معبرا حقيقة عن إرادته، فإذا صدر مـن مجنـون اونـائم أو صـبي غير مميز، كان هذا الإيجاب أو القبول لغوا لا يترتب عليه شيء، لأنه لا يعبرعن إرادة معتبرة في إنشاء العقد، إذ لا إرادة للمجنون والنائم والصبي

(1) محمد يوسف موسى ف368ص255.
(2) وهبة الزحيلي ج4 ص104 - 105.

غير المميز وما في حكمهم[1].

240 - والإيجاب، عند الحنفية، إثبات الفعل الخاص الدال على الرضا الواقع اولا من كلام احد المتعاقدين، أو ما يقوم مقامه، سواء وقع من المملك أو المتملك[2] وعرفت المادة (101) من المجلة (الإيجاب: اول كلام من احد العاقدين لأجل إنشاء التصرف وبه يوجب ويثبت التصرف) أما عند غير الحنفية، (المالكية والحنابلة) فالإيجاب، هو ماصدر من المملك وإن تأخر[3].

241 - أما القبول: ما ذكر ثانيا من كلام احد العاقدين، دالا على موافقته ورضاه بما اوجبه الأول وعرفت المجلة في المادة (102) (القبول: ثاني كلام يصدر من احد العاقدين لأجل إنشاء التصرف، وبه يتم العقد) أما عند غير الحنفية، فالقبول، هو ماصدرمن المتملك وإن تقدم[4].

والواقع، إن تسمية إحدى عبارتي العاقدين إيجابا والأخرى قبولا هي تسمية اصطلاحية ليس لها أثر يذكر، والأصل العام في الإيجاب أن يقع من البائع اولا ويقع القبول من المشتري ثانيا.

242 - موقف القانون المعاصر: الإيجاب والقبول في القانون المعاصر كل لفظين مستعملين عرفا لإنشاء العقد، وأي لفظ صدر اولا فهو إيجاب والثاني قبول، وهذا ما نصت عليه الفقرة (1) من المادة (77) من القانون المدني العراقي والفقرة (1) من المادة (91) من القانون المدني الأردني والفقرة (1) من المادة (149) من المشروع العربي.

ثانيا - موافقة القبول للإيجاب:

243 - إذا اتحد موضوع الإيجاب مع القبول، تم التوافق بينهما، بأن يردا على معنى واحد بجميع جزيئاته، سواء أكانت هذه الموافقة صريحة أم ضمنية، فإذا

---

(1) علي الخفيف ص173 - 174.
(2) رد المحتار لابن عابدين والدر المختارج4 ص6.
(3) شرح المنهج للانصاري ج2 ص180 وما بعدها وكشاف القناع ج2 ص3، غاية المنتهى ج2 ص وما بعدها، الشرح الكبير للدرديري وحاشية الدسوقي عليه ج3 ص3.
(4) المصادر المذكورة في الهامش السابق وانظر المذكرات الإيضاحية للقانون المدني الأردني ج1 ص104.

قال شخص لآخر بعتك هذه السيارة بألف فقال الآخر قبلت بألفي، فالموافقة هنا ضمنية لأن قبوله بالالف ضمني، فالمقصود بتوافق القبول مع الإيجاب توفر الرضا بالعقد بين طرفيه، فإذا كان الخلاف لا يضر بالطرف الآخر، بل كان فيه خير، انعقد العقد ولم تضر المخالفة، وإلا فلا ينعقد العقد[1]. وينعقد العقد إذا كانت الموافقة الضمنية مخالفة للإيجاب لمصلحة الموجب، لأنها تدل في حقيقتها على الرضا بأبلغ وجه[2]. ولكن لا يكون القابل ملزما إلا بالقدر الذي تضمنه الإيجاب ولا يلزم بالزيادة، إلا إذا قبل البائع في مجلس العقد ذاته لأنه لا يجوز ادخال شيء في ملك إنسان جبرا عنه إلا الإرث، وإذا حط البائع بعض الثمن، فإن العقد ينعقد لأن الحط من قبيل الاسقاط، وهو تصرف يستند به المسقط ولا يتوقف على قبول الآخر، ويشترط الشافعية الموافقة الحقيقية ويعتبرون الموافقة الضمنية مانعة من صحة العقد، لانهامخالفة على كل حال ولو في الصورة، فلم تتحق الموافقة بين الإيجاب والقبول[3]. وكذا لوخولف في وصف الثمن لا في قدره، كأن أوجب البائع بثمن حال نقدي، فقبل المشتري بثمن مؤجل، أو اوجب بأجل إلى شهر معين، فقبل المشتري بأجل ابعد منه، لم ينعقد البيع، لعدم تطابق القبول مع الإيجاب، وحينئذ لا بد من إيجاب جديد[4].

244 - وفي حالة زيادة الزوج في المهر الذي اوجبت به الزوجة اونقص الزوجة في المهر الذي ذكره الزوج، فإن الفقه الإسلامي يعتبر كل ذلك قبولا بما اوجب الموجب بالطريق الأولى، وفي الفقه الحنفي، يعد النقص من المهر من جانب الزوجة اسقاطا للزيادة وإبراء للزوج منها، وهذا من حقها ولا يحتاج لقبول منه، أما زيادة الزوج في المهر فيصح معها العقد أيضا، ولكن يتوقف قبول الزيادة على قبول الزوجة لها في مجلس العقد، وهذا في الزواج الذي يجب الحيطة فيه دائما، فبالأولى يمكن قياس البيع ونحوه[5].

---

(1) محمد يوسف موسى ف369 ص256.
(2) أبو زهرة ص203.
(3) مغني المحتاج ج2ص72 كشاف القناع ج2 ص3.
(4) وهبة الزحيلي ج4 ص105 - 106.
(5) البدائع ج5 ص258 - 259 ابن عابدين ج2 ص274.

245 - ويقصد بتوافق الإيجاب والقبول، أن يشتمل القبول على جزئيات الإيجاب وإذا انعدم التوافق بين الإيجاب والقبول، انعدم التراضي، أي أن يقبل المشتري (في عقد البيع مثلا) ما اوجبه البائع وبما اوجبه[1]. فإن خالفه، بأن قبل غير ما اوجبه أو بعض ما اوجبه أو بغير ما اوجبه أو ببعض ما اوجبه لا ينعقد من غيرإيجاب مبتدا موافق[2]. واستثنى الحنفية من شرط موافقة القبول للإيجاب، الشفعة، فلو بيع عقار وسيارة فطلب الشفيع أخذه وحده فله ذلك وإن تفرقت الصفقة على البائع[3].

246 - موقف الفقه القانوني والقانون المعاصر: يجب أن يكون القبول تعبيرا باتا عن الإرادة السليمة من عيوب الإرادة المتجهة لإحداث الأثر القانوني، أما إذا صدر القبول معلقا على التروي والتفكير أو تأييد جهة أخرى، فلا يعد قبولا منتجا يتم به العقد، ولكي يتم التعاقد، لا بد أن يتضمن القبول مطابقة تامة لكل ما ورد في الإيجاب، وقد نصت المادة (85) من القانون المدني العراقي على أنه (إذا اوجب احد العاقدين يلزم لانعقاد العقد قبول العاقد الاخرعلى الوجه المطابق للإيجاب)[4] **أما** إذا خالف القبول للإيجاب، كتقييد القابل للإيجاب، كأن يصدر الإيجاب من البائع وهو يشير إلى أن الثمن بالعملة الأجنبية القابلة للتداول فيأتي القبول بالعملة الوطنية، فالقبول يعد رفضا للإيجاب، أما إذا اتت إرادة القابل بما هو أكثر نفعا للموجب، فقد اختلفت الاراء:

فذهب اتجاه إلى عدم إمكانية انعقاد العقد في مثل هذه الحالة، لأن القبول يجب أن يطابق الإيجاب في كل ما يتناوله من مسائل[5].

في حين ذهب اتجاه آخر، إلى أن القبول لا يعد مخالفا للإيجاب فينعقد

(1) البدائع ج5 ص136.
(2) فتح القدير ج5ص77 - 82 الأشباه والنظائر للسيوطي ص76.
(3) أحمد فراج حسين ص149 وهامش الصفحة ذاتها.
(4) انظر المواد (1/99) مدني أردني (95) مدني مصري (96) مدني سوري (3/152) المشروع العربي.
(5) الشريف ص76 الدكتور سعيد عبد الكريم مبارك وآخرون، الموجز في العقود المسماة (كلية القانون بجامعة بغداد) 1991 ص26.

البيع بالثمن الأقل، لأن المشتري الذي يقبل الشراء بالثمن الاعلى يعد راضيا بالثمن الأقل[1] وبهذا الاتجاه أخذت المادة (178) مجلة الأحكام العدلية حيث نصت (تكفي موافقة القبول للإيجاب ضمنا، فلو قال البائع للمشتري بعتك هذا المال بألف قرش وقال المشتري اشتريت منك بالف وخمسمائة انعقد البيع على الالف، إلا أنه لو قبل البائع هذه الزيادة في المجلس لزم المشتري حينئذ ان يعطيه خمسمائة قرش التي زادها ايضا)[2].

وذهب اتجاه ثالث إلى التمييز بين حالتين:

الحالة الأولى - إذا زاد المشتري في الثمن الذي طلبه البائع معتقدا، أي أنه وقع في غلط، إنه يقبل الشراء بالثمن الذي طلبه البائع ثم تبين أن الثمن الذي طلبه البائع كان أقل من ذلك، ففي هذه الحالة ينعقد البيع بالثمن الذي سماه البائع أي بالثمن الأقل.

الحالة الثانية - أن يكون المشتري قصد أن يزيد في الثمن الذي طلبه البائع لاقتناعه بأن المبيع يساوي هذه الزيادة، ففي هذه الحالة ينعقد العقد بالثمن الاعلى، لأن زيادة المشتري في الثمن تعد تعديلا لإيجاب البائع، ويصبح قبول المشتري إيجابا جديدا موجها للبائع، وبما أن هذا الإيجاب يتمحض لمصلحة من وجه إليه، فيعتبرسكوت البائع عن هذا الإيجاب الجديد قبولا به وهذا مانصت عليه المادة (2/81) من القانون المدني العراقي والمواد المقابلة لها في القوانين الأخرى والتي سبق أن تطرقنا إليها[3]. ويكفي مطابقة القبول للإيجاب، الاتفاق على المسائل الجوهرية لكي ينعقد العقد، أما اذا تم ارجاء بعض المسائل التفصيلية إلى وقت لاحق، فإن القانون تكفل بإيراد قواعد مفسرة يجب على المحكمة تطبيقها وفقا

---

(1) الدكتور عباس الصراف، شرح عقد البيع في القانون المدني الكويتي 1975 ص 134، الدكتور جعفر الفضلي، الوجيز في العقود المسماة (البيع، الإيجار، المقاولة) عمان، مكتبة دار الثقافة للنشر والتوزيع، 1997 ف39 ص27.
(2) علي حيدر، درر الحكام شرح مجلة الأحكام، بيروت، دون سنة نشر، ص 138.
(3) أستاذنا الدكتور سعدون العامري الوجيز في شرح العقود المسماة، في عقدي البيع والإيجار، بغداد 1974 ص31 غني حسون طه، مصادر الالتزام ف229 ص113 الدكتور سليمان مرقس، عقد البيع، القاهرة، 1980 ص 54.

لطبيعة الموضوع وأحكام القانون والعرف والعدالة[1].

ثالثا - علم كل متعاقد بما صدر من الآخر:

247 - يجب أن يعلم ويفهم كل عاقد ماصدرعن الاخرمن إيجاب وقبول، فهذا العلم أساس اتصال إرادتيهما، والإرادة خفية، والعبارة أو ما يقوم مقامها، هي الكاشفة عنها والمظهرة لها، ولذا لزم أن تكون واضحة ومفهومة، فإذا لم تكن كذلك لعدم سماع الاخربها أو لعدم فهمه مدلولها لأنها بغير لغته مثلا، وصدر من الآخر ما يصح أن يكون قبولا فإن العقد لا ينعقد[2]. لذلك ينبغي أن يفهم القابل أن قصد الموجب بعبارته أو بكتابته أو باشارته التعاقد على أمر معين، ويفهم الموجب أن قصد القابل بعبارته أو بفعله، الرضا والموافقة على التعاقد على هذا الأمر المعين، ليتحقق الارتباط بين العبارتين المكونتين للعقد، وتتفق الإرادتان على شيء واحد، أما إذا لم يسمع العاقد كلام الاخر أو أنه سمعه ولم يفهمه، فإن العقد لا ينعقد، فلو تكلم شخص مما يفيد الإيجاب، فأجابه الآخر بكلام غير مسموع أو بإشارة لم يفهمها ثم انفض المجلس، لم ينعقد العقد[3].

رابعا - اتصال القبول بالإيجاب في مجلس العقد:

248 - اختلف الفقهاء في المقصود بهذا الاتصال، فعند الشافعية، يقصد به صدور القبول فورا عقب الإيجاب، لأن الإيجاب ينعدم بعد صدوره، فإذا تراخى صدور القبول لم يصادف إيجابا قائما يتصل به فلا ينعقد العقد، فلو تخلل لفظ أجنبي لا تعلق له بالعقد ولو يسيرا، بأن لم يكن من مقتضاه ولا من مصالحه ولا من مستحباته، لا يتحقق الاتصال بين الإيجاب والقبول، ومن ثم لا ينعقد العقد[4]. أما الحنفية والمالكية والحنابلة فيرون إن من عرض عليه الإيجاب بحاجة إلى التدبر والتأمل حتى يقبل أو يرفض، فإلزامه بالفورية فيه تضييق وحرج، والحرج مرفوع، ولكن من ناحية أخرى، لا يجوز أن يسمح له أن يتاخر في الرد على الموجب

(1) انظر المواد (86) مدني عراقي (100) مدني أردني (95) مدني مصري (96) مدني سوري (152) المشروع العربي.
(2) محمد سلام مدكور ص402.
(3) أحمد فراج حسين ص147 - 148.
(4) نهاية المحتاج ج3 ص8، مغني المحتاج ج2 ص6.

بالقبول أو الرفض، لأن في هذا ضررا على الموجب، والضرر مرفوع، إذ لا ضرر ولا ضرار، لذلك ظهرت نظرية مجلس العقد، والغرض منها، تحديد المدة التي يمكن أن تفصل القبول عن الإيجاب، فاعتبر الإيجاب قائما ما دام مجلس العقد باقيا، فإذا صدر القبول قبل انفضاض المجلس أو اختلافه صادف القبول إيجابا موجودا حكمافيتحقق الاتصال به وينعقد العقد[1]، أما إذا صدر القبول بعد انفضاض المجلس لم يلاق إيجابا قائما لا حقيقة ولا حكما، فلا يتحقق الاتصال ولا ينعقد العقد[2].

249 - ويقصد بمجلس العقد، المكان الذي يوجد فيه الطرفان، ويبدأ من وقت صدور الإيجاب، ويبقى ما داما منصرفين إلى التعاقد ولم يصدر من أحدهما اعراض عنه، فإذا تغير المجلس، حقيقة أو حكما، اختلف المجلس، فإذا صدر بعده قبول كان لغوا لا يتحقق به اتصال القبول بالإيجاب، فلا ينعقد العقد، وتغير المجلس، حقيقة، يتحقق بانتقال أحدهما من المكان الذي صدر فيه الإيجاب إلى مكان آخر، وتغير المجلس، حكما، يتحقق بصدور ما يدل على الاعراض عن التعاقد من احد الطرفين[3].

ومن الفقهاء من يحكم العرف الشائع بين الناس، فيرون أن قيام الموجب، بعد أن كان قاعدا، حين الإيجاب، أو جلوسه، بعد أن كان قائما، فإن مثل هذه الحركات التي تكون بعد إيجابه، لا يغير المجلس حتى أنه إذا صدر القبول، بعد ذلك في المجلس صار معتبرا، به ينشأ العقد، والضابط في ذلك، إن القبول يكون معتبرا، ما دام لم يتخلل بينه وبين الإيجاب ما يعتبر اعراضا عن العقد من احد الطرفين وما دام المجلس قائما[4].

(1) البدائع ج5ص137 فتح القدير ج5 ص78 الشرح الكبير للدردير ج3ص5 مواهب الجليل للحطاب ج4 ص240 الشرح الكبير مع المغني ج4 ص4.

(2) البدائع ج5 ص136 فتح القدير 78 نهاية المحتاج ج3 ص 8 وما بعدها السنهوري مصادر الحق ج2 ص2 - 3.

(3) ابن عابدين، رد المحتار ج4 ص29 علي الخفيف ص175 - 176، السنهوري مصادر الحق ج2 ص2 - 3.

(4) فتح القدير ج5ص78، كشاف القناع ج2 ص4، الحطاب على خليل ج4 ص240 - 241.

250 - واتحاد المجلس شرط في جميع العقود، ماعدا ثلاثة، هـي: الوصية والإيصاء والوكالة، أما الوصية فهي تصرف مضاف إلى ما بعد المـوت، فيستحيل فيها تحقق اتحاد المجلس، لأن القبول لا يصح من الموصى له، في حال حياة الموصي، وإنما يكون بعد وفاته مصرا على الوصية وإن الإيصاء، جعل الغير وصيا على اولاده ليرعى شؤونهم بعد وفاته، فلا يلزم صدور القبول فيه حال حياة الموصي، وإنما يصح بعد وفاته أما الوكالة، فهي تفويض التصرف والحفظ إلى الوكيل، في أثناء الحياة، فمبنيـة على التوسعة والتيسير والسماحة، فـلا يشترط فيهـا اتحاد المجلس، لأن قبولها قـد يكون باللفظ (القول) أو بالفعل، بأن يشرع الوكيل في فعل مـا وكل فيه، ويصح توكيل الغائب (اي غير الموجود في مجلس العقد) فبمجرد علمه بالتوكيل لـه القيام بالعمل الموكل فيه، وكالوكالة، عند الحنابلة، كل عقد جائز غير لازم يصح القبول فيه على التراخي مثل الشركة والمضاربة والمزارعة والمساقاة والوديعة والجعالة[1] ومجلس العقد، بالنسبة للطرفين المتباعدين، حيث يبلغ الرسول رسالته إلى المرسل إليه، أو حيث يقرا المرسل إليه، ذلك الكتاب، وعلى المرسل إليه أن يـرد عـلى الإيجاب في مجلس العقد، فإذا صدر منه القبول قبل تغير المجلس انعقد العقد وإلا لم ينعقد[2].

ويرى اتجاه، أن الرأي الفقهي في الإيجاب والقبول بالكتابة بـين غـائبين أن حكمها يبدا عقب وصول الكتاب وقراءته، ومن ثم يرى أن للقابل الحـق في الرجوع عن قبوله قبل علم الموجب بـالقبول[3]. في حين ذهب اتجـاه آخر إلى أن العقـد في الفقه الإسلامي ينشأ بمجرد اعلان القبول، وإن من شرط السماع يريد به ظهور الكلام بحيث يمكن سماعه لا سماع العاقد بالفعل من المتعاقدين، وإن من يشترطه

---

(1) البدائع ج 6 ص20 وما بعدها، القوانين الفقهية ص 328، نهاية المحتاج ج4 ص21 مغني المحتاج ج 2 ص222.

(2) فتح القدير ج5ص78 - 82، البدائع ج5 ص138، السنهوري مصادر الحق ج2 ص51، زيدان ف320 ص292.

(3) محمد سلام مدكور، المدخل للفقه الإسلامي، ط 1954 ص 53 مصطفى الزرقا، الفقه الإسلامي في ثوبه الجديد، ص14.

يريد عدم اشتراط السماع بالفعل[1] ولا شك أن التعويل في تمام العقد على اعلان القبول يتسق مع ماذهب إليه جمهور الفقهاء في مجلس العقد في التعاقد ما بين الغائبين، وإنه مجلس بلوغ أو وصول الكتاب أو الرسالة إلى الموجه إليه الإيجاب[2].

251 – وهناك موضوع لم يتطرق احد من الفقهاء صراحة إليه، وهو حالة ما إذا حدد الموجب للطرف الآخر مدة يقبل فيها العقد أو يرفضه، فهل يلتزم الموجب بالبقاء على إيجابه هذه المدة، أم له أن يعدل عنه، ويقول الأستاذ المرحوم الدكتور محمد يوسف موسى أنه لم يجد، بعد طول البحث وشدة التنقيب، من الفقهاء من تعرض لهذه المسألة، ولكنه رأى في بعض كتب المالكية ما قد يفيد الذهاب إلى ما ذهب إليه القانون المدني المصري في المادة (93) منه (إذا عين ميعاد للقبول، التزم الموجب بالبقاء على إيجابه إلى أن ينقضي هذا الميعاد، وقد يستخلص الميعاد من ظروف الحال أو من طبيعة المعاملة)[3] ويشير الأستاذ المرحوم إلى نص وارد في كتاب مواهب الجليل للحطاب ج4 ص241[4] ويرى أستاذنا المرحوم علي الخفيف أن المالكية يذهبون صراحة إلى ما ذهب إليه القانون[5].

ومن النتائج التي تترتب على مجلس العقد، ثبوت خيار المجلس، في رأي بعض الفقهاء، ولما كنا ندرس الخيارات فيما بعد، لذلك سندرسه مع الخيارات الأخرى.

252 – والأصل في الفقه الإسلامي، إن العقد يتم وتثبت أحكامه بمجرد الإيجاب والقبول، إلا أن هناك مجموعة من العقود لا تعتبر تامة إلا إذا حصل تسليم العين التي هي موضوع العقد، ولا يكفي فيها الإيجاب والقبول وتسمى بلغة اليوم (العقود العينية) أي التي يتوقف فيها تمام الالتزام على تسليم العين، وهي خمسة عقود: الهبة، الإعارة، الايداع، القرض، الرهن.

---

(1) علي محي الدين القره داغي، مبدأ الرضاء، ص1098 وما بعدها.
(2) البعلي ص 157.
(3) انظر المواد (84) مدني عراقي (98) مدني أردني (94) مدني سوري.
(4) محمد يوسف موسى ف376 ص261.
(5) أحكام المعاملات الشرعية ص205 هامش (1).

253 - موقف الفقه القانوني والقانون المعاصر: أخذ القانون المدني العراقي بنظرية مجلس العقد، فقد نصت المادة (82) منه على أن (المتعاقدان بالخيار بعد الإيجاب إلى آخر المجلس، فلو رجع الموجب بعد الإيجاب وقبل القبول أو صدر من احد المتعاقدين قول أو فعل يدل على الاعراض يبطل الإيجاب ولا عبرة بالقبول الواقع بعد ذلك) كما نصت المادة (83) على أن (تكرار الإيجاب قبل القبول يبطل الأول ويعتبر فيه الإيجاب الثاني) وبهذا أخذ القانون المدني الأردني في المادتين (96، 97) أما في القانون المدني المصري، فإذا عين ميعاد للقبول التزم الموجب بالبقاء على إيجابه إلى أن ينقضي هذا الميعاد، وقد يستخلص الميعاد من ظروف الحال أو من طبيعة المعاملة، وإذا صدر الإيجاب في مجلس العقد، دون أن يعين ميعاد القبول، فإن الموجب يتحلل من إيجابه إذا لم يصدر القبول فورا، وكذلك الحال إذا صدر الإيجاب عن شخص آخر إلى آخر بطريق التليفون أو بأي طريق مماثل، ومع ذلك يتم العقد، ولو لم يصدر القبول فورا، إذا لم يوجد ما يدل على أن الموجب قد عدل عن إيجابه في الفترة ما بين الإيجاب والقبول، وكان القبول قد صدر قبل أن ينفض مجلس العقد (م93، 94) وبهذا الحكم أخذ القانون المدني السوري في المادتين (94، 95) أما مشروع القانون المدني العربي فقد نصت المادة (153) على أن (1 - يبطل الإيجاب في الحالات التالية: أ - إذا سحبه الموجب أو اوجب ثانية بما يخالف الأول قبل صدور القبول. ب - إذا رفضه المخاطب به صراحة أو ضمنا وأي تعديل يتضمنه القبول يعتبر رفضا للإيجاب. ج - إذا مات الموجب أو الطرف الآخر أو فقد أحدهما أهليته قبل القبول الصحيح. د - إذا انقطع مجلس العقد دون قبول صحيح. هاء - إذا انقضت المدة التي حددها الموجب للقبول. 2 - القبول بعد بطلان الإيجاب لا ينعقد به العقد ولكنه يعتبر إيجابا جديدا.).

254 - ومما يتصل بهذا الموضوع، تحديد زمان ومكان انعقاد العقد:

إن المعيار الأساسي للتمييز بين التعاقد بين حاضرين والتعاقد بين غائبين، هو وجود مدة زمنية تفصل بين صدور القبول وعلم الموجب به، ففي هذه الحالة تطبق قواعد التعاقد بين الغائبين، كأن يحدد الموجب ميعادا للقبول ويفترق الطرفان

ثم يرسل الموجب له القبول بإحدى وسائل الاتصال كالبرقية أو الرسالة[1] ولتحديد زمان ومكان انعقاد العقد اختلف الفقه القانوني والقضاء والتشريع في أربع نظريات، هي نظرية اعلان القبول ونظرية تصدير القبول ونظرية تسلم القبول ونظرية العلم بالقبول، ولكل نظرية من هذه النظريات مزايا وعيوب، وأخذ القانون المدني العراقي بنظرية العلم بالقبول، فقد نصت المادة (87) منه على أن (1 - يعتبر التعاقد ما بين الغائبين قد تم في المكان والزمان اللذين يعلم فيها الموجب بالقبول ما لم يوجد اتفاق صريح اوضمني أو نص قانوني يقضي بغير ذلك. 2 - ويكون مفروضا أن الموجب قد علم بالقبول في المكان والزمان اللذين وصل إليه فيهما) وهو نص المادة (97) من القانون المدني المصري، أما القانون المدني السوري فقد أخذ بنظرية تصدير القبول في المادة (98) في حين أخذ القانون المدني الأردني بنظرية اعلان القبول في المادة (103) منه، وتسمى النظريات التي ذكرناها بالنظريات التقليدية (النظريات الاحادية) وقد ظهرت نظريات حديثة سميت بـ (النظريات الثنائية) وترى عدم وجود تلازم بين مسألة زمان انعقاد العقد ومسألة مكان انعقاد العقد ومن ابرزها، نظرية مالوري ونظرية شيفالييه[2] وهناك اراء للفقهاء المحدثين في الفقه الإسلامي، حول أخذ الفقه الإسلامي لهذه النظرية أو تلك[3]، علما بأن المذكرات الإيضاحية للقانون المدني الأردني، قد ذهبت إلى أن هذا القانون أخذ برأي الفقه الحنفي في أن العقد يتم باعلان القبول وأوردت عددا من المصادر الفقهية المعتمدة[4].

خامسا - صور خاصة لتوافق الإرادتين:

255 - يتم توافق الإرادتين في حالتي، المزايدة والاحتكار (عقد الاذعان) بشكل يختلف عما يتم في الحالات الاعتيادية، لذلك ندرسهما تباعا:

---

(1) الحكيم، الوسيط، ف 188 ص161.
(2) انظر مؤلفنا في مصادر الالتزام ص84 - 86.
(3) انظر البحث القيم للدكتور إبراهيم كافي دونمز، حكم إجراء العقود بوسائل الاتصال الحديثة في الفقه الإسلامي موازنا بالفقه الوضعي، مجلة مجمع الفقه الإسلامي، العدد السادس/الجزء الثاني، 1410 للهجرة 1990م ص 967 - 1050.
(4) انظر الجزء الأول ص116.

1 - بيع من يزيد: اطلق الفقه الإسلامي تعبير (بيع من يزيد) اخذا من حديث الرسول صلى الله عليه وسلم إذ باع صلى الله عليه وسلم قدحا وحساب (بيع من يزيد) وقد فرق الفقهاء بين هذا النوع من البيع و(بيع المستام) أو بيع المساومة، فالأول جائز والاخير مكروه[1] وجاء في بعض المصادر الفقهية ما يأتي (واما بيع المزايدة فقال ابن رشيد في رسم القطعان من سماع اصبغ من كتاب الجعل والإجارة: الحكم فيه أن كل من زاد في السلعة لزمته بما زاد فيها إن اراد صاحبها أن يمضيها له ما لم يسترد سلعته فيبيع بعدها أخرى أو يمسكها حتى ينقضي مجلس المناداة..)[2].

256 - موقف الفقه القانوني والقانون المعاصر: يعد العطاء الذي يتقدم به المنادي دعوة إلى التعاقد، والإيجاب هو العطاء الذي يتقدم به احد المشتركين بالمزايدة أو المناقصة، أما القبول فلا يتم إلا برسو المزايدة أو المناقصة على الشخص الاخير، ويسقط العطاء (الإيجاب) بعطاء ازيد أو انقص منه من قبل شخص آخر، ولوكان هذا العطاء باطلا لسبب من الاسباب كأن يكون المتقدم بالعطاء ممنوعا من الاشتراك في المزايدة أو المناقصة[3] وعلى هذانصت المادة (89) من القانون المدني العراقي (لايتم العقد في المزايدات إلا برسو المزايدة ويسقط العطاء بعطاء ازيد ولو وقع باطلا أو بإقفال المزايدة دون أن ترسو على احد، هذا مع عدم الاخلال بالأحكام الواردة في القوانين الأخرى) ويلاحظ على هذه المادة انها نصت على المزايدة فقط في حين كان يجب النص على المناقصة كذلك، فحكم العقد واحد في الحالتين[4]. ويتطابق هذا النص مع نص المادة (103) من القانون المدني الأردني ونص المادة (155) من المشروع العربي[5].

2 - عقد الاذعان:

257 - لم يعرف الفقه الإسلامي مصطلح (عقد الاذعان) إلا أنه عرف فكرة الاحتكار التي هي جوهر هذا العقد وورد في الحديث النبوي الشريف

(1) البعلي ص119.
(2) الحطاب ج4 ص237، وانظر بداية المجتهد ج2 ص139.
(3) مالك دوهان الحسن ص107 ومؤلفنا مصادر الالتزام ص62.
(4) الحكيم، الموجز، ف153 ص89 - 90.
(5) انظر المواد (99) مدني مصري (100) مدني سوري.

(لايحتكر إلا خاطئ)[1] و(من احتكر يريد أن يتغالى بها على المسلمين فهو خاطئ وقد برئ منه ذمة الله)[2] و(من دخل في شيء من اسعار المسلمين ليغليه عليهم كان حقا على الله أن يقعده بعظم من النار يوم القيامة)[3] و(لا ضرر ولا ضرار)[4] فشرط الاحتكار، في الفقه الإسلامي، هو الاضرار بالناس والتضييق عليهم، فالمحتكر هو الذي يحبس مايؤدي إلى الحاق الضرر بالناس والتضييق عليهم مستهدفا تحقيق أكبر قدر ممكن من الربح عند حلول الغلاء[5] لذلك فإن الاحتكار مكروه اومحرم في الفقه الإسلامي، وكذلك في صورتين من صوره التي كانت مألوفة وقت ذاك، في بيع متلقي الركبان وفي بيع الحاضر للبادي[6].

258 - موقف الفقه القانوني والقانون المعاصر: كان العقد في ظل مبدأ الحرية التعاقدية، في جوهره، عبارة عن إرادتين مستقلتين ومتساويتين تبحثان وتناقشان بحرية في شروط العقد، أما في الواقع ونتيجة لتغير الظروف الاقتصادية والاجتماعية فإن المساواة ممكنةولكن حرية المناقشة نادرة، وحرية الشخص في أن يتعاقد مع غيره أو لا يتعاقد قد قيدت كثيرا، لأنه يجد أمامه متعاقدا اخرقويا انفرد بوضع جميع شروط العقد وليس له إلا أن يقبل أو يرفض، وهذا مايحصل في عقد الاذعان[7] وقد نصت القوانين المعاصرة على تنظيم أحكام عقد الاذعان، فقد نصت المادة (167) من القانون المدني العراقي على أن (1 - القبول في عقود الاذعان ينحصر في مجرد التسليم بمشروع عقد ذي نظام مقرر يضعه الموجب ولا يقبل فيه مناقشة. 2 - إذا تم العقد بطريق الاذعان وكان قد تضمن شروطا تعسفية جاز

---

(1) صحيح مسلم ج5 ص56.

(2) الحاكم النيسابوري (ابو عبد الله محمد بن عبد الله) المستدرك على الصحيحين.

(3) الصنعاني، الروض النضيرج3 ص586.

(4) سنن ابن ماجة ج2 ص784.

(5) قحطان عبد الرحمن الدوري، الاحتكار وآثاره في الفقه الإسلامي، بغداد 1974 ف33 ص 60 - 61.

(6) الكاساني ج5 ص232 - 233 وانظر مصادر الحق ج2 ص80 وما بعدها والمذكرات الأردنية ج1 ص 120.

(7) انظر رسالتنا للدكتوراه (اختلال التوازن الاقتصادي للعقد ودور القاضي في معالجته - دراسة مقارنة) بغداد اذار 1978 (مطبوعة على الرونيو) ص85.

للمحكمة أن تعدل هذه الشروط أو تعفي الطرف منها وذلك وفقا لما تقضي به العدالة ويقع باطلا كل اتفاق على خلاف ذلك)[1].

سادسا - العربون:

259 - العربون والعربان بضم العين، والعربون والعربان بفتح العين والراء، وتبدل العين همزة، اعجمي معرب، يقال اعرب في بيعه، وعربن إذا اعطى العربون[2]. وفي مشروعية العربون ذهب الفقه الإسلامي إلى اتجاهين:

الاتجاه الأول: ذهب إليه الجمهور من الحنفية والمالكيةوالشافعية والزيدية وابوالخطاب من الحنابلة فقالوا أنه عقد ممنوع غير صحيح، فاسد عند الحنفية، باطل عند غيرهم، وهو قول ابن عباس والحسن البصري[3]. وأدلة هذا الاتجاه تستند إلى حديث عمرو بن شعيب عن أبيه عن جده قال " نهى النبي صلى الله عليه وسلم عن بيع العربون "[4] وفي العربون غرر، واكل مال الناس بالباطل، وأن يشتمل على شرطين فاسدين، أحدهما، كون ما دفعه إليه يكون مجانا، إن اختار ترك السلعة، والثاني، شرط الرد على البائع إذا لم يقع منه الرضا بالبيع[5] ويرى الشيعة الجعفرية أن العربون يجب أن يكون من جملة الثمن، فإن امتنع المشتري من دفع الثمن وفسخ

---

(1) انظر المواد (104) مدني أردني و(100) مدني مصري (101) مدني سوري وهذه المواد تقابل الفقرة (1) من المادة (167) مدني عراقي وللتوسع في دراسة عقد الاذعان انظر الدكتور عبد المنعم فرج الصدة، في عقود الاذعان في القانون المصري، رسالة دكتوراه، القاهرة 1946، وجميع الكتب التي تبحث في مصادر الالتزام.

(2) القاموس المحيط والمصباح.

(3) الشرح الكبير للدردير ج3ص63 القوانين الفقهية ص258 مغني المحتاج ج2 ص39 شرح المجموع للنووي ج9 ص368 المغني ج4 ص223 المنتقى على الموطا ج4ص157 بداية المجتهد ج2 ص161 وانظر وهبة الزحيلي ج4 ص449 وبحثه المعنون (بيع العربون) المنشور في مجلة مجمع الفقه الإسلامي، العدد الثامن / الجزء الأول، 1415 للهجرة 1994 م 694 - 695 و الدكتور الصديق محمد الامين الضرير، بيع العربون، منشور في العدد المذكور من المجلة ص650 - 651.

(4) حديث منقطع، ضعيف، نيل الأوطار للشوكاني ج5 ص153 سبل السلام ج3 ص17 الموطا مع تنوير الحوالك ج2 ص151.

(5) انظر وهبة الزحيلي، بيع العربون، ص695 الصديق محمد الامين الضرير ص 651 - 652 الزرقا، المدخل الفقهي العام ج1 ف 18/42 ص56.

البائع البيع وجب عليه رد العربون[1].

الاتجاه الثاني: ذهب إليه الحنابلة في ظاهر الرواية عن الإمام أحمد فقالوا: لا بأس به، وهو عقد صحيح[2] وادلتهم: ما اخرجه عبد الرزاق في مصنفه من حديث زيد بن اسلم أنه " سئل رسول الله صلى الله عليه وسلم عن العربان في البيع، فأحله "[3]، **وأن** عمر بن الخطاب رضي الله عنه أجازه[4] وحجج أخرى منها، ما ورد في صحيح البخاري عن ابن عون عن ابن سيرين أنه قال (، قال رجل لكريب: ارحل ركابك، فإن لم ارحل معك في يوم كذا فلك مائة درهم، فلم يخرج، فقال شريح: من شرط على نفسه طائعا غير مكره فهو عليه)[5].

260 - ترجيح: يذهب رأي إلى ترجيح رأي الحنابلة بيعا وإجارة بعد العقد، للوقائع الكثيرة التي دلت على جوازه في عصر الصحابة والتابعين، وإن الاحاديث الواردة في شأن العربون لم تصح عند الفريقين، ولأن عرف الناس في تعاملهم على جوازه والالتزام به ولحاجة الناس إليه ليكون العقد ملزما ووثيقة ارتباط عملية بالإضافة إلى الأوامر الشرعية بالوفاء بالعقود في قوله تعالى (يَا أَيُّهَا الَّذِينَ آَمَنُوا أَوْفُوا بِالْعُقُودِ) [6] وقال النبي صلى الله عليه وسلم (المسلمون على شروطهم)[7] و(المسلمون عند شروطهم ما وافق الحق من ذلك)[8]، وليس العربون اكلا لأموال الناس بالباطل، وإنما هو في مقابل ضرر التعطل والانتظار، وتفويت الفرصة في صفقة أخرى، بل هو مشروط سلفا[9] علما بأن هناك رأي يذهب إلى ترجيح المنع لقوة دليله، وحديث الجواز أكثرهم يرده، والغرر في العربون متحقق، وأكل المال

(1) مختلف الشيعة ج5 ص338.
(2) المغني ج4 ص232 وما بعدها، أعلام الموقعين ج3 ص 400 وما بعدها.
(3) حديث مرسل، (نيل الأوطار ج5 ص153.
(4) الشرح الكبير ج4 ص58 - 59 بداية المجتهد ج2 ص135.
(5) أعلام الموقعين ج3 ص339.
(6) سورة المائدة الآية (1).
(7) حديث صحيح كما ذكر السيوطي، اخرجه أبو داود والحاكم عن أبي هريرة.
(8) حديث صحيح كما ذكر السيوطي، اخرجه الحاكم عن انس وعائشة.
(9) انظر في كل ذلك، وهبة الزحيلي، بيع العربون، 697 - 698.

بالباطل متحقق أيضا في بعض صوره، وما اعتمد عليه المجوزون من اقوال بعض الصحابة والتابعين لا يقوى على معارضة أدلة المانعين[1].

261 - موقف الفقه القانوني والقانون المعاصر: قد يتفق المتعاقدان على جميع المسائل الجوهرية ويبرمان العقد ويدفع أحدهما إلى الآخر، عند إبرام العقد، مبلغا من المال يسمى (العربون) وأكثر ما يكون ذلك في عقدي البيع والإيجار، فيدفع المشتري إلى البائع جزءا من الثمن أو يدفع المستأجر إلى المؤجر جزءا من الأجرة[2] والغرض من دفع العربون هو احد امرين، أن يحتفظ كل منهما بحقه في العدول عن العقد، على أن يتحمل ما يساوي مبلغ العربون يدفعه إلى الطرف الآخر، أو التأكد بأن العقد أصبح باتا لا يجوز الرجوع عنه واعتبار العربون تنفيذا جزئيا من قبل دافعه، وقد تراوحت القوانين المدنية بين هاتين الدلالتين، فالقوانين اللاتينينة والقوانين المقتبسة منها، أخذت بالدلالة الأولى، أي بدلالة العدول، أما القوانين الجرمانيةوالقوانين المقتبسة منها، فأخذت بالدلالة الثانية، أي بدلالة البتات وعدم إمكان العدول، ولكن كل هذه القوانين تجيز الاتفاق على خلاف ذلك[3]، واعتبر القانون المدني المصري في المادة (103) دفع العربون في حالة عدم الاتفاق دليلا على ثبوت حق العدول لكل من المتعاقدين، ولكنه بمقابل، هو قدر العربون، وتطابقها المادة (104) من القانون المدني السوري، والمادة (107) من القانون المدني الأردني، في حين ذهب القانون المدني العراقي في المادة (92) منه إلى أن دفع العربون يعد دليلا على أن العقد أصبح باتا، لا يجوز العدول عنه، إلا إذا قضى الاتفاق بغير ذلك، فإذا اتفق المتعاقدان على أن العربون جزاء للعدول عن العقد، كان لكل منهما حق العدول، فإذا عدل من دفع العربون وجب عليه تركه، وإن عدل من قبضه رده مضاعفا، أما المشروع العربي فقد اعتبر دفع العربون وقت إبرام العقد يفيد بأن لكل من المتعاقدين الحق في العدول عنه خلال مدة معقولة إلا

(1) انظر الصديق محمد الامين الضرير ص653.
(2) الحكيم، الوسيط ف253 ص201 مالك دوهان الحسن 263.
(3) غنى حسون طه، مصادر الالتزام ف312 ص152 الحكيم، الوسيط ف254 ص203 مالك دوهان الحسن ص264 وانظر الدكتور عباس الصراف، العربون وأحكامه في القانون المدني العراقي، مجلة القضاء، بغداد، العددان الأول والثاني 1958.

إذا قضى الاتفاق بغير ذلك، فإذا عدل من دفع العربون فقده وإذا عدل من قبضه رده ومثله، هذا ولو لم يترتب على العدول أي ضرر، ويستثنى من البيوع كل ما يشترط لصحته قبض احد البدلين في مجلس العقد (السلم) أو قبض البدلين معا (مبادلة الأموال الربوية والصرف) ولا يجري بيع العربون في المرابحة للامر بالشراء في مرحلة البيع التالي للمواعدة (م 157).

سابعا - صورية العقد:

262 - وقد توجد الإرادة الظاهرة، في حين أن الإرادة الباطنة الحقيقية منعدمة، فإذا انعقد العقد كان العقد صوريا، ويكون ذلك في إحدى الأحوال الآتية:

1 - حالة السكر والنوم والجنون وعدم التمييز والاغماء.

2 - عدم فهم العبارة.

3 - حالة التعلم والتعليم والتمثيل.

4 - الهزل أو الاستهزاء، فإذا نطق شخص بعبارة لا يريد إنشاء العقد، وإنما قصد الهزل أو الاستهزاء والعبث، فالعبارة الصادرة من الهازل، عند الشافعية، على الراجح[1] صالحة لإنشاء العقد وترتيب الآثار عليها، سواء في المعاوضات المالية أم في الأحوال الشخصية.

في حين يميز الحنفية والحنابلة وأكثر المالكية[2] بين عقود المبادلات المالية التي لا يترتب فيها على عبارة الهازل أي أثر، لعدم تحقق الرضا، وفي الفقه الحنفي تعتبر هذه العقود فاسدة، أما في التصرفات التي سوى الشارع فيها بين الجد والهزل (وهي الزواج والطلاق والرجعة والاعتاق واليمين) فصححوا عبارة الهازل ورتبوا عليها الآثار أخذا بالحديث النبوي الشريف (ثلاث جدهن جد، وهزلهن جد، النكاح والطلاق والعتاق)[3] وفي رواية أخرى (اليمين) وذلك لخطورة هذه التصرفات المشتملة على حق الله، ومن ثم ليس موضعا للهزل والاستهزاء[4]

---

(1) المجموع شرح المهذب للنووي ج9 ص 184 نهاية المحتاج ج6 ص 82.

(2) رد المحتار ج2 ص363 - 367 الشرح الكبير ج3 ص4 المغني ج 6 ص 535 كشاف القناع ج2 ص5 وما بعدها غاية المنتهى ج 3 ص 17.

(3) رواية أحمد وأبو داود والترمذي والنسائي وابن ماجة، نيل الأوطار ج6 ص234.

(4) وهبة الزحيلي ج4 ص192.

والظاهر من عبارات الفقهاء، إنه عند الاختلاف بين العاقدين في كون العقد هزلا أو جدا، فالقول لمن يتمسك بالجد لأنه الأصل في الكلام، ومن القواعد الفقهية (أعمال الكلام أولى من إهماله) وللطرف الآخر إثبات الهزل[1].

موقف الفقه القانوني: لا يلتفت القانون إلى الإرادة غير الجادة كالإرادة الصادرة على سبيل المزاح والهزل[2].

5 - الخطأ (المخطئ).

6 - التلجئة أو(المواضعة) وهي أن يتظاهر أو يتواطأ شخصان على إبرام عقد صوري بينهما، إما بقصد التخلص من اعتداء ظالم على الملكية أو بإظهار مقدار بدل أكثر أو أقل من البدل الحقيقي، لسبب من الاسباب، وكذلك في التظاهر بمهر اعلى مما هو متفق عليه بين الطرفين في عقد الزواج أو لتغطية اسم الشخص الذي يعمل لمصلحته باطنا (الاسم المستعار)، فالمواضعة تكون إما في أصل العقد أو في مقدار البدل أو في الشخص[3]. وذهب الفقه إلى اتجاهين في حكم عقد التلجئة: الاتجاه الأول: قال به الحنفية والحنابلة، وهو أن عقد التلجئة غير ملزم ويلزم مهر السر والثمن الحقيقي، إذا قام الدليل عليه ولا عبرة بما تظاهر به المتعاقدان واعلناه[4]. أما الاتجاه الثاني: وقال به الشافعية، ومفاده أنه بيع صحيح لأن البيع تم بأركانه وشروطه[5].

موقف القانون المعاصر: إذا أبرم عقد صوري فلدائني المتعاقدين وللخلف الخاص اذاكانوا حسني النية، أن يتمسكوا بالعقد الصوري كما أن لهم أن يثبتوا صورية العقد الذي اضر بهم وأن يتمسكوا بالعقد المستتر، وإذا تعارضت مصالح ذوي الشان فتمسك البعض بالعقد الظاهر وتمسك الآخرون بالعقد المستتر كانت الافضلية للاولين، وبهذا قضت المادة (147) من القانون المدني العراقي والمادة (244) من القانون المدني المصري والمادة (245) من القانون المدني السوري

---

(1) الزرقا ف5/33 ص445.
(2) انظر مؤلفنا في مصادر الالتزام ص40.
(3) وهبة الزحيلي ج4 ص 193.
(4) رد المحتار والدر المختار ج4 ص255 المغني ج 4 ص214 فتح القدير ج2 ص443.
(5) مغني المحتاج ج3 ص 16 المجموع للنووي ج 8 ص168.

والمادة (368) من القانون المدني الأردني.

7 - الإكراه، وسنبحث في الإكراه عند دراسة عيوب الإرادة.

8 - القصد غير المشروع، وسنبحث في ذلك عند دراسة السبب.

ثامنا - أثر الموت أو فقدان الأهلية في التعبير عن الإرادة:

263 - إذا صدر الإيجاب، ثم فقد الموجب أهليته، كأن جن أو مات قبل قبول الطرف الآخر، فإن الإيجاب يبطل ولا ينعقد بصدور القبول من الطرف الآخر لصدوره بعد انعدام الإيجاب، وذهابه بخروج صاحبه من أهلية إنشاء العقود[1].

264 - موقف الفقه القانوني والقانون المعاصر: من اعتمد نظرية الإرادة الباطنة ذهب إلى عدم لزوم الإيجاب واعتبر التعبير لصيقا بشخص صاحبه ولهذا قال بسقوطه بموت صاحبه ومن اعتمد نظرية الإرادة الظاهرة أقر بإمكان انفصال التعبير عن الإرادة، عن شخص صاحبه متى طرح في التداول[2]. وأخذت التشريعات ذات الأصول الجرمانية بمبدأ عدم سقوط التعبير بموت صاحبه وذلك تفريعا على قولها بلزوم الإيجاب وصار للتعبير عن الإرادة كيان فعلي بمجرد إطلاقه في التداول حتى قبل ارتباطه بعلم من وجه إليه أو وصوله إليه[3]. ونصت المادة (2/130) من القانون المدني الالماني على أنه (لا أثر لموت الموجب أو فقدان أهليته على صحة التعبير إذا تم ذلك بعد تعبيره) ونصت المادة (153) منه على أنه (لايحول دون انعقاد العقد أن يموت الموجب أو يفقد أهلية الأداء قبل القبول) وكذلك الحال بالنسبة إلى القانون السويسري بالرغم من عدم النص على ذلك، وذلك بسبب مبدأ لزوم الإيجاب فيه[4]. كما أن المادة (92) من القانون المدني المصري أخذت بهذا الاتجاه ونصت على أنه (إذا مات من صدر منه التعبير

---

(1) ابن عابدين ج4 ص29 مغني المحتاج ج2 ص6.

(2) الدكتور حسام عبد الواحد كاظم الحميداوي، الموت وآثاره القانونية، دراسة مقارنة بين الشريعة الإسلامية والقانون المدني، رسالة دكتوراه، كلية القانون بجامعة بغداد، 1999 ص 361 وما بعدها.

(3) مالك دوهان الحسن ص208.

(4) الدكتور صلاح الدين زكي، تكوين الروابط العقدية فيما بين الغائبين، القاهرة، دار النهضة العربية، 1963 ص 100 هامش (1).

عن الإرادة أو فقد أهليته قبل أن ينتج التعبير أثره، فإن ذلك لا يمنع من ترتب هذا الأثر عند اتصال التعبير بعلم من وجه إليه، هذا مالم يتبين العكس من التعبير أو من طبيعة التعامل) أما التشريعات ذات الأصول اللاتينية في الغالب، فقد أخذ بالاتجاه الذي يذهب إلى أن الموت مسقط للتعبير عن الإرادة قبل إحداثه أثره سواء كان الذي مات هو مصدر التعبير أم من وجه إليه التعبير، أما مصدر التعبير فلأن الإرادة أمر شخصي لا يورث، فلا يستطيع الورثة أن يعبروا عن إرادة مورثهم لأنهم لم يرثوها، وأما من وجه إليه التعبير فلان التشريعات المدنية توارثت على قاعدة مهمة هي أن التعبير عن الإرادة لا ينتج أثره الا في الوقت الذي يرتبط فيه بعلم من وجه إليه (م 87 مدني عراقي) وهذا الاخير مات ولا يستشف من التعبير أن مصدره قصد التعاقد مع ورثة من وجه إليه التعبير، وهذا الحكم ينسجم مع الفقه الإسلامي الذي يعد الإيجاب غير ملزم في أكثر مذاهبه كما أن خيار القبول والرجوع غير مورثين فيه[1].

أما القانون المدني العراقي وكذلك القانون المدني السوري، فقد سكت عن ايراد حكم للمسألة، ففسر شراحه هذا السكوت بأنه إقرار لحكم سقوط التعبير بالموت اوفقدان الأهلية[2] وبذلك فإن موت أي طرف من اطراف التعاقد أو فقدانه أهليته، يحولان دون انعقاد العقد في اية مرحلة كان الموت أو فقدان الأهلية[3]. في حين أن المشروع العربي للقانون المدني قد نص صراحة في الفقرة (1/ج) من المادة (153) على أن يبطل الإيجاب إذا مات الموجب أو الطرف الاخراو فقد أحدهما أهليته قبل القبول الصحيح.

---

(1) الحميداوي ص 363.
(2) الذنون، النظرية العامة للالتزام ص69 الحسن ص208 الشريف ف 102 ص100 الدكتور صلاح الدين الناهي، مبادئ الالتزامات بغداد ص38 فريد فتيان، مصادر الالتزام بغداد ص143 الحكيم وآخرون، الوجيز المشترك، ص 37.
(3) انظر مؤلفنا مصادر الالتزام. ص46.

البند الرابع

إنشاء العقد بالإرادة الواحدة

265 - من المعروف أن العقد يتطلب وجود إرادتين من عاقدين، ولكن تثور مسألة إمكانية إنشاء الالتزام بالإرادة المنفردة، وأن يتم التعاقد بإرادة واحدة، كتعاقد الشخص مع نفسه، ولهذا الموضوع علاقة وثيقة بالنيابة في التعاقد، وخاصة في حالة ما إذا كان احد العاقدين اصيلا عن نفسه ووكيلا عن العاقد الآخر، وكذلك تدور مسألة الفضالة أو الفضولي قريبة من هذه المسائل، لذلك ارتأينا بحثها جميعا في هذا البند بالتتابع.

اولا - دور الإرادة المنفردة في العمل القانوني:

266 - لم يستعمل الفقهاء المسلمون تسمية (الإرادة المنفردة) إلا الفقهاء المتأخرون، ولكن مسماها معروف منذ القدم، وقد يعبر عنه بـ (الإيجاب) غير مقترن بالقبول، وذلك مثل قولهم في الكفالة (انها تتم بإيجاب الكفيل وحده) ويكون بأن يصدر منه ما يدل على إرادته من قول اوما يقوم مقامه، ومثل قولهم في الوقف أنه يتم بعبارة الواقف والتي تدل على معنى الوقف، فما يتم ويظهر أثره بالإيجاب وحده في الفقه الإسلامي هو ما يتم بالإرادة المنفردة، وفق الاصطلاح في الفقه القانوني، وأن منه ما لا يتم بذلك كالكفالة، فالإرادة المنفردة صالحة لأن تكون أساسا لتصرف شرعي تترتب عليه آثارشرعية، وتتحكم نظرية التبرع وتنطبق وهي تقضي بأن تصرف الإنسان في خالص حقه دون مساس بحق غيره لا يتوقف على إرادة غيره، إذ ليس لغيره ولاية عليه ولا على حقوقه، وعلى ذلك يتم التبرع في هذه الحال بإرادة المتبرع وحده أي بإرادته المنفردة، وعلى هذا الأساس ذهب بعض المالكية إلى أنه ملزم لا يملك المتبرع التحلل منه تطبيقا لقوله تعالى (يَا أَيُّهَا الَّذِينَ آمَنُوا أَوْفُوا بِالْعُقُودِ) وفي هذه الحالة ينطبق عليه الالتزام بالمعنى الدقيق، ومن الفقهاء من فرق بين تبرع يفيد تمليكا كالهبة وتبرع لا يفيد تمليكا كالكفالة، فذهب إلى أن الثاني ينشأ وحده ولا يملك صاحبه العدول عنه ومن ثم يعد التزاما نشأ بالإرادة المنفردة، بالمعنى القانوني، أما الأول فلا يتم إلا بين طرفين بإيجاب من أحدهما وقبول من الآخر، إذ ليس للموجب المتبرع ولاية تمليك إنسان بغير

إرادته فلا يدخل في ملك إنسان إلا ما يريد، ما عدا الإرث، ومن ثم كان التصرف عقدا نظرا إلى أنه لا يتم إلا بين طرفين، ولم يكن مما ينشأ بالإرادة المنفردة، وفق الاصطلاح القانوني، ومجال الإرادة المنفردة في الفقه الإسلامي اوسع منه في الفقه القانوني، إذ يتجاوزه إلى مساحات تتسم بالسعة، ففي الفقه الإسلامي تنشأ بالإرادة المنفردة تصرفات لا تنشأ في الفقه القانوني والقانون المعاصر إلا بتقابل الإرادتين كما في الكفالة، عند جمهور الفقهاء، وتكون الإرادة المنفردة في الفقه الإسلامي مصدرا وسببا للالتزام المالي (الحق الشخصي) والمراد به في هذا الفقه (الدين) وذلك كما في الكفالة والنذر والجعالة والوصية، وقد تكون سببا لالتزام غير مالي كما في الطلاق واسقاط الشفعة، وأظهر دليل على أن الإرادة المنفردة مصدر للالتزام في الفقه الإسلامي، قوله تعالى(قَالُوا وَأَقْبَلُوا عَلَيْهِمْ مَاذَا تَفْقِدُونَ (71) قَالُوا نَفْقِدُ صُوَاعَ الْمَلِكِ وَلِمَنْ جَاءَ بِهِ حِمْلُ بَعِيرٍ وَأَنَا بِهِ زَعِيمٌ)[1] وذهب بعض المالكية إلى أن الإرادة المنفردة مصدر عام للالتزام بالدين والأموال واسقاط الحقوق في جميع الأحوال لقوله تعالى(يَا أَيُّهَا الَّذِينَ آمَنُوا أَوْفُوا بِالْعُقُودِ) وقوله تعالى (يَا أَيُّهَا الَّذِينَ آمَنُوا لِمَ تَقُولُونَ مَا لَا تَفْعَلُونَ (2) كَبُرَ مَقْتًا عِنْدَ اللَّهِ أَنْ تَقُولُوا مَا لَا تَفْعَلُونَ)وغير ذلك من النصوص الشرعية التي تدل على وجوب التزام الإنسان بما يصدر منه من عهد أما في غير ذلك من الالتزامات فلا تصلح الإرادة المنفردة مصدرا عاما فلا يترتب عليها التزام إلا فيما نص الشارع عليه من ذلك، أما غير المالكية من الفقهاء فلا يعتبرون الإرادة المنفردة مصدرا للالتزام إلا فيما نص عليه الشارع وعلى هذا يكون هذا الاتجاه متفقا في المبدأ مع ما جرى عليه التشريع والقضاء حديثا وأن اختلف معه في التطبيق والتفريع[2].

267 - موقف الفقه القانوني والقانون المعاصر: في فقه القانون المدني

---

(1) سورة يوسف الآية (72).

(2) أستاذنا المرحوم الشيخ علي الخفيف، التصرف الانفرادي والإرادة المنفردة، بحث مقارن، القاهرة، معهد الدراسات العربية العالية، 1964 ص 53 وما بعدها. الكاساني ج7 ص182 وانظر مؤلفنا في مصادر الالتزام ص 242 - 243.

ثلاث نظريات هي:

1 - النظريــة الفرنسـية: إن الإرادة المنفردة لا يمكنها أن تنشـئ التزامـا، فالالتزام الذي ينشأ عن عمل قانوني لا يكون مصدره إلا توافق الإرادتين، أي عقدا.

2 - النظرية الالمانية: إن باسـتطاعة الإرادة المنفردة أن تنشـئ التزامـا عـلى عاتق صاحبها، فمن يتعاقد إنما يلتزم بالإرادة الصادرة منه، لا بتوافق هـذه الإرادة مع إرادة المتعاقد الآخر، وبذلك فإن الإيجاب يكون وحده ملزمـا، فـلا يسـتطيع مـن صدرعنه الإيجاب أن يرجع عنه.

3 - نظرية الإرادة المنفردة مصدر عام للالتزام: يذهب اتجـاه إلى أن الإرادة المنفردة تعتبر مصدرا عامـا للالتـزام الإرادي في كـل مـالايمكن أن يعتـبر العقـد فيه مصدرا لـذلك الالتـزام، وحيث يصلح العقـد لأن يكون مصدرا لالتـزام إرادي فـإن الإرادة المنفردة تعجـز عـن أن تكـون مصدرا لـذلك الالتـزام، أي أن كـل مـن العقـد والإرادة المنفردة مجاله الخاص بـه والـذي يكون مبدأ مطلقـا فيـه لا يشـاركه فيه مشارك، فالعقد يكون مصدرا للالتزام حيث يكون الدائن معينا، أمـا الإرادة المنفردة فتكون مصدرا للالتزام الذي لا يكون الدائن فيه معينا[1].

268 - وقد حذا القانون المدني العراقي حذو التشريعات الحديثة فلم يعتبر الإرادة المنفردة مصدرا مستقلا للالتزام بالرغم من تخصيصه فصلا خاصا لها كالعقد سواء بسواء، وقد عالج هـذا القانون الإرادة المنفردة كمصدر للالتزام في مادتين هما (184 - 185) للحالات التي ينص عليها القانون والتي تلزم الإرادة المنفردة صاحبها، والأحكام المتعلقة بالوعد بجعل (الجعالة) كأحد تطبيقات الإرادة المنفردة كمصدر للالتزام، أما القانونان المصري والسوري فقد نصا على الوعد بجائزة (الجعالة) ولم ينصا على حكم عام للإرادة المنفردة، في حين نص القانون المدني الأردني على أنه يجوز أن يتم التصرف بالإرادة المنفردة للمتصرف دون توقف على القبول ما لم يكن فيه الزام الغير بشيء وذلك تطبيقا لما يقضي به القانون، وتسري على التصرف الانفرادي الأحكام الخاصة بالعقود إلا ما تعلق منها

---

[1] السنهوري الوسيط ج1 ف906 ص 1282 وما بعدها الحكيم الموجز ف 763 - 766 ص444 - 446 حجازي النظرية العامة ص 380 - 381.

بضرورة وجود إرادتين متطابقتين لنشوء العقد وذلك ما لم ينص القانون على غير ذلك، وإذا استوفى التصرف الانفرادي ركنه وشروطه فلا يجوز للمتصرف الرجوع فيه ما لم ينص القانون على غيرذلك، ثم نص القانون على الوعد والوعد بجائزة (المواد 250 - 255) وأجاز المشروع العربي أن يلتزم الشخص بإرادته المنفردة دون توقف على قبول المستفيد في كل موضوع يقرر فيه القانون ذلك، ويسري على الإرادة المنفردة ما يسري على العقد من الأحكام سوى الحاجة إلى القبول، ثم نص على الأحكام المتعلقة بالوعد بجعل (المواد258 - 260).

ثانيا - تعاقد الشخص مع نفسه:

269 - الأصل في العقود التي لا تتم إلا بتوافق إرادتين، أن يتعدد العاقد، فالشخص الواحد ليس له القدرة إلا في شطر العقد الذي يتكون من شطرين، وفي اعتبار العقد منعقدا بعبارته وحدها تحميل له قوة الشطرين، واعطاء الجزء حكم الكل، وهذا هو القياس في جميع العقود التي تحتاج إلى إرادتين[1]. لذلك فالأصل أن يكون العاقد متعددا، أي أن العقد ينشأ بإيجاب وقبول يعبر كل واحد منهما عن إرادة صاحبه، لأن العقد ينشئ آثارا متعارضة وحقوقا والتزامات متضادة، مثل تسليم المبيع وتسلمه، والمطالبة بتسلم المبيع وتسليمه، وقدرة الإرادة المنفردة في إنشاء العقد وتكوينه، فيه خلاف بين الفقهاء المسلمين، وقد ذهبوا إلى ثلاثة اتجاهات:

270 - الاتجاه الأول: ومفاده أنه لا يجوز للشخص الواحد أن يتولى طرفي العقد، وذهب إلى هذا الرأي (الإمام زفر) من الحنفية وقريب منه ما ذهب إليه الشافعية، حيث لا يجوز للشخص الواحد أن يتولى الطرفين[2]. سواء أكان العقد من قبيل المعاوضات المالية كالبيع والإجارة أم لا كعقد الزواج، لأن تولي شخص واحد طرفي العقد، أمر غير جائز، ولو مع إذن الاصيل، سواء أكان وكيلا عن طرف واحد واصيلا عن نفسه، أو وكيلا عن كل من طرفي العقد، لأن من شأن جواز ذلك أن يفضي إلى تعارض الأحكام بسبب تعلق حقوق العقد بالوكيل، فمثل هذا الوكيل

(1) البعلي ص212.
(2) نهاية المحتاج ج5 ص192 - 193 شرح الزيلعي على الكنز ج2 ص132 - 133 فتح القدير ج2 ص 427 - 428.

يستحيل عليه، أن يكون مسلما ومتسلما مخاصما وخصما، كما يعللونه بالتهمة لأن التوكيل في البيع، مثلا، يستلزم البيع بأقصى ثمن والتوكيل في الشراء يقتضي الشراء بأدنى ثمن، والوكيل في مثل هذا متهم بمحاباة نفسه، إذ من المستبعد جدا أن يفرط في مصلحته، فيبيع من نفسه بثمن عال أو يبتاع من نفسه بثمن واطئ[1].

ولايجوز، عند الإمام زفر، مطلقا، أن يتولى شخص واحد طرفي العقد، حتى في حالة تزويج الجد لحفيديه، قياسا للزواج على البيع ونحوه[2].

271 - الاتجاه الثاني: وقال به المالكية[3] والحنابلة[4] ومفاده، إنه يجوز للشخص الواحد إنشاء العقد، بشرط أن تكون له صفة شرعية بالنسبة للطرفين، تجيز له إنشاء العقد، ولا فرق في هذا أن يكون من عقود المعاوضات المالية كالبيع والإجارة أو من العقود الأخرى كعقد الزواج، وتكون للعاقد صفة شرعية تخوله إنشاء العقد مع نفسه في حالات معينة:

1 - أن يكون اصيلا يعقد لنفسه، ووليا على الجانب الآخر، كأن يبيع الأب مال ابنه الصغير من نفسه.

2 - أن يكون اصيلا يعقد لنفسه، ووكيلا عن الطرف الآخر، كما لو وكلته امرأة في أن يزوجها من نفسه فقال إمام الشهود أن هذه المرأة قد وكلتني في أن ازوجها من نفسي، فاشهدوا على اني تزوجتها.

3 - أن يكون وليا من الجانبين، وذلك كما لو كان الجد وليا على اولاد اولاده الصغار، فيجوز له أن يزوج بنت ابنه لابن ابنه الآخر.

4 - أن يكون وكيلا من الجانبين، وذلك كما لو وكله رجل في أن يزوجه ووكلته امرأة أيضا في أن يزوجها من بعض، باعتباره وكيلا عنهما.

5 - أن يكون وليامن جانب، ووكيلا من الجانب الآخر، وذلك كما لو وكل

---

(1) بدائع الصنائع ج6 ص228 - 312.
(2) فتح القدير ج2 ص427 الزيلعي ج2 ص133.
(3) الشرح الصغير ج3 ص512 - 513.
(4) المغني لابن قدامة ج5 ص107 - 113 كشاف القناع ج2 ص238.

رجل ولي البنت الصغيرة في أن يزوجها بها وزوجها لـه، باعتبـاره وكيـلا عـن الزوج ووليا للزوجة[1].

واستدل أصحاب هذا الاتجاه، على أنه يجوز للعاقد إنشاء العقـد بعبارتـه الواحدة، إذا كانت له صفة شرعية، بأن عبارة العاقد، في هـذه الحالـة، تنطوي عـلى إرادتين متوافقتين، لأنها صادرة من شخص له صفتان، فعبارتـه، باعتبـاره اصيـلا، تقـوم مقام الإيجاب، وباعتباره وليا أو وكيلا تقوم مقام القبـول، ولا غضاضـة في هـذا، عنـد أصحاب هذا الاتجاه، لأن حقـوق العقـد ترجـع، عنـدهم، إلى الموكـل لا إلى الـولي أو الوكيل، وسواء أكان ذلك في عقود المعاوضات أم في غيرها[2].

272 - الاتجاه الثالث - وقال به الاحناف (ماعدا الإمام زفـر)[3] **إنـه يجـب** التفريق بين عقود المعاوضات المالية وعقد الزواج:

1 - في عقود المعاوضات المالية: لا يجوز إنشاء هذه العقود بعبارة شخص واحد، ذلك أن الآثار المترتبة عليها ترجع إلى القائم بالتعاقد نفسه، لا إلى الاصيل، مع استثناء حالة شراء الأب أو وصيه أو الجد، مال الصغير، وبيع القاضي أو الرسول عن طرفي العقد، لأن القاضي لا ترجع إليه حقوق العقد أي (لايلتزم بشيء من التزامات العقد كالتسليم ودفع الثمن) لكن تعامل الأب مع الصغير لنفسه مقيد بأن يكون السعر بمثل قيمة الشيء أو بشيء يسير من الغبن المعتاد حدوثه بين الناس، لأن الأب مفترض فيه كما الشفقة والرحمة ووفرة الرعاية لمصلحة الصغير، وأما وصي الأب فقيد تعامله مع الصغير عند (الإمام أبو حنيفة وأبو يوسف) بأن يكون تصرفه بمال الصغير لنفسه بمثل القيمة، أو بما فيه نفع ظاهر (او خير بين) لليتيم، ومنعه (محمد بن الحسن الشيباني) من الحنفية، لأن القياس يمنع ذلك، أما الوصي المعين من القاضي فلا يجوز له ذلك، لأنه وكيل عن القاضي والاخير لا يملك ذلك التصرف[4].

وأجاز الحنابلة، أن يتولى عاقد واحد عن الجانبين كالوكيل

---

(1) المغني ج5 ص 107 - 113.

(2) أنور محمود دبور ص395 - 296 أحمد فراج حسين ص182.

(3) البدائع ج2 ص232 ج5 136 فتح القدير ج2 ص428 شرح الزيلعي ج2 ص123.

(4) المغني ج2 ص164.

عن الطرفين في عقد البيع ونحوه من عقود المعاوضات الأخرى كالإجارة مثلا، لأن حقوق العقد وآثاره أو التزاماته ترجع عندهم للموكل نفسه صاحب الشأن، وروي عن الإمام مالك، إن للوكيل والوصي أن يشتريا لأنفسهما من مال اليتيم والموكل إذا لم يحابيا انفسهما[1].

2 - أجاز جمهور الحنفية ماعدا (الإمام زفر) للشخص الواحد أن يتولى طرفي عقد الزواج، بإيجاب يقوم مقام القبول في خمس صورهي:

ا - إذا كان الشخص وليامن الجانبين، كأن يزوج الجد بنت ابنه الصغيرة لابن ابنه الصغير.

ب - إذا كان وكيلا من الجانبين، كأن يقول زوجت موكلي فلانا موكلتي فلانة.

ج - إذا كان اصيلا من جانب ووليا من جانب آخر، كأن يتزوج ابن عم بنت عمه الصغير التي تحت ولايته، فيقول أما الشهود، تزوجت بنت عمي فلانة.

د - إذا كان اصيلا من جانب ووكيلا من جانب آخر، كما لو وكلت امرأة رجلا ليزوجها من نفسه.

هاء - إذا كان وليا من جانب ووكيلا من جانب، مثل زوجت بنتي من موكلي، والسبب في مشروعية انعقاد الزواج في هذه الأحوال، إن العاقد ليس إلا سفيرا عن الاصيل ومعبرا عنه، فلا يتحمل شيئا من التزامات العاقد، والواحد يصلح أن يكون معبرا عن اثنين بصفتين مختلفتين[2]. وأجاز الإمام الشافعي، الزواج بعاقد واحد إذا كان وليا من الجانبين وذلك في حالة الجد فقط[3].

273 - ويرى الأستاذ المرحوم الدكتور محمد يوسف موسى، إن الأصل والقياس في الفقه الإسلامي ألا ينعقد العقد بإرادة واحدة عن طرفيه، فذلك ما لا يتفق مع طبيعة العقد وما يرتبه من آثار متعارضة بالنسبة لكل من الطرفين، ولكن الحاجة واعتبار المصلحة جعلا بعض الفقهاء يجيزون ذلك باستثناء من الأصل،

(1) القوانين الفقهية ص328.
(2) وهبة الزحيلي ج4 ص89 وانظر البدائع ج2 ص231 ج5 ص137.
(3) نهاية المحتاج ج5 ص192.

وإلا لوقع الناس في الحرج[1].

274 - موقف الفقه القانوني والقانون المعاصر: اختلف الفقهاء في صحة تعاقد الشخص مع نفسه لمخالفته القواعد العامة في التعاقد التي تشترط توافق إرادتين، في حين هنا لا توجد إلا إرادة واحدة، فذهب اتجاه إلى عدم جوازه، في حين ذهب اتجاه آخر إلى جوازه باعتبارنا أمام عقد كباقي العقود فيه توافق بين الإيجاب والقبول، فالنائب هو الذي يعبر عن الإيجاب والقبول، وذهب آخر إلى أن النائب يقرب بين ذمتي المتعاقدين وهذا التقريب يقع بإرادته المنفردة التي تحدث الأثر القانوني وتنشئ الالتزامات في ذمة كل من النائب والاصيل أو في ذمة كل من الاصيلين[2].

ومنع القانون المدني المصري في المادة (108) منه الشخص أن يتعاقد مع نفسه باسم من ينوب عنه، سواء أكان التعاقد لحسابه هو أم لحساب شخص آخر، دون ترخيص من الأصيل، على أنه يجوز للأصيل في هذه الحالة أن يجيز التعاقد، كمل هذا مع مرعاة ما يخافه، مما يقضي به القانون أو قواعد التجارة، والمادة (109) من القانون المدني السوري تطابق ما تقدم، ومنعت المادة (548) من القانون المدني الأردني، من له النيابة عن غيره بنص في القانون أو باتفاق أو أمر من السلطة المختصة، أن يشتري بنفسه مباشرة أو باسم مستعار ولو بطريق المزاد مانيط به بمقتضى هذه النيابة وذلك مع مراعاة أحكام الأحوال الشخصية، ومنعت المادة (549) الوسطاء أو الخبراء أن يشتروا باسمائهم أو باسم مستعار الأموال التي عهد إليهم في بيعها، أما القانون المدني العراقي فلم يرد فيه نص عام يعالج موضوع تعاقد الشخص مع نفسه ولكن المادة (588) منه أجازت للاب الذي له ولاية على ولده أن يبيع ماله لولده وله أن يشتري مال ولده لنفسه بمثل قيمته وبغبن يسير لا فاحش، فإذا باع مال نفسه لولده أو اشترى مال ولده لنفسه، يعتبر كل من الثمن والمبيع مقبوضين بمجرد العقد والجد كالاب في الحكم، ولا يجوز للوصي المنصوب أو القيم المقام من قبل المحكمة، أن يبيع مال نفسه للمحجور ولا أن

(1) الأموال ونظرية العقد في الفقه الإسلامي ف406 ص282 - 283.
(2) حجازي ص 233 - 235 الحسن ص233 - 234.

يشتري لنفسه شيئا من مال المحجور مطلقا، سواء كان في ذلك خير للمحجور أم لا (م589) ولا يجوز للوصي المختار من قبل الأب أو الجد أن يبيع مال نفسه لليتيم، ولا أن يشتري لنفسه شيئا من مال اليتيم، إلا اذاكان في ذلك خير لليتيم، وباذن من المحكمة، والخيرية، أن يبيع لليتيم بأقل من ثمن المثل، وأن يشتري منه بأكثر من ثمن المثل، على وجه يكون فيه لليتيم مصلحة ظاهرة (م590) ويلاحظ أن قانون رعاية القاصرين رقم (78) لسنة 1980 في مادته (43) قد قيدت صلاحيات الولي والوصي والقيم في مباشرة هذه التصرفات وغيرها من المنصوص عليها في هذه المادة، ولا يجوز لأي منهم مباشرتها إلا بموافقة مديرية رعاية القاصرين المختصة، بعد التحقق من مصلحة القاصر في ذلك، كما لا يجوز بيع أو شراء عقار للقاصر من أمواله إلا بموافقة المديرية المذكورة في حالات محددة منصوص عليها في المادتين (55، 56) من القانون، ويذكر أن المادة (592) من القانون المدني العراقي قد منعت الوكلاء ومدراء الشركات والموظفين المكلفين ومصفي التركات والشركات وكلاء التفاليس والحراس المصفين والخبراء من شراء الأموال المسؤولين عنها، ولو بطريق المزايدة العلنية.

ثالثا - النيابة في التعاقد:

275 - لم يتكلم الفقهاء المسلمون عن النيابة، ولكنهم تكلموا عن الولاية على المال التي هي صورة من صور النيابة القانونية، وعن الوكالة التي هي صورة من صور النيابة الاتفاقية، وعن الوصاية التي هي صورة من صور النيابة القضائية، ولما كنا سنبحث في الولاية على المال (الولاية والوصاية) عند حديثنا عن الأهلية، لأنها الصق بالأهلية، لذلك سنقتصرهنا، الحديث عن الوكالة.

276 - 1 - تعريف الوكالة: تعرف الوكالة، بأنها، إقامة الشخص غيره مقام نفسه في تصرف جائز معلوم، أو هي تفويض التصرف والحفظ إلى الوكيل. وهذا عند الاحناف[1] **أما** عند المالكية والشافعية والحنابلة، فهي، تفويض شخص ماله فعله مما يقبل النيابة إلى غيره ليفعله في حياته[2]. والوكالة، عقد ركنه، عند

(1) تبيين الحقائق ج4 ص254 البدائع ج6 ص19 رد المحتار ج4 ص417.
(2) مغني المحتاج ج2 ص217 الشرح الكبير ج3 ص377 غاية المنتهى ج2 ص147.

الاحناف، الإيجاب والقبول، أما عند الجمهورفأركان الوكالة أربعة هي، الموكل والوكيل والموكل فيه والصيغة، وتنعقد الوكالة باية عبارة تصدر من الموكل دالة على الانابة والتوكيل، أو ما يقوم مقامها من كتابة أو اشارة، وبقبول من الآخر بالقبول أو بالفعل، ولا يشترط لانعقادها اتحاد مجلس العقد، والوكالة تنعقد منجزة ومعلقة ومضافة إلى المستقبل، وهذا عند الاحناف[1] **أما** عند الشافعية فلا يجيزون تعليقها بشرط، في القول الأصح، مثل أن قدم فلان من السفر، إلا أنه يصح للموكل جعل الوكالة غير معلقة، ثم تعلق التصرف بشرط من الشروط، مثل أن يقول وكلتك الآن في بيع كذا، ولكن لاتبعه إلا بعد شهر أو إلا إذا تركت هذه المدينة[2].

277 - ويختلف الوكيل عن الرسول، فالوكيل يتصرف برأيه وعبارته وتقديره، فيساوم ويعقد العقود حسبما يرى من المصلحة ويتحمل تبعات تصرفاته، أما الرسول فيقتصر عمله على نقل عبارة مرسله، دون أن يتصرف برأيه وإرادته، وإنما يبلغ عبارة المرسل، وينقل رغبته وإرادته في التصرف[3].

278 - موقف القانون المعاصر: الوكالة عقد يقيم به شخص غيره مقام نفسه في تصرف جائز معلوم، والإذن والأمر يعتبران توكيلا إذا دلت القرينة عليه، والإجازة اللاحقة في حكم الوكالة السابقة، أما الرسالة فلا تعتبرتوكيلا، وتنفيذ الوكالة يعتبر قبولا لها، لكن إذا ردت الوكالة بعد العلم بها ارتدت ولا عبرة بتنفيذها بعد ذلك، وإذا تعلقت الوكالة بأعمال تدخل في مهنة الوكيل أو كان الوكيل قد عرض خدماته علنا بشأنهاولم ترد الوكالة في الحال، عدت مقبولة[4].

2 - مشروعية الوكالة:

279 - الوكالة جائزة بالكتاب والسنة النبوية الشريفة والاجماع:

ا - الكتاب: قوله تعالى حكاية عن أهل الكهف(فَابْعَثُوا أَحَدَكُمْ بِوَرِقِكُمْ

(1) الكاساني ج6 ص21 المغني ج5 ص85.

(2) حاشية البجيرمي على المنهج ج3 ص21 مغني المحتاج ج2 ص223 نهاية المحتاج ج4 ص21 - 22.

(3) وهبة الزحيلي ج4 ص161.

(4) انظر المواد (699) مدني مصري (665) مدني سوري (833) مدني أردني (784) مشروع عربي.

هَذِهِ إِلَى الْمَدِينَةِ) [1] وهذه وكالة في الشراء، وقوله عزوجل(فَابْعَثُوا حَكَمًا مِنْ أَهْلِهِ وَحَكَمًا مِنْ أَهْلِهَا) [2] وقوله سبحانه (اذْهَبُوا بِقَمِيصِي هَذَا)وقولع تعالى (اجْعَلْنِي عَلَى خَزَائِنِ الْأَرْضِ)[3] وقوله تعالى(إِنَّمَا الصَّدَقَاتُ لِلْفُقَرَاءِ وَالْمَسَاكِينِ وَالْعَامِلِينَ عَلَيْهَا) [4] أي السعاة والجباة الذين يبعثهم الإمام لتحصيل الزكاة، فالله سبحانه وتعالى جوز العمل على الصدقات، وهو بحكم النيابة عن المستحقين[5].

ب - السنة النبوية: هناك احاديث نبوية شريفة كثيرة ومنهاخبر الصحيحين، (انه " ص " بعث السعاة لأخذ الزكاة ومنها " توكيله " ص " عمر بن امية الضمري في نكاح أم حبيبة بنت أبي سفيان)[6] ومنها توكيله أبا رافع في قبول نكاح ميمونة بنت الحارث[7]. وتوكيله حكيم بن حزام بشراء الاضحية وتوكيله عروة البارقي في شراء الشاة[8].

ج - الاجماع: اجمعت الأمة على جواز الوكالة، ولأن الحاجة داعية إليها، فالشخص قد يعجزعن القيام بمصالحه كلها[9] فكانت جائزة لأنها نوع من أنواع البر[10].

3 - شروط الوكالة:

280 - وهي شروط يجب توفرها في الموكل والوكيل والموكل به:

ا - شروط الموكل: يشترط أن يكون مالكا للتصرف الذي يوكل فيه الغير،

(1) سورة الكهف الآية (19).
(2) سورة النساء الآية (35).
(3) سورة يوسف الآية (55).
(4) سورة التوبة الآية (60).
(5) وهبة الزحيلي ج 5 ص 75.
(6) رواه أبو داود في سننه ج1ص468.
(7) نيل الأوطار ج5 ص269.
(8) نيل الأوطار ج5 ص27.
(9) المغني ج5 ص79 المهذب ج1 ص 348 المبسوط ج19 ص 2 وما بعدها.
(10) وهبة الزحيلي ج5 ص76.

أي أن يكون أهلا لمباشرة التصرف لنفسه[1]. لذلك لا يصلح توكيل المجنون والصبي غير المميز مطلقا ولا توكيل صبي مميز بتصرف ضار ضررا محضا ولو أذن به الولي، ويصح توكيله بالتصرف الذي ينفعه بلا توقف على إذن الولي، كقبول التبرعات وبالتصرف الدائر بين النفع والضرر اذا أجازه الولي، وإذا كان مأذونا في التجارة يصح منه التوكيل في الأمور المتعلقة بما هو مأذون فيه[2]. وقال الإمام الشافعي، لا يصح توكيل الصبي مطلقا، إذا لا تصح عنده مباشرته لا يتصرف، وهذا هو رأي المالكية والحنابلة[3].

281 - موقف القانون المعاصر: يشترط لصحة الوكالة أن يكون الموكل ممــن يملك التصرف بنفسه فيما وكل بـه، فـلا يصح توكيل مجنون ولا صبي غير مميز مطلقا، ولا توكيل صبي مميز بتصرف ضار ضررا محضا ولـو أذن بـه الـولي، ويصح توكيله بالتصرف الذي ينفعه بلا إذن وليه، وبالتصرف الـدائر بين النفع والضرر أن كان مأذونا بالتجارة، فإن كان محجورا ينعقد توكيله موقوفا علـى إذن وليـه، وعلـى هـذا نصت الفقـرة (1) مـن المـادة (930) مـن القانون المدني العراقي، واشترط القانون المدني الأردني أن يكون الموكل مالكا حـق التصرف بنفسه فيما وكل فيه (م1/834 - ا) وهذا النص اوجز ويعبر المـراد بكلـمات قليلة، ولم يـرد في القانونين المصري والسوري نص مقابل، ويشترط المشروع العربي أن يكون الموكل مالكا حـق التصرف بنفسه فيما وكل فيه (م1/785 - ا).

282 - ب - شروط الوكيل: يشترط فيه أن يكون ذا عبارة معتبرة أي عاقلا مميزا ولكن لا يشترط فيه البلوغ ولا الرشد، فيصح توكيل كامل الأهلية وناقصها، ولا يختلفان إلا في حقوق العقد فهي ترجع إلى الموكل إذا كان الوكيل ناقص الأهلية وترجع إلى الوكيل نفسه إذا كان كامل الأهلية[4]. ولا يصح أن يكون الوكيل مجنونا ولا صبيا غير مميز لأن عبارة كل منهما غير معتبرة مطلقا ولا ينعقد بهما أي

(1) المغني ج5 ص85 الكاساني ج6 ص21 كشاف القناع ج2 ص232.
(2) البدائع ج6 ص20 تكملة فتح القدير ج6 ص12، 134.
(3) مغني المحتاج ج2 ص217 المهذب ج1 ص349 الفقه على المذاهب الأربعة ج3 ص236 وما بعدها.
(4) البدائع ج6 ص 20.

تصرف، ويذهب فريق من الفقهاء كالشافعية والحنابلة، إلى أن الشرط في الوكيل أن يكون مالكا مباشرة التصرف لنفسه، لأن القاعدة، من لا يملك التصرف في شيء لنفسه لا يصح أن يوكل فيه[1]. وعلى هذا لا يصح أن يكون الصبي المميز وكيلا إلا فيما يملك مباشرته لنفسه كقبول الهبة[2].

283 - موقف القانون المعاصر: يشترط أن يكون الوكيل عاقلا مميزا، ولا يشترط أن يكون بالغا، فيصح أن يكون الصبي المميز وكيلا، وإن لم يكن ماذونا. (م2/930) من القانون المدني العراقي واشترط القانون المدني الأردني أن يكون الوكيل غير ممنوع من التصرف فيما وكل فيه (م 1/834 - ب) ولم يتطرق القانون المدني المصري وكذلك السوري إلى شروط الوكيل، أما المشروع العربي، فقد اشترط أن يكون الوكيل اهلا لمباشرة التصرف الذي وكل به (م1/785 - ب).

284 - ج - شروط الموكل فيه:

" 1 " أن يكون معلوما للوكيل، ولا تضر الجهالة اليسيرة فيه إذا كانت الوكالة خاصة، ولا الجهالة الفاحشة إذا كانت الوكالة عامة، فإذا سلم محل الوكالة من الجهالة، جاز أن ترد الوكالة على جميع العقود والتصرفات التي تقبل النيابة، وهكذا وسع الفقه الإسلامي من دائرة الوكالة، وما يصح أن يكون فيه التوكيل، وبهذا امتاز الفقه الإسلامي على القانون الروماني وغيره من القوانين القديمة، ويقول المرحوم الأستاذ السنهوري (إن القانون الروماني وحتى القانون الفرنسي الحديث كلاهما لم يصل إلى ما وصل إليه الفقه الإسلامي في عقد التوكيل الذي أجاز الوكالة في كل العقود)[3].

" 2 " أن يكون من التصرفات الجائزة شرعا، فلا يجوزالتوكيل في الغصب والاعتداء على مال الغير ولا في الجنايات وسائر المحرمات.

" 3 " أن يكون مما يقبل النيابة، كالبيع والإجارة والمساقاة والرهن والارتهان والإعارة والاستعارة ونحو ذلك من العقود والتصرفات التي لا ينظر فيها

---

(1) المغني ج5 ص79 - 80.
(2) الخفيف ص 277 زيدان ف393 ص341.
(3) السنهوري نظرية العقد القاهرة 1934 هامش (3) ص308.

إلى وقوعها وتحصيلها ولا ينظر إلى شخص فاعلها، أما التصرفات التي ينظر فيها إلى شخص فاعلها فلا تقبل النيابة، كالشهادة والإيمان والايلاء والقسامة واللعان، حيث لا يصح التوكيل فيها[1].

285 - موقف القانون المعاصر أجاز القانون المعاصر، أن يكون التوكيل في، تصرف جائز معلوم (م927 مدني عراقي) وأن يكون معلوما وقابلا للنيابة (م1/834 - ج مدني أردني) وأن يكون محل الوكالة معلوما قابلا للنيابة (م1/785 - ج مشروع عربي).

4 - أنواع الوكالة: للوكالة أنواع هي:

286 - أ - الوكالة الخاصة: هي ماكانت متعلقة بتصرف معين كبيع دار أو شراء مركبة.

موقف القانون المعاصر: يصح تخصيص الوكالة بتخصيص الموكل به (م 931 مدني عراقي) وتكون الوكالة خاصة إذا اقتصرت على أمر أو أمورمعينة (م1/836 مدني أردني) وكذلك المشروع العربي (م787/) والوكالة الخاصة في نوع معين من أنواع الأعمال القانونية تصح ولو لم يعين محل هذا العمل على وجه التخصيص، إلا إذا كان العمل من التبرعات (م2/702 مدني مصري) وكذلك القانون المدني السوري (م2/668).

287 - ب - الوكالة العامة: وهي ما كانت غير محصورة بتصرف معين، وفي صحة هذه الوكالة خلاف بين الفقهاء، فمنهم من أجازها بإطلاق ومنهم من أبطلها لما فيها من الضرر والخطر وتعرض أموال الموكل للزوال بهبتها مثلا، من الوكيل، ومنهم من أجازها مع استثناء ما فيه من ضرر بالموكل كالتبرعات وايقاع الطلاق، فلا تجوز هذه التصرفات دون نص صريح عليها[2].

موقف القانون المعاصر: أجاز القانون المدني العراقي توكيل الغير وكالة عامة مطلقة وتفويضه بكل حق هو له (م931) إلا أن قانون المرافعات المدنية رقم (83) لسنة 1969 قد قيد من حدود الوكالة المطلقة، وفي القانون المدني

---

(1) المغني ج5 ص81 - 82.

(2) المغني ج5 ص 86 بداية المجتهد ج2 ص302.

المصري، لا تخول الوكالة الواردة في ألفاظ عامة لا تخصيص فيها حتى لنوع العمل القانوني الحاصل فيه التوكيل، إلا في أعمال الإدارة (م1/701) وهو حكم القانون المدني السوري أيضا (م1/667) وفي القانون المدني الأردني، إذا كانت الوكالة عامة جازللوكيل مباشرة المعاوضات والتصرفات عدا التبرعات فلا بد من من التصريح بها، وإذا كانت الوكالة بلفظ عام لم يقترن بما يوضح المقصود منه فلا تخول الوكيل إلا أعمال الإدارة والحفظ (م2/836، 837) وجاء المشروع العربي مطابقا للقانون المدني الأردني، مع إضافة (الصلح والإبراء والتحكيم والقرض والأحوال الشخصية) إلى التبرعات التي تحتاج إلى تصريح في التوكيل (م2/787، م788).

288 - ج - الوكالة المقيدة: وهي التي يحدد فيها الموكل للوكيل حدود تصرفه ويرسم له طريق هذا التصرف، فلا يجوز للوكيل، أن يخالف ما قيده به الموكلالا إذا كانت المخالفة إلى ما فيه خير للموكل[1].

موقف القانون المعاصر: على الوكيل تنفيذ الوكالة دون مجاوزة حدودها المرسومة (م933 مدني عراقي) لذلك يصح أن تكون الوكالة مقيدة (م835 مدني أردني) وعلى هذا نصت المادة (786) من المشروع العربي.

289 - د - الوكالة المطلقة: هي الخالية من كل قيد، كما لو قال وكلتك في بيع داري,فله أن يبيعها بما يراه من الثمن المناسب ولا يتقيد بثمن معين، ولكن بعض الفقهاء ذهبوا إلى أن الوكالة المطلقة تقيد بما يقضي العرف، وذهب (الإمام أبو حنيفة) إلى أن التوكيل المطلق يجري على إطلاقه ولا يتقيد بشيء لا بعرف ولا بغيره، لأن الموكل لو اراد تقييده بشيء لصرح بذلك، فعدم التصريح دل على تركه الأمر للوكيل يتصرف فيه كما يشاء[2]. لذلك للوكيل أن يبيع بثمن عاجل أو أجل وبالقليل وبالكثير حتى بالغبن الفاحش، وإلا لما كان معنى لإطلاق الحرية للوكيل، فقد يرغب إنسان في التخلص من بعض ما يملكه ببيعه، ولو بغبن فاحش غير متعارف، وعند الصاحبين ليس للوكيل مهما اطلقت الحرية له أن يبيع بما لا يتغابن

(1) المغني ج5 ص220 البدائع ج6 ص27 كشاف القناع ج2 ص239.
(2) المغني ج5 ص122 محمد شلبي ص 346 - 348.

الناس عادة فيه ولا بالنسيئة، فالأمر يتطلب مراعاة مصلحة الموكل، وكون التوكيل بالبيع مطلقا غير مقيد بثمن، معناه انصرافه إلى البيع المتعارف، والبيع بغبن فاحش لا يتعارفه الناس، فلا ينصرف التوكيل إليه، والشافعي مع الصاحبين[1] وعند الحنابلة، إن الوكيل إذا اشترى بأكثر من ثمن المثل أو الثمن الذي قدره له الموكل، بما لا يتغابن الناس فيه عادة صح الشراء للموكل وضمن الوكيل الزيادة، والبيع كالشراء في صحته وضمان الوكيل النقص في الثمن، أما ما يتغابن الناس فيه عادة فهو لا يضمنه[2].

موقف القانون المعاصر: أجاز القانون المدني العراقي، للموكل أن يوكل غيره توكيلا مطلقا مفوضا بكل حق له وبالخصومة في كل حق له، ويصح تفويض الرأي للوكيل فيتصرف فيما وكل به كيف شاء (م931 - 932) وأجاز القانون المدني الأردني أن يكون التوكيل مطلقا (م835) وكذلك المشروع العربي (م786).

5 - حدود الوكالة:

290 - يجوز التوكيل في البيع والشراء وكل عقد يحتاج إليه الإنسان في معاملاته مع الناس ولإدارة أمواله، كما يجوز في إثبات الدين والعين وسائر الحقوق، وفي قضاء الديون وطلب الشفعة وفي القسمة والصلح والهبة والصدقة والرهن والارتهان والإعارة والاستعارة والزواج والطلاق[3]، ففي الفقه الإسلامي يجوز التوكيل، بصفة عامة، في كل تصرف يصح أن يباشره الإنسان بنفسه، والقاعدة في ذلك، (كل عقد جاز أن يعقده الإنسان بنفسه جاز أن يوكل به غيره)[4] والعقود والتصرفات التي يجوز أو لا يجوز فيها التوكيل، هي:

ا - تصرفات لا تصح الوكالة فيها قطعا، مثل حلف اليمين والشهادة، لأن السماح بالتوكيل بالشهادة سيجعل من الوكيل شاهدا على شهادة الاصيل نفسه لا وكيلا عنه, ب - تصرفات تصح النيابة فيها قطعا، ومنها رد العارية والوديعة

(1) المغني ج2 ص224 النهاية ج4 ص23 - 24.
(2) كشاف القناع ج2 ص240 - 241.
(3) البدائع ج6 ص22 - 23.
(4) الهداية لبرهان الدين المرغيناني ج3 ص109.

والغصوب وكذلك العقود والفسوخ وقضاء الدين.

ج - تصرفات تردد اختلاف الفقهاء في النيابة فيها، بين القول بعدم صحتها والقول بصحتها، مثالها الحج[1].

291 - 6 - توكيل الوكيل للغير: إذا كانت الوكالة خاصة أو مقيدة بأن يعمل الوكيل بنفسه، لم يجز له توكيل غيره فيما وكل فيه، وإذا كانت الوكالة عامة أو مطلقة بأن قال له، اصنع ما شئت، جاز له توكيل الغير، ويكون هذا الغير وكيلا مع الأول عن الموكل، هذا عند الحنفية[2]. وقال المالكية، ليس للوكيل أن يوكل غيره إلا أن يكون الوكيل لا يليق به تولي ما وكل فيه بنفسه، ففي هذه الحالة له أن يوكل غيره[3] وقال الشافعية والحنابلة، ليس للوكيل أن يوكل غيره بلا إذن الموكل متى كان قادرا على ما وكل فيه، أما إذا لم يكن قادرا على القيام بكل ما وكل فيه، فله أن يوكل غيره ويكون الوكيل الثاني وكيلا مع الأول عن الموكل، هذا في حالة الوكالة الخاصة أما إذا كان الأمر مفوضا للوكيل فإن له التوكيل مطلقا[4] وإلى ذلك ذهب مذهب الإمامية[5] وفي المذهب الزيدي يجوز التوكيل من غير إذن إذا ما حضر الوكيل الأصلي ونائبه إجراء التصرف[6].

292 - وإذا تعدد الوكلاء في تصرف واحد، فإن كان توكيلهم في عقد واحد لم يكن لأحدهم مباشرته منفردا، بل لا بد من مباشرته من قبلهم مجتمعين إلا إذا صرح الموكل لهم بذلك عند توكيلهم، ويستثنى من ذلك ما لا يحتاج فيه أخذ الرأي كرد الودائع والمغصوب والمبيع بيعا فاسدا وقبض الديون وإيفائها، كما يستثنى ما لا يمكن اجتماعهم عليه كالترافع أمام المحكمة وإن كان توكيلهم بعقود متعددة فكان لكل منهم الانفراد في مباشرة التصرفات دون حاجة لأخذ رأي

---

(1) المغني ج5 ص90، 95 مغني المحتاج للشربيني ج2 ص220 شرائع الإسلام للمحقق الحلي ج2 ص195 ابن حزم المحلى ج8 ص 245 مرشد الحيران (م969).

(2) البدائع ج6 ص25 تكملة فتح القدير ج6 ص89 وما بعدها.

(3) الشرح الكبير للدردير ج3 ص388.

(4) مغني المحتاج ج2 ص226، المغني ج5 ص88 كشاف القناع ج2 ص234 - 235.

(5) الروضة البهية في شرح اللمعة الدمشقية للجبعي العاملي ج4 ص374.

(6) البحر الزخار للمرتضى ج5 ص58.

الاخرين، فإذا ما باشره انتهت وكالة الباقين بتمام التصرف[1].

293 - موقف القانون المعاصر: ليس للوكيل أن يوكل غيره، إلا أن يكون قد أذنه الموكل في ذلك أو فوض الأمر لرأيه، ويعتبر الوكيل الثاني وكيلا عن الموكل فلا ينعزل بعزل الوكيل الأول ولا بموته، وإذا وكل شخص وكيلين بعقد واحد، فليس لأحدهما أن ينفرد بالتصرف فيما وكل به إلا إذا كان لا يحتاج فيه إلى الرأي كإيفاء الدين ورد الوديعة وكان لا يمكن اجتماعهما عليه كالخصومة، فإنه يجوز لكل منهما الانفراد وحده وبشرط انضمام رأي الآخر في الخصومة لا حضوره.، فإن وكلهما بعقدين، جاز لكل منهما الانفراد بالتصرف مطلقا. (938 - 939 مدني عراقي) وقريب من هذا ما ورد في المادتين (842 - 843) من القانون المدني الأردني، أما القانون المدني المصري فقد نص في المادتين (707 - 708) والقانون المدني السوري في المادتين (673 - 674) على أنه إذا تعدد الوكلاء، كانوا مسؤولين بالتضامن متى كانت الوكالة غير قابلة للانقسام، أو كان الضرر الذي أصاب الموكل نتيجة خطأ مشترك، على أن الوكلاء ولو كانوا متضامنين لا يسالون عما فعله أحدهم مجاوزا حدود الوكالة أو متعسفا في تنفيذها، وإذا عين الوكلاء في عقد واحد دون أن يرخص في انفرادهم في العمل، كان عليهم أن يعملوا مجتمعين إلا إذا كان العمل مما لا يحتاج فيه إلى تبادل الرأي كقبض الدين أو وفائه، وإذا أناب الوكيل عنه غيره في تنفيذ الوكالة دون أن يكون مرخصا له في ذلك، كان مسؤولا عن عمل النائب كما لو كان هذا العمل قد صدر منه هو، ويكون الوكيل ونائبه في هذه الحالة متضامنين، أما إذا رخص للوكيل في إقامة نائب عنه دون أن يعين شخص النائب، فإن الوكيل لا يكون مسؤولا إلا عن خطئه في اختيار نائبه، أو عن خطئه فيما اصدره من تعليمات، ويجوز في الحالتين السابقتين للموكل ولنائب الوكيل أن يرجع كل منهما مباشرة على الآخر. وأخذ المشروع العربي بهذه الأحكام في المادتين (793 - 794).

7 - حكم العقد وحقوقه:

294 - أ - يقصد بحكم العقد، ما يترتب شرعا على العقد من أثر يثبت

---

[1] الكاساني ج6 ص32 - 33 الخفيف ص 279 الشرنباصي ص109.

لكل من العاقدين قبل الآخر، أي هو الغرض الأصلي المقصود مـن العقـد للعاقدين، فحكم عقد البيع هـو نقـل ملكيـة المبيع إلى المشتري واستحقاق الـثمن للبائع.

ب - أما حقوق العقد فهي آثار العقد أي المطالبات والالتزامات الناشئة عنه لتثبيت حكمه وتأكيده وتقويته، كل ما اتصل بتنفيذ العقد والتمكين لكلا العاقدين بما اعطاه له العقد وضمان سلامة المعقود عليه وإنه وفق الأوصاف، فهي من جانب البائع، المطالبـة بالثمن وحبس المبيع إلى أن يستوفيه مـن المشتري ومـن جانب المشتري المطالبة بقبض المبيع والمطالبة بضمان الهلاك والاستحقاق والعيوب ومـا إليها[1]. وترجع حقوق العقد إلى الوكيل دون الموكل، حتى ليكون المالك فيها كالأجنبي ويكون الوكيل كأنه المالك[2]. فيكون للوكيل حق مطالبة المشتري بالثمن، ويكون الوكيل هو المطالب بتسليم المبيع للمشتري، وإذا وجد المشتري المبيع معيبا كان خصمه في هذا الوكيل لا الموكل، والوكيل بالشراء هـو الـذي يطالب المشتري بالثمن وهو الذي يقبض المبيع، وهكذا الحـال في عقـود أخـرى، كالإجارة والـرهن والقرض[3]. أما في العقود التي لا يمكن أن يضيفها الوكيل إلى نفسه، كالزواج والطلاق على مال والخلع والصلح عن دم العمد ونحوها، فالحقوق فيها كلها ترجع للموكل دون الوكيل، لأن الوكيل في هذه العقود سفير ومعبر عن الموكل[4].

أما عند الشافعية، فحقوق العقد ترجع للوكيـل لا المـوكل مثل الاحناف[5] ويذهب الحنابلة إلى أن حقوق العقد ترجع للموكل نفسه، لأنهـم يعتبرون الوكيـل معبرا وسفيرا عن العاقد الاصيل، فلا ترجع إليه حقوق العقد[6].

295 - موقـف الفقـه القانوني والقانون المعاصر: تعـود حقـوق العقـد إلى العاقد، فإذا تعاقد الوكيل مع الغير باسم الموكل وفي حدود الوكالة، فإن العقد يقع

---

(1) السنهوري مصادر الحق ج 5 ص227.

(2) البدائع ج 6 ص33 الز يلعي ج 4 ص 256 - 257 الهداية ج3 ص111.

(3) البدائع ج 6 ص33 الزيلعي ج4 ص 256 - 257 الهداية ج3 ص101.

(4) البدائع ج6 ص 33 الز يلعي ج4 ص 356 الهداية ج 3 ص 111.

(5) نهاية المحتاج ج4 ص 37 - 38.

(6) كشاف القناع ج2 ص228.

للموكل وتعود كل حقوق العقد إليه، وإذا لم يعلن الوكيل وقت التعاقد مع الغير أنه يعمل بصفته وكيلا، فلا يقع العقد للموكل ولا تعود حقوقه إليه، إلا إذا كان يستفاد من الظروف أن من تعاقد معه الوكيل يعلم بوجود الوكالة أو كان يستوي عنده أن يتعامل مع الموكل أو الوكيل، ولا يهم أن يرجع عليه، وهذا ماذهب إليه القانون المدني العراقي[1] **أما** في القانون المدني الأردني فلا تصح عقود الهبة والإعارة والرهن والايداع والاقراض والشركة والمضاربة والصلح عن انكار التي يعقدها الوكيل إذا لم يضفها إلى موكله، ولا) تشترط إضافة العقد إلى الموكل في عقود البيع والشراء والإجارة والصلح عن إقرار، فإن اضافه الوكيل إلى الموكل في حدود الوكالة فإن حقوقه تعود للموكل وإن اضافه لنفسه دون أن يعلن أنه يتعاقد بوصفه وكيلا فإن حقوق العقد تعود إليه (المادتان 943 - 944) وبهذه الأحكام أخذ المشروع العربي في المادتين (795 - 796).

8 - علاقة الوكيل بالموكل:

296 - إذا كان التوكيل بأجرة كان مابين الوكيل والموكل وكالة وإجارة معا، فتكون العلاقة بينهما علاقة الأجير بمؤجره، ويكون الوكيل ملزما بإتمام ما وكل به، ولا يجوز له التخلي عنه، فالوكالة تكون ملزمة ولا يجوز فسخها إلا إذا كان هناك مسوغ لفسخ عقد الإجارة، فتفسخ به، وإذا كان التوكيل بغير أجر، اعتبر الوكيل متفضلا بمعونته ومتبرعا بعمله فلايملك الموكل الزامه بالقيام بما وكل به والمضي فيه، بل للوكيل أن يتخلى عن الوكالة في أي وقت شاء، كما أن للموكل أن يعزله متى اراد، فالوكالة هنا غير ملزمة[2].

297 - موقف القانون المعاصر: إذا اشترطت الأجرة في الوكالة واوفى الوكيل العمل يستحقها، وإن لم تشترط، فإن كان الوكيل ممن يعمل بأجرة فله أجر المثل، وإلا كان متبرعا، وإذا اتفق على أجر للوكالة كان هذا الأجر خاضعا لتقدير المحكمة، إلا إذا دفع طوعا بعد تنفيذ الوكالة، وإذا كانت الوكالة بلا أجر وجب على الوكيل أن يبذل في تنفيذها العناية التي يبذلها في أعماله الخاصة، وإن كانت

(1) المادتان (942 - 943) من القانون المدني العراقي.
(2) بداية المجتهد ج2 ص253 علي الخفيف ص285.

بأجر وجب على الوكيل أن يبذل دائما في تنفيذها عناية الرجل المعتاد، وعلى الوكيل من وقت لاخر أن يطلع الموكل على الحالة التي وصل إليها في تنفيذ الوكالة، وإن يقدم حسابا بعد انقضائهاوعلى هذا نص القانون المدني العراقي في المواد (934 - 936 - 940) وفي القانون المدني الأردني على الوكيل أن يبذل في تنفيذ ما وكل به العناية التي يبذلها في أمواله الخاصة إذا كانت الوكالة بلا أجر، وعيه أن يبذل في العناية به عناية الرجل المعتاد إذا كانت بأجر، وللموكل حق قبض ثمن المبيع من المشتري وإن كان قبضه من حق الوكيل وللمشتري أن يمتنع عن دفعه للموكل، فإن دفعه له برئت ذمته، وإذا كان الوكيل بغير أجر فلايكون ملزما باستيفاء من المبيع ولا تحصيله وإنما يلزمه أن يفوض موكله بقبضه وتحصيله، وأما إذا كان الوكيل بأجر فإنه يكون ملزما باستيفاء الثمن وتحصيله وأن يوافي الموكل بالمعلومات الضرورية عما وصل إليه تنفيذ الوكالة مع تقديم الحساب عنها (المواد 841 - 855 - 856) أما في القانون المدني المصري فالوكالة تبرعية ما لم يتفق على غير ذلك، صراحة أو يستخلص ضمنامن حالة الوكيل، فإذا كانت الوكالة بلا أجر وجب على الوكيل أن يبذل في تنفيذها العناية التي يبذلها في أعماله الخاصة، دون أن يكلف في ذلك ازيد من عناية الرجل المعتاد، وإذا كانت بأجر وجب على الوكيل أن يبذل دائما في تنفيذها عناية الرجل المعتاد، وعلى الوكيل أن يوافي الموكل بالمعلومات الضرورية عنا وصل إليه في تنفيذ الوكالة، وأن يقدم له حسابا عنها (المواد 704، 705، 709) وهي تقابل المواد (670، 671، 675) من القانون المدني السوري أما المشروع العربي فإن المواد (792، 806، 807) منه تتقارب مع الأحكام المذكورة في القوانين العربية.

9 - تعاقد الوكيل عن الطرفين:

298 - ليس للوكيل بالبيع، مثلا، أن يبيع لنفسه، لأنه متهم في تصرفه، ولأن حقوق العقد تعود إلى الوكيل، فيؤدي بيعه من نفسه إلى أن يكون الشخص الواحد في زمان واحد مسلما ومتسلما مطالَبا ومطالِبا، وهذا محال، وبناء عليه اشترط الفقهاء لانعقاد العقد تعدد العاقد، كما أنه ليس للوكيل، عند الإمام أبي حنيفة، أن يبيع أو يشتري بثمن المثل أو أقل، أما بأكثر من ثمن المثل فيجوز، من أبيه وجده وولده وسائر من لا تقبل شهادته له كولد ولده وزوجته، لأن البيع من

هؤلاء بيع من نفسه من حيث المعنى، لاتصال منافع ملك كل واحد منهم به، فكان في بيعه لهم تهمة، بدليل أنه لا تقبل شهادة أحدهما لصاحبه بخلاف الأجنبي، وقال الصاحبان، يجوزله أن يبيع لهؤلاء أي لا لنفسه بمثل القيمة، لأن التوكيل مطلق، والبيع من هؤلاء ومن شخص آخر أجنبي عنهم سواء، ولا تهمة هنا، لأن أملاكه متباينة، فلا يملك أحدهم ما يملكه الآخر، وإذا كانت الأملاك متباينة تكون المنافع منقطعة فيما بينهم[1].

وقال المالكية، لا يجوز للوكيل أن يبيع ما وكل ببيعه لنفسه أو من في حجره من صغير أو سفيه أو مجنون، ويجوز أن يبيع لزوجته وولده الرشيد إذا لم يحابهما، وروي عن الإمام مالك، إنه أجاز للوكيل أن يشتري الشيء لنفسه[2].

وقال الشافعية، في الأصح عندهم، والحنابلة، في إحدى الروايتين عن الإمام أحمد، لا يجوز للوكيل أن يبيع لنفسه وولده الصغير، ويجوز أن يبيع لأبيه وجده وابنه البالغ وسائر فروعه المستقلين، لأنه باع بالثمن الذي لو باع به لأجنبي لصح، فلا تهمة حينئذ، فهو كما لو باع من صديقه[3] وبذلك يتبين أن الحنفية لا يجيزون مطلقا بيع الوكيل لنفسه، وأما الجمهور فلا يجيزون هذا البيع إلا إذا أذن له الموكل بالبيع واشترط المالكية أيضا شرطين اخرين:

1 - أن يكون البيع بحضرة الموكل ولم ينكر عليه.

2 - أن تتناهى الرغبات فيه ويسمى الثمن.

ومنع (الإمام أبو حنيفة) البيع للأصول والفروع والزوجة، وأجاز الجمهور البيع للأصول والزوجة، بثمن المثل دون الفروع، ويرجح الأستاذ الدكتور وهبة الزحيلي رأي (الإمام أبي حنيفة) لا سيما في عصرنا بعدا للتهمة[4]. ومنع بعض الزيدية تعاقد الشخص مع نفسه بصفته نائبا عن غيره واصيلا عن نفسه مالم يكن قد

---

(1) البدائع ج6 ص28 رد المحتار ج4 ص424 تكملة فتح القدير ج6 ص 67 وما بعدها مجمع الضمانات ص 261.
(2) الشرح الكبير ج3 ص387 وما بعدها المغني ج5 ص 107 وما بعدها الخرشي ج6 ص 77 وما بعدها.
(3) مغني المحتاج ج2 ص224 وما بعدها المغني ج 5 ص107 وما بعدها.
(4) وهبة الزحيلي ج 5 ص 108.

أذن له من قبل الموكل، ويجوز هذا التعاقد إذا ما تولاه الشخص نائبا عن كل من طرفي التعاقد[1].

299 - موقف القانون المعاصر: منع القانون المدني الأردني من وكل بشراء شيء معين أن يشتريه لنفسه ويكون الشراء للموكل ولو صرح بأنه يشتريه لنفسه، ويكون الشراء للوكيل إذا صرح بشراء المال لنفسه في حضور الموكل (المادتان 849 - 850) ومنعت المادة (800) من المشروع العربي من وكل بشراء شيء معين أن يشتريه لنفسه ويكون الشراء للموكل ولو صرح بأنه يشتريه لنفسه، وأجازت الفقرة (3) من المادة (801) من المشروع أن يكون الشراء للوكيل إذا صرح بشراء المال لنفسه في حضور الموكل، ولم يرد نص صريح في القانون المدني العراقي بهذا الصدد وكل ما ورد فيه هو نص المادة (935) التي اعتبرت المال الذي قبضه الوكيل لحساب موكله أمانة في يده، وليس للوكيل، أن يستعمل نال موكله لنفسه (937) وهذا ما ورد في المادة (706) من القانون المدني المصري والمادة (672) من القانون المدني السوري.

300 - 10 - انتهاء الوكالة: تنتهي الوكالة في إحدى الحالات الآتية:

1 - مباشرة الموكل ما وكل به وكيله قبل مباشرة الاخير له.

2 - عزل الموكل وكيله من الوكالة، ذلك أن عقد الوكالة، في الفقه الإسلامي، عقد غير لازم لأي من طرفيه، فإذا انتفى مقصود الموكل أو ظهرت له مصلحة معينة تستوجب توكيل شخص آخر أو ترك ما وكل فيه أو إذا لم يرض عما يقوم الوكيل به من تصرف كان له الاستغناء عنه[2] وحق الموكل في عزل الوكيل مقيد بقيدين هما:

ا - عدم تعلق حق الغير بالوكالة. ب - العلم بالعزل[3].

وقد تحوط الشافعية والمالكية والإمامية فاشترطوا أن يشهد الموكل على

---

(1) البحر الزخار للمرتضى ج5 ص 60.
(2) المغني ج5 ص123 بداية المجتهد ج1 ص297 نهاية المحتاج إلى شرح المنهاج للرملي ج5 ص52.
(3) البدائع ج5 ص38 والمادة (1521) من المجلة.

عزل وكيله تحسبا لاحتمال رجوع الوكيل على الموكل مدعيا إجراء التصرف قبل العزل[1].

3 - اعتزال الوكيل، يجيز الفقه الإسلامي للوكيل أن يعزل نفسه عـن الوكالـة ويتنحى عنها، في أي وقت شاء، وأن أي شرط خلاف هذا يعتبر لاغيا لمخالفته الوكالة.

4 - انتهاء محل الوكالة بقيـام الوكيل بتنفيـذ مـا وكل بـه أو بهـلاك العـين الموكل بالتصرف فيها.

5 - خروج الوكيل عن أهلية الوكالة، كـما لـو جـن، ولا يشترط علـم الموكـل بذلك.

6 - خروج الموكل عن أهليته للتصرف الذي وكل به ولا يشترط علـم الوكيل بذلك.

ويذكر أن انتهاء الوكالة، بخروج الموكل عن أهليته لمباشرة ما وكل بـه وبعـزل الموكل للوكيل وباعتزال الوكيل، يشترط في هذه الحالات لانتهاء الوكالة أن لا يتعلـق بالوكالة حق للغير، أي بغير الموكل، فإذا تعلق بها حق للغير لـم ينعـزل إلا برضـاه، حتى يحفظ الحق على صاحبه، وذلك كالوكيل ببيع الرهن إيفاء للدين المرتهن[2].

7 - وفاة الاصيل أو الوكيل، لا شك أن مـوت الوكيل يـؤدي إلى انتهاء الوكالـة، أما في موت الموكل فقد ذهب الفقهاء إلى اتجاهين:

ا - اشترط لانقضاء الوكالة بموت الموكل أن يعلم الوكيل بواقعة المـوت وعـلى هذا فإذا أبرم الوكيل تصرفات بعد مـوت الموكل وهـو عـالم بموتـه اعتـبرت الوكالـة منقضية فلم تنفذ تلك التصرفات عـلى الموكل، أمـا إذا أبـرم التصرفات بعـد مـوت الموكل وهو جاهل له فإن الوكالة لا تنقضي، وهذا احد وجهي المالكية

(1) المحلى لابن حزم ج8 ص234 حاشية الدسوقي على الشرح الكبير للدردير ج3 ص 196 المغني ج5 ص123 المهذب للشيرازي ج1 ص357 مفتاح الكرامة للعاملي ج7 ص 614 - 615.
(2) الخفيف ص 286 - 288 محمد يوسف موسى ف 521 ص378 - 379 زيدان ف 399 ص 347 - 348.

وإحدى روايتين لدى الحنابلة[1].

ب - يمثل هذا الاتجاه، جمهور الفقهاء، فالوكالة تنقضي بموت الموكل دون توقف على علم الوكيل بواقعة الموت، فبموت الموكل يبطل إذنه للوكيل في التصرف وينتقل ملكه إلى ورثته، وهؤلاء الورثة لم ينيبوا ذلك الوكيل في التصرف عنهم، وعلى هذا فإن ولايته في التصرف تكون قد انقضت حين موت موكله[2].

301 - موقف القانون المعاصر: تنتهي الوكالة في إحدى الحالات الآتية:

1 - إتمام العمل الموكل به.

2 - انتهاء الأجل المعين للوكالة.

3 - خروج الوكيل أو الموكل عن الأهلية.

4 - موت الوكيل أو الموكل.

5 - عزل الوكيل، وإذا تعلق بالوكالة حق للغير فلا يجوز العزل دون رضاء هذا الغير، ولا يتحقق انتهاء الوكالة بالعزل إلا بعد حصول العلم للطرف الثاني، وإذا كانت الوكالة بأجر، فإن من صدر منه العزل يكون ملزما بتعويض الطرف الثاني عن الضرر الذي لحقه من جراء العزل في وقت غير مناسب وبغير عذر مقبول.

6 - اعتزال الوكيل، للوكيل أن يعزل نفسه، وتطبق هنا الأحكام ذاتها المتعلقة بعزل الوكيل من قبل الموكل. ولا يحتج بانتهاء الوكالة على الغير لحسن النية الذي تعاقد مع الوكيل قبل علمه بانتهائها، وعلى أي وجه كان انتهاء الوكالة، يجب على الوكيل أن يصل بالأعمال التي بداها إلى حالة لا تتعرض معها للتلف[3].

---

(1) شرح الخرشي على مختصر سيدي خليل ج6 ص86 بداية المجتهد ج1 ص298 المغني ج5 ص123.

(2) البدائع ج6 ص38 نهاية المحتاج للرملي ج5 ص5 مغني المحتاج للشربيني ج2 ص231 الروضة البهية للجبعي العاملي ج4 ص370 البحر الزخار للمرتضى ج5 ص65 المحلى ج8 ص 246 وانظر المادة (1527) من المجلة والمادة (971) من مرشد الحيران.

(3) انظر المواد (946 - 949) مدني عراقي (862 - 867) مدني أردني (714 - 717) مدني مصري (680 - 683) مدني سوري (929) مغربي (396 - 398) تركي (813 - 818) مشروع عربي.

رابعا۔ الفضالة:

302 - 1 - تعريف: الفضولي هو من يشتغل بما لا يعنيه اوبما ليس له، وعمله هذا يسمى (فضالة) وعند الفقهاء له معنى قريب من هذا، وهو من يتصرف في شؤون غيره، دون أن تكون له ولاية التصرف، أو من يتصرف في حق غيره بغير إذن شرعي، كمن يبيع من غير ولاية أو وكالة ولمن يشتري لغيره شيئا لم يوكله في شرائه، وهكذا في سائر العقود والتصرفات التي يتصرفها الشخص في شيء من غير ولاية أو وكالة فيها، فيعتبر فضوليا في تصرفه[1].

303 - 2 - حكم تصرفات الفضولي: ذهب الفقهاء المسلمون إلى اتجاهين:

الاتجاه الأول: تصرفات الفضولي تقع منعقدة صحيحة، ولكنها موقوفة على إجازة صاحب الشان، وهو من صدر التصرف لأجله، إن أجازه نفذ وإن رد بطل وإلى هذا الاتجاه ذهب الحنفية والمالكية والحنابلة في بعض الروايات عن الإمام أحمد بن حنبل[2] وفرق الحنفية بين بيع الفضولي وشراء الفضولي، فبيع الفضولي ينعقد صحيحا موقوفا على الإجازة، سواء أضاف الفضولي العقد لنفسه أم إلى المالك، أما الشراء فإذا أضاف الفضولي الشراء لنفسه نفذ العقد عليه، لأن الأصل أن يكون تصرف الإنسان لنفسه لا لغيره، وإذا وجد العقد نفاذا على العاقد نفذ عليه ولا يتوقف، وإن أضاف الفضولي الشراء لغيره، أو لم يجد نفاذا عليه لعدم الأهلية، كأن يكون العاقد صبيا أو محجورا، انعقد العقد صحيحا موقوفا على إجازة هذا الغير الذي تم الشراء له، فإن أجازه نفذ عليه، واعتبر الفضولي وكيلا ترجع إليه حقوق العقد من حين نشوء العقد[3]. ويستند هذا الاتجاه في حججه إلى احاديث مروية عن الرسول صلى الله عليه وسلم تجيز تصرف الفضولي موقوفا على إجازة المالك[4] **وإن** عقد الفضولي له مجيز حال وقوعه، ثم إن العقود والتصرفات شرعت لتحقيق الحاجة

---

(1) أبو زهرة ف203 ص355 وهبة الزحيلي ج4 ص167.

(2) البدائع ج5 ص 148 وما بعدها فتح القديرمع العناية ج5 ص309 وما بعدها بداية المجتهد ج2 ص 171 الشرح الكبير مع الدسوقي ج3 ص12 القوانين الفقهية ص245.

(3) البدائع ج5 ص148، 150 الدر المختار ورد المحتار ج4 ص143.

(4) نيل الأوطار ج5 ص 304.

لمصلحة كل من المالك والمشتري والفضولي من غير ضرر ولا مانع شرعي [1].

الاتجاه الثاني: تصرف الفضولي باطل ولا يصح ولو أجازه صاحب الشان، لأن الإجازة تؤثر في عقد موجود، وهذا العقد لا وجود له منذ انشائه، فلا تصيره الإجازة موجودا، ويستند هذا الاتجاه في حججه إلى أن تصرف الفضولي فيما لا يملك باطل لورود نهي الشارع عنه، والولاية على عقد أو اصدار التصرف شرط لوجود العقد، وهذه الولاية إنما تكون بالملك أو الإذن من المالك، والفضولي ليس مالكا ولا ماذونا فيما يتصرف فلا يكون لتصرفه وجود [2]. وإلى هذا الاتجاه ذهب الشافعية والحنابلة والظاهرية [3].

304 - الترجيح: يرجح اتجاه في الفقه الإسلامي المعاصر، ونحن نؤيده، ما ذهب إليه الاتجاه الأول، وذلك بشرط أن يكون لعقد الفضولي مجيز وقت انشائه، وعندما تصدر الإجازة من المالك تجعله كالوكيل، فيعتبر التصرف كأنه صدر عن وكيل وقت صدوره وأن لا يمكن تنفيذ العقد على الفضولي عند رفض صاحب الشأن، مثل بيع ملك الغير أو اجارته، أما إذا امكن تنفيذ العقد على الفضولي، عند عدم إجازته، فينفذ على الفضولي كشراء شيء أو استئجاره مضيفا العقد لنفسه، فيلزمه هو [4]. وتجعل الإجازة، العقد نافذا من وقت انشائه، فإذا كان من عقود المعاوضات لأن آثار هذه العقود لا تتراخى عنها، أما العقود التي تقبل التعليق، كالكفالة والوكالة والطلاق، فإذا باشرها الفضولي فإنها تعتبر نافذة من وقت إجازتها لا من وقت صدورها [5].

305 - موقف القانون المعاصر: عالج القانون المدني المصري في المواد (188 - 197) الأحكام المتعلقة بالفضالة وبيع ملك الغير في المواد (466 -

---

(1) الدكتور محمد وفا، ابرز صور البيوع الفاسدة، ص 178 - 179.
(2) نيل الأوطار ج5 ص175 مغني المحتاج ج2 ص15 وانظر محمد وفا ص176 - 177.
(3) المجموع للنووي ج9 ص281، 284 وما بعدها مغني المحتاج ج2 ص15 كشاف القناع ج2 ص11 وما بعدها القواعد لابن رجب ص417 غاية المنتهى ج2 ص8 المحلى ج8 ص503.
(4) أبو زهرة ف 205 ص 359 الخفيف ص290 - 291.
(5) الخفيف ص 291 زيدان ف403 ص350 - 351.

468) وسار القانون المدني السوري على المنوال ذاته حيث نظمت المواد (189 - 198) أحكام الفضالة والمواد (434 - 436) أحكام بيع ملك الغير، وتسري قواعد الوكالة على الفضولي إذا أقر رب العمل ما قام به الفضولي، وبالنسبة إلى بيع ملك الغير، إذا أقر المالك البيع سرى العقد في حقه وانقلب صحيحا في حق المشتري وكذلك ينقلب العقد صحيحا في حق المشتري إذا آلت ملكية المبيع إلى البائع بعد صدور العقد، ولم ينظم القانون المدني العراقي أحكام الفضالة، وإنما نصت المادة (135) على أن (1 - من تصرف في ملك غيره، دون إذنه انعقد العقد موقوفا على إجازة المالك. 2 - فإذا أجازه المالك تعتبر الإجازة توكيلا ويطالب الفضولي بالبدل إن كان قد قبضه من العاقد الآخر، وإذا لم يجز المالك تصرف الفضولي، بطل التصرف...) ونظم القانون المدني الأردني أحكام الفضالة في المواد (301 - 308) وتسري قواعد الوكالة إذا أقر رب العمل ما قام به الفضولي، كما نظم القانون أحكام بيع ملك الغير في المادتين (550 - 551) ولم يتطرق المشروع العربي إلى أحكام الفضالة ولكن المادة (517) منه نصت على بيع ملك الغير، فإذا باع شخص ملك غيره بغير إذنه جاز للمشتري أن يطلب فسخ البيع ما لم تؤول ملكية المبيع إلى البائع بعد إبرام العقد، وإذا أجاز المالك البيع نفذ البيع في حقه، وفي قانون الالتزامات والعقود المغربي يقع بيع ملك الغير صحيحا، إذا اقره المالك أو إذا كسب البائع فيما بعد ملكية الشيء (م485).

البند الخامس

الخيارات

306 - يراد بالخيار، عند الفقهاء، أن يكون للمتعاقد الحق في امضاء العقد أو فسخه، والحكمة من وجود الخيارات في العقود اللازمة، مع الأصل لزوم مقتضاها بالنسبة للعاقدين، هي التأكد من رضاء العاقدين في إنشاء العقد وامضائه، ولأن الحاجة ورعاية مصلحة طرفي العقد تدعوان إلى هذه الخيارات، ومنها ما ورد بالنص الشرعي بها، فهي ثابتة بحكم الشرع حتى ولو لم يشترطها احد العاقدين كخيار

الرؤية وخيار العيب، ومنها خيارات لا تثبت دون اشتراطها في العقد كخيار الشرط وخيار التعيين[1].

ومن اهم الخيارات، خيار المجلس وخيار الشرط وخيار التعيين وخيار الرؤية وخيار العيب، وندرس هذه الخيارات بالتتابع.

اولا - خيار المجلس:

307 - 1 - تعريف: من النتائج المترتبة على مجلس العقد، إن للمخاطب بالإيجاب خيار القبول[2] **إلى أن** ينفض مجلس العقد، وللموجب خيار الرجوع عن إيجابه إلى أن يصدر القبول أو ينفض المجلس[3] فلكل من الطرفين حق الرجوع عن العقد إلى حين انفضاض المجلس، ويستقل في ذلك بإرادته وحدها[4] ويرى أكثر فقهاء المذهب المالكي أنه لا يجوز للموجب أن يرجع عن إيجابه بل يبقى ملتزما به، فاما أن يقبل الطرف الآخر فيتم العقد، وإما أن يرفض فينعدم الإيجاب[5] وفي فقه الإمامية، إن خيار المجلس ثابت للمتبايعين في كل بيع لم يشترط فيه سقوطه ما لم يفترقا[6].

308 - 2 - اتجاهات الفقه الإسلامي: ذهب الفقهاء المسلمون، بصدد خيار المجلس، إلى اتجاهين:

الاتجاه الأول: وقال به الشافعية والحنابلة، ويثبتون خيار المجلس، ما دام الطرفان لم يتفرقا بالابدان[7] واستدل هذا الاتجاه، في إثبات خيار المجلس بما يأتي:

1 - ما ورد من الآثار الصحيحة التي وافق على صحة سندها، فقد ورد أن

---

(1) علي الخفيف ص331 - 332 زيدان ف439 ص 377.
(2) فتح القدير ج5 ص78 وما بعدها الفتاوى الهندية ج3 ص7 ابن عابدين ج4 ص29 الحطاب ج4 ص240.
(3) البدائع ج5 ص134 فتح القدير ج5 ص 78 الفتاوى الهندية ج3 ص8.
(4) المهذب ج1 ص257 وما بعدها الأشباه والنظائر للسيوطي ص 256.
(5) مواهب الجليل للحطاب ج4 ص240.
(6) المختصر النافع ص 121.
(7) المغني ج4 ص6 وما بعدها المحلى ج9 ص295 نهاية المحتاج وحواشيه ج4 ص3 وما بعدها.

النبي صلى الله عليه وسلم قال " البيعان بالخيار ما لم يتفرقا "[1] ولا يصح أن يفسر " البيعان " إلا بالعاقدين اللذين تم بينهما الإيجاب والقبول[2].

2 - إن عقود المعوضات قوامها التراضي، والرضا أساسه الاختيار الصحيح، والموازنة بين منافع العقد ومغارمه، وهي عقود إذا أبرمت واستقرت لزمت، كان لا بد أن يكون لدى العاقد فسحة من الوقت للتفكير والتروي والتدبر، فكانت الفسحة هي مجلس العقد[3].

الاتجاه الثاني: وقال به الحنفية والمالكية، ويذهبون إلى منع خيار المجلس[4]. فالعقد عندهم متى تم في مجلسه بصدور القبول امتنع على أي من المتعاقدين أن يرجع بعد ذلك، لأن صفة العقد الالزام، واستدل هذا الاتجاه بالاسانيد الآتية:

1 - ورود الآثار الكثيرة بوجوب الوفاء بالعقود، مثل قوله تعالى(يَا أَيُّهَا الَّذِينَ آمَنُوا أَوْفُوا بِالْعُقُودِ)[5] فبتحقق العقد يجب الوفاء، وليس وجوب الوفاء إلا ثبوت الالتزام الذي اوجبه العقد.

2 - إن أساس عقود المعاوضات المالية الرضا، فالرضا هو مناط الأحكام التي تثبتها هذه العقود، ولذلك يقول الله سبحانه وتعالى(يَا أَيُّهَا الَّذِينَ آمَنُوا لَا تَأْكُلُوا أَمْوَالَكُمْ بَيْنَكُمْ بِالْبَاطِلِ إِلَّا أَنْ تَكُونَ تِجَارَةً عَنْ تَرَاضٍ مِنْكُمْ)[6] فإذا كان التراضي هو أساس الالتزام، فبتحقق رضا طرفي العقد يثبت الالتزام من غير حاجة إلى الانتظار إلى آخر المجلس، وإن شرعية خيار المجلس وتاخير ثبوت الالتزام إلى نهاية المجلس اهمال معنى الرضا الذي يدل عليه وجوب الإيجاب والقبول من

---

(1) نيل الأوطار ج5 ص195.
(2) أبو زهرة ف 106 ص186.
(3) المجموع على المهذب ج9 أحكام القرآن للقرطبي ج5.
(4) فتح القدير وشرح العناية ج5 ص81 وما بعدها الفروق ج3 ص269 وما بعدها المدونة ج10 ص20 وانظر الشرنباصي ص136.
(5) سورة المائدة الآية (1).
(6) سورة النساء الآية (29).

عاقلين مختارين.

3 - استدل الحنفية والمالكية لإبطال خيار المجلس بقياس عقود المعاوضات على عقود الانكحة ونحوها، وهي العقود التي اتفق الجميع على عدم إثبات خيار المجلس فيها، وقالوا أنه لا فرق بين النكاح والمعاوضات في كون كل منهما ينعقد بالإيجاب والقبول وفي الرضا الذي آلت عليه عبارتا الإيجاب والقبول، هو مناط الالتزام في كلا النوعين من العقود[1].

309 - فالإيجاب، في الفقه الحنفي، يظل قائما إلى آخر المجلس ولكن للموجب العدول عنه ما لم يكن قد قبله الموجه إليه، فإذا قبله الموجه إليه لم يكن للموجب الرجوع، أما قبل القبول فللموجب الرجوع، كذلك يسقط الإيجاب إذا صدرمن الموجب أو الموجه إليه الإيجاب قول أو فعل يدل على الاعراض، أما الفقه الشافعي فيوجب أن يكون القبول فورا ثم يثبت لكل من المتعاقدين خيار المجلس، في حين يجيز الفقه الحنفي تراخي القبول إلى نهاية المجلس، أما الفقه المالكي فيرى جواز تراخي القبول إلى نهاية المجلس ومتى صدر القبول لزم العقد من الجانبين ولا يثبت خيار المجلس، ويجيز الفقه الحنبلي للموجّه إليه الإيجاب التراخي في القبول إلى آخر المجلس (كالحنفية) ويعطي للمتعاقدين خيار المجلس كالشافعية[2].

310 - موقف القانون المعاصر: أخذت القوانين المعاصرة بنظرية مجلس العقد، فقد نصت المادة (82) من القانون المدني العراقي على أن (المتعاقدان بالخيار بعد الإيجاب إلى آخر المجلس، فلو رجع الموجب بعد الإيجاب وقبل القبول أو صدر من احد العاقدين قول أو فعل يدل على الاعراض يبطل الإيجاب ولا عبرة بالقبول الواقع بعد ذلك) ونص المادة (96) من القانون المدني الأردني يطابق النص العراقي في حين يقتضي نص المادة (94) من القانون المدني المصري والمادة (95) من القانون المدني السوري أن يصدر القبول فورا، ومع ذلك يتم العقد، ولو لم يصدر القبول فورا، إذ لم يوجد ما يدل على أن الموجب قد

(1) أبو زهرة ف 107 ص188 - 189.
(2) انظر المذكرات الإيضاحية للقانون المدني الأردني ج1 ص111.

عدل عن إيجابه في الفترة ما بين الإيجاب والقبول، وكان القبول قد صدر قبل أن ينفض مجلس العقد، أما في المشروع العربي فإن الإيجاب يبطل إذا انقطع مجلس العقد دون قبول صحيح (م153/1 - د) في حين يشترط القانون المغربي القبول الفوري للإيجاب (م23).

ثانيا - خيار الشرط:

311 - 1 - تعريف: يقصد بخيار الشرط، اشتراط العاقدين أو أحدهما لنفسه أو لغيره، أن يكون له الحق في اختيار فسخ العقد أو إجازته أي امضائه، كلا أو جزءا، في مدة معلومة[(1)]. فخيار الشرط لا يثبت إلا بالنص عليه، أي باشتراطه صراحة، كأن يقول البائع للمشتري بعتك هذا الكتاب ولك الخيار ثلاثة ايام، فسبب ثبوت هذا الخيار، اشتراطه في العقد من أحد العاقدين، لذا سمي بخيار الشرط أي الخيار الذي سببه الشرط[(2)]. وقد يشترط الخيار لشخص آخر غير العاقدين، فيشترط له البائع أو المشتري، عندما يريد أن يكون موافقا على الصفقة لخبرته فيها[(3)]. وذهب (الإمام زفر) إلى أن الخيار من مواجب العقود ومن أحكامه، فلا يجوز اشتراطه لغير العاقد، كاشتراط الثمن على غيره، لأن اشتراط ما لا يقتضيه العقد مفسد وفيه ذلك فيفسد[(4)].

312 - 2 - مشروعية خيار الشرط: روي أن حبان بن منقذ الانصاري كان يغبن في البياعات، فشكا اهله ذلك لرسول الله صلى الله عليه وسلم رجاء أن يمنعه من التجارة، فقال له صلى الله عليه وسلم (إذا انت بايعت فقل لاخلابة " الغبن والخديعة " ثم انت بالخيار في كل سلعة ابتعتها ثلاث ليال)[(5)]. فأصبح له حق اشتراط الخيار بقول (لاخلابة) وذلك فيما باعه أو اشتراه، وهذا الحديث النبوي الشريف يدل صراحة على جواز اشتراط الخيار رفقا بالناس، وتمكينا لهم من التروي واستشارة أهل الخبرة وليأتي رضاؤهم

(1) مجمع الانهر ج2 ص23 وانظر علي الخفيف ص 332 أحمد فراج حسين ص 304.
(2) علي الخفيف ص333.
(3) تهذيب الفروق والخرشي ج5 ص132 كشاف القناع ج2 ص 48 - 49 نهاية المحتاج ج4 ص92.
(4) الزيلعي ج4 ص19.
(5) نيل الأوطار ج5 ص206 - 207.

على أكمل الوجوه[1].

313 - 3 - العقود التي يجوز فيها اشتراط خيار الشرط: يثبت خيار الشرط في العقود اللازمة التي تقبل الفسخ، كالبيع والإجارة، ولا يثبت في العقود الجائزة كالوكالة ولا في العقود اللازمة التي لا تقبل الفسخ كالزواج[2]. ويجعل خيار الشرط، العقد غير لازم بالنسبة لمن له الخيار، فله أن يمضيه أو يفسخه، ويجوز أن يكون الامضاء أو الفسخ بأي لفظ دال على ذلك، وكذلك بالفعل الدال على رغبة العاقد في ابقاء العقد أو الغائه، وإذا مضت المدة دون أن يبين من له الخيار رأيه فإن العقد يكون لازما في حق الطرفين[3].

314 - 4 - مدته: اختلف الفقهاء في تحديد مدة خيار الشرط وذلك على النحو الآتي:

ا - ذهب الأئمة (ابو حنيفة والشافعي وزفر) إلى أن مدته ثلاثة ايام فأقل، ذلك أن خيار الشرط يخالف مقتضى العقد وهو اللزوم فيقتصر على اقصى ماورد به النص في الحديث النبوي الشريف وهو ثلاثة ايام[4].

ب - ذهب الحنابلة والجعفرية إلى جواز أن يكون الخيار لأكثر من ثلاثة ايام ما دامت المدة معلومة، سواء أكانت قصيرة أم طويلة[5].

ج - ذهب المالكية إلى أن هذا الخيار يثبت بالشرط أو بمقتضى ـ العرف دون اشتراط، وفي البيع تختلف مدته باختلاف نوع المبيع[6].

وإذا كانت المدة مجهولة، صح العقد وألغي الشرط عند فريق من الفقهاء

(1) أحمد فراج حسين ص304 أنور محمود دبور ف 655 ص512 ـ 513.
(2) أنور محمود دبور ف 656 ص 513 السيد محسن الحكيم منهاج الصالحين الطبعة السادسة ج2 ص22.
(3) الخفيف ص336.
(4) نيل الأوطار ج5 ص184 زيدان ف 441 ص378.
(5) كشاف القناع ج2 ص17 منهاج الصالحين ج2 ص17 المختصر النافع ص121 أحمد فراج حسين ص 305.
(6) مواهب الجليل ج4 ص410 ـ 411 الخرشي ج5 ص20 ـ 2.

كالحنابلة[1]. وعند فريق آخر يفسد العقدوهذا مقتضى مذهب الحنفية لأن مجهولية المدة، شرط فاسد والشروط الفاسدة تفسد العقد عندهم[2].

315 - 5 - أثر خيار الشرط في العقد: اختلف الفقهاء في هذا الأثر وذلك في اتجاهين:

ا - الاتجاه الأول: إن خيار الشرط يمنع ثبوت حكم العقد في مدته لمن شرطه، ذهب إلى ذلك (الإمام أبو حنيفة)، فإذا كان شرط الخيار للبائع فإنه يمنع نقل ملكية المبيع منه إلى المشتري، واذا كان للمشتري فإنه يمنع نقل ملكية الثمن منه إلى البائع لأن نقل الملك لا يكون إلا بالرضا وشرط الخيار ينافيه.

ب - الاتجاه الثاني: إن خيار الشرط لا يمنع انتقال الملك، بل ينتقل الملك في المبيع زمن الخيار إلى المشتري وينتقل الثمن إلى ملك البائع، سواءا كان الخيار لهما أو لأحدهما، وإلى ذلك ذهب الحنابلة[3].

316 - 6 - انتهاء خيار الشرط: ينتهي خيار الشرط بما يأتي:

ا - امضاء العقد اوفسخه في مدة الخيار قولا أو عملا. ب - مضي ـ مدة الخيار، بلا امضاء أو فسخ.

ج - تعيب محل العقد أو هلاكه بيد العاقد الآخر، إذا كان الخيار له، لأن فسخ العقد يقتضي رد محل العقد إلى صاحبه، ومع تعيبه أو هلاكه يمتنع الرد، فيلزم العقد وينتهي حكم الخيار. د - وفاة من له الخيار، وهذا عند فريق من الفقهاء (كالحنفية والحنابلة) لأن خيار الشرط، رغبة ومشيئة من اختاره، والرغبات وسائر الصفات الشخصية لا تورث، وذهب الجعفرية والشافعية والمالكية إلى وراثة شرط الخيار، وحجتهم أنه حق متعلق بالمال، فيورث كما تورث سائر الأموال، وبهذا جاء الحديث النبوي الشريف (من ترك مالا أو حقا فلورثته)[4].

---

(1) المغني ج3 ص589.

(2) زيدان ف441 ص378 أحمد فراج حسين ص305.

(3) الاقناع ج2 ص87 - 88 الخفيف ص 336 - 337 زيدان ف 443 ص 379.

(4) بداية المجتهد ج2 ص184 المغني ج3 ص589 كشاف القناع ج2 ص17 مواهب الجليل ج4 ص410 - 411 منهاج الصالحين ص23 - 24 الخفيف ص339 - 340 زيدان ف 444 ص379 - 380 الشرنباصي ص134.

317 - موقف القانون المعاصر: يصح أن يكون البيع بشرط الخيار مدة معلومة، ولا يمنع هذا الشرط من انتقال الملكية إلى المشتري، سواء كان الخيار للبائع أو المشتري أو لهما معا أو لأجنبي، وإذا شرط الخيارللبائع والمشتري معا فايهما فسخ في أثناء المدة انفسخ العقد، وايهما أجاز سقط خيار المجيز وبقي الخيار للاخر إلى انتهاء المدة، وإذا مضت مدة الخيار ولم يفسخ من له الخيار لزم البيع، وخيار الشرط لا يورث، فإذا مات من له الخيار سقط خياره، وفي جميع الحالات إذا تلف المبيع في يد المشتري قبل الفسخ هلك من ماله ولزمه الثمن المسمى. (المواد 509 - 513 من القانون المدني العراقي، وأخذ القانون المدني الأردني بأحكام خيار الشرط في المواد (177 - 183) ومن اهم أحكامها، أن الملكية لا تخرج خلال مدة الخيار ويسقط الخيار بموت صاحبه في خلال مدته ويلزم العقد بالنسبة إلى ورثته ويبقى الآخر على خياره إن كان الخيار له حتى نهاية مدته.

ثالثا - خيار التعيين:

318 - 1 - تعريف: يقصد بخيار التعيين، أن يكون لأحد العاقدين حق تعيين احد الشيئين أو الثلاثة التي ذكرت في العقد مع ثمن كل منها، ليكون هذا المعين هو محل العقد، وبذلك فإن هذا الخيار يرد في عقود المعاوضات التي تفيد تمليك الاعيان كالبيع والهبة بشرط العوض[1]. كأن يقول شخص لاخر بعتك احد هذين الثوبين بثمنه، ويعين البائع ثمن كل ثوب، على أن تعين ما تريد شراءه في مدة يومين، فيقول الآخر، قبلت، فيثبت بهذا الخيار للمشتري اختيار احد الثوبين وجعله محلا للعقد بالثمن المعين له ويتيح هذا الخيار التروي واستشارة أهل الخبرة[2].

319 - 2 - مشروعية خيار التعيين: لم يتفق الفقهاء حول هذا الخيار، فالأكثرية لا تجيزه لجهالة المحل، والأقلية تجيزه ومنهم (الإمام أبو حنيفة) وصاحباه وأبو يوسف ومحمد[3].

---

(1) محمد يوف موسى ف 668 ص566- 567 شلبي ص431.

(2) زيدان ف445 ص380 أنور محمود ف660 ص515.

(3) الكاساني ج5 ص26 وما بعدها شرح الكنز للزيلعي ج4 ص26 وما بعدها علي حيدر شرح المجلة ج1 ص263.

والظاهر أن قول المجيزين ارجح من قول المانعين، ولا تؤدي جهالة المحل قبل التعيين إلى أي نزاع لتعيين ثمن كل واحد من الاشياء التي يجري فيها خيار التعيين، ويجوز اشتراط هذا الخيار للمشتري بلا خلاف بين القائلين به، ويجوز اشتراطه للبائع أيضا على رأي بعضهم، ولكن أكثرهم يمنعه، ويشترط أن يكون مع هذا الخيار خيار الشرط أيضا، وهذا على رأي بعضهم القائلين بخيار التعيين، وليس هذا بشرط على رأي البعض الآخر منهم[1].

320 - 3 - شروط خيار التعيين: ويشترط لصحة خيار التعيين ما يأتي:

ا - أن يكون الخيار بين شيئين أو ثلاثة اشياء لا أكثر، لأن الحاجة تندفع بذلك. ب - أن تكون هذه الاشياء متفاوتة فيما بينها، والتفاوت يثبت في الأموال القيمية وكذلك في الأموال المثلية إذا اختلف الجنس. ج - أن تكون اثمان الاشياء التي يجري فيها خيار التعيين معينة، أي يذكر ثمن كل واحد من هذه الاشياء، فإذا لم تعين اثمانها فسد العقد. د - أن تكون مدة الخيار معلومة، وهي عند (الإمام أبو حنيفة) لا تزيد على ثلاثة ايام، وعند صاحبيه يجوز أن تكون أكثر من ذلك، ما دامت معينة، واتفق عليها الطرفان وبهذا أخذت مجلة الأحكام العدلية في المادة (317) والتي نصت على أن (يلزم في خيار التعيين تعيين المدة) فلم تقيد هذه المادة المدة بثلاثة ايام[2].

321 - 4 - سقوط خيار التعيين: ويسقط خيار التعيين بالاختيار، بأن يقوم المشتري بتعيين الشيء الذي يريده صراحة كأن يقول رضيت بهذا الشيء، أو دلالة كما لو تصرف في احد الاشياء تصرفا يدل على رضاه به، كما لو كان المخير فيه ثلاث قطع من القماش فدفع واحدة منها إلى خياط ليخيطها بدلة له، وكذلك يسقط هذا الخيار بهلاك احد الاشياء بعد قبضها من المشتري، فيتعين الهالك محلا للعقد بثمنه المحدد له، ويسقط الخيار إذا تعيب احد الاشياء بعيب يمنع رده فإنه يتعين

(1) زيدان ف446 ص380 - 381.

(2) زيدان ف 447 ص381 محمد مصطفى شلبي ص 428 - 429 محمد يوسف موسى ف 669 ص468 أنور محمود ف663 ص515 - 516 الشرنباصي ص148 - 149.

محلا للعقد أيضا[1].

ويورث خيار التعيين، فإذا توفي من له هذا الخيار، قبل التعيين، قام مقامه وارثه في هذا الخيار، ذلك لأن ملك المورث ثبت في واحد غير معين فعلى الوارث تعيينه ودفع ثمنه من التركة، وعلى هذا نصت المادة (319) من المجلة بقولها (خيار التعيين ينتقل إلى الوارث).

322 - موقف القانون المعاصر: يصح أن يكون محل الالتزام احد اشياء قيمية أو مثلية من اجناس مختلفة ويكون الخيارفي تعيينه للمدين أو للدائن، وإذا اطلق خيار التعيين فهو للمدين، إلا إذا اقتضى القانون أو اتفق المتعاقدان على أن الخيار يكون للدائن، ويلزم تحديد مدة الخيار، وهو خيار ينتقل إلى الوارث. (المواد 298 - 301) من القانون المدني العراقي وأخذ القانون المدني الأردني بخيار التعيين في المواد (189 - 192) متاثرا بالفقه الإسلامي، كما نصت المواد (275 - 277) من القانون المدني المصري والمواد (275 - 277) من القانون المدني السوري على أحكام الالتزام التخييري، ونظمت المواد (226 - 231) من المشروع العربي أحكام خيار التعيين.

رابعا - خيار الرؤية:

323 - 1 - تعريف: رخصة تثبت لأحد العاقدين عند رؤية محل العقد، أن يفسخ العقد أو يمضيه بسبب عدم رؤية محله عند إنشاء العقد أو قبله، ويبقى هذا الحق قائما ولو وصف محل العقدمن قبل العاقد الآخر، لأن الوصف مهما كان دقيقا فلن يبلغ مبلغ العلم به عن طريق رؤيته، ولهذا شرع هذا الخيار، عند الرؤية، حتى يتحقق بها العلم الكافي بمحل العقد فإذا امضاه العاقد كان عن رضا كامل[2].

وهو يثبت في بيع الاعيان الحاضرة من غير مشاهدة[3]. والمراد بالرؤية، إدراك محل العقد والعلم به والوقوف على حاله، ويتم ذلك بإحدى حواس الإنسان، وكل شيء يدرك بما يناسبه، فالمسك يعرف بالشم والمأكول بالذوق

(1) البدائع ج5 ص262، 268 أنور محمود ف664 ص516 - 517.
(2) الخفيف ص347 زيدان ف450 ص383 أحمد فراج حسين ص317.
(3) المختصر النافع ص121.

والقماش بالبصر واللمس[1].

323 - 2 - مشروعية خيار الرؤية: اختلف الفقهاء في مشروعبة خيار الرؤية، تبعاً لاختلافهم في صحة العقد على الشيء الغائب المعقود عليه غير المرئي، وذلك على النحو الآتي: أ - فذهب الإمام الشافعي في مذهبه الجديد إلى أن خيار الرؤية غير مشروع، لأنه إنما يكون في العقد على الشيء الغائب، وهذا العقد لا يصح ولو كان موصوفا لما فيه من الغرر والجهالة، وقد نهى الرسول صلى الله عليه وسلم عن بيع الغرر قطعا للنزاع بين المتعاقدين[2].

ب - ذهب الحنفية إلى مشروعية خيار الرؤية، لما فيه من التيسير على الناس ورفع الحرج عنهم، وتحقيق مصالحهم، فالإنسان قد يضطر إلى شراء شيء غائب عنه لحاجته إليه خوفا من فواته ان هو أخر العقد حتى يراه ولو اجزنا العقد وألزمناه به ولم نجعل له الخيار عند رؤيته لألحقنا به الضرر عندما يجد هذا الشيء غير موافق لغرضه ولا محققا لمقصوده، ثم إن الحديث النبوي الشريف يقول (من اشترى مالم يره فله الخيار إذا رآه)[3].

324 - 3 - العقود التي يثبت فيها خيار الرؤية:

ا - في البيع، إذا كان المبيع عينا مشخصة فيثبت خيار الرؤية للمشتري ويثبت للبائع إذا كان الثمن عينا مشخصة، كما لو بيعت سيارة بفرس، فالخيار للبائع والمشتري. ب - في الإجارة، كما لو استأجرت عينا لم ترها، فالخيار لك عند رؤيتها بين امضاء الإجارة وبين فسخها، ويثبت للمؤجر هذا الخيار إذا كانت الأجرة عينا مشخصة، كما لو استأجرت دارا لمدة سنة نظير حيوان معين. ج - قسمة الاعيان القيمية، فإذا قسمت بين أصحابها ولم يرد احد الشركاء نصيبه كان له الخيار إذا رآه. د - - الصلح عن دعوى المال على عين معينة لم يرها المصالح، فإذا راها كان له الخيار لأن هذا الصلح بمعنى البيع، إذ يعتبر معاوضة بين الحق المدعى به

---

(1) علي حيدر شرح المجلة ج1 ص368.
(2) أحمد فراج حسين ص 317 - 318.
(3) أحمد فراج حسين ص318 أنور محمود ف 665 ص517 - 518.

والبدل المصالح عليه[1]. هاء - أن يكون العقد مما يقبل الفسخ، ليمكن فسخه، فإذا كان مما لا يقبل الفسخ، كالزواج والخلع، فلا يثبت خيار الرؤية، فيمايجب به من مال وإن كان عينا مشخصة، كما لو زوج شخص امرأة على دار لم ترها، أو خالعته على دار لم يرها، لم يكن لأحدهما الخيار عند رؤية الدار[2].

325 - 4 - وقت ثبوت خيار الرؤية: يثبت هذا الخيار عند رؤية محل العقدنفلا يثبت قبل هذه الرؤية، وثبوته يكون بحكم الشرع دون حاجة إلى اشتراطه، ومدة الخيار تثبت من رؤية المحل وتستمر إلى أن يصدر ممن له الخيار ما يدل على رضاه بالمحل أو فسخ العقد، كما ينتهي بحصول ما يسقطه، فليس له مدة معينة ينتهي بانتهائها، وبهذا الرأي الراجح في الفقه الحنفي أخذت مجلة الأحكام العدلية، وذهب بعض الاحناف إلى أنه مؤقت، وينتهي هذا الوقت بمضي ـ أي زمن بعد الرؤية يتمكن فيه من له الخيار من الفسخ ثم لا يفعل فإذا مضى هذا الزمن ولم يفسخ سقط الخيار، وهذا مذهب الجعفرية أيضا[3].

326 - 5 - حكم العقد: لا يمنع ثبوت خيار الرؤية لأحد العاقدين من نفاذ العقد، فهو نافذ بالرغم من هذا الخيار، ولكنه يمنع لزومه بالنسبة إلى من ثبت له هذا الخيار، فهو بالنسبة له عقد غير لازم، وإنما يلزم إذا امضاه بعد رؤية المحل، بأن يصدر منه ما يدل على رضاه بالمحل بالقول أو بالفعل[4].

327 - 6 - سقوط خيار الرؤية: ويسقط خيار الرؤية بما يأتي: أ - بالرضاء بالعقد صراحة أو دلالة ممن له الخيار. ب - تصرف المتملك بالمحل كبيعه ورهنه واجارته وهبته مع التسليم أو دونه، وانتقاله به وعرضه اياه للبيع. ج - تعيب المحل في يد متملكه.

د - تعذر رد المحل كاملا إلى صاحبه لهلاك بعضه أو تعيب هذا البعض أو

---

(1) علي حيدر ج1 ص269 علي الخفيف ص 350 - 351.
(2) الكاساني ج5 ص292 - 293 علي حيدر ج1 ص269 الخفيف ص 348 - 349 زيدان ف 453 ص 384.
(3) علي حيدر شرح المجلة ج1 ص269 علي الخفيف ص355 البدائع ج7ص3366 منهاج الصالحين ج2 ص29.
(4) محمد مصطفى شلبي ص 424 - 425.

تصرفه في هذا البعض، فخيار الرؤية لا يتجزأ فاما أن يقبل الكل أو يرد الكل، فإذا تعذر رد الكل سقط الخيار ولزم العقد[1]. هاء - ترك المبادرة إلى الفسخ بعد الرؤية، وهذا عند الجعفرية[2]. و- موت من له الخيار قبل أن يختار الفسخ أو الامضاء، ولا ينتقل خيار الرؤية إلى الورثة، لأنه إرادة ومشيئة، والوارث لا يرث مورثه في رغباته وإرادته[3]. وعند الجعفرية يورث خيار الرؤية، فلا يسقط بوفاة من له هذا الخيار، بل ينتقل إلى ورثته[4]. وبهذا قال الشافعي[5].

328 - موقف القانون المعاصر: من اشترى شيئا لم يره كان له الخيارحين يراه، فإن شاء قبله وإن شاء فسخ البيع، ولا خيار للبائع فيما باعه ولم يره، والمراد بالرؤية الوقوف على خصائص الشيء ومزاياه بالنظر أو اللمس أو الشم أو السمع أو المذاق (المادة 517) من القانون المدني العراقي وخصص القانون المدني الأردني المواد (184 - 188) لأحكام خيار الرؤية وهي مستمدة من الفقه الإسلامي، كما أن المشروع العربي نص على أحكام خيار الرؤية في المواد (221 - 225) وهي مستمدة من الفقه الإسلامي، واشترط القانون المدني المصري أن يكون المشتري عالما بالمبيع علما كافيا، ويعتبر العلم كافيا إذا اشتمل العقد على بيان المبيع وأوصافه الأساسية بيانا يمكن معرفته وإذا ذكر في عقد البيع إن المشتري عالم بالمبيع، سقط حقه في طلب إبطال البيع بدعوى عدم علمه به إلا إذا أثبت تدليس البائع. (المادة 418 - 419) وهذه الأحكام وردت في المادة (287) من القانون المدني السوري.

خامسا - خيار العيب:

329 - 1 - تعريف: وهو ما يكون للمتملك من حق في فسخ العقد أو امضائه بسبب عيب يجده فيما تملك[6] وفي اصطلاح الحنفية، ما يوجب نقصا في

---

(1) الخفيف ص353 - 354 زيدان ف456 ص 386.
(2) منهاج الصالحين ج2 ص29.
(3) شرح الزيلعي ج4 ص30 علي حيدر شرح المجلة ج1 ص271.
(4) منهاج الصالحين ج2 ص32.
(5) البدائع ج5 ص268 محمد يوسف موسى ص 487 منير القاضي شرح المجلة ج1 ص303.
(6) علي الخفيف ص 356 أنور محمود ف 670 ص 519.

القيمة عند أهل الخبرة[1]. في حين ذهب الحنابلة إلى أن كـل نقـص يقتضي ـ العرف سلامة المبيع عنه يكون عيبا، وكل نقص لا يقتضي العرف سلامة المبيع عنه لا يكون عيبا، فكل أمر لم يرد عن الشارع تحديده يوكل امره إلى العرف[2] ويثبت هـذا الخيار، إذا كان المعقود عليه معينا بشخصه كـما في خيار الرؤية، فإذا كان معينا بأوصافه كما في المبيع في السلم فلا يثبت فيه خيار العيب، لأن تحققه يكون بتحقق أوصافه فإذا لم تتحقق لم يكن محلا للعقد[3].

330 - 2 - مشروعية خيار العيب: هـذا الخيار مقرر مـن الشارع، وإن لم ينص عليه في العقد، ومما يدل على مشروعيته، قوله صلى الله عليه وسلم (من غشنا فليس منا)[4] فهذا الحديث يدل على أن كتمان العيوب الخفية ممنوع ديانة، فيثبت لمن وقع في هذا الغش، الحق في فسخ العقد أو امضائه قضاء، وهذا مايظهر بوضوح من قوله صلى الله عليه وسلم (لاتصروا الإبل والغنم، فمن ابتاعها بعد ذلك فهو بخير النظرين بعد أن يحلبها، إن شاء امسكها، وإن سـخطها ردهـا ورد معهـا صاع مـن تمر)[5] ومما يدل على مشروعية خيار العيب أيضا، إن الرضا، وهو أساس التعاقد، غير صحيح مع وجود العيب، لأن إرادة المتعاقدين اتجهت إلى محل سليم مـن العيـوب، فإذا اتضح، بعد ذلك، أن به عيبا كان الرضا معيبا[6].

331 - 3 - العقود التي يثبت فيها خيار العيب: يثبت خيار العيب في العقود التي يثبت فيها خيار الرؤية وهـي البيع والإجـارة والقسـمة وبـدل الصلـح، والعيب، والعيب الذي يثبت فيه الخيار، هو العيب في المعقود عليه والـذي يوجـب نقصا في ثمنه عند التجار وارباب الخبرة فيه أو الذي تقتضي الخلقة السليمة أن

(1) أحمد فراج حسين ص311.
(2) الفتاوى الانقروية ج2 ص63ت 64 الخرشي ج4 ص19 وما بعدها أحمد فراج حسين ص 311 - 312.
(3) علي الخفيف ص 356 - 357 زيدان ف457 ص 387.
(4) رواه البخاري ومسلم والترمذي فيض القدير ج6 ص185.
(5) رواه البخاري ومسلم وأحمد بن حنبل في المسند ج2 ص 2317، نيل الأوطار ج5 ص327 (والصاع: مكيال كانت تكال بها الحبوب ونحوها قديما).
(6) أحمد فراج حسين ص311 أنور محمود ف 670 ص520.

يكون المعقود عليه خاليا منه أو الذي يفوت المقصود منه، وكان ذلك يوجب نقصانا في قيمته وعلى هذا نصت المادة (338) من المجلة (العيب هو ما ينقص ثمن المبيع عند التجار وارباب الخبرة)[1] بحيث لو علم المشتري بهذا العيب لما أقدم على تملكه بالثمن الذي رضيه.

332 - 4 - وقت خيار العيب: إن استعمال خيار العيب، يكون في الوقت الذي يظهر فيه العيب طال هذا الوقت أم قصر، ما دام لم يعرض على العقد مانع من موانع الرد، وإنما الخلاف في توقيت مدته، بعد ظهوره، فذهب الشافعية والمالكية إلى أنه يجب الرد فورا لئلا يلحق بالبائع ضرر من التاخير، كما أن التاخير في الرد دون عذر يعتبر رضا بالعيب دلالة، وقدر المالكية الفور بيوم أو يومين وما زاد عن ذلك يعد تراخيا مسقطا للحق، والشافعية فوضوه إلى العرف، فيما تعارفه الناس تراخيا في الرد يسقط الخيار، أما الحنفية والحنابلة فلم يشترطوا الفورية، بل يجوز عندهم أن يكون على الفور وعلى التراخي[2].

333 - 5 - شروط ثبوت خيار العيب:

ا - وجود العيب في محل العقد، كالمبيع في عقد البيع، قبل أن يتسلمه المشتري، سواء حدث العيب قبل العقد أو بعده ولكن قبل التسليم. ب - أن يكون العيب مؤثرا في قيمة المبيع. ج - ألا يعلم المشتري بالعيب حين العقد، وألا يرضى به بعد علمه، وألا يزول هذا العيب قبل أن يستعمل صاحب الخيار حقه في الفسخ. د - ألا يكون المملك (كالبائع في عقد البيع) قد اشترط براءة المبيع من العيوب، فإن اشترط ذلك ورضي المتملك، ثم ظهر العيب في المعقود عليه لم يترتب عليه خيار[3].

334 - 6 - أثر خيار العيب في العقد: إذا توفرت شروط خيار العيب، كان

---

(1) الكاساني ج5 ص274 كشاف القناع ج2 ص58 منهاج الصالحين ج2 ص30 علي حيدر ج1 ص290.
(2) الفتاوى الانقروية ج1 ص272 فتح الوهاب شرح منهج الطلاب ج1 ص 173 الاقناع ج2 ص99 مجمع الانهر ج2 ص52 علي الخفيف ص 358 علي حيدر ج1 ص290 زيدان ف 460 ص388 - 389.
(3) البدائع ج5 ص274.

العقد غير لازم، بنسبة لم تقرر له هذا العيب، فيجوز له أن يفسخ العقد أو يمضيه، وأن وجود العيب في المعقود عليه لا يحول دون نفاذ العقد، بل ينفذ وتترتب عليه آثاره، فاثر العيب يظهر في لزوم العقد فيمنعه بالنسبة للمشتري ومن مثله، وفي هذه الحالة يخير بين امرين: أ - إما امساك المعقود عليه والرضا به كما هو بكل ثمنه وحينئذ يلزم العقد من جانبه. ب - أو رده على بائعه، فيبطل العقد ويصير كأن لم يكن، إلا إذا تعذر عليه رده بسبب مانع من موانع الرد[1] وذهب الحنابلة إلى أن للمشتري أن يمسك المبيع ويرجع على البائع[2]. ويشترط الحنفية في الفسخ بعد تسلم المشتري للمبيع، صدور حكم قضائي بالفسخ أو اتفاق مع الطرف الآخر، في حين يرى الشافعية والحنابلة أنه يكتفى بمجرد اعلان المشتري الفسخ، أما في الفسخ قبل تسلم المشتري للمبيع، فيكتفى بمجرد اعلان المشتري للفسخ، وهذا محل اتفاق الفقهاء[3].

335 - 7 - وراثة خيار العيب: يورث خيار العيب إذا مات من له الخيار قبل أن يختار فسخ العقد أو إمضائه، ويقوم الوارث مقامه في ذلك، إلا أن الحنفية أثبتوا هذا الحق للوارث ابتداء، وذهب الفقهاء الآخرون إلى أنه يثبت للوارث بحكم الوراثة، لأنه حق مالي، ولا يترتب على هذا الخلاف نتيجة عملية[4].

336 - 8 - سقوط خيار العيب: أ - اسقاط الخيار صراحة أو بما فيه معنى التصريح، نحو أن يقول اسقطت الخيار أو أبطلت أو الزمت البيع، لأن خيار العيب حقه والإنسان له أن ينزل عنه. ب - تصرف المشتري في المبيع، كالبيع والهبة. ج - تعيب المبيع بعيب جديد في يد من له الخيار. د - زيادة المعقود عليه في يد من له الخيار زيادة متصلة غير مولدة منه كصبغ الثوب أو زيادة منفصلة متولدة منه كاللبن والصوف في الحيوان والثمر في الشجر، إذا ماحصلت هذه الزيادة بعد القبض[5].

---

(1) الاقناع ج2 ص96، 98، وانظر أحمد فراج حسين ص 313 والهامش (1) من الصفحة ذاتها.

(2) مجمع الانهر ج2 ص 40.

(3) أنور محمود دبور ف 673 ص521 - 522 أحمد فراج حسين ص313.

(4) علي الخفيف ص 365 - 366 محسن الحكيم ج2 ص32.

(5) الكاساني ج5 ص274 محسن الحكيم ج2 ص30 المختصر النافع ص125 زيدان ف462 ص390.

وإذا امتنع فسخ العقد ورد المعقود عليه، بسقوط خيار العيب، فإن المتملك في بعض الحالات يستحق الرجوع على المملك بنقصان العيب، فيكون له هذا الرجوع إذا هلك المعقود عليه، أو تعيب بغير فعله سواء كان بعد علمه بالعيب أو قبله، وكذلك إذا تعيب بفعله كما لو كان قماشا فقطعه لخيطه ثوبا أو استهلكه كما لو كان طعاما فاكله، بشرط أن لا يكون التعيب والاستهلاك بعد علمه بالعيب، فإن كان عالما بالعيب ثم عيبه أو استهلكه فلا حق له برجوع النقصان، وكذلك يرجع بالنقصان في حالة الزيادة المانعة بالفسخ ورد المعقود عليه، ولا يكون للمتملك الرجوع بالنقصان إذا تصرف في المعقود عليه بما يخرجه من ملكه ولا عند رضاه بالعيب[1].

337 - موقف القانون المعاصر: العيب هو ما ينقص ثمن المبيع عند التجار وارباب الخبرة أو ما يفوت به غرض صحيح إذا كان الغالب في امثال المبيع عدمه، ويكون العيب قديما إذا كان موجودا في المبيع وقت العقد أو حدث بعده في يد البائع قبل التسليم، وإذا ظهر بالمبيع عيب قديم كان المشتري مخيرا إن شاء رده وإن شاء قبله بثمنه المسمى، وخصص القانون المدني العراقي المواد (558 - 570) للأحكام المتعلقة بضمان العيوب الخفية، وعالج القانون المدني المصري هذا العيب في المواد (447 - 455) والقانون المدني السوري في المواد (415 - 423) أما المشروع العربي فقد خصص المواد (232 - 236) لخيار العيب.

المطلب الثاني

صحة التراضي

338 - لا يكفي وجود التراضي، لانعقاد العقد، وإنما يتوجب أن يكون التراضي صحيحا، أي صادرا من متعاقد يتمتع بأهلية التعاقد وأن تكون إرادته سليمة غير معيبة باحد عيوب الإرادة، لذلك بند هذه المسائل في بندين اثنين:

(1) علي الخفيف ص 312 - 313 محسن الحكيم ج2 ص 32 أحمد فراج حسين ص 314 - 315.

البند الأول

أهلية التعاقد

اولا - الأهلية:

339 - يقصد بالأهلية، لغة، الصلاحية، فإذا كان الشخص اهلا للعمل، فيقال إنه أهل له، أما في الاصطلاح الفقهي، فتنقسم الأهلية إلى أهلية وجوب وأهلية أداء، لذلك نبحثهما تباعا:

340 - 1 - أهلية الوجوب: وهي صلاحية الشخص للالزام والالتزام[1] **أي** صلاحية الشخص لأن تثبت له اوعليه الحقوق المشروعة[2] ومناط أهلية الوجوب في نظر الشرع الإسلامي، الصفة الإنسانية، ولا علاقة لها بالسن أو العقل أو الرشد، فكل إنسان، في أي طوركان، أو صفة، حتى الجنين والمجنون، يعد متمتعا بأهلية الوجوب، ولكنها أهلية ناقصة، وأهلية الوجوب ذات عنصرين هما:

ا - العنصر المؤهل للدائنية، أي الالزام، وهو يؤهل الشخص لأن يكون دائنا، بحيث تثبت الحقوق له، ومثاله الجنين في بطن أمه، وهي أهلية ناقصة.

ب - العنصر المؤهل للمديونية، أي الالتزام، وهو يؤهل الشخص لأن يكون مدينا كما يكون دائنا، فيمكن أن تثبت له الحقوق، وعليه بأسبابها المشروعة، وبهذا العنصرتكمل أهلية الوجوب في الشخص[3].

(1) الزرقا ف 7/59 ص 785 وجاء في المصباح المنير في غريب الشرح الكبير (215/2) لزم الشيء لزوما ثبت ودام، ويتعدى بالهمزة فيقال: الزمته: أي أثبته وادمته، ولزمه المال، وجب عليه، ولزمه المال والعمل وغيره فالتزمه، ويفرق الفقهاء بين الالزام الذي بمعنى الثبوت والوجوب، والالتزام: الذي هو بمعنى إرادة شغل الذمة بشيء اختيارا وفق إرادته، ويظهر هذا عند تعرض الفقهاء لتعريف الذمة والتفرقة بينها وبين الأهلية، ففي الأشباه والنظائر (حاشية الحموي على الأشباه والنظائر، ابن نجيم 211/2 سنة الطبع 1290 للهجرة) إن الذمة امرشرعي مقدر في المحل يقبل الالزام والالتزام وورد في قواعد الأحكام في مصالح الانام، عزالدين بن عبد السلام (ج2 ص109، القاهرة مطبعة الاستقامة 1353 للهجرة) (إن الذمم هي تقدير الإنسان يصلح للالتزام والالزام من غير تحقق له).

(2) أبو زهرة ف 154 ص272.

(3) أبو زهرة ف 154 ص272 الزرقا ف 11/58 ص786.

341 - ويستتبع العنصر الثاني في أهلية الوجوب، وهو العنصر الذي يؤهل الشخص للمديونية، يستتبع وجود شيء آخر يقدر شرعا في شخصية الإنسان يسمى الذمة، وتبقى أهلية الوجوب، وتستمر ما دام حيا، فإذا توفي زايلته، وتعتبر باقية بعد وفاته إلى امد لضرورات، ومن ذلك أن يتوفى الإنسان مدينا، وقد ترك مالا، فتعتبر أهليته باقية حتى يوفي دينه، ولولا ذلك لسقط الدين[1]. وأساس ثبوت هذه الأهلية للإنسان، ذمته التي هي محل الوجوب، ولهذا يضاف الحق إليها لا لغيرها، ولكن ما هي الذمة ؟

342 - الذمة وصف يصير به المكلف اهلا للالزام والالتزام[2] وهي معنى شرعي مقدر في المكلف، قابل للالتزام واللزوم، وهذا المعنى جعله الشرع سببا على أشياء خاصة منها البلوغ ومنها الرشد، فمن اجتمعت له هذه الشروط رتب المشرع عليها تقدير معنى فيه يقبل الزامه ارش الجنايات وأجر الاجارات واثمان المعاملات ونحو ذلك من التصرفات، ويقبل التزامه إذا التزم اشياء اختيارا من قبل نفسه لزمه[3] وبالذمة يكون الإنسان صالحا لأن تكون له حقوق وعليه واجبات، ولا تقتصر الذمة في الفقه الإسلامي، على ما في الإنسان من الصلاحية للتملك والكسب، أي على نشاطه الاقتصادي فحسب، بل هي وصف تصدر عنه الحقوق والواجبات جميعها، وتبدأ الذمة ببدء حياة الإنسان وهو جنين، فتكون له ذمة قاصرة، ثم يولد حيا فتتكامل ذمته شيئا فشيئا، في المعاملات والعبادات والحدود حتى تصير كاملة، وتبقى ذمة الإنسان ما بقي حيا، وتنتهي بموته، وانتهاء الذمة بالموت، تختلف فيه المذاهب، فبعض الحنابلة والمالكية، يذهبون إلى أن الذمة تتلاشى بالموت، فإن ترك الميت مالاً تعلقت ديونه به أي بماله، وإلا سقطت، والحنابلة الآخرون والشافعية يذهبون إلى أن الذمة تبقى بعد الموت إلى أن توفى الديون، أما الحنفية فيذهبون إلى أن الذمة بعد الموت لا تتلاشى ولا تبقى، ولكنها تخرب، ويقويها أن يترك الميت مالاً أو كفيلا بدينه، فإن لم يوجد مال ولا كفيل

(1) علي الخفيف ص236.
(2) كشاف القناع ج2 ص117.
(3) الفروق للقرافي ج3 فرق 183 ص231.

سقط الدين[1].

343 - ولكن هل يعترف الفقه الإسلامي بأهلية الوجوب للشخص المعنوي (الحكمي أو الاعتباري)؟

يقرر الفقه الإسلامي، لبعض الهيئات أو الجهات، وهي اشخاص معنوية أو حكمية أو اعتبارية، في حقيقتها، حقوقا تجاه الناس يتولاها من تثبت له الولاية أو النظر عليها، كما للناس حقوقا قبلها، يطلبونها ممن له الولاية عليها، ومن ابرز الأمثلة الواردة في الفقه الإسلامي، الاوقاف والوصايا والمساجد واللقطة وبيت المال، لذلك ذهب الشافعية والمالكية إلى أن هذه الجهات أهل للتملك وأثبتوا لها بذلك الذمة[2]. لذلك تثبت الذمة للشخص المعنوي كما تثبت للشخص الطبيعي ويكون الفرق بين الذمتين، إن ذمة الشخص الطبيعي ذمة حقيقية أساسها العقد والعهد، أما ذمة الشخص المعنوي فذمة فرضية اعتبارية، لا ترقى إلى ذمة الشخص الطبيعي، فلا يترتب عليها من الحقوق والواجبات إلا ما يتناسب وطبيعتها[3].

344 - وأهلية الوجوب نوعان:

ا - أهلية الوجوب الناقصة، هي صلاحية الإنسان لثبوت الحقوق الضرورية له فقط، دون أن تلزمه حقوقا لغيره، وتثبت أهلية الوجوب الناقصة للجنين وهو في بطن أمه، ذلك لأن ذمته ناقصة فهو جزء من أمه، ولما كان معدا للانفصال وصيرورته نفسا، لذا لم يجعل الشارع له ذمة كاملة صالحة، بل جعل له أهلية صالحة لأن تجب له حقوق، لا أن تجب عليه واجبات، فيثبت له الحق في ثبوت نسبه من أبيه والميراث من مورثه واستحقاق من غلة الوقف الذي هو من ضمن مستحقيه، فإن ولد حيا ولو حكما، ثبتت له كل هذه الحقوق، وإن ولد ميتا ولو

(1) الدكتور محمد زكي عبد البر، أحكام المعاملات المالية في المذهب الحنبلي، القاهرة، مكتبة دار التراث، الطبعة الثانية 1418 للهجرة 1998 م ص 49 - 50 وانظر الفروق ج3 ص337، أحمد فراج حسين هامش (1) ص208، أنور محمود دبور ف 585 ص 433.

(2) اسنى المطالب على روض الطالب للشيخ زكريا الانصاري الشافعي ج2 ص365 منح الجليل للشيخ عليش المالكي ج3 ص548.

(3) علي الخفيف ص236 محمد سلام مدكور المخل للفقه الإسلامي ص 441 - 442 أحمد فراج حسين ص210 أنور محمود ف586 ص434 - 436.

حكما لم يثبت له شيء [1].

ب - أهلية الوجوب الكاملة: وهي صلاحية الشخص للوجوب له اوعليه، وتثبت هذه الأهلية للجنين بمجرد ولادته حيا ولو حكما بناء على قيام الذمة بصيرورته نفسا من كل وجه، وبواسطة أهلية الوجوب الكاملة، يصبح الشخص قابلا للالزام وللالتزام.

345 - موقف الفقه القانوني والقانون المعاصر: أهلية الوجوب وصف يقوم على مدى صلاحيته لكسب الحقوق وتحمل الواجبات، وقد تتوفر للشخص بالنسبة إلى حق معين ولا تتوفر بالنسبة إلى حق آخر، وبقدر ما يستطيع الشخص أن يكسبه من حقوق ويتحمل به من واجبات تتكون أهلية الوجوب لديه، بحيث يمكن أن تكون كاملة أو ناقصة، وقد تتوفر للشخص أهلية الوجوب دون أهلية الأداء كالمجنون والصغير غير المميز وتبدأ الشخصية الطبيعية للإنسان بتمام ولادته حياوفيما يتعلق بثبوت أهلية الوجوب للميت هناك ثلاثة اتجاهات:

الاتجاه الأول: يرى أن الميت تكون له أهلية وجوب ولكنها محددة بمدة معينة أي انها تنتهي بمجرد سداد ديونه وتصفية تركته [2].

الاتجاه الثاني: يرى أن الميت لا تكون له أهلية وجوب وذلك لعدم وجود شخصية قانونية للميت [3].

الاتجاه الثالث: يرى أن أهلية الوجوب (تقف) عند الميت ويستدل هذا الاتجاه بأن الميت لا يستحق كثيرا من الحقوق بعد موته [4].

والأصل في القانون المعاصر أن الشخص أهل للتعاقد ما لم يقرر القانون عدم أهليته أو يحد منه، وأخذت القوانين المدنية التي بين ايدينا أحكام الأهلية من

(1) أحمد فراج حسين ص211 أنور محمود ف 585 ص434 وانظر مؤلفنا الأحكام القانونية لرعاية القاصرين بغداد 1989.
(2) السنهوري الوسيط ج1 ف145 ص284 غني حسون طه ف 319 ص 155.
(3) الدكتور مصطفى محمد الجمال والدكتور حمدي عبد الرحمن، المدخل لدراسة القانون، نظرية الحق، القاهرة، سنة الطبع بلا، 175.
(4) عدنان القوتلي، الوجيز في الحقوق المدنية، المدخل للعلوم القانونية ط7 دمشق مطابع دار الفكر 1963 ص548 هامش (2).

الفقه الإسلامي، كما فعل ذلك القانون المدني العراقي في المواد (93 - 110) والقانون المدني المصري في المواد (109 - 119) والقانون المدني السوري في المواد (110 - 120) والقانون المدني الأردني في المواد (116 - 127) والمشروع العربي في المواد (113 - 125)[1].

346 - 2 - أهلية الأداء: وتعرف بأنها صلاحية الشخص لممارسة الأعمال التي يتوقف اعتبارها الشرعي على العقل[2]. فهي صلاحية الإنسان لأن يطالب بما له من حق وأن يطالب بما عليه من حق للغير، وأن تعتبر عبارته في إنشاء العقود وتترتب عليها آثارها الشرعية[3]. ومناط أهلية الأداء، التميز والعقل، فالعقل القاصر تثبت به أهلية قاصرة، والعقل الكامل تثبت به أهلية كاملة، والأول عقل الصبي المميز الذي يدرك الخير من الشر، ويعرف ما فيه النفع والضرر من الالتزامات والتصرفات والثاني عقل من بلغ رشده ووصل عقله إلى كماله[4]. فأساس هذه الأهلية، هو العقل والتمييز، لا الحياة، ويراد بالتمييز، معرفة معاني الألفاظ التي تنشأ بها العقود، وآثار هذه العقود والغبن فيها فاحش أو يسير,ولا اعتداد بشيء من ذلك إلا لمن بلغ السابعة من عمره، واما قبل هذه السن فلا اعتبار لعقله أو التمييز[5].

347 - وتكون أهلية الأداء كاملة وناقصة تبعا لكمال العقل ونقصانه، وذلك على النحو الآتي:

ا - أهلية أداء كاملة، وتثبت للبالغ العاقل الرشيد الذي لم يحجرعليه لأي سبب من الاسباب، فهو صالح لإنشاء جميع العقود والتصرفات المشروعة.

ب - أهلية أداء ناقصة أو قاصرة، وتثبت لمن كان عنده تمييز ولكن لم يكن عنده كمال في العقل بأن كان غير بالغ أو كان ناقص العقل مع وجود التمييز أو كان بالغا عاقلا ولكن يوجد في تصرفاته ما يدل على نقصانه من حيث تدبيره للمال[6].

---

(1) انظر المذكرت الإيضاحية للقانون المدني الأردني ج1 ص 130.
(2) الزرقا ف 11/59 ص786.
(3) عبد الوهاب خلاف ص150 محمد يوسف موسى ف452 ص 321.
(4) مرآة الأصول ص594 - 595 التلويح والتوضيح ج2 ص731 - 732.
(5) علي الخفيف ص239 أحمد فراج حسين ص213 أنور محمود ف 587 ص 437.
(6) محمد يوسف موسى ف452 ص321 وما بعدها أبو زهرة ف159 ص281 وما بعدها الزرقا

348 - موقف القانون المعاصر: يقصد بأهلية الأداء، صلاحية الشخص لصدور العمل القانوني منه على وجه يعتد به قانونا، أي صلاحية الشخص لمباشرة التصرفات القانونية[1]. وقد تتوفر للشخص أهلية الوجوب دون أهلية الأداء كالمجنون والصغير غير المميز وقد تتوفر أهلية الوجوب وأهلية أداء ناقصة فيكون الشخص ناقص الأهلية أي ناقص الأداء كالصغير المميز، والأصل أن تتوفر للشخص أهلية الوجوب وأهلية الأداء معا فيكون كامل الأهلية[2].

ثانيا - تمييز الأهلية عما يشتبه بها من أوضاع:

349 - 1 - الأهلية والولاية على المال: يقصد بالأهلية هنا، أهلية الأداء، وهي تفترض عند وجودها لدى الشخص وجود أهلية وجوب عنده وعكسها غير صحيح فمن له أهلية الوجوب قد يكون معدوما من أهلية الأداء كالصغير والمجنون والمعتوه، فهؤلاء، وإن كانت لهم أهلية وجوب، إلا أنهم لا يتمكنون من مباشرة التصرفات القانونية بأنفسهم كلها أو بعضها، وقد لاحظ المشرع أن ترك الشخص محروما من أن تجري لصالحه التصرفات القانونية التي تحدث أثرا له (اي لمعدومي أهلية الأداء) يعرقل من مجرى الحياة القانونية ويعود على الشخص القاصر ومن في حكمه باضرار، لذلك وجد نظام الولاية على المال، وهي سلطة شرعية في النفس والمال يرتب عليها نفاذ التصرفات فيهما شرعا[3]. والمراد منها عند الفقهاء، قيام شخص كبير راشد على شخص قاصر في تدبير شؤونه الشخصية والمالية، فهي سلطة ذات فرعين: أ - الولاية على النفس، وهي سلطة على شؤون القاصر المتعلقة بشخصه ونفسه، كالتزويج والتعليم والتطبيب والتشغيل. ب - الولاية على المال، سلطة على شؤونه المالية، من عقود وتصرفات وحفظ وانفاق[4]، وهذه الولاية هي المتعلقة بموضوعنا، هنا.

ف11/59 ص786 وما بعدها.

(1) الصدة ف 129 ص 160.

(2) مالك دوهان الحسن ص 267.

(3) زيدان ف386 ص334.

(4) الزرقا ف4/66 ص845 وانظر مؤلفنا في الأحكام القانونية لرعاية القاصرين.

350 - وتكون الولاية بالنسبة للصغير القاصر، لأبيه ثم لوصيه ثم لجده ثم لوصيه ثم للقاضي، أو لمن يجعله وصيا، والسبب في هذا الترتيب يعود إلى أن الأب يكون اوفر الناس شفقة على ولده ووصيه الذي اختاره بنفسه احق الناس في القيام مقامه بعد وفاته، والجد يأتي بعد هذين، لتأخره عن الأب درجة في النظر للابن، ووصيه يليه ما دام قد وثق به، ورضيه لهذه المهمة، والقاضي أمين الأمة في تحقيق العدل، والنظر لمصلحة المسلمين عامة وبخاصة اليتامى، فصلح وليا[1] وهذا في المذهب الحنفي، أما في المذهب الحنبلي والمالكي، فالولاية اولا للاب ثم الجد ومن بعدهما للقاضي أو لمن يقيمه امينا على القاص، أما الجد وغيره من ذوي القرابة فلا ولاية لهم، إلا إذا جعل الأب أحدهم وصيا[2]. ويرى الشافعية، أن الولاية على الصغير في المال تكون للاب اولا ثم للجد وإن علا، ثم لوصيهم، أي وصي من تأخر موته منهما، ثم القاضي العدل الامين للحديث النبوي الشريف (السلطان ولي من لا ولي له)[3] أما سائر ذوي القرابة، فلا ولاية لهم على مال الصغير، وإن كان لهم الانفاق في تربيته وتعليمه وتثقيفه[4]. وفقه الإمامية، تثبت الولاية للاب والجد للاب والحاكم وامينه والوصي[5].

351 - وتتفق المذاهب الأربعة، في حالة الصغير الذي يبلغ وهومجنون اومعتوه، فتكون الولاية عليه لمن كان وليه قبل البلوغ، من اب أو جد أو وصي، وكذلك إذا بلغ سفيها، وإن كان هناك رأي (أبي يوسف) خلافا لمحمد، من قضاء القاضي بالحجر عليه، وحينئذ تكون الولاية لمن تقيمه المحكمة الحسبية وليا عليه أما إذا بلغ رشيدا، وانقطعت عنه ولاية من كان وليا عنه، ثم اصيب بآفة من هذه الافات العقلية (الجنون أو العته) فإن الولاية عليه تكون للقاضي في مذهب (الإمامين مالك وأحمد بن حنبل)، أي لمن تقيمه عليه المحكمة الحسبية، والأمر كذلك عند الاحناف والشافعية، وفي قول آخر، وهو الراجح، ترجع الولاية لمن

---

(1) محمد يوسف موسى ف489 ص349 - 350.
(2) كشاف القناع ج2 ص223 منتهى الإرادات ج2 ص154.
(3) رواه الترمذي وحسنه والحاكم وصححه.
(4) نهاية المحتاج ج3 ص355 - 356.
(5) المختصر النافع ص118.

كانت له قبل البلوغ[1].

352 - ويشترط في الولي أن يكون امينا بالغا قادرا على ما يدخل ضمن ولايته من التصرفات، كما يشترط اتحاد الدين بين الولي والمولى عليه، فلا ولاية لغير المسلم على المسلم باتفاق الفقهاء، وكذلك لا ولاية للمسلم على غير المسلم عند جمهور الفقهاء[2]. ويجوزعند الجعفرية هذه الولاية[3]. أما ثبوتها بين غير المسلمين فجائزة بلا خلاف بين الفقهاء[4].

353 - وترد على الولي على اختلاف أنواعه وتصرفاته قيود، ومنها ألا تكون ضارة بمن هو تحت ولايته، كالهبة والصدقة، ويجيز الإمام محمد للأولياء الهبة بعوض، ولم يجز بعض الفقهاء العارية لأنها تبرع، وأجازها آخرون، لأن المنافع ليس بمال، فكان العين المستعارة مودعة لدى المستعير يضمنها إن هلكت بتعد أو اهمال منه، وليس للولي اقراض مال من هو تحت ولايته، مخافة الضياع ولأنه ازالة للملك في الحال، فكأنه تبرع ابتداء، على أن للقاضي ذلك، لأنه اقدر على الاستيفاء، فلا يخاف من ضياع المال لدى المقترض[5]. وإذا كان نافعا، كقبول الهبة والوصية والضمان أو الكفالة للمال، كان صحيحا نافذا وكذلك ما كان مترددا بين النفع والضرر، وإلا لوقفت الأعمال المالية التي لا بد منها لإدارة ثروة من تحت الولاية[6]. وقد بحث الفقهاء المسلمون القيود والحدود الواردة على تصرفات الأولياء، بشكل مفصل وذلك للحفاظ على أموال من هو تحت الولاية من الضياع والتلف.

(1) كشاف القناع ج2 ص226 نهاية المحتاج ج3 ص356 الشرح الكبير ج3 ص300 الزيلعي وحاشية شهاب الدين أحمد الشلبي عليه ج5 ص 194 - 196.
(2) كشاف القناع ج2 ص223 شرح منتهى الإرادات ج5 ص154 منهج الطلاب وحاشية البجيرمي ج2 ص441 الكاساني ج5 ص153.
(3) الشيخ عبد الكريم رضا الحلي، الأحكام الجعفرية في الأحوال الشخصية بغداد ص11.
(4) الدكتور عبد الكريم زيدان، أحكام الذميين والمستامنين في الشريعة الإسلامية، بغداد 1964 ص 461.
(5) البدائع ج5 ص136، 103 - 154 جامع الفصولين ج2 ص12 - 14 كشاف القناع ج2 ص225.
(6) محمد يوسف موسى ف493 ص354.

354 - وننتهي إلى القول بأن الولاية على المال هي قدرة الشخص أو صلاحيته لمباشرة شؤون غيره، في حين أن أهلية الأداء هي صلاحية الشخص لمباشرة شؤونه بنفسه، فالولاية صلاحية بالنسبة إلى مال الغير اما الأهلية فصلاحية الشخص بالنسبة إلى أمواله، ويترتب على ذلك، إن فقدان الأهلية مؤداه بطلان التصرف، أما فقدان الولاية فمؤداه عدم نفاذ التصرف في حق من يقصد الالتزام[1].

354 - موقف القانون المعاصر: في القانون المدني العراقي ولي الصغير هو أبوه ثم وصي أبيه ثم جده الصحيح ثم وصي الجد ثم المحكمة أو الوصي الذي نصبته المحكمة (م102) وقد نص هذا القانون على صلاحيات الولي والوصي في التصرف بأموال من هو تحت الولاية أو الوصاية، وهي مستمدة من الفقه الإسلامي، إلا أن قانون رعاية القاصرين رقم (78) لسنة 1980 قيد من صلاحيات الولي والوصي من التصرف، وليس لهما اية صلاحية إلا بموافقة مديرية رعاية القاصرين المختصة، وفق المادة (43) من هذا القانون[2] وتطابق المادة (123) من القانون المدني الأردني ما ورد في المادة (102) من القانون العراقي، كما أن القانون المدني المصري وكذلك القانون المدني السوري قد استمدا أحكام الأهلية من الفقه الإسلامي[3]، بالرغم من أنهما تجنبا ذكر من هو الولي، كما فعل المشروع العربي الأمر ذاته، مع النص على أن (يخضع عديمو الأهلية وناقصوها لأحكام الولاية أو الوصاية أو القوامة بحسب الأحوال وفقا للقواعد المقررة في القانون) " المادة 124 ".

355 - 2 - الأهلية وعدم قابلية المال للتصرف: تستهدف أهلية الأداء حماية الشخص بالذات بسبب عدم كفاية إرادته لصغر سنه أو اصابته باحد عوارض الأهلية، كما أن أحكام الأهلية تنعكس على جميع تصرفات الشخص دون استثناء

---

(1) الأستاذ شامل رشيد الشيخلي عوارض الأهلية بين الشريعة والقانون، بغداد مطبعة العاني، ص74 - 75 السنهوري الوسيط ج1 ف147 ص268 - 269 الصدة، مصادر الالتزام ف130 ص160 - 161 الدكتور سليمان مرقس، المدخل للعلوم القانونية، القاهرة 1967 ف317 ص608 - 609.
(2) للتوسع انظر مؤلفنا في الأحكام القانونية لرعاية القاصرين بغداد 1989.
(3) انظر المذكرات الإيضاحية للقانون المدني الأردني ج1 ص 130.

وتحديد، ومن ثم فهي لا تتعلق بمال معين دون غيره، وبذلك فإن الأهلية تختلف عن الحالة التي يمنع فيها احد الاشخاص من القيام بتصرف معين بالذات أو عدم التمكن من التصرف بمال معين، فيصبح هذا المال غير قابل للتصرف فيه، فالواقف لا يمكنه أن يتصرف في المال الذي وقفه، لا لأنه غير اهل لذلك بل لأن المال الموقوف لا يجوز التصرف فيه، وقد يمنع القانون، الموظف العام من الاشتراك في المزايدات التي تتم ضمن اختصاص منطقة عمله، وهذا المنع يكون حفاظا لسمعة الموظف وتنزيها له ولعدم التأثير على المزايدين ولتجنب التقيد الذي يحدث بالنسبة لحرية الدخول في المزايدات في حالة اشتراك الموظف العام في المزايدة الجارية في منطقة عمله، وقد يمنع المريض مرض الموت من بيع أمواله إلا في نطاق محدد، وذلك حماية لمصلحة الورثة، كإجازة الورثة البيع الواقع، ويلاحظ أن المنع من التصرف يلحق الشخص في حين أن عدم القابلية للتصرف يلحق بالمال أما الأهلية فمناطها التمييز[1].

356 - الأهلية والمنع من التصرف: الأصل في الإنسان الأهلية، أما نقص الأهلية وعدم الصلاحية لإجراء التصرفات القانونية فهو الاستثناء، ونقص الأهلية إما أن يكون طبيعيا يرجع إلى السن فهو يدور مع التمييز وجودا وعدما، أو أن يكون نقص الأهلية طارئا يعود إلى أمور تقع فتؤدي إلى اختلال في القوى العقلية أي في التمييز، وهذه الأمور تسمى بـ (عوارض الأهلية)، وقد يكون المنع من التصرف لمصلحة مشروعة قدرها المشرع، كمنع المريض مرض الموت من التصرف في أمواله مراعاة لمصلحة الورثة ويلاحظ أن المنع من التصرف يتعلق بالشخص في حين أن عدم قابلية المال للتصرف فيه يتعلق بالمال ذاته[2].

ثالثا - مراحل الأهلية:

357 - يمر الإنسان في حياته بمراحل عديدة من حيث الأهلية، فمن الفقهاء من قسمها إلى ثلاثة اطوار، وهي طور قبل سن التمييز وطور التمييز وطور

---

(1) الشيخلي ص76 - 77 السنهوري الوسيط ج1 ف146 ص269 الصدة ف130 ص161.
(2) السنهوري الوسيط ج1 ف147 ص 269 مالك دوهان الحسن ص 269.

البلوغ[1]. ومنهم من قسمها إلى مراحل يكون الإنسان فيها، فاقد الأهلية، ناقص الأهلية، كامل الأهلية[2]، ومنهم من قسمها إلى خمسة اطوار، طور الاجتنان (الجنين) وطور الطفولة، وطور التمييز، وطور البلوغ، وطور الرشد[3]. أما نحن فنقسمها إلى خمسة أدوار على النحو الآتي:

1 - الدور الأول: الجنين:

358 - يقصد بالجنين، لغة، (المستور في رحم أمه بين ظلمات ثلاث) كما وردت في الآية الكريمة (يَخْلُقُكُمْ فِي بُطُونِ أُمَّهَاتِكُمْ خَلْقًا مِنْ بَعْدِ خَلْقٍ فِي ظُلُمَاتٍ ثَلَاثٍ) [4] ويطلق على العلقة في نهاية الشهر الرابع، اسم (الجنين) ومعلوم في الشريعة الإسلامية والطب، أن ما بعد الأربعة الأشهر هو بدء نفخ الروح في الجسد وإيجاد الحياة فيه[5]. وينظر إلى الجنين في بطن أمه كجزء من أمه يقر بقرارها وينتقل بانتقالها بعدم ثبوت الذمة له وبالتالي تنتفي عنه أهلية الوجوب وينظر إليه من جهة كونه نفسا مستقلة ومنفردا عن أمه بالحياة ومتهيئا للانفصال عنها وصيرورته إنسانا مستقلا فنحكم له بوجود الذمة، وبالتالي تثبت له أهلية الوجوب، وقد لوحظت فيه هاتان الجهتان فلم يثبت له الفقهاء ذمة كاملة كما لم ينفوا عنه الذمة مطلقا وإنما أثبتوا له ذمة ناقصة صالحة لاكتساب بعض الحقوق فقط[6]. وأهلية الوجوب الناقصة تجعله قابلا للالزام فقط دون الالتزام، فيثبت بعض الحقوق الضرورية له، ولا يثبت شيء عليه[7]. وإذا انفصل الجنين عن أمه بالولادة حيا، ثبتت له أهلية الوجوب الكاملة، ويكون اهلا لثبوت الواجبات والحقوق عليه،

---

(1) محمد يوسف موسى ف452 ص321.
(2) أبو زهرة ف159 وما بعدها ص281 وما بعدها.
(3) الزرقا ف2/60 ص790.
(4) سورة الزمر الآية (6).
(5) الدكتور محمد سلام مدكور، الجنين والأحكام المتعلقة به في الفقه الإسلامي، القاهرة، دار النهضة العربية، 1969 ص32.
(6) الدكتور عبد الكريم زيدان، المدخل لدراسة الشريعة الإسلامية، بغداد المطبعة العربية 1964 ص314.
(7) الزرقا ف 3/60 ص791.

كما كان اهلا لثبوتها له قبل الولادة[1]. وتثبت هذه الأهلية الناقصة للجنين متى ولد حيا ويتكامل هذا النقص مباشرة بعد الولادة، حتى لو مات بعد لحظة قصيرة من ولادته ما دام قد ولد حيا، ويقوم الدليل على حياته بثبوت اعراض ظاهرة الحياة كالبكاء والصراخ والشهيق[2]. أما إذا سقط ميتا فلا اعتبار عندئذ لتلك الأهلية الناقصة، وتقتصر أهلية الجنين الناقصة على الحقوق الضرورية له، ولا سيما أنه ربما لا يخرج إلى الدنيا حيا، فلا حاجة إلى التوسع في منحه حقوقا وربطه بالتزامات تكون عرضة للانتقاض، إذا لم يكتب له استمرار الحياة حتى الولادة، أما الحقوق الضرورية التي تثبت للجنين فهي:

ا - النسب من أبيه وامه ومن يتصل بهما بواسطتهما. ب - الإرث ممن يموت من مورثيه، لأنه متفرع عن النسب، فيوقف للحمل من تركة مورثه أكبر النصيبين، على تقدير كون الحمل ذكرا أو انثى.

ج - استحقاق ما يوصى له به. د - استحقاق ما يوقف عليه، لأن كلا من الوصية والوقف يجوز شرعا لمن سيوجد، فيجوز لحمل معين موجود بطريق الأولوية[3].

359 - والحقوق المتقدمة لا تحتاج في نشأتها إلى قبول وإنما تنشأ بعقد الزواج وبصلة الدم أو بإيجاب المقر وحده وهذه الحقوق قررت من باب الشفقة والرحمة[4]. أما الحقوق التي تحتاج إلى قبول فإنها لا تثبت للجنين، لأنه ليس له عبارة وليس له ولي يقبل عنه، فالولاية لا تثبت إلا بعد الولادة ولو اقام الأب وصيا على الحمل فإن ولايته لا تثبت إلا بعد ولادته، واقر القانون المدني العراقي ما هو في الشريعة الإسلامية بشأن ابتداء شخصية الإنسان وانتهائها وثبوت بعض الحقوق

---

(1) مرآة الأصول ص592 التلويح والتوضيح ج2 ص 729 - 730.

(2) الدكتور أحمد الكبيسي، الأحوال الشخصية في الفقه والقضاء والقانون، بغداد مطبعة الرشاد ج2 1972 ص190.

(3) الزرقا ف 4/60 ص792 أنور محمود ف 589 ص438 - 439.

(4) أستاذنا المرحوم الدكتور أحمد علي الخطيب، حكمان خاصان بالجنين والميت، بحث في أهليتهما وذمتهما، مجلة العلوم القانونية والسياسية، جامعة بغداد المجلد الأول العدد الثالث 1977 ص133 وما بعدها.

للجنين، فقد نصت المادة (34) منه على أن (1 - تبدا شخصية الإنسان بتمام ولادته حياة وتنتهي بموته. 2 - ومع ذلك فحقوق الحمل يحددها قانون الأحوال الشخصية) وينتقد الأستاذ مصطفى أحمد الزرقا، نص المادة (31/ 1) من القانون المدني السوري التي تنص على أن (تبدا شخصية الإنسان بتمام ولادته حيا، وتنتهي بموته) ويرى بأن هذا خطأ ومتناقض مع إقرار حقوق للجنين مسلم بها في جميع الشرائع والانظار القانونية ومنها الإرث، إذ لا يعقل إثبات الحقوق إلا لشخص طبيعي أو اعتباري، والنظر الصحيح هو أن الذمة بمعناها الاصطلاحي في الفقه الإسلامي ليست من لوازم كل شخصية، بل من لوازم الشخصية المستقلة، وشخصية الجنين غيرمستقلة في نظر فقهائنا، بل هو تبع لأمه[1]. فالحقوق التي تثبت للجنين في الفقه الإسلامي تثبت له في القانون المعاصر، والحقوق هي النسب والإرث والوصية والوقف، أما بالنسبة للهبة للحمل المستكن، فإن الرأي الغالب في الفقه يرى انها باطلة، ذلك أنه يشترط في الموهوب له أن يكون موجودا حقيقة وقت الهبة، فالهبة تمليك في الحال، والجنين لا يملك أن يملك نفسه ولا ولاية لأحد عليه لأن الولاية تبدا بولادته حيا، وإن الهبة إيجاب وقبول، والجنين لا يقدر على القبول، وليس له ولي يقبل عنه[2]. ومع ذلك فهناك اتجاه يرى جواز الهبة للحمل المستكن ما دام من الجائز إقامة وصي عليه، ومن الأولى أن شخصية الجنين تمتد إلى كل ماهو نافع محضا سواء في ذلك ما توقف على القبول وما لا يتوقف عليه، ويملك القبول، في هذه الحالة، الولي أو الوصي نيابة عنه[3]. ونتفق مع هذا الرأي ما دام من الجائز تعيين وصي على الحمل المستكن، لذلك يمكن تحقيق شرط القبول في الهبة بقيام الوصي بذلك، علما بأن المادة (34) من قانون

---

(1) الزرقا هامش (2) ص 798 - 799، والفقرة (2) من المادة (31) مطابقة للفقرة (2) من المادة 34 من القانون المدني العراقي وانظر المادة (29) مدني مصري والمادة (30) مدني أردني والمادة (113) من المشروع العربي.

(2) السنهوري الوسيط ج5 ف65 ص102 - 103 الدكتور توفيق حسن فرج، المدخل للعلوم القانونية، الاسكندرية، 1976 ف349 ص585 الدكتور سليمان مرقس، المدخل للعلوم القانونية، القاهرة 1967 ص517 هامش (3).

(3) الدكتور حسن كيرة، المدخل إلى القانون، الاسكندرية، 1974 ف 264 ص 525 - 526.

رعاية القاصرين العراقي رقم (78) لسنة 1980 أجازت تعيين وصي لعاية شؤون الجنين وذلك بقولها (الوصي هو من يختاره الأب لرعاية شؤون ولده الصغير والجنين ثم من تنصبه المحكمة...) ونصت المادة (36) من القانون على أن (تثبت الوصية المختارة بمحرر كتابي تقرها المحكمة بعد وفاة الأب، ويعتبر الوصي على الجنين وصيا على المولود).

2 - الدور الثاني: الصغير غير المميز:

360 - ويبدا هذا الدور من ولادة الصغير إلى أن يصبح مميزا، ويسمى الصغير قبل أن يصل إلى الوعي والتمييز بـ (غير مميز) وإن كان له إدراك وتمييز في كثير من الأمور الطبيعية، وبعد أن كان هذا الصغير جنينا تابعا لامه في الحياة، استقل بوجوده عن أمه، بعد الولادة، لذلك وجب أن تتسع أهليته وتدخل في مرحلة أخرى، فتثبت له أهلية وجوب كاملة، دون أن تكون له أهلية أداء، لذلك لا يعتد بتصرفاته الانشائية من اقوال وافعال، فأقواله كلها هدر لا يترتب عليها حكم، وعقوده باطلة، لأن عبارته غير معتبرة شرعا في إيجاب اوقبول أو إقرار أو إبراء أو غير ذلك، حتى لوكان تصرفه نافعا محضا له كقبول الهبة أو الصدقة، فلا يصح منه، بل ينوب عنه نائبه الشرعي من ولي أو وصي في مباشرة جميع العقود والتصرفات التي يحتاج إليها[1]. وتكتمل أهلية الوجوب لدى الطفل، بولادته، ويتملك الصغير منذ ولادته مايشترى له أو يوهب، ويعقد وليه أو وصيه بالنيابة عنه سائر العقود من بيع وقرض ورهن وإجارة وصلح وقسمة وغيرها بشرائطها الشرعية وتترتب نتائجها لحساب الطفل[2].

361 - موقف القانون المعاصر: سن التمييز سبع سنوات كاملة، لذلك يكون الصغير قبل هذه السن عديم التمييز، أي عديم الأهلية، ومن ثم فليس له إجراء أي نوع من أنواع العقود حتى ولو كان نافعا نفعا محضا، وتصرفات الصغير غير المميز باطلة وإن إذن له وليه، وينوب عن الصغير وليه ثم وصيه، وإذا تصرف

---

(1) الزرقا ف3/61 ص795 - 796.

(2) محمد يوسف موسى ف 453 وما بعدها ص 321 وما بعدها الزرقا ف 3/61، 4 ص 795 - 797.

الأب أو الجد في مال الصغير وكان تصرفهما بمثل القيمة أو بغبن يسير صح العقد ونفذ، أما إذا عرفا بسوء التصرف فللقاضي أن يقيد من ولايتهما أو يسلبهما هذه الولاية، وتكون عقود الإدارة الصادرة من الوصي في مال الصغير صحيحة نافذة ولو كانت بغبن يسير، أما التصرفات التي لا تدخل في حدود الإدارة كالبيع والرهن والقرض والصلح وقسمة الأموال واستثمار النقود فلا تصح إلا بإذن من المحكمة وبالطريقة التي تحددها[1].

3 - الصبي المميز:

362 - أ - المقصود بالتمييز: يقصد بالتمييز، أن يصبح للصغير بصرـ عقلي يستطيع به أن يميز بين الحسن والقبيح من الأمور، وبين الخير والشر، والنفع والضرر، وإن كان هذا البصرـ غير عميق، وهذا التمييز غير تام ولا مستوعب للنتائج[2]. والصبي المميز هو من له أهلية أداء ناقصة، ولا يتصور التمييز قبل سن السابعة، إذ هي السن التي يتصور أن يميز فيها الصبي بين معاني لفظ العقود في الجملة ويعرف المراد منها عرفا، وقد يتجاوز الشخص هذه السن ولا يوصف بالتمييز ما دام لم يعرف معاني العقود ومقتضاها في عرف الناس في الجملة، وعلى ذلك فضابط التمييز هو هذه المعرفة، غاية الأمر أنه لا يتصور دون السابعة[3]. أما بداية سن التمييز، فليس لها سن معينة من عمر الإنسان أو علامة طبيعية فيه، بل قد يبكر وقد يتأخر بحسب فطرة الطفل ودرجة ذكائه ومواهبه العقلية، وتتشابه أوائل هذا الدور مع أو آخر دور الطفولة الذي قبله، فلو جعل الانتقال من دور الطفولة منوطا بظهور آثار التمييز نفسه لكان المناط غير منضبط فوجود الأهلية الجديدة غير واضحة المبدأ لذلك اقتضت حكمة التشريع أن تعتبر سن مناسبة من عمر الإنسان مبدأ لتطور التمييز، فاعتبر الفقهاء أن تمام السنة السابعة من العمر، في الحالة الطبيعية السليمة مبدأ لدور التمييز، وما يستتبعه من أهلية جديدة[4].

---

(1) انظر المواد (96) و(2/97) مدني عراقي و(2/118) و(124) و(125) مدني أردني (110) مدني مصري و(111) مدني سوري و(163) مشروع عربي.

(2) الزرقا ف 1/62 ص81.

(3) أبو زهرة ف 161 ص282 البعلي ص166.

(4) الزرقا ف 2/62 أنور محمود ف591 ص441.

363 - موقف القانون المعاصر: سن التمييز في القانون المعاصر، هي تمام السنة السابعة، أي انها تبدا من اول يوم من السنة الثامنة وعلى هذا نصت المادة (2/97) من القانون المدني العراقي بقولها (وسن التمييز سبع سنوات كاملة) والمادة (2/45) من القانون المدني المصري بقولها (وكل من لم يبلغ السابعة يعتبر فاقدا للتمييز) وهذا النص ورد في المادة (2/47) من القانون المدني السوري أما المشروع العربي فقد نصت الفقرة (2) من المادة (122) على أنه (لايعتبر مميزا من لم يتم السابعة).

364 - ب - وتنقسم العقود بالنسبة لأهلية الأداء لدى الصغير المميز إلى ثلاثة اقسام:

" 1 " القسم الأول: عقود فيها ضرر محض في حق الصغير، كالتبرعات بجميع أنواعها من هبة أو صدقة أو وقف أو إعارة أو غيرها، فهذه العقود لا يملك الصغير المميز إبرامها، ولا يملك احد من ولي أو وصي أو قاض أن يجيزه له أو يفعله له، فإذا وقع كان باطلا، حماية لحقوق الصغير بمقتضى قصور أهليته، واستثنى الفقهاء اقراض القاضي مال اليتيم، وإن كان في القرض معنى التبرع ابتداء، فإنه يصون مال اليتيم من الضياع، فالقرض مضمون على المقترض في جميع الأحوال، وبسلطة القاضي إذا تولى هو الاقراض فلا يخشى على مال القرض[1]. وإن الشافعية لا يجيزون شيئا من عقود الصغير المميز، أي لا لنفسه ولا لغيره وسواء أذن له وليه أم لا، وحجتهم في ذلك قول الرسول الكريم صلى الله عليه وسلم (رفع القلم عن ثلاثة، عن الصبي حتى يبلغ، وعن النائم حتى يستيقظ، وعن المجنون حتى يفيق)[2] ووجه الدلالة، أن الحديث دل على أن الصبي لا يجب عليه شيء كما يدل على اسقاط اقواله وافعاله[3]. وجعل المالكية عقود وتصرفات المميز تدور مع المصلحة، فإن كانت المصلحة في إجازتها تعين على الولي ذلك، وإلا تعين ردها، وإن

---

(1) رد المحتار، الباب الأول من كتاب القضاء، ج4 ص341 أحمد فراج حسين ص215 أنور محمود ف 591ص 442.
(2) رواه أحمد وأبو داود.
(3) المجموع للنووي ج9 ص15.

استوت المصلحة في الإجازة والرد كان الولي بالخيار، وهم كالحنابلة للصبي التصرف في الشيء اليسير دون توقف على إذن الولي[1].

365 - موقف القانون المعاصر: لا يعتبر تصرف الصغير المميز الذي هو في حقه ضرر محض، وإن أذن وليه أو أجازه وعلى هذا نص القانون المدني العراقي في المادة (1/97) منه، ويعتبر هذا التصرف باطلا كما نص القانون المدني المصري (م1/111) والقانون المدني السوري (م1/112) والقانون المدني الأردني (م 1/118) والمشروع العربي (م 165).

366 - " 2 " القسم الثاني: عقود نافعة نفعا محضا للصغير المميز: وهي عقود التبرع بالنسبة للمتبرع له كالهبة بالنسبة للموهوب له والعارية بالنسبة للمستعير، فيتمتع الصغير المميز بأهلية أداء بالنسبة لهذه العقود، وتكون تصرفاته صحيحة إذا صدرت منه ولو لم يجزها وليه أو لم يأذن بها، فيستطيع قبول الهدية أو الاستعارة[2].

367 - موقف القانون المعاصر: يعتبر تصرف الصغير المميز إذا كان في حقه نفعامحضا، وإن لم يأذن به الولي ولم يجزه وعلى هذا نصت المادة (1/97) من القانون المدني العراقي، وتعتبر تصرفاته المالية صحيحة، كما نصت المادة (1/111) من القانون المدني المصري والمادة (1/112) من القانون المدني السوري والمادة (1/118) من القانون المدني الأردني والمادة (165) من المشروع العربي.

368 - " 3 " عقود دائرة بين النفع والضرر: أي عقود تحتمل الخسارة والربح، وهي عقود أما يقصد بها استغلال الشيء واستثماره وتسمى عقود الإدارة ومثالها عقد الإيجار، أو عقود ترد على ملكية العين ذاتها وتسمى عقود التصرف كالبيع والمقايضة والرهن، فهذه عقود، إذا مارسها الصغير المميز كانت موقوفة على إجازة وليه في الحدود التي يجوز له فيها ابتداء، فإذا باشر الصغير المميز، التصرف،

---

(1) الدسوقي ج3 ص295 - 298.

(2) أحمد فراج حسين ص 215 أنور محمود ف 591 ص441 ومؤلفنا في مصادر الالتزام ص91.

دون إذن سابق، كان صحيحا غير نافذ، أي موقوفا على إجازة الولي أو الوصي، فإن أجازه صدر نافذا من حين وقوعه، أي نفذ نفاذا مستندا بأثر رجعي، لأن الإجازة اللاحقة كالإذن السابق[1]. ويشترط لصحة إجازة الولي، ألا يكون التصرف الصادر من الصبي منطويا على غبن فاحش، وهو زيادة في الثمن في حالة الشراء أو نقص فيه في حالة البيع بمقدار لا يدخل تحت تقويم المقومين[2].

369 - موقف القانون المعاصر: تنعقد التصرفات الدائرة بين النفع والضرر التي يبرمها الصغير المميز، موقوفة على إجازة الولي في الحدود التي يجوز فيها لهذا التصرف ابتداء، وعلى هذا نصت المادة (1/97) من القانون المدني العراقي والمادة (118/ 2) من القانون المدني الأردني مع إضافة حكم يجيز للقاصر إجازة التصرف بعد بلوغه سن الرشد، وهذا ما نص عليه المشروع العربي في المادة (165)، واعتبار التصرف موقوفا مأخوذ من الفقه الحنفي، أما القانون المدني المصري (م 111/ 2) وكذلك القانون المدني السوري (م 112 /2)، فهما يعتبران التصرف قابلا للإبطال.

370 - ولا شك أن قانون رعاية القاصرين العراقي رقم (78) لسنة 1980 قد قيد كثيرا من صلاحيات الولي والوصي والقيم، إذ ليس لأي من هؤلاء، أو الصغير المميز، التصرف إلا باذن من مديرية رعاية القاصرين المختصة.

371 - ج - الإذن للصغير المميز المأذون بالتجارة: للولي أو الوصي أن يأذن، صراحة أو دلالة، للصغير المميز بممارسة الأعمال التجارية، من بيع وإجارة ومزارعة ورهن وارتهان وغير ذلك، فيملك الصغير المميز ممارسة الأعمال التجارية المأذون له فيها، واستثمار أمواله، ماعدا الاقراض والكفالة، لأنهما، وإن كانا من شؤون التجارة، إلا أن الصغير المميز يبقى محجورا عنهما، لأنهما من التصرفات التي فيها ضرر محض في حق الصغير المميز لما فيهما من معنى التبرع، وفي المذهب الحنفي لا يقبل تخصيص الإذن أي تقييده، فإذا أذن للصغير المميز ممارسة البيع وقيد بنوع من البضاعة أو سوق أو زمان مخصوص، أصبح الصغير

---

(1) الزرقا ف10/62 ص808.
(2) أحمد فراج حسين هامش (1) ص216.

المميز مأذونا إذنا عاما بالتجارة، ذلك لأن الإذن رفع واسقاط لقيد الحجر الأصلي وإن الاسقاط في نظرهم لا يقبل التقييد، أما المذهب الحنبلي، فيرى أن الإذن يقبل التخصيص ويتقيد بما يقيده به الممثل الشرعي للصغير المميز نوعا وشخصا وزمانا ومكانا، فيبقى الصغير المميز فيما وراء حدود إذنه محجورا غير نافذ التصرف، ذلك لأن الإذن كالتوكيل، والتوكيل يقبل التقييد، فيتقيد الوكيل بما يقيده به الموكل، لأن سلطة الوكيل مستمدة منه[1]. ولممثل الصغير المميز الشرعي، أن يحجر على الصغير المميز بعد الإذن، ويشترط لصحة الحجر ان يعلم به الصغير نفسه[2]. ويذكر أن الإمام الشافعي ذهب إلى أنه ليس للولي أن يأذن للصبي بالتجارة، فإذا أذنه فلا تنفذ تصرفاته، لأن عبارته غير صالحة للعقود وكذلك لا يصح توكيله، قال تعالى (وَلَا تُؤْتُوا السُّفَهَاءَ أَمْوَالَكُمُ)[3] فقد نهى الله سبحانه وتعالى عن دفع الأموال إلى السفهاء، والصبي سفيه، فلا يصح دفع المال إليه[4].

372 - موقف القانون المعاصر: للولي بترخيص من المحكمة أن يسلم الصغير المميز إذا أكمل الخامسة عشرة مقدارا من ماله ويأذن له بالتجارة تجربة له، ويكون الإذن مطلقا أو مقيدا، وإذا توفي الولي الذي أذن للصغير أو انعزل من ولايته لا يبطل إذنه، ويكون الصغير المأذون في التصرفات الداخلة تحت الإذن بمنزلة البالغ سن الرشد، وللولي أن يحجر الصغير المأذون ويبطل الإذن، ولكن يجب أن يحجره على الوجه الذي أذنه به، وللمحكمة أن تأذن للصغير المميز عند امتناع الولي عن الإذن وليس للولي أن يحجر عليه بعد ذلك، وللمحكمة، بعد الإذن، أن تعيد الحجرعلى الصغير، وعلى هذه الأحكام نصت المواد (98 - 101) من القانون المدني العراقي والمواد (119 - 122) من القانون المدني الأردني والمواد (166 - 169) من المشروع العربي، وهذه الأحكام مستمدة من الفقه الإسلامي، أما القانون المدني المصري فإن المادة (112) منه نصت على أنه (إذا

(1) الزرقا ف 13/62 ص 810.
(2) رد المحتار ج5 ص105.
(3) سورة النساء الآية (5).
(4) أحمد فراج حسين ص216.

بلغ الصبي المميز الثامنة عشرة من عمره واذن له في تسلم أمواله لادارتها، أو تسلمها بحكم القانون، كانت أعمال الإدارة منه صحيحة في الحدود التي رسمها القانون) علما أن سن الرشد هي (21) سنة حسب نص الفقرة (2) من المادة (44) من القانون المدني المصري، في حين نصت المادة (113) من القانون المدني السوري على الحكم ذاته الوارد في المادة (112) من القانون المصري مع جعل السن (15) عاما، علما أن سن الرشد في القانون السوري (18) سنة حسب نص المادة (2/46) من القانون المذكور، وبالنسبة للقانون العراقي ينبغي ملاحظة ما ورد في قانون رعاية القاصرين من قيود على صلاحيات الولي والوصي، ومن ثم نرى بأن الإذن قد أصبح من صلاحية مديرية رعاية القاصرين المختصة.

373 - د - زواج من أكمل الخامسة عشرة: الأصل في قانون الأحوال الشخصية العراقي رقم (188) لسنة 1959 أنه يشترط في تمام أهلية الزواج، العقل واكمال الثامنة عشرة من العمر (م1/7) إلا أن المادة الثامنة من هذا القانون، المعدلة بموجب التعديل الثاني (القانون رقم " 21 " لسنة 1978) نصت على أنه (إذا طلب من أكمل الخامسة عشرة من العمر الزواج فللقاضي أن يأذن به، إذا ثبت له أهليته وقابليته البدنية، بعد موافقة وليه الشرعي، فإذا امتنع الولي، طلب القاضي منه موافقته خلال مدة يحددها له فإن لم يعترض أو كان اعتراضه غير جدير بالاعتبار أذن القاضي بالزواج) ونص القانون رقم (90) لسنة 1987 تعديل قانون الأحوال الشخصية، على أن (للقاضي أن يأذن بزواج من بلغ الخامسة عشرة من عمره إذا وجد ضرورة قصوى تدعو إلى ذلك، ويشترط لاعطاء الإذن تحقق البلوغ الشرعي والقابلية البدنية) ولما كان الصغير الذي لم يبلغ سن الرشد، وهو تمام الثامنة عشرة من عمره، يعتبر قاصرا، ويسري عليه قانون رعاية القاصرين إلا أن العبارة الاخيرة من الفقرة (اولا - ا) من المادة (3) من هذا القانون اعتبرت من أكمل الخامسة عشرة وتزوج باذن من المحكمة، كامل الأهلية، ونرى أنه يعتبر كامل الأهلية بالنسبة لجميع التصرفات القانونية وليس فيما يتعلق بعقد الزواج وما تنشأ عنه من التزامات فقط، لورود النص مطلقا، ولم يقيد النص كمال الأهلية هنا بعقد الزواج وما تنشأ عنه من التزامات ولكن ما الحكم إذا طلق هذا المتزوج قبل بلوغ سن الرشد فهل يعود ناقص الأهلية ؟ ما دام القانون لم ينص على ذلك، وبغية

استقرار المعاملات والأوضاع القانونية، نرى أنه يبقى كامل الأهلية ويعتبر كذلك في جميع التصرفات القانونية، وبذلك يختلف وضعه القانوني عن وضع الصغير المأذون بممارسة التجارة بموجب المادة (1/98) من القانون المدني، فالصغير الذي أكمل الخامسة عشرة وتزوج بإذن القاضي يعتبر كامل الأهلية في التصرفات القانونية جميعها، في حين أن الصغير المأذون بالتجارة يعتبر بمنزلة البلغ سن الرشد في حدود التصرفات الداخلة تحت الإذن، وبهذا الاتجاه قضت محكمة استئناف منطقة بغداد/الكرخ بقرارها المرقم (568/حقوقية/2000) في 2000/11/16 في حين قضت محكمة استئناف بغداد/ الرصافة بقرارها المرقم (1609/ الهيئة الأولى/2000) في 2000/9/6، بأن من أكمل الخامسة عشرة وتزوج باذن من المحكمة كامل الأهلية فيما يتعلق بقضايا الأحوال الشخصية أما فيما يتعلق بالقضايا المالية والتجارية فإن لا يزال قاصرا، وإلى هذا الاتجاه الاخير ذهب مجلس شورى الدولة في قرارها المرقم (2005/24) في 2005/6/8) ولا نتفق مع ماذهب إليه مجلس شورى الدولة، للمبررات التي سقناها، فيما تقدم.

4 - الدور الرابع - البالغ:

374 - يعرف البلوغ ويعتبر بظهور علاماته واماراته الطبيعية، كالاحتلام والانزال للذكر، والحيض والحمل للانثى، فإن لم يوجد شيء من هذه الامارات والعلامات اعتبر البلوغ بالسن، واختلف الفقهاء في تقديره، فقدره الشافعية والحنابلة وأبو يوسف ومحمد بن الحسن الشيباني من الحنفية بخمس عشرة سنة للذكر والانثى وقدره (الإمام أبو حنيفة) بثماني عشرة سنة للفتى وسبع عشرة سنة للفتاة، وقدره المالكية بثماني عشرة سنة تامة، وقيل بالدخول فيها للذكر والانثى[1]. وفي فقه الإمامية لا يزول حجر الصغير إلا بوصفين هما: أ - البلوغ وهو ظهور علامات على الذكر والانثى أو بلوغ خمس عشرة سنة وفي رواية أخرى بلوغ عشرة وفي الانثى بلوغ تسع. ب - الرشد وهو أن يكون مصلحا لماله، ويعلم رشد الصبي باختياره بما يلائمه من التصرفات، ويثبت بشهادة رجلين في الرجال، وبشهادة

(1) البدائع ج7 ص173 الزرقا ف 2/63 ص 816 البعلي ص166 أحمد فراج حسين ص 220 أنور محمود ف 592 ص443.

الرجال أو النساء، في النساء[1]. والمراد بالسنة، السنة الهجرية، لأنها أساس التقدير في المسائل الشرعية[2].

5 - الدور الخامس - البالغ العاقل الراشد:

375 - إن بلوغ الإنسان، بالمعنى الذي رأيناه، فيما تقدم، لا يعني كمال أهلية الأداء المدنية فيه، ونفاذ تصرفاته المالية، فكمال هذه الأهلية في الشخص يتوقف على صفة أخرى فوق البلوغ هي صفة الرشد، والرشد، لغة، الصلاح والهدى إلى صواب الأعمال، والصفة منه، راشد ورشيد، وهو عكس الغي والضلال، كما في قوله تعالى(لَا إِكْرَاهَ فِي الدِّينِ قَدْ تَبَيَّنَ الرُّشْدُ مِنَ الْغَيِّ) [3] فإذا بلغ الصبي سن البلوغ، أو ظهرت عليه فعلا اماراته، وظهر مع هذا مايدل على نقص العقل أو اختلاله، فلا يمكن القول بأنه قد ثبتت له أهلية الأداء كاملة، فإن هذا الكمال مشروط بامرين هما: البلوغ والرشد، لا بد منهما معا، فما داما لم يتحققا في الصبي لا يعتبر كامل الأهلية مهما علت مع السن، ولا يسلمه ولي امره ماله، وهذا ماتفيده الآية الكريمة (وَابْتَلُوا الْيَتَامَى حَتَّى إِذَا بَلَغُوا النِّكَاحَ فَإِنْ آنَسْتُمْ مِنْهُمْ رُشْدًا فَادْفَعُوا إِلَيْهِمْ أَمْوَالَهُمْ) [4] فهي صريحة في وجوب اجتماع البلوغ والرشد، ويعرف الرشد في الشؤون المالية، عند الفقهاء، الصيرة المالية التي يكون بها الشخص حسن التصرف بالمال من الوجهة الدنيوية، ولو كان فاسقا من الوجهة الدينية، وهو التفسير المنقول عن ابن عباس[5]. فبالرشد لا بمجرد البلوغ، يناط كمال الأهلية المدنية في الشخص، وما يستتبعه من إطلاق حرية التصرف له وتسليم أمواله إليه، فإذا ثبت أنه بلغ رشيدا فإنه يعتبر منذ البلوغ، كامل الأهلية جميعا، ويتحرر من

---

(1) المختصر النافع ص140.

(2) مجمع الانهر ج2 ص444 الخرشي ج4 ص 201.

(3) سورة البقرة الآية (256) وانظر مفردات القرآن للراغب الاصفهاني، مادة رشد، الزرقا ف 1/64 ص819.

(4) سورة النساء الآية (6) وفي تفسير هذه الآية الكريمة انظر تفسير القرطبي في أحكام القرآن ج1 ص 489 وما بعدها وج3 ص 63 طبع الاستانة 1335 للهجرة.

(5) الدر المختار ورد المحتار، كتاب الحجر ج5 ص95 تنقيح الفتاوى للحامدي ج1 ص198 وانظر المواد (946، 947، 963) من المجلة.

الولاية والوصاية[1].

376 - واختلفت اجتهادات الفقهاء في مدى انتظار الرشد:

ا - ذهب الإمام (ابو حنيفة) إلى انتهاء الولاية المالية على الشخص وإطلاق التصرف له بمجرد بلوغه، ولو سفيها متلافا، لكن أمواله، اذابلغ سفيها، يؤخر تسليمها إليه على سبيل الاحتياط والتأديب، ولا ينتظر لأكثر من تمام الخامسة والعشرين من العمر، فإذا اتمها يسلم إليه ماله ولو ظل سفيها ولا يجوز في نظره الحجر على الكبير إلا بسبب العته أو الجنون.

ب - وذهب جمهور الفقهاء، وصاحبي (الإمام أبو حنيفة) إلى خلاف ذلك، فقرروا وجوب استمرار الولاية المالية على الشخص إذا بلغ غير رشيد حتى يؤنس منه الرشد دون تحديد سن معينة للانتظار وقرروا وجوب اعادة الحجر عليه بحكم قضائي إذا ظهر منه سفه وتبذير بعد الرشد، معتبرين أن ضرر السفه عام لا خاص[2]. أما تحديد سن الرشد، فقد تركته الشريعة الإسلامية لولاة الأمر بحسب مقتضيات الزمن والسياسة الشرعية في المصالح المرسلة[3].

377 - موقف القانون المعاصر: كل شخص بلغ سن الرشد متمتعا بقواه العقلية، ولم يحجر عليه، يكون كامل الأهلية لمباشرة حقوقه المدنية، وكل شخص أهل للتعاقد ما لم تسلب أهليته اويحد منها بحكم القانون وهذا مانصت عليه القانون المدني العراقي في المادتين (1/46) و(93) والقانون المدني المصري في المادتين (1/44) و(109) والقانون المدني السوري في المادتين (1/46) و(110) والقانون المدني الأردني في المادتين (1/43) و(116) والمشروع العربي في المادتين (1/121) و(164) أما سن الرشد فهي (18) سنة في القوانين العراقي والسوري والأردني، وهي (21) سنة في القانون المصري، أما في المشروع العربي فيرجع في تحديدها إلى القوانين الخاصة.

(1) الزرقا ف1/64 ص820.
(2) رد المحتار، كتاب الحجر ج5 ص 94، 95 كشف الاسرار، شرح أصول البزدوي ج4 ص371 - 374.
(3) مصطفى الزرقا، الفقه الإسلامي في ثوبه الجديد ط 1959 ج1 ص 452.

رابعا - أهلية المرأة:

378 - تعطي الشريعة الإسلامية المرأة من الأهلية، سواءاكانت أهلية وجوب أم أهلية أداء، ما تعطيه للرجل، فهما فيها على سواء، عند جمهور الفقهاء، إلا أن هناك خلافا بين الفقهاء في موضوعين هما:

1 - عقد الزواج (النكاح): ذهب الفقهاء، بصدد حرية المرأة في اختيار الزوج إلى اتجاهين:

الاتجاه الأول: اتفق الفقهاء على حرية المرأة في اختيار الازواج، فإن تعنتت أولياؤها وأساؤوا وعضلوها عمن اختارت، رفعت امرها إلى القاضي ليدفع عنها هذا الظلم والايذاء ما دام من وقع عليه اختيارها كفئا لها، ولكنهم اختلفوا في انعقاد النكاح بعبارة النساء أو لا ينعقد، فذهب رأي إلى أن النكاح لا ينعقد بعبارة المرأة، وإن كان لا بد من رضاها ما دامت بالغة رشيدة[1]. وحجتهم هي:

ا - إن الله سبحانه وتعالى أضاف الانكاح إلى الأولياء في قوله تعالى (وَأَنْكِحُوا الْأَيَامَى مِنْكُمْ وَالصَّالِحِينَ مِنْ عِبَادِكُمْ وَإِمَائِكُمْ)[2] فالنكاح إذا أضيف للمرأة في أي القرآن الكريم فباعتبار أن آثاره ترجع إليها وإلى زوجها ولا ترجع إلى الأولياء أحكامه، بل الذي يرجع إليهم منه إما العار واما الفخار، وإما الانكاح، وهو إحداث عقد الزواج، فقد أضيف إلى الأولياء، وهو نص في إحداث عقد الزواج، ومثل ذلك قوله تعالى(وَلَا تَنْكِحُوا الْمُشْرِكَاتِ حَتَّى يُؤْمِنَّ)[3] في مقابل (وَلَا تَنْكِحُوا الْمُشْرِكَاتِ حَتَّى يُؤْمِنَّ)[4] فلما كان الفعل متعلقا بتولي صيغة العقد للرجل أضيف النكاح وأثره إليه، ولما كان الأمر متعلقا بتزويج المشركين من نساء مسلمات، لم يحصل الخطاب للنساء بل لأوليائهن بالنهي لهم عن الانكاح بأن يعقدوا للنساء اللائي في ولايتهم عقدا على مشرك، وفي كل هذا كانت إضافة الصيغة للرجل، مع أنها كانت تتعلق بالمرأة ولا تتعلق بغيرها، وليس في القرآن

---

(1) فتاوى ابن تيميه ج3 ص270 أحكام القرآن للجصاص ج1 ص.
(2) سورة النور الآية (32).
(3) سورة البقرة الآية (221).
(4) سورة البقرة الآية (221).

الكريم كله عبارة تضيف الانكاح إلى المرأة.

ب - ما ورد في الآثار من أنه صلى الله عليه وسلم قال (إذا خطب إليكم من ترضون دينه وخلقه فزوجوه، ألا تفعلوا تكن فتنة في الأرض وفساد كبير) وفي رواية (فانكحوه)[1] ومن أنه قال صلى الله عليه وسلم (ايما امرأة انكحت نفسها بغير إذن وليها فنكاحها باطل باطل، وإن دخل بها فالمهر لها بما أصاب منها، فإن اشتجروا فالسلطان ولي من لا ولي له.)[2] وحديث ابن عباس (لا نكاح إلا بولي وشاهدي عدل)[3] و(لاتزوج المرأة المرأة، ولا تزوج المرأة نفسها)[4] وغير ذلك من الآثار، وكلها يتأدى إلى معنى واحد، وهو أن النكاح لا يعقد بعبارة النساء، بل الذي يتولى الصيغة وإنشاءه هو الرجل.

ج - إن النكاح عظيم الخطر، بعيد الأثر، عميق الغور في حياة المرأة والرجل، يربط اسرتين، ويؤدم بين شخصين بحياة، فالزواج بالنسبة لاسرة المرأة إما أن يجر خزيا، وإما أن يجلب شرفا، فأسرة المرأة ينقصها تزوج فتياتها من الخسيس، والرجل لا ينقصه ولا ينقص اسرته أن يتزوج من الخسيسة، لأن عقد النكاح بيده يصلها إن أسعدته، ويفصمها إن أشقته، لذلك لا بد من اشتراك أولياء المرأة معها في الرأي.

د - إن معرفة أحوال الرجال ومكنون نفوسهم وخفايا شؤونهم لا تتم إلا بالمارسة والمخالطة ومعرفة كفاءتهم للمرأة في الزواج تستدعي كل ذلك، وهي لا تتم للمرأة، وإنما للاقران من الرجال والمعاشرين والمخالطين.

هاء - ينظر الإسلام إلى عقد الزواج نظرة تقديس، فهو ليس بصفقة تجارية أو عقد من العقود، لأنه يتعلق بالابضاع والانساب وحفظ النوع الإنساني على أكمل وجه، فلا بد أن يحوطه الشارع ببعض الأمور الشكلية، فجعل الاعلان أساسا لانعقاده، وكذلك جعل من تقديسه ألا يتولى عبارته إلا الرجال، وقال (ابن تيميه)

(1) سنن الترمذي (رقم الحديث 1090) سنن أبو داود (رقم الحديث 20460).
(2) اخرجه الترمذي وقال فيه حديث حسن، رواه الخمسة الاالنسائي نيل الأوطار ج6 ص126.
(3) نيل الأوطار ج6 ص126.
(4) رواه ابن ماجة والدارقطني، نيل الأوطار ج6 ص127.

(امر بالولي والشهود ونحو ذلك مبالغة في تمييزه عن السفاح، وصيانة النساء عن التشبه بالبغايا، حتى شرع الصوت بالدف والوليمة الموجبة لشهرته)[1] وفي فقه الإمامية رأي يذهب إلى أن ذوات الاباء من الابكار ينبغي لهن أن لا يعقدن إلا بإذن آبائهن[2].

379 - الاتجاه الثاني: خالف (الإمام أبو حنيفة) وأبو يوسف، جمهور الفقهاء، وقال إن النكاح ينعقد بعبارة المرأة الرشيدة فيجوز لها أن تزوج نفسها وتزوج غيرها، إلا أن يكون الزوج غير كفء فيكون للولي أن تفرق بينهما وذهب (محمد بن الحسن الشيباني تلميذ أبو حنيفة) إلى أن النكاح ينعقد بعبارتها موقوفة على إجازة وليها سواء أكان الزوج كفء أم غير كفء[3]. ويستند هذا الاتجاه إلى الحجج الآتية:

ا - وردت الآيات الكريمة بإضافة الزواج لها، من ذلك قوله تعالى(فَإِنْ طَلَّقَهَا فَلَا تَحِلُّ لَهُ مِنْ بَعْدُ حَتَّى تَنْكِحَ زَوْجًا غَيْرَهُ فَإِنْ طَلَّقَهَا فَلَا جُنَاحَ عَلَيْهِمَا أَنْ يَتَرَاجَعَا إِنْ ظَنَّا أَنْ يُقِيمَا حُدُودَ) [4] ففي هذه الآية الكريمة أضاف الله سبحانه وتعالى النكاح إليها، وهو حدث، والحدث يضاف إلى فاعله، فاضافته إليها دليل على اعتبار الشارع للعبارات الصادرة عنها المنشئة للعقد، ولقد أضاف الله سبحانه وتعالى، النكاح إليها مرتين، إحداهما، في قوله تعالى (فَلَا تَحِلُّ لَهُ مِنْ بَعْدُ حَتَّى تَنْكِحَ زَوْجًا غَيْرَهُ)والثانية في قوله (أَنْ يَتَرَاجَعَا) فلا يصح أن يشك في أن تلك الإضافة دليل على اعتبار ما صدر عنها نكاحا يقره الشارع، وإلا ما سماه نكاحا، ومن الآيات الكريمة التي أضيف النكاح إليها، أيضا قوله تعالى(وَإِذَا طَلَّقْتُمُ النِّسَاءَ

(1) أحكام القرآن للقرطبي ج3 بداية المجتهد ج2 الفروق للقرافي ج3 البدائع ج2 أبو زهرة ف176 ص 308 وما بعدها البعلي ص 185.
(2) انظر مختلف الشيعة ج7 مسألة 56 ص 114.
(3) الزيلعي ج 2ص117.
(4) سورة البقرة الآية (230).

فَبَلَغْنَ أَجَلَهُنَّ فَلَا تَعْضُلُوهُنَّ أَنْ يَنْكِحْنَ أَزْوَاجَهُنَّ) [1] وقد أضاف النكاح هنا إليها، فدل على أنه يعتبر، إن انشاته واوجدت عبارته، وفوق ذلك في الآية دلالة أخرى على أن الولاية لها كاملة، وليس للأولياء عليها سلطان إن اختارت من الاكفاء، لأن في الآية نهيا للأولياء عن منعها من الزواج بالاكفاء، إذ فيها نهي عن العضل، وهو التضييق الظالم، وذلك يكون بمنعها من زواج الكفء، فنهى الأولياء إذن عن المنع دليل على أن المنع ليس من حقهم، ولا يسوغ لهم، وذلك يدل على أن للمرأة كامل الولاية في اختيار الاكفاء، ولكن لا ينعقد الزواج بعبارتها في غير الكفء.

ب - ما ورد في الآثار المثبتة أن المرأة تملك نفسها، وأن ليس لأحد عليها من سلطان في أمر الزواج ما دامت لم تختر من يتعير به ذووها، من مثل قوله عليه الصلاة والسلام صلى الله عليه وسلم (لاتنكح الأيم حتى تستأمر)[2] والايم من لازوج لها وقوله صلى الله عليه وسلم (ليس للولي مع الثيب امر)[3] وذلك، بلا ريب، يدل على أن نكاح الثيب بنفسها معتبر من الشارع صحيح، ولو كان زواجها لا يجوز إلا بالولي، لكان له امرمنها، وهذا ينافي الحديث.

ج - إن الولاية على الحر لا تثبت إلا للضرورة لأنها تتنافى مع الحرية، إن مقتضى الحرية أن يكون الشخص مستقلا في أموره مدبرا لكل شؤونه، لا يحد من سلطانه في شأن نفسه إلا أن يمتد تصرفه إلى غيره بضرر يناله، ومنع انعقاد النكاح إلا بعبارة الأولياء ولاية تثبت من غير ضرورة إليها، وتتنافى مع حرية البالغ الرشيد من غير حاجة ماسة[4].

والولاية عند الاحناف، ولاية استحباب ومشاركة واختيار، أما ولاية الإيجاب والجبر، فلا تثبت إلا بشرطين: أ - أن يكون المولى عليه صغيرا أو صغيرة دون البلوغ، بكرا أو ثيبا. ب - أن يكون الولي عليه مجنونا أو مجنونة، لأنهما لا

(1) سورة البقرة الآية (232).
(2) مسند الإمام أحمد ج15 ف 9605 ص371.
(3) مسند الإمام أحمد ج5 ف3087 ص206.
(4) أحكام القرآن للجصاص ج1 أحكام القرآن للقرطبي ج3، الزيلعي ج2، البدائع ج2، الفروق للقرافي ج3 أبو زهرة ف 175 ص 307 الشيخ محمد أبو زهرة، أبو حنيفة " حياته وعصره واراؤه وفقهه " القاهرة دار الفكر العربي ص 393 وما بعدها. البعلي ص 185.

يحسنان التصرف ولا يعرفان ما يضرهما ولا ما يصلحهما، أما العاقل البلغ، بكرا كانت أو ثيبا فلا تثبت ولاية الجبر عليها، وعلى هذا ينبني أن الأب والجد لا يملكان انكاح البكر البالغ بغير رضاها[1]. ولكن الحنفية، اوجبوا عليها حقا لأوليائها وهو ألا تختار إلا كفئاً حتى لا يعيرون به، فإن اختارت غير كفء كان لهم حق طلب فسخ العقد[2].

وفي فقه الإمامية رأي يذهب إلى أن المرأة البالغة تعقد على نفسها النكاح، فإذا بلغت الحرة رشيدة ملكت كل عقد من النكاح والبيع وغير ذلك[3].

380 - موقف القانون المعاصر: لم تتطرق القوانين المدنية موضوع المقارنة في هذا الكتاب إلى أهلية المرأة للزواج، وقد تركت الأمر إلى القوانين الخاصة في كل بلد، وبصورة عامة، قانون الأحوال الشخصية، وبالنسبة إلى العراق، فإن قانون الأحوال الشخصية رقم (188) لسنة 1959 وتعديلاته، يشترط في أهلية الزواج العقل والبلوغ وإتمام الثامنة عشرة من العمر مع حضور شاهدين متمتعين بالأهلية القانونية، ولمن أكمل الخامسة عشرة من العمر، أن يتزوج، بموافقة الولي الشرعي، وإذا امتنع وكان امتناعه غير جدير بالاعتبار، فللقاضي أن يأذن بالزواج، وللقاضي أن يأذن للمريض عقليا بالزواج، إذا ثبت بتقرير طبي أن زواجه لا يضر المجتمع وإنه في مصلحته الشخصية، إذا قبل الزوج الآخر قبولا صريحا (المواد 4، 7، 8).

2 - الأهلية المالية للمرأة:

381 - يذهب جمهور الفقهاء إلى أن المرأة البالغة الرشيدة لها الحرية التامة في كل مالها، وليس لأحد عليها من سلطان، سواء أكان وليا أم زوجا، لأن الرجل والانثى بالنسبة للأموال سواء، إلا أن الإمام مالك خالف الجمهور في رواية عنه وذلك في مسالتين:

ا - المسألة الأولى: المرأة البكر البالغة: يرى الإمام مالك، إن الحجر

(1) البدائع ج2 ص 241 - 242.
(2) الدكتور السيد أحمد فرج الزواج وأحكامه في مذهب أهل السنة، المنصورة دار الوفاء للطباعة والنشر والتوزيع 1409 للهجرة 1989 م 128.
(3) مختلف الشيعة ج7 مسألة 56 ص 114 ومسألة 56 ص 115.

يستمر ولو بلغت عاقلة، حتى تتزوج ويدخل زوجها بها، وهي بذلك مخالفة للغلام، لأنه يرى أن رشدها لا يتم إلا بذلك، ويرى بعض أصحاب الإمام مالك أنه، أيضا، لا بد من مضي سنة بعد الدخول، وقيل سنتان، وقيل ست، وقيل سبع، وهذا في ذات الأب، أما ذات الوصي فلا ينفك الحجر عنها إلا بشرط آخر زائدا عما سبق وهو أن يفك الحجر عنها بالوصي أو المقدم بعد الدخول وإلا كان تصرفها مردودا.

ب - المسألة الثانية: المرأة المتزوجة الرشيدة: لها أن تعقد كل عقود المبادلات المالية ولكن ليس لها أن تتبرع من مالها بغير إذن زوجها بأكثر من الثلث وهو رواية عن الإمام أحمد، وسنده في هذا الرأي ماروي من أن امرأة كعب بن مالك اتت النبي صلى الله عليه وسلم بحلي لها فقال لها النبي صلى الله عليه وسلم (لايجوز للمرأة عطية حتى يأذن زوجها، فهل استأذنت كعبا ؟ فقالت نعم، فبعث إليه صلى الله عليه وسلم فقال هل اذنت لها أن تتصدق بحليها ؟ قال نعم، فقبله صلى الله عليه وسلم)(1) وهنا اتجاه يرى أن الحجج المتقدمة لا تقف أمام عموم النص التي جاءت بشأن الولاية والأهلية وشمولها للذكر والانثى على سواء، والحديث الذي يعتمد عليه ينكره أكثر العلماء، ولقد رد ابن حزم ردا قويا في المحلى(2).

382 - موقف القانون المعاصر: لا يميز القانون المعاصر بين المرأة المتزوجة وغير المتزوجة، إذا بلغت سن الرشد عاقلة رشيدة وغير محجور عليها، لأي سبب من اسباب الحجر، وبين الرجل في التصرفات المالية.

خامسا - عوارض الأهلية:

383 - قد يطرأ على الإنسان عارض من العوارض الجسمية أو العقلية، ويكون لها تأثير كلي أو جزئي على أهليته للأداء، ويقسم علماء الفقه هذه العوارض إلى قسمين، عوارض سماوية، وهي ما ليس للشخص اختيار في إيجادها، وهي الجنون والعته والاغماء والنوم ومرض الموت والرق، وعوارض مكتسبة وهي ما يكون للشخص في تحصيلها اختيار، ويعد من العوارض المكتسبة، السكر والسفه،

---

(1) رواه ابن ماجة وانظر المغني ج4 ص518.
(2) انظر ابن حزم المحلى ج8 ص 313 - 314 أبو زهرة ف 176 وما بعدها ص311 - 312 البعلي ص 186 - 187.

وليس لهذا التقسيم بين العوارض، اية نتائج عملية ولا تترتب عليه اية أحكام، وإنما هو فيما يظهر لمجرد الترتيب[1].

384 - 1 - الجنون: يعرف الجنون، لغة، بأنه (زوال العقل أو فساده)[2] ويزيل العقل والتمييز فتزول أهلية من اصيب به فيصير كالطفل، وتكون كل تصرفاته من قول أو فعل لاغية لا أثر لها[3].

ويقسم فقهاء الشريعة الإسلامية الجنون إلى قسمين: أ - جنون أصلي وهو موجود بأصل خلقة الإنسان. ب - جنون عارض وهو ان يولد الإنسان ويمتلك أصل العقل ثم تطرأ عليه آفة فتؤدي إلى زوال عقله، أما من ناحية بقائه فهو أما جنون مستمر أي مطبق اومغلوب وهو الذي يستغرق جميع أوقات المريض ولا تتخلله نوبة انقطاع، أو جنون متقطع، وهو أن تكون أوقات افاقته ثابتة أو متفاوتة[4]. وورد في الحديث النبوي الشريف (رفع القلم عن ثلاث، عن النائم حتى يستيقظ، وعن المجنون حتى يفيق، وعن الصبي حتى يعقل)[5] ويؤثر الجنون في أهلية الأداء، فيعدمها من الأساس، لأن مناطها العقل والتمييز، والمجنون لا عقل له، لهذا لا تجب عليه العبادات ولا تصح منه التصرفات، ولا يترتب على عبارته أي اثرمن الآثار[6]. ويعد المجنون محجورا عليه شرعا، أي ممنوعا من التصرف، من وقت وجود المرض الذي ذهب بعقله، ويزول ويرتفع عنه كذلك بزوال المرض دون توقف في ثبوته أو زواله على حكم القاضي، وتعد تصرفاته باطلة من وقت ثبوت المرض سواء أكانت حالته شائعة أم لم تكن[7].

385 - موقف القانون المعاصر: يعد المجنون محجورا لذاته، وبذلك

(1) الزرقا ف1/65 ص833 أنور محمود ف593 - 594 ص447 - 448.
(2) المنجد، لويس معلوف ط2 بيروت ص 69.
(3) محمد يوسف موسى ف 460 ص327.
(4) شامل الشيخلي، عوارض الأهلية، ص248 - 250.
(5) روي هذا الحديث الشريف بعبارات مختلفة انظر مسند الإمام أحمد، بيروت، مؤسسة الرسالة 1420 للهجرة 1999م ج2 ف940 ص245 ف956 ص266 ف1183 ص373.
(6) أنور محمود ف595 ص448.
(7) كشف الاسرار ج4 ص1389 أحمد فراج حسين ص224.

تكون تصرفات المجنون باطلة دون حاجة إلى قرارا وتقديم طلب إلى المحكمة المختصة لتسجيل قرار الحجر، والمجنون المطبق هو في حكم الصغير غير المميز اما المجنون غير المطبق فتصرفاته في حالة افاقته كتصرفات العاقل، وإلى هذا ذهب القانون المدني العراقي في المادتين (94، 108) واعتبر القانون المدني الأردني المجنون محجورا ذاته، ويبلغ قرار الحجر ويعلن للناس سببه وتكون تصرفاته قبل ذلك نافذة، والمجنون المطبق هو بحكم الصغير غير المميز، أما المجنون غير المطبق فتصرفاته في حالة افاقته كتصرف العاقل، وهذا ماورد في المادتين (127، 1، 3) و(2/128) وبموجب القانون المدني المصري تحجر المحكمة على المجنون وترفعه عنه، وفقا للقواعد والإجراءات المقررة في القانون، ويقع باطلا تصرف المجنون إذا صدر بعد تسجيل قرار الحجر، أما التصرف الصادر قبله، فلا يكون باطلا إذا كانت حالة الجنون شائعة وقت التعاقد، أو كان الطرف الآخر على بينة منه (م113، م114) وبهذه الأحكام أخذ القانون المدني السوري في المادتين (114، 115) وفي المشروع العربي، يعد المجنون محجورا عليه لذاته، ولكن لا يثبت الجنون إلا من المحكمة، وتصرفاته قبل الحكم كتصرفاته بعده، إذا كان الجنون شائعا وقت التصرف أو كان الطرف الاخرعلى علم به (المادة174، 2، 3).

386 - 2 - العته: يعرف العته، لغة، بأنه (نقص في العقل)[1] فهو اختلال في العقل يجعل صاحبه قليل الفهم مختلط الكلام فاسد التدبير[2] وعرفته المادة (945) من مجلة الأحكام العدلية بأنه (المعتوه هو الذي اختل شعوره، بحيث يكون فهمه قليلا وكلامه مختلطا وتدبيره فاسدا).

والفرق بين العته والجنون، أن العته ضعف في العقل ينشأ عنه ضعف في الوعي والإدراك أما الجنون فهو اختلال في العقل ينشأ عنه اضطراب أو هيجان، وقداختلف الفقهاء في العته والجنون هل هما درجتان متفاوتتان من جنس واحد أو هما حقيقتان مختلفتان، وعلى كل يتميز المعتوه عندهم بالهدوء في أوضاعه بالنسبة

---

(1) المنجد ص506.
(2) شرح الكنز للزيلعي ج5 ص18.

إلى المجنون[1]. وللمعتوه نوع من التمييز، إلا أنه تمييز لا يرقى إلى تدبير الأمور تدبيرا سليما والحكم عليها حكما صحيحا، حتى لو لم يكن عند المعتوه نوع من التمييز أصلا بأن ذهبت الآفة بأصل عقله، كان مجنونا، ويسري عليه ما يسري على المجنون، وإن اختلف عنه في أنه لا يصحبه اضطراب أو هياج، بل جنون ساكن، ويثبت الحجر والمنع من التصرفات على المعتوه شرعا من وقت وجود العته ويزول عنه بزواله، دون توقف على حكم من القاضي في كلا الحالتين، كما في حال الجنون[2].

387 - موقف القانون المعاصر: يعد المعتوه محجورا لذاته وهو في حكم الصغير المميز، وبذلك فإن أحكام المعتوه هي أحكام الصغير المميز، وإلى هذا ذهب القانون المدني العراقي في المادتين (94، 107) والقانون المدني الأردني في المادتين (1/127، 1/128) وفي القانونين المدنيين المصري والسوري، فإن أحكام المجنون التي رأيناها تسري على المعتوه، وكذلك الحال بالنسبة إلى المشروع العربي.

388 - 3 - ذو الغفلة: وهو الذي لا يهتدي إلى التصرفات الرابحة فيغبن في المعاوضات لسهولة خدعه[3] وقد يعبر عن ذي الغفلة بالضعيف، فقد جاء في تفسير القرطبي في تفسير الآية الكريمة (فَإِنْ كَانَ الَّذِي عَلَيْهِ الْحَقُّ سَفِيهًا أَوْ ضَعِيفًا أَوْ لَا يَسْتَطِيعُ أَنْ يُمِلَّ هُوَ فَلْيُمْلِلْ وَلِيُّهُ بِالْعَدْلِ)[4] (هو الضعيف هو المدخول العقل، الناقص الفطنة، العاجز عن الإملاء.... واختلف العلماء فيمن يخدع في البيوع لقلة خبرته، وضعفه فهل يحجر عليه ؟ فقال بالحجر أحمد وإسحق وقال آخرون لا يحجر عليه، والقولان في مذهب مالك، والصحيح الأول.)[5] وعرفت المادة (946) من المجلة ذي الغفلة بـ (هو كل شخص يغفل في الأخذ والعطاء، ولا يعرف طريق تجارته وتمتعه سبب بلاهته وخلو قلبه) ويلحق ذو الغفلة بالسفيه، من

---

(1) الزرقا ف1/65 ص835 أبو زهرة ف169 ص 296 ومؤلفنا في مصادر الالتزام ص96.

(2) أحمد فراج حسين ص 226. (3) أبو زهرة ف 168 ص 295.

(4) سورة البقرة الآية (282).

(5) أحكام القرآن للقرطبي ج وانظر أبو زهرة ص296 هامش (1).

ناحية الحجر عليه عن الصاحبين ومالك والشافعي وابن حنبل، وعدم الحجر عليه عند الإمام (ابو حنيفة) ما دام لا يحجرعلى السفيه[1].

389 - موقف الفقه القانوني والقانون المعاصر: تعرف الغفلة قانونا، (هـي عدم تمرس أو خبرة الشخص في التصرفات فلا يهتـد ذو الغفلة إلى معرفة التصرف الرابح من الخاسر فيغبن في المعاملات لسلامة نيته)[2] فهو الشخص الـذي يغبن في التصرفات المالية بالرغم من كمال عقله لسهولة خدعه باستغلال طيبة قلبه وضعف إدراكه[3] وفي القانون المدني العراقي تحجر المحكمة عـلى ذي الغفلة ويعلن الحجر بالطرق المقررة وحكمـه حكم السفيه، (المادتان 95، 110) وأخـذ القانون المدني الأردني بهذا الحكم في المادتين (127، 129) وفي القانونين المدنيين المصري والسوري تسري أحكام المجنون على المعتوه من حيث الحجرعليه، وأحكام السـفيه مـن حيـث الاعتداد بتصرفاته (المواد 113، 115، 116 مصري) و(المواد 114، 116، 117 سـوري) وفي المشروع العربي تسري أحكام السفيه على ذي الغفلة (المادتان 176، 177).

390 - 4 - المريض مرض الموت: ترتكز النظرة الشرعية في مرض المـوت عـلى اعتبار أن هـذا المـرض انذار بحادثة المـوت التي تنتهي بها الشخصية والأهليـة، واختلف الفقهاء في امارات واعراض مرض الموت، فمنهم من قال، أن يكون الشخص صاحب فراش لا يقوم بحوائجه داخل البيت كما يعتاده الأصحاء، ومنهم مـن قـال، إن الشخص لا يستطيع القيام بمصالحه خارج البيت[4]. واختلف الفقهـاء في امارات المرض مرض الموت الذي إذا تقادم أصبح لا يخشى الموت منه، فمنهم مـن قـال، إنـه المرض الذي لا يتزايد يوما بعد يوم بل يستمر على حال

---

(1) نهاية المحتاج ج3 ص 348 - 349 كشاف القناع ج2 ص226 الشرح الصغير ج2 ص 156 - 157.
(2) الذنون أصول الالتزام ص78.
(3) شامل الشيخلي ص325.
(4) ابن عابدين حاشية المختار على الدر المختار ج2 ص721 كشف الاسرار ج4 ص427 فتح القدير ج3 ص150 تبيين الحقائق للزيلعي ج2 ص248.

واحدة كالشلل، ومنهم من قال، إنه ما استمر سنة فأكثر من غير أن يزداد[1]. وبهذا أخذت المادة (1595) من مجلة الأحكام العدلية، ومرض الموت، هو ما يطلب فيه الموت عادة، ويتصل به الموت فعلا سواء اوقع بسببه أم بسبب آخر خارجي عنه، كقتل أو غرق، ويلحق به في جميع الأحوال التي يترتب فيها الموت لأصحابها ولا يفلتون منه في العادة[2].

391 - ويرتب الشرع على مرض الموت أحكاما مهمة، منها الإرث وحلول الديون التي على الميت، فمرض الموت مقدمة انذار لنتيجتين سلبية وإيجابيةهما: أ - فهو مقدمة لزوال شخصية المريض وانسلاخ أهليته وملكيته. ب - وهو أيضا مقدمة لثبوت الحقوق في أموال المريض لمن ستنتقل إليهم هذه الأموال بعد موته من دائنين أو ورثة[3].

392 - ولا يؤثر مرض الموت في أهلية المريض، إلا أنه يؤثر في بعض الأحكام بالنسبة إليه، ولصيانة حق الدائن والوارث يثبت الحجر على المرض بالقدر الذي يتحقق به صيانة هذا الحق وهو جميع أموال المريض بالنسبة للدائن إن كان دينه مستغرقا للتركة وبمقدار الدين إن لم يكن مستغرقا لها، وبمقدار الثلثين بعد سداد الدين وأداء وصايا المريض بالنسبة للوارث، ويظهر أثر الحجر بعد الوفاة، فتصح تصرفاته دون أن يكون للدائن أو الورثة حق الاعتراض عليها في حال حياته، وإنما لهم هذا الحق بعد وفاته، إذا كان التصرف يضر بحقوقهم، فلهم عند ذاك نقضها بالقدر الذي يحفظ عليهم هذه الحقوق[4]. وحق الدائن مقدم على حق الوارث، فإذا سدد الدين، نفذت وصايا المريض، إن كانت تخرج من الثلث ولم تكن لوارث، فإن كانت أكثر من الثلث أو كانت لوارث توقف الزائد على الثلث والوصية للوارث على إجازة الورثة، وما بقي بعد ذلك يقسم على الورثة بنسبة سهامهم[5].

---

(1) تبين الحقائق ج2 ص248 فتح القدير ج3 ص155.
(2) علي الخفيف ص249 أحمد فراج ص237.
(3) أبو زهرة ف178 ص313 الزرقا ف4/65 ص837.
(4) شرح المنار ص 262 التلويح على التوضيح ج2 ص117.
(5) الزرقا ف 4/65 ص 837 زيدان ف 263 ص 321 أحمد فرج ص238 أنور محمود ف603 ص453.

393 - وتصرفات المريض نافذة ولا تحتاج إلى إجازة احد وهي التصرفات المالية التي تكون إشباعا لحاجاته الحيوية والتصرفات التي لا تمس راس مال التركة ولكن تمس منافعها وارباحها ومنها شراء ما يلزم لعلاجه وحاجاته التي لا يستغنى عنها، والعقود على المنافع كالإجارة والإعارة والعقود التي لا تمس راس المال وإنما تتعلق بالارباح وذلك كعقد الشركة[1]. أما التصرفات التي يمنع منها ويحجر عليه منه، فهي التصرفات المالية الخالصة التي تمس راس مال التركة بالنقص، إذا كان فيها اضرار بالدائنين والورثة وفي هذه الحالة يتوقف نفاذها على إجازتهم إن شاؤوا أجازوها وإن شاؤوا أبطلوها بعد تحقق الموت، إذ يكون المريض في هذه التصرفات كالفضولي[2].

394، ونكاح المريض صحيح، عند الجمهور، ويقع به التوارث ولا يلزم المريض بدفع أكثر من مهر المثل، واختلف الفقهاء في ارث الزوجة من زوجها في هذا النكاح، فذهب الإمام الاوزاعي إلى عدم التوارث بين الزوجين بالرغم من صحة الزواج، وذهب الإمام مالك إلى فساد النكاح وعدم التوارث به، وذهب آخرون، كالشافعي، إلى ثبوت التوارث بهذا النكاح[3]. وهو الراجح[4].

395 - أما إذا طلق المريض مرض الموت زوجته المدخول بها طلاقا بائنا بغير رضاها، فإن الطلاق يقع، عند الفقهاء، إلا أنهم اختلفوا في ميراث من زوجها، فذهب الجمهور إلى انها ترث ردا لقصد الزوج السيء الذي اراد، بهذا الطلاق، حرمانها من الميراث، وقال الشافعي واهل الظاهر، إنها لا ترث لأن الطلاق البائن يقطع الميراث ولا عبرة بالقصد الباطن لأن الأحكام تبنى على الظاهر والله يتولى السرائر، وأما بقاء هذا الحق للزوجة، فعند الحنفية إن الزوجة ترث إذا مات وهي

(1) جامع الفصولين ج2 ص1790 وانظر أحمد فرج ص 242 أنور محمود ف 603 ص 456.
(2) أبو زهرة ف178 ص313 محمد يوسف موسى ف 476 وما بعدها ص338 وما بعدها أحمد فرج ص 240 - 242.
(3) الام للشافعي ج3 ص31 - 32 المغني ج6 ص326.
(4) زيدان ف 364 ص 321 أحمد فرج ص 239.

في العدة، وعند الحنابلة، ترث ولو انقطعت عدتها ما لم تتزوج، وعند مالك ترث مطلقا سواء انقضت عدتها أم لم تنقض، تزوجت أم لم تتزوج، وعند الجعفرية، ترثه خلال سنة من طلاقها ما لم تتزوج، أما إذا كان الطلاق البائن قبل الدخول فقد قال الإمام مالك انها ترثه، وعند الحنفية وجمهور الحنابلة لا ترث وهذا هو الظاهر من مذهب الجعفرية على ما ذكره الطوسي في كتابه الخلاف[1]. والراجح من قال بتوريثها مطلقا لأن العلة في توريثها هي دفع الضرر عن هذه المطلقة[2].

396 - موقف القانون المعاصر: كل تصرف ناقل للملكية يصدر من شخص في مرض الموت، مقصود به التبرع أو المحاباة، يعتبر كله أو بقدر مافيه من محاباة تصرفا مضافا إلى ما بعد الموت، وتسري عليه أحكام الوصية ايا كانت التسمية التي تعطى له، ويعتبر في حكم الوصية إبراء المريض في مرض الموت مدينه وارثا كان أو غير وارث، وكذلك الكفالة في مرض الموت، وليس لأحد أن يؤدي دين غرمائه في مرض موته ويبطل حقوق باقيهم، ولكن له أن يؤدي ثمن المال الذي اشتراه أو القرض الذي استقرضه حال كونه مرضا، وإذا أقر المريض في مرض موته بدين لوارث أو لغير وارث، فإن جاء إقراره على سبيل التمليك كان بحكم الوصية، وإن جاء على سبيل الاخبار اوكان إقراره بقبض أمانة له أو استهلاك أمانة عنده ثبتت بغير إقراره نفذ إقراره في جميع ماله ولو لم تجز الورثة، وتصديق الورثة الإقرار في حياة المورث ملزم لهم، ولا يستحق المقر له ما أقر به المريض وفقا لما تقدم، إلا بعد أن تؤدى ديون الصحة، ويعتبر في حكم ديون الصحة الديون التي ثبتت في ذمة المريض وقت المرض بغير إقراره، فتؤدى هي أيضا مع ديون الصحة قبل الديون التي ثبتت بإقرار المريض في وقت مرضه، وإذا أقر شخص في مرض موته بأنه استوفى دينا له في ذمة احد، فإن كان الدين قد ثبت في ذمة المدين حال صحة الدائن نفذ الإقرار في حق غرماء الصحة، أما إذا كان الدين قد ثبت في

---

(1) الهداية وفتح القدير ج3 ص150 - 153 المغني ج3 ص 329 - 332 المدونة الكبرى ج2 ص132 الخلاف للطوسي ج2 ص456 وج 5 ص235 - 236 القواعد لابن رجب ص320.

(2) زيدان ف 365 ص 322.

ذمة المدين حال مرض الدائن، فلا ينفذ الإقرار في حق الغرماء، وإذا أقر

بأنه كفل حال صحته دينا لأحد، نفذ إقراره في جميع ماله ولكن بعد أن توفى ديون

الصحة وما في حكمها من الديون، وبهذه الأحكام أخذ القانون المدني العراقي في

المواد (1109 - 1112) وقريب من هذه الأحكام، أخذ القانون المدني الأردني في

المادتين (1128 - 1129) والقانون المدني المصري في المادتين (916 - 917) والقانون

المدني السوري في المادتين (877 - 878) علما بأن الفقرة (2) من المادة (35) من

قانون الأحوال الشخصية العراقي رقم (188) لسنة 1959 قد نصت على أن لا يقع

طلاق المريض مرض الموت، أو في حالة يغلب في مثلها الهلاك إذا مات في ذلك المرض

أو تلك الحالة وترثه زوجته).

397 - 5 - السفه: يقصد بالسفه، لغة، الخفة، واصطلاحا، تصرف في المال على خلاف

مقتضى الشرع والعقل مع قيام العقل[1]. وهو تبذير المال واتلافه، ولو كان في وجوه

البر والاحسان، وإن كان الأصل أنه مشروع، ولكن الاسراف فيه حرام، كالاسراف في

الطعام والشراب، يقول الله سبحانه وتعالى(وَالَّذِينَ إِذَا أَنْفَقُوا لَمْ يُسْرِفُوا وَلَمْ يَقْتُرُوا

وَكَانَ بَيْنَ ذَلِكَ قَوَامًا)[2] ومن ثم الاسراف في بناء المساجد ووجوه البر سفها، حتى لو

أراد أن يحج تطوعا أو يعتمر مرة أخرى، فلا يمكن من ذلك ويمنع[3]. وفي الفقه

الإسلامي لا يعد ذلك سفها، فلا يعد سفها إلا لبيع والشراء، بالغبن الفاحش[4]. وفي

الفقه الحنبلي، إنه لا اسراف في الخير[5]. وفي الفقه الجعفري، يعد سفيها من يصرف

أمواله في غير الاغراض الصحيحة، فلو باع والحال هذه لم يمض بيعه وكذا لو وهب أو

أقر بمال، ويصح طلاقه وظهاره وإقراره بما لا يوجب مالا[6].

---

(1) شرح المنار ص988.
(2) سورة الفرقان الآية (67).
(3) مجمع الانهر ج2 ص44.
(4) فتح الوهاب ج1 ص206.
(5) الاقناع ج2 ص222.
(6) المختصر النافع ص 140 - 141.

398 - واتفق الفقهاء، ماعدا الظاهرية، على أن الصبي إذا بلغ سفيها لا يدفع إليه ماله، واحتجوا بقوله تعالى(وَلَا تُؤْتُوا السُّفَهَاءَ أَمْوَالَكُمُ الَّتِي جَعَلَ اللَّهُ لَكُمْ قِيَامًا) [1] فإيتاء المال يشترط له البلوغ والرشد، وقال الظاهرية، يدفع المال من بلغ عاقلا، لأن الرشد عندهم هو البلوغ مع العقل، والسفه عندهم هو عدم العقل، وعلى هذا فمن بلغ عاقلا تحقق فيه الرشد ووجب دفع المال إليه[2]. أما الجمهور، فلا يرون هذا الرأي، فالرشد عندهم، الصلاح في العقل والقدرة على حفظ المال وحسن التصرف فيه[3]. وعند الجعفرية الرشيد هو البالغ العاقل المصلح لماله والعدل في دينه[4]. وذكر بعض متاخري مجتهديهم، إن الرشيد هو المصلح لماله، دون أن يشترط فيه العدالة في الدين[5]. وفيما يتعلق بدفع المال إلى السفيه أو عدم دفعه، اختلف الفقهاء المسلمون بصدد المراد بالرشد وذلك في قولين:

ا - إن المراد بالرشد حقيقته، فلابد من وجوده ومعرفته، فلا يجوز أن يقوم مقامه شيء آخر من بلوغ سن معينة أو غير معينة، وعلى هذا القول، لا يدفع المال للصبي بعد البلوغ حتى يثبت رشده، مهما بلغ من السن، وحتى لو صار شيخا كبيرا، وهذا قول الجمهور من الشافعية والمالكية والحنابلة والجعفرية وأبي يوسف ومحمد صاحبي الإمام (ابو حنيفة)[6].

ب - ذهب الإمام (ابو حنيفة) إلى أن المراد بالرشد حقيقته قبل بلوغ سن الخامسة والعشرين، ومظنته بعد بلوغه هذه السن، ومن بلغ غير رشيد أو لم يعلم

(1) سورة (النساء) الآية (6).
(2) ابن حزم المحلى ج8 ص286 - 287.
(3) التلويح ج2 ص191.
(4) الخلاف للطوسي ج4 ص121.
(5) محسن الحكيم، منهاج الصالحين ج2 ص113.
(6) المغني ج4 ص457 الخلاف للطوسي ج2 ص121 محسن الحكيم ج2 ص113.

رشده انتظرنا بلوغه الخامسة والعشرين، وعند ذلك يحكم برشده، ويدفع

إليه ماله، سواء علم منه الرشد أم لم يعلم، لأن هذه السن مظنة الرشد، ولا ينفك

منها إلا نادرا والأحكام تبنى على الغالب لا على النادر[1].

399 - واختلف الفقهاء في جعل السفه سببا للحجر، ويمكن رد اختلافهم إلى

قولين:

ا - ذهب الجمهور من الشافعية والحنابلة والمالكية والجعفرية، وهو

مذهب أبي يوسف ومحمد صاحبي أبي حنيفة، إلى أن السفه سبب للحجر، فإذا وجد

وجب الحجر على السفيه[2] وحجج هذا الاتجاه هي:

1 - قال تعالى في كتابه العزيز (فَإِنْ كَانَ الَّذِي عَلَيْهِ الْحَقُّ سَفِيهًا أَوْ ضَعِيفًا أَوْ لَا

يَسْتَطِيعُ أَنْ يُمِلَّ هُوَ فَلْيُمْلِلْ وَلِيُّهُ بِالْعَدْلِ)[3] فهذه الآية تفيد ثبوت الولاية على

السفيه، وهذا لا يتصور إلا بعد الحجر عليه.

2 - طلب الإمام علي بن أبي طالب (كرم الله وجهه) من الخليفة عثمان بن

عفان رضي الله عنه الحجر على (عبد الله بن جعفر) لتبذيره المال، ولو لم يكون

الحجر على السفيه جائزا لما طلبه الإمام علي.

3 - ثبت الحجر على الصغير لاحتمال تبذيره، وهذا المعنى موجود في

السفيه، فكان الحجر عليه اولى.

4 - لا يحسن السفيه التصرف في ماله، فهو في حاجة إلى من يرعاه ويحفظ

له ماله، ولا تأتي هذا المطلوب إلا بالحجر عليه، كما هو الحكم في الصبي المميز.

5 - يدفع الحجر على السفيه الضرر عن الجماعة، فبهذا الحجر يصان ماله

فلا يكون عالة على غيره ولا يتحمل بيت المال نفقته.

ب - ذهب الإمام (ابو حنيفة) والمذهب الظاهري إلى المنع من الحجر

---

(1) أصول البزدوي وكشف الاسرار ج4 ص1490 - 1491.

(2) المغني ج4 ص258 كشف الاسرار ج4 ص1492 الخلاف للطوسي ج2 ص22.

(3) سورة البقرة الآية (282).

بسبب السفه[1] وحجج هذا الاتجاه هي:

1 - إن السفيه مخاطب بالتكاليف الشرعية، لأن الخطاب بالأهلية وهي البلوغ مع العقل، والسفه لا يوجب نقصا في عقله ولا تمييزه، فيبقى مخاطبا بحقوق الشرع وتصح تصرفاته القولية كالنكاح والطلاق، ويحبس في ديون العباد ويعاقب على جرائمه، فلو كان السفه يبقى معتبرا بعد البلوغ في لزوم الحجر عليه لكان الأولى أن يحجر عليه في إقراره باسباب العقوبات، لا ضرر النفس اعظم من ضرر المال.

2 - تكمل أهلية الإنسان وتتم شخصيته ببلوغه عاقلا، فالحجرعليه، في هذه الحالة، اهدار لكرامته وإنسانيته، وهذا لا يجوز، وإن ضرر اهدار ادميته وإلحاقه بالبهائم بالحجرعليه أشد من ضرر اضاعته المال، والقاعدة الشرعية تقضي بتحمل الضرر الاخف في سبيل دفع الضرر الأشد.

3 - جاء في الحديث النبوي الشريف، إن رجلا كان يغبن في البياعات، فاتى اهله إلى الرسول صلى الله عليه وسلم طالبين منه الحجر عليه، فلم يجبهم الرسول صلى الله عليه وسلم إلى ما ارادوا، وإنما امره أن يشترط لنفسه الخيار في البيع، فلو كان الحجر جائزا لحجر عليه.

4 - إن الاحتجاج بالآية القرآنية الكريمة(فَإِنْ كَانَ الَّذِي عَلَيْهِ الْحَقُّ سَفِيهًا)لاحجة لهم فيها، لأن الولي هنا ولي الحق لا ولي السفه.

5 - إن الاحتجاج بطلب الإمام (علي كرم الله وجهه) الحجر على (عبد الله بن جعفر) لاحجة لهم فيه لكونه محمولا على التخويف لا الالزام، أو يحمل على طلب منع المال عنه لعدم بلوغه سن الخامسة عشرة.

6 - يعد التبذير معصية، والمعصية لا تكون سببا للرعاية، والحجر على السفيه من ضروب الرعاية فلا يلزم.

7 - إن القول بأن الحجر على السفيه لدفع الضرر عن الجماعة، قول مردود، لأن السفيه يتصرف في خالص ماله ولا حق لأحد في ماله حتى يمنع من

---

(1) التلويح ج2 ص192 المحلى ج8 ص278 وما بعدها أحكام القرآن للجصاص ج1 ص489.

التصرف فيه[1].

400 - الرأي الراجح: إن ظواهر النصوص تؤيد الحجر على السفيه، وفي الحجر مصلحة للسفيه بحفظ ماله ودفع الضرر عن الجماعة[2].

401 - ولكن متى يبدا الحجر على السفيه ؟ ذهب الفقهاء إلى اتجاهين:

ا - الاتجاه الأول: ذهب الأئمة الشافعي وأحمد وأبو سف ومالك وجميع أصحابه غير ابن القاسم، إلى أن الحجر يبدا من وقت حكم القاضي بالحجر، ولا ينفك عنه إلا بحكم القاضي أيضا، فعقوده وتصرفاته قبل قضاء القاضي بالحجر نافذة، وتصرفاته بعد حكم القاضي بالحجر غير نافذة.

ب - الاتجاه الثاني: ذهب محمد بن الحسن الشيباني من الحنفية وابن القاسم من المالكية إلى أن الحجر يبتدئ من وقت اسرافه وتبذيره في أمواله، إنه يكون محجورا عليه بنفس السفه، ولو لم يحكم القاضي بالسفه، ولا حاجة إلى حكم القاضي بالحجر عليه، وإن رشد السفيه انفك الحجر عنه بنفس الرشد دون حاجة إلى قضاء القاضي[3].

402 - حكم تصرفات السفيه: إن تصرفات السفيه قبل توقيع الحجر عليه، كتصرفات الرشيد، أما بعد الحجر عليه فإنه يكون في تصرفاته كالصبي المميز لا يختلف عنه إلا فيما يأتي ما دام الحجر قائما:

1 - يصح منه نكاحه وطلاقه وعتاقه ورجعته، غير أنه إذا سمي مهرا لم يلزمه إلا في حدود مهر المثل فلا يزيد عليه، ولو أذن له القيم في ذلك.

2 - يجوز له أن يقف ماله على نفسه ثم من بعده على ذريته لأن ذلك التصرف يتلاءم مع مافرض عليه من حجر إذ الوقف نوع من الحجر.

---

(1) أحكام القرآن للجصاص ج1 ص478 وما بعدها المغني ج4 ص458 كشف الاسرار ج4 ص 1491 وما بعدها محمد يوسف موسى ف469 وما بعدها ص333 وما بعدها أبو زهرة ف 164 وما بعدها ص 287 وما بعدها الخلاف للطوسي ج1 ص122 - 123 زيدان ف 372 - 373 ص 326 - 328.

(2) زيدان ف 374 ص328.

(3) الزيلعي ج5 ص195 كشف الاسرار ج4 ص149 كشاف القناع ج2 ص226 أحمد فراج ص 229 - 230 أنور محمود ف 612 ص461 - 462.

3 - تجوز وصية بالثلث في وجوه البر، لأن ذلك من العبادة، وهو أهل لها لتمام تكليفه وأهليته، فلو اوصى في غير هذه السبيل كانت وصيته باطلة، كالوصية لاهل الفسق مثلا[1].

403 - موقف القانون المعاصر: تحجر المحكمة على السفيه ويعلن الحجر بالطرق المقرة ، ويعد السفيه المحجور في المعاملات كالصغير المميز، ولكن ولي السفيه المحكمة أو وصيها فقط وليس لأبيه وجده ووصيهما حق الولاية عليه، أما تصرفات السفيه التي وقعت قبل الحجر عليه فهي كتصرفات غير المحجور إلا إذا كان التصرف وقع غشا بطريق التواطؤ مع من تصرف له السفيه توقعا للحجر، وتصح وصايا السفيه بثلث ماله وإذا اكتسب السفيه رشدا فكت المحكمة حجره، وبهذا الحكم أخذ القانون المدني العراقي في المادتين (95، 109) وقريب من ذلك مانص عليه القانون المدني الأردني في المادتين (129 - 130) والقانون المدني المصري في المادتين (115 - 116) والقانون المدني السوري في المادتين (116 - 117) وتنص القوانين الثلاثة الاخيرة إلى الوقف إضافة إلى الوصية، كما أن المشروع العربي أخذ بأحكام قريبة في المادتين (176 - 177).

404 - 6 - السكر: ويقصد بالسكر زوال العقل بتناول الخمراواي مسكر آخر بحيث لا يدري السكران بعد افاقته ماكان قد صدر منه حال سكره[2]، فيذهب السكر بالعقل فترة من الزمن قد تطول أو قد تقصر، ولا يعي السكران، ما يقول ولا يقصد إلى ما يصدر عنه من قول أو فعل[3]. فالسكر يعطل العقل ويعدم التمييز، ومن الفقهاء من لم يميز بين السكر بطريق مباح والسكر بطريق محظور، فهم نظروا إلى السكر في ذاته، فالسكر يذهب بالإرادة والقصد كالجنون، فتبطل عبارته ولا يترتب عليها قصد ولا التزام، ولا فرق بين سكربسبب مباح اوسكرغيرمباح، وإلى هذامال ابن القيم وهو رأي فريق من المالكية[4]. وفي الحقيقة أن كثيرا من الفقهاء

---

(1) علي الخفيف ص 247 - 248 زيدان ف 376 ص 329 أحمد فراج ص 227 - 228.
(2) كشف الاسرار ج4 ص1428.
(3) محمد يوسف موسى ف462 ص328.
(4) علي الخفيف ص246.

المسلمين، على اختلاف مذاهبهم، يرون أن السكر يزيل الأهلية، فلا تصح معه عقود السكران واقواله وافعاله، وسواء أكان السكر من أمر مباح كبعض الادوية أو التخدير الطبي، أم محظور كالخمر، وسواء أكان قد سكر مريدا مختارا أم مضطرا مكرها، فتصرفات السكران باطلة، لذهاب عقله وعدم قصده ما يصدر عنه من قول أو فعل، وذهب ابن القيم إلى أن الحالف أو المطلق الزائل العقل بجنون أو اغماء أو شرب مسكر، يعذر به أو لا يعذر، لا يقع يمينه وطلاقه، ويذكر " ابن القيم " إن من ذهب إلى عدم وقوع طلاق السكران من الاحناف: أبا جعفر الطحاوي وأبا الحسن الكرخي وأبا يوسف وزفر، كما حكاه صاحب النهاية عنهما، ومن الشافعية، المزني وابن شريح واخرين اتبعوهما ثم قال، والصحيح أنه لا عبرة باقواله، من طلاق ولا عتاق ولا بيع ولا هبة ولا وقف ولا إسلام ولا ردة ولا إقرار [1].

405 - في حين ذهب الجمهور من الفقهاء إلى التمييز بين السكر بطريق مباح والسكر بطريق محظور، فهم لم ينظروا إلى السكر في ذاته أي باعتباره مزيلا للعقل مناط التكليف وعلة اعتبار التصرفات وجعلها اسبابا لأحكامها وآثارها، بل ينظرون إلى سبب السكر وإلى وقوعه بالرضاء أو بالإكراه [2].

ا - السكر بطريق مباح: إذا تناول الإنسان المسكر اضطرارا أو إكراها أو عن غير علم بكونه مسكرا أو شرب دواء فأسكره، ونحو ذلك، فحكمه حكم المغمى عليه، فلا تصح عبارته ولا يترتب عليها أثر قانوني، ولا ينعقد بها عقد أو تصرف ولا خلاف في هذا بين الفقهاء.

ب - السكر بطريق محظور: أ - إذا تناول الإنسان المسكر عن علم به ورغبة فيه واختيار له، فيكون تناوله بطريق محظور، واختلف الفقهاء في مدى اعتبار اقواله وانعقاد عقوده والتصرفات بها، وذهبوا، في ذلك إلى اتجاهين:

الاتجاه الأول: لا يعتد بشيء من اقواله ولا يترتب عليها أي أثر شرعي، فلايقع طلاقه ولا بيعه ولا شراؤه ولا سائر عقوده وتصرفاته، وهذا مذهب الظاهرية والجعفرية وإحدى الروايات عن الإمام أحمد بن حنبل التي استقر عليها كما نقل

---

(1) ابن القيم، أعلام الموقعين ج4 ص40 - 42.
(2) زيدان ف379 ص 331 أحمد فراج ص 232 - 233.

الإمام ابن القيم، وهو اختيار الطحاوي من الحنفية، وأدلة هذا الاتجاه هي: أ - أن السكران لا يعلم مايقول، فقد قال تعالى في كتابه العزيز(يَا أَيُّهَا الَّذِينَ آمَنُوا لَا تَقْرَبُوا الصَّلَاةَ وَأَنْتُمْ سُكَارَى حَتَّى تَعْلَمُوا مَا تَقُولُونَ)[1] فالسكران لا يدري ما يقول، ومن لا يدري ما يقول لا يجوز الزامه بأقواله ولا ترتيب أي أثر عليها فعبارته لغو كعبارة المجنون. ب - إن أقل ما يصح به التصرف القصد أو مظنته، وليس للسكران واحد منهما. ج - لا فرق بين سكر بطريق مباح وبين سكر بطريق محظور، فالاثنان لا عقل لهما ولا تمييز، فيجب أن يساويا في الحكم.

الاتجاه الثاني: تعتبر اقوال السكران وتترتب عليها آثارها الشرعية فيقع طلاقه وسائر تصرفاته القولية، وهذا مذهب الحنفية والشافعية والمالكية على تفصيل واختلاف في بعض التصرفات، فعند الحنفية، مثلا، تعتبر اقوال السكران ماعدا الردة والإقرار بما يحتمل الرجوع فيه كالإقرار بالزنا، وأدلة هذا الاتجاه هي: إن السكران بطريق محظور هو الذي تسبب بازالة عقله بتناوله ما هو محرم عليه، فلا يستحق بمعصيته التخفيف، فيعتبر عقله قائما تقديرا عقوبة له وزجرا.

406 - الرأي الراجح: إن أدلة القائلين بعدم اعتبار اقوال السكران مقبولة وسليمة، لأن اعتبار القول يكون بالقصد، ولا قصد للسكر لزوال عقله وتمييزه[2].

407 - موقف القانون المعاصر: لم تتطرق القوانين المدنية التي هي موضوع المقارنة في هذا الكتاب إلى هذا الموضوع، ولكن إذا أبرم عقد وكان احد المتعاقدين أو كلاهما في حالة سكر، فيمكن آثارة مدى صحة العقد إذا توفرت شروط احد عيوب الإرادة وخاصة التغرير أو الاستغلال، وبالنسبة لطلاق السكران، فقد نصت الفقرة (1) من المادة (35) من قانون الأحوال الشخصية العراقي رقم (188) لسنة 1959 على أن لا يقع طلاق السكران.

408 - 7 - النوم والاغماء:

ا - يعرف النوم بأنه عارض وامر طبيعي يعتري الإنسان في فترة غير قليلة

---

(1) سورة النساء الآية (43).

(2) ابن القيم أعلام الموقعين ج4 ص40 - 42 زيدان ف 394 ص333 محمد يوسف موسى ف 464 وما بعدها ص330 وما بعدها.

من حياته، ولا يزيل العقل وإن كان يمنعه عن العمل، كما أنه لا يزيل الحواس الظاهرة، ولكن يمنعها أيضا عن العمل.

ب - أما الاغماء فهو فتور غير طبيعي، ويعجز به الإنسان عن استعمال عقله وسائرقواه ويكون المغمى عليه طول اغمائه مثل النائم حال نومه، سواء بسواء في العقود والتصرفات ولا يتصور من المغمى عليه أن يقصد شيئا منها ويريده والنوم والاغماء ينافيان أهلية الأداء، لانعدام التمييز في هاتين الحالتين، ولا يعتد بشيء من اقواله مطلقا، فلو صدر منه ما يصلح بذاته أن يكون إيجابا أو قبولا كان ما صدر منه لغوا لا قيمة له[1].

409 - 8 - المديونية: يقصد بالدين ما وجب في الذمة بدلا عن شيء على سبيل المعاوضة، والأصل أن الدين لا يؤثر في أهلية المدين ولا ينقص منها شيئا، سواء احاط بماله أم لم يحط، إلا أن الشارع الإسلامي جعله مانعا من التصرف المالي المؤدي لإبطال حق الغرماء، واختلف الفقهاء في جواز الحجر على المدين وذلك على النحو الآتي:

ا - قال الإمام (ابو حنيفة)، لا يجوز الحجرعلى المدين ولا بيع ماله جبرا لسداد الدين ولو طلب الدائنون ذلك، وسواء أكان الدين مستغرقا لماله أم زائدا عليه، لأن الحجر على الإنسان ومنعه من التصرفات إبطالا لأهليته واهدار لحريته، والضررمن ذلك أكبر وأشد من الضرر الذي يصيب الدائنين من تأخير أداء ديونهم، ولما كان قضاء الدين واجبا على المدين، فإذا امتنع عن ادائه مع قدرته عليه، فإنه يكون مماطلا وظالما ومن ثم يجوز للدائن أن يطلب من القاضي حبسه حتى يؤدي ما عليه، وعندئذ يحبسه القاضي ولا يطلق سراحه حتى يبيع المدين ماله بنفسه، دفعا للظلم واعانة للدائنين على استيفاء أموالهم.

ب - قال أبو يوسف ومحمد وجمهور الفقهاء، إن الدين سبب من اسباب الحجر، لأن الحجر إذا كان يجوز على السفيه رعاية لمصلحته، فالحجر على

---

(1) التلويح والتوضيح ج2 ص741 الأشباه والنظائر للسيوطي ص124 و ص138 ابن القيم، أعلام الموقعين ج4 ص70 وما بعدها و ص79 وما بعدها وانظر محمد يوسف موسى ص235.

المدين رعاية لحقوق الدائنين يكون اولى، ولأن عدم الحجر عليه يؤدي إلى ضياع حقوقهم، إذ عساه أن يلجئ أمواله بالتبرعات أو التصرفات الصورية ونحوها، ويتم الحجر على المدين، بقضاء القاضي، وذلك بشرطين (1) طلب الدائنين من القاضي الحكم عليه بالحجر. (2) أن يكون الدين مستغرقا لجميع أموال المدين[1].

410 - أثر الحجر على المدين: يترتب على الحجر على المدين ما يأتي:

ا - منع المدين من التصرف الذي يضر بالدائنين، سواء أكان التصرف تبرعا محضا كالهبة أم معاوضة فيها محاباة كالبيع بأقل من ثمن المثل أو الشراء بأكثر منه.

ب - بعد الحجرعليه يأمره القاضي ببيع أمواله وإيفاء حقوق الدائنين، فإن امتثل فبها، وإن امتنع من بيعها، باعها القاضي جبرا عليه وقسم ثمنه بين الدائنين بالحصص[2].

411 - وقد افتى المتأخرون من الفقهاء، سدا للذريعة، بأن المدين بدين مستغرق، ولو كان غير محجور عليه، من قبل القاضي، إذا تصرف تصرفا يؤدي إلى تهريب أمواله من وجه الدائنين، كأن يهب أو يوقف أمواله كلها أو بعضها، فإن تصرفه لا يكون نافذا، بل يتوقف على رضا الدائنين صيانة لحقوقهم، فإن أجازوه نفذ وإن رفضوه بطل، وبذلك فإن المديونية أصبحت تنتقص من أهلية التصرف في المدين، وتجعله محجورا حجرا عفويا كالصغير المميز، ومن ثم أصبحت المديونية عارضا من عوارض الأهلية، وهو المستفاد من نصوص المذهبين الحنبلي والمالكي[3].

412 - موقف القانون المعاصر: يعد المدين مفلسا إذا كان دينه المستحق الأداء ازيد من ماله، إذا خاف غرماؤه ضياع ماله أو خافوا أن يخفيه أو أن يجعله باسم غيره وكان خوفهم مبنيا على اسباب معقولة وراجعوا المحكمة في حجره عن التصرف في ماله أو إقراره بدين لآخر حجرته المحكمة، ويكون الحجر بحكم

(1) فتح القدير ج7 ص174 مغني المحتاج ج2 ص138 كشاف القناع ج2 ص209 أحمد فراج ص 234 - 235.
(2) شرح الخرشي ج 4 ص173 مجمع الانهر ج2 ص442 - 443 أحمد فراج ص235.
(3) الزرقا ج 2 ف 5/65 ص839 841.

تصدرته المحكمة بناء على طلب احد الدائنين، وبهذا الحكم أخذ القانون المدني العراقي مع بيان حالات الحجر وعدم السماح للمحجور بالتصرف في أمواله، إلا في حالة الانفاق عليه وعلى من لزمته نفقته، وحالات انتهاء الحجر (المواد 270 - 279) ونظمت المواد (249 - 264) من القانون المدني المصري والمواد (250 - 264) من القانون المدني السوري أحكام الحجر على المدين في حالة الاعسار، وهي جميعا أحكام متقاربة مع الأحكام الواردة في القانون العراقي، وأخذ المشروع العربي بهذه الأحكام في المواد (336 - 344).

413 - سادسا - موانع الأهلية: قـد تقـع موانـع لا تمـس عقـل الإنسـان أو تمييزه، ويكون عاقلا بالغا رشيدا ومالكا لقواه العقلية، ولكنه يتعذر عليه القيام بـأي تصرف من التصرفات لظروف تمنع الشخص من مباشرة هذه التصرفات، لهذا يجب إقامة مـن يتـولى عنـه مباشرتها، فهي ظروف ليس مـن شـأنها أن تـؤثر في أهليـة الشخص، إذ هو كامل الأهلية رغم وجودها، وإنما تحول بينه وبين مباشرة التصرفات أو تجعل من المتعذر أن ينفرد بمباشرتها[1] وهذه الموانع هي:

414 - 1 - الغائب: الغيبة، لغة، (البعد والتواري) والغائب معلـوم الحيـاة لعدم انقطاع اخباره، فهو قد يكون معلوم المكان وقد يكون مجهـول المكـان، سـواء أكان داخل البلد أم في خارجه، وقدعرفته المـادة (85) مـن قانـون رعايـة القاصرين العراقي رقم (78) لسنة 1980 (هو الشخص الذي غادر العراق أو لم يعرف له مقام فيه مدة تزيد على السنة دون أن تنقطع اخباره وترتب على ذلك تعطيل مصالحه أو مصالح غيره) ويعتبر الغائب في حكم القاصر، ويخضع للأحكـام التـي يخضع لهـا القاصر، (م3/ثانيا) والحكمة من تنظيم أحكام الغائب، إن الغائب بالرغم مـن أنـه كامل الأهلية، إلا أن المشرع رأى إقامة وكيل عنه لرعايـة أمواله وادارتها والمحافظة عليها أثناء غيبته، فإذا ترك الغائب وكيلا عنه، فإن المحكمـة تحكم بتثبيـت هـذه الوكالة في حالة توفر الشروط الواجب توفرها في الوصي في الوكيل المختار، أمـا إذا لم يكن للغائب وكيل، فيجري تعيين قيم عليه، وبهذا قضـت المـادة (88) مـن القانـون رقم (78) لسنة 1980، وتنظيم أحكام الغائب تستهدف صيانة

---

[1] الصدة مصادر الالتزام ف146 ص178 ومؤلفنا مصادر الالتزام ص97.

حقوقه وتحصيل هذه الحقوق أو استثمار أمواله أو دفع الاعتداء الواقع عليه[1]. نظم هذا القانون الأحكام التي تتبع في الحجر على المحجورين وإدارة أموالهم واستثمارها والتصرف فيها وغير ذلك من المسائل المتعلقة بالولاية والوصاية والقوامة، وذلك تنفيذا للمادة (111) من القانون المدني العراقي، ونصت المادة (32) من القانون المدني المصري على أن يسري في شأن الغائب الأحكام المقررة في قوانين خاصة، فإن لم توجد فأحكام الشريعة الإسلامية، ويخضع فاقد الأهلية وناقصها إلى أحكام الولاية أو الوصاية أو القوامة بالشروط ووفقا للقواعد المقررة في القانون (م47) ونص القانون المدني السوري على أحكام مماثلة لهذه الأحكام في المادتين (34 - 49). أما المشروع العربي فقد احال إلى الأحكام المقررة في القانون العربي الموحد للأحوال الشخصية.

415 - 2 - المفقود: يعد المفقود حيا باعتبار أول حياته، ولكنه خفي الأثر كالميت باعتبار ماله، فالمفقود، يبدو في حالة قلقة بين وجود الحياة أو الموت، أي يعتبر لاحيا على الإطلاق ولا ميتا من جميع الوجوه[2]، وعرفته المادة (1/36) من القانون المدني العراقي بأنه (من غاب بحيث لا يعلم احي هو أم ميت، يحكم بكونه مفقودا بناء على طلب كل ذي شأن) كما عرفته المادة (86) من قانون رعاية القاصرين العراقي رقم (78) لسنة 1980 بأنه (الغائب الذي انقطعت اخباره ولا يعرف حياته أو مماته)، فالمفقود هو الغائب بالضرورة وليس كل غائب مفقود[3]. ويتميز المفقودعن الغائب، في أن المفقود مجهول الحياة أو الممات، أما الغائب فهو معلوم الحياة وقد يكون معلوم المكان وقد يكون مجهول المكان[4] وعلى

---

(1) محمد كمال حمدي الولاية على المال الجزء الأول، الأحكام الموضوعية، القاهرة دار المعارف 1966 ص 278.
(2) مجموعة الأعمال التحضيرية للقانون المدني المصري ج1 ص327 وانظر الدكتور سعيد عبد الكريم مبارك، أصول القانون، الموصل، دار الكتب للطباعة 1982 ص 273.
(3) هادي محمد عبد الله، أحكام المفقود، دراسة بين الفقه الإسلامي والقانون العراقي، رسالة ماجستير، كلية القانون بجامعة بغداد 1987 ص24.
(4) أحمد حسن الطه، أحكام المفقود والأسير في الشريعة الإسلامية والقانون، بغداد، مطبعة دار السلام، ط1 ص118.

المحكمة أن تتحرى عن المفقود بكافة الطرق الممكنة للوصول إلى معرفة ما إذا كان حيا أو ميتا قبل أن تحكم بموته، ويعتبر يوم صدور الحكم بموت المفقود تاريخا لوفاته (م 94، 95) من قانون رعاية القاصرين) ونصت المادة (32) من القانون المدني المصري والمادة (34) من القانون المدني السوري بأن يسري في شأن المفقود الأحكام المقررة في قوانين خاصة، فإن لم توجد فأحكام الشريعة الإسلامية، وعرف القانون المدني الأردني المفقود بتعريف مطابق لما ورد في القانون المدني العراقي وتخضع أحكام المفقود إلى الأحكام المقررة في القوانين الخاصة فإن لم توجد فأحكام الشريعة الإسلامية (م32) أما المشروع العربي فقد احال إلى الأحكام المقررة في القانون العربي الموحد للأحوال الشخصية (م115).

416 - 3 - الأسير: لم تتطرق القوانين المدنية إلى الأسير، وإن كان يعد نوعا من أنواع الغائب، الذي عالجه قانون رعاية القاصرين العراقي رقم (78) لسنة 1980، ويتم تعيين القيم ليتولى شؤون الأسير إذا لم يكن له وكيل قبل الاسر، وعالجت المواد (90 - 93) من هذا القانون مؤهلات القيم وصلاحياته وانتهاء مهمته وحيث سكت القانون العراقي عن حكم الأسير ولم ينص على شيء خاص به، فيصار إلى الحكم بمبادئ الشريعة الإسلامية الأكثر ملاءمة لنصوص قانون الأحوال الشخصية رقم (188) لسنة 1959 (م2/1) والأسير إنسان حي معلوم بشكل عام فحكمه حكم السجين، تبقى أمواله على ملكه ولا تنتقل عنه إلا بسبب يبرر نقل ملكيتها عنه[1]. وينصب له قيم إن لم يكن له وكيل قد وكله قبل الاسر[2] وتتولى القوانين الخاصة بالعسكريين بيان أحكام الاسر والاسرى.

417 - وهناك حالات أخرى تعد من موانع الأهلية، كالمحكوم عليه بالسجن لمدة طويلة، حيث يترتب على الحكم حرمانه من إدارة أمواله أو التصرف فيها بغير الإيصاء والوقف، إلا باذن من المحكمة المختصة، وتعين المحكمة قيما

---

(1) المصدر السابق ص148.
(2) فاضل دولان، أحكام المفقود شرعا وقانونا وقضاء، بغداد، دار الشؤون الثقافية العامة، 1987 ف101 ص87.

لإدارة أمواله، بناء على طلبه أو طلب الادعاء العام أو كل ذي مصلحة[1].

وكذلك قد تكون لدى الشخص عاهة مزدوجة أو عجز طبيعي عـن التعبير عـن الإرادة، فيجوز للمحكمة أن تنصب وصيا عليه وتحد تصرفات هـذا الـوصي، وعلى هذا نصت المادة (104) من القانون المدني العراقي بقوله (إذا كـان الشخص اصم أبكم أو أعمى اصم، أو أعمى أبكم، وتعذر عليه بسبب ذلك التعبير عن إرادته جـاز للمحكمة أن تنصب عليه وصيا وتحدد تصرفات هـذا الـوصي) وقريب مـن هـذا الحكم ما ورد في المادة (117) من القانون المدني المصري والمادة (118) من القانون المدني السوري، مع النص على أن يكون قابلا للإبطال كل تصرف من التصرفات التي تقررت المساعدة القضائية فيها متى صدر من الشخص الي تقررت مساعدته قضائيا بغير معاونة المساعد، إذا صدر التصرف بعد شهر (اعلان) قـرار المساعدة، ونصت المادة (132) من القانون المدني الأردني على أحكام مماثلة لما نص عليه القانون المدني العراقي.

418 - سابعا: طبيعة أحكام الأهلية: تعد أحكام الأهليـة مـن النظام العـام فلايجوز الاتفاق على مخالفتها كالاتفـاق على اعتبار الشخص كامل الأهليـة وهو ناقصها كما لا يجوز حرمان الشخص من أهلية قائمة أو الانتقاص منهـا، وكل اتفاق من هذا النوع يقع باطلا، وقـد نصت الفقرة (2) مـن المادة (103) مـن القانون المدني العراقي على أنه (ويعتبر مـن النظام العـام بوجه خاص الأحكام المتعلقـة بالأحوال الشخصية كالأهليـة..) وورد مثل هـذا النص في الفقرة (3) مـن المـادة (163) من القانون المدني الأردني ولم يرد مثله في القانونين المدنيين المصري والسوري، ويعرف الفقه الإسلامي فكرة النظام العـام وإن لـم تـرد هـذه العبارة في كتـب الفقـه الإسلامي، فمن اهـم تطبيقـات فكرة النظام العـام في الفقه الإسلامي، مـا يسميه الفقهاء المسلمون (حق الله وحق العبد) وهو اوسع في مداه من فكرة النظام العـام في الفقه الغربي[2]. ومن تطبيقات فكرة النظام العام في الفقه الإسلامي، عدم

---

[1] انظر المادة (97) من قانون العقوبات العراقي رقم (111) لسنة 1969.
[2] الحكيم، الوسيط ف 567 ص410 وللوقوف على تفاصيل حق الله وحق العبد، انظر أستاذنا الـدكتور عبد الكـريم زيـدان، أصول الفقـه
=

جواز النزول عن الحرية الشخصية أو عن البنوة أو الصلح على النسب أو الاتفاق بين الزوجين على تعديل ما للزوج من حقوق على زوجته أو بالعكس أو نزول الوارث عن حقه في الميراث قبل موت المورث وغير ذلك كثير[1].

البند الثاني

عيوب الإرادة

419 - وتسمى شوائب الإرادة، أو عيوب الرضا، أو عيوب العقد[2]. وسماها القانون المدني العراقي (عيوب الإرادة) في حين سماها القانون المدني الأردني والمشروع العربي (عيوب الرضا) وكذلك تسمى من بعض الشراح والفقهاء[3] وهي حالات لا يحكم معها بانتفاء الإرادة العقدية الحقيقية، كما لا يحكم معها بسلامة هذه الإرادة من كل شائبة، بل توجد افة اصابت إرادة العاقد، ولا يستطاع معها اعتبار رضا صحيحة كاملا ملزما[4]. وهذه العيوب هي، الإكراه والغلط والغبن والتغرير، وندرسها تباعا.

اولا - الإكراه:

420 - يقصد بالإكراه، حمل الغير، بغير حق، على أمر يمتنع عنه بتخويف يقدر الحامل (اي المكره) على ايقاعه ويصير الغير خائفا به[5]. وهو الضغط على إنسان بوسيلة مؤذية أو بتهديده بها لإجباره على فعل أو ترك[6]. فهو ضغط غير

=

الإسلامي، بغداد مطبعة سلمان الاعظمي، 1964 ف72 ص64 وما بعد والأستاذ الدكتور مصطفى إبراهيم الزلمي، أصول الفقه في نسجه الجديد، بغداد، دار الحكمة للطباعة والنشر، ج2 بغداد 1991 ص 81 وما بعدها.

(1) الحكيم، الوسيط، ف569 ص411 البدائع ج4 ص190.

(2) أبو زهرة ف248 ص410 محمد يوسف موسى ف544 ص394 أحمد فراج حسين ص291.

(3) الحكيم الموجز ف222 ص122 مالك دوهان الحسن ص279.

(4) الزرقا ج1 ف1/34 ص449.

(5) كشف الاسرار ج4 ص1502.

(6) الزرقا ج1 ف2/34 ص452 وانظر ابن عابدين ج5 ص109.

مشروع يقع على إرادة الشخص فيحمله على التعاقد[1].

ويؤثر الإكراه في الفقه الإسلامي في صحة التصرفات القولية، فإذا ثبت بأركانه وشروطه كان حكمه فساد العقد في الفقه الحنفي[2] وعند الشافعية يبطل العقد وعند المالكية يجعل العقد غير لازم[3] ويفرد الفقهاء المسلمون له كتابا يسمونه (كتاب الإكراه) وفي القرآن الكريم آيات كريمة تتعلق بالإكراه ومنها (لا إكراه في الدين)[4] و(الا من أكره وقلبه مطمئن بالإيمان)[5] و(ولا تكرهوا فتياتكم على البغاء إن أردن تحصنا)[6] وورد في الحديث النبوي الشريف (رفع عن امتي الخطأ والنسيان وما استكرهوا عليه) و(إن الله تجاوز عن امتي الخطأ والنسيان وما استكرهوا عليه)[7].

421 - ويقسم الفقه الحنفي الإكراه إلى نوعين:

ا - الإكراه الملجئ: وهو ماكان بالتهديد بإتلاف نفس أو عضو أو بضرب مبرح أو بإتلاف خطير في المال ونحوه وهذا النوع من الإكراه يعدم الرضاء ويفسد الاختيار.

ب - الإكراه غير الملجئ: ويكون بالتهديد بخطر غير جسيم أي دون ما تقدم ذكره من التهديدات كالحبس والضرب غير المبرح نظرا لبعض الناس، وقد يعد الحبس أو الضرب غير المبرح خطرا جسيما بالنظر إلى بعض الناس فيكون التهديد به إكراها ملجئا، والإكراه غير الملجئ قد يكون بكل ما يوجب غما أو ألما يسيرا وهذا النوع من الإكراه يعدم الرضاء، ولكنه لا يفسد الاختيار، والإكراه الأول يرفع المسؤولية عن المكره (بفتح الراء) ويلحقها بالمكره (بكسر الراء) فهو الذي

---

(1) انظر مؤلفنا في مصادر الالتزام ص102.
(2) الدكتور محمد سعود المعيني، الحقوق المترتبة على ثبوت الإكراه على العقد، بحث مقارن بين الشريعة والقانون، مجلة القانون المقارن، بغداد العدد (19) 1987 ص33.
(3) المذكرات الإيضاحية للقانون المدني الأردني ج1 ص143.
(4) سورة البقرة الآية (256).
(5) سورة النحل الآية (106).
(6) سورة النور الآية (37).
(7) اخرجه ابن ماجة والطبراني والحاكم، يراجع الجامع الصغير ج1 رقم 1705 و4461.

يضمن الضرر الناشئ من عمل المكره (بفتح الراء) والثاني، لا يرفع المسؤولية عن المكره (بفتح الراء) فهو الذي يضمن الضرر الناشئ من عمله[1].

422 - وشروط الإكراه هي:

ا - أن يكون الحامل (المكره، بكسر الراء) قادرا على ايقاع ما هدد به، فإن كان المكره غير قادر على ايقاع ما هدد به، وكان المكره (بفتح الراء) عالما بعدم قدرته، كان تهديده لغوا لا قيمة له.

ب - أن يكون المكره (اي من وقع عليه الإكراه) خائفا من هذا التهديد، بأن يعتقد أن المكره (بكسر الراء) سيوقع ما هدده به عاجلا يقينا أو على غلبة الدين، وأن يفعل المكره ما أكره عليه تحت تأثير هذا الخوف.

ج - أن يكون المكره به، أي ما هدد به ضررا يلحق النفس باتلافها أو باتلاف عضو من المكره، أو بما دون ذلك كالحبس والضرب، أما التهديد باتلاف المال، إذا لم يكن يسيرا، فهو تهديد يتحقق به الإكراه، عند فقهاء الشافعية والحنابلة والجعفرية وبعض فقهاء الحنفية، والتهديد بالحاق الأذى بمن يهم المكره امره يعتبر إكراها عند فقهاء الجعفرية، وهو كذلك إكراه عند الحنفية، إذا وقع على الزوج أو قريب ذي رحم محرم، أو إذا وقع على الولد عند الحنابلة[2].

423 - أثر الإكراه في عقود المكره وتصرفاته: اختلف الفقهاء في أثر الإكراه على عقود وتصرفات المكره، فذهب الاحناف، إلى أنه لا تعتبر إقرارات المكره، لأن اعتبار الإقرار إنما كان لترجيح جانب الصدق فيه، وبالإكراه يترجح جانب الكذب فلا يعتبر، أما تصرفاته القولية التي لا تحتمل الفسخ ولا تبطل بالهزل، كالنكاح والطلاق والرجعة، فهذه التصرفات تقع صحيحة ونافذة لا أثر للإكراه فيها وحجتهم في ذلك، إن هذه التصرفات يترتب عليها اثرها بمجرد صدورها عن الشخص باختياره، لأن الشارع اعتبر التلفظ بها قائما مقام إرادة معناها وحكمها بدليل وقوعهامن الهازل، مع أنه لم يقصد حكمها ولم يرد معناها، فالمكره

(1) منير القاضي، ملتقى البحرين 184.
(2) كشاف القناع ج4 ص4 المغني ج7 ص120 منهاج الصالحين ج2 ص14 المهذب ج2 ص83 البحر الرائق ج8 ص 82 حاشية ابن عابدين ج5 ص110 كشف الاسرار ج4 ص1503 محمد يوسف موسى ف 545 ص 395.

اولى لأنه قصد ايقاعها واختار حكمها، وإن كان اختياره فاسدا إذا كان الإكراه ملجئا، ولكن فساد الاختيار يقتضي فساد العقد ما دام الاحناف يفرقون بين الرضا والاختياروبقولون بفساد الاخير في الإكراه الملجئ، ولكنهم لم يصرحوا بذلك[1]، أما إذا كانت تصرفات المكره القولية إنشاءات تحتمل الفسخ ولا تصح مع الهزل كالبيع ونحوه، فإن أثر الإكراه فيها الفساد، فتقع فاسدة لا باطلة، وحجتهم أن الإكراه يعدم الرضا لا الاختيار، والرضا شرط للصحة لا للانعقاد، فتقع هذه التصرفات منعقدة إلا أنها فاسدة أي انها منعقدة ولكنها مستحقة للفسخ ويقولون أن الفساد يرتفع إذا أجازه المكره بعد زوال إكراهه، ولكن الإمام زفر، من أئمة الفقه الحنفي، يرى أن العقد هنا صحيح موقوف لا فاسد، لأن الذي تلحقه الإجازة هو الموقوف لا الفاسد، فيتوقف العقد على الإجازة بعد زوال الإكراه، فإن أجازه المكره جاز، وإن أبطله بطل وقول (زفر) قوي على مقتضى الفقه الحنفي[2].

424 - وذهب الفقه المالكي إلى أن العقد بالإكراه منعقد صحيح ولكنه غير ملزم، بل للمستكره الخيار في إبطاله، ويسوون في ذلك بين الإكراه المباشر والضغط، وهو أي الضغط عندهم، أن يقع الإكراه لا على العقد مباشرة، بل على سبب آخر اضطر المضغوط إلى العقد، كمن أكرهه السلطان على دفع مال ظلما فاضطر لبيع ماله حتى يؤديه، وهذا يسمى عندهم بيع المضغوط[3].

425 - وذهب الشافعية والحنابلة والجعفرية، إلى أنه لا يترتب على قول المكره حكم، فأقواله كلها مهدرة، فلايقع طلاقه ولا بيعه ولا شراؤه، ولا أي تصرف قولي آخر وحجتهم تتلخص بما يأتي:

ا - إن الله سبحانه وتعالى اسقط عن المكره حكم الكفراذا نطق بكلمة الكفر (الا من أكره وقلبه مطمئن بالإيمان) وأحكام الكفر اعظم من أحكام البيع والشراء ونحوها، لأن الكفر يترتب عليه فراق الزوجة وازهاق الروح، فإذا سقط

---

(1) الكاساني ج7 ص182 وما بعدها زيدان ف 420 ص362 أحمد فراج ص166.
(2) شرح الكنز للزيلعي ج5 ص182 وما بعدها زيدان ص 362 هامش (2) الزرقا ص 455 هامش (1) أبو زهرة ف254 ص415.
(3) حاشية الحطاب ج4 ص248 الدسوقي ج3 ص6.

الاعظم سقط الاصغر.

ب - جاء في الحديث الشريف (إن الله وضع عن امتي الخطأ والنسيان وما استكرهوا عليه) وفي حديث آخر (لا خلاق في اغلاق) وفسر الاغلاق بالإكراه، وعن الإمام علي رضي الله عنه (لاخلاق لمكره) ومثل هذا روي عن فقهاء الصحابة، وكل هذا يدل على عدم اعتبار عقود وتصرفات المكره.

ج - القصد لما وضع له التصرف شرط لجوازه، ولهذا لا يصح تصرف الصبي والمجنون، وهذا الشرط يفوت بالإكراه، لأن المكره لا يقصد بالتصرف ما وضع له، وإنما يقصد دفع الضرر عن نفسه.

د - إن المكره يأتي باللفظ دفعا للاذى عن نفسه غير قاصد لمعناه، ولا مريد لحكمه، فيلزم أن يعتبر قوله لغوا بمنزلة كلام المجنون والنائم ومن لا قصد له[1].

426 - ويرد الاحناف على الأدلة المذكورة بما يأتي: إن الإكراه لا يعمل في الاعتقادات، ولهذا عفي عن المكره إذا نطق بكلمة الكفر، ويقولون في حديث (رفع عن أمتي الخطأ والنسيان وما استكرهوا عليه) إن المراد به الإكراه على الكفر، لأن القوم انذاك كانوا حديثي عهد بالإسلام، وكان الإكراه على الكفر يقع من المشركين، وحتى لوكان المراد بالإكراه في هذا الحديث الإكراه على غير الكفر فلا نسلم أن العقود وسائر التصرفات القولية مستكره عليها، لأن الإكراه لا يؤثر في الاقوال كما لا يؤثرفي الاعتقادات، لأن احدا لا يستطيع أن يستعمل لسان غيره فكان المتكلم مختارا فيما يتكلم به، فلا يكون مستكرها عليه، فلا يتناوله الحديث، أما إن القصد إلى ماوضع له التصرف شرط جوازه، فهذا مردود بطلاق الهزل فإنه يقع مع أنه غير قاصد ماوضع له التصرف، فكان قاصدا إليه ضرورة، أما الآثار المروية بعدم وقوع طلاق المكره، فإنها تعارض بآثار أخرى نصت على وقوع

(1) الام للشافعي ج3 ص20 أعلام الموقعين ج3 ص108 ج4 ص43 - 44 الكاساني ج7 ص182 - 183 الخلاف للطوسي ج2 ص453 منهاج الصالحين ج2 ص182 - 183 المغني ج7 ص118 محمد يوسف ف548 ص396 أبو زهرة ف 250 وما بعدها ص413.

طلاقه، فلا تكون آثارهم اولى بالقبول من آثارنا واحاديثنا[1].

427 - الرأي الراجح: لا يقع أي عقد أو تصرف قولي مـن المكـره سـواء أكان يحتمل الفسخ أو لا يحتمله، فجميع عقود وتصرفات المكره باطلة[2].

428 - موقف القانون المعاصر: يعرف الإكراه بأنه اجبار الشخص بغيرحق على أن يعمل عملا دون رضاه ويكون ماديا أو معنويا، ويكون الإكراه ملجئا إذا كان تهديدا بخطر جسيم محدق يلحق بالجسم أو المال، ويكون غير ملجئ إذا كان تهديدا بما دون ذلك، والإكراه الملجئ يعدم الرضا ويفسد الاختيار وغير الملجئ بحسب الأحوال يفسد الاختيار، ويختلف الإكراه باختلاف الاشخاص وسنهم وضعفهم ومناصبهم ودرجة تأثرهم وتألمهم من الإكراه شدة وضعفا، ويشترط أن يكون المكره قادرا على ايقاع ما هدد به وأن يغلب على ظن المكره وقوع الإكراه عاجلا إن لم يفعل ما أكرهه عليه، ولا ينفذ العقد أي يكون موقوفا على الإجازة أو النقض، وبهذه الأحكام أخذ القانون المدني العراقي في المواد (112 - 116، 136) والقانون المدني الأردني في المواد (135 - 142) ويكون العقد قابلا للإبطال في القانونين المصري بموجب المادتين (127 - 128) وفي القانون المدني السوري بموجب المادتين (128 - 129) وفي قانون الالتزامات والعقود المغربي بموجب المادة (50) والمادة (31) من قانون الالتزامات التركي، ويذكر أن قانون الأحوال الشخصية العراقي رقم (188) لسنة 1959 قد نصت على أن لا يقع طلاق المكره وذلك في الفقرة (1) من المادة (35) منه.

ثانيا - الغلط:

429 - يعرف الغلط، بأنه حالة تقوم بالنفس تحمل على تـوهم غـير الواقـع بأن تكون هناك واقعة غير صحيحة يتوهم الإنسان صحتها أو واقعة صحيحة يتوهم عدم صحتها[3]. فهو توهم يتصور فيه العاقد غير الواقع واقعـا، فيحملـه ذلـك عـلى إبرام عقد لولا هذا التوهم لما أقدم عليه[4] وهو أن يظهر، بعد تمام العقد، أن

(1) انظر المصادر المذكورة سابقا في الفقه الحنفي.
(2) علي الخفيف ف423 ص364 زيدان ص319 320.
(3) السنهوري الوسيط ج1 ف 192 ص 289 مصادر الحق ج3 ص111.
(4) الزرقا ف1/36 ص473 البعلي ص259.

المعقود عليه يختلف عما كان في نفس المتعاقد أو أن ذاته أو وصفه ليست هي المتفق عليها[1].

430 - والغلط قد يكون واضحا وقد يكون مستترا:

ا - الغلط الواضح (الظاهري): وهو ما يكون واضحا في العقد إذا كشف العاقد بنفسه عن مراده كشفا صريحا خلال التعاقد، أو كان مراده مكشوفا ظاهرا من القرائن والدلائل[2]. وهو توهم يقوم في النفس ويرد في صيغة العقد ما يدل على ذلك، كأن يقول لآخر اشتريت منك هذا الماس بكذا، فيقول الآخر قبلت، ثم يظهر أنه زجاج، فيكون الغلط واضحا وظاهرا على النحو الآتي:

(1) كشف العاقد عن مراده بنفسه كشفا صريحا، كأن يعين العاقد في العقد جنس المعقود عليه، أو إذا وصفه بصفة، ثم يظهرعلى خلاف ذلك. (2) كون مراد العاقد واضحا من الدلائل، كأن يبيع شخص حجرا في سوق الجواهر، دل ذلك على أنه يبيع جوهرة، وإن لم يصرح بجنس الحجر في العقد.

ب - الغلط الباطني (المستتر) وهو ماكان قائما في تصور العاقد واعتقاده، أي يتوهم العاقد محل العقد على غير ماهيته أو على غير صفته، ولا يوجد في صيغة العقد ما يدل على توهمه، كمن يشتري خاتما من النحاس معروضا أمامه معتقدا أنه من الذهب، ولا يذكر في صيغة العقد ما يدل على اعتقاده[3].

431 - وللغلط حالات هي:

1 - الغلط في العقد لعدم توفر عنصر جوهري يتوقف عليه وجوده، كان لم يتم التوافق بين الإرادتين، فيكون التراضي غير موجود ومن ثم يكون العقد باطلا، أو يصدر الشخص تعبيرا يعتقد أنه يطابق إرادته الحقيقية مع أنه يخالفها فالأمر بوجود الإرادة لا بصحتها، والغلط في نقل الإرادة إلى العاقد من قبل الرسول أو الوسيط، فالغلط هنا لا يتعلق بعيب من عيوب الإرادة واما يتعلق بعدم توافق الإرادتين فلا ينعقد العقد، وقد يقع غلط في الحساب وفي الجمع والطرح، وهذا لا

(1) أحمد فراج ص292.
(2) الزرقا ف3/36 ص476.
(3) علي الخفيف ص322 - 323 زيدان ف408 ص353 - 354.

أثر له في سلامة العقد وإنما يجب تصحيحه، أو يتخلف شرط من الشروط المتفق عليها، وذلك لعدم توفر الشرط عند التنفيذ، كأن يسلم المشتري بضاعة أخرى غير المتفق عليها، فالوضع هنا لا يتعلق بالغلط، وإنما للمشتري أن يطلب من البائع تنفيذ التزامه على النحو المتفق عليه أو فسخ العقد، أو أن يقصد العاقد إبرام عقد معين فيخطئ الآخر في فهمه ويعتقد أن المراد هو عقد آخر، فهنا لا ينعقد أي من العقدين لعدم توافق الإرادتين[1].

2 - الغلط في المعقودعليه، وهو على النحو الآتي:

ا - غلط في اختلاف الجنس: إذا وقع غلط في جنس الشيء بأن اعتقد احد العاقدين أنه من جنس معين فإذا به من جنس آخر كان البيع باطلا لانعدام المحل كأن يبيع فصا على أنه ياقوت فإذا هو زجاج[2].

ب - الغلط في صفة جوهرية للمعقود عليه، كأن يتحد الجنس ويكون هناك تفاوت في صفة جوهرية في المعقود عليه، كأن يبيع دارا على أن بناءها من حجر فإذا هو من الطين أو من الطابوق، فيكون التفاوت في المنفعة فاحشا رغم اتحاد الجنس، فهما كالجنسين المختلفين، والأصل أنه اجتمعت التسمية والاشارة للمعقود عليه كان المعتبر هو المسمى عند اختلاف الجنس لأن التسمية ابلغ من الاشارة ويقع البيع باطلا، لأنه معدوم وبيع المعدوم باطل إلا في السلم، وهناك رأي للكرخي من الحنفية أنه فاسد لأنه باع المسمى واشار إلى غيره فصار كأنه باع شيئا بشرط أن يسلم غيره وذلك فاسد[3].

ج - الغلط في الوصف (فوات الوصف المرغوب فيه): كما في حالة بيع ياقوت احمر فإذا هو اصفر، فالبيع صحيح غير لازم، ويثبت للمشتري خيار الوصف، فإذا اجتمعت التسمية والاشارة في المعقود عليه، وكان المسمى من جنس المسمى، فينعقد العقد على المشار إليه ويثبت الخيار لمن وقع الغلط في جانبه

---

(1) السنهوري الوسيط ج1 ف 163 - 166 ص290 - 293 الصدة ف 152 ص183 - 184 غني حسون طه ف 367 ص177 وما بعدها ومؤلفنا في مصادر الالتزام ص 106.

(2) البائع ج5 ص139 - 140.

(3) الزيلعي ج4 ص53 الفتاوى الخانية ج2 ص134 وانظر البعلي ص260.

لفوات الوصف المرغوب فيه المؤدي إلى اختلال الرضا[1].

د - الغلط في القيمة: يؤدي الغلط في قيمة المعقود عليه إلى الغبن، فهو غبن مصحوب بجهل لقيمة الشيء ولغلط في قيمة المعقود عليه يعيب الإرادة والرضا[2].

3 - الغلط في شخص العاقد: قد يغلط احد العاقدين في شخص المتعاقد معه، فيظنه فلانا وهو غيرهناو يظنه ذا صفة خاصة من قرابة أو كفاءة أو غيرهما فيظهر بخلاف ذلك، وتظهر اهمية هذا الموضوع عندما يكون لشخص العاقد اعتبار خاص في مبنى العقد بحيث يكون لصفة العاقد ارتباط بموضوع التعاقد، في الفقه الإسلامي يؤثر الغلط في شخص العاقد في عقود وتصرفات منها:

ا - عقد الزواج، إذا ظهرفي احد الزوجين مرض يضر بالحياة الزوجية، جنسيا كان المرض أو غير جنسي، كالجنون والجذام، وكان موجودا قبل العقد ولم يعلم به الزوج الآخر، فقد أقر الفقهاء لهذا الزوج الآخر خيارا في فسخ العقد إن شاء.

ب - عقد الإجارة: إذا استأجر شخص ظئرا (المرأة المرضع تستأجر لارضاع طفل والقيام بمصالحه) لطفل ثم تبين أن الطفل لا يأخذ ثديها، أو أن لبنها غير صالح لتغذيتها وسيئة الخلق أو سارقة أو فاجرة فجورا بينا، فإن لاهل الطفل فسخ الإجارة قبل انتهاء الأجل[3].

ج - الشفعة: إذا ابلغ الشفيع (الشريك صاحب حق الشفعة) أن المشتري فلان، فلم يطلب الشفيع الأخذ سقط حقه في الشفعة، فإذا تبين أن المشتري شخص آخر لا يرضى بجواره يبقى على حقه في طلب الأخذ بالشفعة، لأن الناس يتفاوتون في المجاورة[4].

4 - الغلط في الحكم الشرعي: وهو أن يجهل المتعاقد الحكم الشرعي

(1) المبسوط للسرخسي ج 13 ص12 فتح القدير ج5 ص201 البدائع ج5 ص140 وانظر المواد (72، 208، 310، 322 من المجلة.
(2) البعلي ص 262.
(3) المبسوط للسرخسي ج15 ص119 - 122.
(4) المبسوط للسرخسي ج14 ص105.

عند التعاقد، والأصل أن الجهل بالحكم الشرعي لا يعد عذرا، إلا إذا انتفى التقصير، فإذا قبلت دعوى الغلط فإن للمتعاقد حق الخيار [1].

432 - لاخلاف بين الفقهاء في أن الغلط الباطني لا يؤثر في انعقاد العقد وصحته، لأن العبرة في العقود بالعبارة أو ما يقوم مقامها دون النوايا المستترة الخفية التي لا يدل عليها دليل، أما الغلط الظاهري، فإن كان في الجنس أبطل العقد، وإن كان في الوصف جعل العقد موقوفا قابلا للفسخ ممن قام فيه الغلط [2].

433 - موقف القانون المعاصر: حاول القانون المدني العراقي أن يمزج بين الأحكام التي استمدها من الفقهين الإسلامي والغربي، عند تنظيم أحكام الغلط، ولكي يؤثر الغلط في العقد باعتباره عيبا من عيوب الإرادة، ينبغي أن يكون الغلط جوهريا وأن يتصل العاقد الآخر بالغلط، فإذا وقع غلط في محل العقد وكان مسمى ومشارا إليه فإن اختلف الجنس تعلق العقد بالمسمى وبطل لانعدامه، وإن اتحد الجنس واختلف الوصف فإن كان الوصف مرغوبا فيه تعلق العقد بالمشار إليه وينعقد لوجوده إلا أنه يكون موقوفا على إجازة العاقد، فإذا بيع هذا الفص على أنه ياقوت فإذا هو زجاج بطل البيع، ولو بيع هذا الفص ليلا على أنه ياقوت احمر فظهر اصفر أو بيعت البقرة على أنها حلوب فظهرت غير حلوب يكون البيع موقوفا على إجازة المشتري، ولا عبرة بالظن البين خطأه، فلا ينفذ العقد في الحالات الآتية:

1 - إذا وقع غلط في صفة للشيء تكون جوهرية في نظر المتعاقدين أو يجب اعتبارها كذلك للظروف التي تم فيها العقد ولما ينبغي في التعامل من حسن نية.

2 - إذا وقع غلط في ذات المتعاقد أو في صفة من صفاته وكانت تلك الصفات أو هذه الصفة السبب الوحيد أو السبب الرئيسي في التعاقد.

3 - إذا وقع غلط في أمور تبيح نزاهة المعاملات للمتعاقد الذي يتمسك بالغلط أن يعتبرها عناصر ضرورية للتعاقد ولا يجوز للمتعاقد الذي وقع في غلط أن يتمسك به إلا إذا كان المتعاقد الآخر قد وقع في نفس الغلط أو كان على علم به أو

---

(1) البائع ج5 ص151 البعلي ص262 - 263.

(2) السنهوري مصادر الحق ج2 ص114.

كان من السهل عليه أن يتبين وجوده، ولا يؤثر في نفاذ العقد مجرد الغلط في الحساب ولا الغلط المادي وإنما يجب تصحيح هذا الغلط، وبهذه الأحكام أخذت المواد (117 - 120) من القانون المدني العراقي[1] وقريب من هذه الأحكام أخذ القانون المدني الأردني في المواد (151 - 156) مع حكم مهم يتضمن أنه ليس لمن وقع في غلط أن يتمسك به على وجه يتعارض مع ما يقضي به حسن النية، ويبقى ملزما بالعقد الذي قصد إبرامه إذا أظهر الطرف الآخر استعداده لتنفيذ العقد، وهو حكم يتفق مع ما يأمر به الإسلام من العدل والاحسان وينهى عن البغي وهو بعد مسألة متروكة لتقدير القاضي[2]. واعتد القانون المدني المصري في المواد (120 - 124) والقانون المدني السوري في المواد (121 - 125) بالغلط الجوهري الذي يبرر إبطال العقد، إن كان المتعاقد الآخر قد وقع مثله في هذا الغلط أو كان على علم به، أو كان من السهل عليه أن يتبينه، ويكون الغلط جوهريا إذا بلغ حدامن الجسامة بحيث يمتنع معه المتعاقد عن إبرام العقد لو لم يقع في هذا الغلط. وأجازالمشروع العربي، للغالط الحق في فسخ العقد، إذا غلط فيما يهمه من أمور العقد كشخص لعاقد أو صفته أو صفة المحل إذا كان لذلك اعتبارأساسي لديه وكذا غلطه في الحكم القانوني يعيب إرادته ويسلب لزومه. (م181) ويخول القانون المغربي إبطال العقد، إذا وقع الغلط في ذات الشيء أو في نوعه أو في صفة فيه كانت هي السبب الدافع إلى الرضا (41) والغلط الواقع على شخص احد المتعاقدين اوعلى صفته لا يحول الفسخ إلا إذا كان هذا الشخص أو هذه الصفة احد الاسباب الدافعة إلى صدور الرضا من المتعاقد الآخر (م42).

ثالثا - الغبن والتغرير:

434 - 1 - الغبن: يقصد بالغبن، لغة، النقص، والمراد به أن يكون احد العوضين مقابلا بأقل ما يساويه في الاسواق[3]. فالغبن هو النقصان أو الخداع، ففي مختار الصحاح، غبنه في البيع خدعه، وقد غبن فهو مغبون، إذا نقصه، فهو غبين أي

(1) للتفصيل انظر مؤلفنا في مصادر الالتزام ص 108 - 112 والمصادر المشار إليها.
(2) انظر المذكرات الإيضاحية للقانون المدني الأردني ج1 ص 160.
(3) أبو زهرة ف257 ص 418.

ضعيف الرأي، أما اصطلاحا، فيقصد به، إن احد البدلين في العقد غير متكافئ مع الآخر في العقد، عند التعاقد، فإذا باع شخص ما قيمته مائة بخمسين أو بمائتين، كان البائع في الحالة الأولى هو المغبون، وكان المشتري، في الحالة الثاني، هو المغبون[1]، فهو عدم تساوي احد العوضين في عقد المعاوضة بالآخر، بأن تكون قيمته أكثر أو أقل[2].

435 - والغبن إما أن يكون يسيرا أو فاحشا:

ا - الغبن اليسير: وهو ما يدخل تحت تقويم المقومين، أي تقدير أهل الخبرة في المعقود عليه، فإذا باع شخص عقارا بالف وقدره بعضهم بثمانمائة وبعضهم بتسعمائة، وبعضهم بالف فإن الغبن يسر[3].

ب - الغبن الفاحش: وهو ما لا يدخل في تقويم المقومين، ففي المثال السابق، إذا قدره الجميع بما دون الالف فالغبن فاحش بالنسبة للمشتري، وإذا قدره الجميع بما فوق الألف، ولم يقدره احد قط بالف أو دونها فالغبن فاحش بالنسبة للبائع، وقد قدر الغبن الفاحش بتقديرات منسوبة إلى قيم الاشياء، وقد قدر (نصر بن يحي) الغبن اليسر في العروض بما لا يزيد على نصف العشر (5%) وفي الحيوان بما لا يزيد على العشر (10%) وفي العقار بما لا يزيد على الخمس (20%)[4] وبهذا الرأي أخذت مجلة الأحكام العدلية في المادة (165) وحدده (الجصاص) باختلاف المعقود عليه، ففي العروض إذا زاد الثمن أو نقص بأكثر من نصف عشر القيمة الحقيقية كان الغبن فاحشا، وفي الحيوان العشر وفي العقار الخمس وإلا فالغبن يسير[5]. وحدده البعض الثلث فأكثر، وحدده الآخرون، السدس فأكثر، فهذه النسب يكون معها فاحشا إذا زاد الثمن أو نقص عنها[6]. وأساس اختلاف التقدير في هذه الاجناس هو مقدار التفاوت بين تقديرات المقومين فيها، فالعقار يختلفون

---

(1) محمد يوسف ف559 ص404.
(2) أحمد فراج ص300.
(3) أبو زهرة ف257 ص418 أحمد فراج ص300.
(4) البدائع ج6 ص30 وانظر علي حيدر شرح المجلة ج1 ص102، أحمد فراج ص113.
(5) البدائع ج6ص30 حاشية ابن عابدين ج4 ص159 البحر ج7 ص169.
(6) الحطاب ج4 ص471 وما بعدها.

فيه كثيرا والحيوان قليلا والعروض أقل، وماله سعر محدود لا يختلفون فيه قط، فأساس هذا التقدير هو الفاصل الأول، وهو ما يدخل تحت تقويم المقومين ومالا يدخل [1].

436 - موقف القانون المعاصر: أو رد القانون المدني العراقي ذكر (الغبن) و(الغبن الفاحش) في المواد المتعلقة ب (التغرير والغبن) ولم يحددهما بحد معين، ولكن الفقرة (2) من المادة (1077) من القانون المذكور حدد الغبن الفاحش في القسمة الحاصلة لا لتراضي في العقار وذلك على النحو الآتي (ويقدر الغبن فاحشا، متى كان على قدر ربع العشر ـ في الدراهم، ونصف العشر ـ في العروض والعشر ـ في الحيوانات والخمس في العقار) ولم يتم تحديد الغبن الفاحش في القانون المدني الأردني وإنما نصت المادة (1050) على أنه (1 - يجوز لمن لحقه غبن فاحش في قسمة الرضا أن يطلب من المحكمة فسخ القسمة واعادتها عادلة. 2 - وتكون العبرة في تقدير الغبن بقيمة المقسوم وقت القسمة وكذلك ذهب كل من القانون المدني المصري والسوري، حيث لم يحددا الغبن الفاحش، وإنما تطرقا إلى تقدير الغبن عند نقض القسمة الرضائية، حيث نصت المادة (1/845) من القانون المصري على أنه (يجوز نقض القسمة الحاصلة بالتراضي إذا أثبت احد المتقاسمين أنه لحقه منها غبن يزيد على الخمس، على أن تكون العبرة في التقدير بقيمة الشيء وقت القسمة) وهذا ماورد في نص المادة (1/799) من القانون المدني السوري، في حين أن المشروع العربي، عرف الغبن بأنه، عدم تعادل الحقوق التي يكتسبها العاقد بالعقد مع الالتزامات التي يحمله اياها، والغبن أما يسير أو فاحش، فاليسير هو ما يدخل تحت تقويم المقومين أما الفاحش فهو ما لا يدخل تحته (م188).

437 - 2 - التغرير: يعرف التغرير، لغة، ايقاع شخص في الغرر (بفتحتين) أي في الخطر [2] ويقصد بالتغرير، الخداع، وغره يغره بالضم غرورا، خدعه، ومن وقع عليه الغرور، هو مغرور وغرير، أي مخادع، والغرار (بالكسر) نفصان ولد

---

(1) أبو زهرة ف257 ص419.

(2) لسان العرب.

الناقة[1] ويسمى التغرير (التدليس) ويكون باستخدام وسائل احتيالية لاخفاء عيب في المعقود عليه وإظهاره بصورة ليس عليها لتضليل المتعاقد وحمله على التعاقد، وعرفته المادة (164) من المجلة (توصيف المبيع للمشتري بغير صفته الحقيقية) والعيب هو ماتنقص به عين الشيء أو قيمته أو ثمنه أو يفوت به غرض صحيح، وهو كل ما يعده الناس عيبا[2] وأصل فكرة التغرير في الفقه الإسلامي ما ورد في الحديث النبوي الشريف (إذا بايعت فقل، لا خلابة، ولي الخيار ثلاثة ايام)[3].

438 - وللتغريرأنواع هي:

ا - التغرير الفعلي: ويسمى تغرير في الوصف، ويكون بتزوير وصف في محل العقد يوهم المتعاقد في المعقود عليه مزية مصطنعة غير حقيقية، وذلك كتلاعب بائع السيارة المستعملة بعداد المسافة فيها وإرجاع أرقامه لإيهام المشتري قلة استعمالها[4]. ومسألة الشاة المصراة المعروفة في الفقه الإسلامي هي المنطلق لفكرة التغرير الفعلي في هذا الفقه، وهو أن تكون الشاة أو البقرة أو الناقة، قليلة اللبن أو ناضبة، فيربط صاحبها اخلاف ضرعها مدة حتى يجتمع لبنها ويحفل ضرعها، أي يمتلئ، ثم يعرضها للبيع ايهاما بغزارة لبنها، فإذا حلبها المشتري اول مرة ظهر له بعدها نضوب اللبن، وقد نهى الرسول صلى الله عليه وسلم عن تصرية الإبل والغنم فقد روى البخاري ومسلم في البيوع قال النبي صلى الله عليه وسلم (لاتصروا الإبل والغنم فمن ابتاعها فهو بخير النظرين بعد أن يحلبها، إن شاء امسك، وإن شاء ردها وصاعا من تمر).

ب - التغرير القولي: ويكون التغرير القولي في السعر، كأن يقول البائع للمشتري، أن المبيع يساوي أكثر ولا تجد مثله بهذا السعر، أو أن فلانا قد دفع فيه كذا فلم أقبل[5] وضابطه الكذب الدافع إلى التعاقد، وقد يكون في ثمن السلعة أو في سعر السوق أو التغرير بالمتعاقد بمعلومات مضللة كما في تلقي الكبان وبياعات

---

(1) محمد يوسف موسى ف 559 ص405.
(2) كشاف القناع ج3 ص215 البحر الزخار ج3ص355 وانظر البعلي ص268.
(3) البخاري ج3 ص86 ج3ص175 وعبارة (ولي الخيار ثلاثة ايام) فقد ورد في التلخيص للحفظ ابن حجر ج3 ص21 وانظر الزرقا ف ف1/35 ص459.
(4) الزرقا ف 4/35 ص464.
(5) المصدر السابق ف 4/35 ص463 - 464.

الأمانة والمرابحة والمواضعة والتولية والنجش[1].

ج - التغرير بالكتمان: ويكون بالتغاضي عن ذكر عيب في الشيء معروف لديه[2]. أي بكتمان احد العاقدين عيبا خفيا يعلمه في محل العقد عن المتعاقد الآخر في عقود المعاوضة، كالبيع والإجارة[3].

439 - أثر الغبن اليسير لوحده: إذا كان الغبن يسيرا فلا أثر له على العقد، بمعنى أن العقد معه ينعقد صحيحا، فالغبن اليسير كثير الوقوع ولا يمكن التحرز منه والناس عادة يتسامحون به، ويستثنى من ذلك، بيع المدين بدين مستغرق إذا كان محجورا عليه بسبب هذا الدين، فإن بيعه بغبن يسير يكون موقوفا على إجازة الدائنين إلا إذا رفع الغبن من المشتري، وكذلك بيع المريض مرض الموت، إذا كان مدينا بدين مستغرق، فحكمه كما سبق، ولكن لا يظهر توقف بيعه إلا إذا مات في مرض ليتحقق أن المرض هو مرض الموت[4] وهذا الحكم في الحالتين رعاية لحق الدائنين[5] وكذلك بيع الوكيل ممن لا تقبل شهادته له، على ماذهب إليه (ابو يوسف ومحمد) ورب المال إذا باع مال المضاربة وحط شيئا يسيرا، والوارث إذا اشترى من مورثه في مرض موته، فهذه المسائل جميعا يشترط لأن تكون صحيحة لازمة ألا تنطوي على غبن ولو كان يسيرا[6].

440 - أثر الغبن الفاحش وحده: اختلف الفقهاء في تأثيره في العقدوذلك على النحو الآتي:

ا - منهم من جعله مؤثرا في العقد، فالعقد ينعقد معه، ولكن يحق لمن اصابه الغبن أن يفسخه، لأن في هذا الغبن ضرر بالمغبون والضرر يزال، وزواله يكون بتمكين المغبون من فسخه.

ب - منهم من لم يجعل له تأثيرا في العقد، فالعقد معه ينعقد صحيحا غير

---

(1) البدائع ج5 ص223 فتح القدير ج5 ص256 المدونة الكبرى ج 10ص59 - 60.
(2) العلي ص 270.
(3) الزرقا ف5/35 ص466.
(4) علي الخفيف ص329 البعلي ص 276.
(5) زيدان ف415 ص357.
(6) أحمد فراج حسين ص301.

قابل للفسخ، لأن عقود المعاوضات التي يقع فيها الغبن عقود لازمة في الأصل، واعطاء المغبون حق فسخها يزلزل لزومها، ويمنع استقرار المعاملات، وحماية العاقد من الغبن تكون بأخذ الحذر واحتياطه لنفسه لا باعطائه حق الفسخ بحجة الغبن، فإذا لم يتبصر ويأخذ بالحيطة والحذر ووقع في الغبن فهو المسؤول عن تقصيره ويتحمل نتيجة هذا التقصير، ولكن يستثنى من ذلك الغبن الفاحش في العقود التي ترد على أموال المحجور عليهم لصغر أو سفه أو جنون، وكذلك في العقود التي ترد على أموال بيت المال أو الوقف، فالغبن، في هذه الأحوال، يبطل العقد الصادر في هذه الأموال ممن له الولاية عليها[1].

ج، ومنهم من أثبت الخيار للمغبون بالخيار بين الفسخ أو دفع فرق القيمة، والقول بالخيار مذهب الظاهرية ورواية عن المالكية[2] وأثبت الحنابلة الخيار للمغبون في تلقي الركبان والنجش وعقود المسترسل[3].

441 - أثر التغرير وحده: إذا كان التغرير وحده، وفيه تضليل وايهام للعاقد بوجود صفة معينة مرغوب فيها في العقد لولاها لما أقدم على التعاقد، كان للمغرور في هذه الحالة حق فسخ العقد، ويشترط ثبوت حق الفسخ للمغرور، أن لا يكون الوصف الفائت مما يدرك بالعيان والمشاهدة، لأنه إن كان كذلك انتفى التغرير عن العاقد، فينتفي حق الفسخ له[4].

442 - أثر الغبن والتغرير مجتمعين: إذا اجتمع الغبن مع التغرير في العقد، بأن كان الغبن باحد المتعاقدين فاحشا، وهو نتيجة تغرير العاقد الآخر أو من يعمل له كالدلال أو بتواطئ هذا العاقد مع الغير كما في بيع النجش، فللمغبون الحق في فسخ العقد دفعا للضرر عنه وردا للقصد السيء عند العاقد الآخر[5] وعلى هذا نصت المادة (545) من مرشد الحيران لقدري باشا (لارد بغبن فاحش في البيع إلا

---

(1) الأشباه والنظائر لابن نجيم وشرح الحموي ج2 ص159 شرح الكنز للزيلعي ج4 ص79 علي الخفيف ص329 - 330 أحمد فراج ص301.

(2) المحلى ج8 ص 439.

(3) الشرح الكبير ج4 ص77.

(4) علي الخفيف ص328 هامش (1) محمد مصطفى شلبي ص397 - 398.

(5) كشاف القناع ج2 ص56 الأشباه والنظائر لابن نجيم ج2 ص159 الزيلعي ج4 ص79.

إذا غر احد المتبايعين الآخر أو غره الدلال).

443 - والغبن اليسر إذا اقترن به تغرير لا يكون سببا لفسخ العقد، إلا أن بعض الفقهاء يطلق القول بالغبن المقترن معه تغرير ويجعله موجبا للفسخ إذا اختاره المغبون المغرور[1].

444 - موقف القانون المعاصر: إذا غرر احد المتعاقدين بالآخر وتحقق أن في العقد غبنا فاحشا كان العقد موقوفا على إجازة العاقد المغبون، فإذا مات من غرر بغبن فاحش تنتقل دعوى التغرير لوارثه، ويعتبر تغريرا عدم البيان في عقود الأمانة التي يجب التحرز فيها عن الشبهة بالبيان كالخيانة في المرابحة والتولية والاشراك والوضيعة، وإذا صدر التغرير من غير المتعاقدين فلا يتوقف العقد إلا إذا ثبت للعاقد المغبون أن العاقد الآخر كان يعلم أو كان من السهل عليه أن يعلم بهذا التغرير وقت إبرام العقد، ويرجع العاقد المغرور بالتعويض إذا لم يصبه إلا غبن يسير أو اصابه غبن فاحش وكان التغرير لا يعلم به العاقد الآخر ولم يكن من السهل عليه أن يعلم بها وكان الشيء قد استهلك قبل العلم بالغبن أو هلك أو حدث فيه عيب أو تغيير جوهري ويكون العقد نافذا في جميع الأحوال، وإن مجرد الغبن لا يمنع من نفاذ العقد ما دام الغبن لم يصحبه تغرير، على أنه إذا كان الغبن فاحشا وكان المغبون محجورا أو كان المال الذي حصل في الغبن مال الدولة أو الوقف، فإن العقد يكون باطلا، ولا يجوز الطعن بالغبن في عقد تم بطريق المزايدة العلنية، وبهذه الأحكام أخذت المواد (121 - 124) من القانون المدني العراقي، وقريب من هذه الأحكام أخذت المواد (143 - 150) من القانون المدني الأردني واسمى التغرير، تدليسا، ويعتبر القانون المدني المصري في المادتين (125 - 126) والقانون المدني السوري في المادتين (126 - 127) التدليس من عيوب الإرادة وسببا لإبطال العقد إذا كان جسيما، وأخذت المواد (188 - 192) من المشروع العربي بأحكام قريبة من القانونين المدنيين العراقي والأردني وهي مستمدة، في الأصل، من الفقه الإسلامي، وفي القانون المغربي يخول التدليس (التغرير)

(1) نهاية المحتاج إلى شرح المنهاج للرملي ج4 ص73 - 74 السنهوري مصادر الحق ج2 ص162.

الإبطال، إذا كان ما لجا إليه من الحيل أو الكتمان احد المتعاقدين أو نائبه أو شخص آخر يعمل بالتواطؤ معه قد بلغت في طبيعتها حدا بحيث لولاها لما تعاقد الطرف الآخر (م52) والغبن يخول الإبطال إذا نتج عن تدليس الطرف الاخر أو نائبه أو الشخص الذي تعامل من أجله، ويخول الغبن الإبطال إذا كان الطرف المغبون قاصرا أو ناقص الأهلية، ويعتبرغبنا، كل فرق يزيد على الثلث بين الثمن المذكور في العقد والقيمة الحقيقية للشيء (م56).

المبحث الثاني

محل العقد (المعقود عليه)

445 - ويقصد بمحل العقد، المعقود عليه، أي ما وقع عليه التعاقد، ويظهر في أثر العقد وأحكامه، وهو يختلف باختلاف العقود، فقد يكون عينا كما في بيع سيارة أو منفعة الدار المستأجرة في عقد الإيجار، وقد يكون عملا كما لو تعاقد مريض مع طبيب على إجراء عملية جراحية، أو عمل المزارع في عقد المزارعة أو المضارب في عقد المضاربةويشترط في المعقود عليه، أن يكون موجودا أو ممكن الوجود ومعينا أو قابلا للتعيين وأن يكون قابلا لحكم العقد شرعا والقدرة على التسليم ونبحث في هذه الشروط في المطالب الآتية.

المطلب الأول

المحل الموجود والممكن

446 - يشترط في الفقه الإسلامي أن يكون المعقود عليه موجودا عند العقد، فلا ينعقد بيع المعدوم، ولم يفرد فقهاء المذاهب الإسلامية لبيع المعدوم بحثا خاصا به، بل انتشرت مسائله في ثنايا المباحث التي تطرقوا إليها، عند بيان أحكام المعاملات، وخاصة عند الكلام عن شروط الانعقاد، وظهر ذلك في كلامهم عن الشرط الخاص بضرورة وجود المبيع وقت العقد، وكذلك في اشتراط كون المبيع معلوما[1].

وندرس المحل الموجود والمحل الممكن الوجود في بندين

(1) الشرح الكبير مع المغني ج2 ص3 زيدان ف 345، 346ص 308 - 311.

اثنين.

البند الأول

المحل الموجود

447 - ذهب الفقهاء المسلمون إلى ثلاثة اتجاهات بصدد المحل الموجود وكذلك بحثوا كثيرا في بيع

الغرر، ولعلاقته بوجود المحل، لذلك نبحث كل ذلك في هذا البند.

اولا: اتجاهات الفقه الإسلامي بشأن وجود المحل: ذهب الفقه الإسلامي إلى ثلاثة اتجاهات ونبينها على النحو الآتي:

448 - الاتجاه الأول: ويرى أنه يشترط وجود محل العقد وقت التعاقد، لأن الآثار الناشئة عن العقد لا يمكن أن تتعلق بشيء معدوم، وهذا الشرط لا يتحقق إلا بتوفر العناصر الآتية:

1 - أن يكون المحل موجودا وقت التعاقد على سبيل التحقق، لا على سبيل الإمكان، كبيع الثمر قبل وجوده، أو بيع الشيء الذي يحتمل وجوده وعدم وجوده وقت التعاقد[1]. لذلك لا يصح، عند أكثر الفقهاء، بيع المعدوم، ومنهم الاحناف، فمن غير الممكن أن يتعلق حكم العقد وآثاره بشيء معدوم، ومن ثم نراهم يجعلون صحة عقود السلم والإجارة والاستصناع ونحوها مستثناة من القاعدة العامة، ما دام موضوع كل منها لا يمكن أن يكون موجودا حال صدور العقد، وإنما أجازها الشارع من باب الاستحسان للحاجة وجريان العرف بها، كما لا يصح أيضا بيع ماله خطر العدم، كاللبن في الضرع والحمل في بطن أمه والكتاب قبل طبعه[2].

2 - أن يكون المحل موجودا وقت التعاقد في الواقع لا في ظن العاقدين[3].

---

(1) البدائع ج5 ص138 - 139 الزيلعي ج4 ص46 أنور محمود ف ص413.

(2) محمد يوسف موسى ف434 ص306.

(3) المبسوط للسرخسي ج13 ص12 - 13.

3 - أن يكون المحل موجودا عند التعاقد على الصفة التي تم عليها التعاقد كبيع اللحم في الشاة والزيت في الزيتون.

449 - واشترط الاحناف وجود المعقود عليه في جميع العقود، لا فرق بين عقود المعاوضة وعقود التبرعات، ولا بين العقود التي تقتضي بطبيعتها، وجود المحل وقت التعاقد، كعقد الإجارة، ويجوز استثناء، أن يكون المعقود عليه غير موجود وقت التعاقد، كعقد الإجارةوعقد الاستصناع، فإن الأول وارد على المنفعة والثاني وارد على محل الصانع، وكلاهما غير موجود وقت التعاقد، وذلك لوجود الأدلة الدالة على صحة هذه العقود من القرآن الكريم أو السنة النبوية أو الاجماع[1].

450 - الاتجاه الثاني: يرى هذا الاتجاه، أنه يشترط وجود محل العقد وقت التعاقد في عقود المعاوضات فقط كالبيع ولا يشترط ذلك في عقود التبرعـات كالهبـة والوصية، ولا في عقود التوثيقات كالرهن، ويكتفون في محل هـذه العقـود بإمكان وجوده مستقبلا، وبهذا الاتجاه قال المالكية[2].

451 - الاتجاه الثالث: يذهب هذا الاتجاه إلى أنه لا يشترط في محل العقد أن يكون موجودا وقت التعاقد مطلقا، أي سواء أكان العقد من عقود المعاوضات أم من عقود التبرعات أم من غيرهما، وبهذا الاتجاه قال الإمام (ابن تيمية) حيث يـرى أن المعدوم يصح أن يكون موضوعا للعقدعلى اختلاف أنواعه، بـلا فرق بـين عقـود المعاوضات والتبرعات وغيرها، وإن حدث أن شيئا لم يصح أن يكون محلا للعقد، كان السبب في ذلك ما يصحبه من الغرر والجهالة المفضيان عادة إلى النزاع أو القمـار، أي لا لأنه معدوم، ويقول بأنه ليس في كتاب الله ولا سنة رسوله، ولا عـن احـد مـن الصحابة، إن بيع المعدوم لا يجوز، لا بلفظ عام ولا بمعنى عام وإنما في النهي عن بيع بعض الاشياء التي هي معدومة، كما في النهي عن بيـع الاشياء التـي هـي موجـودة، وليس العلة في المنع الوجود أو العدم، بل الذي

---

[1] أنور محمود ف 547 ص414.
[2] شرح الحطاب على مختصر خليل ج4 ص266 شرح الزرقاني على الموطأ ج3 ص260 وانظر أنور محمود ف547 ص415.

في الصحيح عن النبي صلى الله عليه وسلم أنه نهى عن بيع الغرر، والغرر مالا يقدر على تسليمه، سواء أكان موجودا أم معدوما[1].

452 - ويعرف الغرر، لغة، غره يغره غرا غرورا فهو مغرور، وغرير، خدعه واطمعه بالباطل[2].

وعرفه الحنفية، بأنه الشك في وجود المبيع[3] وعرفه آخرون بأنه، ما طوى عنك علمه، وقيل هو الخطر الـذي لا يـدري ايكون أم لا كبيـع السـمك في المـاء[4] وعرفه بعض المالكية بأنه ما تردد بين السلامة والعطب، وعرفه آخرون، إنـه شـك في حصول احد عوضي البيع أو مقصود منه غالبا[5]. وعند الشافعية عرفه بعضهم، بأنه، ما انطوى عنك امره وخفي عليك عاقبته[6] وعند الحنابلة، ما انطوى عنك علمه، وخفي عليك باطنه، أو ما كان مترددا بين الحصول وعدمه، فكل بيـع كـان المقصود منه مجهولا أم معجوزا عنه، غير مقدور عليه غرر[7].

453 - ويرى الأستاذ الدكتور محمد وفا، بأنه بالنظر إلى هـذه التعريفات فإن الغرر مداره على امرين هما: أ - وجود جهالة مـا في البيـع. ب - وجود شـك في حصول احد عوضي البيع[8].

454 - ومن الأمثلة الكثيرة التي تزخر بها كتب الفقـه الإسلامي عـلى بيع الغرر:

1 - بيع الثمر قبل بدو صلاحه: ورد عن النبي صلى الله عليه وسلم احاديث تنهي عن بيع الثمار قبل بدو صلاحها، فعن ابن عمر أن النبي صلى الله عليـه وسلم نهى عن بيع الثمار حتى يبدو

(1) ابن القيم، أعلام الموقعين ج1 ص257 - 258 (يتم التاكد من الصفحتين 357 - 358 محمد يوسف موسى ف437 ص308 - 309 أنور محمود ف549 ص417 - 418.
(2) تاج العروس ج3 ص443 لسان العرب ج4ص2232.
(3) حاشية ابن عابدين ج5 ص62.
(4) العناية شرح الهداية شرح فتح القدير ج6 ص411.
(5) التاج والاكليل على هامش مواهب الجليل ج4 ص362.
(6) المهذب ج1 ص262.
(7) حاشية ابن القاسم على الروض المربع، جمع الشيخ عبد الرحمن بن محمـد بن قاسم العاصمي النجدي، نشرـ ادارات البحوث والافتـاء السعودية ج4 ص350.
(8) الدكتور محمد وفا، ابرز صور البيوع الفاسدة القاهرة، مطبعة السعادة 1984 ص74.

صلاحها، نهى البائع والمبتاع، وفي لفظ نهى عن بيع النخل حتى تزهو، وعن بيع السنبل حتى يبيض ويامن العاهة[1].

2 - بيع السمك في الماء: ورد في منعه نص خاص، وإن كان ضعيفا، وهو ما رواه ابن مسعود أن النبي صلى الله عليه وسلم قال (لاتشتروا السمك في الماء فإنه غرر)[2] ووجود الغرر في بيعه من ناحيتين، إحداهما أنه يعجز عن تسليمه، والثانية أنه غير مملوك له فلا يجوز[3]. ويرى فقهاء الحنابلة جواز بيع السمك بثلاثة شروط: أ - أن يكون مملوكا. ب - أن يكون الماء رقيقا لا يمنع مشاهدته ومعرفته. ج - أن يمكن اصطياده وامساكه، فإذا اجتمعت هذه الشروط الثلاثة جاز بيعه لأنه مملوك معلوم ومقدور في تسليمه فجاز بيعه[4]. ويرى الحنفية جواز بيعه إن كان يستطيع أن ياخذه بغير حيلة اصطياد، ويثبت للمشتري خيار الرؤية عند تسلمه، أما إن كان يحتاج في اخذه إلى حيلة اصطياد، فلايجوز بيعه لأنه غير مقدور على تسليمه[5]. ويرى الشافعية جواز بيعه بشرطين: أ - أن يكون في بركة غير متصلة بنهر. ب - أن يقدر على تناوله مع غير تعب، أما إذا كان في بركة عظيمة لا يستطيع أن ياخذه إلا بتعب فلا يجوز بيعه[6].

3 - بيع الطير في الهواء: بيع الطير في الهواء قبل اصطياده لا يجوز بالاتفاق، لأنه مال مباح غير مملوك لأحد، أما بيعه بعد اخذه وارساله ففي هذا تفصيل، فعند الحنفية إن كان الطير داجنا يعود إلى بيته ويقدر على اخذه بلا تكلف، جاز بيعه وإلا فلا[7]. وعند الشافعية والحنابلة، عدم جواز بيع الطير في الهواء سواء

(1) نيل الأوطار ج5 ص195 وانظر مختلف الشيعة ج5 مسألة 191 ص221 - 223.
(2) رواه أحمد، والحديث في سنده مقال، ولكن يشهد له حديث آخر رواه أبو بكر بن عاصم عن عمران بن حصين مرفوعا وفي نهي عن بيع السمك في الماء، انظر نيل الأوطار ج5 ص166 - 167.
(3) شرح فتح القدير ج6 ص409 - 410 مواهب الجليل ج4 ص 265 المجموع ج9 ص283 المغني مع الشرح الكبير ج4 ص271 - 272.
(4) المغني مع الشرح الكبير ج4 ص272.
(5) شرح فتح القدير ج6 ص409 تبيين الحقائق ج4 ص45.
(6) المجموع ج9 ص283.
(7) شرح فتح القدير ج6 ص410.

الف الرجوع أم لا لأن فيه غرر فهو لا يقدر على تسليمه[1].

البند الثاني

المحل الممكن الوجود

455 - إن المعدوم الذي يستحيل وجوده في المستقبل لا يصلح أن يكون محلا للعقد، ولا خلاف في هذا، كما لو تعاقد شخص مع آخر على حصاد زرعه دون أن يعلم بأن زرعه قد احترق قبل العقد[2] أو التعاقد مع طبيب على علاج مريض كان متوفيا عند التعاقد[3] وكذلك الشيء غير الموجود في الأصل وهو غير محقق الوجود مستقبلا، كبيع اللبن في الضرع وبيع حمل الدابة في بطنها وبيع الملامسة والمنابذة والحصاة، فكلها بيوع فيها غرر فاحش، ومن ثم فلا تجوز، اماعدم وجود المحل عند التعاقد وإمكانية وجوده فيما بعد، فيثيرعدة احتمالات ندرسها على النحو الآتي:

اولا: وجود أصل المحل وقت التعاقد ثم يتكامل بعده، كما في حالة بيع الثمر بعد طلوعه على الشجر والزرع في الأرض، بعد الطلوع، فالبيع جائز بشرط القطع فإذا اشتراه بشرط الترك لا يجوز[4] أما إذا اشتراه مطلقا فيجوز لأنه يقتضي التسليم في الحال وهذا عند الحنفية والمالكية، وإن كان في الشرط قولان، قول بجوازه واخر بمنعه[5] وأجاز (محمد من الاحناف) بيع الثمر والزرع قبل بدو صلاحه ويشترط الترك فيما تناهى عظمه استحساناويبقي الإمام (ابو حنيفة وتلميذه أبو يوسف) فيبقيان على القياس ويكون البيع فاسدا في هذه الحالة ولكنهما يجيزان في البيع المطلق أن يترك المشتري الزرع أو الثمر حتى ينضج بإذن معتبر من البائع

(1) المغني مع الشرح الكبير ج4 ص272 نهاية المحتاج ج3 ص399.

(2) محمد مصطفى شلبي ص302.

(3) وهبي الزحيلي ج4ص 172 - 173.

(4) المبسوط ج12 ص194 - 197 الزيلعي ج4 ص12.

(5) القوانين الفقهية لابن جزي ص261 ومن الشافعية انظر المهذب ج1 ص281 ومن الحنابلة انظر المغني ج4 ص202 - 209 بداية المجتهد ج2 ص122.

وتطيب الزيادة في هذه الحالة للمشتري فلا يجب عليه التصدق بها[1]، وإذا وجد من الـزرع بعضه بعد بعض أو الثمر بـدا صلاحه ولم يخرج البعض الآخر، فالشافعية والحنابلة يجيزون بيع مـا ظهر دون مـالم يظهر لكون الاخير معدوما، والأصح في المذهب الحنفي، عدم جواز بيع مالم يظهر من الزرع، إذ لا ضرورة تقتضي جوازه، وفي المذهب، رأي مرجوح بجواز بيع مالم يظهر من الـزرع استحسانا لعـادة الناس في التعامل وللضرورة[2] ويجيز المالكية بيع مالم يظهر من الـزرع مـع مـا ظهـر منه إذا كانت متتابعة، فالأصل، عند الإمام مالك، إن مـن الغرر مـا يجـوز لموضع الضرورة، وهو الغرر غير المؤثر في البيوع وهو اليسير الذي تدعو إليه الضرورة[3].

ثانيا - المحل غير موجود وقت التعاقد، ومحقق الوجود مستقبلا: الأصل في الفقه الإسلامي عدم جواز بيع المعدوم، ولا يصلح المعدوم محلا للعقد، لأنه لا يقبـل أحكام العقد، وأحكام العقد وآثاره أوصاف شرعية يقدرها الشارع في محل موجـود، والمعدوم لا قبل ذلك سواء أكان معدوما مستحيل الوجـود أم كان معـدوما قريـب الوقوع أي محتمل الوجود[4] ولكن الفقهاء استثناءا مـن هـذا الأصل أجازوا بعـض العقود ومنها عقد الاستصناع، فهو من العقود التي يجوزانشـاؤها وإبرامها وكذلك عقد الإجارة والمساقاة[5] وذلك لانتفاء الغرر وكون محل العقد ممكن الوجـود لا بـل ومحقق الوجود ولو مستقبلا.

456 - موقف القانون المعاصر: لا بد لكل التزام نشأ عـن العقد مـن محـل يضاف إليه يكون قابلا لحكمه ويصح أن يكون المحل مـالا، عينا كان أو دينا اومنفعة، أو أي حق مالي آخر، كمايصح أن يكون عملا أو امتناعا عن عمل، وإذا كان محل الالتزام مستحيلا استحالة مطلقة كان العقد باطلا، أما إذا كان مستحيلا

(1) وهذا ما ذهب إليه الإمام محمد بن الحسن الشيباني انظر الفتاوى الهندية ج3ص106 فتح القدير ج5 ص.
(2) البدائع ج5 ص139 - 174 المبسوط ج12 ص197 الزيلعي ج3 ص12 فتح القدير ج5 ص205 المغني ج4 ص205 - 209.
(3) بداية المجتهد ج2 ص130 - 131 الفروق للقرافي ج3 ص270 وما بعدها.
(4) البعلي ص223.
(5) كاسب عبد الكريم البدران، عقد الاستصناع في الفقه الإسلامي، الاسكندرية 1980 ص50.

على المدين دون أن تكون الاستحالة في ذاتها مطلقة صح العقد والزم المدين بالتعويض لعدم وفائه بتعهده ويجوز أن يكون محل الالتزام معدوما وقت التعاقد إذا كان ممكن الحصول في المستقبل وعين تعيينا نافيا للجهالة والغرر، غيران التعامل في تركة إنسان على قيد الحياة باطل، وبهذه الأحكام أخذ القانون المدني العراقي في المواد (126 - 127 - 129) والقانون المدني المصري في المادتين (131 - 132) والقانون المدني السوري في المادتين (132 - 133) والقانون المدني الأردني في المواد (157 - 160) والقانون المغربي في المواد (57 - 61) والمشروع العربي في المواد (197 - 1/198 - 199) واشترط المشروع أن يكون محل العقد مالا متقوما.

المطلب الثاني

المحل المعين أو القابل للتعيين

457 - يشترط أن يكون المعقود عليه معروفا للطرفين ومعينا، بحيث لا تكون هناك جهالة تؤدي إلى الغرر والنزاع بين المتعاقدين، لأن الشريعة الإسلامية حريصة على سد منافذ النزاع واسبابه بين المتعاقدين، ولهذا اشترطت أن يكون معلوما، وهذا شرط متفق عليه بين الفقهاء عامة، لورود الآثار عن الرسول صلى الله عليه وسلم بالنهي عن عقد هذا شأنه، ولأن الأساس الأول في العقود هو التراضي، وتحصل معرفة المعقود عليه، برؤيته، حال العقد، أو رؤية بعضه إن كان هذا يكفي في رؤية باقيه، كما في رؤية قطعة قماش ثوب واحد عند تجار الاقمشة، أو بوصفه وصفا يكشف عنه تماما إذا كان المعقود عليه غير حاضر حين العقد، وتحصل المعرفة بالمحل، وإن كانت الرؤية تمت قبل العقد بزمن لا يحتمل أن يكون قد تغير[1].

458 - وقد تكون الجهالة في المحل يسيرة، والعرف هو الذي يحكم بأنها يسيرة أم فاحشة، فالجهالة اليسيرة لا تفضي إلى النزاع وجرى العرف على التسامح

---

(1) كشاف القناع ج2 ص16 - 17 الشرح الكبير للدردير وحاشيته ج3 ص17، 26، 27 نهاية المحتاج ج3 ص26 - 27 الزيلعي ج4 ص4 وما بعدها.

فيها ولا تؤثر في انعقاد العقد، كما لو باع مائة برتقال من نوع واحد[1]. أما الجهالة الفاحشة في محل العقد، فتمنع من الانعقاد، لأنها تؤدي إلى نزاع كبير بين المتعاقدين، وحكم الجهالة الفاحشة واحد في جميع العقود، سواء في البيع أم في الإجارة، ففي الإجارة يذكر (علاء الدين الدين الكاساني) من شروط صحة عقد الإجارة، علم المنفعة المعقود عليهاعلما يمنع من المنازعة، فإن كانت مجهولة جهالة تفضي إلى النزاع، منعت من صحة العقد، وإلا فلا، وضرب مثلا للجهالة المانعة لما تحدثه من النزاع، القول، أجرتك إحدى هاتين الدابتين، أو استأجرت احد هذين العاملين[2]. أما الجهالة الفاحشة في عقود التبرعات فلا تضر، لامتناع المنازعة في التبرعات، لذلك تصح وصية إنسان بجزء من عشر تركته وهبة مكتبته لجهة علمية، من غير مقدار الجهة الموصى به وعدد كتب مكتبته وبيانها[3]. ولم يتشدد الإمام مالك في عدم جهالة موضوع العقد، بل شرط وجود الشيء حين العقد عليه في حل العقد، واكتفى المالكية باشتراط عدم الجهالة في عقود المعاوضات المالية فقط[4] فالمهم أن النبي صلى الله عليه وسلم نهى عن بيع الغرر وعن بيع المجهول، واختلف العلماء بعد ذلك:

ا - منهم من عممه في التصرفات وهو الشافعي، للمنع من الجهالة في الهبة والصدقة والإبراء والخلع والصلح وغير ذلك. ب - ومنهم من فصل وهو الإمام مالك، فقد انقسمت التصرفات عنده ثلاثة اقسام، طرفان وواسطة، فالطرفان أحدهما معاوضة صرفة فيجب فيها ذلك، إلا ما دعت الضرورة إليه، وثانيهما، ما هو احسان صرف لا يقصد به تنمية المال كالصدقة والهبة والإبراء، فإن هذه التصرفات إن فاتت على من أحسن إليه بها، لا ضرر عليه، فإنه لم يبذل شيئا، بخلاف القسم الأول، إذا فات بالغرر والجهالة ضاع المال المبذول في مقابلته، فاقتضت حكمة التشريع منع الجهالة فيه، أما الاحسان الصرف، فلا ضرر فيه، فاقتضت حكمة

(1) محمد سلام مدكور ص405.
(2) البدائع ج4 ص179 - 180.
(3) محمد يوسف موسى هامش (1) ص313.
(4) الشرح الكبير ج3 ص106 القوانين الفقهية ص269 الفروق للقرافي ج1 ص150 وما بعدها.

التشريع التوسعة فيه بكل طريق بالمعلوم والمجهول. واما الواسطة بين الطرفين، فهو الزواج، فهو من جهة أن القصد منه المودة والالفة لا المال، يقتضي أن يجوز فيه الجهالة والغررمطلقا، ومن جهة أن صاحب الشرع اشترط فيه المال مهرا للزوجة، يقتضي امتناع الجهالة والغرر، فلوجود الشبهتين، توسط الإمام مالك، فيجوز فيه الغرر القليل دون الكثيرنحو الاثاث والجهاز[1].

459 - ولا يجوز عند الشافعية والحنابلة بيع غير المعين كشاة من قطيع أو ثوب من ثوبين أو ثلاثة سواء شرط الخيار أم لا، واستدلوا بأدلة هي:

1 - إن هذا يكثر فيه الغرر. 2 - إن قيمته تختلف باختلاف اجزاؤه، فلا يجوز شراء بعضه غير معين.

3 - إن هذا لا يصح بالاتفاق دون شرط خيار التعيين، فلا يصح مع شرطه، لأن شرط الاختيار ممكن قبل العقد، أما ما لا تختلف اجزاؤه وتتساوى قيمته فيصح بيع بعضه غير معين لعدم الغرر[2]. وعدم الجهالة الفاحشة مطلوب في عقود المعاوضات المالية وفي غير المالية كعقد الزواج وفي عقود التبرعات كالهبة والصدقة والوقف[3].

460 - أما الحنفية فعندهم تفصيل في هذه المسألة، فلا يجوز عندهم بيع شاة من قطيع أو ثوب من هذا العدل[4] فالشاة من القطيع والثوب من العدل مجهول جهالة فاحشة مفضية إلى المنازعة، لتفاحش التفاوت بين شاة وشاة، وثوب وثوب، فيوجب فساد البيع[5]. كما انتفاء الجهالة الفاحشة، عندهم، يشمل المعاوضات المالية وغير المالية، ولا يشترطونه في عقود التبرعات كالوصية والكفالة، فيصح التبرع مع جهالة المحل، لأن الجهالة فيه لا تؤدي إلى نزاع[6].

---

(1) الفروق للقرافي ج1 ص194 - 195 في الفرق الرابع والعشرين.
(2) المهذب ج1 ص263 المجموع ج9ص288 المغني مع الشرح الكبير ج4 ص231.
(3) مغني المحتاج ج2ص16 المهذب ج1 ص263، 266 المغني ج4 ص209، 234.
(4) العدل بكسر العين نصف الحمل يكون على احد جانبي البعير، لسان العرب ج4 ص2840.
(5) البدائع ج6 ص3038 - 3039.
(6) المبسوط ج13 ص26، 49 البدائع ج5 ص158 فتح القدير ج5 ص113، 223 الدر المختار ج4 ص، 125 - 130.

461 - موقف القانون المعاصر: يلزم أن يكون محل الالتزام معينا تعيينا نافيا للجهالة الفاحشة سواء كان تعيينه بالاشارة إليه أو إلى مكانه الخاص إن كان موجودا وقت العقد أو ببيان الأوصاف المميزة له مع ذكر مقداره إن كان من المقدرات، أو بنحو ذلك مما تنتفي به الجهالة الفاحشة، ولا يكتفى بذكر الجنس عن القدر والوصف، على أنه يكفي أن يكون المحل معلوما عند العاقدين ولا حاجة لوصفه أو تعريفه، فإذا كان المحل لم يعين على النحوالمتقدم فالعقد باطل، ويجوز أن يكون محل الالتزام معدوما وقت التعاقد إذا كان ممكن الحصول في المستقبل وعين تعيينا نافيا للجهالة والغرر، وبهذه الأحكام أخذ القانون المدني العراقي في المادتين (128 - 129) والقانون المدني المصري في المادتين (132 - 133) والقانون المدني السوري في المادة (134) والقانون المدني الأردني في المادة (161) واشترط المشروع العربي في عقود المعاوضات أن يكون المحل معلوما علما نافيا للجهالة الفاحشة، وذلك في المادة (200) منه، والقانون المغربي في المادة (61).

المطلب الثالث

قابلية المحل لحكم العقد شرعا

462 - اتفق الفقهاء جميعا على أن ما لا يقبل حكم عقد مـن العقـود، لا يصح أن يكون موضوعا له، ففي البيع لا بد أن يكون المبيع مـالا في رأي المتعاقـدين، ومن ثم فلا تصح الميتة أن تكون مبيعـا ولا الخمـر ولا الخنزيـر في عقـد يجـري بـين المسلمين، ومـن الميتـة ذبيحـة المجـوسي والمرتـد، لأن كـل ذلـك لـيس بمـال، عنـد المسلمين[1]. فمن شروط المبيع والثمن أن يكون مالا، والمال شرعا هو ما ابيح الانتفاع به من الاعيان والمنافع في غير حاجة أو ضرورة[2].

ويشترط في المعقود عليه ألا يكون مباحا إذا كان العقد عقد بيع أو هبة، مما يفيد نقل الملكية، بل يجب أن يكون مملوكا للبائع، لأن المباح ليس احد اولى

---

(1) البدائع ج5 ص140 - 141.
(2) كشاف القناع ج2 ص7.

بملكيته من آخر، ولذلك لا يصح بيع أو هبة سمك في الماء أو طير في الهواء ولا نحوهما مما هو مباح للناس جميعا[1]. وفي الات الملاهي، كالطبل والمزمار والدف ونحوها، خلاف بين الفقهاء، فعند الشافعية، عدم جواز بيعها، ما دامت اداة لهو محرم، ويجب أن يكون كذلك عند الحنابلة والمالكية، إذ يشترطون في المعقود عليه أن يكون الانتفاع به حلالا ومباحا في غير ضرورة، أما عند الاحناف، فقد رأى الصاحبان، إن هذه الالات ليست مالا، لأنها موضوعة للتلهي والفساد، فلاتكون محلا لعقد البيع، وعند الإمام (ابو حنيفة) انها مال في نفسها، إذ يمكن الانتفاع بها انتفاعا مشروعا أحيانا كما في حالة الموسيقى التي تصحب الجنود مثلا، وكونها الات لهو وفساد لا يسقط ماليتها، فتكون كالمغنيات والقيان، وعلى ذلك، يضمن من يتلف شيئا منها قيمته عند الإمام، ولا يضمن عند الصاحبين[2].

463 - وقد يتنافى حكم العقد وطبيعة محل العقد أو لما خصص له، فالخضراوات التي يتسارع إليها الفساد لا تصلح أن تكون رهنا لأن حكم الرهن، وهو حبس المرهون لإمكان استيفاء الدين منه عند عدم الأداء، لا تقبله هذه الأموال[3] وكذلك الانهار العامة والطرق العامة لا تصلح أن تكون محلا لعقد البيع مثلا لمنافاة حكم هذا العقد لما خصصت له هذه الأموال العامة[4] وكذلك لا يجوز نكاح المحرمات على وجه التأبيد مثل زواج الاخ باخته والابن بامه، ففي مثل هذه الحالات لا يجوز أن يرد عقد النكاح على المحرمات[5].

464 - موقف القانون المعاصر: كل شيء لا يخرج عن التعامل بطبيعته أو بحكم القانون يصح أن يكون محلا للحقوق المالية، والاشياء التي تخرج عن التعامل بطبيعتها هي التي لا يستطيع أحد أن يستاثر بحيازتها، والاشياء التي تخرج عن التعامل بحكم القانون هي التي لا يجيز القانون أن تكون محلا للحقوق

(1) البدائع ج5 ص146 - 147.
(2) نهاية المحتاج ج3 ص19 - 20 الشرح الكبير للدردير وحاشيته ج3 ص11 - 12 كشاف القناع ج2 ص7 البدائع ج5 ص144.
(3) محمد مصطفى شلبي ص301.
(4) زيدان ف 344 ص307.
(5) علي الخفيف ص233 - 234 زيدان ف344 ص307.

المالية، ويلزم أن يكون محل الالتزام غير ممنوع قانونا ولا مخالفا للنظام العام أو للاداب وإلا كان العقد باطلا، وبهذه الأحكام اخذ القانون المدني العراقي في المادتين (61 - 130) والقانون المدني المصري في المادتين (81، 136) والقانون المدني السوري في المادتين (83، 137) والقانون المدني الأردني في المواد (53، 54، 55، 163) والمادة (2/198) من المشروع العربي، ويمتاز القانون العراقي والقانون الأردني بذكر الأمثلة للنظام العام (ويعتبر من النظام العام، بوجه خاص الأحكام المتعلقة بالأحوال الشخصية كالأهلية والميراث والأحكام المتعلقة بالانتقال والإجراءات اللازمة للتصرف في الوقف وفي العقار والتصرف في مال المحجور ومال الوقف ومال الدولة وقوانين التسعير الجبري وسائر القوانين التي تصدر لحاجة المستهلكين في الظروف الاستثنائية) (م2/130 عراقي) و(م 163 /3 أردني).

المطلب الرابع

القدرة على تسليم محل العقد

465 - لما كان الغرض من التعاقد هو وصول كل عاقد إلى مايترتب على العقد، أي تسلم محله، لذلك يشترط أن يكون هذا المحل مقدورا على تسليمه من قبل الملتزم بالتسليم وقت التعاقد، لأن الأصل في العقود ترتب آثارها بعد انعقادها[1]، وإذا لم يكن قادرا على تسليمه فلم يصح العقد، لذلك لا يصح بيع الحيوان الشارد أو تأجير الأرض المغصوبة من غير القادرعلى انتزاعها من الغاصب[2].

والمراد بالقدرة على تسليم المعقود عليه، القدرة على التسليم وقت التعاقد، أما إذا حدث، بعد التعاقد، ما يجعل تسليم المعقود عليه متعذرا، كما لو طار الصيد بعد اصطياده، وقبل تسليمه إلى المشتري، فالعقد لا يبطل[3].

---

(1) زيدان ف347 ص311.

(2) البدائع ج4 ص187 - 188 كشاف القناع ج3 ص473.

(3) البدائع ج5 ص147.

466 - وقد اتفق الفقهاء على وجوب توفر القدرة على تسليم المعقود عليه في جميع العقود، دون تمييز في ذلك بين عقود المعاوضات المالية كالبيع والإجارة، وعقود التبرعات كالهبة والوقف والوصية، أما المالكية فقد اتفقوا مع الجمهور في اشتراط هذا الشرط في عقود المعاوضات المالية، إلا أنهم اختلفوا معهم في عقود التبرعات، فلم يشترطوا فيها القدرة على التسليم، لأن العجز عن التسليم لا يؤدي إلى النزاع ولا ضرر فيه على الطرف الآخر، وعلى هذا يجوز هبة البعير الشارد على هذا الرأي، ولكن لا يجوز بالاتفاق، بيع البعير الشارد ولا بيع الطير في الهواء ولا السمك في الماء ولا بيع المال المباح، لأن الناس فيه سواء ولا اختصاص لأحد فيه قبل إحرازه وتملكه لعدم القدرة على تسليم هذه الاشياء التي جرى عليها التعاقد[1].

467 - وقد يكون العجز عن تسليم المعقود عليه، عجزا بالنسبة لجميع الناس، سواء العاقد الاخر أم غيره، فالعجز هنا مطلق، كبيع السمك في الماء، أو الطير في الهواء، ويعد العقد هنا باطلا، وقد يكون العجز عن التسليم من العاقد الملزم بالتسليم دون غيره، وهنا يرى بعض الفقهاء ان العقد صحيح ولكنه غير نافذ، ذلك أن محل العقد مقدور على تسليمه في الجملة، إلا أن البائع غير قادر على تسليم المبيع بنفسه، وقد يرجع العجز عن التسليم إلى الواقع كالعجز عن تسليم الطير في الهواء، وقد يعود العجز إلى الشرع كما في حالة بيع جذع معين في بناء، فالبائع وإن امكنه تسليم الجذع إلا أنه يترتب على تسليمه ضرر، وهو نقص قيمة البناء، ولم يميز جمهور الفقهاء بين العجز الحسي والشرعي في الحكم، ففي الحالتين يكون العقد باطلا[2]، أما الاحناف فقد ذهبوا إلى التمييز بينهما، ففي حالة العجز الحسي يكون العقد باطلا، أما في حالة العجز الشرعي فيكون العقد فاسدا[3] **أما** فقهاء المالكية فقد ميزوا في العجز الشرعي بين حالتين: أ - إذا ترتب على

(1) البدائع ج5 ص146 - 147 كشاف القناع ج2 ص15 المغني ج4 س200 وما بعدها بداية المجتهد ج2 ص156 وانظر المختصر- النافع ص120 الشرح الصغير ج4 ص142.
(2) مغني المحتاج ج2ص12 المهذب ج1 ص263 غاية المنتهى ج2 ص1.
(3) البدائع ج 5 ص168.

التسليم ضياع مال كثير للبائع، كما لو ترتب على تسليم الجذع انهدام البناء الذي يعتمد عليه، فالتعاقد هنا صحيح إذا وقع فعلا، ولكنه يكون محرما ديانة عند بعضهم[1]. ب - أن يترتب على التسليم هلاك أو تلف المعقود عليه بنفسه، كأن كان تسليم الجذع يترتب عليه كسره، ففي هذه الحالة يرى المالكية إن البيع باطل[2].

468 - ومما له علاقة بالقدرة على تسليم المعقود عليه، ما يتعلق بـ (تفرق الصفقة)، أي تجزئة العقد، كأن يشتري شخص شيئا فهلك بعضه في يد البائع قبل التسليم، فالبيع يبطل حتما في حق الجزء أو الهالك، من المبيع لفقدان محل العقد، إذ لا عقد بلا محل، فتتفرق الصفقة على المشتري لأنه اشترى الكل فلم يتحقق له إلا بعضه، وفي هذه الحالة يمنح المشتري خيار في أخذ الباقي بحصته من الثمن إبطال العقد[3].

469 - وكذلك إذا ظهر المبيع انقص من القدر المسمى في العقد، فهنا تفرق الصفقة، فيكون للمشتري الخيار[4] **وإن** نقصان المحل مصاحب في الواقع تكوين العقد وإن تاخر ظهوره ومعرفته، فهواشبه بالغلط حين التعاقد، بل يمكن اعتباره أيضا صورة من الغلط[5].

470 - ومما له علاقة بالقدرة على التسليم، إذا تبين أن المبيع مرهون لدى شخص آخر، أو مأجور له، ولما تنقضي مدة الإجارة، والمشتري لا يعلم ذلك عند الشراء، ولا يستطيع المطالبة بتسليم المبيع الذي اشتراه حتى تنقضي الإجارة أو بفك الرهن، ويعتبر الفقهاء هذه الحال عيبا يلحق رضا المشتري، فيمنحونه خيارا يخير بموجبه بين أن ينتظر مدة الإجارة أو فكاك الرهن لكي يتسلم المبيع أو أن يطلب إبطال البيع[6].

471 - موقف القانون المعاصر: لكي ينعقد العقد صحيحا، لا بد أن يكون

(1) الشرح الكبير ج3 ص13 - 14.
(2) الشرح الكبير ج3 ص14.
(3) رد المحتار، خيار الشرط ج4 ص46 وانظر الزرقا ج1 ف2/37 ص490 - 491.
(4) انظر المواد (218 - 223) من المجلة والمواد (354 - 358) من مرشد الحيران.
(5) الزرقا ج1 ف2/37 ص491.
(6) الزرقا ج1 ف 4/37 ص492 - 493 وانظر إلى المادتين (590، 747) من المجلة.

العمل أو الترك الذي ورد عليه العقد، ممكنا، وإذا كان محل العقد مستحيلا استحالة مطلقة، كان العقد باطلا، أما إذا كان مستحيلا على المدين دون أن تكون الاستحالة في ذاتها مطلقة صح العقد والزم المدين بالتعويض لعدم وفائه بتعهده، ويقصد بالاستحالة المطلقة، أن لا يكون في مقدور الناس جميعا القيام بالعمل الذي ورد عليه العقد، فاستحالة الشيء في ذاته ولا تعود الاستحالة إلى المتعاقد، وهذه هي الاستحالة المادية أو الموضوعية، كأن يتعهد شخص بأن يمس السماء باصبعه، والمهم في الاستحالة المطلقة أن تكون كذلك في تاريخ إبرام العقد، بالنسبة إلى التقدم العلمي والتقني والمخترعات الموجودة في هذا التاريخ[1]. وقد تكون الاستحالة نسبية، إذا لم يكن في مستطاع المدين بالالتزام فقط القيام بما تعهد به، وتسمى الاستحالة الشخصية أيضا، كما تكون الاستحالة قانونية، في حالة تعهد محام بالطعن في حكم قضائي انقضت مدة الطعن المنصوص عليها في القانون، والاستحالة القانونية تمنع العقد من الانعقاد إذا كانت سابقة على إبرامه وبالتالي لا ينشأ التزام على عاتق المدين، أما إذا كانت الاستحالة لاحقة لإبرام العقد، فإذا لم تكن بخطأ المدين فالالتزام ينقضي بدون تعويض للدائن، أما إذا كانت بخطأ المدين فالالتزام ينقضي أيضا ولكن يجب على المدين تعويض الدائن عن الضرر الذي اصابه نتيجة عدم التنفيذ[2]. وخصص القانون المدني العراقي المادة (127) والقانون المدني المصري المادة (132) والقانون المدني السوري المادة (133) والقانون المدني الأردني المادة (159) ونص القانون المغربي على أنه إذا كان المعقود عليه مستحيلا في البعض دون البعض الباقي، صح العقد في ذلك الباقي (م60) والمشروع العربي المادة (1/198) للأحكام المتعلقة بالاستحالة المطلقة والنسبية. متتابع.

(1) غني حسون طه ف462 ص221 وما بعدها ومؤلفنا مصادر الالتزام ص124.
(2) انظر مؤلفنا في مصادر الالتزام ص125.

المبحث الثالث

السبب

472 - ونظرا لاهمية السبب في الفقهين الإسلامي والغربي وإن القوانين المدنية العربية، موضوع المقارنة في هذا الكتاب حاولت أن تمزج بين ماورد في الفقهين لذلك نبحث في السبب في الفقه الإسلامي اولا ثم في القانون المدني الفرنسي- والفقه الفرنسي ممثلا للفقه الغربي ثانيا وفي القوانين المدنية العربية موضوع المقارنة ثالثا، في ثلاثة مطالب متتابعة.

المطلب الأول

السبب في الفقه الإسلامي

البند الأول

فكرة السبب في الفقه الإسلامي

473 - لم يتكلم الفقهاء المسلمون عن السبب كركن من أركان العقد، ولكنه تكلموا عنه، باسهاب في أصول الفقه وهو يشمل جميع أعمال الإنسان من تصرفات قولية وفعلية وعبادات واهتم الفقهاء المسلمون، من جهة أخرى، بقصد الإنسان ونيته عند قيامه بعمل من الأعمال، ورتبوا على هذه الأعمال من النتائج بحسب النية التي صاحبت القيام بها، وقد تكلموا عن النية والقصد في التصرفات القولية تحت عنوان (القصود في العقود) وذهبوا إلى أن قصد المتعاقد إذا كان مشروعا فالعقد صحيح وإلا فالعقد باطل، ونقطة الالتقاء في ما يقرره الفقهاء، الحديث النبوي الشريف (انما الأعمال بالنيات وإنما لكل امرئ ما نوى).

474 - ويتنازع السبب، ويسمى في الفقه الإسلامي، المقصد، عاملان متعارضان أحدهما استقرار التعامل مما يؤدي إلى الاعتداد بالتعبير عن الإرادة لا بالإرادة ذاتها أي بالإرادة الظاهرة دون الإرادة الباطنة فلا يقام وزن كبير للسبب، وثانيهما العوامل الادبية والخلقية والدينية مما يجعل محلا للاعتداد بالباعث الذي تقاس به شرف النوايا وطهارتها ونجد احد هذين العاملين يتغلب في بعض

المذاهب والآخر هو الغالب في المذاهب الأخرى، ففي المذهب الحنفي والشافعي تختفي نظرية السبب تحت ستار من صيغة العقد والتعبير عن الإرادة ويختلط السبب بالمحل فلا يعتد بالسبب أي الباعث على التعاقد إلا حيث يتضمنه التعبير عن الإرادة فإن لم يتضمنه التعبير عن الإرادة لم يعتد به، وهو مسلك الفقه الالماني، ففي الفقهين الحنفي والشافعي يعتد بالسبب أي الباعث إذا تضمنته صيغة العقد أو التعبير عن الإرادة كأن يستأجر شخص رجلا لينحت له أصناما فلا اجر له، أما إذا لم تتضمن صيغة العقد السبب بمعنى الباعث فلا يعتد به ويكون العقد صحيحا مستقلا عن السبب، فبيع العنب حلال وليس على البائع الكشف عما يفعله المشتري بالعنب وعما يتخذه خمرا أم لا[1].

475 - ويعتد الفقه الحنبلي والفقه المالكي بالباعث سواء ذكر في العقد أو لم يذكر ما دام أنه معلوم من الطرف الآخر، فإن كان الباعث مشروعا فالعقد صحيح وإن كان الباعث غير مشروع فلا يصح العقد، كبيع العنب إلى شخص يعمل في عصره خمرا، ويذهب المذهب الزيدي والمذهب الجعفري واهل الظاهر إلى هذا الاتجاه[2].

476 - ويشترط أن يكون السبب (المقصد، القصد) موجودا ومستمرا حتى يتم تنفيذ العقد فمن استأجر مرضعة لولده فمات الولد أو استغنى عن الرضاعة ففي هذه الحالة يصبح السبب غير قائم وتكون النتيجة انفساخ العقد وانتهاؤه لزوال سببه[3].

(1) البدائع ج4 ص19، 179، 189، 190، ج5 ص169 الزيلعي ج3 ص 62 - 63 ج5 ص124 وما بعدها الام ج3 ص65 وانظر المذكرات الإيضاحية للقانون المدني الأردني ج1 ص173 - 174.

(2) أعلام الموقعين ج3 ص96 - 98 الحطاب ج4 ص276 وما بعدها المدونة الكبرى ج11 ص62 وما بعدها القواعد لابن رجب ص321 - 322، المنتزع المختار ج3 ص19 - 20 مفتاح الكرامة ج4 ص37 المحلى ج9 ص29 - 30 وانظر المذكرات الإيضاحية ج1 ص174 - 175.

(3) البدائع ج4 ص222 - 223 الزيلعي ج3 ص62 - 63 القواعد لابن رجب ص 321 - 322.

البند الثاني

علم المتعاقد بالباعث

477 - اختلـف الفقهاء المسلمون، كما اختلـف الفقهـاء الغربيـون مـن قبـل، حول علم المتعاقد الآخر بالباعث غير المشروع أو عدم علمه، ونرى هذه الاراء تباعا:

اولا: القصد غير المشروع ظاهر في العقد:

1 - القصد غير المشروع منصوص عليه في العقد، فهنا يكون القصد غير

المشروع معلوما من المتعاقد الآخر لأنه منصوص عليه في العقد، فإذا كان قصد المتعاقد من تعاقده الوصول إلى غرض ينهى عنه الشارع فالعقد باطل، لأن الأعمال بالنيات والمقاصد معتبرة في التصرفات من العبادات والمعاملات، وقد قصد الشارع من المكلف أن يكون قصده موافقا لقصده في التشريع، والدليل على ذلك ظاهر من وضع الشريعة، إذ انها موضوعة لمصالح العباد على الإطلاق والعموم، والمطلوب من المكلف أن يجري على ذلك في افعاله، وأن لا يقصد خلاف ما قصد الشارع[1].

فالقصد روح العقد ومصححه ومبطله، والنية روح العمل ولبه وقوامه، وهو تابع له يصح بصحتها ويفسد بفسادها، وإن العامل ليس له من عمله إلا ما نواه، وهذا يعم العبادات والمعاملات والإيمان والنذور وسائر العقود والافعال[2].

2 - القصد غير المشروع مستفاد من طبيعة المحـل، وفي هـذه الحالـة يعتبـر القصد كما لو نص عليه العقد ويبطل العقد تبعا لذلك، فإذا كان المعقـود عليـه مـن المواد المحرم تناولها شرعا، كان العقد باطلا[3].

ثانيا - القصد غير المشروع غيرظاهر في العقد ولكن علم به المتعاقد الآخر:

1 - جواز ذلك، ذهب فريق من الفقهاء إلى جواز هذا العقد وهم فقهاء

---

(1) الشاطبي، الموافقات في أصول الشريعة، ج2 ص323، 331.

(2) أعلام الموقعين ج3 ص82، 96 - 98.

(3) البدائع ج5 ص143 - 144 مصطفى الزلمي، أصول الفقه في نسيجه الجديد ص122.

الحنفية والشافعية وبعض فقهاء الزيدية والجعفرية، ذلك لأن القصد غير المشروع لا يعتد به إلا إذا نص عليه في العقد وأصبح جزءا من الصيغة أي اتفاق المتعاقدين فإذا لم يعلن في العقد، فالعقد صحيح ولا يبحث وراء الظاهر لمعرفة هذا القصد غير المشروع[1].

2 - عدم جواز ذلك، يذهب فريق من الفقهاء المسلمين إلى إبطال العقد، إذا لم يكن القصد غير المشروع ظاهرا في العقد ولكن علم به المتعاقد الآخر، أو كان في استطاعته أن يعلم به وهم فقهاء المالكية والحنابلة وبعض فقهاء الجعفرية[2].

478 - ويستخلص مما تقدم أن فقهاء الشريعة الإسلامية متفقون على أن الباعث الدافع غير المشروع وحده لا يكفي للحكم ببطلان العقد بل لا بد أن يتصل به علم العاقد الآخر، لكنهم اختلفوا في طبيعة هذا العلم وذلك على النحو الآتي:

ا - منهم من تشدد في هذا العلم فاشترط أن يكون الباعث مذكورا في صلب العقد.

ب - ومنهم من لم يشترط ذكر الباعث الدافع في العقد بل اكتفى بعلم الآخر أو باستطاعته أن يعلم ايا كان مصدره.

ج - ومنهم من توسط بين الاتجاهين المذكورين، فاكتفى أن تكون هناك قرينة تدل على الباعث الدافع غير المشروع، كأن يستشف ذلك من طبيعة محل التصرف[3].

المطلب الثاني

السبب في القانون المدني الفرنسي

479 - يرى اتجاه في الفقه الحديث، عدم الأخذ بالتفرقة بين سبب الالتزام

(1) الام للشافعي ج3 ص65 البدائع ج4 ص176 المنتزع المختار ج3 ص19 - 20 الزلمي ص199.

(2) المغني ج4 ص283 وما بعدها الحطاب، مواهب الجليل شرح مختصر- سيدي خليل ج4 ص267 وانظر الحكيم الوسيط ف 661 ص460 الزلمي الالتزامات ص 103.

(3) انظر الزلمي ص123.

الذي هو السبب القصدي وسبب العقد الذي هو الباعث الدفع، فالغرض الذي يقصد إليه العاقدان، سواء كان هو الغرض القريب المباشر (السبب القصدي) أو كان الغرض البعيد غير المباشر (الباعث) هو في الوقت ذاته سبب لالتزامه وسبب لرضاه يإبرام العقد، فسبب التزام العاقد هو سبب العقد بالنسبة إليه والعكس صحيح، ولا يصح اعتبار سبب العقد أمرا مختلفا عن سبب الالتزام، إلا إذا كان للعقد سبب واحد بالنسبة للطرفين معا، يختلف عن سبب التزام كل منهما، وليس ذلك هو المقصود عند إطلاق تسمية اصطلاح سبب الالتزام على السبب القصدي وسبب العقد على الباعث[1] ولما كانت القوانين المدنية العربية موضوع المقارنة قد تاثرت (بصورة أو أخرى) بنظرية السبب في القانون المدني الفرنسي، لذلك نبحث في السبب في هذا القانون وفق النظريتين القديمة والحديثة والتصرف المجرد.

البند الأول

النظرية التقليدية للسبب

تميز هذه النظرية بين ثلاثة أنواع من السبب، وقد وجهت انتقادات إلى هذه النظرية كما دافع عنها كبار الفقهاء، ونبحث في ذلك تباعا:

اولا - أنواع السبب:

480 - تفسر النظرية التقليدية السبب تفسيرا ماديا وتعتبره شيئاً داخلا في العقد وركنا من أركانه وتميز النظرية بين ثلاثة أنواع من السبب هي:

1 - السبب المنشئ، ويقصد به المصدر الذي اوجد الالتزام (العقد، الإرادة المنفردة، الكسب دون سبب، القانون).

2 - السبب القصدي (الغائي)، وهو الغرض المباشر أو الغاية المباشرة التي يقصد المتعاقد الوصول إليها من وراء التزامه.

3 - السبب الدافع، وهو الباعث الذي دفع إلى التعاقد، وتذهب النظرية التقليدية إلى أن سبب التزام كل من المتعاقدين في العقود الملزمة للجانبين، هو التزام المتعاقد الآخر، وفي العقد العيني، يكون سبب التزام المدين هو الواقعة التي

---

(1) اسماعيل غانم هامش (1) ص 255 - 256.

تنشئ أي التسليم وفي العقد الرضائي الملزم لجانب واحد، كالوعد بالتعاقد، فإن سبب الالتزام هو إبرام العقد النهائي وفي عقد التبرع يكون سبب التزام المتبرع هو نية التبرع، أما الشروط التي تتطلب النظرية التقليدية توفرها في السبب فهي وجود السبب ومشروعيته[1].

481 - ثانيا - الانتقادات الموجهة إلى النظرية التقليدية:

1 - إن هذه النظرية غير صحيحة، ذلك أن القول بأن سبب الالتزام في العقد الملزم للجانبين هو الالتزام المقابل، استحالة منطقية، ذلك أن الالتزامين ينشأ في وقت واحد، فلا يمكن أن يكون أحدهما سببا للاخر.

2 - إن النظرية غيرذات فائدة، ففي العقود الملزمة للجانبين نستطيع إبطال العقد بفكرة الرضاء والمحل بفكرة الارتباط بين الالتزامين، وبذلك نستغني عن فكرة السبب[2].

482 - ثالثا - الدفاع عن النظرية التقليدية:

دافع الفقيه الفرنسي (هنري كابيتان) دفاعا بليغا عن نظرية السبب في كتابه المعروف (السبب) بعد أن ادخل على نظرية السبب تعديلات جوهرية، فالسبب هو الغرض من العقد، ويكون جزءا متمما اوركنا في الاعلان عن الإرادة المنشئة للالتزام ويعرف الباعث بأنه (الدافع البعيد) وهو أمر شخصاني يدفع إلى التعاقد ولا يكون جزءا من اتفاق الإرادتين والذي يميز بين الغرض (الذي يذهب كابيتان إلى أنه هو السبب) وبين الباعث، هو أن الباعث يتعلق عادة بالماضي وهو الذي يدفع المتعاقد إلى التعاقد، أما الغرض فلا يمكن الوصول إليه إلا في المستقبل أو في اللحظة التي يتم فيها العقد لا قبلها، وفي العقد الملزم للجانبين، إن سبب الالتزام هو تنفيذه، وفي العقود العينين، يكون السبب هو التسليم أو القبض، وفي عقود التبرع يكون السبب نية التبرع، ويرى (كابيتان) إنه بدون الاستعانة بنظرية

---

(1) السنهوري الوسيط ج1 ف 263 ص 437 وما بعدها الحكيم الوسيط ف 590 ص 423 وما بعدها الذنون مصادر ف 117 ص 130 الصدة ف 216 ص253.

(2) للتفصيل انظر السنهوري ج1 ف271 ص 445 وما بعدها الحكيم الوسيط ف 601 ص428 وما بعدها وانظر انتقادات أخرى ص431 الذنون مصادر ف 122 ص 133 غني حسون طه ف533 ص251 وما بعدها.

السبب لانستطيع تبرير ثلاثة أمور مهمة، هي الدفع بعدم التنفيذ وفسخ العقد لعدم التنفيذ وتحمل تبعة الهلاك، ويتفق (كابيتان) مع النظرية التقليدية في امرين هما:

1 - في التمييز بين السبب والباعث، فالباعث أمر نفسي لا يدخل في اتفاق المتعاقدين أما السبب فجزء من هذا الاتفاق وركن من أركان العقد. 2 - في الأخذ بمعيارمادي في تحديد السبب، فكل ما اتفق عليه المتعاقدان، يفهم ضمنا من هذا الاتفاق على أنه الغرض الذي يسعى إليه المتعاقد، يكون هو السبب فهو محدود بدائرة التعاقد فلا نبحث عنه في خفايا الضميركما نفعل بالنسبة للباعث. ويختلف (كابيتان) عن النظرية التقليدية في امرين هما: 1 - يحدد السبب في العقود الملزمة للجانبين بتنفيذ الالتزام المقابل لا بوجوده كما تذهب إليه النظرية التقليدية، ويحدد السبب في عقد الوديعة بنية التبرع عند الوديع لا بتسلم الشيء خلافا للنظرية التقليدية. 2 - في التبرع المقترن بشرط، يعتبر (كابيتان) الشرط هو السبب وبذلك يخلط بين السبب والباعث[1].

البند الثاني

النظرية الحديثة في السبب

483 - شيد القضاء الفرنسي، نظرية خاصة به في السبب، سميت بـ (نظرية السبب الدافع) وأخذ القضاء الباعث بعين الاعتبار إذا كان هو الذي دفع المتعاقد إلى التعاقد وسماه (السبب الدافع) ويسمي القضاء هذا السبب بـ (الباعث) ولما كانت البواعث كثيرة، فإن القضاء يعتد بالباعث الرئيس، أي الباعث الدافع، وطبق القضاء الفرنسي هذه النظرية في مجالات كثيرة منها، التبرع لولد غير شرعي وتبرع الخليل لخليلته وبالعكس وتبرع الزوج لزوجته لحملها على الانفصال عنه انفصالا وديا وفي العقود المتعلقة باستغلال دور البغاء والعقود التي تؤثر على السير الطبيعي للانتخابات وإبطال عقد القرض إذا كان الباعث عليه غير مشروع، ويكتفي القضاء

(1) 728 - السنهوري الوسيط ج1 ف273 ص447 وما بعدها الحكيم الوسيط ف609 ص432 وما بعدها الذنون مصادر ف123 - 125 غني حسون طه ف537 ص254وما بعدها ومؤلفنا في مصادر الالتزام ص136 - 137.

الفرنسي بمرتبة العلم، ويعتد بالباعث الـذي دفـع المتعاقـد إلى التعاقـد، مـا دام المتعاقد الآخر يعلم أو يستطيع أن يعلم بهذا الباعث، ويميل الفقه الحـديث إلى النظرية الحديثة في السبب وتوسيعها وصياغة نظرية عامة منها تنطبق على جميع التصرفات القانونية[1].

البند الثالث

التصرف المسبب والتصرف المجرد

484 - بعد أن أصبحت الإرادة وحدها، مجردة مـن الشـكل، ملزمـة ولكنهـا بعد أن تحللت من هذا القيد، اقترنـت مـن جهة أخرى بالسبب، فاستبدلت قيـد السبب بقيد الشكل، أما الإرادة مجردة من الشكل ومـن السـبب معـا فـلا يمكن أن يسلم بها كقاعدة في القوانين التي تأخذ بالإرادة الباطنة فتتجرد الإرادة الظاهرة مـن عيوب الإرادة الباطنة كما تتجرد من السبب الذي حرك هـذه الإرادة، ولا يبقى مـن مجال التعامل إلا هذه الإرادة الظاهرة المجردة، وهذا ما يسمى بـ (التصرف المجرد) الذي هو اداة قوية مـن أدوات الائتمان تشـتد حاجـة التعامـل إليهـا كلمـا اشـتدت الحاجة إلى الاستقرار، وإذا كان التعامل يتنازعه عاملان، عامل احـترام الإرادة وعامـل الاستقرار، فإن التصرف المسبب يستجيب للعامـل الأول ويسـتجيب التصـرف المجرد للعامل الثاني[2].

485 - وتجريد الالتزام من سببه، ليس تطبيقـا لمبـدأعام، انمـاهواستثناء مـن القاعدة العامة في اشتراط وجود السبب، ويفيد في الكثير من الحالات ومنهـا، الحاجـة إلى وقاية الدائن من أن يفاجا ببطلان التزام المدين قبله لعيوب قـد تشوب علاقة المدين بشخص ثالث[3] وتعرف القوانين الجرمانية وفي مقدمتها القانون

---

(1) السنهوري الوسيط ج1 ف282 ص456 وما بعدها الحكيم الوسيط ف632 ص 442 وما بعدها الـذنون مصـادر ف125 - 126 ص137 139 غني حسون طه ف 547 ص 260 وما بعدها.

(2) السنهوري الوسيط ج1 ف285 ص463 وما بعدها توفيق حسن فرج نظرية العقد ص182 الصدة ف236 ص 274 - 275.

(3) اسماعيل غنم ف126 ص268.

الالماني (م780) حالة التصرف المجرد أو الالتزام المجرد ولا يكون الالتزام مسببا أي أن الالتزام ينشأ في ذمة المدين مجردا عن سبب[1].

486 - وعلى الرغم من الفوائد التي يحققها التصرف المجرد، فإن القوانين اللاتينية والعربية ومن بينها القانون المدني العراقي تولي نظرية السبب اهمية بالغة، فالقاعدة في هذه القوانين هي أن يكون الالتزام مسببا ولذلك فهي لا تسلم بفكرة التصرف المجرد إلا في حدود ضيقة[2].

المطلب الثالث

السبب في القوانين المدنية العربية

ندرس معنى السبب اولا ثم إثبات السبب ثانيا، وذلك في بندين.

البند الأول

معنى السبب

487 - نصت الفقرة (1) من المادة (132) من القانون المدني العراقي على أن (يكون العقد باطلا إذا التزم المتعاقد دون سبب أو لسبب ممنوع قانونا أو مخالف للنظام العام أو للاداب) ونصت (المادة (136) من القانون المدني المصري على أنه (إذا لم يكن للالتزام سبب، أو كان سببه مخالفا للنظام العام أو الاداب، كان العقد باطلا) وهو نص المادة (137) من القانون المدني السوري، وكذلك القانون المغربي في المادة (62) ولم تحدد هذه النصوص معنى السبب، هل هو بالمعنى التقليدي، الغرض المباشر أم بالمعنى الحديث، أي الباعث الدافع ؟ وهذه النصوص متقاربة إن لم تكن متماثلة ومن المفيد أن نستعرض المناقشات التي دارت حول النص العراقي، فقد ذهب المرحوم الأستاذ الدكتور عبد الرزاق السنهوري (رئيس لجنة اعداد القانون) إلى أن القانون المدني العراقي ذكر السبب دون أن يعين، هل المراد المعنى الضيق الذي نفهمه في النظرية التقليدية أو المعنى

---

(1) غني حسون طه ف 566 ص269.

(2) السنهوري الوسيط ج1 ف285 ص463 وما بعدها غني حسون طه ف567 ص270.

الواسع المفهوم للنظرية الحديثة، ويرى أن يبقى النص كما هـو حتـى يأخـذ القضاء العراقي بكل من النظريتين فيفهم السبب اولا، المعنى الذي تفهمـه النظريـة التقليدية وفي هذا المعنى فائدة، ثم يفهم ثانية المعنـى الواسـع المفهـوم في النظريـة الحديثة[1].

488 - ولكن لم يبين المرحوم السنهوري لماذا يريـد مـن القضـاء العراقـي أن يفهم السبب وفق النظرية التقليدية اولا ثم وفق النظرية الحديثة ثانيا، فهل معنـى ذلك أن القانون المدني العراقي أخذ بالنظريتين معا، هذا ما نشك فيه، حيث يبدو أن واضعي النص المذكور لم يحدوا موقفهم مـن أي مـن النظـريتين، حيـث ذهـب احـد اعضاء لجنة المشروع إلى القول (يحسـن أن نحـدد في الـنص مـا إذا كنـا نريـد الأخـذ بالمعنى الضيق للسبب أو بالمعنى الواسع وعندي أنه يحسن الأخذ بالمعنيين معا) في حين ذهب عضو آخر إلى القـول بـأن في (الأخـذ بـالمعنى الواسـع خطـرا عـلى سـلامة المعاملات لأن النظرية الحديثة تجعل السـبب هـو الـدافع إلى التعاقـد وبـذلك فـإن المعاملات لا تنضبط[2]. واخيرا ذهـب المرحـوم السـنهوري إلى أن (الأولى أن لا نحـدد معنى السبب في النص نفسه وأن نقتصر على هذا البيـان في المـذكرة الإيضـاحية وفي ذلك ترك المجـال فسيحا للقضـاء العراقـي حتـى إذا اقتنـع بوجـوب الأخـذ بنظريـة السبب بمعناها الواسع طبق النظرية الحديثة فعل ذلـك ولـه مـا يؤيـده مـما ورد في المذكرة الإيضاحية وإن خشي ألا تنضبط المعاملات من وراء الأخذ بالنظريـة الحديثـة واراد الوقوف عند النظرية القديمة كان له في نصوص القانون ما لا يتعارض مع هـذا الموقـف فـلا يتحـرج مـن وجـود نـص يلزمـه بالأخـذ بمعنـى معـين في فهـم نظريـة السبب)[3].

489 - وعند الرجوع إلى المذكرة الإيضـاحية للقـانون المـدني العراقـي، وهـي من اعداد الأستاذ المرحوم منير القاضي وهو احد اعضاء لجنة اعداد مشروع القـانون نجد ما يأتي (نص المشروع على أن لا يكون الباعث " السبب " للعقد أمرا

(1) مجموعة الأعمال التحضيرية للقانون المدني العراقي بغداد مطبعة الزمان 1998 ج1 ص145.
(2) المصدر السابق ص147.
(3) المصدر السابق ص 148.

ممنوعا قانونا أو مخالفا للنظام العام وللاداب، والمراد من السبب الباعث المستحث لإجراء العقد، لا فرق في ذلك بين المعاوضات والتبرعات.)[1] **إلا أن** هذا القول لا يستقيم مع نصوص القانون، فالنصوص الواردة في القانون المدني العراقي تشير إلى أنه أخذ بالنظرية التقليدية لسبب، فالفقرة (1) من المادة (132)، وكذلك النصوص العربية التي ذكرناها، فيما تقدم، تقرر بطلان العقد إذا التزم المتعاقد دون سبب ولا يمكن أن نفهم كلمة (السبب) هنا على أنها (الباعث) لأنه لا بد لكل إرادة من باعث يحركها، ولا يتصور أن تتحرك الإرادة دون باعث إلا إذا كانت هازلة أو صادرة من غير ذي تمييز، وفي هاتين الحالتين لا يعتد القانون بالإرادة، فلابد إذن أن يكون المقصود بالسبب هنا هو ماتعنيه النظرية التقليدية للسبب، كما أن الفقرة (3) من المادة (@) من القانون العراقي نصت على أنه (اما إذا ذكر السبب في العقد فيعتبرانه هو السبب الحقيقي حتى يقوم الدليل على ما يخالف ذلك) وهو نص الفقرة (2) من المادة (137) من القانون المصري والفقرة (2) من المادة (138) من القانون السوري، فهل يستقيم السبب بمعنى الباعث مع ماجاء في هذه النصوص، فالباعث أمر نفسي وخارجي عن العقد وغالبا ما يجهله المتعاقد الآخر، فالسبب المذكور في النصوص المتقدمة لا يمكن أن نفهمها إلا بمعناها وفقا للنظرية التقليدية للسبب، لأن السبب بهذا المعنى هو الذي يذكر في العقد ويكون جزءا لا يتجزء منه[2] ويبدو أن القوانين العربية المذكورة حاولت أن توفق بين النظريتين التقليدية والحديثة ولكنه لم يحالفها التوفيق، وقد كان الافضل لهذه القوانين أن تترك النظرية التقليدية للسبب وتأخذ بنظرية الباعث المستمد من الفقه الإسلامي مباشرة خاصة وإنها اوسع من نظرية القضاء الفرنسي[3].

490 - ومما يذكر أن الفقرة (1) من المادة (165) من القانون المدني الأردني عرفت السبب بأنه (الغرض المباشر المقصود من العقد) وبذلك فقد أخذ

---

(1) المذكرة الإيضاحية المختصرة لمشروع القانون المدني، بغداد مطبعة الحكومة 1948 اعداد الأستاذ المرحوم منير القاضي ص (ي ط).
(2) غني حسون طه ف557 ص265 الحكيم الوسيط ف666 ص463.
(3) الحكيم الوسيط ف668 ص465.

بالنظرية التقليدية للسبب، ومن ناحية أخرى لا يصح العقد إذا لم تكن فيه منفعة مشروعة لعاقديه ويفترض في العقود وجود المنفعة المشروعة ما لم يقم الدليل على غير ذلك (م 166).

490 - وحسنا فعل المشروع العربي (القانون المدني العربي الموحد) بأخذه بالباعث الدافع من الفقه الإسلامي، فقد نصت المادة (لاينعقد العقد إذا كان الباعث والدافع إليه غير مشروع سواء صرح به في العقد أو كان واضحا من القرائن).

البند الثاني

إثبات السبب

491 - ويفترض في كل التزام أن له سببا مشروعا ولو لم يذكر هذا السبب في العقد مالم يقم الدليل على غير ذلك، وإذا ذكر السبب في العقد فيعتبر أنه السبب الحقيقي حتى يقوم الدليل على ما يخالف ذلك وبهذه الأحكام أخذت المواد (2/132، 3) من القانون العراقي و(137) من القانون المصري و(138) من القانون السوري و(63، 64) من القانون المغربي، و(166 /2) من القانون الأردني وسمى السبب بالمنفعة المشروعة لعاقديه، لذلك قد يكون السبب مذكورا في العقد وقد لا يذكر، ونراهما تباعا:

اولا: السبب غير مذكور في العقد: تقيم النصوص موضوع المقارنة، قرينة قانونيةغير قاطعة لإثبات العكس على وجود سبب مشروع للالتزام إذا اعترف شخص في محرر بأنه مدين لاخر بشيء ولم يذكر سبب التزامه أي مصدره، وبذلك إذا ادعى المدين عدم وجود سبب لالتزامه أو أن السبب كان غير مشروع، فهو المكلف بإثبات ذلك.

ثانيا: إذا ذكر في العقد سبب للالتزام فالقانون يفترض أن هذا السبب هو السبب الحقيقي لالتزام المدين، وهذه القرنة قابلة لثبات العكس، فإذا ادعى المدين عدم وجود سبب أو أن السبب المذكور في العقد ليس هو السبب الحقيقي بل سبب

صوري أو أن السبب الحقيقي غير مشروع فيقع عليه إثبات ذلك[1].

المبحث الرابع
مراتب الصحة والبطلان في العقد

492 - عرف الفقه الإسلامي مراتب عديدة في العقد واطلق الأوصاف الشرعية عليه، وهي العقد المكروه والعقد الصحيح، وهواما أن يكون نافذا اوموقوفا، والنافذ قد يكون لازما وغير لازم، والعقد الباطل والعقد الفاسد، على اختلاف في وجهات النظر، ونرى هذه العقود في المطالب الآتية.

المطلب الأول
العقد المكروه

493 - وهو العقد الذي نهى الشرع عنه حتى يأثم بلا خلاف من يقدم على شيء منه[2]، ومن العقود المكروهة، النجش في المزايدة وهو المزايدة في الثمن ليرغب الغير في الشراء، مع أن الثمن وصل إلى قيمة المبيع الحقة، فإذا لم يكن بلغ القيمة فزاد لا يريد الشراء فجائز ولا بأس لأنه عون على العدالة، لأن بيع من يزيد ولا بأس به، وقد روي أنس أن الرسول صلى الله عليه وسلم باع قدحا وحلسا بيع من يزيد، والحاجة ماسة إليه أحيانا[3]. وتلقي الجلب، وهو مبادرة بعض أهل البلد لتلقي الآتين إليه، فيشتري منهم ما معهم، ثم يبيع كما يرى لاهل البلد، وهو مكروه إن كان يضر بالأهلين وإلا فلا يكره، إذا لم يلبس السعر على الواردين، لأنه إن فعل هذا كان فيه تغرير بهم[4]. وبيع الحاضر للبادي، وله تفسيرات عديدة وكلها مكروه، ويقصد به

---

(1) انظر مؤلفنا في مصادر الالتزام ص141 ومؤلفنا الوجيز في شرح قانون الإثبات بغداد الطبعة الأولى1997 والطبعة الثانية 2007.
(2) الهداية وشرحها فتح القدير ج5 ص239 وما بعدها شرح الزيلعي ج5 ص233 نهاية المحتاج ج2 ص67 - 73 كشاف القناع ج2 ص30 - 32 بداية المجتهد ج2 ص164 وما بعدها.
(3) رواه أحمد والترمذي الزيلعي ج4 ص67 فتح القدير ج5 ص239 البدائع ج5 ص232.
(4) شرح الزيلعي ج4 ص68 فتح القدير ج5 239 - 240.

أن يكون الواحد من أهل البلد سمسارا للاتجار من غيرها[1]. وكراهة هذه البيوع إذا كانت تضر باهل البلد، وإلا فلا ضرر وتبحث على هذا الضوء توكيلات المصانع الأجنبية[2]. والبيع وقت النداء لصلاة الجمعة، لقوله تعالى(يَا أَيُّهَا الَّذِينَ آمَنُوا إِذَا نُودِيَ لِلصَّلَاةِ مِنْ يَوْمِ الْجُمُعَةِ فَاسْعَوْا إِلَى ذِكْرِ اللَّهِ وَذَرُوا الْبَيْعَ)[3] والبيوع المذكورة، مكروهة إذا كان منها ضرر أو غرر، وهي جائزة لأن النهي هو لامر خارج عنها، وهو الضرر أو الغرر أو ترك السعي لأداء صلاة الجمعة[4]. والحكم ذاته، في بيع الرطب والعنب لمن يصنعه خمرا أو مسكرا[5]. والحنابلة يعدون هذا البيع غير جائزلا مكروه فقط[6].

المطلب الثاني

العقد الصحيح

494 - هو العقد الذي ترتب عليه الآثار الشرعيةوعدم جواز استقلال احد العاقدين بفسخه إن كان لازما، ويعرف العقد الصحيح بأنه (المنعقد والمشروع ذاتا ووصفا) أي العقد الذي يجمع شروط الانعقاد والصحة (م 108 مجلة الأحكام العدلية) ويكون العقد صحيحا إذا صدرمن اهله مضافا إلى محل قابل لحكمه، فلكي ينعقد العقد يجب أن تتوفر له عناصره الجوهرية التي يسميها الفقهاء بشرائط الانعقاد، وهذه العناصر سبعة هي: 1 - مطابقة القبول للإيجاب 2 - اتحاد مجلس العقد 3 - تعدد العاقدين. 4 - التمييز 5 - محل قابل للتعامل فيه بأن يكون مالا متقوما 6 - محل مقدور التسليم 7 - محل معين أو قابل للتعيين، فإذا تخلف احد هذه العناصر كان العقد باطلا اوغيرصحيح، أي لا يصح ولا يكون مشروعا أصلا

(1) الزيلعي ج5 ص232.
(2) محمد يوسف موسى ف639 ص445.
(3) سورة الجمعة الآية (9).
(4) البدائع ج5 ص232 - 233 نهاية المحتاج ج5 ص67 وما بعدها.
(5) نهاية المحتاج ج3 ص73 - 74.
(6) كشاف القناع ج2 ص31.

(م 107 مجلة الأحكام العدلية) فالعقد الصحيح هوالعقد المشروع ذاتا ووصفا بأن يكون صادرا من اهله مضافا إلى محل قابل لحكمه وله سبب مشروع وأوصافه صحيحة سالمة من الخلل[1] والعقد الصحيح إما أن يكون نافذا لازما أو غير لازم، وقد يكون موقوفا، ونرى مراتب صحة العقد هذه تباعا، في البنود الآتية.

البند الأول

العقد الصحيح النافذ اللازم

495 - وهو العقد الذي يفيد الحكم في الحال، بمعنى أن يكون منتجا لآثاره التي اتفق المتعاقدان عليها بمجرد تمامه، وعلى هذا نصت المادة (133) من القانون المدني العراقي (1 - العقد الصحيح هو العقد المشروع ذاتا ووصفا بأن يكون صادرا من أهله مضافا إلى محل قابل لحكمه وله سبب مشروع وأوصافه صحيحة سالمة من الخلل. 2 - وإذا لم يكن العقد الصحيح موقوفا افاد الحكم في الحال) وهذا النص مستمد من الفقه الإسلامي كما أن المادة (167) من القانون المدني الأردني المستمد من أحكام الفقه الإسلامي عرفت العقد الصحيح بأنه (العقد الصحيح هو العقد المشروع بأصله ووصفه بأن يكون صادرامن اهله مضافا إلى محل قابل لحكمه وله غرض قائم وصحيح ومشروع وأوصافه صحيحة ولم يقترن به شرط فاسد) فالعقد الصحيح النافذ ينعقد في الحال سببا لحكمه فترتب آثاره بمجرد انعقاده فلا تتأجل، سواء أكان مطلقا أم مقترنا بشرط، وذلك مالم يكن معاقا بشرط أو مضافا إلى زمن مستقبل وما لم يكن غير نافذ بأن كان موقوفا[2].

496 - ولا يملك احد المتعاقدين فسخ العقد الصحيح النافذ اللازم، دون رضاء العاقد الاخركالبيع والإجارة، فإذا نفذ العقد ولم يكن هناك أي خيار من الخيارت، كان لازما، ولا يجوز لأحد المتعاقدين الرجوع عنه ولا تعديله إلا بسبب

---

(1) منير القاضي ملتقى البحرين ص220 - 221 وانظر المادة (1/133) من القانون المدني العراقي والمادة (167) من القانون المدني الأردني والمادة (1/203) من المشروع العربي.

(2) انظر المذكرات الإيضاحية الأردنية ج1 ص180 والمذكرة الإيضاحية للمشروع العربي ص82.

شرعي (بمقتضى نص في القانون) أو بالتراضي، ويعد هذا النوع من العقود المرتبة العليا من مراتب الصحة والقوة في العقود[1].

497 - موقف القانون المعاصر: أخذ القانون المدني العراقي والأردني والمشروع العربي الأحكام المتعلقة بالعقد الصحيح النافذ من الفقه الإسلامي وقد تطرقنا إلى نصوص هذه القوانين ذات العلاقة بالموضوع، ويذكر أن القانون المدني المصري قد نص في الفقرة (1) من المادة (147) على أن (العقد شريعة المتعاقدين، فلايجوز نقضه ولا تعديله إلا باتفاق الطرفين، أو للاسباب التي يقررها القانون) وهو نص المادة (148) من القانون المدني السوري، علما بأن القانونين لم ياخذا بالعقد الموقوف.

البند الثاني
العقد الصحيح النافذ غير اللازم

498 - إذا كان العقد الصحيح يقبل بطبيعته رجوع احد العاقدين عنه دون توقف ذلك على رضاء العاقد الآخر، كالوكالة والوديعة والعارية مثلا، كان العقد غير لازم، وهناك عقود يكون فيها لأحد المتعاقدين فقط الرجوع عنها بإرادته المنفردة ويكون ذلك عندما يكون لهذا المتعاقد الخيار، والخيارات كثيرة ومتنوعة، وبذلك يكون العقد الصحيح نافذا غير لازم، إذا كان العقد قابلا لأن يرجع فيه احد المتعاقدين بإرادته المنفردة، إما لأن طبيعته تقتضي ذلك أو لأن فيه احد الخيارات المذكورة، ويقصد بالخيار طلب خير الامرين أو الأمور ويراد به أن يكون للمتعاقد الحق في امضاء العقد أو فسخه، والحكمة من الخيارات التاكد من رضاء المتعاقدين في إنشاء العقد وامضائه، ولأن الحاجة ورعاية مصلحة طرفي العقد تدعوان إلى هذا الخيار، ومن اهمها، خيار المجلس، خيار الشرط، خيار التعيين، خيار الرؤية، خيار العيب، خيار التعيين، ولما كنا بحثنا في هذه الخيارات، لذلك لانعود إليها هنا[2].

---

(1) انظر المذكرة الإيضاحية للمشروع العربي ص88.

(2) انظر البند الخامس من المطلب الأول من المبحث الأول من الفصل الثاني من هذا الكتاب.

499 - موقف القانون المعاصر: أخذ القانون المعاصر بفكرة العقد الصحيح النافذ غير اللازم، وذلك لطبيعة بعض العقود التي تقبل عدم اللزوم، ومنها الوكالة، فللوكيل أن يعتزل الوكالة وللموكل أن يعزل الوكيل، وبهذا الحكم أخذ القانون المدني العراقي في المادة (947) والقانون المدني الأردني في المادتين (863، 865) والقانون المدني المصري في المادتين (715، 716) والقانون المدني السوري في المادتين (681، 682) والمشروع العربي في المادتين (814، 816) ولا شك أن هناك عددا آخر من العقود التي تقبل بطبيعتها عدم اللزوم، كما أن القانونين العراقي والأردني والمشروع العربي قدأخذت بالخيارات المعروفة في الفقه الإسلامي والتي سبق أن درسناها.

البند الثالث

العقد الصحيح الموقوف

500 - عرفت المادة (111) من مجلة الأحكام العدلية البيع الموقوف بأنه (بيع يتعلق به حق الغير كبيع الفضولي) ونصت المادة (182) من مرشد الحيران بأنه (يشترط انفاذ عقود المعاوضات الواردة على الاعيان المالية أو على منافعها أن يكون المتصرف في العين الواردة عليها العقد مالكا أو وكيلا عن مالكها، إن كان عاقلا بالغا أو وليا أو وصيا عليه إن كان صغيرا أو كبيرا مجنونا أو معتوها وأن لا يتعلق بالعين حق المتصرف فيها) لذلك وصف العقد الموقوف بأنه العقد الصادر من شخص لا يملك ولاية انشائها، والعقد الذي يمس حقا من حقوق الغير[1] ويرى المرحوم الأستاذ السنهوري أنه حتى ينعقد العقد صحيحا ونافذا يجب أن يكون للعاقد: 1 - الولاية على محل العقد وتكون بأن يثبت للعاقد حق الملك في هذا المحل أو النيابة عن الملك والا يتعلق بالمحل حق للغير كأن يكون مرهونا أو مستأجرا. 2 - الولاية على نوع التصرف وتكون باستكمال العاقد القدر الواجب من التمييز لنوع التصرف الذي يباشره، فالولاية على التصرف هي الأهلية للتصرف فإذا نقص العقد احد هذين العنصرين فإن العقد ينعقد صحيحا ولكنه لا ينفذ، بل يكون

---

(1) الذنون أصول الالتزام بغداد 1970 ف 150 الحكيم الوسيط ف775 ص520.

موقوفا[1].

501 - ولم يجمع الفقهاء المسلمون على الأخذ بفكرة العقد الموقوف، فمنهم من أخذ بها ومنهم من انكرها ولم يقر بصحتها، فقد ذهب فريق منهم كالشافعي في مذهبه الجديد وابن حنبل في إحدى الروايتين عنه وداود الظاهري وأبي ثور من أئمـة المذاهب، إلى بطلان العقود الموقوفة، لأنها في البداية صدرت بدون ولاية أو إذن مـن الغير الذي تعلق حقه بها، بمعنى انها كانت في الأصل محرمة وباطلة، فلا يكون لحـد أن يجيز محرما وباطلا ويستثنى من ذلك الوصية وهبة المريض وما اشبه وحجـة هؤلاء ما ورد في الحديث النبوي الشريف (لاتبع ماليس عندك) ولكن يلاحظ علـى استدلال هؤلاء الفقهاء بالحديث أنه استدلال قاطع، إذ ليس فيه ما يـدل علـى عـدم جواز تصحيح عمل الفضولي باذن لاحق من صاحب الحق، وبالإضافة إلى ما في اعتبار بطلان عقد الفضولي وبقائه كـذلك وإن رضي بـه صاحب الحـق مـن حـرج ومشقة وقضاء على ما يقتضيه التعامل اليومي من تيسير وسرعة[2].

502 - إلا أن فكرة العقد الموقوف مقبولة لدى أغلب الفقهاء، فقد أخذ بها الحنفية والمالكية والجعفرية، كما أخذ بها أحمد بن حنبل في إحدى الروايتين عنه والشافعي في مذهبه القديم ويستند القائلون بصحة العقود الموقوفة إلى السنة والقياس، ففي السنة عدة أمثلة على إجازة عمل الفضولي، وهو من اهم صور العقـد الموقوف في الفقه الإسلامي[3] **أما** القياس فهو على الوصية، فالوصية بما زاد على ثلـث مال الموصي ليست باطلة، بل موقوفـة علـى إجازة الورثـة، إن أجازوها صحت وإلا بطلت وعمل الفضولي شبيه بذلك، فقياسـه علـى الوصية صحيح، أمـا في ذلك مـن الحاجـة والمصلحة لكـل مـن المـوصي والمـوصى لـه ولعـدم وجـود المـانع الشرعي[4].

(1) السنهوري مصادر الحق ج4 ص137 - 138.
(2) بداية المجتهد ج2 ص172 الأشباه والنظائر للسيوطي ص31 صبحي محمصاني النظرية العامة للموجبات والعقود في الشريعة الإسلامية ج2 بيروت 1948 ص16، 64.
(3) محمصاني ص66 وهامش (39 من الصفحة ذاتها.
(4) فتح القدير شرح الهداية ج5 ص310 محمصاني ص66.

503 - وأخذت مجلة الأحكام العدلية بفكرة توقف العقود في نصوص عديدة منها المواد (111، 113، 368، 377، 378) الواردة في كتاب البيوع والمادة (447) الخاصة بانعقاد الإجارة والمادة (793) بشأن الوديعة والمادة (857) في شأن الهبة والمادة (1453) في الوكالة والمادة (1544) في عقد الصلح.

504 - موقف القانون المعاصر: تاثر القانون المدني العراقي والأردني والمشروع العربي بالفقه الإسلامي، لذلك أخذت بفكرة العقد الموقوف، بدلا من فكرة العقد الباطل بطلانا نسبيا (القابل للبطلان) الماخوذة من فقه القانون المدني الغربي وخاصة الفرنسي، وقد أخذ القانون المدني المصري ومن بعده القانون المدني السوري بفكرة البطلان النسبي ولم ياخذا بفكرة العقد الموقوف، وتوسع القانون العراقي في الأحوال التي يكون فيها العقد موقوفا بأن ألحق بها بعض الصور التي كان العقد يعتبر فيها فاسدا حسب الفقه الإسلامي ومجلة الأحكام العدلية، ذلك أن القانون المدني العراقي لم يأخذ بفكرة العقد الفاسد، فكان لا بد له أن يلحق بعض صور هذا العقد بالعقد الباطل (م137) وأن يلحق صورا أخرى بالعقود الصحيحة الموقوفة[1] أما القانون المدني الأردني فقد أخذ بفكرة العقد الفاسد في المادة (170) إضافة إلى اخذه بفكرة العقد الموقوف (في المادة (171) ويكون توقف العقد في القانونين العراقي والأردني، في التصرفات في مال الغير أو تصرفا في مال النفس، وذلك أن يكون المتصرف لا يملك ولاية التصرف أصلا واما أن يملكها ولكنه خالف الحدود المرسومة له وهذا الخلاف، وفيما يتعلق بمال النفس إما أن يكون المتصرف ناقص الأهلية أو شاب إرادته إكراه على رأي زفر[2] وينص القانون المعاصر على خيار النقض والإجازة للعقد الموقوف وانتقال الخيار إلى الورثة[3].

505 - يحتل العقد الموقوف في الفقه الإسلامي والقانونين المدنيين

(1) غني حسون طه مصادر الالتزام ف 630 ص 302 هامش (41).
(2) انظر مؤلفنا في مصادر الالتزام ص168 والمذكرات الإيضاحية الأردنية ج1 ص196.
(3) للتفصيل انظر مؤلفنا في مصادر الالتزام ص 169 - 170.

العراقي والأردني والمشروع العربي، المكان الذي يحتله العقد الباطل بطلانا
نسبيا في الفقه الغربي والتشريعات الغربية والعربية كالقانون المصري والسوري،
ولكنه صورة عكسية منه، ففي حين أن العقد الموقوف لا ينتج أي اثرحتى ينفذ
بإجازة من له حق الإجازة، أما قبل ذلك فهو في حالة سبات، قد يفيق منه إذا اجيز
وقد يموت إذا رد أو نقض، نجد أن العقد الباطل بطلانا نسبيا عقد صحيح منتج لكل
آثاره حتى يتقرر بطلانه بناء على طلب من شرع هذا البطلان حماية لمصلحته،
ونستنتج من المقارنة بين اهم حالات توقف العقد وبين ما يقابلها من حالات
البطلان النسبي، إن نظرية التوقف أكثر رجحانا من نظرية البطلان النسبي،
فتصرفات ناقص الأهلية الدائرة بين النفع والضرر، كالبيع تعتبرفي الفقه الإسلامي
موقوفة على إجازة من له حق الإجازة، أما في الفقه الغربي فتعتبر باطلة بطلانا
نسبيا، ولا شك أن عدم نفاذ تصرفات ناقص الأهلية قبل أن تلحقها الإجازة خير من
القول بنفاذها ثم إبطالها بعد ذلك بناء على طلب وليه أو طلبه هو بعد بلوغه سن
الرشد[1]. ويقول المرحوم الأستاذ السنهوري (واضح أن الأولى والصبي غير كامل
التمييز ومظنة الضرر المحتمل لحوقه به من التصرف مظنة راجحة، أن يقف عقده
حتى يتبين وليه نفع هذا العقد أو حتى يتبين هو ذلك بعد بلوغه سن الرشد،
فالفقه الإسلامي في صناعته ارقى من الفقه الغربي)[2].

506 - أما من ناحية من تعاقد مع ناقص الأهلية فإن الأخذ بنظرية البطلان
النسبي يبدو بالنسبة إليه اوخم عاقبة مما لو اخذنا بنظرية العقد الموقوف، ذلك
أنه في حالة تقرير بطلان العقد، يعاد المتعاقدان إلى الحالة التي كانا عليها فبل إبرام
العقد، ووجدنا أن هناك استثناء مهما يرد على هذه القاعدة، وهو أن ناقص الأهلية
لا يلزم إلا برد قيمة ما عاد عليه من منفعة جراء تنفيذ العقد.

507 - وتعد نظرية العقد الموقوف افضل من نظرية البطلان النسبي في

---

(1) الدكتور غني حسون طه، القانون المدني بين نظرية الفقه الإسلامي في توقف العقود ونظرية الفقه الغربي في البطلان النسبي، مجلة الحقوق
والشريعة (الكويت) العدد الثاني السنة الثانية 1978 ف65 ص193.
(2) السنهوري مصادر الحق ج4 ص305 وانظر الذنون أصول الالتزام ص131.

حكم تصرفات الفضولي كما في بيع ملك الغير، فتصرف الفضولي موقوف على إجازة المالك واضح ومنطقي بخلاف الحال بالنسبة لبيع ملك الغير في الفقه الغربي ذلك لأن لهذا التصرف وجهان: فهو قابل للإبطال بالنسبة للمشتري الـذي يشتري عينا لا يملكها البائع، وهو غير سار في حق المالك الحقيقي الـذي لم يشترك في التصرف، فلما كان المشتري، وهو من تقرر البطلان لمصلحته، يملك إبطالا لعقد فإنه يملك إجازته كذلك، ومع ذلك يبقى العقد غير سار في حق المالك الحقيقي الا بإجازته، فإذا أجازه نفذ في حقه وصح في حق المشتري في وقت واحد، وفي هذا خروج على الصناعة القانونية، ذلك أن الذي يبطل أو يجيز العقد الباطل بطلانا نسبيا هو العاقد الذي تقرر البطلان لمصلحته أصلا وهو المشتري، وهو أمر صعب تفسيره[1].

ومن الواضح أن الأخذ بفكرة العقد الموقوف التي تجعل العقد غير نافذ في حق طرفي العقد، البائع والمشتري، وفي حق المالك الحقيقي في وقت واحد تجنبنا كل هذه التصرفات[2].

508 - ويفضل العقد الموقوف العقد الباطل بطلانا نسبيا، مـن حيـث أثـر الإجازة أو تقرير البطلان، فالعقد الموقوف لا ينتج أثرا حتى ينفذ بالإجازة، أما العقد الباطل بطلانا نسبيا فمنتج لكل آثاره حتى يبطل، فإذا اجيز العقد الموقوف افاق من سباته وانتج آثاره من وقت إبرام العقد، فالإجازة احياء للتصرف وما يترتب على ذلك من نتائج، أما إبطال العقد الباطل بطلانا نسبيا، فهو قضاء على آثاره التي سرت مـن يوم انعقاده حتى يوم إبطاله ويكون ذلك باثر رجعي يمتد إلى يـوم انعقاده بحيث يعتبر العقد وكانه لم يكن، أما إذا اجيز العقد فإن أثر هذه الإجازة يقتصر عـلى إزالـة خطر البطلان الذي كان يهدده ولا أثر لها عـلى سريـان آثـار العقـد التـي كانـت قد بدأت بالسريان قبل صدورها[3]. وقد يقال بأن هناك نظما أخرى تـؤدي كـذلك إلى إزالة العقد باثر رجعي كالفسخ بصوره المختلفة وتترتب على ذلك ذات النتائج التـي تترتب على إبطال العقد بطلانا نسبيا، ولكن هناك اختلافـا بـين النظامين مـن حيـث

(1) السنهوري مصادر الحق ج4 ص306.

(2) غني حسون طه ف96 ص196.

(3) الدكتور عبد الفتاح عبد الباقي مصادر الالتزام الكويت 1977 ف181.

الأساس، فالفسخ نظام يقرره القانون جزاء لاخلال احد المتعاقدين بالتزامه، في حين أن العقد الباطل بطلانا نسبيا قد نشأ وفيه خلل في التكوين أو أنه قد نشأ مريضا[1].

509 - وعندما أخذ القانون المدني العراقي بالعقد الموقوف عمد إلى تحديد مدة قصيرة يتبين بانقضائها مصير العقد، فبعد أن كانت المدة في الفقه الإسلامي غير محددة ما عدا في الفقه المالكي الذي يذهب إلى أنه إذا باع احد مال غيره وكان المالك حاضرا مجلس البيع وسكت اعتبر سكوته إجازة أما إذا كان المالك غائبا وبلغه البيع فسكت عاما من وقت علمه اعتبر سكوته بعد مضي العام إجازة ولزمه البيع[2] هذا وقد نصت الفقرة (3) من المادة 136 من القانون المدني العراقي على أنه (ويجب أن يستعمل خيار الإجازة أو النقض خلال ثلاثة اشهر فإذا لم يصدر خلال هذه المدة ما يدل على الرغبة في نقض العقد اعتبر العقد نافذا) أما القانون المدني الأردني فلم يحدد مدة، اخذا ببعض الاتجاهات الفقهية الإسلامية، ونصت المادة (172) على أن (تكون إجازة العقد للمالك أو لمن تعلق له حق في المعقود عليه أو للولي أو الوصي أو ناقص الأهلية بعد اكتمال أهليته أو للمكره بعد زوال الإكراه أو لمن يخوله القانون) ونصت المادة (173) منه على أن (1 - تكون الإجازة بالفعل أو بالقول أو باللفظ يدل عليها صراحة أو دلالة. 2 - ويعتبر السكوت إجازة إن دل على الرضا عرفا) وعلى العكس مما ذهب إليه فقهاء الحنفية من اشتراط وجود العاقدين والمالك الأصلي والمعقود عليه لصحة الإجازةفان الفقرة (1) من المادة (136) من القانون العراقي لا تشترط لصحتها إلا وجود من يملكها وقت صدور العقد ولا يشترط قيام العاقدين أو المالك الأصلي أو المعقود عليه وقت الإجازة، في حين اشترطت المادة (174) من القانون الأردني، لصحة الإجازة، قبول التصرف للإجازة وقت صدوره ووقت الإجازة ووجود من له الإجازة وطرفي العقد والمتصرف فيه وبدله إن كان عينا وقت الإجازة.

---

(1) حجازي نظرية الالتزام ص504.
(2) الدسوقي على الشرح الكبير للدردير ج3 ص12.

510 - وخلافا لما هو مقرر في الفقه الحنفي، فإن خيار الإجازة أو التنقض، ينتقل، في القانون العراقي، إلى ورثة من تقرر هذا الخيار لمصلحته إذا لم تكن المدة التي يلزم استعمال الخيار خلالها قد انقضت، والعلة في ذلك، إن أثر الإجازة أو النقض يستند باثر رجعي إلى وقت إبرام العقد، فالمنطق يقضي أن يؤخذ هذا الوقت بنظر الاعتبار، والمفروض أن المعقود عليه والمتعاقدين كانوا جميعا قائمين فيه[1].

المطلب الثالث
العقد الباطل
البند الأول
تعريف البطلان

511 - يقصد بالبطلان، لغة، سقوط الشيء وفساده[2] ويقصد به اصطلاحا، عدم صحة العقد ذي الأثر الشرعي، عندما يكون ذلك العمل غير معتبر في نظر الشارع، بحيث يعد وجوده كعدمه، لمخالفة ناحية يوجب الشارع مراعاتها فيه، فلا يترتب عليه أثره الشرعي الخاص من نشوء حق أو سقوط تكليف، ويعرف البطلان بأنه (عدم اكتساب التصرف وجوده الاعتباري وآثاره في نظر الشارع)[3] وهو ما لم يشرع بأصله ولا بوصفه[4] فهو ما ليس مشروعا بأصله ووصفه بأن اختل ركنه اومحله أو الغرض منه أو الشكل الذي فرضه القانون لانعقاده ولا يترتب عليه أي أثر ولا ترد عليه الإجازة، فعناصر العقد الجوهرية تعود إلى ثلاث جهات هي: 1 - صيغة العقد أو التعبير عن الإرادة ويتم ذلك بإيجاب وقبول متطابقين في مجلس العقد 2 - العاقدان، ولا يعتد بالتعبير الذي يصدر عنهما إلا إذا توفرت الأهلية لديهما، على النحو الذي بيناه سابقا. 3 - المعقود عليه أو محل العقد، وتوفر

---

(1) غني حسون طه القانون المدني ف77 ص199.
(2) المعجم المنجد لسان العرب.
(3) الزرقا ج2 ف 2/51 3/51 ص702 - 703.
(4) محمد يوسف موسى ف620 ص440.

الشروط المطلوبة في المحل على النحو الذي شرحناه، فإذا توفرت للعقد هذه العناصر يكون قد اجتمع له ركنه وشرائطه، أما إذا تخلف عنصر- منها فإن العقد لا ينعقد ويكون باطلا.

512 - فالعقد الباطل لا وجود له إلا من حيث الصورة فقط فليس له وجود شرعي ومن ثم فهو عدم والعدم لا ينتج أثرا، ولا حكم له أصلا لأن الحكم للموجود ولا وجود لهذا العقد إلا من حيث الصورة[1] ففي البيع الباطل لا يملك المبيع ولو بالقبض وفي الإجارة الباطلة لا يجب الأجر وفي الرهن لا يتعلق به الضمان ولا يملك الحبس للمدين[2].

513 - موقف القانون المعاصر: يعرف العقد الباطل بأنه، العقد الذي لا يصح أصلا باعتبار ذاته أو وصفا باعتبار بعض أوصافه الخارجية، فيكون العقد باطلا إذا كان في ركنه خلل كان يكون الإيجاب والقبول صادرين ممن ليس اهلا للتعاقد أو يكون المحل غير قابل لحكم العقد أو يكون السبب غير مشروع، ويكون باطلا أيضا إذا اختلت بعض أوصافه كان يكون المعقود عليه مجهولا جهالة فاحشة أو يكون العقد غير مستوف للشكل الذي فرضه القانون ومن ثم فلاينعقد العقد الباطل ولا يفيد الحكم أصلا، وعلى هذا نصت المادة (137) والفقرة (1) من المادة (138) من القانون المدني العراقي، وبهذا الحكم أخذ القانون المدني الأردني في المادة (1/168) وكذلك المشروع العربي في الفقرتين (1، 2) من المادة (294).

البند الثاني

تجزئة البطلان

514 - إذا كان العقد في شق منه باطلا فهذا الشق وحده هو الذي يبطل، أما الباقي من العقد فيظل صحيحا باعتباره عقدا مستقلا إلا إذا تبين أن العقد ما كان ليتم بغير الشق الذي وقع باطلا، وهذا ما يسمى بتجزئة العقد أو(انتقاص العقد)

---

(1) البدائع ج5 ص305.
(2) ابن نجيم، الأشباه والنظائر ص185.

ويجيز الفقه الإسلامي تجزئة البطلان، فإذا كان العقد الواحد باطلا في جـزء منـه وصحيحا في جزئـه الآخـر، فقـد ذهـب اتجـاه في الفقـه الإسـلامي إلى أن فكـرة الانتقاص ليس حلا صالحا ومشروعا لمواجهة العقود الباطلة في جزء منها مع صحتها في الاجزاء الأخرى، وبالتالي لا يمكن الاعتماد عليهـا لتصحيح العقـود، في حـين ذهـب اتجاه آخر إلى تأييد فكرة الانتقاص فمتى ما تحقق في مجال تطبيقها أخذ بها وتزخـر الكتب الفقهية بالكثير من الأمثلة التي تثبت معرفة الفقـه الإسـلامي لهـذه الفكـرة، فقد ورد في كتاب الأشباه والنظائرلابن نجيم (إذا سمي للمهر ما يحل وما يحرم كـان تزوجها على عشرة دراهم ودن من الخمر، فلها العشرة وبطـل الخمـر، وإذا جمـع في البيع وقف وملك لا يسري الفساد إلى الملك وإذا شرط الخيار في البيع أكثر من ثلاثـة ايام فإنه يصح في الثلاثة ويبطـل فـيما زاد)[1] وورد في كتـاب القـوانين الفقهيـة لابـن جزئ (إذا اشتملت الصفقة على حلال وحرام كالعقد على سلعة وخمـر أو خنزيـر أو غير ذلك فالصـفقة كلهـا باطلـة، وقيـل يصح البيـع فـيما عـدا الحـرام بقسـطه مـن الثمن)[2] **وإذا** جمع إنسان بين ماله ومال موقوف فباعهما صفقة واحدة صـح البيـع في ماله بحصته من الثمن وبطل في الموقوف[3].

515 - موقف القانون المعاصر: تقوم نظرية انتقاص العقد أساساً على احترام إرادة المتعاقدين وانقاذ ما يمكن انقاذه من هذه الإرادة ولا تتجه إلى مخالفتها، فإذا كان الشرط الباطل هو الباعث الدافع للتعاقد، فإن العقد يبطل من مجموعه، فيما إذا ثبت أن الإرادة ما كانت لتنصرف إلى العقد بغير هذا الشرط الذي وقع باطلا، لأن القول ببقاء العقد رغم إبطال هذا الجزء وحده يخالف في هذه الحالة، إرادة المتعاقدين[4]. وأخذ القانون المدني العراقي بنظرية انتقاص العقد في

(1) الشيخ زين الدين بن إبراهيم بن نجيم، الأشباه والنظائر تحقيق وتعليق عبد العزيز محمد الوكيل القاهرة 1968 ص114 - 115.
(2) أحمد بن محمد الكلبي المشهور بابن جزئ، القوانين الفقهية، المكتبة الادبية، فاس، 1935 ص260 وانظر الزيلعي ص 60 - 61 ومن المصادر الحديثة انظر الباحثة، ندى عبد الكاظم حسين، نظرية انتقاص العقد رسالة ماجستير كلية النهرين للحقوق عام 2000.
(3) الدر المختار ورد المحتار في البيع، ج4 ص104.
(4) الدكتور سمير عبد السيد تناغو نظرية الالتزام الاسكندرية 1970 ص91.

المادة (139)   والقانون المدني الأردني في المادة (169)   والقانون المدني المصري في المداة (143)   والقانون المدني السوري في المادة (144)   والمشروع العربي في المادة (205).

البند الثالث

خصائص البطلان

516 - يتميز البطلان ببعض الخصائص، نبينها فيما يأتي:

اولا: إن بطلان العقد يستلزم بطلان مافي ضمنه وبطلان مابني عليه. (م452 من المجلة) فإذا باع شخص شيئا بيعا باطلا، وتضمن عقد البيع شروطا مع تحديد الثمن، فإن البيع يبطل وتبطل الشروط ويبطل الثمن المحدد في العقد.

ثانيا: اعادة الأوضاع إلى سابق عهدها قبل العقد إذا تقايض المتبايعان المبيع والثمن في البيع الباطل فيلتزم كل قابض برد ما قبضه، لبطلان القبض المبني على عقد باطل (م 2/138 مدني عراقي، م1/142 مدني مصري، م1/143 مدني سوري).

ثالثا: لا يقبل العقد الباطل الإجازة، ذلك أن محل الإجازة يكون في العقد المنعقد الموقوف الذي يمس حقا لغير العاقدين، فلذلك الغير أن يجيزه إن شاء فينفذ عليه، أو أن يرفضه فيبطل، والعقد الباطل ليس قائما متوقفا ليمكن انفاذه إلى غايته بالإجازة، بل هو لغو عديم الاعتبار في نظر الشرع، فكانه لم يوجد أصلا[1].

رابعا: لا يحتاج العقد الباطل إلى فسخ: إن العقد القائم هو الذي يحتاج إلى الفسخ، ويكون لأحد طرفيه الخيار في التحلل من رابطته أو بقائه، ثم قد يستقل الطرف المخير عندئذ، كما في خيار الشرط في البيع، أما العقد الباطل فهو معدوم لم يوجد وازالة المعدوم تحصيل للحاصل، لذلك لكل من العاقدين أن يعتبر العقد الباطل معدوما، ويتصرف بناء على هذا الاعتبار.

خامسا: لا يحتج بالعقد الباطل أما القضاء، والأصل أنه لاحاجة إلى إقامة الدعوى أمام القضاء لأجل الإبطال، ولكن من الناحية العملية، قد تقام الدعوى

---

(1) البدائع ج5 ص305.

لتقرير البطلان، خاصة إذا كان قد تم تنفيذه، وكذلك إذا كان سبب البطلان فيه خفاء واشتباه، فالطرف المتمسك بالبطلان يحتاج إلى المبادرة بالادعاء ليطمئن إلى رأي القاضي وتقديره، ولا شك أن حكم القاضي سيكون مقررا للبطلان وليس منشئا.

سادسا: لا يسري حكم التقادم على البطلان، فمضي مدة التقادم لا يمنع من التمسك بطلان العقد الباطل، لأن الباطل معدوم، والعدم لا ينقلب وجودا بطول الامد، فإذا لم يكن المشتري، في البيع الباطل، قد قبض المبيع حتى انقضت خمسة عشر عاما، ثم رفع البائع الدعوى على المشتري ليلزمه بقبض المبيع وأداء الثمن، فإن للمشتري أن يدفع دعوى البائع بحجة بطلان البيع[1].

517 - موقف القانون المعاصر: لما كان حكم العقد الباطل أنه لا ينعقد ولا يفيد الحكم أصلا، فالعقد الباطل منعدم ولا يترتب عليه أي أثر، وإذا كان العقد باطلا جاز لكل ذي مصلحة أن يتمسك بالبطلان وللمحكمة أن تقضي به من تلقاء نفسها، ولا يزول البطلان بالإجازة، وإذا بطل العقد يعاد المتعاقدان إلى الحالة التي كانا عليها قبل العقد فإذا كان هذا مستحيلا جاز الحكم بتعويض معادل، ومع ذلك لا يلزم ناقص الأهلية، إذا بطل العقد لنقص أهليته، أن يرد غير ما عاد عليه من منفعة بسبب تنفيذ العقد، وبهذه الأحكام أخذ القانون المدني العراقي في المادتين (2/138، 3) و(146) وقريب من هذه الأحكام أخذ القانون المدني الأردني في المادة (2/168، 3) ولم نجد فيه نص يحمي القاصر في العقد الباطل، وقريب من النص العراقي أخذ القانون المدني المصري في المادة (142) والقانون المدني السوري في المادتين (142، 143) علما بأن دعوى البطلان في القانونين الاخيرين تسقط بمضي خمس عشرة سنة من وقت العقد، وبهذه الأحكام أخذت المادة (2/204، 3) من المشروع العربي.

البند الرابع

نتائج البطلان

518 - يفقد العقد، بالبطلان، سببيته لحكمه، فلا يترتب عليه ذلك الأثر

(1) الزرقا ج2 ف12/53 ص726.

النوعي المقرر له شرعا في حال صحته[1]. فالعقد الباطل لا يترتب عليه حكم أصلا[2]. ولكن هذه القاعدة العامة في النتيجة السلبية للبطلان، تنشأ عنه حالات استثنائية يكون فيها للعقد الباطل تأثير في وصف مبنى عليه من فعل، فتترتب عليه بعض الآثار الفرعية التي تترتب على حالة انعقاده، وهي:

519 - اولا -: عقد النكاح: لا يثبت لعقد النكاح الباطل، حكمه الأصلي من حل الاستمتاع والنفقة والتوارث، ولكنه إذا تم الدخول، فإن المرأة تستحق به مهرا ويثبت به نسب الولد من الرجل وتحتسب فيه على المرأة العدة من تاريخ المفارقة، فهذه الأحكام الاستثنائية لم تترتب إلا بناء على فعل الدخول، لا على مجرد العقد، ولكنها لم تكن لتثبت لولا هذا العقد الباطل[3].

520 - ثانيا - ضمان المبيع المقبوض: اختلف الفقهاء في ضمان المبيع المقبوض في البيع الباطل، فذهب اتجاه إلى أن المبيع يكون أمانة بيد المشتري غير مضمون عليه إذا هلك دون تعد منه أو تقصير في حفظه، كالوديعة في يد الوديع، وبهذا الحكم أخذت المجلة في المادة (370) ويذهب اتجاه إلى أن المبيع يكون في يد المشتري مضمونا عليه بمثله، إن كان مثليا وبقيمته إن كان قيميا، ذلك أنه مقبوض على سبيل المعاوضة المقصودة بالعقد، وبطلان البيع إنما يمنع انتقال الملكية به، ولكنه لا يلغي فكرة المعاوضة الثابتة فيه، والتي لم يسلم البائع المبيع إلا على أساسها، ومن المقرر أن القبض على سبيل البدلية يوجب الضمان، وهذا هو المرجح في الفقه الحنفي وبه قال الأئمة الثلاثة الآخرون[4].

521 - ثالثا: تحول العقد الباطل: عرف الفقه الإسلامي القاعدة الفقهية (العبرة في العقود للمقاصد والمعاني لا للألفاظ والمباني) فالألفاظ والمباني هي الوسيلة والمقاصد والمعاني هي الغاية، فالعبرة للغاية لا الوسيلة، ومن تطبيقات هذه القاعدة، قاعدة (الكفالة بشرط براءة الأصل حوالة) و(الحوالة بشرط براءة المحيل

(1) المصدر السابق ف2/53 ص715.
(2) البدائع ج5 ص305.
(3) الزرقا ج2 ف4/53 ص716.
(4) رد المحتار ج4 ص105 وانظر الزرقا ج2 ف5/53 ص717.

كفالة) ومنها قاعدة (الهبة بشرط العوض بيع) وقاعدة (الإعارة بشرط العوض إجارة)[1] وقاعدة ((أعمال الكلام اولى من اهماله، ولكن إذا تعذر عمل الكلام يهمل) وابرز تطبيق لنظرية التحول في الفقه الإسلامي، تلك الآثار التي تترتب على عقد الزواج باطلا كان أو فاسدا، لأن بطلان الزواج وفساده سيان حتى في الفقه الحنفي، ليس له وجود شرعي، وإن كان له وجود فعلي، فلا ينتج أثره كتصرف شرعي، ولكن ينتج بعض الآثار كواقعة مادية إذا اقترن بالدخول على الزوجة، ومن هذه الآثار، درء الحدود وثبوت النسب ووجوب العدة والمهر[2]. وكذلك تصرفات المرض مرض الموت، من هبة ووقف وضمان ومحاباة في الإجارة والاستئجار والمهر والبيع والشراء والإبراء والكفالة وغيرها من المعاملات فحكمها حكم الوصية في اعتبارمن الثلث[3].

ويقيم الفقه الإسلامي تحول العقد على أساس موضوعي لا على أساس ذاتي، فالإرادة تنشئ العقد فقط، ولكن أحكام العقود وآثارها تكون من الشارع لا من العاقد، لذلك فإن مقتضيات العقود كلها من أعمال الشارع لا من أعمال العاقد[4]. وتخضع آثار التحول وفقا للفقه الإسلامي إلى قواعد النظام العام، علما بأن دائرة النظام العام في الفقه الإسلامي اوسع منها في فقه القانون المدني، فإذا كان الأصل في الفقه الإسلامي حرية التعاقد في حدود النظام العام فإن كثرة القواعد التي تعتبر من النظام العام تضيق من هذه الحرية[5]. وثار خلاف بين الفقهاء، حول تحول عقد البيع إلى هبة وتحول عقد الإجارة إلى إعارة، وذلك تطبيقا للقاعدة الفقهية القائلة (العبرة في العقود للمقاصد والمعاني لا للألفاظ والمباني) في حين ذهب اتجاه آخر إلى عدم تحول العقد، بحجة أن العقد الأصلي باطل فهو معدوم، والتحول أو الانقلاب لا يكون في معدوم، وهذا هو الرأي الظاهر

---

(1) الحكيم الموجز ف538 ص293.
(2) السنهوري مصادر الحق ج4 ص138.
(3) الدكتور محمد كامل مرسي تصرفات المريض مرض الموت، مجلة القانون والاقتصاد، العدد الأول السنة الثامنة 1938 ص301.
(4) السنهوري مصادر الحق ج4 ص142، أبو زهرة ص216 - 217.
(5) السنهوري مصادر الحق ج1 ص82.

الترجيح في الاجتهاد الحنفي[1]. ويرى الأستاذ مصطفى أحمد الزرقا، إن الرأي الأول اوجه، والقواعد الفقهية تؤيده، فإن القواعد المقررة أن (أعمال الكلام اولى من اهماله) المادة (60) من المجلة ومن صور أعمال الكلام حمله على المجاز إذا تعذرت الحقيقة (المادة 61 من المجلة) فيعتبر البيع والإجارة مجازا عن الهبة والإعارة، وإن المجاز في العقود معهود[2].

522 - موقف القانون المعاصر: قد يتضمن العقد الباطل، أركان عقد آخر، فيتحول العقد إلى العقد الجديد الصحيح الذي توفرت فيه هذه الأركان إذا انصرفت إرادة المتعاقدين المحتملة إلى هذا العقد الاخير، وعلى هذا نصت المادة (140) من القانون المدني العراقي على أنه (إذا كان العقد باطلا وتوافرت فيه أركان عقد آخر فإن العقد يكون صحيحا باعتباره العقد الذي توافرت أركانه إذا تبين أن المتعاقدين كانت نيتهما تنصرف إلى إبرام هذا العقد) وعلى هذا نصت المادة (144) من القانون المدني المصري والمادة (145) من القانون المدني السوري والمادة (206) من المشروع العربي.

المطلب الرابع

العقد الفاسد

البند الأول

تعريف العقد الفاسد

523 - يقصد بالفساد، لغة، تغير الشيء عن الحال السليمة وخروجه عن الاعتدال، فهو ضد الصلاح[3]، أما اصطلاحا، فيقصد به، للدلالة على حالة في العقد يعتبر فيها العقد مختلا في بعض نواحيه الفرعية اختلالا يجعله في مرتبة بين الصحة والبطلان، فلا هو بالباطل غير المنعقد، لأن مخالفته ليست مخالفة في ناحية

---

(1) رد المحتار ج4، ج5 اول كتابي العارية والإجارة.

(2) الزرقا ج2 ف 6/53 ص719.

(3) المنجد المعجم.

جوهرية كما في البطلان، ولا هو بالصحيح التام الاعتبار، لأن فيه اخلالا بنظام التعاقد، فالعقد الفاسد، انعقد ووجد، ولكن لا يرتب الشارع عليه آثارا شرعية من ذات العقد، ويوجب على العاقدين فسخه والتخلص منه، ولا يلزم به واحد من العاقدين[1].

524 - ويقرر الفقه الحنفي مرحلة وسط بين العقد الصحيح والعقد الباطل، هي مرحلة العقد الفاسد، ذلك لأن المخالفات التي تؤدي إلى عدم صحة العقد ليست على درجة واحدة من الخطورة، فبعضها يقع على ناحية مهمة وبعضها على ناحية ثانوية، لذلك تم تنويع الجزاء الذي يترتب على كل نوع من المخالفات، فإذا وقعت المخالفة على الناحية المهمة كان العقد باطلا، أما إذا كانت المخالفة واقعة على ناحية ثانوية، كان العقد فاسدا، لذلك يعرف العقد الفاسد بأنه (المشروع بأصله لا بوصفه) وللتمييز بين عدم مشروعية أصل العقد وعدم مشروعية وصفه ينظر إلى مقومات العقد الخمسة وهي (العاقدان، والمحل، والموضوع والركن، هو الإيجاب والقبول المعبران عن التراضي أو ما يقوم مقامهما في هذا التعبير) فإذا كان النهي منصبا على احد هذه المقومات ومؤثرا في صلبها افاد عدم المشروعية في أصل العقد فيبطل وإذا كان منصبا على ناحية أخرى فرعية من العقد، وكانت مقوماته هذه كلها سليمة، فالعقد حينئذ مشروع الأصل غير مشروع الوصف، وهذا يستوجب الفساد لا البطلان[2]. أما في باقي المذاهب الإسلامية فالعقد أما صحيح وهو الذي توفرت له أركانه المستوفية شرائطها اللازمة، وإما باطل وهو الذي لم تتوفر له أركانه كاملة أو حصل خلل في إحداها، فمقتضى النهي هو البطلان، لانهينا في مشروعية الفعل المنهي عنه مطلقا، دون تمييز بين النواحي التي يتعلق بها النهي، أما الفقه الحنفي فيرى أن مجرد النهي عن الفعل لا يدل على عدم مشروعية أصله حتما، بل قد تجتمع مشروعية أصل الفعل مع النهي عنه,[3] فالعقد الفاسدما لم يشرع بوصفه ولكن تحقق وجوده شرعا لتوفر أركانه ومحله وتحقق معناه ولكن

---

(1) أبو زهرة ف216 ص374.

(2) الزرقا ج2 ص732 هامش (1) والمذكرات الإيضاحية الأردنية ج1 ص186.

(3) أبو زهرة ف213 ص369 وما بعدها.

اتصل به وصف نهى عنه الشارع فيخرج العقد عن مشروعيته كان يكون الثمن مالا غير متقوم شرعا فالخلل في العقد الفاسد يرجع إلى وصف من أوصافه أو شرطا من شروطه[1].

البند الثاني

اسباب فساد العقد

525 - واسباب فساد العقد كثيرة منها الإكراه والجهالة الفاحشة والغرر والشرط الفاسد، ونرى أهم هذه الأسباب:

اولا - الجهالة الفاحشة: يراد بالجهالة المفسدة للعقد في الفقه الحنفي، الجهالة الفاحشة التي تؤدي إلى نزاع مشكل والذي يتعذر حسمه لتسوي حجة الطرفين فيه استنادا إلى تلك الجهالة[2]. كبيع شاة غير معينة من قطيع الغنم، أو التعاقد على إجارة بأجرة مجهولة، أو مزارعة دون بيان حصة كل من الطرفين من الحاصل ولا يوجد عرف في مكان العقد ليرجع إليه، أما الجهالة اليسيرة التي لا تفضي إلى نزاع مشكل فلا تضر بالعقد، كان يبيع شخص كل مافي صندوقه أو في بيته دون معرفة مافيه، فيصح العقد، لأن المبيع، وإن كان مجهولا هو معين بالذات بحد حاصرله متفق عليه وهو الصندوق أو البيت[3] لذلك أجاز الفقه الحنفي، اشتراط خيار التعيين في عقود المعاوضة[4]. وترجع:

الجهالة المفسدة للعقد إلى ما يأتي. - أ - الجهالة في المعقود عليه، كجهالة المبيع في عقد البيع والمأجور في الإجارة.

ب - جهالة العوض في عقود المعاوضات المالية، كجهالة الثمن في عقد البيع.

ج - جهالة الاجال في كل ما يجري في أجل ملزم، كجهالة المدة المتعاقد

---

(1) البحر الرائق لابن نجيم ج6 ص74 الزيلعي ج4 ص45 وانظر المادة (218) مرشد الحيران والمادتان (109، 364) من المجلة.
(2) البدائع في الإجارة ج4 ص207.
(3) رد المحتار ج4 ص21.
(4) الدرر شرح الغرر، كتاب البيوع ج2 ص154.

عليها في عقد الإجارة.

د - جهالة وسائل التوثيق المشروطة في العقد، كان يشترط البائع على المشتري تقديم كفيل أو رهن بالثمن المؤجل، فيجب أن يكون الكفيل والرهن معينين، وإلا فسد البيع[1].

ثانيا - الغرر: يقصد بالغرر (بفتحتين) في اللغة التغرير، أي الايهام والتوريط، ويراد به فقها اعتماد التعاقد على أمر موهوم غير موثوق، وأصله ما ثبت في السنة، إن النبي صلى الله عليه وسلم (قد نهى عن بيع الغرر)[2] ويميز الفقه الحنفي بين نوعين من الغرر: أ - غرر في أصل المعقود عليه، وهذا يوجب بطلان العقد، كبيع ما سيخرجه الصياد في شبكته من السمك، فلا ينعقد البيع في شيء من ذلك للغرر.

ب - غرر في الأوصاف والمقادير، وهذا يوجب فساد العقد، كأن يبيع شخص بقرة واشترط انها تحلب كذا رطلا، فالبيع فاسد للغرر، إذ يمكن أن لا تحلب هذا المقدار تماما، هذا بخلاف ما لو باعها على أنها حلوب أو غزيرة اللبن، فهذا وصف لا غرر فيه، كما لو اشترط المتعاقدان في عقد الشركة أن يكون لأحدهما مقدار محدد من الدنانير أو الدراهم من الربح، فإن في ذلك غررا، ويعد عقد الشركة فاسدا (م1336 من المجلة) وعبرت المجلة في هذه المادة، ببطلان الشركة لكن المراد الفساد، كما تصرح به نصوص الفقهاء في الشركة، وهو الموافق للقواعد[3].

ثالثا - الإكراه: ذهب الإمام (ابو حنيفة) إلى أن الإكراه يفسد العقد افسادا، وتترتب عليه سائر أحكام العقد الفاسد، فيه ذهب (زفر بن الهذيل) من كبار أصحاب الإمام إلى أن العقد مع الإكراه صحيح موقوف، لا فاسد، فلا يفيد حكمه بالتنفيذ، بدليل أنه يقبل الإجازة بعد زوال الإكراه باتفاق الاراء، وهذا من دلائل التوقف لا الفساد، فإن الفاسد يفسخ فسخا ولا يرتفع فساده بالإجازة،

(1) الزرقا ج2 ف3/55 ص743 وانظر مؤلفنا مصادر الالتزام ص174.
(2) اخرجه مسلم في صحيحه (1513) من حديث أبو هريرة، إن النبي " ص " نهى عن بيع الحصاة وعن بيع الغرر).
(3) الدر المختار ج3 ص344.

فالإكراه مانع للنفاذ لا للصحة، ويبدو أن المادة (1006) من المجلة أخذت براي الإمام زفر.

رابعا - - إن اسباب الفساد المذكورة إنما هي اسباب عامة لفساد العقود، أما الاسباب الخاصة فينحصر تأثيرها في بعض العقود، فالشيوع مثلا يفسد الرهن، والتوقيت يفسد البيع، وعدم التوقيت يفسد الإجارة، وعدم التقابض في مجلس العقد يفسد عقد الصرف[1].

البند الثالث

نتائج فساد العقد

526 - يعد العقد الفاسد منعقدا، ومستحقا للفسخ، بإرادة كل من الطرفين، وبإرادة القاضي[2]. فالعقد الفاسد يفسد قوته الالزامية، فإذا طولب احد الطرفين بتنفيذه دفع عن نفسه بالفسخ، فإذا لم يطلب احد الطرفين الفسخ فإن القاضي يفسخه من تلقاء نفسه دون طلب، كما في حالة البطلان، حماية لنظام التعاقد الذي هو من النظام العام، ويتم ترتيب الحكم على العقد الفاسد بمقتضى انعقاده، لا بمجرد العقد، كما في العقد الصحيح، بل يتاخرحتى تنفيذ العقد الفاسد، فإذا كان بيعا فاسدا مثلا لا يملك المشتري المبيع بتمام الإيجاب والقبول، كما في البيع الصحيح، بل متى تسلمه فعندئذ يملكه وينفذ تصرفه فيه[3]. ويقيد استحقاق الفسخ بمقتضى الفساد بشرطين هما:

ا - بقاء المعقود عليه على حاله بعد تنفيذ العقد، فإذا هلك المبيع، عند المشتري أو استهلكه أو غير شكله تغييرا يتبدل به اسمه، كما لو كان قمحا فطحنه، أو دقيقا فخبزه، وامتناع الفسخ في هذه الحالات، يستهدف استقرار الملكية أو الحكم الذي ثبت بتنفيذ العقد الفاسد.

ب - أن لا يؤدي فسخ العقد الفاسد إلى إبطال حقوق قد اكتسبها غير

(1) الزرقا ج2 ف5/55 ص747.

(2) البدائع ج5 ص300.

(3) الهداية وفتح القدير ج5 ص188، 227 وانظر المادتان (366، 371) من المجلة.

المتعاقدين في المعقود عليه، وإلا كان الحق الناشئ للغير مانعا شرعيا من فسخ العقد السابق بمقتضى الفساد، فإذا تسلم المشتري المبيع في بيع فاسد حتى اعتبر مالكا له بالقبض ثم باعه أو وهبه بعقد صحيح أو وقفه، امتنع فسخ البيع الأول الفاسد واستقر الحكم الذي ثبت بتنفيذه[1].

527 - موقف القانون المعاصر: لم يأخذ القانون المدني العراقي بنظرية العقد الفاسد، بالرغم من تأثره بالفقه الإسلامي، والحق العقد في الحالات التي يكون فيها فاسدا بالعقد الباطل، فقد نصت المادة (137) على أن (1 - العقد الباطل هو ما لا يصح أصلا باعتبار ذاته أو وصفا باعتبار بعض أوصافه الخارجية، 2.. 3 - ويكون باطلا أيضا إذا اختل بعض أوصافه كان يكون المعقود عليه مجهولا جهالة فاحشة أو يكون العقد غير مستوف للشكل الذي فرضه القانون.) فالعقد الذي لا يصح بوصفه يعد باطلا وهذا هو العقد الفاسد في الفقه الحنفي، ويعد العقد باطلا إذا كان المعقود عليه مجهولا جهالة فاحشة، وهذه حالة من حالات فساد العقد[2]. أما الإكراه فيجعل العقد في القانون العراقي موقوفا (م115) ولم يأخذ القانون المدني المصري وكذلك القانون المدني السوري بفكرة العقد الفاسد، أما القانون المدني الأردني فقد أخذ بالعقد الفاسد، وقسم الاسباب التي تؤدي إلى فساد العقد إلى ثلاثة أنواع، اسباب لا تؤثر في العقد فيبقى صحيحا واسباب تؤثر فيه فتجعله تارة باطلا وتارة موقوفا[3]. وأخذ المشروع العربي بالعقد الفاسد، وعرفه بأنه، ماكان مشروعا بأصله لا بوصفه بأن يكون صحيحا بالنظر إلى أصله وفاسدا بالنظر إلى بعض أوصافه كاشتماله على جهالة فاحشة في صحته أو اقترانه بشرط مفسد له، وإذا كان سبب فساد العقد قابلا للزوال وزال قبل الفسخ صح العقد، والعقد الفاسد لا يفيد الأثر إلا بتنفيذه رضاء وفي الحدود التي يقررها

(1) الدر المختار ورد المحتار ج4 ص125 - 127 و ص130 - 131 البدائع ج5 ص300 - 301 البحر الرائق لابن نجيم ج6 ص75 الزيلعي ج4 ص44.
(2) الحكيم الوسيط ف774 ص520.
(3) للتوسع انظر الدكتور محمد يوسف الزعبي، اسباب فساد العقد بين الفقه الحنفي والقانون المدني الأردني، مجلة (مؤتة للبحوث والدراسات) جامعة مؤتة، الأردن، المجلد الثالث، العدد الثاني، كانون الأول 1988 ص93 وما بعدها.

القانون، ولكل من عاقديه أو ورثتهما بعد انذار العاقد الآخر فسخه وللمحكمة ايضافسخه من تلقاء نفسها مالم يوجد مانع من الفسخ، وهذا مانص عليه المشروع في المادة (207) وذكرت المذكرة الإيضاحية للمشروع بأن الاسباب التي تجعل العقد فاسدا بالرغم من انعقاده خمسة اسباب هي: 1 - الإكراه 2 - الغرر 3 - الضرر الذي يصحب التسليم 4 - الشرط الفاسد 5 - الربا. والعقد الفاسد وإن كان منعقدا إلا أنه منهي عنه، والأصل أنه لا ينتج أثرا، ومن ثم لا تلحقه الإجازة، ويجوز لكل من المتعاقدين أن يتمسك بفسخه، بل يجب فسخه، ولا يحتاج الفسخ إلى قضاء القاضي، ويكفي أن يقول احد العاقدين فسخت، أو نقضت أو رددت، أو اية عبارة أخرى في هذا المعنى، فينفسخ العقد، وليس من الضروري أن يكون الفسخ بالقول، بل يجوز أن يكون بالفعل، وقد رؤي إعلام الطرف الآخر بالفسخ لكي يكون على بينة من الأمر، وإذا مات احد المتعاقدين كان لورثته حق الفسخ مكانه، لأن الثابت للوارث عين ماكان للمورث، وإنما هو خلفه قائم مقامه، ويفسخ البائع في مواجهة ورثة المشتري كما يفسخ المشتري في مواجهة ورثة البائع، وللمحكمة فسخه من تلقاء نفسها ما لم يوجد مانع من الفسخ[1].

---

(1) المذكرة الإيضاحية للمشروع العربي ص84 - 85.

الفصل الثالث

آثار العقد

528 - إذا أبرم العقد صحيحا، بأن توفرت له أركانه وكان مستوفيا لشروط صحته، ولم يكن موقوفا لأي سبب من اسباب التوقف، فيكون العقد نافذا منتجا لآثاره، وهو إنشاء التزامات على عاتق اطرافه، وأصبحت له قوة ملزمة وامكن الزام المتعاقدين بتنفيذ ما ورد فيه، ولكي يمكن هذا التنفيذ، لا بد من تحديد اطراف العقد اولا، ثم تحديد مضمونه ثانيا، لذلك تبرزآثار العقد من حيث الاشخاص ومن حيث المضمون، وندرس هذه الآثار في مبحثين اثنين.

المبحث الأول

أثر العقد من حيث الاشخاص

529 - لا يقتصر أثر العقد، حتما، على من يعد طرفا مباشرا في العقد، كما أن اشخاصا تنصرف إليهم آثار العقد، وإن لم يكونوا اطرافا في العقد، إما لأنهم من الخلف العام أو الخلف الخاص أو من الدائنين العاديين، وقد تنصرف آثار العقد إلى الغير الذي لم يكن طرفا في العقد، وندرس آثار العقد بالنسبة للمتعاقدين والغير في المطلبين القادمين.

المطلب الأول

أثر العقد بالنسبة للمتعاقدين

530 - الأصل في الفقه الإسلامي، إن أثر العقد ينصرف إلى العاقد نفسه، ولا ينصرف إلى الغيرممن لم يكن طرفا في العقد، فالى العاقد ينصرف أثر العقد من حكم وحقوق، ويميزالفقه الإسلامي، كما سبق أن رأينا، بين حكم العقد وهو الأثر

الأصلي للعقد والغرض الذي قصد إليه العاقدان من إبرامه، وحقوق العقد وهي التزامات ومطالبات تؤكد حكمه وتحفظه وتكمله[1]. ونصت المادة (278) من مرشد الحيران على أن (للحر العاقل البالغ غير المحجورعليه أن يباشر أي عقد كان بنفسه أو يوكل غيره، فمن باشر عقدا من العقود بنفسه لنفسه، فهو الملزوم دون غيره بما يترتب عليه من الحقوق والأحكام) ونصت الفقرة (1) من المادة (306) من المرشد، إنما تجري أحكام العقود في حق العاقدين ولا يلتزم بها غيرهما، وندرس فيما يأتي انصراف آثار العقد إلى الخلف العام والخلف الخاص والدائنين في ثلاثة بنود.

البند الأول

الخلف العام

531 - بصدد انصراف آثار العقد إلى الخلف العام للمتعاقدين، هناك قاعدة عامة وندرسها اولا، واستثناءات على هذه القاعدة وندرسها ثانيا.

اولا - القاعدة العامة: الأصل في الفقه الإسلامي، إن الحق ينتقل إلى الوارث إلا إذا استعصت طبيعة العقد هذا الانتقال، واقر الفقه الإسلامي ذلك بفضل فكرة خلافة الوارث للمورث، والتي تقضي بأن الوارث يقوم مقام المورث ويخلفه، فيجب إذن أن يخلفه في جملة واحدة في مجموع الحقوق لا في حق معين، بالذات، فينتقل إلى الوارث هذا المجموع من الحقوق، فملك الوارث هو نفس ملك المورث لم يتغير[2].

532 - وتنتقل الحقوق الناشئة عن العقد الذي أبرمه المورث إلى الوارث، بعد موت المورث، فلو باع شخص دارا مملوكة له بثمن مؤجل، ونشأ من عقد البيع حق للبائع، في هذا الثمن، وقبل حلول الأجل المحدد لتسديد الثمن، أو حل ولكن لم يتمكن البائع (المورث) من تسلمه، فيكون الحق الذي نشأ عن العقد في قبض الثمن، قد انتقل إلى الوارث، وكذلك الحال بالنسبة لتسلم المبيع، في عقد البيع،

---

(1) علي الخفيف ص 346 - 347.
(2) السنهوري مصادر الحق ج5 ص75 القواعد لابن رجب ص318.

فالحق في تسلم المبيع ينتقل إلى الوارث بعد وفاة مورثه، وهناك حقوق يكسبها المورث بالعقد وتنتقل منه إلى الوارث، كحقوق الارتفاق، مثل حق الشرب وحق المجرى وحق المسيل وحق المرور، فتتعلق باعيان مالية وهي الأرض التي تقررت عليها هذه الحقوق فتغلب عليها معنى المالية، ومن ثم تنتقل إلى الوارث مع العين صاحبة الارتفاق أي العين المرتفقة، فإذا توفي شخص عن ارض لها حق شرب أو مجرى أو مسيل أو مرور على ارض أخرى، انتقلت الأرض المرتفقة بما لها من حقوق ارتفاق إلى الوارث، وحق قبول الوصية ينتقل من الموصى له، إذا مات قبل قبول الوصية إلى وارثه، وهذا باجماع المذاهب الفقهية الأربعة (الحنفي والشافعي والمالكي والحنبلي) على خلاف فيما بينها، ففي المذهب الحنفي ينتقل إلى الوارث الشيء الموصى به بذاته، إلا أن الوصية عندهم تتم بالإيجاب مع الياس من أن يردها الموصى له، فإذا مات الموصي له قبل أن يقبل أو يرد، فقد تحقق الياس من الرد، واعتبر الموصى به ملكا للموصى له، ودخل في تركته، فينتقل مع سائر حقوق التركة إلى الوارث، أما عند المالكية والشافعية والحنابلة، فالذي ينتقل لورثة الموصى له، هو حق قبول الوصية، إذ الوصية عندهم لا تتم إلا بقبولها من الموصى له، بعد موت الموصى، فإذا مات الموصى له قبل أن يقبل الوصية انتقل حق القبول إلى ورثته، ومن ثم نرى أن قبول الوصية، في هذه المذاهب الثلاثة، قد تغلبت فيه الناحية المالية، لأنه تعلق بعين مالية هي العين الموصى بها[1].

533 - الاستثناءات: 1 - الحقوق: روي عن الرسول الكريم صلى الله عليه وسلم أنه قال (من ترك مالا فلورثته) وهذا ما ثبت لدى بعض الفقهاء وثبت عند الاخرين (من ترك مالا أو حقا فلورثته) أو(من مات عن حق فلورثته)[2] وهذا اللفظ ليس على عمومه، بل من الحقوق ما ينتقل إلى الوارث ومنها ما لا ينتقل، فهناك حقوق لا تنتقل إلى الوارث، نظرا لطبيعتها، لكونها ليس حقا ماليا، أو انهاحقوق مالية ولكنها

(1) الشيخ علي الخفيف، تأثير الموت في حقوق الإنسان والتزاماته، مجلة القانون والاقتصاد، كلية الحقوق بجامعة القاهرة، السنة العاشرة العددان الخامس والسادس، 1946 ص12 وما بعدها.
(2) انظر الفروق للقرافي ج3 ص275 - 276.

متصلة بشخص المورث، أو انها حقوق تتصل بمشيئة المورث لا بماله، فهذه الحقوق لا تنتقل من المورث إلى الوارث، ونرى هذه الحقوق على النحو الآتي:

534 - أ - الحقوق غير المالية: من الحقوق غير المالية، حق الحضانة وحق الولاية على النفس وحق الولاية على المال، فهذه الحقوق لا تنتقل إلى الوارث، لأنها لم يكسبها المورث بالعقد، بل أكسبه إياها الشرع، وكذلك ما يكسبه المورث من هذه الحقوق غير المالية بالإرادة، كما لوكان وصي الأب أو وصي الجد، فلا ينتقل أيضا إلى الوارث.

535 - ب - الحقوق المالية المتصلة بشخص الوارث، إذا كان الحق ماليا ولكنه متصل بشخص المورث، فلا ينتقل إلى الوارث، كدين النفقة، سواء أكان الدائن زوجة أو قريبا، وذلك ما لم يأذن القاضي للدائن بالاستدانة ويستدان فعلا، وحق الانتفاع لا يثبت لشخص إلا مدة معينة لا تجاوز حياته، فلا ينتقل إلى وارث المنتفع بعد الموت وحق رجوع الواهب في الهبة حين يجوز الرجوع حق متصل بشخص الواهب، فلا ينتقل منه إلى وارثه، بل يسقط بموته، ولا ينتقل بالموت إلى الوارث حق المالك في إجازة تصرف الفضولي، ذلك لأن الإجازة تستند من جهة، وتكون إنشاء من جهة أخرى، فوجب أن يكون المالك موجودا وقت صدور التصرف مراعاة لحق الاستناد ووقت الإجازة مراعاة لحق الإنشاء، فإذا مات بين الوقتين لم تعد الإجازة ممكنة، فلا يتصور انتقالها إلى الوارث، ويعلل أيضا، إن القاعدة المعروفة في الفقه الإسلامي تقضي بأن الملك البات إذا طرا على المالك الموقوف أبطله.

536 - ومن الحقوق المتصلة بشخص المدين في الفقه الإسلامي، حق الأجل في الدين، ذلك أن الدائن نظر في منح المدين الأجل إلى شخصه وأمانته وللشفقة عليه أو للرغبة في اسداء الجميل إليه، وهذه كلها اعتبارات شخصية لا تورث، فإذا مات المدين قبل أن يحل أجل دينه، لم ينتفع الوارث بالأجل، بل يحل الدين بموت المدين، أما إذا مات الدائن قبل حلول الأجل بقي الأجل على حاله ولم يحل الدين، وهناك اعتبارات أخرى لتبرير حلول الدين بموت المدين، وفي المذهب الحنفي روايتان، إحداهما أن الديون المؤجلة لا تحل بالموت إذا وثقها الورثة والرواية الأخرى انها تحل بالموت.

537 - ج - الحقوق المالية التي تتصل بمشيئة المورث لا بماله: لا تنتقل هذه الحقوق، لأنها مشيئة، والمشيئة لا تورث، ومن ابرز هذه الحقوق، الخيارات، وهي خيار الشرط والرؤية والتعيين والعيب، فوات الوصف، ويرى الحنفية، إن هذه الخيارات لا تورث، فهي متصلة بشخص صاحب الخيار، وليست إلا اتجاها لإرادته ومظهرا من مظاهر مشيئته، وليس للإرادة أو المشيئة بقاء بعد الموت، فتنتهي به ولا تنتقل إلى الوارث، إلا أن كلا من خيار التعيين وخيار العيب وخيار فوات الوصف يثبت للوارث بعد موت المورث ابتداء، لا بطريق الوراثة، لأن هذه الخيارات ثبتت لعلل تحققت في العين ذاتها، فخيار التعيين يثبت نتيجة لاختلاط المال، وكل من خيار العيب وخيار فوات الوصف يثبت لضياع بعض المال أو نقصه، وهذه العلل تبقى قائمة حتى بعد انتقال العين إلى الوارث، فيثبت الخيار للوارث ابتداء لقيام العلة، لأن الخيار انتقل إليه من وارثه.

538 - أما المالكية والشافعية والحنابلة، فيرون أن كلا من خيار التعيين وخيار العيب وخيار الوصف ينتقل بالميراث، لأنها حقوق مالية تنتقل إلى الوارث كسائر الحقوق. وخيار الشرط عند الشافعي ومالك، حق مالي يقوم الوارث فيه مقام مورثه، خلافا للإمام أحمد، حيث ذهب إلى أنه لا يورث، إلا إذا اختار من له الخيار قبل موته، أما إذا لم يختر قبل الموت فلا يورث الخيار.

539 - أما حق الشفعة، فلا يورث، عند الحنفية، كما لا يورث خيار الشرط، لأن كلا منهما مشيئة والمشيئة لا تورث. وفي رواية، يذهب الحنابلة إلى هذا الاتجاه، وفي رواية أخرى، يرى الحنابلة أن حق الشفعة يورث إذا كان الشفيع لم يمت إلا بعد أن طلب الأخذ بالشفعة، ويرى المالكية والشافعية، إن حق الشفعة يورث لأنه حق متعلق بالمال ومفض إلى تملكه.

540 - والحقوق المستمدة من الإجارة، لا تنتقل لا إلى ورثة المؤجر ولا إلى ورثة المستأجر، في الفقه الحنفي، وتنتقل إلى الورثة في المذاهب الأخرى[1].

---

(1) البدائع ج5 ص22 الزيلعي ج5 ص257 - 258 بداية المجتهد ج2 ص218 المهذب ج1 ص383 المغني ج4 485 - 487 ج5 ص 346 - 347 القواعد لابن رجب ص 315 - 318 علي الخفيف أحكام المعاملات ص31 - 32 السنهوري مصادر الحق ج5 ص63 وما بعدها صبحي
=

541 - 2 - ديون التركة:

في حالة وجود ديون مترتبة على المورث، ناشئة عن إبرام عقد، ويتوفى المورث، قبل الوفاء بالدين، فلا ينتقل هذا الدين إلى ذمة الوارث، بل يبقى في التركة، وتصبح التركة هي المسؤولة عنه إلى أن يسدد، ثم تسدد بعد ذلك وصايا المورث، في حدود ثلث التركة بعد وفاء الديون، وبعد سداد الديون والوصايا يكون الباقي في التركة من التركة نصيب الورثة ينتقل إليهم بالميراث ويوزع بينهم كل يقدر حصته، فيكون ترتيب استيفاء الحقوق من التركة على النحو الآتي: أ - حق الميت في تجهيزه وتكفينه ودفنه. ب - حق الدائنين. ج - حق الموصى لهم. د - حق الورثة[1].

542 - ونصت المادة (87) من قانون الأحوال الشخصية العراقي رقم (188) لسنة 1959على أن (الحقوق التي تتعلق بالتركة بعد وفاة المورث أربعة مقدم بعضها على بعض: 1 - تجهيز المتوفى على الوجه الشرعي. 2 - قضاء ديونه وتخرج من جميع أمواله. 3 - تنفيذ وصاياه من ثلث ما بقي من ماله. 4 - اعطاء الباقي إلى المستحقين).

543 - فإذا ترتب دين في ذمة المورث، لإبرامه عقدا من العقودولم يسدد الدين إلى أن مات، فيبقى الدين في التركة ولا ينتقل إلى ذمة الورثة، حيث (لاتركة إلا بعد سداد الديون) وذهب الحنفية والشافعية إلى أن الدين يبقى في ذمة المدين حتى بعد موته، فالذمة تبقى بعد الموت بشرط أن تتقوى الذمة بتركة أو كفيل، فإذا

=

محمصاني، النظرية العامة للموجبات والعقود في الشريعة الإسلامية ج2 ص339 علي الخفيف، تأثير الموت في حقوق الإنسان والتزاماته، مجلة القانون والاقتصاد العدد الخامس السنة العاشرة، 1946 ص12 محمد عبد الرحيم الكشكي، التركة وما يتعلق بها من الحقوق، بغداد، دار النير 1967 ص57 الدكتور أحمد الكبيسي، التركة وتكوينها ومدى تعلق الديون بها، مجلة كلية الإمام الاعظم، 1974 العدد الثاني ص6 الدكتور حسام عبد الواحد كاظم، الموت وآثاره، رسالة دكتوراه، ص262.

(1) المبسوط للسرخسي ج29 ص136 - 137.

لم يترك المدين تركة أو كفيلا بالدين خربت الذمة وسقط الدين[1].

544 - أما المالكية فقد ذهبوا إلى أن الذمة لا تبقى بعد الموت، لأنها صفة من صفات الحياة فتزول بزوالها، والدين يتعلق بالتركة لا بذمة الميت، فإذا توفي المدين ولم يترك مالا سقط دينه لانعدام محله[2].

545 - وذهب الحنابلة مذهب الحنفية والشافعية، فقالوا، إن محل الدين ذمة الميت بافتراض وجودها بعد موته ومنهم من ذهب مذهب المالكية فقال إن محل الذمة هو تركة الميت، ومنهم من ذهب إلى أن محل الدين هو ذمة الورثة ولكن في حدود ما يتركه الميت من أموال[3].

546 - وتتفق المذاهب على أن الدين يتعلق بما يتركه المدين من أموال، فتصبح تركة الميت هي المسؤولة عن سداد ديونه، والدين يتعلق بمالية التركة لا بذوات اعيانها، إذ حق الدائن هو أن يستوفي دينه من مالية التركة لا من عين بالذات[4]. 3 - الموصى له بجزء من مجموع التركة:

547 - يعد الموصى له بجزء من مجموع التركة، خلفا عاما، وحكمه حكم الوارث، من حيث انصراف أثر العقد الذي أبرمه الموصى، أما إذا كان موصى له بعين معينة بالذات في التركة، فيعد خلفا خاصا، ومن ثم فلا يأخذ من التركة، إلا بعد سداد الديون المترتبة على التركة، كما هي الحال بالنسبة للوارث الذي لا يأخذ نصيبه في الإرث إلا بعد سداد ديون التركة[5]. يسري بحق الموصى له بجزء من التركة، ما سبق أن قلناه في شأن الوارث من حيث انصراف العقد إليه من حيث الحقوق وعدم انصراف أثر العقد إليه من حيث الديون.

548 - موقف القانون المعاصر: ينصرف أثر العقد إلى المتعاقدين

---

(1) المهذب ج1 ص327 المبسوط للسرخسي ج29 ص137 - 138 الزيلعي ج5 ص213 - 214 ج6 ص214.

(2) المدونة الكبرى ج13 ص57 - 59.

(3) المغني ج4 ص487.

(4) علي الخفيف مدى تعلق الحق بالتركة، مجلة القانون والاقتصاد، السنة الثانية عشرة، كلية الحقوق بجامعة القاهرة ص153 - 156.

(5) السنهوري مصادر الحق ج5 ص94.

والخلف العام دون اخلال بالقواعد المتعلقة بالميراث، وعلى هذا نصت المواد (1/142) من القانون المدني العراقي والمادة (145) من القانون المدني المصري والمادة (146) من القانون المدني السوري والمادة (242) من المشروع العربي، وهذه هي القاعدة العامة، ولكن ترد استثناءات على هذه القاعدة، وهي:

اولا: لا ينصرف أثر العقد إلى الخلف العام، مع بقائه خلفا، في ثلاث حالات هي:

1 - العقد: قد يتفق المتعاقدان على أن لا يسري أثر العقد في حق الورثة، فمثل هذا الاتفاق جائز ما دام لا يخالف القانون أو النظام العام أو الاداب.

2 - طبيعة الحق: هناك من الحقوق تابى الانتقال إلى الورثة كحق الانتفاع.

3 - الاعتبار الشخصي: إذا كانت شخصية المتعاقد محل اعتبار في العقد، كان يتعاقد مريض مع طبيب لإجراء عملية جراحية ثم توفي الطبيب قبل إجراء العملية وكان له ابن طبيب أيضا، فلا يستطيع الابن أن يحل محل أبيه في تنفيذ العقد الطبي، وهناك عقود ينص القانون على انحلالها بوفاة احد الاطراف، كعقد الوكالة. وعلى هذه الاستثناءات نصت المواد القانون التي ذكرناها قبل قليل، بقولها، ينصرف أثر العقد إلى المتعاقدين والخلف العام، دون اخلال بالقواعد المتعلقة بالميراث، ما لم يتبين من العقد أو من طبيعة التعامل أو من نص القانون إن هذا الأثر لا ينصرف إلى الخلف العام.

ثانيا: لا ينصرف أثر العقد إلى الخلف العام لأنه أصبح من الغير: الأصل أن تصرف المورث يسري في حق الوارث، ولكن إذا تصرف المورث بما يؤدي إلى حرمان الوارث من الميراث، فلا يجوز ذلك، وبالتالي فإن القانون يحمي الوارث من تصرفات المورث، ويعد الوارث من الغير، ولا تسري بحقه تلك التصرفات التي تستهدف حرمانه من الميراث، فالتبرعات والوصية، لا تنفذ إلا في حدود ثلث التركة، فإذا جاوز التصرف هذه الحدود، أصبح الوارث من الغير في هذا التصرف. وعلى هذا الحكم نصت المادة (1108) من القانون المدني العراقي، وعرفت المادة (1125) من القانون المدني الأردني الوصية، بأنها تصرف في التركة مضاف إلى مابعد الموت، يكسب الموصى له بطريق الوصية المال الموصى به، ولا يحتج بالوصية إلا إذا سجلت في دائرة التسجيل، ويرجع أثر التسجيل إلى تاريخ وفاة

الموصي بالنسبة إلى الورثة وتاريخ التسجيل بالنسبة إلى الغير (م1130)، وبالنسبة إلى القانونين المصري والسوري فإن أحكام الشريعة الإسلامية هي التي تسري على الوصية (م915 مصري م876 سوري) وهذه القوانين تحمي الورثة من تصرفات المريض مرض الموت، وقد سبق أن تطرقنا إلى ذلك.

البند الثاني

الخلف الخاص

549 - ويعد الموصى له بعين معينة بالذات، والمشتري لعين معينة، خلفا خاصا، وندرسهما تباعا:

550 - اولا: الموصى له بعين معينة بالذات:

يعد هذا الموصى له، خلفا خاصا للموصى في هذه العين، ومن ثم فإنه يتحمل أثر العقد الذي أبرمه الموصى في شأن هذه العين، من حقوق تعتبر مكملة للعين والتزامات تعتبر محددة لها، فمن اشترى دارا ثم اوصى بها، في حدود ثلث التركة، إلى شخص آخر، فإذا انتقلت الدار إلى الموصى له بعد موت الموصى، فيكون اثرعقد البيع الذي أبرمه السلف في شأن العين التي انتقلت إلى الخلف، من حيث الحقوق التي تعتبر مكملة للعين، فيكون لهذا الموصى له، أن يرجع على البائع بضمان العيب وبضمان الاستحقاق وبضمان الهلاك، إذا كانت العين لا تزال في يد البائع، كما كان يرجع الموصى له لو كان حيا[1].

551 - ثانيا: المشتري لعين معينة:

يعد المشتري لعين معينة بالذات، خلفا خاصا، لا بسبب الموت كما في الموصى، بل هوخلف بعقد فيما بين الاحياء، وينصرف إليه، بوجه عام، أثر العقد الذي أبرمه سلفه، من حيث الحقوق المكملة للشيء ومن حيث الالتزامات المحددة للشيء، فإذا باع شخص دارا، وكان قد اشتراها من آخر، فأصبح المشتري من البائع الثاني خلفا خاصا له على هذه العين، فإذا فرض أن بها عيبا يرجع به البائع الثاني على البائع الأول، أو كان للبائع الثاني خيار التعيين أو خيار فوات

---

(1) السنهوري مصادر الحق ج5 ص95.

الوصف المرغوب فيه، فينتقل هذا الحق إلى الخلف الخاص، ومن ثم تكون قد الحقوق المكملة للعين قد انتقلت معها إلى الخلف الخاص[1].

552 - موقف القانون المعاصر: لا بد من توفر ما يأتي لسريان أثر التصرف في حق الخلف الخاص:

1 - أن يكون التصرف متعلقا بالشيء الذي انتقل إلى الخلف الخاص.

2 - أن يكون التصرف قد صدر من السلف قبل انتقال الشيء إلى الخلف.

وإذا انشأ العقد التزامات وحقوقا شخصية تتصل بشيء، انتقل بعد ذلك إلى خلف خاص، فإن هذه الالتزامات والحقوق تنتقل إلى هذا الخلف في الوقت الـذي ينتقل فيه الشيء اذاكانت من مستلزماته وكان الخلف الخاص يعلم بها وقت انتقال الشيء إليه، وبذلك يشترط لانتقال الحقوق والالتزامات إلى الخلف الخاص ما يأتي:

1 - أن تكون الحقوق والالتزامات من مستلزمات الشيء:

ا - الحقوق: تعد الحقوق من مستلزمات الشيء إذا كانت مكملـة لـه أي إن من شأن الحق أن يقويه أو يدرا اضرارا عنه أو يزيد في قيمتـه أو منافعـه كالتـأمين على البيت ضد الحريق ثم يتم بيع البيت فينتقل الحق في الحصـول علـى قسـط التأمين إلى المشتري وبذلك فالحق غير المكتمل للشيـء لا ينتقل إلى الخلف الخـاص، كمافي حالة إذا كانت شخصية السلف محل اعتبار في العقد كان يتعاقد مقاول لجمعية خيرية لتشييد مستشفى على ارض تعود للجمعية لقاء مبلغ معين ثم تبيـع الجمعية قطعة الأرض هذه، فهذا الحق لا ينتقل إلى المشتري.

ب - الالتزامات: تنتقل الالتزامـات إلى الخلـف الخـاص إذا كانت محـددة للشيء، كأن يلتزم السلف باستعمال ملكه علـى نحـو معـين، كـما إذا اشتـرى شخص قطعة ارض مقسمة إلى قطع اراضي لبناء الدور واشترط البـائع أن يكون البنـاء علـى نحو معين أو وفق تصميم معين، أو عدم تشييد مقهى لعدم ازعاج المجاورين، فهذا الالتزام ينتقل إلى مشتري قطعة الأرض، أما الالتزامات غير المحددة للشيء فلا ينتقـل إلى الخلف الخاص كان تكون شخصية السلف محل اعتبار، فإذا باع شخص

---

[1] المصدر السابق ج5 ص97.

حصته في دار من معمار واشترط عليه أن يتعهد الدار بالتعمير والترميم كلما احتاجت الدار إلى ذلك، ثم باع المعمار حصته في الدار من شخص ثالث، فالتزامه بتعمير الدارلاينتقل إلى المشتري، لأن الالتزام كان مبنيا على صفة خاصة في المعمار[1].

2 - علم الخلف الخاص بالحقوق والالتزامات: يقتضي- أن يعلم الخلف الخاص بالحقوق والالتزامات وقت انتقال الشيء إليه لكي تنتقل إليه هذه الحقوق والالتزامات، وهذا الشرط ضروري بالنسبة للالتزامات، حيث لا يجوزان ينشأ التزام في ذمة شخص إلا بإرادته أو بنص القانون، أما انتقال الحقوق فلا اهمية لعلم الخلف بها، فالمهم هو علم المدين إذا كانت شخصية الدائن (اي السلف) محل اعتبار في العقد[2]. ويقصد بالعلم بالحقوق والالتزامات، العلم الحقيقي وليس مجرد إمكانية العلم[3] ويبدو واضحا أن هذا العلم يعد قرينة على القبول باثر العقد، متى كان الأمر كذلك فلا يوجد تناقض بين وصف الخلف الخاص بالغير وبين انتقال أثر العقد إليه[4]. وهذه الأحكام وردت في المواد (2/142) من القانون المدني العراقي و(207) من القانون المدني الأردني و(146) من القانون المدني المصري و(147) من القانون المدني السوري و(3/242) من المشروع العربي.

البند الثالث
الدائنون

553 - ينصرف أثر العقد الذي أبرمه المدين في أمواله إلى دائنه، فإذا باع ارض مملوكة له وانتقلت ملكية الأرض إلى المشتري، فإن أثر هذا العقد ينصرف

(1) الذنون مصادر الالتزام 1949 بغداد ف170ص184 وما بعدها الحكيم الموجز ف586 ص328 وما بعدها غني حسون طه ف657 ص317 وما بعدها زكي ف 142 ص254 الشريف ص255 وص257 ومؤلفنا في مصادر الالتزام، 179 - 180.
(2) الحكيم الموجز ف591 ص333 الصدة ف330 ص369.
(3) غني حسون طه ف 658 ص318.
(4) الدكتور صبري حمد خاطر، الغير عن العقد، دراسة مقارنة في القانونين الفرنسي والعراقي، رسالة دكتوراه، كلية القانون بجامعة بغداد، 1992 ص 102.

إلى الدائن، فتخرج الأرض من ضمانه ولا يستطيع أن ينفذ عليهابحقه، بعد خروجها من ملك مدينه، ولكن الدائن يصبح من (الغير) إذا تصرف المدين تبرعا في مرض موته، فيأخذ هذا التبرع حكم الوصية، وحق الدائن مقدم على الوصية، فلا تسري الوصية في حق الدائن، بل يستوفي هذا حقه قبل تنفيذ الوصية، فإذا كانت التركة مستغرقة بالدين لم تنفذ الوصية أصلا، وإلا نفذت في ثلث مابقي من المال بعد سداد الدين.

554 - والأصل في الفقه الإسلامي، إن المدين حر التصرف في ماله ولوتبرعا، ما دام أنه ليس في مرض الموت، ولكن ترد قيود على هذه التصرفات ونراها:

اولا: الحجر على المدين المفلس:

اختلف الفقهاء المسلمون حول الحجرعلى المدين وحالات الحجر وافلاسه، ونرى كل ذلك تباعا:

ا - الاحناف: لا يحجر، عند أبي حنيفة، على المدين بسبب الدين، ولو زادت ديونه على أمواله وطلب غرماؤه الحجر عليه، لأن في الحجر اهدارا لادميته، وإذا طلب غرماؤه حبسه، حبس حتى يبيع ماله لقاء دينه، وعند الصاحبين، وعلى قولهما الفتوى، يجوز الحجر على المدين المفلس، أي أن يركب المدين دين مستغرق لماله أو تزيد، وبطلب من الغرماء، ويترتب على الحجر على المدين ما يأتي: أ - منعه من التصرف في ماله. ب - بيع هذا المال وقسمة الثمن بين الغرماء بالمحاصة[1].

ب - المالكية: يتم تفليس المدين والحجر عليه بحكم القاضي، إذا احاط الدين بمال المدين وأن يحل الدين كلا أو بعضا، وأن يلد المدين ويماطل بعد حلول الأجل في دفع ما عليه، وأن يرفع الدائنون كلهم أو بعضهم أمر المدين إلى الحاكم، بتفليسه والحجر عليه، ويترتب على الحجر، منعه من التصرف في ماله،

---

(1) تكملة فتح القدير ج7 ص324، 327، وما بعدها البحر الرائق ج8 ص83 - 84 الزيلعي ج5 ص199 - 200 الفتاوى الهندية ج4 ص63 - 64 المبسوط للسرخسي ج24 ص164 - 169 وانظر المادة959 من مجلة الأحكام العدلية.

وبيع ماله وقسمة الثمن بين الغرماء بالمحاصة، وحلول الديون الآجلة واسترداد من باع عينا للمدين ولم يقبض ثمنها لهذه العين ذاتها[1].

ج - الشافعية: إذا كان مال المدين يفي بديونه الحالة، فلا يحجر عليه، ولا يحجر بالدين المؤجل، لأن قيام الأجل يمنع من المطالبة بالدين، فإن كان المال لا يفي بديونه الحالة، ورفع الغرماء امره إلى الحاكم، حجر عليه، ويترتب على ذلك، منع المدين من التصرف في ماله، وبيع ماله ويقسم الثمن بين الغرماء بالمحاصة، ويسترد من باع عينا للمدين ولم يقبض ثمنها[2].

د - الحنابلة: إذا لزم الإنسان ديون حالة لا يفي ماله بها، أي تكون ديونه الحالة أكثر من ماله وسأل غرماؤه الحاكم الحجر عليه، لزمته اجابتهم إلى طلبهم وحجر عليه، ويترتب على الحجر، منع المدين من التصرف في ماله وبيع ماله عليه وقسمة ثمنه بين الغرماء وعدم حلول الديون المؤجلة، واسترداد من باع عينا للمدين ولم يقبض ثمنها للعين ذاتها[3].

555 - الشيعة الجعفرية: إن الدين المؤجل لا يحل على المفلس، وقيل يحل، وإذا افلس الرجل وحجر عليه الحاكم ثم تصرف في ماله إما بالهبة أو البيع أو الإجارة أو الوقف، ففيه قولان:

1 - إن تصرفه باطل. 2 - إن تصرفه موقوف، ويقسم ماله، سوى ما تصرف فيه، بين غرمائه، فإن وفى بديونهم، نفذ تصرفه فيما بقي، وإن لم يف، بطل تصرفه[4].

556 - موقف القانون المعاصر: خصص القانون العراقي المواد (270 - 279) للحجر على المدين المفلس وهي ماخوذة من الفقه الإسلامي، والمدين

---

(1) الدسوقي على الشرح الكبير ج3 ص265 - 266 المدونة الكبرى ج13 ص80 - 86 الحطاب ج5 ص38 وما بعدها.
(2) المهذب ج1 320 - 323 نهاية المحتاج للرملي ج4 ص300 وما بعدها مغني المحتاج للشربيني ج2 ص147 - 149.
(3) المغني ج4 ص482 وما بعدها الشرح الكبير على متن المقنع ج4 ص463 الانصاف للمرداوي ج5 ص286 وما بعدها.
(4) مختلف الشيعة مسألة 135، 137، ص373 - 374.

المفلس هو الذي يكون دينه المستحق ازيد من ماله ويكون الحجر بحكم يصدره القاضي بناء على طلب أحد الدائنين، وأخذ القانون المدني الأردني بأحكام الحجر في المواد (375 - 386) وأخذ القانون المدني المصري في المواد (249 - 264) والقانون المدني السوري في المواد (250 - 264) بنظام الاعسار، وأخذ المشروع العربي بأحكام الحجر على المدين في المواد (336 - 344).

ثانيا - عدم سريان تصرف المدين الضار بحق الدائن:

557 - ذهب الحنفية والشافعية والحنابلة إلى أنه لا يمنع المدين من التصرف في ماله ولو تبرعا، إلا إذا كان في مرض الموت أو كان قد حجر عليه للافلاس، فإذا كانت أمواله لا تفي حتى بديونه الحالة فإن له مع ذلك، قبل الحجر عليه، أن يبيع، بل له أن يهب ماله لمن شاء، وتكون هبته صحيحة نافذة متى استوفت شرائطها، مع أن الهبة واضحة الضرر بحقوق الدائنين، وهي صادرة من مدين احاط به الدين، فليس أمام الدائنين إلا تفليس المدين برفع امره إلى الحاكم للحجرعليه، ولا يجوز للدائنين الطعن في تصرفات المدين الضارة بهم دون أن يحجروا عليه[1].

558 - وذهب المالكية إلى أن المدين الذي احاط الدين بماله تتقيد تصرفاته، حتى قبل الحجر عليه، فلا تسري في حق دائنيه تصرفاته الضارة بهم التي صدرت منه قبل أن يحجر عليه الحاكم[2]. ويرى الأستاذ المرحوم السنهوري بأن في ذلك شبها واضحا بالدعوى البولصية في الفقه الغربي، فالمدين محاط ماله بالدين، وكل تصرف يصدر منه ويكون ضارا بدائنيه لا يسري في حق هؤلاء الدائنين، ويشترط في المدين أن يكون عالما باعساره، ويشترط في التصرف أن يكون التصرف مفقرا يجرد المدين من ماله دون مقابل وأن يكون سببا في اعسار المدين أو زيادة اعساره[3].

559 - موقف القانون المعاصر: إذا أبرم عقد صوري فلدائني المتعاقدين

(1) المغني ج4 ص479.
(2) الخرشي ج5 ص263 - 264 حاشية العدوي ص263 الحطاب ج5 ص35.
(3) السنهوري مصادر الحق ج5 ص158.

وللخلف الخاص إذا كانوا حسني النية أن يتمسكوا بالعقد الصوري كما أن لهم أن يثبتوا صورية العقد الذي اضر بهم وأن يتمسكوا بالعقد المستتر، وإذا تعارضت مصالح ذوي الشان فتمسك البعض بالعقد الظاهر وتمسك الآخرون بالعقد المستتر كانت الافضلية للاولين، ويكون العقد المستتر هو النافذ فيما بين المتعاقدين والخلف العام ولا أثر للعقد الظاهر فيما بينهم، وإذا ستر المتعاقدان عقدا حقيقيا بعقد ظاهر فالعقد الحقيقي هو الصحيح ما دام قد استوفى شرائط صحته، ولا يجوز الطعن بالصورية في التصرفات الواقعة على العقار بعد تسجيلها في دائرة التسجيل العقاري، وعلى هذه الأحكام نصت المواد (147 - 149) من القانون المدني العراقي كما نص هذا القانون على أن أموال المدين جميعها ضامنة للوفاء بديونه كما نظم أحكام (الدعوى غير المباشرة ودعوى عدم نفاذ تصرف المدين في حق الدائن) في المواد (260 - 269) ونص القانون المدني الأردني على هذه الأمور في المواد (365 - 374) وخصص القانون المدني المصري المواد (234 - 248) والقانون المدني السوري المواد (235 - 246) لوسائل حماية الدائنين، وخصص المشروع العربي المواد (322 - 330) للأحكام المتعلقة بحماية الدائنين من تصرفات المدين.

المطلب الثاني

أثر العقد بالنسبة للغير

560 - الأصل، في الفقه الإسلامي، إن العقد لا ينصرف أثره إلى الغير الأجنبي تماماعن العقد، فإذا أبرم احد الورثة عقدا، دون أن يمثل فيه التركة، لا يسري في حق باقي الورثة، وبيع الفضولي لا يسري في حق المالك إلا إذا أجازه، وبيع المأجور لا يسري في حق المستأجر، ولكن ماموقف الفقه الإسلامي من التعهد عن الغير والاشتراط لمصلحة الغير، وهذا مانراهما في البندين القادمين.

البند الأول

التعهد عن الغير

561 - قد يتعهد شخص تجاه آخر بأن يجعل شخص آخر يقبل القيام

بعمل أو عدم القيام بعمل وإلا عوضه عن ذلك، قاصدا من هذا التعهد عن الغير إبرام عقد أو إجراء معاملة لا يستطيع احد اطرافه اعطاء رضائه لقصر أو غيبة أو حجر، فيجري غيره العقد ويتعهد لمن تعاقد بأن هذا الغير الذي تعهد عنه، سيقر العقد عند بلوغه أو رجوعه عن الغيبة أو رفع الحجر عنه، وكذلك يكون هناك تعهد عن الغير، الشريك الذي يبيع حصته في العين المشاعة ويتعهد للمشتري بالحصول على موافقة شريكه على بيع حصته، أو يكون بين الشركاء قاصرا فيتعهد الشركاء البالغون للراغب في الشراء بأنهم سوف يحصلون على موافقة دائرة رعاية القاصرين على البيع، أو الوكيل الذي يتجاوز حدود وكالته ويتعهد لمن تعاقد معه بالحصول على إجازة الموكل أوصاحب معرض لبيع السيارات يتعهد للمشتري بالحصول على الضمان الذي يريده من صاحب السيارة[1].

562 - ويرى الأستاذ المرحوم السنهوري، إن الفقه الإسلامي، في حدود الصور المالوفة، يعرف صورة بيع ملك الغير تحت اسم بيع الفضولي، ولا يعرف صورة التعهد عن الغير، فالاوفق إذن، عند مواجهة ذلك، أن يلجا الشريك غير القاصر إلى بيع الفضولي، فيبيع كأصيل حصته في المال المشاع، ويبيع كفضولي حصة شريكه القاصر، على أن يجيز القاصر عند بلوغه سن الرشد بيع حصته، ومع ذلك تبقى فروق بين بيع الفضولي والتعهد عن الغير[2].

563 - في حين يرى الأستاذ المرحوم الدكتور عبد المجيد الحكيم، إن التعهد عن الغير، يعد من المسائل التي لم تبحث بعد بحثا كافيا في الفقه الإسلامي، ولكن هذا الفقه يعرف التعهد عن الغير[3].

564 - موقف الفقه القانوني والقانون المعاصر: إن لم يكن الشخص طرفا في العقد ولا خلفا (عاما أو خاصا) ولادائنا لأحد طرفيه، يعد من الغير تماما عن العقد، ومن ثم لا يسري في حقه أثر العقد، فهو لا يستفيد منه ولا يضار به، فلا

(1) الحكيم الموجز ف603 ص342 وما بعدها غني حسون طه ف665 ص323 وما بعدها زكي ف146 ص265 الصدة ف339 ص377 وما بعدها.
(2) السنهوري مصادر الحق ج5 ص159 - 160.
(3) الحكيم الموجز ف615 ص351 والنصوص الفقهية التي يوردها.

يكتسب حقا ولا يلتزم بالتزام، ولكن لهذه القاعدة استثناءات ترجع إلى اعتبارات العدالة أو ضرورة استقرار المعاملات، ومنه أن يكون للغير عن العقد دعوى مباشرة ضد احد المتعاقدين وهي دعوى احد المتعاقدين ضد الآخر، كما في عقدي الإيجار والمقاولة وفي حالة الوفاء بحسن نية لشخص كان الدين له ظاهرا كالوارث الظاهر، وكون اتفاق أغلبية الدائنين على الصلح مع المفلس، ملزما للأقلية التي لم ترض بهذا الصلح ولو لم تكن طرفا فيه[1]. ويعرف القانون المعاصر، التعهد عن الغير، حيث يتعاقد المتعهد باسمه هو لا باسم الغير الذي يتعهد عنه، ويقصد المتعهد الزام نفسه بتعهده لا الزام الغير[2].

البند الثاني

الاشتراط لمصلحة الغير

565 - يرى اتجاه أن الشريعة الإسلامية لم تقر الاشتراط لمصلحة الغير، نعم في الوقف يجوز للواقف أن يشترط استحقاق الوقف لاشخاص معينين أو غير معينين أو غير موجودين، ولكن هذا له أحكامه الخاصة المعروفة في كتب الوقف، وعلى كل حال ليس له علاقة بالوقف[3].

566 - ويرى اتجاه آخر أن التعاقد لمصلحة الغير، لا يظهر من النصوص أنه جائز، وقد وجد بعض حالات اشترط فيها المتعاقدان شروطا لمصلحة أجنبي عن العقد، وفي حالة كلف شخص آخر ان يقوم بعد موته بدفع مبلغ لثالث، وهذا المبلغ يقر الشخص الأول بأنه لهذا الثالث[4].

---

(1) حلمي بهجت بدوي ص337 الصدة ف338 ص376 مؤلفنا في مصادر الالتزام ص184 - 186.

(2) الحكيم الموجز ف603 ص342 وما بعدها غني حسون طه ف665 ص323 وما بعدها زكي ف146 ص265 الصدة ف339 ص377 وما بعدها وانظر المواد (151) مدني عراقي و(152، 153) مدني مصري و(153، 154) مدني سوري و(208، 209) أردني و(243، 244) مشروع عربي.

(3) صبحي محمصاني، النظرية العامة للموجبات والعقود في الشريعة الإسلامية ج2 ص229.

(4) شفيق شحاتة، النظرية العامة للالتزامات في الشريعة الإسلامية ف189 ص160 - 161.

567 - ويرى الأستاذ المرحوم السنهوري، إنه إذا باع شخص عينا من آخر، ويريد أن يشترط على المشتري أن يدفع الثمن لدائنه سدادا للدين الذي عليه، فيبدو أنه يمكن تحقيق هذا الغرض في الفقه الإسلامي عن طريق حوالة الدين، فيتفق كل من البائع والمشتري ودائن البائع على أن يحيل البائع دائنه على المشتري، وغني عن البيان أن هناك فروقا بين حوالة الدين على هذا النحو وبين الاشتراط لمصلحة الغير، أظهرها، إن الدائن في المثال السابق، يكون طرفا في العقد، وهو أجنبي عن العقد في الاشتراط لمصلحة الغير[1].

568 - ويرى اتجاه آخر أن الفقه الإسلامي يعرف الاشتراط لمصلحة الغير، بل ويتقدم على كثير من الشرائع في هذا المجال، كل ما في الأمر، إن لغة الفقهاء المسلمين تختلف عن لغة الفقهاء الغربيين فمصطلحاتهم غير مصطلحات هؤلاء، فهم يسمون المشترط (الشارط) والمتعهد (المشروط عليه) والمنتفع (المشروط له) وهذه المصطلحات ادق من مصطلحات الفقه الغربي لأنها تحصر المعنى في النطاق الفني للاشتراط لمصلحة الغير ولا تترك مجالا لانصراف الذهن إلى معان أخرى[2].

569 - ويرد الاشتراط لمصلحة الغير في الفقه الإسلامي، إما كشرط مقترن بالعقد، يقصد منه افادة شخص أجنبي عن ذلك العقد، فهذا الشرط أمر زائد فيه فائدة لأحد العاقدين أو لغيرهما فوق ما يتضمنه العقد أو يرد بشكل آخر، وهو أن يكون العقد مبرما ابتداء للغير[3].

---

(1) السنهوري مصادر الحق ج5 ص161.

(2) الدكتور حسن علي الذنون، الاشتراط لمصلحة الغير، مجلة القضاء، نقابة المحامين، بغداد، العدد (1) السنة (10) 1952 ص105 الدكتور صلاح الدين الناهي، نصوص قانونية وشرعية، بغداد مطبعة الإيمان، 1971 ص311 وما بعدها الدكتور عبد المجيد الحكيم، الموجز ف642 ص 369 وما بعدها.

(3) المرحوم الشيخ أحمد إبراهيم، في العقود والشروط والخيارات في الشريعة الإسلامية، مجلة القانون والاقتصاد العدد (6) السنة (4) ص70 - 71 وما بعدها الدكتور سعدي اسماعيل البرزنجي، الاشتراط لمصلحة الغير في الفقه الغربي والفقه الإسلامي، السليمانية، 1974 ص263.

570 - موقف القانون المعاصر: يجوز للشخص أن يتعاقد باسمه الخاص على التزامات يشترطها لمصلحة الغير إذا كان له في تنفيذ هذه الالتزامات مصلحة شخصية مادية كانت أو ادبية، ويترتب على هذا الاشتراط أن يكسب الغير حقا مباشرا قبل المتعهد يستطيع أن يطالبه بوفائه ما لم يتفق على خلاف ذلك، وللمتعهد أن يتمسك قبل الغير بالدفوع التي تنشأ عن العقد، ويجوز كذلك للمشترط أن يطالب بتنفيذ ما اشترطه لمصلحة الغير إلا إذا تبين من العقد أن الغير وحده هو الذي يطالب بتنفيذ هذا الاشتراط، وقد نظمت القوانين المعاصرة المقارنة في هذه الدراسة أحكام الاشتراط لمصلحة الغير وذلك في المواد (152، 153، 154) من القانون المدني العراقي و(154، 155، 156) من القانون المدني المصري و(155، 156، 157) من القانون المدني السوري و(210، 211، 212) من القانون المدني الأردني و(245، 246، 247) من المشروع العربي.

المبحث الثاني

أثر العقد من حيث المضمون

571 - يلتزم اطراف العقد بما ورد في العقد، وطبقا لما اشتمل عليه هذا العقد، ومن مقتضى نسبية أثر العقد من حيث اطرافه، إن المتعاقدين يلتزمان بما ورد في العقد ولا يلتزمان بأكثر مما ورد فيه ولا بغير ما ورد فيه، وبغية تحديد التزامات الطرفين يقتضي ـ الأمر تفسير العقد ثم تحديد نطاق العقد ثم الزام المتعاقدين بتنفيذ العقد طبقا لما اشتمل عليه العقد باعتباره شريعة للمتعاقدين، ونبحث في هذه المسائل في الفقه الإسلامي في ثلاثة مطالب متتالية.

المطلب الأول

تفسير العقد

572 - في تفسير العقد، في الفقه الإسلامي، قاعدة عامة، وهناك اختلاف حول هذه القاعدة العامة، كما أن هناك قواعد فقهية كلية في تفسير العقد، لذلك ندرس كل هذه الأمور في بندين اثنين.

البند الأول

القاعدة العامة في تفسير العقد

573 - اختلف الفقهاء والشراح حـول موقـف الفقـه الإسلامي مـن اعـتماد الإرادة الظاهرة أم الإرادة الباطنـة في تفسـير العقـد في هـذا الفقـه، وهنـاك ثلاثـة اتجاهات في هذا الشان، وهي:

574 - الاتجاه الأول: يرى أن نزعة الفقه الإسلامي، نزعة موضوعية، وإن العبرة فيه بالإرادة الظاهرة لا بالإرادة الباطنة، فيجب الوقوف عند الصيغ والعبارات الواردة في العقد واستخلاص معانيها الظاهرة، دون الانحراف عن المعنى الظاهر إلى معان أخرى بحجة انها هي المعاني التي تتمثل فيها الإرادة الباطنة، فالإرادة الباطنة لا شأن لنا بها، إذ هي ظاهرة نفسية لا تعني المجتمع، والذي يعنيه هي الإرادة الظاهرة التي اطمأن إليها كل من المتعاقدين في تعامله مع الآخر، فهذه ظاهرة اجتماعية لا ظاهرة نفسية وهي التي يتكون منها العقد، لذلك يقف الفقيه عند الصيغ الواردة في العقد، ويحللها تحليلا موضوعيا ليستخلص منها المعاني السائغة، ويعتبر هذه المعاني هي إرادة المتعاقدين المشتركة، ويستشهد الأستاذ المرحوم السنهوري بعبارات واردة في امهات المصادر الفقهية الإسلامية[1]. ويرى الأستاذ السنهوري، إن هناك قواعد في الفقه الإسلامي توهم أن العبرة بالإرادة الباطنة، كالمادة الثانية من مجلة الأحكام العدلية (الأمور بمقاصدها) يعني أن الحكم الذي يترتب على أمر يكون على مقتضى ماهو المقصود بالأمر، والمادة الثالثة من المجلة (العبرة في العقود للمقاصد والمعاني لا للألفاظ والمباني) ويرى الأستاذ السنهوري، ولكن الصحيح هو أن العبرة بالإرادة الظاهرة، ذلك أنه عند امعان النظر في هذه المادة (القاعدة الفقهية) لا يعني أنه يعتد بالإرادة الباطنة، فالمقاصد والمعاني التي يعتد بها هي هذه التي تستخلص من العبارات والصيغ المستعملة أو من دلائل موضوعية وعلامات مادية، فلا نجاوز هذا البحث

---

[1] السنهوري مصادر الحق ج6 ص29 وما بعدها ويورد عبارات من البدائع ج5 ص 133، 135 ومجمع الضمانات للبغدادي ص28، 40 - 41.

الموضوعي إلى بحث ذاتي نستشف به الضمير ونستكشف خفايا الانفس[1].
ويدعم رأيه بذكر قواعد كلية وردت في المجلة، ومنها، (الأصل في الكلام الحقيقية م12) و(لاعبرة للدلالة في مقابلة التصريح م13) و(دليل الشيء في الأمور الباطنة يقوم مقامه، يعني أنه يحكم بالظاهر فيما يتعسر الاطلاع على حقيقته (م68) فالمصدر الأول في تفسير نية المتعاقدين، هو العبارات والصيغ التي استعملها المتعاقدان في التعاقد، والأصل في هذه العبارات الحقيقة، ولا يصار إلى المجاز إلا إذا تعذر أعمال الحقيقة، وإذا تعارضت الدلالة مع التصريح، اعتبر التصريح ولا عبرة بالدلالة، وإذا خفي الأمر حكم بالظاهر، فهو دليله في الأمور الباطنة ويقوم مقامه[2].

575 - وإلى هذا الاتجاه ذهبت مجموعة الأعمال التحضيرية للقانون المدني المصري، من أن الفقه الإسلامي يعتمد الإرادة الظاهرة اعتمادا كليا[3].

576 - وأظهر من يأخذ بظاهر العقود وعباراتها المكونة لها من غير نظر إلى النيات والاغراض، الإمام الشافعي، فهو لا يأخذ إلا بمقتضى ظاهر الألفاظ في العقود وما تدل عليه، لأن أحكام الدنيا نيطت بالظاهر في الشريعة الإسلامية، فالنيات علمها عند الله، ولا يجليها الايوم يكون الأمر كله لله، فالبحث عن النيات والمقاصد الخفية لا يتفق مع المبدأ العام الذي يقول إن كل الأحكام الدنيوية تبنى على الظاهر، والعقود كلها لا يؤخذ إلا بما تنطق به عباراتها من غير نظر إلى النيات، وتفيد الفروع المختلفة في مذهب الإمام (ابو حنيفة وأصحابه) إن المذهب الحنفي يميل في جملته إلى طريقة الإمام الشافعي، وهي الأخذ بظواهر عبارات العقود من غير تحر وتتبع للنيات الخفية، والإرادات المستكنة، سواء ادلت عليها قرائن أم لم تدل، وينبغي أن يفهم قاعدة (العبرة في العقود للمقاصد والمعاني لا للألفاظ والمباني) بأن لا يلتفت في أحكام العقود إلى المدلولات اللغوية أو العرفية مجردة، بل لا يعني في الأحكام إلا بالمدلول الذي تدل عليه جملة العبارات

(1) السنهوري مصادر الحق ج6 ص32 - 34.
(2) السنهوري مصادر الحق ج6 ص35 وانظر الوسيط ج1 ص193.
(3) ج2 ص99.

في العقد[1].

577 - وذهبت المذكرة الإيضاحية للقانون المدني الأردني إلى العبرة في تفسير العقد في الفقه الإسلامي بالإرادة الظاهرة لا بالإرادة الباطنة، ويجب الوقوف في تفسير العقد عند الصيغ والعبارات الواردة في العقد واستخلاص معانيها الظاهرة دون الانحراف عن المعنى الظاهر، وتشير المذكرة إلى المصادر في الفقه الإسلامي ذاتها التي اعتمدها الأستاذ السنهوري في رأيه الذي ذكرناه قبل قليل[2].

578 - الاتجاه الثاني: ذهب هذا الاتجاه إلى أن الفقه الإسلامي يغلب الأخذ بالإرادة على العبارة إنما يقف عند الإرادة الحقيقية ولا يفترض هذه الإرادة عند تعذر الوصول إليها، والأصل فيه أن العبارة كاشفة عن الإرادة الحقيقية ما لم يقم الدليل القاطع على ما يخالف ذلك، فينزع هذا الفقه إلى تغليب الإرادة الباطنة وليس الإرادة الظاهرة مستدلا ببعض الأحكام الفقهية في عدد من المسائل أو الوقائع المستشهد بها في كتب الاحناف والشافعية[3].

579 - وذكر الإمام (ابن القيم) في بيان مذهب الذين يأخذون بمقاصد العاقدين دون الألفاظ المجردة، أمورا ثلاثة، يمكن أن تحصر في ثلاثة نقاط هي:
1 - إن العاقد أن توافق مقصده مع ماتدل عليه في الشريعة الصيغة التي ذكرها معبرا بها، ليتكون العقد منها، وفي هذه الحال تلزم العاقد كل أحكام العقد بلا مراء، ولا اختلاف نظر. 2 - إن العاقد إن قصد غير ما تدل عليه عبارة العقد، ولكن تلك النية بقيت مستكنة في النفس، ولم تبرز في الوجود بقرائن تكشف عنها الغطاء، ففي هذه الحالة يدين بنيته أمام الله، وأما في القضاء فهو ملزم بأحكام العقد التي تؤخذ من ظاهر القول. 3 - إن العاقدان قصد غير ماتدل عليه عبارته، ووجدت قرينة تعلن مستور هذه النية، وتكشف عنها الغطاء، ولم يكن مقصوده أمرا تحرمه الشريعة، بل تبيحه وتجوزه، ففي هذه يعامل بما نوى وقصد أمام الله والقضاء، كمن يعقد عقد

---

(1) أبو زهرة ف122 ص219 ف124 ص222 ف125 ص224 - 225.

(2) المذكرة الإيضاحية للقانون المدني الأردني ج1ص255.

(3) الدكتور عبد الناصر توفيق العطار، نظرية الالتزام في الشريعة الإسلامية والتشريعات الحديثة، الكتاب الأول، دون تاريخ، ص43 - 45.

كفالة ويشترط براءة الاصيل، ففي هـذه الحـال يكـون عقـد الكفالـة عقـد حوالة، لأن النية التي ايدتها قرينة لفظية أو حالية أمر معتبر أمام القضاء، إذا قامت عليه البينة، وشهدت له القرينة[1].

580 - الاتجاه الثالث - يرى هذا الاتجاه أنه ليس من السهل تحديد موقف الفقه الإسلامي من مسألة أثر الإرادة والتعبير عنها وتحميل هذا الفقه اتجاهـا معينـا من الاتجاهات، وذلك لتشـعب الاراء وتوزعهـا بـين جمـع مـن الفقهـاء وعـدد مـن المدارس والمذاهب الفقهية، خاصة وإن المسألة يغلب عليهـا طـابع الاجتهـاد والـرأي أكثر مما يغلب عليها حكم النص، لذلك ليس من الصواب القول بأن الفقه الإسلامي يغلب الإرادة الظاهرة أو الإرادة الباطنة، إنما الصـواب أن يقـال إن الفقـه الإسـلامي، بعمومه لم يتجه إلى وضع ضابط أو معيار عام في هـذا المجال، فلكل مسـألة ولكل موضوع حكمه ووضعه الخاص، وهي في الغالب مسـألة وقائـع يرجـع في حكمـه إلى قاضي الموضوع، حيث يمكن الاعتداد بالإرادة الباطنة في حالات، مثلما يمكن الاعتداد بالتعبير أو الإرادة الظاهرة في حالات أخرى، فهنـاك في هـذا الفقه مـا يبعث عـلى القول بترجيح العبارة على الإرادة، وخاصة فيما يتصل بتعريـف العقـود ونحـوه مـما تبرز فيه النية اللفظية، أو فيما يتصل بالألفاظ المنشئة للزواج والطلاق والرجعة التي يستفاد منها على وجه الخصوص تغليب الإرادة الظاهرة، أو فيما يتصل بمـا دلـت عليه قرائن الأحـوال والأعـراف، للأخـذ بـالإرادة الظـاهرة، بحكـم مالهـا مـن دلالات اضافية ملحوظة يعتمدها المتعاقدان ويستغنيان بها عـن التعبـير الصريـح، وهنـاك بالمقابل ما يمكن أن يبعث عـلى القـول بترجيـح مـذهب الإرادة الباطنـة وذلـك فيما يتصل بالأحكام العبادية على وجه الخصوص[2].

581 - رأينا: بعد دراسة هذه الاتجاهات والتأمل في القواعد الفقهيـة الكليـة المعروفة في الفقه الإسلامي، نرى اعتماد الإرادة الباطنة في العبادات، واعتماد الإرادة الظاهرة في العقود والوقوف عند الصيغ والعبارات الواردة فيها، أما إذا تمكنا

---

(1) ابن القيم، أعلام الموقعين ج3 ص106 وما بعدها.
(2) انظر الدكتور محمود المظفر نظرية العقد، دراسة قانونية مقارنة بأحكام الشريعة الإسلامية، السعودية، جدة، سنة الطبع بلا تاريخ ص 85 - 87 والمصادر التي يشير إليها.

من التوصل إلى معرفة الإرادة الباطنة عن طريق القرائن والامارات والدلائل المستفادة من صيغ وعبارات العقد ذاته، فعند ذاك نعتمد على الإرادة الباطنة في تفسير العقد. والله اعلم.

582 - موقف الفقه القانوني والقانون المعاصر: يقصد بتفسير العقد، بيان الغامض وإيضاح المبهم والكشف عن المراد بنصوص العقد[1]، فتفسير العقد هو استخلاص النية المشتركة للمتعاقدين[2]. والتفسير هو العملية الذهنية التي يقوم بها المفسر بسبب ما اعترى العقد من غموض، للوقوف على الإرادة الحقيقية المشتركة للمتعاقدين، مستنداً في ذلك إلى صلب العقد والعناصر الخارجة عنه والمرتبطة به[3].

وإذا كانت عبارات العقد واضحة وجلية تعين على القاضي الأخذ بالمعنى الظاهر للعبارات ولا يجوز الانحراف عنها من طريق تفسيرها للوقوف على إرادة المتعاقدين، ولم ينص القانون المدني العراقي على هذا المبدأ، في حين أن الفقرة (1) من المادة (239) من القانون المدني الأردني نصت على أنه (إذا كانت عبارة العقد واضحة فلا يجوز الانحراف عنها من طريق تفسيرها للتعرف على إرادة المتعاقدين) أما إذا كانت عبارات العقد غامضة فيعمد القاضي إلى ازالة الغموض والابهام، فيعتد بالنية المشتركة للطرفين وذلك بمحاولة الكشف عنها بموجب عوامل يستدلى بها هي إما عوامل داخلية، كالرجوع إلى عبارات العقد وطبيعة التعامل، اوعوامل خارجية كالعرف الجاري في المعاملات والطريقة التي ينفذ بها العقد، والأصل أن يفسر الشك في مصلحة المدين، لأن الأصل براءة الذمة، فإثبات مدى الالتزام يقع على عاتق الدائن، فإذا قام شك في حقيقة هذا المدى كان معنى ذلك أن الدائن لم يستطع إثباته على نحو واسع فيؤخذ إذا بالمدى الضيق للالتزام، والاستثناء الوحيد في هذا المجال هو تفسير العبارات الغامضة في عقد الاذعان، إذ

---

(1) الدكتور عبد الفتاح حجازي، تفسير العقد المدني، القاهرة، معهد البحوث والدراسات العربية، 1986 ص5.
(2) المذكرات الإيضاحية للقانون المدني الأردني ج1ص243.
(3) الدكتور عبد الحكيم فودة، تفسير العقد، الاسكندرية، منشأة المعارف، 1985 وللتوسع انظر إيمان طارق الشكري، سلطة القاضي في تفسير العقد، دراسة مقارنة، رسالة دكتوراه، كلية القانون بجامعة بغداد 2002 48 - انظر المادة (1/248، 2) مشروع عربي.

يفسر الشك في هذه العبارات لمصلحة الطرف المذعن، دائنا كان أو مدينا[1].

البند الثاني

قواعد كلية فقهية في تفسير العقد

583 - تزخر كتب الفقه الإسلامي بالقواعد الكلية الفقهية في شتى المجالات، وهي ثروة فقهية عظيمة وزاد فكري خصب تكون معينا لا ينضب وضابطا عامل يساعد كثيرا في ضبط المسائل الفقهية التي لم يرد فيها نص، وهي تمثل روح التشريع وتعبر عن مقاصده التي يرمي إلى تحقيقها، وتشتمل على اسراره وحكمه، والقواعد الفقهية من قبيل المبادئ والضوابط الفقهية تتضمن أحكاما تشريعية عامة في الحوادث التي تدخل تحت موضوعها[2] وتوضح التصورات والافكار القانونية في الفقه الإسلامي[3]. والقاعدة الفقهية، حكم أغلبي ينطبق على معظم جزئياته، فالقواعد الفقهية، أصول فقهية كلية في نصوص موجزة دستورية تتضمن أحكاما تشريعية عامة في الحوادث وتمتاز بالاتجاه في صياغتها، على عموم معناها وسعة استيعابه للفروع الجزئية، فتصاغ القاعدة بكلمتين أو ببضع كلمات محكمة في ألفاظ العموم[4].

584 - والقواعد الفقهية الكلية التي يهمنا امرها، هنا، تلك القواعد المتعلقة بتفسير العقد، ومن اهم وابرز هذه القواعد ما يأتي:

---

(1) السنهوري الوسيط ج1 ف396 - 398 ص610 - 615 فودة ص118 - 119 زكي ف164 ص302 وانظر مؤلفنا الوجيز في شرح قانون الإثبات، بغداد 1997 ص70 وما بعدهاوانظر المواد (167) مدني عراقي و(151) مدني مصري و(152) مدني سوري و(240) مدني أردني و(3/248) مشروع عربي.

(2) الدكتور محي هلال السرحان، القواعد الفقهية ودورها في اثراء التشريعات الحديثة، بغداد1987 ص6 - 8.

(3) زيدان ص90.

(4) مصطفى الزرقا، المدخل الفقهي العام الفقرات 556 - 570 واعاد نشرها في (لمحة تاريخية عن القواعد الفقهية الكلية) في مقدمة كتاب الشيخ أحمد بن الشيخ محمد الزرقا (والد الأستاذ الشيخ مصطفى) شرح القواعد الفقهية، دمشق، دار القلم، الطبعة السادسة، 1422 للهجرة 2001م ص33 وما بعدها.

585 - أولا: أعمال الكلام اولى من اهماله، إن أعمال الكلام ما أمكن أعماله اولى من اهماله، لأن الكلام عبارة عن وعاء للمعاني التي يقصدها العقلاء، فيجب أن يحمل الكلام على معناه المراد، إما حقيقة أو مجازا أو عرفا أو غير ذلك، ولا يصح اهماله إلا إذا تعذر، لأن المهمل لغو، وكلام العاقل يصان عنه، فيجب حمله ما امكن على اقرب وجه يجعله معمولا به من حقيقة ممكنة وإلا فمجاز، فلو وقف شخص على اولاده وليس له إلا اولاد اولاد، حمل المعنى عليهم[1]. ويتفرع عن هذه القاعدة العديد من القواعد ومنها:

586 - 1 - الأصل في الكلام الحقيقة، إذا كان للفظ معنيان متساو استعمالها، معنى حقيقي ومعنى مجازي، وورد مجردا عن مرجع يرجح أحد المعنيين على الآخر، فإنه حينئذ يراد به المعنى الحقيقي لا المجازي، ولا يصار إلى المجاز ما دامت الحقيقة قائمة، إلا إذا قامت القرائن على عدم إرادة المعنى الحقيقي أو تعسرها أو معارضة العرف والعادة لها[2].

587 - - 2 - إذا تعذرت الحقيقة يصار إلى المجاز، فإذا تعذرت إرادة المعنى الحقيقي للكلام، فإنه لا يهمل، بل يستعمل في معناه المجازي، والتعذر على ثلاثة أنواع هي:

ا - - التعذر الحقيقي: وله وجهان:

الوجه الأول: أن تكون إرادة المعنى الحقيقي ممتنعة، كوقف شخص، ليس له أولاد وله احفاد، مالا على ولده، فإنه يصرف إلى المجاز، وهو أولاد أولاده.

الوجه الثاني: أن تكون إرادة المعنى الحقيقي للفظ ممكنة مع المشقة الزائدة، كأن يحلف شخص (لا اكل من هذه الشجرة) فالحقيقة وهي الأكل من

---

(1) الأشباه والنظائر للسيوطي ص128، الأشباه والنظائر لابن نجيم ص135 أحمد الزرقا ص315 السرحان ص45 - 46 وهي المادة (60) من المجلة والشطر الأول من المادة (158) مدني عراقي و الشطر الأول من المادة (216) مدني أردني والمادة (32) مشروع عربي.

(2) السيوطي ص63 ابن نجيم ص69 علي حيدر درر الحكام شرح مجلة الأحكام ج1ص26 منير القاضي شرح المجلة ج1ص69 السرحان ص46 أحمد الزرقا ص134 وهي المادة
(12) من المجلة والشطر الأول من المادة (2/155) مدني عراقي والشطر الأول من المادة
(214) مدني أردني والمادة (33) مشروع عربي.

عينها ممكنة لكنه مشقة، والمعلوم أن المتكلم لا يقصد بكلامه الاكل من خشب الشجرة، فيحمل كلامه على ثمرها إذا كانت مثمرة، وعلى ثمن خشبها إذا لم تكن كذلك.

ب - التعذر العرفي: وهو أن يكون المعنى الحقيقي للفط مهجورا ومتروكا، كأن يحلف إنسان قائلا (لا اضع قدمي في دار فلان) فالحقيقة فيه ممكنة ولكنها مهجورة، والمراد من ذلك في العرف هو الدخول في الدار، فلا يحنث الحالف فيما لو وضع قدمه في باب الدار ولم يدخلها.

ج - التعذر الشرعي: هو أن يكون المعنى الحقيقي للفظ مهجورا شرعا ككلمة (الخصومة)، فإن الخصومة وهي التنازع والمضاربة محظورة شرعا، قال تعالى (ولاتنازعوا) فتصرف كلمة الخصومة إلى ما استعملت في شرعا، وهو المرافعة والمدافعة عنه في دعوى اقيمت عليه أو اقامها على غيره"[1].

588 - 3 - إذا تعذر أعمال الكلام يهمل، ويقصد بهذه القاعدة أنه إذا استحال الكلام حمل على معنى حقيقي أو مجازي، فحينئذ يعد لغوا، فيهمل ولا يعتد به، ويكون اهمال الكلام للاسباب الآتية:

ا - امتناع حمل الكلام على المعنى الحقيقي أو المجازي، كما لوقال عن زوجته الأكبر منه سنا، هذه ابنتي. ب - تعذر صحة الكلام شرعا، كما لو قال لإحدى زوجاته انت طالق اربعا، فقالت الثلاث تكفيني، فقال اوقعت الزيادة على فلانة، زوجته الأخرى، لا يقع على الأخرى شيء، لأنها لم تصح على الأولى، فلا تقع على الثانية، لأن الشرع لم يوقع الطلاق بأكثر من ثلاث. ج - تعذر صحة الكلام حسا، أي تبين كذب الكلام من الظاهر والواقع المشاهد، كمن ادعى على إنسان أنه قطع يده، فإذا هي سليمة. د - ما يكون فيه مخالفة للشرع، كمن أقر بأن اخته ترث ضعفي حصته من تركة أبيه"[2]. وهذه القاعدة تكمل قاعدة (إعمال الكلام

(1) انظر المذكرة الإيضاحية للمشروع العربي ص15 - 16ابن نجيم ص135 علي حيدرج1ص54 منير القاضي ج1ص924 السرحان ص46 أحمد الزرقا ص317 وهي المادة (61) من المجلة والشطر الثاني من المادة (2/155) مدني عراقي والشطر الثاني من المادة (2/214) مدني أردني والمادة (34) مشروع عربي.

(2) انظر المذكرة الإيضاحية للمشروع العربي ص17، ابن نجيم ص135 علي حيدرج1ص54 منير القاضي ج1 ص125 أحمد الزرقا ص319 والشطر الثاني من المادة (158) مدني عراقي والشطر الثاني من المادة (216) مدني أردني والمادة (37) مشروع عربي.

أولى من اهماله) و(الأصل في الكلام الحقيقة).

589 - 4 - المطلق يجري على إطلاقه ما لم يقم دليل التقييد نصا أو دلالة، فاللفظ المطلق، وهو ما دل على أمر مجرد عن القيود التي تورد فيه بعض المعاني أو الحدود، فيعمل به على إطلاقه، حتى يقوم دليل التقييد إما بالنص عليه أو بدلالة الحال، فاللفظ الدال على القيد، كما لو قال الموكل لوكيله، بع بالنقد، فليس له البيع نسيئة، وإما التقييد بالدلالة، فالمقصود بالدلالة غير اللفظ، فتكون عرفية أو حالية، كما لو كلف شخص غيره بشراء اضحية فاشتراها له بعد انقضاء العيد، فإنها لا تلزمه، لقيام دلالة التقييد الزمني[1].

590 - 5 - ذكر بعض ما لا يتجزأ كذكر كله، إذا كان الشيء ما لا يقبل التجزئة فذكر بعضه يكون كذكر كله، فإذا قلت كفلت نصف هذا الرجل أو ربعه، كان ذلك بكفالة، أما إذا ابرئ شخص مدينه من نصف الدين فقد برئ من هذا النصف فقط[2].

591 - 6 - الوصف في الحاضر لغو وفي الغائب معتبر، فالوصف في الشيء الحاضر المشار إليه في مجلس العقد لغو، أي ساقط لا اعتبار له، لأن المقصود من الوصف هو التعريف وإزالة الاشتباه والاشتراك، وقد حصل ذلك بالإشارة، هذا في حالة ما إذا كان المشار إليه من جنس المسمى الموصوف، كما لو أراد البائع بيع سيارة بيضاء اللون موجودة في المجلس، وقال في إيجابه، بعتك هذه السيارة السوداء اللون، صح البيع ولغا الوصف، أما إذا كان من غير جنسه، فلا عبرة

(1) علي حيدر ج1 ص56 منير القاضي ج1ص127 أحمد الزرقا ص323 السرحان ص47 وهي المادة (64) من المجلة والمادة (160) مدني عراقي والمادة (218) مدني أردني والمادة (35) مشروع عربي، وانظر المذكرة الإيضاحية للمشروع العربي ص16.

(2) السيوطي ص160 ابن نجيم صص162 علي حيدر ج1ص55 منير القاضي ج1ص126 أحمد الزرقا ص321 السرحان ص47 وهي المادة (63) من المجلة والمادة (159) مدني عراقي والمادة (217) مدني أردني.

للاشارة، بل المعتبر في ذلك الوصف، فلو باع فصا حاضرا، واشار إلى أنه ياقوت، فإذا هو زجاج، لا ينعقد البيع، والوصف في الغائب معتبر، أي أن الوصف في حالة كون الموصوف غائبا عن مجلس العقد هو المعتبر، فإذا ظهر خلاف ذلك لم يلزم، فلو قال بعتك السيارة البيضاء اللون، فتبين خلاف ذلك، فالمشتري في هذه الحالة بالخيار[1].

592 - 7 - السؤال معاد في الجواب، فالكلام الذي يلقى في السؤال المصدق من المجيب يكون المجيب مقرا به، لأن صرف الجواب ينوب عنه، فإذا قيل افتح لي باب داري هذا، أو جصص لي داري هذه، أو اسرج دابتي هذه، فقال نعم، كان إقرارا منه بالدار والدابة[2].

593 - 8 - التأسيس أولى من التأكيد، فإذا احتمل الكلام أن يكون مؤسسا أو مؤكدا، فالتأسيس أولى من التأكيد، لأن التأسيس يفيد معنى جديدا لم يتضمنه اللفظ السابق، والتأكيد يفيد اعادة المعنى السابق، فإذا أقر شخص بأنه مدين لاخر بالف دينار دون ذكر السبب في ذلك الدين، واعطى الدائن سندا بذلك، ثم أقر بعد ذلك للشخص للمرة الثانية بالف دينار واعطى سندا بها ولم يبين سبب الدين، فإن إقراره يحمل في الحالتين على تاسيس إقرار أي يعتبر الدين الثاني غير الأول[3].

594 - 9 - العبرة بعموم اللفظ لا بخصوص السبب، أي يحمل الكلام على عموم لفظه، لا على خصوص سببه، لا سيما في النصوص الشرعية، فقوله تعالى (وَالصُّلْحُ خَيْرٌ) في سورة النساء (الآية 128) وإن كان بخصوص الصلح بين الزوجين فإنه يؤخذ منها إن في الصلح خيرا في كل دعوى[4].

(1) علي حيدر ج1 ص57 منير القاضي ج1 ص128 أحمد الزرقا 321 وهي المادة (65) من المجلة والمادة (161) مدني عراقي والمادة (219) مدني أردني والمادة (36) مشروع عربي ومذكرته الإيضاحية ص16 - 17.
(2) السيوطي ص141 ابن نجيم ص153 علي حيدر ج1 ص58 منير القاضي ج1 ص130 أحمد الزرقا ص335 السرحان ص48 وهي المادة (66) من المجلة والمادة (162) مدني عراقي والمادة (234) مدني أردني.
(3) السيوطي ص 135 ابن نجيم ص149 علي حيدر ج1 ص53.
(4) علي حيدر، ترتيب الصنوف في أحكام الوقوف، المقدمة، تهذيب الفروق ج1 ص114 السرحان ص49.

595 - 10 - إذا تعارض المانع والمقتضى يقدم المانع، فإذا كان للشيء محاذير تستلزم منعه، ودواع تقتضي تسويغه، فإنه يرجح منعه، لأن درء المفاسد مقدم على جلب المصالح، فإذا باع شخص دارا من آخر، واشترط أن يكون له ربعها طول حياته، فمقتضى تملك المشتري للدار جواز التصرف فيها، ولكن تعارض مع هذا المقتضى مانع هو اشتراط الربع للبائع، فيجوز حتى يسلم البرع للبائعان يفسر العقد على أنه يمنع المشتري من التصرف في الدار طول حياة البائع، وذلك لتعارض المانع من التصرف مع المقتضى له، وتقديم المانع[1].

596 - 11 - الكتاب كالخطاب، والمقصود بالكتاب المستبين المرسوم الصادر من الغائب (كالخطاب) من الحاضر، وكذا الارسال، حتى أنه يعتبر فيهما مجلس بلوغ الكتاب ومجلس أداء الرسالةوالتقييد بالمستبين، لاخراج غير المستبين، كالكتابة على الماء والهواء، فإنها لا تعتبر، وتطبق هذه القاعدة في البيع والإجارة وسائر المعاملات[2].

597 - 12 - الاشارة المعهودة للاخرس كالبيان باللسان، أي الاشارة المعلومة المعتادة للاخرس الأصلي، بعضو من اعضائه كيده أو رأسه فيعتبر كالبيان وباللسان، وقائمة مقامه في كل شيء غير الحدود والشهادة، وذلك كالنكاح والطلاق والعتاق والبيع والإجارةوالهبة والرهن والإبراء والإقرار والانكار والحلف والنكول[3].

598 - ثانيا - الأمور بمقاصدها: فالنية هي مدار الحكم على الأعمال ثوابا وعقابا، فيتحمل الإنسان مسؤولية مانوى، والأصل في هذه القاعدة قول الرسول

(1) ابن نجيم ص60 أحمد الزرقا ص243 - 244 وهي المادة (46) من المجلة والمادة (21) من المشروع العربي.
(2) علي حيدر ج1 ص61 منير القاضي ج1 ص133 أحمد الزرقا ص349 السرحان ص45 وهي المادة (69) من المجلة.
(3) علي حيدرج1 ص62 منير القاضي ج133 أحمد الزرقا ص351 السرحان ص45 وهي المادة (70) من المجلة.

الكريم صلى الله عليه وسلم (انما الأعمال بالنيات)[1] **فإن** نوى المكلف بفعله أمرا محرما كان فعله محرما، وإن نوى مباحا كان فعله مباحا، وإن نوى القربة اثيب على ذلك، وهذه القاعدة أساس عظيم في أصول الأحكام ينبنى عليها عدد كبير من الأحكام الشرعية منها، إذا وجد رجل شيئا في الطريق فأخذه بنية رده إلى صاحبه كان ذلك أمانة عنده، فلا يضمن إن تلف عنده دون قصده، وإن اخذه بنية تملكه كان غاصبا، فيضمن إن تلف في يده ولو كان ذلك دون قصده، وتجري هذه القاعدة في كثير من الابواب الفقهية مثل، المعاوضات والتمليكات والإبراء والوكالات وإحراز المباحات والضمانات والأمانات والعقوبات[2] ويتفرع عن هذه القاعدة قواعد منها:

599 - 1 - العبرة في العقود للمقاصد والمعاني لا للألفاظ والمباني، أي تبنى مقاصد العقود واغراضها لا على ألفاظها، فلو قال، وهبتك هذه الدار بسيارتك كان ذلك بيعا، والمراد بالمقاصد والمعاني ما يشمل المقاصد التي تعينها القرائن اللفظية التي توجد في عقد فتكسبه حكم عقد آخر، كانعقاد الكفالة بلفظ الحوالة، وانعقاد الحوالة بلفظ الكفالة، إذا اشترط فيها براءة المدين عن المطالبة اوعدم براءته، وانعقاد بعض العقود بألفاظ غير الألفاظ الموضوعة لها مما يفيد معنى تلك العقود في العرف، كانعقاد البيع والشراء بلفظ الأخذ والعطاء، وانعقاد شراء الثمار على الاشجار بلفظ (الضمان) في عرفنا الحاضر[3].

600 - 2 - دليل الشيء في الأمور الباطنة يقوم مقامه، أي الأمور الباطنة لا تعرف، فيقام دليلها مقامها، فالإرادة للشيء مثلا أمر خفي يقوم مقامها دليلها،

(1) حديث متفق عليه من حديث عمر بن الخطاب ﷺ، صحيح البخاري ج1ص 2 - 3 صحيح مسلم ج1 ص180.

(2) السيوطي ص8 ابن نجيم ص27 الموافقات ج2 ص323 علي حيدر ج1 ص17 منير القاضي ج1ص54 السرحان ص35 - 36 أحمد الزرقا ص47وهي المادة (2) من المجلة والمادة
(1) من المشروع العربي.

(3) علي حيدر ج1 ص18 منير القاضي ج1 ص55 السرحان ص36 أحمد الزرقا ص56 وهي المادة (3) من المجلة والمادة (1/155) مدني عراقي و(1/214) مدني أردني و(2) مشروع عربي.

وهو الإرادة الظاهرة بالإيجاب والقبول[1].

601 - ثالثا - اليقين لا يزول بالشك[2]، فالأمر الثابت ثبوتا يقينيا لا يرفعه شك ضعيف، بل يبقى الأمر المتيقن هو المعتبر حتى يتحقق السبب المزيل له، لأن اليقين اقوى من الشك، وأصل هذه القاعدة، احاديث نبوية شريفة منها، قول النبي صلى الله عليه وسلم (إذا شك احدكم في صلاته فلم يدر كم صلى اثلاثا أم أربعا، فليطرح الشك، وليبنى على ما استيقن)[3] وهذه القاعدة من امهات القواعد التي عليها مدار الأحكام الفقهية وقد قيل انها تدخل في جميع ابواب الفقه، والمسائل المخرجة عليها من عبارات ومعاملات وغيرها يبلغ ثلاثة ارباع علم الفقه[4] ويتفرع عن هذه القاعدة قواعد كثيرة منها:

602 - 1 - الأصل بقاء ما كان على ماكان، أي اعتبار الحكم الثابت في وقت ما مستمرا في سائر الأوقات حتى يقوم الدليل على خلافه وهو ما يسمى بالاستصحاب، كاعتبار الشخص المفقود حيا إذا لم يعلم موته استصحابا بالحياة المتيقنة حتى يثبت موته[5].

603 - 2 - ما ثبت بزمان يحكم ببقائه مالم يوجد دليل على خلافه، وهي معنى سابقتها، ومعناها استصحاب الحكم الثابت في وقت إلى سائر الأوقات ما لم يوجد دليل على خلافه، فإذا ادعى المدين سداد الدين الثابت عليه، وأنكر الدائن

(1) علي حيدر ج1ص60 منير القاضي ج1 ص138 السرحان ص36 وهي المادة (68) من المجلة.
(2) السيوطي ص50 ابن نجيم ص56 علي حيدر ج1ص20 منير القاضي ج1 ص58 محمود حمزة، الفوائد البهية في القواعد والفوائد الفقهية، دمشق دار الفكر 1406 للهجرة 1986 م ص13 السرحان 37 وهي المادة (4) من المجلة. والمادة (445) مدني عراقي ونقلت إلى قانون الإثبات رقم (101) لسنة 1979 والمادة (74) مدني أردني والمادة (3) من المشروع العربي.
(3) رواه مسلم عن أبي سعيد الخدري صحيح مسلم ج1 ص100 رقم (571).
(4) أحمد الزرقا، شرح القواعد الفقهية، ص81.
(5) السيوطي ص51 ابن نجيم ص57 علي حيدر ج1 ص20 منير القاضي ج1 ص59 أحمد الزرقا ص87 - 88 وهي المادة (59) من المجلة والمادة (1/447) مدني عراقي وقد نقلت إلى قانون الإثبات والمادة (4) من المشروع العربي.

السداد، فالقول قول الدائن وعلى المدين البينة[1].

604 - 3 - القديم يترك على قدمه، وهي بمعنى القاعدتين السابقتين، فما كان بيد الناس قديما من مال ومتاع ودور ومنافع مشروعة يعتبر قدمه دليلا على أنه مالهم حتى يقوم الدليل على خلاف ذلك، وعرفت المادة (166) من المجلة القديم بـ (هو الذي لا يوجد من يعرف اوله) فلو كان لأحد جناح ممدود على ارض الغير، أو كان لداره مسيل ماء أو كان له ممر إلى داره مثلا في ارض الغير، وكان ذلك الجناح أو المسيل أو الممر قديما لا يعرف احد من الحاضرين مبدأ لحدوثه، فاراد صاحب الأرض أن يمنع صاحب الدار من مد الجناح أو المسيل أو المرور في ارضه أو اراد أن يحول المسيل أو الممر ويغيره عن حاله القديم، فليس له ذلك إلا باذن صاحبه[2].

605 - 4 - الأصل في الأمور العارضة العدم، أي الأمور الطارئة يكون عدم وجودها هو الحالة الأصلية أو الغالبة، فإذا ادعى شخص شرطا جائزا في عقد وانكر الآخر، فالأصل في العقود خلوها من الشروط، والشرط أمر طارئ يحتاج إثباته إلى بينة، وإذا اختلف المتعاقدان في سلامة المبيع لعيوب وعدم سلامته، أو في صحة البيع مثلا وفساده، فالقول لمن يتمسك بسلامة المبيع وصحة العقد، لأنه يشهد له الأصل، بخلاف ما لو اختلف المتعاقدان في صحة البيع وبطلانه فإن القول قول من يتمسك بالبطلان، لأن الباطل غير منعقد فهو ينكر وجود العقد والأصل عدمه[3].

---

(1) علي حيدر ج1 ص24 منير القاضي ج1 ص67 السرحان ص37 أحمد الزرقا ص121 وهي المادة (10) من المجلة والمادة (2/447) مدني عراقي ونقلت إلى المادة (2/99) من قانون الإثبات والمادة (2/75) مدني أردني والمادة (13) من المشروع العربي.

(2) علي حيدر ج1ص21 منير القاضي ج1 ص61 أحمد الزرقا ص95 وهي المادة (6) من المجلة.

(3) السيوطي ص57 ابن نجيم ص62 علي حيدر ج1 ص23 منير القاضي ج1 ص64 أحمد الزرقا ص117 - 118 وهي المادة (9) من المجلة والمادة (1/447) مدني عراقي ونقلت إلى المادة (2/99) من قانون الإثبات العراقي والمادة (1/75) الشطر الثاني) مدني أردني والمادة (5) مشروع عربي.

606 - 5 - الأصل براءة الذمة، فالأصل في ذمة الإنسان أن تكون خالية من كل دين أو التزام أو مسؤولية، وإنما تكون هذه الاشياء بأسباب عارضة بعد الولادة، والأصل في الأمور العارضة العامة، فالذمم خلقت بريئة غير مشغولة بحق من الحقوق، ولهذه القاعدة قواعد مكملة ومماثلة لها ومنها، الأصل بقاء ماكان على ماكان، اليقين لا يزول بالشك، الأصل إضافة الحادث إلى اقرب أوقاته، وكون الأصل في العقود أن تكون صحيحة، فلو اختلف العاقدان في صحة البيع وفساده، فالقول لمدعي الصحة[1].

607 - 6 - الأصل إضافة الحادث إلى اقرب أوقاته، فإذا اختلف في تاريخ الحادث حمل على الوقت الاقرب إلى زمن الحال، حتى يثبت الزمان القديم، فإذا ادعت امرأة إن زوجها طلقها في مرض موته وادعى الورثة أنه طلقها في زمن الصحة، فالقول قولها حتى يقيم الورثة البينة على ذلك، وإذا اشترى شخص شيئا ثم جاء ليرده بعيب فيه مدعيا أنه كان موجودا فيه عند البائع، وقال البائع، لا بل حدث العيب عندك بعد القبض، وكان العيب مما يحدث مثله، فالقول قول البائع والبينة على المشتري[2].

608 - 7 - لا عبرة بالدلالة في مقابلة التصريح، فالتصريح اقوى من دلالة الحال، سواء كان التصريح قولا أو كتابة، فإذا قبض المشتري المبيع قبل دفع ثمنه، والبائع ناظر إليه ساكت، فإن ذلك يدل على أنه إذن له، لكن إذا صرح بأن لا ياخذه حتى يدفع ثمنه فلايعد سكوته اذنا له، وكذلك إذا باع عقارا بيعا صحيحا شرعيا، ثم ادعى أن البيع كان وفاء، وقال المشتري أنه بات قطعي، ينظر، فإن كان هناك دلالة على الوفاء ككون الثمن دون ثمن المثل بغبن فاحش تسمع دعوى الوفاء من البائع

(1) السيوطي ص53 ابن نجيم ص59 علي حيدر ج1ص22 منير القاضي ج1ص63 أحمد الزرقا ص106 السرحان ص38 وهي المادة (8) من المجلة والمادة (444) مدني عراقي ونقلت إلى المادة (6) من قانون الإثبات والمادة (73) مدني أردني والمادة (6) مشروع عربي.

(2) السيوطي ص59 ابن نجيم ص64 علي حيدر ج1 ص25 منير القاضي ج1 ص67 أحمد الزرقا ص128 وهي المادة (11) من المجلة والمادة (446) مدني عراقي ونقلت إلى المادة (2/99) من قانون الإثبات العراقي والمادة (7) مشروع عربي.

ويكون القول قوله[1].

609 - 8 - لا عبرة للتوهم، فإذا ثبت الحكم الشرعي بـدليل، فـلا قيمة للاحتمال البعيد الناشئ عن الوهم، فإذا شهد الشهود العدول بانحصار إرث في وارث معين وقالوا، لا نعلم للمتوفى وارثا آخر غيـر هـذا، قضي لـه بـالإرث، ولا يلتفت إلى احتمال ظهور ورثة اخرين[2].

610 - 9 - لا عبرة بالظن البين خطؤه، إذا بنى الحكم على ظن ثم تبـين أنه خطأ، لقيام دليل، فإنه لا عبرة بذلك الظن، فمن ظن أن الوقت قد دخل فصلى، ثـم بان أن الوقت لم يدخل، لم تجزئ تلك الصلاة، وعليه اعادتها بعد دخول الوقت[3].

611 - 10 - لاحجة مع الاحتمال الناشئ عن الدليل، إذا ظهر احتمال ناشئ عن دليل، على أمر من الأمور، فإنه يؤخذ به، ولا تبقى حجة عـلى ظهوره، فلـو أقر المريض مرض الموت بدين فإنه لا ينفذ إقراره إلا إذا صدقه الورثة لوجود التهمة، وهي كونه مريضا، وقيام الاحتمال الناشئ عنها، وهو احتمال كونه اراد حرمانهم من التركة بذلك الإقرار، فإن كان الاحتمال لا دليل لـه كالإقرار في زمـن الصـحة فإنه ينفذ[4].

612 - 11 - لا ينسب إلى سـاكت قول ولكن السكوت في معرض الحاجة بيان، فالساكت لا ينسب إليه قول، فإذا سكتت زوجة العنـين زمنـا لم يكن سكوتها مسقطا لحقها في التفريق بينها وبينه، وقولهم، ولكن السكوت في معرض الحاجـة بيان، معناه، إن سكوته حين تلـزم إلى كلامه يكون بيانا، ويعتبر رضا، فلـو سكت الشفيع حين بيع العقار ولم يطالب بالشفعة في وقتها مع علمه بها كان ذلك

(1) علي حيدر ج1 ص28 منير القاضي ج1 ص71 أحمد الزرقا ص142 وهي المادة (13) من المجلة والمادة (157) مـدني عراقي والمادة (215) مدني أردني والمادة (8) مشروع عربي.

(2) السيوطي ص55 ابن نجيم ص59 علي حيدر ج1 ص65 منير القاضي ج1 ص136 أحمد الزرقا ص363 وهي المادة (74) مـن المجلـة والمـادة (102) مشروع عربي.

(3) السيوطي ص157 ابن نجيم ص161 علي حيدر ج1 ص64 منير القاضي ج1 ص134 وهي المادة (72) من المجلة.

(4) علي حيدر ج1 ص65 منير القاضي ج1 ص135 السرحان ص39 - 40.

السكوت مسقطا لحقه فيها[1].

613 - 12 - الاشتغال بغير المقصود اعراض عن المقصود، إذا اشتغل الإنسان بغير المقصود كان ذلك دليلا على أنه معرض عـن ذلك المقصـود، فلـو حلـف أنـه لا يسكن هذه الدار ولا يقيم فيها، فتردد ساعة حنث، وإن اشتغل بجمع متاعه لأسباب النقلة فإنه لا يحنث[2].

614 - 13 - ما ثبت بيقين لا يرتفع إلا بيقين، فالشك لا يزيل الشيء المتيقن، فمن صلى وشك في ترك مأمور في الصلاة سجد للسهو[3].

615 - موقف القـانون المعـاصر: اورد القـانون المـدني العراقـي العديـد مـن القواعد الفقهية التي ذكرناها، وذلك في المواد (155 - 3/167) تحت عنوان (تفسـير العقـد) كما اورد قواعد كلية في الإثبات في المواد (444 - 448) والتي تـم نقلهـا إلى قانون الإثبات رقم (107) لسنة 1979، واورد القانون المدني الأردني في المواد (214 - 238) قواعد في تفسير العقد إضافة إلى قواعد عامة في الإثبـات في المـواد (73 - 85) واورد المشروع العربي في المـواد (1 - 85) قواعـد فقهيـة كليـة في العقـود والإثبـات والمسؤولية التقصيرية.

المطلب الثاني
تحديد نطاق العقد

616 - يسترشد في تحديد نطاق العقد، بـالعرف والعـادة وبطبيعـة الالتـزام، وندرس هذه العوامل في البندين الآتيين.

---

[1] السيوطي ص142 ابن نجيم ص154 علي حيدر ج1ص59 منير القاضي ج1 ص130 أحمد الزرقا ص337 وهي المادة (67) من المجلـة والمـادة (1/81) مدني عراقي والمادة (1/95) مدني أردني والمادة (9) مشروع عربي.

[2] السيوطي ص158 السرحان ص40.

[3] السيوطي ص55 علي حيدر ج1 ص20 السرحان ص41.

البند الأول

العرف والعادة

617 - - في الفقه الإسلامي قواعد فقهية كلية عديدة متعلقة بالعرف والعادة ومنها:

618 - 1 - العادة محكمة، وأصل هذه القاعدة الفقهية، حديث الرسول الكريم صلى الله عليه وسلم (ما رآه المسلمون حسنا فهو عند الله حسن) وتعتبر العادة إذا اطردت أو غلبت، فالعادة هي الاستمرار على شيء مقبول للطبع السليم والمعاودة إليه مرة بعد مرة أخرى، وهي المراد بالعرف العملي، وأن لا يكون مغايرا لما عليه أهل الدين والعقل المستقيم ولا منكرا في نظرهم، وأن تكون عامة، أي مطردة أو غالبة في جميع البلدان، ومن كونها خاصة، أن تكون كذلك في بعضها، فالاطراد والغلبة شرط لاعتبارها سواء أكانت عامة أم خاصة، ثم إذا لم يرد نص مخالف يشملها، فالعادة إحدى حجج الشرع فيما لانص فيه، فإذا بيع شيء في السوق بدراهم أو دنانير، وكانا في بلد اختلف فيه النقود مع الاختلاف في المالية والرواج انصرف البيع إلى الأغلب، لأنه المتعارف عليه، ومن القواعد الفقهية المتفرعة عن هذه القاعدة، (المعروف عرفا كالمشروط شرطا) و(المعروف بين التجار كالمشروط بينهم) و(التعيين بالعرف كالتعيين بالنص) ومن المعلوم أن العرف الخاص لا يثبت إلا بحكم خاص[1].

619 - 2 - استعمال الناس حجة يجب العمل بها، فإن استعان رجل في سوق لبيع متاعه، وطالبه الرجل بعد البيع بأجرته، نظر إلى تعامل أهل السوق، فإن جرت العادة بأن من يعمل مثل هذا العمل يؤجر فله أجر مثله، وإلا فليس له أجر، ويصح وقف المنقول إذا كان متعارفا عليه، كوقف الكتب[2].

---

(1) السيوطي ص89 ابن نجيم ص93 منير القاضي ج1 ص95 أحمد الزرقا ص219 - وص233 السرحان ص41 وانظر المواد (36 - 43 - 44 45) من المجلة و(1/163، 2
و 164) مدني عراقي و(220، 224، 225، 226) مدني أردني و(27، 29، 30) مشروع عربي.

(2) علي حيدر ج1ص41 منير القاضي ج1 ص96 وهي المادة (37) من المجلة.

620 - 3 - الممتنع عادة كالممتنع حقيقة، فلو ادعى رجل معروف بالفقر بمبالغ كبيرة على آخر، قال إنه اقرضها اياه، حال كون المدعي لم يرث ولم يصب مالا بوجه آخر، فلا تسمع دعواه لأنها مما يمتنع عادة فهي كالممتنع حقيقة[1].

621 - 4 - الحقيقة تترك بدلالة العادة، ويقصد بالعادة هنا العرف المحلي، أما الحقيقة، فهي الحقيقة المهجورة، وإلا فإن الحقيقة المستعملة هي المعتبرة دون المجاز، وإن كان استعماله أكثر من استعمالها[2].

622 - 5 - العبرة للغالب الشائع لا للنادر، ومن شروط العمل بالعادة أن تكوت غالبة مطردة، ولهذا قدر الفقهاء سن البلوغ بالسنة الخامسة عشرة، لأنها السن الذي يبلغ الأولاد فيه غالبا، فمن خرج منهم عن هذه القاعدة، كان نادرا لا يعتد بهن ومن شروط العمل بالعادة أن تكون جارية قبل وقوع الحادثة، فالعرف الطارئ بعد وقوعها لا عبرة له[3].

البند الثاني

طبيعة الالتزام

623 - تقتضي طبيعة الالتزام، أن يلحق العين ما هو تابع لها وما تستلزمه تلك الطبيعة من ملحقات وتوابع، ويعرف الفقه الإسلامي مجموعة من القواعد الفقهية في تحديد نطاق العقد ونراها تباعا:

624 - اولا: التابع تابع، أي أن التابع لشيء ما يكون تابعا له في حكمه، فالتابع لشيء في الوجود، بأن كان جزءا مما يضره التبعيض، كالجلد في الحيوان، والفص في الخاتم، ولهذه القاعدة علاقة بالقواعد الفقهية الأخرى والتي سنراها هنا

---

(1) علي حيدر ج1ص42 منير القاضي ج1 ص98 أحمد الزرقا ص225 وهي المادة (3/163) مدني عراقي و(223) مدني أردني و(12) مشروع عربي.

(2) ابن نجبم ص49 علي حيدر ج1 ص43 منير القاضي ج1 ص101 السرحان ص43 أحمد الزرقا ص231 - 232 وهي المادة (40) من المجلة والمادة (156) مدني عراقي و(220/ 3) مدني أردني.

(3) علي حيدر ج1 ص45 منير القاضي ج1 ص105 أحمد الزرقا ص235 - 236 وهي المادة (42) من المجلة والمادة (165/الشطر الثاني) مدني عراقي و(2/220) مدني أردني.

تباعا[1].

625 - ثانيا - التابع لا يفرد بالحكم، ويقال التابع لا يفرد بالحكم ما لم يصر ـ مقصودا، فما لا يصح ايراد العقد عليه منفردا لا يصح استثناؤه من العقد، وإذا صار التابع مقصودا فإنه يفرد بالحكم، وذلك كزوائد المغصوب المنفصلة المتولدة فإنها أمانة في يد الغاصب غير مضمونة عليه إلا بالتعدي عليها أو منعها بعد الطلب، فإنه يضمنها حينئذ لأنها صارت مقصودة[2].

626 - ثالثا - من ملك شيئا ملك ماهو من ضروراته، فكل شيء لا يستغني عنه الأصل يكون ملحقا به، فمن ملك دارا ملك الطريق الموصلة إليه دون تنصيص عليه، ما لم يكن في ملك خاص[3].

627 - رابعــا - إذا سقط الأصل سقط الفـرع، فـإذا أبـرأ الـدائن الاصيل عن الدين برئ الكفيل بالمال عـن الكفالـة، بخـلاف مـا إذا ابـرا الكفيل فإنـه لا يـبرا الاصيل[4].

628 - خامسا: قد يثبت الفرع مع عدم ثبوت الأصل، فإذا اعترف الكفيل وانكر المدين، فيلزم الكفيل بادائه[5].

629 - سادسا: إذا بطل الشيء بطل ما في ضمنه، فإذا بطل العقد بطل ماتضمنه من شروط والتزامات، فإذا أقر إنسان لاخر أو ابراه ولو إبراءا عاما، وكان

(1) السيوطي ص117 ابن نجيم ص120 علي حيدر ج1ص47 منير القاضي ج1ص109 السرحان ص49 أحمد الزرقا ص253 وهي المادة (47) من المجلة.

(2) السيوطي ص117 علي حيدر ج1ص 47 منير القاضي ج1 ص109 السرحان ص49 أحمد الزرقا ص257 وهي المادة (48) من المجلة والمادة (228) مدني أردني والمادة (45) مشروع عربي.

(3) السيوطي ص119 ابن نجيم ص121 علي حيدر ج1 ص48 منير القاضي ج1 ص111 السرحان ص50 أحمد الزرقا ص263 وهي المادة (50) من المجلة والمادة (50) مشروع عربي.

(4) السيوطي ص119 ابن نجيم ص121 علي حيدر ج1 ص48 منير القاضي ج1 ص111 أحمد الزرقا ص263 السرحان ص50 وهي المادة (50) من المجلة والمادة (47) مشروع عربي.

(5) ابن نجيم ص121 علي حيدر ج1 ص71 منير القاضي ج1 ص144 السرحان ص 50 وهي المادة (81) من المجلة.

الإقرار أو الإبراء مترتبا على عقد كبيع أو صلح، ثم انتقض البيع أو الصلح بوجه ما، بطل الإقرار أو الإبراء[1].

630 - سابعا - يغتفر في التابع مالا يغتفر في المتبوع، فإذا باع شخص عقارا يدخل فيه ماكان في ملك خاص، أما ماكان في ملك خاص فلا بد من التنصيص عليه بخصوصه، أو على الحقوق والمرافق، وكذلك إذا وكل المشتري البائع في قبض المبيع فقبضه لا يصح قبضه عنه، لأن الواحد لا يصلح مسلما ومتسلما، حتى لو هلك في يده، والحالة هذه، يهلك عليه لا على المشتري[2].

631 - موقف القانون المعاصر: يسترشد القاضي بجملة عوامل لتحديد نطاق العقد، فلا يقتصر العقد على الزام المتعاقد بماورد فيه، ولكن يتناول أيضاً ماهو من مستلزماته وفقا للقانون والعرف والعدالة بحسب طبيعة الالتزام، وبهذه الأحكام أخذ القانون المدني العراقي في المادة (2/150) والقانون المدني المصري في المادة (2/148) والقانون المدني السوري في المادة (2/149) والقانون المدني الأردني في المادة (202) والمشروع العربي في المادة (2/238).

المطلب الثالث

تنفيذ العقد

632 - إن القاعدة العامة في الفقه الإسلامي، هي تنفيذ العقد طبقا لما اشتمل عليه العقد، وذلك استنادا إلى قاعدة العقد شريعة المتعاقدين، ولكن هناك استثناءات مهمة ترد على هذه القاعدة، وتتمثل بفسخ العقد للعذر الطارئ والجوائح في الثمار وكساد العملة وانقطاعها وتغير قيمتها، لذلك ندرس القاعدة العامة والاستثناءات في بندين اثنين.

---

(1) علي حيدر ج1 ص49 منير القاضي ج1 ص112 السرحان ص50 أحمد الزرقا ص273 وهي المادة (52) من المجلة.

(2) السيوطي ص120 ابن نجيم ص121 علي حيدر ج1 ص50 منير القاضي ج1 ص115 أحمد الزرقا ص291 السرحان ص51 وهي المادة (54) من المجلة.

البند الأول

تنفيذ العقد باعتباره شريعة المتعاقدين

633 - يتوجب على المتعاقدين تنفيذ العقد، بجميع ما اشتمل عليه العقد بنطاقه، وبحسن نية وتعاون بينهما، ويتم تنفيذه دون تعديل إلا باتفاق المتعاقدين، ولا يجوز للقاضي تعديل العقد، دون رضاء المتعاقدين، ولا توجد نظرية عامة للعقد في كتب الفقه الإسلامي تبين كيفية تنفيذ العقد في جميع ما اشتمل عليه، لذلك لا بد من استعراض العقود المعروفة في الفقه الإسلامي عقدا عقدا، لكي يمكن معرفة كيف يقوم المتعاقدان بتنفيذ كل عقد منها[1].

634 - ولما كانت للعقود تقسيمات متعددة في الفقه الإسلامي، فإن استعراضها جميعا، يتطلب وقتا وجهدا ويستغرق صفحات مطولة، لذلك نقتصر، هنا، على دراسة عقود التمليكات، لنأخذ فكرة عن كيفية تنفيذها في الفقه الإسلامي، ويستخلص من قراءة نصوص مواد مرشد الحيران المتعلقة بتملك الاعيان بعوض ودون عوض وعقد الصلح (م1030) وحكم المقايضة (م1032)، النتائج الآتية:

1 - أن العقد ينقل الملك بعوض أو بغير عوض، فالعقد ذاته هو الذي ينقل الملك.

2 - ينتقل الملك بمجرد صدور العقد، فلا يتأخر انتقاله إلى وقت التسليم ولو في المنقول، وذلك ما لم يكن العقد هبة، فلا يتم إلا بالقبض.

3 - إن زوائد العين التي تحصل بعد العقد وقبل القبض، كالثمار والنتاج، تكون لمن انتقل له ملك العين.

4 - إذا مات البائع مفلسا، بعد قبض ثمن المبيع وقبل تسليمه للمشتري، فالمشتري، وقد أصبح مالكا بالبيع، احق بالمبيع من سائر الغرماء.

5 - للمشتري التصرف في المبيع بأن كان عقارا، أما في المنقول فليس له

---

[1] السنهوري مصادر الحق ج6 ص53.

التصرف فيه إلا بعد القبض[1].

635 - موقف القانون المعاصر: ايا كان المحل الذي يرد عليه العقد فإن المتعاقد يجبر على تنفيذ التزامه، وإذا نفذ العقد كان لازما، ولا يجوز لأحد العاقدين الرجوع عنه ولا تعديله إلا بمقتضى نص في القانون أو بالتراضي، ويجب تنفيذ العقد طبقا لما اشتمل عليه وبطريقة تتفق مع ما يوجبه حسن النية، وإذا كان المبيع عينا معينة بالذات أو كان قد بيع جزافا، نقل البيع من تلقاء نفسه ملكية المبيع، وأما إذا كان المبيع لم يعين إلا بنوعه فلا تنتقل الملكية إلا بالافراز، وللمشتري أن يتصرف في المبيع عقارا كان أو منقولا بمجرد انتقال الملكية إليه ولو قبل القبض، أما في الهبة، فلا تتم الهبة في المنقول إلا بالقبض، ويلزم إذن الواهب صراحة أو دلالة، أما فيما يتعلق بالعقار، ففي البيع أو الهبة، فلا ينعقد البيع إلا إذا سجل في الدائرة المختصة واستوفى الشكل الذي نص عليه القانون، وكذلك يجب لانعقاد الهبة في العقار ان تسجل في الدائرة المختصة، وبهذه الأحكام أخذ القانون المدني العراقي في المواد (508، 531، 532، 602، 603) والقانون المدني الأردني في المادتين (485، 557) والمشروع العربي في المادة (452) أما القانون المدني المصري فإن البيع عقد يلتزم به البائع أن ينقل للمشتري ملكية شيء أو حقا ماليا آخر في مقابل ثمن نقدي، ولا تتم الهبة إلا إذا قبلها الموهوب له أو نائبه (م 418 - 487) وكذلك القانون المدني السوري أخذ بهذا الحكم في المادتين (386، 455).

البند الثاني

الاستثناءات على قاعدة العقد شريعة المتعاقدين

636 - بعد أن أقر الفقه الإسلامي، القوة الملزمة للعقد، أجاز اعادة النظر في العقد، استجابة لمقتضيات العدالة، وذلك في حالة فسخ عقد الإيجار بالعذر

---

(1) البدائع ج5 ص233 السنهوري مصادر الحق ج6 ص56 وما بعدها و انظر المذكرات الإيضاحية للقانون المدني الأردني ج2 ص 519، 545، والمواد (83، 120، 122، 379، 857) من المجلة والمواد (78، 426 - 427) من مرشد الحيران.

الطارئ وفي الجوائح في بيع الثمار وفي حالة كساد العملة وانقطاعها وتغيـر قيمتها، وندرس هذه الحالات تباعا.

637 - اولا: فسخ عقد الإيجار للعذر الطارئ:

1 - الفقه الحنفي: توسع الفقه الحنفي في الاعذار التي يفسخ بها عقد الإيجار، فالإيجار قد يفسخ لعذر يقوم في جانب المستأجر، كأن يفلس مستأجر الحانوت فيقوم من السوق، فيكون له عذر لفسخ الإجارة في الحانوت، وقد يقوم عذر في جانب المؤجر، كأن يلحقه دين فادح ولا يجد قضاءه إلا من ثمن العين المؤجرة، لأن بيع العين لا ينفذ من غير إجازة المستأجر، وابقاء الإجارة مع لحوق الدين الفاحش اضرار بالمؤجر، لأنه يحبس به إلى أن تظهر حاله، ولا يجوز الجبر على تحمل ضرر غير مستحق بالعقد، وقد يقوم العذر بالنسبة إلى العين المؤجرة، كأن يتم استئجار ظئر، ثم لم يأخذ الطفل لبنها أو مرضت أو اراد أهل الصبي السفر، فامتنعت، كان هذا عذرا في فسخ الإجارة[1].

638 - فالعذر أمر غير متوقع وقت الإيجار، ولا يجعل العقد مستحيلا، بل يجعله مرهقا فحسب، وجزاء العذر هو فسخ الإيجار أو انفساخه من تلقاء نفسه، والفكرة التي يقوم عليها العذر في الفقه الحنفي، تحمل العاقد ضررا يلتزمه بعقد الإيجار، فإذا عجز العاقد عن المضي في موجب العقد إلا بضرر لم يلتزمه، أي لم يدخل في حسابه وقت الإيجار، فإنه لا يجبر على المضي في العقد ويكون له أن يفسخ الإيجار للعذر[2].

638 - 2 - الفقه المالكي: تنفسخ الإجارة بمنع استيفاء المنفعة شرعا، كما لـو استأجر مريض طبيبا لقلع سـنه، فيسكن الالم أو فسخ الإجارة بحمل الظئر، لأنه يخاف على الولد من لبنها أو فسخ الإجارة لانقطاع الماء عن الرحى المستأجرة، أو إذا اكترى الرجل الأرض فجاءه من الماء ما منعه الزرع، فلا كراء عليه[3].

---

(1) الفتاوى الهندية ج4ص458 - 459 البدائع ج 4ص297 وما بعدها الزيلعي ج5 ص143 - 144.

(2) للتوسع انظر رسالتنا للدكتوراه (اختلال التوازن الاقتصادي للعقد ودور القاضي في معالجته - دراسة مقارنة، كلية القانون بجامعة بغـداد 1979).

(3) الحطاب ج5 ص432 - 433 المدونة ج11 ص 56، 78، 97، 172 - 173.

639 - 3 - الفقه الشافعي: الأصل في الفقه الشافعي ألا تفسخ الإجارة بالعذر، إلا إذا اوجب خللا في المعقود عليه أو كان عيبا فيه تنقص به المنفعة، أو تعذر استيفاء المنفعة، تعذرا شرعيا، كانقطاع الماء في البئر والعين والرحى وغير ذلك من العيوب في المعقود عليه، أو زوال الالم من السن، فسخت الإجارة للعذر الشرعي [1].

640 - 4 - الفقه الحنبلي: الأصل ألا تفسخ الإجارة بالعذر، إلا إذا اوجب خللا أو عيبا في المعقود عليه تنقص به المنفعة أو تعذر استيفاء المنفعة تعذرا شرعيا، فإذا تعذر الزرع بسبب غرق الأرض أو انقطاع مائها، فللمستأجر الخيار، وإن قل الماء بحيث لا يكفي الزرع فله الفسخ لأنه عيب، أما إذا غرق الزرع أو هلك بحريق أو جراد أو برد أو غيرذلك فلا تفسخ الإجارة لأن التالف غير المعقود عليه، وتنفسخ الإجارة بموت المرضعة وموت الطفل، لتعذر استيفاء المعقود عليه [2].

641 - 5 - فقه الشيعة الجعفرية: إذا اكترى شخص ارضا للزراعة وغرقت بعد ذلك نظر، فإن كانت غرقت عقيب العقد بطل العقد، وإن كان بعد مضي ـ مدة انفسخ العقد فيما بقي ولا ينفسخ فيما مضى [3]. وإذا استأجر جملا للحج فيمرض، أو حانوتا لبيع البزقية، فيحترق أو يسرق بزه، بطلت الإجارة، وفي قول لا تبطل، وإذا تعذراستيفاء المنفعة فتبطل الإجارة [4].

642 - موقف القانون المعاصر: إذا غلب الماء على الأرض المؤجرة فاستبحرت ولم يمكن زرعها أو انقطع الماء عنها فلم يمكن ريها ولم يكن للمستأجر يد في ذلك، فلا تجب الأجرة أصلا وللمستأجر فسخ الإجارة، وكذلك الحال إذا منع المستأجر من تهيئة الأرض للزراعة أو من بذرها، وإذا تعذر على

---

(1) المهذب ج1 ص405 - 406 نهاية المحتاج إلى شرح المنهاج للرملي ج5 ص312 - 313، 317 - 318.

(2) المغني ج5 ص418، 445، 446، 456، 457.

(3) أبو جعفر محمد بن الحسن بن علي الطوسي، المبسوط في فقه الإمامية، طهران المكتبة المرتضوية، ط2 1388 للهجرة ج3 مسألة (9) ص269.

(4) مختلف الشيعة ج6 مسألة (9) ص112.

المزارع أن يزرع الأرض لمرض أو لأي سبب آخر، ولم يكن مستطاعا أن يحل محله غيره من افراد عائلته، أو إذا أصبحت عائلته في حال لا يتيسر معها استغلال الأرض استغلالا مرضيا، كان لصاحب الأرض أو للمزارع أن يطلب فسخ العقد، ولا تنفسخ المزارعة بموت صاحب الأرض ولا بموت المزارع، ومع ذلك إذا مات المزارع، جاز لورثته أن يطلبوا فسخ العقد إذا أثبتوا أنه بسبب موت مورثهم أصبحت اعباء العقد اثقل من أن تتحملها مقدرتهم، وإذا عجز المساقي عن العمل أو كان غير مأمون على الثمر، جاز فسخ المساقاة وبهذه الأحكام أخذ القانون المدني العراقي في المواد (800، 811، 812، 821) وفي القانون المدني الأردني يجوز للمستأجر فسخ العقد، إذا استلزم تنفيذه الحاق ضرر بين بالنفس أو المال أو لمن يتبعه في الانتفاع بالمأجور، وإذا غلب الماء على الأرض المأجورة حتى تعذر زرعها أو انقطع الماء عنها واستحال ريها أو أصبح ذا كلفة باهظة أو حالت قوة قاهرة دون زراعتها فللمستأجر فسخ العقد ولا تجب عليه الأجرة، والمساقاة عقد لازم فلا يملك احد المتعاقدين فسخه إلا لعذر يبرر ذلك[1]، وأجاز المشروع العربي فسخ عقد الإيجار للعذر الطارئ وذلك في المادة (1/668) منه، وفي القانون المدني المصري، إذا هلكت العين المؤجرة أثناء الإيجار هلاكا كليا، انفسخ من تلقا ء نفسه (م1/569) ولا تنقضي المزارعة بموت المؤجر ولكنها تنقضي بموت المستأجر (م626) وفي القانون المدني السوري، إذا هلكت العين المؤجرة أثناء الإيجار هلاكا كليا انفسخ العقد من تلقاء نفسه (م1/537) ولا تنقضي المزارعة بموت المؤجر ولكنها تنقضي بموت المستأجر (م593).

643 - ثانيا - الجوائح في الثمار: ويقصد بالجائحة ما يصيب الثمر من السماء كالبرد أو من افة كالعفن والعطش، وقد فسح الفقه المالكي المجال لنظرية انقاص الثمن للجوائح في بيع الثمار، ويتفق الحنابلة مع المالكية في نظرية الجوائح، أما الشافعية والحنفية فلا يقرون هذه النظرية، ولم اعثر على رأي لفقه الشيعة الجعفرية، في هذا الموضوع، علما بأن كتب هذا الفقه تتحدث عن بيع الثمار

(1) انظر المواد 699، 720، 738) من القانون المدني الأردني والمذكرات الإيضاحي ج2 ص590 وما بعدها.

قبل بدو الصلاح[1].

644 - وإذا كانت الجائحة من صنع الآدميين فبعض أصحاب الإمام مالك رآه جائحة والبعض الآخر لم يره جائحة، ففي الفقه المالكي ثلاثة اراء:

1 - إن الجائحة من الأمور السماوية وحدها. 2 - إن الجائحة تشمل أيضا أعمال الادميين التي لا يمكن التحرز منها. 3 - إن الجائحة تشمل جميع أعمال الآدميين حتى تلك التي يمكن التحرز منها ما دامت من غير فعل المشتري[2].

645 - ومحل الجائحة هي الثمار والبقول، فاما الثمار فلا خلاف فيها، وأما البقول ففيها خلاف والاشهر فيها الجائحة، وإنما اختلفوا في البقول لاختلافهم في تشبهها بالأصل وهو الثمر[3].

646 - والأصل، في بيع الثمار ان تباع على الشجرة قائمة قبل جنيها، ويتسلمها المشتري وهي لا تزال قائمة على الشجر ويجنيها عادة بالتدرج بمجرد نضوجها، ومذهب الإمام مالك يجيز بيع الثمار إذا تلاحقت احادها، فيباع ما ظهر منها وما لم يظهر، فإذا كان المشتري قد تسلم الثمار وهلكت بجائحة كلها أو بعضها بعد التسليم وإن كانت لا تزال قائمة على الشجر، فهلاكها على المشتري كما تقضي- القاعدة العامة، وبهذا يقول المذهب الحنفي والمذهب الشافعي، أما المالكية والحنابلة، فيرون أنه بالرغم من أن المشتري قد تسلم الثمار، فإنها لا تزال قائمة على الشجر، فهلاكها بالجوائح غير المنظورة يكون على البائع، لأن طبيعة البيع تقتضي- ذلك فلا يزال البائع مسؤولا عن سلامة الثمار وريها ما دامت لا تزال قائمة على الشجر[4].

647 - وفي المذهب الحنبلي، كل آفة لا صنع للآدمي فيها كالريح والبرد والجراد والعطش، وإما ما كان من فعل ادمي، فالمشتري بالخيار بين فسخ العقد ومطالبة البائع بالثمن وبين البقاء عليه ومطالبة الجاني بالقيمة لأنه امكن الرجوع

(1) انظر مختلف الشيعة ج5 مسألة 191 - 221.
(2) بداية المجتهد ج2 ص154.
(3) المصدر السابق ج2 ص154.
(4) بداية المجتهد ج2 ص154 - 155 المدونة الكبرى ج12 ص25 - 26.

ببدله بخلاف التالف بالجائحة[1]. 648 - ثالثا - كساد العملة وانقطاعها وتغير قيمتها: يتبين من كتب الفقه الإسلامي، إن سعر النقد كثيرا ماكان ينقلب، لذلك نجد في عبارات الاتفاقات، إن الدنانير يجب أن تكون قيمتها كذا، وقد تهبط كذلك قيمة الفلوس اوتكسد تماما[2] ويقصد بالكساد، كساد الدراهم، وهو بطلان التعامل بها[3]. أي توقف الجهة المصدرة للنقد التعامل به، فتترك المعاملة به في جميع البلاد وهوما يسميه الفقهاء بـ (كساد النقد)[4] وفي هذه الحالة يفسد العقد[5] **أما** الانقطاع فعبارة عن عدم تداول الدراهم في الاسواق وإن وجدت في ايدي الصيارفة وفي البيوت[6].

649 - وذهب الإمام (ابو حنيفة) إلى أن البيع يبطل في حالتي الكساد والانقطاع ويجب على المشتري رد المبيع، إذا كان قائما ومثله اذاكان هالكا، وإن لم يكن مقبوضا فلا حكم لهذا البيع أصلا والتعليل هو أن الثمن يهلك بالكساد، لأن الفلوس والدراهم الغالبة الغش، اثمان باصطلاح لا بالخلقة، وإذا انتفى الاصطلاح انتفت المالية، ويرى الصاحبان (الا مامان أبو يوسف ومحمد) عدم البطلان وإن قيمة يوم البيع هو الأساس، ذلك أن الكساد لا يوجب الفساد، كما إذا اشترى بالرطب شيئا فانقطع أو أنه لا يبطل اتفاقا وتجب القيمة أو ينتظر زمن

(1) المغني ج4 ص216.
(2) شفيق شحاتة، النظرية العامة للالتزامات في الشريعة الإسلامية، الجزء الأول، طرفا الالتزام القاهرة، 1936 ف45 ص84 - 85.
(3) أحمد أبو الفتح كتاب المعاملات في الشريعة الإسلامية والقوانين المصرية، ج2 ط2 القاهرة 1923 ص368.
(4) الدكتور نزيه كمال حماد، تغيرات النقود والأحكام المتعلقة بها في الفقه الإسلامي، مجلة الفقه الإسلامي، الدورة الثالثة، العدد الثالث، الجزء الثالث، 1408 للهجرة 1987 م ف10 ص1663.
(5) تنبيه الرقود على مسائل النقود من ارخص وغلا وكساد وانقطاع، مجموعة رسائل ابن عابدين (محمد امين الشهير بابن عابدين) استانبول مطبعة شركة الصحافة العثمانية 1325 للهجرة ج2 ص59.
(6) أحمد أبو الفتح ص368.

الرطب في السنة الثانية[1] وفيما يتعلق بغلاء الدراهم ورخصها يرى (الإمام أبو حنيفة) إن ليس للدائن غير ما جرى بعد العقد، وهو رأي تلميذه (الإمام أبو يوسف) في اول الأمر، ورأي تلميذه (الإمام محمد بن الحسن الشيباني)[2] وقد رجع الإمام أبو يوسف عن رأيه المتقدم بعدئذ، وقال بقيمة العقد من الذهب يوم العقد والقبض[3].

650 - وللإمام ابن عابدين رأي مفصل في هذه المسألة، فقد ذهب إلى أنه قد يصدر الأمر السلطاني بتغيير سعر الدراهم الرائجة بالنقص، فينبغي أن ينظر إلى تلك الدراهم التي رخصت ويدفع أوسطها لا الأقل ولا الأكثر كيلا يتناهى الضرر على البائع أو المشتري، ويقول موضحا (كان صار مثلا ماكان قيمته مائة قرش من الريال يساوي تسعين وكذلك سائر الأنواع، أما إذا صار ما كان قيمته مائة من نوع يساوي تسعين ومن نوع آخر خمسة وتسعين ومن آخر ثمانية وتسعين، فإن لزمنا البائع بأخذ ما يساوي التسعين بمائة فقد اختص الضرر به، وإن الزمنا المشتري بدفعه بتسعين اختص الضرر به فينبغي وقوع الصلح على الاوسط)[4] فالإمام ابن عابدين، يضع بذلك حلا لمسألة تقلب قيمة النقود، ويتمثل هذا الحل بالصلح على الأوسط، أي يتقاسم البائع والمشتري أو المقرض والمقترض، الضرر الناجم عن تغير سعر النقد، وينسجم هذا الرأي مع الاتجاهات الحديثة في القوانين المدنية التي تأخذ بنظرية الظروف الطارئة التي تقرر توزيع العبء الطارئ الناشئ عن الظروف الطارئة غير المتوقعة على طرفي العقد بحيث يؤدي إلى رد الالتزام المرهق إلى الحد المعقول والمعيار الذي يأخذ به ابن عابدين في توزيع الخسارة على المتعاقدين، إنما هو معيار موضوعي لأنه يوزع الخسارة الناتجة عن التقلب على المتعاقدين بالتساوي، وهو الصلح على الاوسط[5]. ويذكر أن المادة (242) من

(1) ابن عابدين ص58 - 59 وص64 ويراجع كمال الدين ابن الهمام، فتح القدير، ج5 ص383 وما بعدها (فتح القدير شرح الهداية مطبوع بهامش الهداية).
(2) ابن عابدين ص60.
(3) ابن عابدين ص60 وص62.
(4) ابن عابدين ص66 - 67.
(5) انظر رسالتنا للدكتوراه (اختلال التوازن الاقتصادي للعقد ودور القاضي في معالجته، دراسة مقارنة، اذار 1979 ص270.

مجلة الأحكام العدلية تنص على أنه (إذا عين وصف لثمن وقت البيع لـزم على المشتري أن يؤدي الثمن من نوع النقود التي وصفها فلو عقد البيع عـلى ذهـب مجيدي أو انكليزي أو فرنساوي أو ريـال مجيـدي أو عمـودي لـزم عـلى المشـتري أن يؤدي الثمن من النوع الذي وصفه وبينه من الأنواع) ويقول المرحوم (عـلي حيـدر) في تعليقه على هذه المادة أنه (إذا بيع بنوع مـن الـثمن وقبـل أن يـؤدي الـثمن إلى البائع رخص الثمن أو غلا فليس البائع أو المشتري مخير بل المشتري ملزم بـأن يـدفع الثمن إلى البائع من ذلك النوع والبائع ملـزم بقبولـه سـواء أكـان الـثمن مـن النقـد الغالب الغش أم الغالب الفضة أم الذهب، ولا يلتفت إلى الغـلاء أو ارخـص العـارض بعد العقد وكذلك الحكم في القرض)[1] **أما** مرشد الحيران إلى معرفة أحـوال الإنسـان، فيتلخص موقفه على النحو الآتي، القرض هو أن يدفع شخص لاخر عينا معلومـة مـن الاعيان المثلية التي تستهلك بالانتفـاع بهـا لـيرد مثلهـا (م796) وإنمـا تخـرج العـين المقترضة عن ملـك المقـرض وتـدخل في ملـك المسـتقرض إذا قبضـها فيثبـت في ذمـة المستقرض مثلها لا عينها ولو كانت قائمة (م797) ويجوز استقراض الذهب والفضـة المضروبين وزنا ويجوز عددا أيضا إذا كان الوزن مضبوطا ويوفى بدلها عددا من نوعها الموافق لها في الوزن أو بدلها وزنا لا عددا (م800) ويجـب عـلى المسـتقرض رد مثـل الاعيان المقترضـة قـدرا ووصـفا (م802) وإذا اسـتقرض مقـدارا معينـا مـن الفلـوس الرائجة والنقود غالبة الغش فكسدت وبطل التعامل بها فعليه رد قيمتها يوم قبضها لا يوم ردها وإن استقرض شيئا من المكيلات أو الموزونات أو المسكوكات من الذهب والفضة فرخصت اسعارها أو غلت فعليه رد مثلها ولا عبرة برخصها وغلوهـا (م805) وإذا لم يكن في وسع المستقرض رد مثل الاعيان المقترضة بأن اسـتهلكها ثـم انقطعـت على ايدي الناس يجبر المقرض عـلى الانتظـار إلى أن يوجـد مثلهـا إلا إذا تراضـيا عـلى القيمة (م806).

651 - وفي الفقه الشافعي، الأصل أن يكون الوفاء بالنقد المتعاقد عليه،

---

(1) علي حيدر درر الحكام شرح مجلة الأحكام بغداد طبعة الاوفسيت ج1 ص190.

في البيع والقرض، سواء أبطله السلطان أو عز وجوده، ولكنه إذا فقد وجب الوفاء بقيمة الذهب وقت المطالبة[1].

652 - وفي الفقه الحنبلي للدائن، في حالة منع السلطان التعامل بالنقود، أن يطالب بالقيمة وقت العقد، وفي حالة الكساد يجب أن يكون الوفاء بمثل النقود، إلا إذا اعوز المثل فيكون الرد بالقيمة يوم الاعواز[2] **وإذا** غلت الفلوس أو رخصت، وجب أن يكون الوفاء بمثلها إلا إذا اعوز المثل فيكون الرد بقيمة يوم الاعواز، أي يوم عدم الحصول على المثل[3].

653 - وفي الفقه المالكي يجب أن يتم الوفاء بالنقد المتفق عليه ومن جنسه سواء أكان في القرض أم في البيع، فالوفاء يتم بالعملة المقبوضة ذاتها أو المتعاقد عليها[4]. وهناك اتجاه في الفقه المالكي يرى بأن التغيير إذا كان يسيرا لا عبرة له ويجب الوفاء بمثل ماوقع عليه العقد دون تأثير لصعود قيمة النقود أو هبوطها، وأما إذا كان التغيير فاحشا فإن الوفاء يحسب بحسب قيمة النقود وقت التعاقد لأنه لو وفى بالمثل فقط حينئذ يصير القابض للنقود بعد هبوطها الفاحش كالقابض لما ليس له كبير منفعة[5].

654 - ويرى الدكتور نزيه كمال حماد، إن هناك ثلاثة اراء في الفقه الإسلامي:

ا - عدم تأثير صعود قيمة النقود وهبوطها على المداينات السابقة وبه

(1) أبو يحيى زكريا الانصاري، حاشية البجيرمي على منهج الطلاب، القاهرة مطبعة مصطفى محمد 1355 للهجرة ج2 ص186.
(2) منصور بن يونس إدريس البهوتي، الروض المربع شرح زاد المستقنع، ج2 القاهرة مطبعة السنة المحمدية 1375 للهجرة 1955 م ص153 155، الإمام عبد القادر ابن عمر الشيباني، نيل المارب بشرح دليل الطالب، القاهرة المطبعة الخيرية، 1324 للهجرة ج1 ص93.
(3) الابهوتي الروض المربع ج2 ص153 - 155 الشيباني نيل المارب ج1ص93.
(4) الإمام مالك المدونة الكبرى القاهرة مطبعة السعادة 1323 للهجرة ج8 ص444 - 445.
(5) محمد بن أحمد الرهوني، حاشية على شرح الزرقاني لمختصر خليل، وبهامشه حاشية محمد ابن المدني علي كنون، المطبعة الاميرية ببولاق سنة 1306 للهجرة الفقرة (28) ص225 - 226.

أخذت مجلة الأحكام العدلية.

ب - اعتبار يوم العقد في البيع، ويوم القبض في القرض، وهو القول الثاني للإمام أبي يوسف والمفتى به في الفقه الحنفي.

ج - قول عند المالكية، وهو ما رجحه الرهوني، بأن يكون الوفاء بحسب قيمة النقود وقت التعاقد لأنه لو وفى بالمثل فقط حينئذ يصير القابض للنقود بعد هبوطها الفاحش كالقابض لما ليس له كبير منفعة[1].

655 - ويرى الأستاذ مصطفى أحمد الزرقا إن ما ذهب إليه المالكية وأيده الشيخ الرهوني يتفق تمام الاتفاق مع ماهو مقرر في نظرية الظروف الطارئة التي تشترط أن يؤدي الظرف الطارئ إلى غبن فاحش جدا للملتزم بحيث يكون من شأنه، إن يرهقه ارهاقا شديدا، أما إذا ادى إلى فراق غير كبير ولا فاحش، فإنه لا عبرة له، ويرى أن الهبوط الفاحش الذي يلحق بكساد النقود، فهو ماتجاوز ثلثي قيمة النقد وقوته الشرائية عند العقد في البيع والقبض في القرض، وبقي من قيمته أقل من الثلث، فإنه حينئذ يعتبر فاحشا ويوجب توزيع الفرق على الطرفين، اخذا من الأدلة الشرعية والاراء الفقهية التي تحدد حد الكثرة بالثلث[2].

656 - ويذهب الأستاذ الدكتور مصطفى إبراهيم الزلمي إلى أن النقود من المثليات واجمع علماء المسلمين من الأصوليين والفقهاء، على أن بدل المثل هو المثل وإذا تعذر المثل يصار إلى قيمته، كما أنهم اجمعوا على أن مثل الشيء هو ما يساويه صورة ومعنى، وإن المراد بالمعنى في هذا المقام هو القيمة وإن القيمة تقدر بالمنفعة، ولذا قسموا التزام المدين إلى الأداء والقضاء، فالأداء تسليم نفس الواجب (اي عينه) إلى مستحقه، والقضاء رد أو تسليم مثل الواجب أو قيمته، ويميز الأستاذ الزلمي بين المال المقرض من المواد الغذائية والمال المقرض من النقود وذلك على النحو الآتي:

---

(1) نزيه كمال حماد، دراسات في أصول المداينات دمشق دار الفكر 1971 ص 86 - 87.

(2) مصطفى أحمد الزرقا، انخفاض قيمة العملة الورقية بسبب التضخم النقدي وأثره بالنسبة للديون السابقة وفي أي حد يعتبر الانخفاض ملحقا بالكساد، مجلة الفقه الإسلامي، الدورة التاسعة، العدد التاسع، الجزء الثاني، 1417 للهجرة 1996م ص364.

1 - إذا كان المال المقرض من المواد الغذائية، ثم في المدة الزمنية بين القبض وحين استحقاق الرد ارتفعت اسعارها أو انخفضت فإن هذا الارتفاع أو الانخفاض ليس له دور على الناحية الكمية، فعلى المقترض أن يرد للمقرض ما يساوي المال المقترض من حيث الكم وإن اختلفا كيفا، فمن يقترض عشرة اطنان من الحنطة فعليه رد ذاتها (عشرة اطنان) بغض النظر عن ارتفاع أو انخفاض سعر الحنطة في السوق.

2 - إذا كان المال المقرض مبلغا من النقود، سواء كانت نقود بلد القرض أو نقود بلد آخر ثم ارتفعت أو انخفضت القوة الشرائية لتلك النقود خلال الفترة الواقعة بين القبض والرد، فإن الواجب على المقترض هو القضاء القاصر أي قيمة النقود المقترضة لا كميتها، فنفرض أن (ا) استقرض من (ب) الف دينار وكان الدينار حين القبض يساوي مثقالا من الذهب ثم أصبح الالف كله معادلا لمثقال واحد من الذهب، فإن الرد بنفس المبلغ يكون باطلا لعدم التماثل بين المقبوض والمردود، لاختلاف معناهما (قيمتهما) بل في هذه الحالة يجب العدول إلى القيمة، فعلى المقترض أن يرد قيمة المبلغ المقترض يوم القبض وكذلك الحكم، إذا كان الأمر معكوسا، فالعبرة في حالة تغير القوة الشرائية بقيمة يوم القبض سواء كان التغيير في ارتفاع القوة الشرائية أو انخفاضها، لأن هذا التغيير بمثابة فقدان المال المثلي في الاسواق وفي ايدي الناس[1].

657 - وقد قرر مجمع الفقه الإسلامي في دورته التاسعة وبقراره المرقم (93/6/د 9) ما يأتي:

1 - العبرة في وفاء الديون الثابتة بعملة ما هي بالمثل وليس بالقيمة لأن الديون تقضى بامثالها، فلا يجوز ربط الديون الثابتة في الذمة ايا كان مصدرها بمستوى الاسعار، وهذا تأكيد على قرار المجمع الصادر في الورقة الخامسة.

2 - أن يطبق في الأحوال الاستثنائية مبدأ الربط بمؤشر تكاليف المعيشة (مراعاة القوة الشرائية للنقود).

(1) الدكتور مصطفى إبراهيم الزلمي، الالتزامات في الشريعة الإسلامية والتشريعات المدنية العربية، بغداد 2000 م ص271 وما بعدها.

3 - أن يطبق مبدأ ربط النقود الورقية بالذهب (مراعاة قيمة هذه النقود بالذهب عند نشوء الالتزام).

4 - أن يؤخذ في مثل هذه الحالات بمبدأ الصلح الواجب، بعد تقرير اضرار الطرفين (الدائن والمدين).

5 - التفرقة بين انخفاض قيمة العملة عن طريق العرض والطلب في السوق، وبين تخفيض الدولة عملتها باصدار قرار صريح في ذلك، بما يؤدي إلى تغير اعتبارقيمة العملات الورقية التي أخذت قوتها بالاعتبار والاصطلاح.

6 - التفرقة بين انخفاض القوة الشرائية للنقود الذي يكون ناتجا عن سياسات تتبناها الحكومات وبين الانخفاض الذي يكون بعوامل خارجية.

7 - الأخذ في هذه الأحوال الاستثنائية بمبدأ (وضع الجوائح) الذي هو من قبيل مراعاة الظروف الطارئة[1].

658 - موقف الفقه القانوني والقانون المعاصر: يجب على المستقرض رد مثل الاعيان المقترضة قدرا ووصفا في الزمان والمكان المتفق عليهما، وإذا وقع القرض على شيء من المكيلات أو الموزونات أو المسكوكات أو الورق النقدي، فرخصت اسعارها أو غلت، فعلى المستقرض رد مثلها ولا عبرة برخصها وغلائها، وبهذا الحكم أخذ القانون المدني العراقي في المادتين (1/689، 690) وأخذ القانون المدني الأردني بهذا الحكم مع إضافة حكم صريح بأنه لا عبرة لما يطرا على قيمة القرض من تغيير وذلك في المادة (644) ويلتزم المقترض في القانون المدني المصري برد شيء مثل القرض في مقداره ونوعه وصفته (م538) وهو حكم المادة (506) من القانون المدني السوري وأخذ المشروع العربي في المادة (611) بما ورد في القانون المدني الأردني.

659 - إن هبوط القوة الشرائية للعملة الورقية له تأثير مهم ومباشر على الالتزامات والديون المحددة بالنقود والناشئة في وقت سابق، لم يتم الوفاء بها، بحيث يؤدي إلى مشاكل وصعوبات جمة تتمثل في الاختلال الفادح الذي يصيب

(1) القرار منشور في مجلة مجمع الفقه الإسلامي، الدورة التاسعة العدد التاسع، الجزء الثاني 1417 للهجرة 1996 م ص831 - 833.

الالتزامات والديون المحددة بالعملة الوطنية بعد انخفاض القوة الشرائية لها انخفاضا كبيرا، كل هذه الأمور ادت بالمشرع في الدول التي عانت من الظروف الاستثنائية وفي مقدمتها الحروب واهتزاز وضع العملة الوطنية إلى التدخل باصدارتشريعات للمساهمة في مواجهة تلك المشكلات ومحاولة اعادة التوازن الاقتصادي إلى العلاقات التعاقدية التي اختلت[1].

660 - ويلاحظ أن الموضوعات التي درسناها في الصفحات السابقة حول فسخ العقد بالعذر الطارئ والجوائح في الثمار وتغير قيمة النقد، إنما تشكل في مجموعها موقف الفقه الإسلامي من نظرية الظروف الطارئة المعروفة في القوانين المدنية الحديثة، فإذا طرات حوادث استثنائية عامة لم يكن في الوسع توقعها وترتب على حدوثها أن تنفيذ الالتزام العقدي، وإن لم يصبح مستحيلا، صارمرهقا للمدين بحيث يهدده بخسارة فادحة جاز للمحكمة، بعد الموازنة بين مصلحة الطرفين أن ترد الالتزام المرهق إلى الحد المعقول، إن اقتضت العدالة ذلك، ويقع باطلا كل اتفاق على خلاف ذلك[2].

---

(1) انظر دراستنا المعنونة بـ (اثر تغير قيمة النقد في الإلتزامات العقدية) مجلة القانون المقارن، بغداد، جمعية القانون المقارن، العدد (32) السنة 2002.

(2) انظر المواد (2/146) مدني عراقي و(205) مدني أردني و(2/147) مدني مصري و(2/148) مدني سوري و(241) مشروع عربي، وللتفصيل انظر مؤلفنا (نظرية الظروف الطارئة ودور القاضي في تطبيقها) بغداد، دار الحرية للطباعة، من منشورات وزارة العدل (الثقافة القانونية) تسلسل (9) 1993.

الفصل الرابع

انتهاء العقد

661 - ينتهي العقد، بطرق مختلفة، تعود إلى أنواعها وكونها لازمة أو غير لازمة أو موقوفة أو بسبب الفساد أو توفر احد الخيارات أو اتفاق الطرفين (الاقالة)، كما ينتهي، في الأصل، بتنفيذه أو عدم تنفيذه، إضافة إلى أن هناك عقودا تنتهي بوفاة احد طرفيها، وذلك لأنها عقدت في الأصل مراعاة لاعتبارات شخصية في الطرفين أو أحدهما، كل هذه الطرق لانتهاء العقد ندرسها في ثلاثة مباحث.

المبحث الأول

انتهاء العقود اللازمة

662 - ينتهي العقد اللازم بفسخه للفساد وبسبب الخيار وبالاقالة وبتنفيذه أو عدم تنفيذه وانتهاء مدته وهلاك المعقود عليه، ولما كنا قد تطرقنا إلى الخيارات، لذا سوف لانعيد ما ذكرناه سابقا، ما عدا القول، إن ثبوت الخيار لأحد العاقدين في فسخ العقد معناه سلب صفة اللازم من العقد في أصله.

المطلب الأول

تنفيذ العقد اللازم أو عدم تنفيذه

663 - وندرس تنفيذ العقد في البند الأول على أن نبحث عدم تنفيذ العقد في البند الثاني.

البند الأول
تنفيذ العقد

664 - يعد تنفيذ العقد وما فيه من بنود وشروط هوالطريق الطبيعي لانتهاء العقد، والالتزامات التي يرتبها العقد في الفقه الإسلامي، أما التزام بتحقيق غاية أو ببذل عناية ونراهما تباعا:

665 - اولا: تنفيذ الالتزام بتحقيق غاية: ويكون تنفيذ هذا الالتزام، بتحقيق الغاية، وهي محل الالتزام، فالتزام البائع بنقل الملك إلى المشتري، مع التزامه بضمان الاستحقاق وضمان العيب، والتزام المؤجر بنقل المنفعة إلى المستأجر، يتم تحقيقه بنقل المنفعة فعلا إلى المستأجرمع التزامه بضمان التعرض وضمان العيب[1] وتنفيذ عقد الاستصناع، مثلا، يقوم الصانع بصنع المادة الخام التي تكون عليه وتسليم المطلوب صنعه إلى المستصنع وتسلم الثمن المتفق عليه بينهما، ومن جهة المستصنع، يكون باعطاء المواصفات المطلوبة للصنع إلى الصانع عند التعاقد وتسلم المطلوب صنعه ودفع الثمن للصانع[2]. وينتهي عقد الكفالة، إذا ادى الاصيل الدين، فإن الكفيل يبرئ، وكذلك إذا ادى الكفيل الدين برئ الاصيل بالنسبة للدائن، وإذا ابرئ الدائن الاصيل برئ الكفيل تبعا له، لأن براءة الاصيل تستلزم براءة الكفيل، وإذا احال المدين دائنه على آخر حوالة مقبولة برئ بذلك الكفيل لانها توجب براءة المدين فيبرا كفيله تبعا له[3]. وينتهي عقد القرض بالإبراء والأداء، أي رد البدل[4].

666 - ثانيا - تنفيذ الالتزام ببذل عناية: وفي هذا الالتزام، يلتزم المدين ببذل الجهد للوصول إلى غرض، تحقق هذا الغرض أو لم يتحقق، والعناية التي

(1) المبسوط للسرخسي ج13 ص9 سليم رستم باز ص150، 267 - 268 مجمع الضمانات ص228 وما بعدها وانظر المجلة، المواد (294، 477، 478، 514) ومرشد الحيران (م651، 652).
(2) كاسب عبد الكريم البدران ص226.
(3) علي الخفيف ص449.
(4) محمد زكي عبد البر، أحكام المعاملات المالية في المذهب الحنبلي ص86.

يبذلها هو عناية الرجل المعتاد، فإذا لم يبذل هذا القدر من العناية عد مقصرا، ومن ابرز الالتزامات ببذل العناية المعروفة في الفقه الإسلامي:

1 - التزام المستأجر بالمحافظة على العين المؤجرة. 2 - التزام المودع عنده بالمحافظة على العين المعارة. 3 - التزام المستعير بالمحافظة على العين المعارة. 4 - التزام المرتهن بالمحافظة على العين المرهونة. 5 - التزام الوكيل بحسن إدارة أعمال الوكالة. 6 - التزام الأجير المشترك ببذل عناية لا يضمن نتيجة، وإنما يضمن قدرا من العناية يبذلها في القيام به، كالتزام الطبيب والختان والحجام[1].

البند الثاني

عدم تنفيذ الالتزام

667 - عند عدم تنفيذ احد العاقدين التزامه بموجب العقد، فإن للمتعاقد الآخر طلب فسخ العقد، كما أن له أن يجبر صاحبه بطريق القضاء على تنفيذ التزامه، ففي عقد الإجارة، مثلا، للمؤجر أن يمتنع من تسليم المأجور إذا تسلم الأجرة وكان الشرط دفعها من المستأجر مقدما، وفي عقد البيع للبائع حق حبس المبيع (المعقود عليه) تحت يده حتى يدفع المشتري الثمن.

668 - وإذا امتنع احد المتعاقدين، نهائيا، عن تنفيذ التزامه، فإن جمهور الفقهاء، ومنهم الاحناف، جوزوا ما يسمى بـ (خيار النقد) وصورته أن يقول البائع مثلا، بعتك هذا الثوب على انك إن لم تنقد إلى ثلاثة ايام فلا بيع بيننا، وأجاز الإمام محمد بن الحسن الشيباني، أن تكون المدة أكثر من ثلاثة ايام ما دامت معينة، ويترتب على ذلك، إنه إن دفع المشتري الثمن، في أثناء هذه المدة تم البيع، وإلا انفسخ العقد، في حين أن الإمام زفر بن الهذيل وبعض الفقهاء الاخرين، قالوا بفساد البيع على هذه الصورة، وهو القياس[2].

---

(1) مجمع الضمانات ص13 وما بعدها وانظر السنهوري مصادر الحق ج6 ص 149 (طبعة 1959).
(2) المبسوط للسرخسي ج13 ص17 وانظر المواد (313 - 315) من المجلة.

669 - وفي عقد الايداع يلتزم المودع عنده بالمحافظة على العين المودعة، حتى ردها للمودع، وهو التزام ببذل عناية، فإذا تعدى المودع عنده، كأن يكون ثوبا فلبسه أو شيئا فافترشه أو اودعها غير، ثم زال التعادي وردها إلى يده إلى الحالة الأولى، برئ من الضمان، وكذلك المستعير إذا بذل العناية المطلوبة بالمحافظة على المعار، ولكنها هلكت في يده، فتكون قد هلكت أمانة على المالك، وإذا قصر في المحافظة عليه كان متعديا، فإذا هلكت العين ضمن قيمتها أو مثلها للمعير، والمستأجر يلتزم، أيضا، بالمحافظة على المأجور وأن يبذل في هذا الحفظ عناية الرجل المعتاد، فإذا لم يستعمل المأجور الاستعمال المعتاد المألوف بين الناس، كان متعديا وضمن، وكذلك يلتزم الوكيل ببذل العناية المطلوبة في تنفيذ أعمال الوكالة فإذا انحرف عن السلوك المألوف في تنفيذ الوكالة كان متعديا ويضمن[1].

670 - وبالنسبة للتعويض عن الضرر، فإن الفقه الإسلامي يشترط في الضمان أن يكون المضمون متقوما في ذاته، وأن توجد المماثلة بينه وبين المال الذي يعطى بدلا عنه وترد على فكرة الضرر القيود الآتية:

1 - الخراج بالضمان، وعلى هذه القاعدة نصت المادة (85) من المجلة (الخراج بالضمان) أي أن من يضمن شيئا لو تلف، ينتفع به في مقابلة الضمان، فإذا رد المشتري حيوانا بخيار العيب، وكان قد استعمله مدة، لا تلزمه أجرته، لأنه لو كان قد تلف في يده قبل الرد لكان من ماله، أي أن خسارته كانت راجعة عليه.

2 - الأجر والضمان لا يجتمعان، نصت المادة (86) من المجلة على أن (الأجر والضمان لا يجتمعان) فإذا جاوز المستأجر الشروط بوجه يوجب الضمان، كما إذا استأجر دابة إلى محل معين فجاوز هذا المحل وهلكت الدابة فلزمه الضمان، لم يجتمع الأجر مع الضمان فلا أجر على المستأجر.

671 - ولا يتم ضمان المنافع في الفقه الحنفي، لأنها أموال غير متقومة في ذاتها، ذلك أن الأصل أن المنفعة كسكنى الدار وعمل الأجير، من قبيل الاعراض، ولا تقوم المنفعة إلا بعقد، كعقد الإيجار، فعند ذلك تستحق الأجرة عن

(1) مجمع الضمانات ص13 - 21، 69 - 73، 246 وما بعدها.

المنفعة، لا بحكم الضمان، بل بحكم العقد الذي قومها، ومن ثم لا تكون المنفعة مضمونة بالغصب إذ لا عقد هنا يقومها[1]. واورد الفقه الحنفي ثلاثة استثناءات على القاعدة المذكورة:

1 - إذا استخدم شخص صغيرا دون إذن وليه، كان للصغير متى بلغ أن يأخذ أجر مثل خدمته عن تلك المدة، وإذا توفي الصغير فلورثته أن يأخذوا أجر مثل المدة، من مستخدم الصغير (م599 المجلة).

2 - إذا كان المال مال وقف أو مال صغير، فحينئذ يلزم من يستولي عليه ضمان المنفعة أي أجرة المثل (م596 المجلة).

3 - إذا كان المال معدا للاستغلال، فيلزم من يستولي عليه ضمان المنفعة، أي أجر المثل، إذا لم يكن الاستيلاء عليه بتاويل ملك أو عقد (م596 المجلة).

672 - ولا بد أن تكون هناك علاقة سببية بين التعدي أو التعمد وبين الضرر، فإذا كان يد المدين يد أمانة، وهلك الشيء بفعل الدائن لم يضمن المدين الهلاك، وكذلك إذا هلك الشيء بفعل أجنبي، فقد انتفت العلاقة السببية بين التعدي أو التعمد وبين الضرر، فإذا سرقت العارية من المستعير، فلا يضمن أو إذا هلكت بفعل شخص اخرفلا يضمن[2] وقد تنقطع العلاقة السببية في الفقه الإسلامي، بالجائحة أي الافة السماوية وهو ما سبق أن رأيناه.

673 - ويجب التمييز بين يد الأمانة ويد الضمان في الفقه الإسلامي:

1 - الأصل أن المالك إذا جمع إلى الملك الحيازة، تحمل الهلاك. 2 - إذا انفصلت الحيازة عن الملك، وكانت في يد غير يد المالك، فسواء انتقلت الحيازة بعقد كالإجارة والعارية والوديعة أو باذن كما في سوم الشراء أو بغير إذن كما في الغصب، فإن الحائز يحمل تبعة الهلاك، إذا كانت يده يد ضمان ويكون التزامه برد الشيء إلى مالكه التزاما بتحقيق غاية، ويحمل المالك تبعة هلاك الشيء إذا كانت يد الحائز يد أمانة ويكون التزام الحائز برد الشيء إلى مالكه التزاما ببذل عناية. 3 - وتعتبر يد الحائز يد ضمان إذا كان يحوز الشيء لمصلحة نفسه، فالغاصب يده يد

(1) مجمع الضمانات ص241 السنهوري مصادر الحق ج6 ص171 وما بعدها.

(2) مجمع الضمانات ص27، 66، 74، 236.

ضمان لأنه يحوز المغصوب، كمالك له، أما إذا كان الحائز يحوز الشيء لمصلحة المالك، فإن يده تكون أمانة، فالمستأجر يده يد أمانة لأنه يحوز العين المؤجرة لحفظها لمصلحة المؤجر وكذلك المستعير والمودع عنده.

4 - إلا أنه إذا كان شخص قد كسب الملكية بعقد كما في البيع، وهلك المبيع قبل التسليم فقد انفسخ البيع واعتبر البائع هو المالك والحائز في وقت واحد، فتحمل تبعة الهلاك[1].

674 - ولكن هل يجوز الاتفاق على تعديل المسؤولية في الفقه الإسلامي، يتفق الأئمة الثلاثة في الفقه الحنفي على أنه لا يجوز الاتفاق على جعل الأجير المشترك مسؤولا فيما لا يمكنه الاحتراز عنه، أما الاتفاق على جعل الأجير المشترك غير مسؤول فيما يمكنه الاحتراز عنه فيه خلاف بين الإمام (ابو حنيفة) حيث يرى جواز الاتفاق، أما (الصاحبان أبو يوسف ومحمد) فيذهبان إلى عدم جوازه[2].

675 - موقف القانون المعاصر: يجبر المدين على تنفيذ التزامه تنفيذا عينيا متى كان ذلك ممكنا، على أنه إذا كان في التنفيذ العيني ارهاق للمدين جاز له أن يقتصر على دفع تعويض نقدي إذا كان ذلك لا يلحق بالدائن ضررا جسيما، وفي الالتزام بعمل إذا لم يقم المدين بتنفيذ التزامه ولم يكن ضروريا أن ينفذه بنفسه جاز للدائن أن يستأذن من المحكمة في تنفيذ الالتزام على نفقة المدين إذا كان هذا التنفيذ ممكنا، وإذا كان المطلوب من المدين أن يحافظ على الشيء أو أن يقوم بادارته أو كان مطلوبا منه أن يتوخى الحيطة في تنفيذ التزامه فإن المدين يكون قد وفى بالالتزام إذا بذل في تنفيذه من العناية ما يبذله الشخص المعتاد حتى لو لم يتحقق الغرض المقصود، وإذا التزم المدين بالامتناع عن عمل واخل بهذا الالتزام جاز للدائن أن يطلب ازالة ما وقع مخالفا للالتزام مع التعويض إذا كان له محل، ويجوز اللجوء إلى التنفيذ بطريق الغرامات التهديدية والتنفيذ بطريق التعويض، وإذا استحال على الملتزم بالعقد أن ينفذ الالتزام عينا حكم عليه بالتعويض لعدم الوفاء

---

(1) السنهوري مصادر الحق ج6 181 - 182.
(2) مجمع الضمانات ص27، 33.

بالتزامه ما لم يثبت أن استحالة التنفيذ قد نشأت عن سبب أجنبي لا يد له فيه فالقوة القاهرة تؤدي إلى استحالة التنفيذ وانفساخ العقد من تلقاء نفسه وبهذه الأحكام أخذ القانون المدني العراقي في المواد (168، 179، 180، 246، 250 وما بعدها) والقانون المدني الأردني في المواد (246، 247، 248، 355، وما بعدها) وأخذ القانون المدني المصري بأحكام التنفيذ العيني والتنفيذ بطريق الغرامات التهديدية والغرامة في المواد (159، 203 وما بعدها) والقانون السوري في المواد (160، 204 وما بعدها) والمشروع العربي في المواد (255، 256، 257، 305 وما بعدها) ويذكر أن القانون المدني العراقي قد أخذ بفكرة يد الأمان ويد الضمان من الفقه الإسلامي في المادتين (426، 427).

المطلب الثاني

الفسخ

676 - نبحث في القاعدة العامة للفسخ والاستثناءات التي ترد على هذه القاعدة العامة في بندين اثنين.

البند الأول

القاعدة العامة للفسخ

677 - اولا - الأصل في الفقه الإسلامي: إن الدائن لا يطالب بفسخ العقد إذا اخل المدين بالتزامه، بل يطالب بتنفيذ العقد، فالعقود الملزمة للجانبين أو عقود المعاوضة اللازمة بطبيعتها والخالية من الخيارات، الأصل فيها إذن أنه إذا لم يقم المدين بتنفيذ التزامه لم يستطع الدائن أن يفسخ العقد ليتحلل هو أيضا من التزامه المقابل، بل كل ما يستطيع عمله، بعد أن انعقد العقد صحيحا لازما، هو أن يطالب المدين بتنفيذ التزامه، على أن يقوم هو من جانبه بتنفيذ ما في ذمته من التزام، ففي عقد البيع، إذا لم يقم المشتري بدفع الثمن، عند استحقاقه، فليس للبائع أن يطالب بفسخ البيع، بل يبقى البيع قائما غير قابل للفسخ، وتبقى العين المبيعة في ملك المشتري، ولكن للبائع أن يطالب المشتري بالثمن، ويجبره على ادائه طبقا للقواعد

المقررة في الفقه الإسلامي[1]. وفي عقد الصلح، مثلا، كالبيع والإجارة والرهن، عقد ملزم للجانبين، فإذا تم الصلح على الوجه المطلوب، دخل بدل الصلح في ملك المدعي وسقطت دعواه المصالح عنها، فلا يقبل منه الادعاء ثانيا، ولا يملك المدعى عليه استرداد بدل الصلح الذي دفعه للمدعى، ولا يفسخ الصلح لعدم قيام احد المتعاقدين بالتزامه، بل يبقى قائما، ويجبر العاقد على التنفيذ[2].

678 - ويرى الأستاذ المرحوم السنهوري، إنه لا يوجد ارتباط ما بين الالتزامات المتقابلة في العقد الملزم للجانبين في الفقه الإسلامي، فكل التزام مستقل عن الالتزام المقابل له، فالتزام المشتري بدفع الثمن وهو الذي يقابل التزام البائع بنقل ملكية المبيع وتسليمه وضمانه، لا يرتبط بهذا الالتزام المقابل، وإن الفقه الإسلامي، في مقابل ذلك، توسع كثيرا في الدفع بعدم التنفيذ الذي يؤدي إلى وقف تنفيذ العقد دون أن يؤدي إلى فسخه[3].

679 - ثانيا - التطبيقات:

1 - عقد البيع: الأصل في عقد البيع، إذا لم يقم المشتري بدفع الثمن عند استحقاقه، فليس للبائع أن يطالب بفسخ البيع، فإذا استحق الثمن الأداء، وجب على المشتري الوفاء بعد للبائع، فإذا لم يدفع المشتري الثمن حالا إن كان معجلا أو عند حلول أجله إن كان مؤجلا، لم يفسخ البيع، بل اجبر المشتري على دفع الثمن، فإن امتنع بيع من متاعه مايفي بالثمن المطلوب منه (م 487 مرشد الحيران) ويكون للبائع، قبل قبض المشتري للمبيع، حق حبسه، ولا يثبت للبائع فسخ البيع عند عدم استيفاء الثمن، إلا إذا اشترط لنفسه صراحة في البيع خيار النقد، وعند ذلك يكون له فسخ البيع في هذه الحدود (م314 المجلة).

2 - عقد الإجارة: الأصل في عقد الإيجار أنه لا يفسخ في حالة اخلال المستأجر بالتزامه، كما في حالة التعاقد على نقل الحمل إلى مكان معين على اية دابة، وتعبت الدابة، لم يكن تنفيذ الالتزام، بل يتم تبديلها بدابة أخرى، أي له طلب

(1) السنهوري مصادر الحق ج6 ص217 وما بعدها.
(2) المصدر السابق ج6 ص223 وما بعدها وانظر مرشد الحيران (م1047 - 1048).
(3) المصدر السابق ج6 230، 231، 241 - 242.

التنفيذ العيني، وليس له فسخ العقد (م598 مرشد الحيران، م 540 المجلة).

3 - عقد الرهن: الأصل في عقد الرهن أنه ليس للراهن فسخ عقد الرهن دون رضاء المرتهن (م717 المجلة) فلهما أن يفسخا الرهن باتفاقهما، ولكن للمرتهن حبس الرهن وامساكه إلى أن يستوفي ماله في ذمة الراهن بعد الفسخ (م718 المجلة).

البند الثاني

الاستثناءات

680 - يجوز فسخ العقد في الفقه الإسلامي في الحالات الآتية.

اولا - الفسخ للفساد: في العقود اللازمة بطبيعتها، كالبيع والإجارة، إذا وقع العقد فاسدا، بسبب من اسباب الفساد التي سبق أن درسناها، كان من الواجب على كل من طرفي العقد فسخه، رفعا للفساد قبل أن يتقرر، إلا إذا تعذر ذلك، كأن يبيع المشتري ما اشتراه أو يهبه مثلا، فيكون الفسخ غير ممكن فعلا، وعليه حينئذ دفع قيمة المبيع يوم قبضه للبائع الأول لا ثمنه لعدم صحة تعيين الثمن بسبب فساد العقد[1].

681 - ثانيا - فسخ عقد البيع: إذا هلك المبيع في يد البائع قبل أن يسلمه للمشتري، جاز للمشتري فسخ البيع لانعدام المحل بعد العقد، والرجوع على البائع بالثمن إذا كان البائع قد قبضه، ولا يهم أن يكون الهلاك بفعل البائع أو بفعل المبيع أو بآفة سماوية، أما إذا كان الهلاك بفعل المشتري فلم يجز فسخ البيع ووجب الثمن في ذمته، وإذا كان الهلاك بفعل أجنبي، فالمشتري بالخيار بين فسخ البيع والرجوع بالثمن والبائع يرجع على الأجنبي المتعدي، وبين ابقاء البيع ودفع الثمن وعندئذ يرجع على الأجنبي، أما إذا قبض المشتري المبيع ثم هلك في يده، فقد تم تنفيذ البيع، ويهلك في هذه الحالة على المشتري، إذ يمتنع عليه الفسخ ويجب عليه دفع الثمن[2] ويضمن البائع العيب في المبيع، وخيار العيب من الخيارات التي تثبت وإن

---

(1) شرح الزيلعي ج4 ص64 - 65.

(2) انظر المواد (360، 462، 465) مرشد الحيران والمواد (292 - 297) من المجلة.

لم يشترط في عقد البيع، وقد سبق أن درسنا هذا الخيار، وإذا ظهر عيب في المبيع، فللمشتري الخيار إن شاء قبله بكل الثمن المسمى وإن شاء فسخ البيع ورد المبيع واسترداد الثمن[1].

682 - ثالثا - فسخ عقد الإيجار: وهذا العقد قابل للفسخ لاسباب عديدة منها، ترجع إلى العين المؤجرة، أو إلى الأجرة أو إلى العذر الطارئ أو موت احد العاقدين.

683 - وبذلك يتضح أن للمتعاقد طلب فسخ العقد إذا لم يقم المتعاقد الاخر بتنفيذ التزامه، وذلك لانعدام محل العقد أو فوات منفعته المقصودة، كهلاك المأجور أو المبيع، وكذلك في أحوال كثيرة في عقد الإيجار، ومنها حصول مانع يحول دون استيفاء المنفعة المقصودة[2].

684 - موقف الفقه القانوني والقانون المعاصر: في العقود الملزمة للجانبين تنشأ التزامات متقابلة على عاتق كل من طرفي العقد، فيكون كل منهما دائنا ومدينا في وقت واحد، وينشئ العقد الملزم ارتباطا بين هذه الالتزامات، فإذا لم يقم احد المتعاقدين بتنفيذ التزامه فلا يجبر المتعاقد الاخر على تنفيذ التزامه، ويستطيع هذا المتعاقد، إذا لم يطلب التنفيذ العيني أن يطلب فسخ العقد وحل الرابطة العقدية واعفاءه من تنفيذ التزامه، لذلك يشترط لإمكان طلب فسخ العقد، أن يكون العقد ملزما للجانبين وعدم قيام احد المتعاقدين بتنفيذ التزامه واستعداد طالب الفسخ لتنفيذ التزامه وقدرته على اعادة الحال إلى ماكانت عليه قبل العقد[3].

المطلب الثالث
الاقالة

685 - قد لا يتوفر في العقد اللازم خيار، ويصدر مستكملا أركانه

---

(1) انظر المادة (337) من المجلة.

(2) انظر السنهوري مصادر الحق ج6 ص 230 - 231.

(3) انظر السنهوري الوسيط ج1 ف463 وما بعدها ص696 وما بعدها، الحكيم الموجز ف731 ص424 - 426 منير القاضي ملتقى البحرين ص284 - 285 ومؤلفنا في مصادر الالتزام ص229 وما بعدها.

وشروطه، ومع ذلك فللمتعاقدين أن يفسخاه برضائهما، وهـذا مـا يـسمى بالاقالة، ويكون ذلك باتفاق الطرفين، أما إذا كان العقد غير لازم كالعارية أو كان العقد لازما ولكن فيه احد الخيارات، فلاتجوز الاقالة فيه، لجواز الفسخ مـن طريـق آخر[1].

686 - وتنعقد الاقالة بإيجاب وقبول، وعند الإمام (ابو حنيفة وأبو يوسف) تنعقد الاقالة بلفظ المـاضي وكـذلك بلفظين يعبر أحـدهما عـن المـاضي والآخـر عـن المستقبل كما في الزواج وبخلاف البيع عن انشائه لا عند التقايل منه، أما عند (الإمام محمد) فلا تنعقد الاقالة إلا بلفظين يعبر بهما عـن المـاضي كـما في البيـع عنـد انشائه[2].

687 - والسبب في اشتراط رضاء وموافقة المتعاقدين، إن العقد قد نشـأ عـن تراض منهما معا، فلا يرتفع بسبب يجيز رفعه، كالخيار، الابرضائهما معـا، ورفعـه حينئذ حق للمتعاقدين، وفسخ العقد بالاقالة مندوب إليه دفعا لحاجة من ندم على إبرام العقد واراد الرجوع عنه لقوله صلى الله عليه وسلم (من اقال نادما بيعته اقال الله عثرته يوم القيامة)[3].

688 - وشرائط الاقالة هي:

1 - رضاء المتقايلين أي خلو التراضي من الإكراه، لأن الإكراه يفسد العقود.

2 - مجلس العقد، لأن معنى العقد موجود في الاقالة.

3 - تقايض بدلي الصرف في الاقالة من الصرف.

4 - أن يكون المبيع بمحل الفسخ بسائر اسباب الفسخ كـالرد بخيـار الشرط والرؤية والعيب عند أبي حنيفة وزفر، فإن لم يكن، بأن ازداد زيادة تمنع الفسخ بهذه الاسباب لا تصح الاقالة عندهما، وعند أبي يوسف هذا ليس بشرط.

5 - قيام المبيع وقت الاقالة، فإن كان هالكا وقت الاقالة لم تصح[4].

---

(1) البدائع ج 5 ص306.

(2) المصدر السابق ج5 ص306.

(3) الزيلعي ج4 ص70 سنن أبي داود ج3 ص372.

(4) البدائع ج 5 ص308 - 310.

689 - ويترتب على الاقالة، انحلال العقد، فيرتفـع حكمـه، ولـذلك يجـب أن يكون العقد منعقدا حتى ترد عليه الاقالة.

690 - واختلف الفقهاء في ماهية الاقالة:

1 - الإمام ابوحنيفة: الاقالة فسخ في حق المتقايلين وبيع جديد في حق الغير.

2 - الإمام أبو يوسف: الاقالة بيع جديد في حق المتقايلين وفي حق الغير، إلا إذا تعذر إعمالها بيعا فتجعل فسخا.

3 - الإمام مالك: نفس اتجاه أبو يوسف.

4 - الإمام محمد: الاقالة فسخ في حق المتقايلين وفي حق الغير، إلا إذا تعذر إعمالها فسخا فتجعل بيعا.

5 - الإمام الشافعي ومذهب الإمام أحمد: نفس رأي الإمام محمد.

6 - الإمام زفر: الاقالة فسخ في حق المتقايلين وفي حق الغير[1].

691 - موقف الفقه القانوني والقانون المعاصر: للمتعاقدين أن يتفقـا عـلى الغاء العقد وإرجاع الحالة إلى ماكانت عليه قبل إبرامه ورد ما سلم إلى صاحبه، وهذا الاتفاق يسمى بـ(الاقالة) فللعاقدين أن يتقايلا برضاهما بعد انعقاده، والاقالة عقد كسائر العقود، فلابد من توفر الشروط العامة لإنشاء العقد، مـن رضـاء ومحـل وسبب، وقيلت ثلاثة اراء في تكييف الطبيعة القانونية للاقالة وهي:

1 - تعتبر الاقالة عقدا جديدا لا فسخا للعقد الأول.

2 - تعتبر الاقالة فسخا اتفاقيا.

3 - تعتبر الاقالة فسخا فيما بين المتعاقدين وعقدا جديدا بالنسبة للغير[2].

وأخذ القانون المدني العراقي بالرأي الاخير فقد نصت المادة (183) عـلى أن (الاقالة في حق العاقدين فسخ وفي حق الغير عقد جديد) ومن النتائج المترتبـة عـلى هذا التكييف ما يأتي:

---

(1) البدائع ج5 ص306 - 308 الفتاوى الهندية ج5 ص194 رد المحتار باب الاقالة ج4 ص146 وما بعدها. الزيلعي ج4 ص70 - 71.

(2) انظر مؤلفنا في مصادر الالتزام ص235.

ا - تعد الاقالة عقدا جديدا بالنسبة للغير، لـذلك تثبـت الشـفعة إذا كان المبيع عقارا، فإذا باع شخص داره ولم يطلب جاره الشفعة، ثم اتفق البائع والمشتري على الاقالة، فللجار أن يطلب الدار بالشفعة.

ب - لا تحدث الاقالة باثر رجعي بالنسبة للغير، فتبقى الحقوق التي رتبها المشتري على العين قبل الاقالة ولا تزول[1]. وبهذا الاتجاه أخذ القانون المدني الأردني في المادة (243) وكذلك المشروع العربي أخذ بهذا الاتجاه في المادة (251) منه.

المطلب الرابع
انتهاء المدة وهلاك المحل

692 - ينتهي العقد بانتهاء مدته وكذلك بهلاك المعقود عليه، ونبحـثهما في البندين القادمين.

البند الأول
انتهاء مدة العقد

693 - إذا أبـرم العقـد لمـدة معينـة غيـر قابلـة للتجديـد، كعقـد الإجارة أو المزارعـة أو المساقاة أو العاريـة أو الوديعـة، فالعقد ينتهي بانتهاء مدته، مـا دام الغرض المقصود منه قد تم، فالعارية تنتهي بمضي مدتها، إذا كانت مقيدة بمـدة، أما إذا كانت مطلقة فإنها تنتهي بطلب المعير ردها أو بموت كل من المعير أو المستعير[2] وفي عقد الإجارة للمالك أن يـؤجر مالـه وملكـه لغيره مـدة معلومـة، قصيرة كانت كاليوم أو طويلة كالسنة (م484 المجلة) ويجوز إجارة الادمـي للخدمـة أو لإجراء صنعة ببيان مـدة أو بتعيين العمل بصـورة أخرى (م562 المجلة) وتنتهي إجارة الاشخاص بانتهاء مدتها[3] وتنتهي المزارعة فإنها تنتهي بانتهاء مدتها، وهكذا الحال

---

(1) الحكيم الموجز ف760 ص 442 منير القاضي ملتقى البحرين ص292 - 293 ومؤلفنا مصادر الالتزام ص235 - 236.
(2) وللتقصي انظر المذكرات الإيضاحية للقانون المدني الأردني ج1 ص260 - 261.
(3) علي الخفيف ص432 وانظر المادة (777) مدني أردني ونصها (ينتهي عقد الإعارة بانقضاء الأجل المتفق عليه.) والمادة (1/860) مدني عراقي والمادة (1/643) مدني مصري
و(1/609) مدني سوري (730) مشروع عربي.

بالنسبة للمساقاة[1] **وإذا** حددت مدة المزارعة فبها، فإذا لم تحدد، كانت المدة دورة زراعية سنوية، وإذا انقضت المدة قبل إدراك الزرع، يبقى الزرع إلى إدراكه ويلزم المزارع أجر مافيه نصيبه من الأرض[2] وفي عقد المساقاة إذا لم تحدد مدة المساقاة، فتقع على اول ثمر يخرج في تلك السنة، وإذا حدد المتعاقدان للمساقاة مدة طويلة لا يعيشان إليها غالبا أو مدة قصيرة لا تخرج الثمرة فيها، كانت المساقاة باطلة، أما إذا حددا مدة يحتمل خروج الثمرة فيها وعدم خروجها، كانت المساقاة موقوفة، فإن خرج في الوقت المسمى ثمرة يرغب في مثلها في المعاملة صحت المساقاة ويقسم الخارج بينهما على حسب شروطهما، وإن تاخر خروج الثمر عن الوقت المسمى، بطلت المساقاة وللمساقي أجر مثل عمله، كل هذا مالم يقض الاتفاق أو العرف بغير ذلك، وإذا انقضت مدة المساقاة انتهى العقد، فإن كان على الشجر ثمر لم يبد صلاحه فالخيار للمساقي، إن شاء قام بالعمل إلى انتهاء الثمرة بلا وجوب أجر عليه لحصة صاحب الشجر، وإن شاء رد العمل، ويخير صاحب الشجر بين أن يقسم البسر عينا على الشرط المتفق عليه وبين أن يعطى المساقي قيمة نصيبه من البسر، وبين أن ينفق على البسر حتى يبلغ فيرجع بما انفقه في حصة المساقي من الثمر[3] وفي عقد المغارسة إذا لم تحدد مدة، يرجع في تقديرها إلى العرف، ولا يجوز أن تقل المدة في جميع الأحوال عن خمس عشرة سنة[4].

694 - موقف القانون المعاصر: يعرف عقد الإيجار بأنه تمليك منفعة

---

(1) محمد زكي عبد البر ص358.

(2) علي الخفيف ص427.

(3) المواد (807، 814) مدني عراقي و(733) مدني أردني وأحكام هذه المواد مستمدة من المجلة ومرشد الحيران ورد المحتار ج5 ص178 - 179 وانظر المذكرات الإيضاحية للقانون المدني الأردني ج2ص601 - 602.

(4) انظر المواد (817، 818، 822) مدني عراقي و(739، 744) مدني أردني وأحكام هذه المواد مستمدة من المجلة ومرشد الحيران ونهاية المحتاج ج5 ص258 وانظر المذكرات الإيضاحية للقانون المدني الأردني ج2 ص603، 606).

معلومة بعوض معلوم لمدة معلومة، وبه يلتزم المؤجر أن يمكن المستأجر من الانتفاع بالمأجور، وإذا عقد الإيجار لمدة تزيد على ثلاثين سنة أو اذاكان مؤبدا، جاز انهاؤه بعد انقضاء ثلاثين سنة بناء على طلب احد المتعاقدين، ويكون باطلا كل اتفاق يقضي بغير ذلك، وينتهي عقد الإيجار بانتهاء المدة المحددة في العقد دون حاجة إلى تنبيه بالاخلاء[1]، وعقد العمل (عقد إجارة الاشخاص) يجوز أن يبرم لخدمة معينة أو لمدة محددة أو غير محددة، وإذا كان عقد العمل محدد المدة انتهى من تلقاء نفسه بانقضاء مدته[2] وهناك عقود عديدة أخرى في القانون المعاصر تنتهي بانتهاء مدتها نعرض عن التطرق إليها تجنبا للاطالة.

البند الثاني

هلاك المعقود عليه

695 - إذا هلك المبيع (المعقود عليه) في عقد البيع قبل أن يتسلمه المشتري، ينفسخ البيع ويكون المشتري، إذا غير ملزم بدفع الثمن، أما إذا كان الهلاك في يد المشتري، بعد أن قبضه، فإنه يضيع على حسابه وعليه دفع الثمن إلى البائع، إن لم يكن قد دفعه[3].

696 - ولا يهم إن كان الهلاك بآفة سماوية، أو بفعل المبيع إن كان حيوانا، أو بفعل المشتري، أو أي إنسان آخر، أما إذا كان الهلاك بآفة سماوية، قبل القبض، فإن العقد ينفسخ ويكون هلاكه على حساب البائع، أما إذا كان الهلاك بفعل المشتري، فلا ينفسخ العقد، ويعد المشتري قد قبض المبيع باتلافه، وإن كان الهلاك

(1) المادة (825) مدني عراقي و(747) مدني أردني وهذه الأحكام مستمدة من المجلة ورد المحتار ج5 ص184 وانظر المذكرات الإيضاحية للقانون المدني الأردني ج2 ص607.

(2) المواد (722، 1/779) مدني عراقي و(658، 707) مدني أردني و(558، 598) مدني مصري و(526، 565،) مدني سوري و(625، 666) مشروع عربي 35 - المواد 1/902.

1/915) مدني عراقي و(806، 1/828) مدني أردني و(679، 680) مدني مصري و(644، 660) مدني سوري و(759، 778) مشروع عربي.

(3) البدائع ج5 ص238 - 239.

بفعل آخر غير البائع والمشتري، فهنا يكون للمشتري حق الفسخ ويرجع البائع على الفاعل بما جنى فيضمنه مثل المبيع أو قيمته، كما له أيضا امضاء البيع ودفع الثمن للبائع، ثم الرجوع لحسابه على الفاعل[1].

697 - وينتهي عقد الشركة بهلاك جميع مال الشركة، أو بهلاك جزء كبير منه، بحيث لا تبقى هناك فائدة من بقاء الشركة[2] وينتهي عقد الوكالة بهلاك العين الموكل بالتصرف بها[3] **وإذا** هلكت الوديعة أو نقصت قيمتها بغير تعد أو تقصير من المودع لديه وجب عليه من ضمان وأن يحيل إليه ما عسى أن يكون له من حقوق قبل الغير بسبب ذلك[4] وينقضي الرهن الحيازي بهلاك الشيء أو انقضاء الحق المرهون إذ تزول الحيازة بهلاكه وينقضي بذلك محل الرهن[5].

698 - موقف القانون المعاصر: إذا هلك المعقود عليه في المعاوضات وهو في يد صاحبه انفسخ العقد سواء كان هلاكه بفعله أو بقوة قاهرة ووجب عليه رد العوض الذي قبضه لصاحبه، فالمبيع إذا هلك في يد البائع قبل أن يقبضه المشتري يكون من مال البائع ولا شيء على المشتري، فهلاك المعقود عليه بقوة قاهرة تؤدي إلى جعل تنفيذ الالتزام مستحيلا وينقضي معه الالتزام المقابل وينفسخ العقد من تلقاء نفسه، إذ لا التزام بمستحيل[6].

---

(1) البدائع ج5 ص238 - 239 نهاية المحتاج ج3ص140 - 145 كشاف القناع ج2ص80 - 82.

(2) انظر المادة (646/ج) مدني عراقي والمادة (2/601) وأحكامهما مستمدة من المجلة، انظر المذكرات الإيضاحية الأردنية ج2ص563 - 564.

(3) البدائع ج6 ص37 وما بعدها، تبيين الحقائق للزيلعي ج4 ص254.

(4) انظر المادة (2/876) من القانون المدني الأردني وهي مستمدة من المجلة ومرشد الحيران والبدائع ج6 ص207 - 217 والمغني ج5 ص354 وما بعدها وبداية المجتهد ج2 ص261 وانظر المذكرات الإيضاحية الأردنية ج2 ص649 - 650.

(5) انظر المادة (1422) من القانون المدني الأردني المستمدة من المجلة ومرشد الحيران، وانظر المادة (1349/د) من القانون المدني العراقي التي تنص على أن ينقضي الرهن الحيازي (إذا هلك المرهون).

(6) انظر المواد (179) مدني عراقي و(247) مدني أردني و(159) مدني مصري و(160) مدني سوري و(255) مشروع عربي.

المبحث الثاني
انتهاء العقود غير اللازمة

699 - والعقود غير اللازمة، هي تسعة عقود يمكن تقسيمها إلى صنفين، ندرسهما في المطلبين القادمين.

المطلب الأول
العقود غير اللازمة مطلقا

700 - وهي عقود غير لازمة مطلقا في حق كلا المتعاقدين، وهي عقود الايداع والإعارة والشركة والمضاربة والرهن والكفالة.

701 - فالايداع، عقد يرد على حفظ الشيء لدى غير صاحبه ولكل من الطرفين (المودع والوديع المكلف بحفظ الوديعة) أن يفسخ عقد الايداع بمحض إرادته.

702 - والإعارة، عقد يرد على تمليك المنفعة مجانا، فهو تبرع بالمنافع، فللمستعير ان يستغني عن الانتفاع، فيفسخ العقد ويرد العارية متى شاء، وللمعير المتبرع أن يرجع ويسترد عاريته متى اراد، سواء أكانت مؤقتة بمدة لم تنته أم غير مؤقته.

703 - وفي الشركة والمضاربة (شركة بين الطرفين على أن يكون راس المال من أحدهما والعمل من الآخر وتسمى قراضا)[1] ولكل من الشريكين فسخهما وتصفيتهما، على أن يعلم الشريك الآخر، فلا يسري حكم الفسخ إلا من تاريخ علمه[2] وفي فقه الإمامية ليس لأحد الشركاء الامتناع من القسمة عند المطالبة إلا أن يتضمن ضررا، وفي المضاربة لا يلزم فيها اشتراط الأجل، ومتى فسخ المالك المضاربة صح وكان للعامل أجرته إلى ذلك الوقت[3].

(1) الزرقا ص526 هامش (1).
(2) المادتان (1353، 1424) من المجلة.
(3) المختصر النافع ص145 - 147.

704 - وعقد الرهن، عقد لازم في حق الراهن المدين، إلا أنه غير لازم في حق الدائن المرتهن، لأنه توثيق لحقه، فله أن يتخلى عنه ويتنازل، فيعاد المرهون إلى الراهن.

705 - وعقد الكفالة، عقد لازم بحق الكفيل، وغير لازم بالنسبة للدائن المكفول له[1].

706 - موقف القانون المعاصر: ونرى موقف القانون المعاصر من انتهاء العقود التي تطرقنا إليها في الفقه الإسلامي:

1 - عقد الايداع: للمودع في كل وقت أن يطلب رد الوديعة مع زوائدها، كما أن للوديع أن يطلب ردها متى شاء، واذاكان الايداع بأجرة فليس للوديع أن يردها قبل الأجل المعين إلا إذا كان له عذر مشروع، ولكن للمودع أن يطلب ردها متى شاء على أن يدفع الأجرة المتفق عليها، ويلزم أن يكون طلب الرد في وقت مناسب وأن تمنح المهلة الكافية للوديع[2].

2 - عقد الإعارة: تنتهي الإعارة بانتهاء الأجل المتفق عليه، فإذا لم يحدد لها الأجل انتهت باستعمال الشيء فيما اعير من أجله، فإن لم تكن مدة الإعارة محددة باية طريقة، جاز للمعير أن يطلب انهاءها في كل وقت، وفي كل حال، يجوز للمستعير أن يرد الشيء المعار قبل انتهاء الإعارة، غير أنه إذا كان هذا الرد يضر المعير، فلا يرغم على قبوله، وللمعير أن يطلب انهاء الإعارة في إحدى الأحوال الآتية:
ا - إذا عرضت له حاجة عاجلة للشيء لم تكن متوقعة. ب - إذا اساء المستعير استعمال الشيء أو قصر في الاحتياط الواجب للمحافظة عليه. ج - إذا اعسر المستعير بعد انعقاد الإعارة، أو كان معسرا قبل ذلك، ولكن المعير لم يعلم بإعساره إلا بعد أن انعقدت الإعارة[3].

---

(1) محمد زكي عبد البر ص148.

(2) انظر المواد (969) مدني عراقي و(1/876) مدني أردني و(722) مدني مصري و(688) مدني سوري و(1/827) مشروع عربي.

(3) انظر المواد (861، 862) مدني عراقي و(769، 776) مدني أردني و(643، 644) مدني مصري و(609، 610) مدني سوري و(729، 730) مشروع عربي..

3 - عقد الشركة: ينتهي عقد الشركة بأمورعديدة وفيما يتعلق بطلب الشركاء في انهاء العقد، فيكون باجماع الشركاء على حلها[1].

4 - المضاربة: شركة يقدم فيها رب المال رأس المال والمضارب العمل، وإذا عزل رب المال المضارب وجب عليه إعلامه بالعزل، وقبل هذا الإعلام تكون تصرفات المضارب معتبرة، وتنتهي المضاربة لاسباب عديدة أخرى كحلول الأجل المحدد للمضاربة أو موت رب المال أو المضارب أو انعدام أهليتهما[2].

5 - عقد الرهن: عقد به يجعل الراهن مالا محبوسا في يد المرتهن أو في يد عدل بدين يمكن للمرتهن استيفاؤه منه، كلا اوبعضا، مقدما على الدائنين العاديين والدائنين التالين له في المرتبة في أي يد كان هذا المال، وينقضي الرهن الحيازي إذا تنازل المرتهن عن حق ولو مستقلا عن الدين، ويجوز أن يستفاد التنازل دلالة، من تخلي المرتهن باختياره عن حيازة المرهون، أو موافقته على التصرف فيه دون تحفظ[3].

6 - عقد الكفالة: ضم ذمة إلى ذمة في المطالبة بتنفيذ التزام، وينتهي عقدالكفالة، في حالة أداء المدين أو الكفيل أو كفيل الكفيل الدين المكفول به، مما يوجب براءة المدين والكفيل وكفيل الكفيل، وإن إبراء الدائن المدين يوجب براءة الكفيل، ولكن إبراء الكفيل لا يوجب براءة المدين[4].

---

(1) انظر المواد (646/و) مدني عراقي و(4/601) مدني أردني و(2/529) مدني مصري و(2/497) مدني سوري و(4/567) مشروع عربي.
(2) انظر المواد (660، 673، 674) مدني عراقي و(630، 631، 632) مدني أردني و(596) مشروع عربي.
(3) انظر المواد (1321، 1349/ج) مدني عراقي و(1372، 1420) مدني أردني و(1096، 1/1113) مدني مصري و(1247، 1291) مشروع عربي.
(4) انظر المواد (1008، 140، 1041) مدني عراقي، و(950، 987) مدني أردني و(899، 936) مشروع عربي.

المطلب الثاني
العقود غير اللازمة أصلا

707 - وهي عقود غير لازمة أصلا ولكنها ملزمة في بعض الأحوال، وعقود غير لازمة في بعض الظروف، وندرسهما في البندين الآتيين.

البند الأول
عقود غير لازمة أصلا وملزمة في بعض الأحوال

708 - وهي عقود الأصل فيها عدم اللـزوم، ولكنهـا تلـزم في بعـض الأحـوال، وهي أربعة عقود، هي الوكالة والتحكيم والوصية والهبة:

709 - عقد الوكالة: عقد يفوض بـه الإنسـان غيـره وينيبـه عـن نفسـه في التصرف، ولكل من الطرفين (الموكل والوكيل) أن يفسخ الوكالة، فالوكيل يستطيع أن يعزل نفسه وللموكل أن يعزله لأن الوكالة استعانة واعانة، فللموكـل أن يكف عـن الاستعانة، كما للوكيل أن يكف عن الاعانة، ولا يسري حكم العزل إلا من تاريخ علـم الطرف الآخر[1].

710 - عقد التحكيم: ويجـوز التحكيـم في دعـاوى المـال المتعلقـة بحقـوق الناس، فيجوز لطرفين مختصمان إلى شخص يختارانه برضاهما ليفصل في الخلاف الذي بينهما، بدلا من القاضي، ولكل مـن الطرفين أن يفسـخ عقـد التحكيم ويعـزل المحكم قبل أن يحكم[2].

711 - عقد الوصية: الوصية تصرف في التركة مضاف إلى ما بعد المـوت فهو تصرف انفرادي يجوز للموصي فسخه والرجوع فيه ما دام على قيد الحياة، فإذا مات انقلبت الوصية لازمة في حدود ثلث ماله، ولا ينتقل حق الرجوع إلى ورثته[3].

(1) انظر المواد (1449، 1521 - 1525) من المجلة، البدائع ج9 ص 37 المغني ج5 ص210 وما بعدها بداية المجتهد ج2 ص253.
(2) انظر المواد (1841، 1847) من المجلة.
(3) انظر المادة (86) من مرشد الحيران، ورد المحتار كتاب الوصايا ج5 ص414 وما بعدها، البدائع ج7 ص330 وانظر المذكرات الإيضاحية الأردنية ج2 ص751 - 754.

712 - عقد الهبة: للواهب أن يرجع في الهبة قبل القبض دون رضاء الموهوب له، وله أن يرجع فيها بعد القبض بقبول الموهوب له فإن لم يقبل جاز للواهب أن يطلب من القضاء فسخ الهبة والرجوع فيها متى كان يستند إلى سبب مقبول ما لم يوجد مانع من الرجوع، ويعتبر سببا مقبولا لفسخ الهبة والرجوع فيها: أ - أن يصبح الواهب عاجزا عن أن يوفر لنفسه اسباب المعيشة بما يتفق مع مكانته أو أن يعجز عن الوفاء بالنفقة الواجبة عليه للغير. ب - أن يرزق الواهب بعد الهبة ولدا حيا يظل حيا حتى تاريخ الرجوع أو أن يكون له ولد يظنه ميتا وقت الهبة فإذا هو حي. ج - اخلال الموهوب له بالتزاماته المشروطة في العقد دون مبرر وإخلاله بما يجب عليه نحو الواهب أو احد اقاربه بحيث يكون هذا الاخلال جحودا كبيرا من جانبه، كل ذلك بشرط عدم وجود مانع من موانع الرجوع عن الهبة[1].

713 - موقف القانون المعاصر: تنتهي العقود المذكورة فيما تقدم، في القانون المعاصر، على النحو الآتي:

1 - الوكالة: الوكالة، عقد يقيم به شخص غيره مقام نفسه في تصرف جائز معلوم، وللموكل أن يعزل الوكيل أو أن يقيد من وكالته، وللوكيل أن يعزل نفسه، ولا عبرة بأي اتفاق يخالف ذلك، ولكن إذا تعلق بالوكالة حق الغير، فلا يجوز العزل أو التقييد دون رضاء هذا الغير، ولا يتحقق انتهاء الوكالة بالعزل، إلا بعد حصول العلم للطرف الثاني، ولا يحتج بانتهاء الوكالة على الغير الحسن النية الذي تعاقد مع الوكيل قبل علمه بانتهائها، وعلى أي وجه كان انتهاء الوكالة، يجب على الوكيل أن يصل بالأعمال التي بدأها إلى حالة لا تتعرض معها للتلف[2].

2 - التحكيم: لم تتطرق القوانين المدنية إلى عقد التحكيم بل تولت قوانين الإجراءات (المرافعات) ذلك، فعلى سبيل المثال خصص قانون المرافعات المدنية العراقي رقم (83) لسنة 1969 تنظيم أحكام التحكيم في المواد (251 - 276) حيث يجوز الاتفاق على التحكيم

(1) انظر المبسوط للسرخسي ج12 ص48 نيل الأوطار للشوكاني ج6 ص110 - 112 ومواد المجلة (837، 851، 866 - 874) من المجلة.
(2) انظر المواد (927، 947، 948، 949) مدني عراقي و(833، 863، 865) مدني أردني.

في نزاع معين كما يجوز الاتفاق على التحكيم في جميع المنازعات التي تنشأ من تنفيذ عقد معين، وإذا امتنع احد المحكمين أو اعتزله أو عزل عنه أو قام مانع من مباشرته، فلأي من الخصوم مراجعة المحكمة المختصة بنظر النزاع لتعيين المحكم أو المحكمين، ولا يجوز للمحكم بعد قبول التحكيم أن يتنحى بغير عذر مقبول ولا يجوز عزله إلا باتفاق الخصوم، ومن المعلوم أن قرار المحكمين لا ينفذ إلا بتصديقه من المحكمة المختصة.

3 - الوصية: تجوز الوصية، وهي تصرف في التركة مضاف إلى ما بعد الموت، للوارث وغير الوارث، في ثلث التركة، ولا تنفذ فيما جاوز الثلث، إلا بإجازة الورثة، وتخضع الوصية لأحكام الشريعة الإسلامية، ولا شك أن للموصي أن يرجع عن الوصية في حال حياته[1].

4 - الهبة: تمليك مال لاخر بلا عوض، وللواهب أن يرجع في الهبة برضاء الموهوب له، فإن لم يرض كان للواهب حق الرجوع عند تحقق سبب مقبول، ما لم يوجد مانع من الرجوع[2].

البند الثاني

عقود غير لازمة في بعض الظروف

714 - وهي عقود، الأصل فيها، اللزوم ولكن في طبيعتها شيئا من عدم اللزوم في ظروف محددة، وهذه العقود هي الإجارة والمزارعة والاستصناع:

715 - عقد الإجارة: الأصل في عقد الإجارة اللزوم في حق المتعاقدين، ويجبر الطرفان على تنفيذه، إلا أن الفقه الإسلامي يجيز فسخ الإجارة بالاعذار الطارئة، عندما يكون تنفيذ الإجارة اهدارا ماليا أو اضرارا غير معقول، كأن يستأجر شخص سيارة ثم يعدل عن السفر، أو يستأجر طباخا لوليمة ثم يصرف النظر عنها،

---

(1) انظر المواد (1108) مدني عراقي علما أن هناك خلافا حوال جواز الوصية للوارث أم لا، وانظر المواد (1125، 1126، 1127) مدني أردني و(915) مدني مصري و(876) مدني سوري.

(2) انظر المواد (1/601، 620، 621، 623) مدني عراقي و(576، 577، 579) مدني أردني و(500، 501، 502،) مدني مصري و(468، 469، 470) مدني سوري و(543، 544) مشروع عربي.

فمن غير المعقول الزام المستأجر بالبقاء على التزامه في عقد الإجارة، ولكن على المستأجر تعويض الطرف الآخر عن الضرر الذي لحقه جراء الفسخ، فللمستأجر فسخ العقد إذا استلزم تنفيذه الحاق ضرر بين بالنفس أو المال له أو لمن يتبعه في الانتفاع بالمأجور وكذلك إذا حدث مايمنع تنفيذ العقد[1].

716 - عقد المزارعة: عقد استثمار ارض زراعية بين صاحب الأرض واخر يعمل في استثمارها على أن يكون المحصول مشتركا بينهما بالحصص التي يتفقان عليها، ويجوز للطرف الذي عليه البذر أن يعدل عن المزارعة ويفسخ عقدها، ولكن ذلك قبل إلقاء البذر في الأرض، لأن اجباره على الاستمرار في المزارعة يقتضي الزامه باتلاف ماله، وهو البذر، ولا يدري هل ينتج أو لا ينتج ؟ أما بعد القاء البذر في الأرض فتصبح المزارعة لازمة حتى في حق صاحب البذر[2].

717 - عقد الاستصناع: وهو شراء ما سيصنع بطريق التوجيه، ويجوز لكل من الطرفين فسخ عقد الاستصناع، في أصل المذاهب بلا خلاف ما دام الشيء لم يصنع، أما بعد صنعه واحضاره فيكون للمستصنع حق الفسخ من قبيل خيار الرؤية على الرأي الراجح[3] وأخذت المجلة بلزوم عقد الاستصناع في حق الطرفين منذ انعقاده، إلا إذا جاء المصنوع مغايرا للأوصاف المعينة في العقد.

718 - موقف القانون المعاصر:

1 - عقد الإيجار: الأصل أن عقد الإيجار عقد ملزم للجانبين، ولكن إذا اخل احد الطرفين بالالتزامات التي يفرضها عليه عقد الإيجار، كان للطرف الآخر أن يطلب فسخ العقد مع التعويض إن كان له محل، وذلك بعد انذاره بتنفيذ التزامه، ويجوز فسخ عقد الإيجار للعذر الطارئ[4].

---

(1) ابن رشد بداية المجتهد ج2 ص191 والمواد (438، 440، 443، 592، 596) من المجلة و667 مرشد الحيران.

(2) الدر المختار ورد المحتار ج5 ص177.

(3) الزرقا ف5/40 ص532.

(4) انظر المواد (789 وما بعدها) مدني عراقي و(697، 698، 699) مدني أردني و(2/565، 1/569، 577، 1/608) مدني مصري، و(533، 537، 575) مدني سوري و(649، 688) مشروع عربي.

2 - عقد المزارعة: عقد على الزرع بين صاحب الأرض والمزارع فيقسم الحاصل بينهما بالحصص التي يتفقان عليها وقت العقد، ولا يجوز أن يؤجر المزارع الأرض إلى غيره، أو أن يتنازل عن الإيجار لأحد إلا برضاء صاحب الأرض، فإذا اخل بذلك جاز لصاحب الأرض أن يفسخ العقد، أو يطلب المزارع بالتعويض، وإذا تعذر على المزارع أن يزرع الأرض لمرض أو لأي سبب آخر، ولم يكن مستطاعا أن يحل محله غيره من افراد عائلته، أو إذا أصبحت عائلته في حال لا يتيسر معها استغلال الأرض استغلالا مرضيا، كان لصاحب الأرض أو المزارع أن يطلب فسخ العقد[1].

3 - عقد الاستصناع: تعرف المقاولة بأنها عقد به يتعهد احد الطرفين أن يصنع شيئا أو يؤدي عملا لقاء أجر يتعهد به الطرف الآخر، فإذا تعهد المقاول بتقديم العمل والمادة معا، كان العقد عقد استصناع، فهو بيع موصوف في الذمة يشترط في الصنعة، وقد اتسع ميدان العمل والصناعة واتجه الناس إلى رفع شأن العامل والاعراض عن تسمية الواحد من أصحاب المهن بالأجير، وجرى العرف بينهم على اصطلاح عقد المقاولة عوضا عن عقد الاستصناع الذي كان الفقهاء يستعملونه، وأصبح مفهوم عقد المقاولة شاملا بصورة تستتبع الأخذ بهذا الاصطلاح الجديد تقريرا للواقع وتمشيا مع العرف فيما لا يناقض آية قرانية أو سنة نبوية مع اخضاع هذا العقد للأحكام الخاصة بالاستصناع والأجير المشترك على أساس مماثلتها بما استجد من الحوادث وقد غلب استعمال الأجر على الثمن باعتبار أن الاستصناع بيع شرط فيه العمل، وبذلك ينتهي عقد الاستصناع كما ينتهي عقد المقاولة، ومنها، إذا حدث عذر يحول دون تنفيذ العقد أو إتمام تنفيذه جاز لأحد عاقديه أن يطلب فسخه[2].

(1) انظر المواد (805، 810، 815) مدني عراقي و(735) مدني أردني و(692) مشروع عربي.
(2) انظر المواد (864، 2/865) مدني عراقي و(805 وما بعدها) مدني أردني والمذكرات الإيضاحية للقانون المدني الأردني ج2 ص617 - 618 و(646 وما بعدها) مدني مصري و(612 وما بعدها) مدني سوري و(733 وما بعدها) مشروع عربي، وانظر في كيفية انتهاء عقد الاستصناع، كاسب عبد الكريم البدران.

المبحث الثالث

انتهاء العقد بالوفاة

719 - يبرم الكثير من العقود لاعتبارات شخصية تتوفر في العاقدين أو في أحدهما، لذلك إذا توفي العاقد الذي كانت شخصيته محل اعتبارعند إبرام العقد، كان انتهاء العقد أمرا طبيعيا، ولا تنتقل آثار العقد إلى الورثة، وهـذا مـا نـراه في العديد من العقود في المطالب القادمة.

المطلب الأول

الوفاة في عقود التمليك

720 - من العقود الواردة عـلى الملكيـة التـي تنتهـي بالوفاة، عقـد الشركة وعقد المضاربة، وندرسهما في البندين الآتيين.

البند الأول

عقد الشركة

721 - تعرف شركة العقد، في الفقه الإسلامي، بأنها عبارة عن عقد شركة بين اثنين فأكثر على كون رأس المال والربح مشتركا بينهم، وتنقسم شركة العقد إلى قسمين، فإذا عقد اثنان أو أكثر عقد الشركة بينهما على المساواة التامة وكان مالهما الذي ادخلاه في الشركة مما يصلح أن يكون راس مال للشركة وكانت حصتهما متساوية من راس المال والربح، فتكون الشركة مفاوضة، كما لو توفي رجل فاتخذ اولاده مجموع أموال ما انتقل إليهم من أبيهم رأس مال على أن يشتروا ويبيعوا من سائر الأنواع ويقسم الربح بينهم بالتساوي يكون عقد شركة مفاوضة، ولكن وقوع هكذا شركة على المساواة التامة نادر، وإذا عقدوا الشركة بلا شرط المساواة التامة فتكون شركة عنان، والشركة، سواء كانت مفاوضة أو عنانا، إما شركة أموال أو شركة أعمال واما شركة وجوه، فإذا مات احد الشريكين فتنفسخ الشركة، لكن في صورة كون الشركاء ثلاثة أو أكثر تنفسخ الشركة في حق الميت وحده وتبقى بين الاخرين، وتنفسخ الشركة بفسخ احد الشريكين لكن علم الآخر بفسخه شرط، فلا

تنفسخ الشركة ما لم يكن فسخ أحدهما معلوما للاخر، فينفسخ عقد الشركة بموت احد الشريكين فيما بينه وبين صاحبه، سواء اعلم بالوفاة أم لم يعلم، لبطلان التصرف بالموت، ولكل من الشريكين وكيل عن صاحبه في تصرفاته التي يقوم بها عنه وعن نفسه، وموت الموكل يعتبر عزلا حكميا للوكيل، وإن لم يعلم[1].

722 - موقف القانون المعاصر: الشركة عقد يلتزم بمقتضاه شخصان أو أكثر بأن يساهم كل منهم في مشروع مالي بتقديم حصته من مال أو من عمل لاستثمار ذلك المشروع واقتسام ما قد ينشأ عنه من ربح أو خسارة، وتنهي الشركة بأمور عديدة ومنها موت احد الشركاء[2].

البند الثاني

المضاربة

723 - المضاربة نوع من أنواع الشركة، على أن راس المال من طرف والسعي والعمل من الطرف الآخر ويقال لصاحب راس المال رب المال وللعامل مضارب، وركن المضاربة الإيجاب والقبول، فإذا قال رب المال للمضارب خذ هذا رأس مال مضاربة فاسع واعمل على أن الربح بيننا مناصفة أو ثلثين وثلثا، أو قال قولا يفيد معنى المضاربة كقولهم خذ هذه الدراهم واجعلها راس مال والربح بيننا على نسبة كذا مشترك وقبل المضارب فتكون المضاربة منعقدة، وإذا مات رب المال أو المضارب فتفسخ المضاربة، وإذا مات المضارب مجهلا فالضمان في تركته[3].

724 - موقف القانون المعاصر: شركة المضاربة عقد يتفق بمقتضاه رب

(1) البدائع ج6 ص78 نهاية المحتاج ج4ص8 كشاف القناع ج2 ص258 - 259 بداية المجتهد ج2 ص253 وانظر المواد (1329 وما بعدها من المجلة.

(2) انظر المواد (626، 646/د) مدني عراقي و(582، 3/601) مدني أردني و(505، 1/528) مدني مصري و(473، 1/496) مدني سوري و(549، 3/567) مشروع عربي. والمادة (1051/رابعا) مغربي.

(3) انظر المواد (1404 وما بعدها) من المجلة ورد المحتار ج4 ص483 - 490 البدائع ج6 ص79 - 115.

المـال عـلى تقـديم راس المـال والمضـارب بالسعي والعمـل ابتغـاء الـربح،
وتنفسخ المضاربة إذا مات احد المتعاقدين [1].

المطلب الثاني

الوفاة في عقود المنفعة

725 - والعقود الواردة على الانتفاع والتي تنتهي بالوفاة، هي عقود الإجارة
والإعارة والمزارعة والمساقاة، ونبحث في كل ذلك في البنود الآتية.

البند الأول

عقد الإجارة

726 - الإجارة تمليك المؤجر للمستأجر منفعة مقصودة مـن الشيء المـؤجر
لمدة معينة لقاء عوض معلوم، وهو في الأصل عقد ملزم للجانبين، وقد اختلف الفقـه
الإسلامي حول انتهاء عقد الإجارة بالوفاة، وذهب هذا الفقه إلى اتجاهين:

727 - اولا - الفقه الحنفي: تنفسخ الإجارة، عند الحنفية، بوفـاة المسـتأجر
ولا يحل لورثته الحلول محله في الإجارة لأنها التزام ولا الزام بغير التزام، ويعود ذلك
إلى تصويرانعقاد الإجارة لدى الأحناف، حيث يـرون أن المنافـع تحدث شـيئا فشيئا،
فما يحدث منها بعد موت المالك لا يكون مملوكا له، فلا يصح بقاء العقد عليه [2].

728 - وفي فقه الإمامية اتجاه يرى أن الموت يفسخ الإجارة، سواء كان الميت
المؤجر أو المستأجر واتجاه آخر يرى أن موت المستأجر يبطل الإجارة، وموت المؤجرلا
يبطلها [3].

(1) انظر المواد (660، 2/673) مدني عراقي و(621، 633) مدني أردني و(587، 3/601) مشروع عربي.
(2) البدائع ج4 ص222 - 223 تكملة فتح القدير ج7 ص220 - 221 الدر المختار وحاشية ابن عابدين ج5 ص54 - 56.
(3) مختلف الشيعة ج6 مسألة 6 ص106 وانظر المختصر النافع ص152.

729 - ثانيا - أ - الفقه الشافعي: إن الإجارة لا تنفسخ بوفاة المستأجر، ذلك لأنهم يرون أن المنافع موجودة كلها حال العقد، فيكون الامر كالبيع الذي لا يبطل بموت احد المتبايعين، وإذا حصلت الوفاة قبل المدة المعينة في العقد، وكان هناك زرع في الأرض المستأجرة لم يحن حصاده، فيجب ابقاؤه حتى يحصد ويكون على الورثة باقي الأجرة المسماة في العقد، وفي ذلك تحقيق لمصالح الطرفين المالك وورثة المستأجر [1].

ب - الفقه المالكي: يرى هذا الفقه، إنه يجوز لورثة المستأجر، عند وفاته، أن يلتزموا للمؤجر بما بقي له من أجرة ويجب ذلك في أموالهم وعندئذ يقومون مقام مورثهم فيما بقي له من المنافع، أما عند وفاة المؤجر، فإن العين المستأجرة تنتقل بوفاته إلى ورثته بالميراث، وبذلك تجدد بحسب تجدد المنافع، وما يتجدد من المنافع بعد وفاة المؤجر يكون مملوكا لورثته، فلا ينفذ فيه عقده [2].

ج - الحنابلة: ذهبوا إلى ما ذهب إليه الشافعية [3].

730 - موقف القانون المعاصر: لا ينتهي عقد الإيجار بموت المؤجر ولا بموت المستأجر، ومع ذلك إذا مات المستأجر، جاز لورثته أن يطلبوا فسخ العقد إذا أثبتوا أنه بسبب موت مورثهم أصبحت اعباء العقد اثقل من أن تحملها مواردهم أو أصبح الإيجار مجاوزا لحدود حاجتهم، وإذا لم يعقد الإيجار إلا بسبب حرفة المستأجر أو لاعتبارات أخرى تتعلق بشخصه ثم مات، جاز لورثته أو للمؤجر أن يطلبوا فسخ العقد [4].

---

(1) نهاية المحتاج ج4 ص230.

(2) بداية المجتهد ج2 ص192 الفقه على المذاهب الأربعة، ج3 ص160 - 166 علي الخفيف ص419 - 420.

(3) كشاف القناع ج2 ص311 وانظر أحمد فراج ص531.

(4) انظر المواد (783 - 784) مدني عراقي و(709) مدني أردني و(601، 602) مدني مصري و(568 - 569) مدني سوري و(667) مشروع عربي. والمادة (698) مغربي.

البند الثاني

عقد الإعارة

731 - تعرف الإعارة، بأنها تمليك الغير منفعة شيء بغير عوض لمدة معينة أو لغرض معين على أن يرده بعد الاستعمال، وتتم الإعارة بقبض الشيء المعارولا أثر لها قبل القبض، ويشترط في الشيء المعار أن يكون معينا صالحا للانتفاع به مع بقاء عينه، والإعارة عقد غير لازم ولكل من الطرفين انهاؤه متى شاء ولو ضرب له أجل، والعارية أمانة في يد المستعير فإذا هلكت أو ضاعت أو نقصت قيمتها بلا تعد ولا تقصير فلا ضمان عليه مالم يتفق على غير ذلك، ولما كانت الإعارة من العقود التي تقوم على الاعتبارات الشخصية، لذلك تنفسخ بموت المعير أو المستعير، وإذا مات المستعير فلا تنتقل إلى ورثته، وإذا مات مجهلا للعارية ولم توجد في تركته تكون قيمتها وقت الوفاة دينا على التركة[1].

732 - موقف القانون المعاصر: عقد الإعارة، عقد به يسلم شخص لاخر شيئا غير قابل للاستهلاك يستعمله بلا عوض على أن يرده بعد الاستعمال، ولا تتم الإعارة إلا بالقبض، وتنفسخ الإعارة بموت المعير أو المستعير ولا تنتقل إلى ورثة المستعير[2].

(1) البدائع ج6 ص214 - 215 وما بعدها رد المحتار ج4 ص502 وما بعدها الفقه في المذاهب الأربعة ج3 ص270 وما بعدها وانظر المواد (808 وما بعدها) من المجلة.

(2) انظر المواد (847، 863) مدني عراقي و(776) مدني أردني و(635، 645) مدني مصري علما أن المادة الاخيرة نصت على أن تنتهي العارية بموت المستعير ما لم يوجد اتفاق يقضي بغيره، (602 - 6 11) مدني سوري وتطابق المادة الاخيرة حكم المادة المصرية.
و(714، 729) مشروع عربي، أما المادة (854) من القانون المغربي، فتنص على أن تنفسخ العارية بموت المستعير، غير أن الالتزامات الناشئة عنها تنتقل إلى تركته، ويتحمل ورثته شخصيا الالتزامات الناشئة عن فعلهم والمتعلقة بالشيء المستعار.

البند الثالث

عقد المزارعة والمساقاة

733 - يقصد بالمزارعة، نوع شركة على كون الاراضي من طرف والعمل مـن طرف آخر فالاراضي تزرع والحاصلات تقسـم بينهما، (1431 المجلـة) أمـا المساقاة فهي نوع شركة، على أن يكون اشجار من طرف وتربية مـن طرف آخر ويقسـم مـا يحصل من الثمر بينهما (م 1441 المجلة).

734 - وهناك خـلاف بـين الفقهـاء في أثـر المـوت في انتهاء العقـدين غـير اللازمين، المزارعة والمساقاة، فعند الشافعية خلاف حول جواز عقد المزارعة، والأصح فيما يرون عدم جوازه لسهولة الحصول على منفعـة الأرض بالإجارة ولأنه ورد نهـي الرسول صلى الله عليه وسلم عنها، ولا يختلفـون في جواز المساقاة ويعرفونها بأنها تعهد شجر بجزء من ثمره، ودليل شرعيتها معاملة الرسول صلى الله عليه وسلم بيهود خيبر على نخلها وارضها بشطر ما يخرج منها[1] **وإذا مـات المالـك**، لا ينفسخ العقـد مطلقا، بل يبقى العامل على عمله وله حصته في الثمر والزرع من الناتج من الاشجار والأرض، وإن مات العامل، كان على ورثته القيام مقامه أن خلف تركة ينفقون على العمل منها، وإلا لا يجبرون عـلى ذلـك وينفسـخ العقـد[2] **وإلى** مثل رأي الشافعية، يذهب المالكية فعندهم، جواز المساقاة في الشجر والمزارعة في الأرض التي تكون بـين الاشجار تبعا لها، وأن المساقاة عقد موروث فلورثة العامل متى مات القيام مقامه[3].

735 - أما عند الاحناف، فلـم يجـز الإمـام (ابـو حنيفة) المزارعة وكذلك المساقاة، لأن كل منهما تأجير واستئجار للارض، ببعض الخارج منها وذلك نهـى عنـه لقوله الرسول صلى الله عليه وسلم لرافع بـن خـديج في بسـتان كـان يعمـل فيـه (لا تستأجره بشيء منه) كمـا أن بـدل منفعـة الأرض وعمل العامل مجهول، وهـذا لا يجوز إلا أن

---

(1) البدائع ج6 ص175.

(2) نهاية المحتاج ج4 ص179، 181، 189.

(3) بداية المجتهد، ج2 ص242، 244، 247.

الصاحبين أجازا هذين العقدين[1] وبذلك فإن العقدين (المزارعة والمساقاة) ينفسخان بموت صاحب الأرض أو العامل أي المزارع أو المساقي، وسواء في ذلك أكان موت الواحد منهما قبل العمل والزراعة أم بعدها، وسواء أكان الزرع أم الثمر قد آن حصاده وجنيه أم لا، وذلك كما قال الكاساني (لأن العقد افاد الحكم له دون وارثه لأنه عاقد نفسه، والأصل إن من عقد لنفسه بطريق الاصالة فحكم تصرفه يقع له لا لغيره إلا لضرورة)[2] والمزارعة كالمساقاة[3].

736 - وفي المجلة، إذا مات صاحب الأرض والزرع اخضر فالفلاح يداوم على العمل إلى أن يدرك الزرع، ولا يسوغ لورثة المتوفى منعه وإذا مات الفلاح فوارثه قائم مقامه وإن شاء داوم على العمل إلى أن يدرك الزرع ولا يسوغ لصاحب الأرض منعه (م1440) وفي المساقاة، إذا مات صاحب الاشجار والثمرة فجة فيداوم العامل على العمل إلى أن تنضج الثمرة ولا يسوغ لورثة المتوفى منعه وإذا مات العامل فوارثه يمون قائما مقامه فإن شاء داوم على العمل ولا يسوغ لصاحب الاشجار منعه (م1448).

737 - ويرى الأستاذ المرحوم الدكتور محمد يوسف موسى، إن الضرورة تقضي بعدم انفساخ العقد بالوفاة، وفي ذلك خير واستقرار في المعاملات.

738 - أما الحنابلة، ففي العقدين، من ناحية الجواز والفسخ بالموت، يميلون إلى الاحناف[4].

739 - ويذهب فقه الإمامية إلى أن المزارعة والمساقاة لا تبطل بالوفاة[5].

740 - موقف القانون المعاصر: لا تنفسخ المزارعة بموت صاحب الأرض ولا بموت المزارع، ومع ذلك إذا مات المزارع، جاز لورثته أن يطلبوا فسخ العقد إذا أثبتوا أنه بسبب موت مورثهم أصبحت اعباء العقد اثقل من أن تتحملها

---

(1) البدائع ج6 ص175، 185 بداية المجتهد ج2 ص242 وانظر الدر المختار ورد المحتار ج5 ص 174 وما بعدها والمواد (1431، وما بعدها و1441 وما بعدها من المجلة.

(2) البدائع ج6 ص18483 - المصدر السابق ج6 ص188.

(3) ص506 هامش (2).

(4) كشاف القناع ج2 ص278 وما بعدها.

(5) المختصر النافع ص 148.

مقدرتهم وكذلك لا تنفسخ المساقاة بموت صاحب الشجر ولا بموت المساقي ومع ذلك فإن مات المساقي، جاز لورثته أن يطلبوا فسخ العقد إذا أثبتوا أنـه بسـبب موت مورثهم أصبحت اعباؤه اثقل من أن تتحملها مقدرتهم [1].

المطلب الثالث

الوفاة في عقود العمل

741 - ومن العقود الواردة على العمل والتي تنتهي بالوفـاة، عقـود الوكالـة والايداع والاستصناع، ونبحث في انتهاء هذه العقود بالوفاة في ثلاثة بنود.

البند الأول

عقد الوكالة

742 - تعرف الوكالة بأنها تفويض احد امره إلى آخر واقامته مقامه ويقال لذلك الشخص موكل ولمن اقامه وكيل ولذلك الأمر موكل به، وقد سبق أن درسنا الوكالة وعرفنا أحكامها وشروطها، وما يهمنا، هنا، هو معرفة انتهاءها بالوفاة، فلما كانت الوكالة في مقدمة العقود التي تقوم على اعتبارات شخصية في الموكل أو في الوكيل، لذلك يكون من الطبيعي انتهاء الوكالة بوفاة احد الطرفي أو الطرفين، إذ ليس من المعقول أن نبقي على الوكالة وأن تنتقل إلى ورثة الطرف المتوفى، خاصة أن الوكالة تقوم على الثقة والاطمئنان بين الطرفين، إضافة إلى قدرة الوكيل وإمكانياته في إدارة أعمال الوكالة، ومراجعة دوائر الدولة وغيرها والتعامل مع مختلف شرائح المجتمع، بصدد متابعة تلك الأعمال، وينعزل الوكيل بوفاة الموكل ولكن إذا تعلق به حق الغير فلا ينعزل، وينعزل وكيل الوكيل أيضا بموت الموكل، فالوكالة لا تورث فإذا مات الوكيل زال حكم الوكالة وبهذا لا يقوم وارث الوكيل مقامه [2].

---

(1) انظر المواد (812) مدني عراقي و(839) مدني أردني.
(2) انظر المواد (1449، 1527، 1528، 1529) من المجلة. البدائع ج6 ص19 الفقه على المذاهب الأربعة ج3.

743 - فعقد الوكالة غير لازم من الجانبين، وينتهي باتفاق الفقهاء، بالموت، موت الوكيل أو الموكل، فينفسخ عقد الوكالة بالموت، ويستوي في انفساخ العقد علم الطرف الاخربموت صاحبه وعدم علمه، ومع ذلك هناك خلاف حول هذه المسألة[1] **أما** موت الموكل فإنه يسقط عقد الوكالة، إذا كان يوكل عن نفسه بصفته الشخصية، فإن كان وصيا أو قيما أو ناظر وقف (المتولي) مثلا، ثم مات فلا تنفسخ الوكالة لأنه كان يتصرف باسم غيره، وهذا الغير لا يزال موجودا[2].

744 - موقف القانون المعاصر: تنتهي الوكالة بوفاة الموكل إلا إذا تعلق بالوكالة حق الغير، وعليه أن يصل بالأعمال التي بدأها إلى حالة لا تتعرض معها للتلف وكذلك تنتهي بوفاة الوكيل ولو تعلق بالوكالة حق الغير، غير أن الوارث أو الوصي إذا علم بالوكالة وتوفرت فيه الأهلية فعليه أن يخطر الموكل بالوفاة وأن يتخذ من التدابير ما تقتضيه الحال لمصلحة الموكل[3].

البند الثاني
عقد الايداع

745 - يعرف الايداع بأنه وضع المالك ماله عند آخر لحفظه، ويسمى المستحفظ مودعا (بكسر الدال) والذي يقبل الوديعة وديعا ومستودعا (بفتح الدال) والوديعة هي المال الذي يوضع عند شخص لأجل الحفظ، وتعد الوديعة أمانة في يد الوديع بناء عليه إذا هلكت بلا تعد من المستودع وبدون صنعه وتقصيره في الحفظ فلا يلزم الضمان، ولا شك أن عقد الايداع يقوم على قدر كبير من الثقة والاطمئنان بين طرفي العقد، المودع والمودع لديه، لذلك فإن موت أحدهما سوف يؤثرعلى العقد، فإذا مات المستودع ووجدت الوديعة عينا في تركته فتكون أمانة في

(1) بداية المجتهد ج2 ص228.
(2) البدائع ج6 ص38 نهاية المحتاج ج4 ص41 كشاف القناع ج2 ص236 المختصر النافع ص154.
(3) انظر المادة (946) مدني عراقي و(3/862، 4) مدني أردني و(714، 717/ 2) مدني مصري و(681، 2/683) مدني سوري و(813) مشروع عربي والمادة (929/خامسا) من القانون المغربي.

يد وارثه فيردها لصاحبها واما إذا لم توجد عينا في تركته فإن أثبت الـوارث أن المستودع قد بين حال الوديعة في حياته كأن قال رددت الوديعة لصاحبها أو قال ضاعت بلا تعد فلا يلزم الضمان، وكذا لو قال الوارث نحن نعرف الوديعة وفسرها ببيان أوصافها ثم قال انها هلكت أو ضاعت بعد وفاة المستودع صدق بيمينه ولا ضمان حينئذ وإذا مات المستودع بدون أن يبين حال الوديعة يكون مجهلا فتؤخذ الوديعة من تركته كسائر ديونه وكذا لو قال الوارث نجن نعرف الوديعة بدون أن يفسرها ويصفها لا يعتبر قوله انها ضاعت وبهذه الصورة إذا لم يثبت انها ضاعت يلزم الضمان من التركة، وإذا مات المودع تسلم الوديعة لوارثه لكن إذا كانت التركة مستغرقة بالدين فيرفع الأمر إلى الحاكم فإن سلمها المستودع إلى الـوارث بـدون إذن الحاكم فاستهلكها هو ضمن المستودع[1]. وبذلك ينتهي عقد الايداع بالوفاة، بوفـاة المودع أو وفاة المودع لديه، لأن الوديعة وكالة في الحفظ[2].

746 - موقف القانون المعاصر: إذا مات الوديع ووجدت الوديعة عينا في تركته فهي أمانة في يد الوارث، وإن مات الوديع مجهلا حـال الوديعة ولم توجد في تركته ولم تعرفها الورثة، تكون دينا واجبا اداؤه من تركته ويشارك المـودع سائرغرماء الوديع[3].

البند الثالث

عقد الاستصناع

747 - سبق أن تعرفنا عـلى عقد الاستصناع وعلمنا بأنه عبـارة عـن عقد مقاولة يتعهد المقاول فيه بتقديم العمل والمادة معـا، وينتهـي عقد المقاولة بمـوت المقاول إذا كانت مؤهلاته الشخصية محل اعتبار في التعاقد، فإن لم تكن محل اعتبار فلا ينتهي العقد من تلقاء ذاته، واعتياديا تكون شخصية الصانع محل اعتبار

(1) انظر المواد (780، 801، 802) من المجلة البدائع ج6 ص207 - 217 المغني ج5 ص354 وما بعدها بداية المجتهد ج2 ص 261.
(2) محمد زكي عبد البر ص628 المختصر النافع ص150 - 151.
(3) انظر المواد (970) مندي عراقي و(881، 882) مدني أردني و(832، 833) مشروع عربي.

في عقد الاستصناع وبالتالي ينتهي بموت الصانع، كما هو الحال في عقد المقاولة، خلافا لعقد البيع الذي لا يبطل بموت البائع وهو الذي يقابل الصانع في عقد الاستصناع[1].

748 - موقف القانون المعاصر: يفسخ عقد المقاولة بموت المقاول إذا كان متفقا على أن يعمل بنفسه أو كانت مؤهلاته الشخصية محل الاعتبار في التعاقد، وإذا خلا العقد من مثل هذا الشرط أو لم تكن شخصيته محل اعتبار جاز لصاحب العمل أن يطلب فسخ العقد إذا لم تتوفر في الورثة الضمانات الكافية لحسن تنفيذ العمل[2].

المطلب الرابع
الوفاة في عقود الضمان

749 - ومن ابرزعقود الضمان التي تنتهي بالوفاة، عقد الكفالة وعقد الرهن، وندرس انتهاء العقدين بالوفاة في البندين القادمين.

البند الأول
عقد الكفالة

750 - سبق أن عرفنا بأن الكفالة، ضم ذمة إلى ذمة أخرى في المطالبة بتنفيذ الالتزام، وهو عقد لازم من جانب واحد وهو جانب المكفول له، وهو عقد تابع لعقد أصلي حصل فيه التزام المدين بالدين الذي اراد الدائن التوثيق له بعقد الكفالة، فإذا من حق الدائن وحق ورثته إذا مات إلا ينتهي العقد اويفسخ بالوفاة، ضمانا لدينه وحفظا له من الضياع[3].

وفي الكفالة لا ينتهي العقد بموت الاصيل المدين، لقيام الكفيل مقامه، وإن

---

(1) كاسب عبد الكريم البدران ص226 وانظر بداية المجتهد ج2 ص192 نهاية المحتاج ج5 ص317 المغني ج6 ص50 والمواد (443، 571) من المجلة.
(2) انظر المواد (888) مدني عراقي و(804) مدني أردني و(666) مدني مصري و(632) مدني سوري و(1/757) مشروع عربي.
(3) انظر المادة (612) وما بعدها من المجلة، محمد يوسف موسى ف726 ص503.

الكفيل لا يخرج عن الكفالة إلا بأداء الـدين منـه أو مـن الاصيل، اوبإبراء الدائن نفسه من الدين أو نزوله عن الكفالة، وله هذا النـزول لأن هـذا مـن حقـه [1] **وإذا** توفي الدائن وانحصر ميراثه في المدين برئ الكفيل [2].

751 - موقـف القانون المعاصر: إذا مـات المكفـول لـه وانحصر۔ ميراثـه في المدين برئ كفيله من الكفالة، فإن كان له وارث آخر برئ الكفيل من حصة المـدين، لا من حصة الوارث الآخر، وإذا مات الكفيل بالمال، يطالـب بالمـال المكفـول بـه مـن تركته [3].

البند الثاني

عقد الرهن

752 - يعد عقد الرهن من العقود اللازمة مـن جانـب واحـد، وهو جانـب الدائن المرتهن، وهو عقد تابع لعقد أصلي وهو الذي حصل فيه التزام المدين بالدين الذي اراد الدائن التوثيق له بعقد الرهن، فإذا من حق الدائن وحق ورثته إذا مـات ألا ينتهي العقد أو يفسخ بالوفاة، ضمانا لدينه وحفظا لـه مـن الضياع [4] **فإذا** مـات الراهن (المدين) فإن الرهن يباع لقضاء الدين إن كان ورثته صغارا وإن كانوا كبارا خلفـوا الميت في المال، فكان عليهم تخليص الرهن بقضاء الـدين، وينكر الإمام الطحاوي أن المرتهن احق بالرهن وبثمنه إن بيع في حياة الـراهن كان ذلك أو بعـد وفاته [5] وذهبت مجلة الأحكام العدلية إلى عـدم انتهاء عقد الرهن بالوفاة حيث نصت المادة (733) على أن (لايبطل الرهن بوفاة الراهن والمرتهن).

753 - موقف القانون المعاصر: لا ينقضي الرهن الحيازي بموت الراهن

---

(1) البدائع ج2 ص6، 11، 312.

(2) علي الخفيف ص449.

(3) انظر المواد (1042، 1047) مدني عراقي و(990) مدني أردني و(939) مشروع عربي، وفي القانون المغربي لاتنقضي۔ الكفالة بموت الكفيل، وينتقل التزام الكفيل إلى ورثته (م1160).

(4) محمد يوسف موسى ف 726 ص503.

(5) مختصر الطحاوي ص95 الدر المختار وحاشية ابن عابدين ج5 ص345.

أو المرتهن ويبقى رهنا عند الورثة حتى وفاء الدين [1].

---

(1) انظر المواد (1351) مدني عراقي و(1423) مدني مصري و(1294) مشروع عربي،
و(1234) مغربي.

كلمة ختامية

ونحن نضع القلم، بعد أن انتهينا من اعداد هذا الكتاب يجدر بنا أن ندون النقاط التالية التي كانت تشكل هاجسنا، عند الكتابة:

1 - إن كل موضوع من الموضوعات التي ضمها الكتاب، يصلح أن يكون كتابا في حد ذاته، نظرا لسعته وعمقه ودقته، ولكننا حاولنا، في هذا المؤلف أن نطرح المهم والأساسي في كل موضوع وتجنبنا، قدر الإمكان ولوج التفاصيل، ولو أردنا إجراء مقارنات وموازنات بين كل موضوع مطروح في الكتاب مع الفقه القانوني والقانون المعاصر، وبشكل مفصل ودقيق، لتطلب الأمر اعداد مجلدات ومجلدات وليس كتابا واحدا.

2 - إن الفقه الإسلامي يمثل شخصيتنا القانونية المستقلة، عن أي تأثير قانوني أجنبي، وهو زاخر بالأفكار والاتجاهات الاصيلة، في مختلف مناحي الموضوع الذي كرسنا، هذا المؤلف، للكتابة فيه، فهو تراث يتميز بالدقة والاصالة والغزارة ويمثل كنزا ثمينا، حري بالمشرع في العصر الحديث أن ينهل من ينابيعه، عند اعداد تشريعات حديثة.

3 - في هذا الكتاب عرضنا اتجاهات المذاهب الإسلامية، كلما توفرت المصادر، باعتبارها مدارس متنوعة ومتعددة وثرية ضمن الفقه الإسلامي الواحد، وهذا التنوع والتعدد، يمثل جانب الثراء في هذا الفقه مما يجعله قابلا للتطور والنماء ومسايرة احدث النظريات والافكار القانونية الحديثة، فلم يكن عرضنا لاتجاهات المذاهب الفقهية في موضوع واحد، إبراز الاختلاف والتشتت، بل كان هدفنا أن الفقه الإسلامي واحد موحد وفيه مذاهب واتجاهات تضم مختلف الآراء والافكار والتي تساير احدث النظم القانونية في الوقت الحاضر، فنجد احد المذاهب متشددا في العبادات، ولكنه متطور ومنفتح في مجال إبرام العقود والشروط المقترنة بها وهكذا، وبهذه المناسبة ندعو إلى تجنب الانحياز أو الغلو أو

الانحراف إلى جانب أو مذهب فقهي دون مذهب.

4 - حاولنا، في هـذه الدراسـة، إبـراز أحكـام تشـريعات مدنيـة استمدت أحكامها من الفقه الإسلامي وفي مقدمتها القانون المدني العراقي والقانون المدني الأردني، وتشريعات مدنيـة أخـرى تـأثرت بالقانون المدني الفرنسـي وفي مقدمتها القانون المدني المصري والقانون المدني السوري وقانون الالتزامات والعقود المغربي، كما اشرنا، في كل المواضع، إلى موقف المشروع العربي للقانون المدني الموحد المعد ضمن نطاق جامعـة الـدول العربية (الأمانـة العامـة لمجلس وزراء العدل العرب) المستمد بدوره من الفقه الإسلامي.

5 - كنا مقتنعين، منذ البداية، وزادت قناعتنا، أكثر وترسخت، بعد الانتهاء من تأليف هذا الكتاب، بأن الفقه الإسلامي يصـلح أن يكون مصدرا لتشـريع مـدني حديث يساير العصر، ليس في ميدان تنظيم العقود، بـل في المجـالات الأخـرى والتي ينظمها القانون المدني، خاصة وقد وجدنا أن الفقه الإسلامي يتقدم، باشواط كبيرة، على الفقه الغربي، في مجالات عديدة، ومن ابرزها نبذ الشكلية في إبرام العقـود وفي النيابة وغيرها كثير، وقد سبق أن دعونا إلى اعداد قانون مـدني مستمد بأكملـه مـن الفقه الإسلامي وذلك في دراسة لنا معنونة بـ (مستقبل القانون المدني) المنشورة في مجلة القانون المقارن الصادرة عن جمعية القانون المقارن العراقية، في عددها المرقم (35) لسنة 2004.

وآخر دعوانا أن الحمد لله رب العالمين.

المصادر

ا - كتب التفسير:

ابن العربي، أبو بكر محمد بن عبد الله المعروف بابن العربي (المتوفى 543 للهجرة) أحكام القرآن، تحقيق علي محمد البجاوي، بيروت دار الفكر.

ابن كثير، أبو الفداء إسماعيل بن كثير القرشي الدمشقي، تفسير القرآن العظيم، بيروت دار المعرفة، 1407 للهجرة 1987م.

الجصاص، أبو بكر أحمد بن علي الرازي الجصاص، (المتوفى 370 للهجرة) أحكام القرآن، تحقيق محمد الصادق قمحاوي، بيروت، لبنان، دار احياء التراث العربي 1405 للهجرة - 1985 م.

الرازي، أبو عبد الله محمد بن عمر بن حسين القرشي الشافعي الملقب بفخر الدين الرازي (المتوفى 606 للهجرة).

الطبري، أبو جعفر محمد بن جرير الطبري (المتوفى 310 للهجرة) جامع البيان عن تاويل أي القرآن، بيروت دار الفكر، وطبعة القاهرة، دار المعارف.

القرطبي، أبو عبد الله محمد أحمد الانصاري القرطبي (المتوفى 671 للهجرة) الجامع لأحكام القرآن، مؤسسة مناهل العرفان، بيروت، لبنان.

ب - الحديث النبوي الشريف:

ابن حنبل (مسند الإمام أحمد بن حنبل) (164 - 241 للهجرة) حققه واخرجه وعلق عليه مجموعة من الباحثين، (الموسوعة الحديثة، مؤسسة الرسالة للطباعة والنشر والتوزيع، بيروت) ج5 ط2 1420 للهجرة 1999م ج6 1416 للهجرة 1996 م. ط2 1421للهجرة 2001م.

ابن ماجة، أبو عبد الله محمد بن ماجة القزويني (المتوفى275 للهجرة) سنن ابن ماجة، تحقيق محمد فؤاد عبد الباقي، المكتبة الإسلامية للطباعة والنشر استابول، تركيا.

البخاري، أبو عبد الله محمد بن اسماعيل البخاري (المتوفى 256 للهجرة) صحيح البخاري، الطبعة الأولى بيروت، دار الكتب العلمية 1412 للهجرة 1992 م.

الترمذي، أبو عيسى محمد بن عيسى بن سورة الترمذي (المتوفى279 للهجرة) الجامع الصحيح المسمى بسنن الترمذي، تحقيق أحمد محمد شاكر، الطبعة الثانية، مطبعة البابي الحلبي واولاده، مصر، 1398 للهجرة 1978 م.

الحاكم، أبو عبد الله محمد بن عبد الله الحاكم النيسابوري (المتوفى 405 للهجرة) المستدرك على الصحيحين في الحديث، بيروت، لبنان، دار المعرفة.

الزيلعي، أبو محمد عبد الله بن يوسف الحنفي الزيلعي (المتوفى 762 للهجرة) نصب الراية لاحاديث الهداية، الطبعة الأولى، مكتبة الرياض الحديثة، 1357 للهجرة.

الشوكاني، محمد بن علي بن محمد الشوكاني، نيل الأوطار شرح منتقى الاخبار من احاديث سيد الاخيار، القاهرة مطبعة البابي الحلبي.

الصنعاني، محمد بن اسماعيل بن صلاح الامير الكحلاني الصنعاني (المتوفى 1182 للهجرة).

سبل السلام شرح بلوغ المرام، الطبعة الثالثة، مطبوعات جامعة الإمام محمد بن سعود الإسلامية، الرياض، السعودية، 1405 للهجرة 1985 م.

مسلم، أبو الحسن مسلم بن الحجاج القشيري النيسابوري (المتوفى 261 للهجرة) صحيح مسلم، الطبعة الثانية، بيروت دار الفكر 1398 للهجرة 1978 م.

النسائي، ابوعبد الرحمن أحمد بن شعيب بن علي النسائي (المتوفى 303 للهجرة) سنن النسائي، تحقيق عبد الغفار سليمان البنداري وسيد كسروي حسن، الطبعة الأولى، بيروت، لبنان، دار الكتب العلمية 1411 للهجرة 1991 م.

ج - مراجع الفقه الإسلامي:

1 - الفقه الحنفي:

ابن عابدين، محمد امين بن السيد عمرعابدين (المتوفى1252 للهجرة) حاشية رد المحتارعلى الدر المختار، شرح تنوير الابصار، الطبعة الثانية، بيروت لبنان، 1386 للهجرة 1966 م.

ابن عابدين، محمد امين بـن السيد عمـر، مجموعـة رسـائل ابـن عابـدين، استانبول مطبعة شركة الصحافة العثمانية 1325 للهجرة.

ابن عابدين، محمد امين بن السيد عمر، منحة الخالق على البحر الرائق بهامش البحر الرائق، الطبعة الثالثة، بيروت لبنان، 1413 للهجرة 1993 م.

ابن نجيم، زين الدين بن إبراهيم بن محمد بن بكر الشهير بـابن نجيم (المتوفى 970 للهجرة) البحر الرائق شرح كنز الدقائق، الطبعة الثالثة، بيروت لبنان 1413 للهجرة 1993 م.

ابن الهمام، كمال الدين محمد بن عبد الواحد السيواسي المعروف بابن الهمام الحنفي (المتوفى 681 للهجرة) شرح فتح القدير على الهداية، بيروت لبنان، دار الفكر.

افندي، محمدعلاء الدين افندي، حاشية قرة عيون الاخبار، تكملة رد المحتارعلى الـدر المختار شرح تنوير الابصار، بيروت لبنان دار الفكر 1386 للهجرة 1966 م.

البغدادي، أبو محمد بن غانم بن محمد البغدادي، مجمع الضمانات في مذهب الإمام الاعظم أبي حنيفة النعمان، الطبعة الأولى، عالم الكتب 1407 للهجرة 1987 م.

الزيلعي، فخر الدين عثمان بن علي الزيلعي (المتوفى743 للهجرة) تبيين الحقائق شرح كنز الدقائق، الطبعة الثانية المطبعة الاميرية ببولاق مصر1314 للهجرة.

السرخسي، محمد بن أحمد بن أبي سهل السرخسي ـ(المتوفى483 للهجرة) المبسوط، الطبعة الأولى مطبعة السعادة بمصر 1324 للهجرة.

الكاساني، علاء الدين أبـو بكـر بـن مسعود الكاساني الحنفي، (المتوفى587 للهجـرة) بدائع الصنائع في ترتيب الشرائع، مطبعة الجمالية بمصر 1328 للهجرة 1910 م.

نظام، الشيخ نظام وجماعـة مـن علماء الهند، الفتاوى الهنديـة في مـذهب الإمـام الاعظم أبي حنيفة النعمان، المسماة بالفتاوى العالمكيرية، بيروت لبنان دار الفكر 1411 للهجرة 1991 م.

2 - الفقه المالكي:

ابن جزئ، أبو القاسم محمد بن أحمد بن جزئ الكلبي الغرناطي (المتوفى 741 للهجرة) القوانين الفقهية، المكتبة الادبية بفاس 1935.

ابن رشد، أبو الوليد محمد بن أحمد بن محمد بن أحمد بن رشد القرطبي، (المتوفى595 للهجرة) بداية المجتهد ونهاية المقتصد، ط3 1379 للهجرة، مطبعة الحلبي، القاهرة.

الحطاب، أبو عبد الله محمد بن عبد الرحمن المغربي المعروف بالحطاب (المتوفى 954 للهجرة) مواهب الجليل شرح مختصر سيدي خليل، مطبعة السعادة بمصر 1329 للهجرة.

الخرشي، أبو عبد الله محمد الخرشي، (المتوفى1101 للهجرة) شرح الخرشي على مختصر سيدي خليل، بيروت لبنان دار الفكر.

الدسوقي، محمد عرفة الدسوقي (المتوفى1230 للهجرة) حاشية الدسوقي على الشرح الكبير، بيروت لبنان دار الفكر.

الدردير، أبو البركات أحمد بن محمد الدردير، (المتوفى1201 للهجرة) الشرح الكبير بهامش حاشية الدسوقي، بيروت لبنان دار الفكر.

الدردير، أبو البركات أحمد بن محمد الدردير، الشرح الصغير على اقرب المسالك، بهامش بلغة السالك، بيروت لبنان، دار الفكر.

الشاطبي، أبو اسحق الشاطبي إبراهيم بن موسى اللخمي الغرناطي (المتوفى 790 للهجرة) الموافقات في أصول الشريعة، القاهرة المكتبة التجارية.

عليش، أبو عبد الله الشيخ محمد أحمد عليش (المتوفى1299 للهجرة) شرح منح الجليل على مختصر العلامة خليل وبهامشه الحاشية المسماة تسهيل منح الجليل، مكتبة النجاح، طرابلس، ليبيا.

عليش، أبو عبد الله الشيخ محمد أحمد، فتح العلي المالك في الفتوى على مذهب الإمام مالك، بيروت لبنان دار المعرفة.

القرافي، أبو العباس شهاب الدين أحمد بن إدريس الصنهاجي المشهور بالقرافي (المتوفى 684 للهجرة) الفروق مطبعة داراحياء الكتب العربية، القاهرة 1344 للهجرة.

مالك، الإمام مالك بن أنس الأصبحي، (المتوفى 179 للهجرة) المدونة الكبرى، رواية سحنون بن سعيد التنوخي عن الإمام عبد الرحمن بن القاسم طبعة اولى 1323 للهجرة القاهرة مطبعة السعادة.

3 - الفقه الشافعي.

الانصاري، أبو يحيى زكريا بن محمد الانصاري (المتوفى 925 للهجرة) فتح الوهاب بشرح منهج الطلاب، بيروت لبنان دار الفكر.

البجيرمي، سليمان بن عمر محمد البجيرمي الشافعي (المتوفى 1221 للهجرة) بجيرمي علي الخطيب المسماة بتحفة الحبيب على شرح الخطيب المعروف بالاقناع في حل ألفاظ أبي شجاع، بيروت لبنان دار المعرفة 1398 للهجرة 1978 م.

الخطيب، محمد بن أحمد الشربيني الخطيب (المتوفى 977 للهجرة) الاقناع في حل ألفاظ أبي شجاع، بيروت لبنان دار المعرفة.

الخطيب، محمد بن أحمد الشربيني، مغني المحتاج إلى معرفة معاني ألفاظ المنهاج على متن منهاج الطالبين، بيروت لبنان دار المعرفة.

الرملي، شمس الدين محمد بن أبي العباس أحمد بن حمزة بن شهاب الدين الرملي الشهير بالشافعي الصغير (المتوفى 1004 للهجرة) نهاية المحتاج إلى شرح المنهاج، القاهرة مطبعة الحلبي 1357 للهجرة، وطبعة بيروت لبنان دار الفكر 1404 للهجرة 1984 م.

الشافعي، أبو عبد الله محمد بن إدريس بن العباس بن عثمان الشافعي (المتوفى 204 للهجرة)، الام، القاهرة مطبعة بولاق 1329 للهجرة.

الشيرازي، أبو اسحق إبراهيم بن علي بن يوسف الفيروزابادي (المتوفى 476 للهجرة) المهذب القاهرة مطبعة الحلبي.

الغزالي، أبو حامد محمد بن محمد الغزالي، (المتوفى 505 للهجرة) احياء علوم الدين، دار الكتب العلمية بيروت لبنان 1406 للهجرة 1986 م.

4 - الفقه الحنبلي:

ابن تيمية، أبو العباس أحمد بن عبد الحليم بن تيميه الدمشقي الحنبلي (المتوفى728 للهجرة) الفتاوى الكبرى، تحقيق محمد عبد القادر عطا ومصطفى

عبـد القـادر عطـا، الطبعـة الأولى، بـيروت لبنـان دار الكتـب العلميـة 1408 للهجـرة 1988م.

ابن قدامة، أبو محمد موفق الدين عبد الله بن قدامة المقدسي (المتوفى620 للهجرة) المغني مع الشرح الكبير، القاهرة مطبعة المنار 1347 للهجرة.

ابن القيم، شمس الدين أبو عبد الله محمد بـن أبي بكر الزرعي الدمشـقي المعروف بابن القيم الجوزية (المتوفى 751 للهجرة) إعلام الموقعين عن رب العالمين، تحقيـق وضبط عبد الرحمن الوكيل، القاهرة مطبعة دار الكتب الحديثة،1389 للهجرة.

البهوتي، منصور بن يونس بـن إدريـس البهوتي (المتوفى 1051 للهجـرة) شرح منتهى الإرادات، المسمى دقائق أولي النهى لشرح المنتهى، بيروت لبنان عالم الكتب.

البهوتي، منصور بن يونس بن إدريس البهوتي، كشاف القناع عـن مـتن الاقنـاع، راجعـه هلال مصيلحي مصطفى هلال، بيروت لبنان دار الفكر 1402 للهجرة 1982 م.

5 - فقه الإمامية:

الحلي، العلامة الحلي ابن المطهر، (المتوفى) مختلف الشـيعة في أحكـام الشـريعة، ج5، ج6، ج7.

الحلي، أبو القاسم نجم الدين جعفر بن الحسن الحلي (المتوفى 676 للهجرة) المختصر النافع في فقه الإمامية، القاهرة، وزارة الاوقاف، مطابع دار الكتاب العربي بمصر.

الحكيم، السيد محسن الحكيم، منهاج الصالحين ط6.

الطـوسي، أبـو جعفـر محمـد بـن الحسـن بـن علـي الطـوسي، (المتـوفى 460 للهجرة) المبسوط في فقه الإمامية، طهران المكتبة المرتضوية ط2 1388 للهجرة، المطبعة الحيدرية.

6 - الفقه الظاهري:

ابن حزم، أبو محمد علي بن أحمد بن سعيد بن حزم الظاهري (المتوفى 456 للهجرة) المحلى، طبع دار الاتحاد العربي، القاهرة 1389 للهجرة.

د - كتب حديثة في الفقه الإسلامي:

أحمد أبو الفتح، كتاب المعاملات في الشريعة الإسلامية والقوانين المصرية، ج2 ط2 القاهرة 1923.

أحمد حسن الطه، أحكام المفقود والاسير في الشريعة الإسلامية والقانون، بغداد مطبعة دار الرسالة، ط1.

أحمد فراج حسين، الملكية ونظرية العقد في الشريعة الإسلامية، الاسكندرية، الدار الجامعية، 1987.

السيد أحمد فرج، الزواج وأحكامه في مذهب أهل السنة، القاهرة 1989م.

أنور محمود دبور، المدخل لدراسة الفقه الإسلامي، تاريخ الفقه الإسلامي، مصادره، نظرية العقد، القاهرة، دار الثقافة العربية 1418 للهجرة 1998 م.

رمضان علي الشرنباصي، النظريات العامة في الفقه الإسلامي، الاسكندرية، منشأة المعارف 2000م.

شامل رشيد الشيخلي، عوارض الأهلية بين الشريعة والقانون، بغداد مطبعة العاني 1974م.

شفيق شحاتة، النظرية العامة للالتزامات في الشريعة الإسلامية، الجزء الأول طرفا الالتزام القاهرة، 1936م.

صبحي محمصاني، النظرية العامة للموجبات والعقود في الشريعة الإسلامية، بيروت 1948ج2.

عبد الحميد محمود البعلي، ضوابط العقود، دراسة مقارنة في الفقه الإسلامي وموازنة بالقانون الوضعي وفقهه، القاهرة، الناشر مكتبة وهبة. الطبعة الأولى سنة الطبع بلا.

عبد الرحمن الجزيري، الفقه على المذاهب الأربعة، بيروت، دار الارقم ط2 1418 للهجرة.

عبد الرزاق أحمد السنهوري، مصادر الحق في الفقه الإسلامي، دراسة مقارنة بالفقه الغربي، ط1954، 1959 1968.

عبد الرزاق رحيم الهيتي، حكم التعاقد عبر اجهزة الاتصال الحديثة في الشريعة الإسلامية (عمان/الأردن) 2000م.

عبد الكريم زيدان، المدخل لدراسة الشريعة الإسلامية، بغداد، المطبعة العربية 1964، وط 1969 مطبعة العاني.

عبد الكريم زيدان، أصول الفقه الإسلامي، بغداد مطبعة الاعظمي 1964م.

عبد الناصر توفيق العطار، نظرية الالتزام في الشريعة الإسلامية والتشريعات الحديثة، القاهرة 1975.

علي الخفيف، أحكام المعاملات الشرعية، القاهرة دار الفكر 1417 للهجرة، علي الخفيف، التصرف الانفرادي والإرادة المنفردة، بحث مقارن، القاهرة معهد الدراسات العربية العليا، القاهرة 1964.

علي الخفيف، الضمان في الفقه الإسلامي، القسم الأول، القاهرة، معهد البحوث والدراسات العربية، 1971.

علي حيدر، درر الحكام شرح مجلة الأحكام، تعريب المحامي فهمي الحسيني، بغداد، بيروت مكتبة النهضة (طبعة اوفسيت).

فاضل دولان، أحكام المفقود شرعا وقانونا وقضاء، بغداد دار الشؤون الثقافية العامة، 1987.

قحطان عبد الرحمن الدوري، الاحتكار وآثاره في الفقه الإسلامي، بغداد 1974.

كاسب عبد الكريم البدران، عقد الاستصناع في الفقه الإسلامي، الاسكندرية، دار الدعوة، 1980م.

محمد أبو زهرة، الملكية ونظرية العقد، القاهرة دار الفكر العربي 1977.

محمد زكي عبد البر، أحكام المعاملات المالية في المذهب الحنبلي، عرض منهجي، القاهرة، مكتبة دار التراث، ط 2 1418 للهجرة 1998م.

محمد سلام مدكور، المدخل إلى الفقه الإسلامي، القاهرة 1960م.

محمد سلام مدكور، الجنين والأحكام المتعلقة به في الفقه الإسلامي، القاهرة دار النهضة العربية 1969م.

محمد عبد الرحيم الكشكي، التركة وما يتعلق بها من الحقوق، بغداد دار النذير 1967م.

محمد كمال حمدي، الولاية على المال ج 1 القاهرة دار المعارف 1966م.

محمد وفا، ابرز صور البيوع الفاسدة في الفقه الإسلامي والقانون الوضعي، القاهرة 1984م.

محمد وفا، بيع الاعيان المحرمة في الفقه الإسلامي والقانون الوضعي، القاهرة دار الفكر العربي، 1988.

محمد يوسف موسى، الأموال ونظرية العقد في الفقه الإسلامي، القاهرة الطبعة الأولى 1372 للهجرة 1953م دار الكتاب العربي.

محمد وحيد الدين سوار، التعبير عن الإرادة في الفقه الإسلامي، رسالة دكتوراه، كلية الحقوق بجامعة القاهرة1960م.

محمد وحيد الدين سوار، الشكل في الفقه الإسلامي، الرياض، معهد الإدارة 1985م.

مصطفى إبراهيم الزلمي، الالتزامات في الشريعة الإسلامية والتشريعات المدنية العربية، بغداد 2000م.

مصطفى إبراهيم الزلمي، أصول الفقه في نسيجه الجديد، بغداد دار الحكمةللطباعة والنشر ج2 1991م.

مصطفى أحمد الزرقا، المدخل الفقهي العام، دمشق دار القلم الجزءان الأول والثاني1418 للهجرة 1998م.

مصطفى أحمد الزرقا، الاستصلاح والمصالح المرسلة في الشريعة الإسلامية وأصول فقهها، دمشق دار القلم، 1408 للهجرة 1988م.

مصطفى أحمد الزرقا، فتاوى، دمشق دار القلم ط1 1420 للهجرة 1999م.

منير القاضي، شرح المجلة، بغداد مطبعة العاني 1947 - 1949.

نزيه كمال حماد، دراسات في أصول المداينات، دمشق دار الفكر 1971.

وهبة الزحيلي، الفقه الإسلامي وادلته، دمشق، دار الفكر الطبعة الثالثة 1409 للهجرة 1988م.

هاء - بحوث ودراسات حديثة في الفقه الإسلامي:

إبراهيم فاضل الدبو، الوفاء بالوعد، مجلة مجمع الفقه الإسلامي، العدد الخامس، الجزء الثاني، 1409 للهجرة 1988م.

إبراهيم كافي دونمز، حكم إجراء العقود بوسائل الاتصالات الحديثة في الفقه الإسلامي موازنا بالفقه الوضعي، مجلة مجمع الفقه الإسلامي، العدد السادس، الجزء الثاني 1410 للهجرة 1990م.

أحمد إبراهيم، في العقود والشروط والخيارات في الشريعة الإسلامية، مجلة القانون والاقتصاد، العدد (6) السنة (4).

أحمد علي الخطيب، حكمان خاصان بالجنين والميت، بحث في أهليتهما وذمتهما، مجلة العلوم القانونية والسياسية بجامعة بغداد المجلد الأول العدد الثالث 1977.

أحمد الكبيسي، التركة وتكوينها ومدى تعلق الديون بها، مجلة كلية الإمام الاعظم العدد الثاني 1974.

علي الخفيف، تأثير الموت في حقوق الإنسان والتزاماته، مجلة القانون والاقتصاد، جامعة القاهرة، كلية الحقوق، العدد الخامس السنة العاشرة 1946.

محمدالامين الصديق، بيع العربون، مجلة مجمع الفقه الإسلامي، الدورة الثامنة، العدد الثامن، الجزء الأول، 1415 للهجرة 1994م.

محمد رضا عبد الجبار العاني، قوة الوعد الملزمة في الشريعة والقانون، مجلة الفقه الإسلامي، العدد الخامس، الجزء الثاني، 1409 للهجرة 1988م.

محمد سعود المعيني، الحقوق المترتبة على ثبوت الإكراه على العقد، مجلة القانون المقارن، بغداد العدد (19) 1987م.

محمد كامل مرسي، تصرفات المريض مرض الموت، مجلة القانون والاقتصاد، العدد الأول السنة الثامنة 1938.

مصطفى أحمد الزرقا، انخفاض قيمة العملة الورقية بسبب التضخم النقدي، مجلة الفقه الإسلامي، الدورة التاسعة، العدد التاسع، الجزء الثاني1417 للهجرة 1996 م.

وهبة مصطفى الزحيلي، بيع العربون، مجلة مجمع الفقه الإسلامي، الدورة الثامنة، العدد الثامن، الجزء الأول 1415 للهجرة 1994 م.

نزيه كمال حماد، تغيرات النقود والأحكام المتعلقة بها في الفقه الإسلامي، مجلة مجمع الفقه الإسلامي، الدورة الثالثة، العدد الثالث، الجزء الثالث 1408

للهجرة 1987م.

و - قواعد فقهية كلية:

ابن رجب، الإمام الحافظ أبي الفرج عبد الـرحمن البغـدادي الحنبلي الشـهير ب، ابـن رجب (المتوفى 795 للهجرة) القواعد في الفقه المسمى (تقرير القواعد وتحرير الفوائد)، بيروت لبنان دار المعرفة 2004 ابن نجيم، زين الدين بن إبراهيم بن محمد بن بكر، الأشباه والنظائر على مذهب أبي حنيفة النعمان، بيروت لبنان دار الكتب العلمية 1405 للهجرة 1985م.

أحمد بن الشيخ محمد الزرقا، (المتوفى1357 للهجرة) شرح القواعد الفقهيـة، دمشـق دار القلم ط6 1422 للهجرة 2001م السيوطي، جلال الدين أبو الفضل عبد الرحمن بن أبي بكر السيوطي، (المتوفى 911 للهجرة) الأشباه والنظائر) القاهرة مطبعة الحلبي 1938 م.

محمد قـدري باشا، مرشـد الحيـران إلى معرفـة أحـوال الإنسـان، الطبعـة الأولى الـدار العربية للتوزيع والنشر، عمان الأردن 1407 للهجرة 1987م.

محمود حمزة، الفرائد البهية في القواعد والفوائد الفقهية، دمشق، دار الفكر للطباعـة والتوزيع والنشر، 1406 للهجرة 1986م.

محي هلال السرحان، القواعد الفقهية ودورهـا في اثراء التشـريعات الحديثـة، بغـداد 1987.

ز - في القانون:

1 - كتب:

أحمد حشمت أبو ستيت، مصادر الالتزام، القاهرة، 1963.

اسماعيل غـانم، النظريـة العامـة للالتـزام، مصادر الالتـزام، العقـد والإرادة المنفـردة، القاهرة، مكتبة عبد الله وهبة، 1966.

ايمن سعد سليم، التوقيع الالكتروني، دراسة مقارنة، القاهرة، دار النهضـة العربيـة 2004.

توفيق حسن فرج، المدخل للعلوم القانونية الاسكندرية 1976.

ثروت حبيب، الالتزام الطبيعي، حالاته وآثاره، القاهرة، مطبعة الرسالة، 1961.

جعفر الفضلي، الوجيز في العقود المسماة (البيع، الإيجار، المقاولة) عمان 1977.

جمال مرسي بدر، النيابة في التصرفات القانونية، طبيعتها وأحكامها، القاهرة دار النهضة العربية 1968.

حسن علي الذنون، النظرية العامة للفسخ في الفقه الإسلامي والقانون المدني، دراسة مقارنة، مطبعة النهضة، القاهرة، 1946.

حسن علي الذنون، النظرية العامة للالتزام بغداد 1976 م.

حسن علي الذنون، النظرية العامة للالتزام الجزء الأول، مصادر الالتزام بغداد مطبعة المعارف 1949م.

حسن علي الذنون شرح القانون المدني ج3 عقد البيع بغداد 1953م.

حسن علي الذنون، أصول الالتزام بغداد 1970م.

حسن كيرة، المدخل إلى القانون. الاسكندرية 1974 م.

خليل جريج، النظرية العامة للموجبات والعقود، ج2 بيروت 1958. م.

رضا متولي وهدان، الضرورة العملية للإثبات بصور المحررات، الاسكندرية، دار الجامعة الجديدة للنشر 2003.

سعدون العامري، الوجيز في شرح العقود المسماة، الجزء الأول في البيع والإيجار، بغداد 1974. م.

سعدي اسماعيل عبد الكريم البرزنجي، الاشتراك لمصلحة الغير في الفقه الغربي والفقه الإسلامي، السليمانية، 1974.

سعيد السيد قنديل، التوقيع الالكتروني، الاسكندرية دار الجامعة الجديدة للنشر 2004م.

سعيد عبد الكريم مبارك وآخرون، الموجز في العقود المسماة، بغداد 1991م.

سعيد عبد الكريم مبارك، أصول القانون، دار الكتب، الموصل 1982م.

سليمان مرقس، المدخل للعلوم القانونية القاهرة المطبعة العالمية 1967.

سمير عبد السيد تناغو، نظرية الالتزام، الاسكندرية، 1970.

سمير عبد السيد تناغو، عقد البيع، الاسكندرية، منشأة المعارف، 1970.

صلاح الدين الناهي، نصوص قانونية وشرعية، بغداد مطبعة الإيمان 1971.

صلاح الدين الناهي، مبادئ الالتزامات، بغداد. 1968.

صلاح الدين زكي، تكوين الروابط العقدية فيما بين الغائبين، القاهرة، دار النهضة العربية، 1963م.

عباس الصراف، شرح عقد البيع في القانون المدني الكويتي، 1975م.

عباس العبودي، التعاقد عن طريق وسائل الاتصال الفوري وحجيتها في الإثبات المدني، دراسة مقارنة، عمان الأردن، مكتبة دار الثقافة والنشر، 1997.

عبد الجبار ناجي الملا صالح، مبدأ تنفيذ العقد، بغداد مطبعة اليرموك 1974.

عبد الحي حجازي، النظرية العامة للالتزام ج2 مصادر الالتزام مطبعة نهضة مصر ـ 1954.

عبد الحكيم فودة، تفسير العقد، الاسكندرية، منشأة المعارف، 1985.

عبد الرزاق أحمد السنهوري، الوسيط في شرح القانون المدني، القاهرة دار النشر ـ للجامعات المصرية 1952.

عبد الرزاق أحمد السنهوري، نظرية العقد، القاهرة، 1934م.

عبد الفتاح حجازي، تفسير العقد المدني، القاهرة، معهد البحوث والدراسات العربية 1968.

عبد المجيد الحكيم، الموجز في شرح القانون المدني الجزء الأول في مصادر الالتزام بغداد مطبعة العاني 1974.

عبد المجيد الحكيم، الوسيط في نظرية العقد، بغداد 1967.

عبد المنعم البدراوي، عقد البيع في القانون المدني، القاهرة 1957.

عبد المنعم فرج الصدة، في عقود الاذعان في القانون المصري، القاهرة 1946.

عبد المنعم فرج الصدة، مصادر الالتزام، القاهرة، دار النهضة العربية، 1984. م.

عدنان القوتلي، الوجيز في الحقوق المدنية، المدخل للعلوم القانونية ط7 دمشق مطابع دار الفكر 1963م.

عصمت عبد المجيد بكر، الوجيز في شرح قانون الإثبات بغداد 1997 م.

عصمت عبد المجيد بكر، مصادر الالتزام في القانون المدني، دراسة مقارنة، بغداد المكتبة القانونية 2007 م.

عصمت عبد المجيد بكر، الأحكام القانونية لرعاية القاصرين، بغداد وزارة التعليم العالي والبحث العلمي كلية القانون بجامعة بغداد مطبعة الحكم المحلي 1989 م.

عصمت عبد المجيد بكر، نظرية الظروف الطارئة ودور القاضي في تطبيقها، من منشورات وزارة العدل، بغداد دار الحرية 1993 م.

عصمت عبد المجيد بكر، أثر التقدم العلمي في العقد (تكوين العقد / إثبات العقد) بغداد 2007 م.

غني حسون طه، الوجيز في مصادر الالتزام، بغداد 1971.

غني حسون طه عقد البيع الكويت 1970م.

فريد فتيان، مصادر الالتزام بغداد.

مالك دوهان الحسن، النظرية العامة في الالتزام، الجزء الأول في مصادر الالتزام، بغداد دار الطبع والنشر الأهلية 1971م.

محمد لبيب شنب، مصادر الالتزام، بيروت 1985. م.

محمود المظفر، نظرية العقد، دراسة قانونية مقارنة بأحكام الشريعة الإسلامية، السعودية، جدة، بلا سنة الطبع.

محمود جمال الدين زكي، الوجيز في النظرية العامة للالتزامات في القانون المدني المصري، القاهرة مطبعة جامعة القاهرة ط3 1978 م.

محمود سعدالدين الشريف، شرح القانون المدني العراقي، نظرية الالتزام ج1 بغداد 1955م.

مدحت عبد الحليم رمضان، الحماية الجنائية للتجارة الالكترونية، دراسة مقارنة، القاهرة ندار النهضة العربية، 2001م.

منير القاضي، ملتقى البحرين، الشرح الموجز للقانون المدني العراقي، المجلد الأول بغداد. مطبعة العاني 1951 - 1952م.

نائلة عادل محمد فريد قورة، جرائم الحاسب الالي الاقتصادية، دراسة

نظرية وتطبيقية، بيروت منشورات الحلبي الحقوقية، 2005.

2 - بحوث ودراسات في القانون.

حسـن عـلي الـذنون، الاشتراط لمصلحة الغير، مجلـة القضـاء، بغداد، العـدد (1) السنة (10).

عباس حسن الصراف، العربـون وأحكامـه في القـانون المـدني العراقـي، مجلـة القضـاء، بغداد العددان الأول والثاني 1958.

عصمت عبد المجيد بكر، مشـكلة الإثبـات بوسائل التقنيـات العلمـي، مجلـة القضـاء بغداد نقابة المحامين العدد (1، 2) 2002.

عصمت عبد المجيد بكر، أثر تغير قيمة النقد في الالتزامـات العقديـة، مجلـة القانون المقارن، بغداد العدد (32) لسنة 2002.

غازي عبـد الـرحيم نـاجي، الوعـد بالبيع، مجلـة العلـوم القانونيـة والسياسـية، كليـة القانون والسياسة، جامعة بغداد العدد الأول1978.

غني حسون طه، القانون المدني بين نظرية الفقه الإسلامي في توقـف العقـد ونظريـة الفقه الغربي في البطلان النسبي، مجلة الحقوق والشريعة، الكويت، العدد الثاني، السـنة الثانيـة 1978.

محمد يوسف الزعبي، اسباب فساد العقد بين الفقه الحنفي والقانون المـدني الأردني، (مجلة مؤتة للبحوث والدراسات) جامعة مؤتة، الأردن، المجلد الثالث العدد الثاني كـانون الأول 198.

ح - رسائل الدراسات العليا:

إيمان طارق الشكري، أثر الشروط في حكـم العقـد، رسالة ماجستير، كليـة القانون بجامعة بابل، 1998.

حسام عبد الواحد كاظم، الموت وآثاره القانونية، دراسة مقارنة بين الشريعة الإسلامية والقانون المدني، رسالة دكتوراه، كلية القانون بجامعة بغداد 1999.

صبري حمد خاطر، الغيرعن العقد، دراسة مقارنة في القـانونين الفرنسي ـ والعراقـي، رسالة دكتوراه، كلية القانون بجامعة بغداد 1992م.

عصمت عبد المجيد بكر، اختلال التوازن الاقتصادي للعقد ودور القاضي في معالجتـه، دراسة مقارنة، رسالة دكتوراه، كلية القانون بجامعة بغداد 1979م.

منتظر محمد مهدي الحمداني، العربون وأحكامه في القانون المدني العراقي، رسالة ماجستير، كلية النهرين للحقوق، 1420 للهجرة 2000م.

ندى عبد الكاظم حسين، نظرية انتقاص العقد، رسالة ماجستير، كلية النهرين للحقوق، 2000.

هادي محمد عبد الله، أحكام المفقود، دراسة بين الفقه الإسلامي والقانون العراقي، رسالة ماجستير كلية القانون بجامعة بغداد 1987.

هادي مسلم يونس قاسم البشكاني، التنظيم القانوني للتجارة الالكترونية دراسة مقارنة، رسالة دكتوراه، كلية القانون بجامعة الموصل، 2002.

ط - مجموعات الأعمال التحضيرية والمذكرات الإيضاحية:

مجموعة الأعمال التحضيرية للقانون المدني العراقي، ج1 بغداد مطبعة الزمان 1419 للهجرة 1998م.

مجموعة الأعمال التحضيرية للقانون المدني المصري، ج1 القاهرة.

المذكرات الإيضاحية للقانون المدني الأردني، نقابة المحامين، عمان، اعداد المكتب الفني، جزءان 2000.

المذكرة الإيضاحية المختصرة لمشروع القانون المدني العراقي، اعداد الأستاذ المرحوم منير القاضي، بغداد مطبعة الحكومة، 1948.

تخريج القانون المدني العراقي، اعداد، عبد الرحمن العلام وعلاء الدين الوسواسي، بغداد مطبعة العاني 1953.

المذكرة الإيضاحية للقانون المدني العربي الموحد، المعدة من لجنة مشكلة بموجب قرار مجلس وزراء العدل العرب المرقم (ق 56 - ج 11 في 1996/11/20).

ي - متون القوانين:

القانون المدني العراقي رقم (40) لسنة 1951.

القانون المدني المصري رقم (131) لسنة 1948.

القانون المدني السوري (المرسوم التشريعي) رقم (84) لسنة 1949.

القانون المدني الأردني رقم (43) لسنة 1976.

القانون المدني العربي الموحد (مشروع نموذجي) معد ضمن نطاق جامعة

الدول العربية (مجلس وزراء العدل العرب) المعتمد كقانون نموذجي بقرار المجلس المرقم (228/ د 12) في 1996/11/19.

قانون الأحوال الشخصية العراقي رقم (188) لسنة 1959.

قانون المرافعات المدنية العراقي رقم (83) لسنة 1969.

قانون الإثبات العراقي رقم (107) لسنة 1979.

قانون الالتزامات والعقود المغربي الصادر في عام 1913 وتعديلاته.

ك - القواميس والمعاجم:

إبراهيم مصطفى وآخرون، المعجم الوسيط، مجمع اللغة العربية، القاهرة، طبع المكتبة العلية، طهران.

ابن منظور محمد بن مكرم جمال الدين، معجم لسان العرب، مطبعة دار لسان العرب، بيروت ج2 1976.

الرازي، محمد بن أبي بكربن عبد القادر، مختار الصحاح، الطبعة الثالثة، المطبعة الاميرية 1403 للهجرة.

الفيروز ابادي، مجد الدين محمد بن يعقوب، القاموس المحيط (4) اجزاء ط5 مصطفى محمد.

المنجد، لويس معلوف اليسوعي، بيروت، المطبعة الكاثوليكية. ط19.

المؤلف

*ولد بمدينة كركوك (العراق) في 1945/8/24 وأنهى المراحل الدراسية فيها.

* تخرج في كلية الحقوق بجامعة بغداد عام 1967.

* نال الماجستير في القانون الخاص/المدني عام 1973.

*نال الدكتوراه في القانون عام 1979.

*مدع عام في رئاسة الادعاء العام.

*باحث في مركز البحوث القانونية.

*مدير عام لعدد من دوائر وزارة العدل العراقية (1985 - 1992).

* مستشار في مجلس (شورى) الدولة (درجة خاصة) منذ 1992/5/25.

* نائب رئيس مجلس شورى الدولة منذ 2006/6/18.

* رئيس مجلس شورى الدولة في 2007/1/24.

* عضو هيئة تعيين المرجع للفصل في تنازع الاختصاص بين القضائين الإداري والمدني منذ عام 1992 ولغاية 2006.

*عضو الفريق الاستشاري لقسم الدراسات القانونية في بيت الحكمة منذ تأسيسه.

*أشرف على عدد من رسائل الدراسات العليا في كليات الحقوق ورسائل الدراسات المتخصصة في المعهد القضائي.

* شارك في لجان مناقشة العديد من رسائل الدراسات العليا (الماجستير والدكتوراه) في كلية الحقوق بجامعة النهرين وكليات القانون في جامعات بغداد والموصل وبابل.

*أشرف على عدد من بحوث الترقية للقضاة وأعضاء الادعاء العام.

*تولى تقويم العديد من رسائل الدكتوراه والبحوث العلمية المقدمة للترقية العلمية في الجامعات العراقية.

* مدير تحرير مجلة (الوقائع العدلية) التي كانت تصدر عـن وزارة العـدل العراقية وعضو هيئة تحرير مجلة العدالة التي كانت تصدرعن وزارة العدل العراقية ومجلة القانون المقارن التـي تصـدر عـن جمعيـة القانون المقـارن العراقيـة ومجلـة الحولية العراقية الصادرة عن وزارة التعليم العـالي والبحـث العلمـي (قطـاع كليـات القانون) ومجلة الدراسات القانونية التي كانت تصدرعن قسم الدراسـات القانونيـة في بيت الحكمة.

*حاليا متقاعد (محال على المعاش).

البريد الإلكتروني: ismatbakir2007@yahoo. com.

للمؤلف

ا - مؤلفات.

1 - أثـر النزعـة الاجتماعيـة في تطورعقـد الإيجـار، دراسـة مقارنـة، رسـالة ماجستير، مطبوعة على الرونيو ايلول 1972.

2 - اخـتلال التـوازن الاقتصـادي للعقـد ودور القاضي في معالجتـه، دراسـة مقارنة، رسالة دكتوراه، مطبوعة على الرونيو اذار 1978.

3 - شرح قانون إيجار العقار رقم 67 لسنة 1973، بغداد مطبعة دار السلام، الطبعة الأولى 1974.

4 - شرح قانون بيع وإيجارعقـارات الحكومـة رقم 17 لسـنة 1967، بغداد مطبعة ابن زيدون، 1975.

5 - قانون الاستملاك رقم 54 لسنة1970 المعدل بين الفقه والقضاء، بغداد مطبعة التايمس 1977.

6 - شرح قانون إيجار العقار رقم87 لسـنة 1979، بغـداد مطبعـة التـايمس، 1981.

7 - الضرورة الملجئة للسكن، دراسة في ضوء قرارات المحـاكم، بغـداد دار القادسية للطباعة، 1982.

8 - أصـول البحـث القـانوني، بغـداد دار القادسـية للطباعـة 1982، الطبعـة الثانية بغداد مطبعة الزمان1999، الطبعة الثالثة، بغداد المكتبة القانونية 2007.

9 - أحكـام تخليـة المـأجور، دراسـة في تطبيقـات قانون إيجار العقـار، مـن منشورات مركز البحوث القانونية (وزارة العدل) تسلسل (17) بغداد دار الحرية للطباعة 1988.

10 - الأحكـام القانونيـة لرعايـة القاصرين، وزارة التعليـم العـالي والبحـث العلمي، كلية القانون بجامعة بغداد، مطبعة الحكم المحلي 1989.

11 - نظرية الظروف الطارئة ودور القاضي في تطبيقها، من منشورات

وزارة العدل (الثقافة القانونية) تسلسل (9) بغداد دار الحرية للطباعة 1993.

12 - الوجيز في شرح قانون الإثبات، الطبعة الأولى، بغداد، مطبعة الزمان 1997، الطبعة الثانية بغداد المكتبة القانونية، 2007.

13 - أحكام إيجار العقارات التجارية والصناعية (دراسة في ضوء القانون رقم 25 لسنة1996) بغداد مطبعة الزمان 1997.

14 - وسائل إثبات عقد الإيجار في القانون العراقي، بغداد مطبعة الزمان، 1997 (كراس).

15 - أصول التشريع (دراسة في اعداد التشريع وصياغته) سلسلة الموسوعة الصغيرة، (430) دار الشؤون الثقافية العامة، بغداد 1999.

16 - أحكام بيع وإيجار أموال الدولة، بغداد مطبعة الخيرات، 2000.

17 - المدخل إلى البحث العلمي، سلسلة الموسوعة الصغيرة (453) دار الشؤون الثقافية العامة، 2001.

18 - الحماية القانونية للملكية الفكرية، بغداد بيت الحكمة، 2001، بالاشتراك. وفي عام 2007 صدر لنا (الحماية القانونية لحقوق المؤلف) بغداد، المكتبة القانونية.

19 - شرح قانون إيجار العقار وتعديلاته في ضوء التطبيقات القضائية، بغداد مطبعة الزمان 2002.

20 - الأحكام المستحدثة في القانون رقم (56) لسنة 2000، بغداد مطبعة الخيرات 2001.

21 - شرح أحكام عقد الإيجار، بغداد، شركة الزاهر، 2002.

22 - مصادر الالتزام في القانون المدني، دراسة مقارنة، بغداد المكتبة القانونية 2007.

23 - أثر التقدم العلمي في العقد (تكوين العقد/إثبات العقد) دراسة مقارنة. بغداد 2007.

24 - نظرية العقد في الفقه الإسلامي، دراسة مقارنة مع الفقه القانوني والقوانين المعاصرة (هذا الكتاب).

25 - أفكار وآراء قانونية (بحوث ودراسات، مقالات، تعليقات على

الأحكام) معد للطبع.

ب - بحوث ودراسات ومقالات.

1 - الحرية الفردية في الشريعة الإسلامية، مجلة التربية الإسلامية، العدد السادس، السنة التاسعة، نيسان 1967.

2 - دراسة في انحلال الاراضي الاميرية في العراق، مجلة القضاء، نقابة المحامين، العددان الأول والثاني، 1972.

3 - نظرة إلى قانون تنظيم إيجار العقار رقم 67 لسنة 1973، مجلة القضاء، نقابة المحامين، العدد الثالث، 1975.

4 - أثر النزعة الاجتماعية في تطورعقد الإيجارفي العراق، مجلة العدالة، وزارة العدل، العدد الثالث، السنة الأولى، 1975.

5 - الغبن اللاحق وموقف القانون المدني العراقي منه، مجلة العدالة، وزارة العدل، العدد الأول، السنة الرابعة، 1978.

6 - الغبن الفاحش بين القانون المدني العراقي والفقه الإسلامي، مجلة الرسالة الإسلامية، وزارة الاوقاف والشؤون الدينية، بغداد العدد (129) السنة (12) 1980.

7 - مبدأ العذر الطارئ في الفقه الإسلامي والقانون المدني العراقي، مجلة الرسالة الإسلامية، وزارة الاوقاف والشؤون الدينية، بغداد العدد (140، 141) السنة (12) 1980.

8 - اهم أحكام قانون إيجار العقاررقم (87) لسنة 1979، مجلة الوقائع العدلية، وزارة العدل، بغداد، العدد (3) السنة الأولى 1979.

9 - لمحة عن الصحافة العدلية، مجلة الوقائع العدلية، العدد (35) السنة الثانية، 1981.

10 - معنى الضرورة الملجئة، مجلة الوقائع العدلية، العدد (43) السنة الثالثة، 1981.

11 - من حالات الضرورة الملجئة، (تطبيقات قضائية) مجلة الوقائع العدلية، الاعداد (46 - 52) السنة الثالثة، 1981.

12 - متى نقرأ ؟ وقائع وافكار، مجلة الوقائع العدلية، العدد (49) السنة

الثالثة، 1981.

13 - اختيار موضوع البحث القانوني، مجلة الوقائع العدلية، العدد (58) السنة الرابعة، 1982.

14 - جمع مادة البحث القانوني، مجلة الوقائع العدلية، العدد (61) السنة الرابعة، 1982.

15 - عن الكتاب القانوني، وقائع وافكار، مجلة الوقائع العدلية، العدد (62) السنة الرابعة.1982

16 - وقف تنفيذ أحكام التخلية، جريدة العراق، العدد الصادر بتاريخ 1989./4/15

17 - رأي في كثرة التشريعات، جريدة القادسية، العدد المرقم (4273) والمؤرخ في 1993./8/19

18 - فكرة الالزام القانوني بالتعاقد وتطبيقها في القانون العراقي، مجلة القانون المقارن، جمعية القانون المقارن العراقية، العدد (13) السنة التاسعة.1981

19 - حق المالك الجديد في إقامة دعوى التخلية، مجلة الوقائع العدلية، العدد (36) 1981.

20 - ندوة المجلات القانونية، مجلة الوقائع العدلية، العدد (51) 1981.

21 - أفكار وآراء في إيجار العقارات التجارية والصناعية، مجلة الرافدين للحقوق، كلية القانون بجامعة الموصل، العدد الثاني، السنة الأولى، 1997.

22 - عيوب الصياغة التشريعية، مجلة الحقوقي، اتحاد الحقوقيين العراقيين، الاعداد (1 - 4) 1997.

23 - دور اللغة في صياغة التشريع، مجلة دراسات قانونية، بيت الحكمة، بغداد، العدد الأول 1999.

24 - حق الزوجة المطلقة في السكنى، مجلة العدالة، وزارة العدل، العدد الأول 1999.

25 - حماية البيئة في التشريع العراقي، مجلة القانون المقارن، بغداد العدد (29) 2001.

26 - أثر تغير قيمة النقد في الالتزامات العقدية، مجلة القانون المقارن،

العدد (32). 2002.

27 - مشكلة الإثبات بوسائل التقنيات العلمية، مجلة القضاء، نقابة المحامين، بغداد، العددان (1، 2) لسنة 2002.

28 - الابداع الفكري وموقف القانون منه، مجلة القانون المقارن، العدد (33) لسنة 2002.

29 - حماية الملكية الفكرية ومنظمة التجارة العالمية، دراسة قانونية في ضوء اتفاقية (تربس) دراسة مقدمة إلى ندوة بغداد حول (العولمة واثرها في الاقتصاد العربي) بغداد، بيت الحكمة، 14 - 16، نيسان 2002، ثم نشرت ضمن أعمال الندوة. (الجزء الخامس).

30 - الجديد في تعديل قانون إيجار العقار، مجلة الحقوقي، العدد الأول 2001.

31 - مستقبل القانون المدني، مجلة القانون المقارن، العدد (35). 2004.

32 - من مشكلات تفسير القانون، التفسير في حالة انعدام النص، المجلة العربية للفقه والقضاء، الصادرة عن الأمانة الفنية لمجلس وزراء العدل العرب، جامعة الدول العربية، العدد (31). 2005.

33 - حقوق التركمان في الدستور العراقي الجديد، مجلة (قاردشلق) وقف كركوك في استانبول، العدد. (27). 2005.

34 - افكار واراء حول التعديلات الواجب ادخالها في الدستور، مجلة (اوراق تركمانية) مركز بابا كور كور للدراسات والبحوث، بغداد، العدد الثالث، تموز.2006.

35 - نحو تثبيت حقوق التركمان في العراق، مجلة (وراق تركمانية) مركز بابا كوركورللدراسات والبحوث، بغداد، العدد الثالث، تموز.2006.

36 - نظام مركز الدراسات التركمانية، مجلة (اوراق تركمانية) مركزبابا كوركورللدراسات والبحوث، بغداد العدد (الرابع) السنة الثالثة.2008.

37 - الجوانب القانونية للقضية التركمانية في العراق، مجلة (كلوبال استراتيجي) العدد (13) السنة (4). 2008.

38 - دســتورية القــوانين في العــراق (1925 - 2005) مجلــة (كلوبــال استرتيجي) العدد (14) السنة (4) 2008.

39 - افكار واراء حول مركز الدراسات التركمانية، مجلة (قارداشلق) وقف كركوك في استانبول. العدد (38) 2008.

40 - من التشريعات الظالمة بحق التركمان، مجلة (قارداشلق) وقف كركوك في استانبول، العدد (39) 2008.

41 - مجلس شورى الدولة (الماضي، الحاضر، المستقبل) دراسة معدة للنشر.

42 - أثر اللغة العربية في اللغة القانونية التركية (دراسة معدة للنشر).

ج - التعليق على الأحكام.

1 - نطاق سريان واجب الانذار لتسديد بدل الإيجار، مجلـة العدالـة، وزارة العدل، العدد الرابع، السنة الرابعة. 1978.

2 - نطاق تطبيق نظرية الظروف الطارئة في القانون المـدني العراقـي، مجلـة العدالة، وزارة العدل، العدد الثاني، السنة الخامسة. 1979.

3 - مدى تعلق عبء الإثبات بالنظام العام، مجلة (دراسات قانونيـة) بيـت الحكمة، العدد الأول. 2000.

4 - إثبات عقد الإيجار، مجلة العدالة العدد الثاني، 2001.

5 - حق السفر من حقوق الإنسان الأساسية، مجلة القانون المقارن، العـدد (41) 2006.

د - فهارس، ببليوغرافيا.

1 - كشاف الرسائل المقدمـة إلى كليـة القانـون والسياسـة بجامعـة بغـداد، مجلـة العلوم القانونيـة والسياسـية في جامعـة بغـداد، العـدد الثالـث المجلـد الأول 1977.

2 - كشاف ما كتـب في القانون العراقي، نشر ـ مسلسـلا في مجلـة العدالـة، وزارة العدل، بغداد اعتبارا من العدد الثالث، السنة الرابعة. 1978.

3 - كشاف الوقائع العدلية، الجزء الأول، الاعداد 1 - 7 السنة الأولى 1979، الاعداد 8 - 31 السنة الثانية 1980، مجلة الوقائع العدلية العدد (34)

السنة الثالثة .1981

4 - الكشاف التحليلي لمجلة العدالة 1975 - 1979، نشرـ في مجلـة العدالـة
في الاعداد الأول والثاني والثالث، السنة الرابعة .1981

5 - النصوص القانونية في كتاب أم القرى، سلسلة تصنيف وتبويـب مراجـع
الفكر العربي (1) بيت الحكمة 1999.

فهرس المحتويات

تقديم 3

مقدمة 5

الفصل الأول أحكام عامة في العقد 17

المبحث الأول المقصود بالعقد 17

المطلب الأول معنى العقد 17

البند الأول المعنى اللغوي للعقد 18

البند الثاني المعنى الاصطلاحي للعقد 19

اولا - المعنى العام للعقد 20

ثانيا - المعنى الخاص للعقد 23

البند الثالث معنى العقد في الفقه القانوني والقانون المعاصر 24

اولا - تعريف العقد.................................24

ثانيا - مقارنة بين تعريف العقد في الشريعة والقانون.........26

ا - من حيث النطاق...........................26

ب - من حيث أثر العقد........................26

ج - من حيث التعريف 26

المطلب الثاني تمييز العقد عن بعض المصطلحات.........28

البند الأول العقد والاتفاق 28

البند الثاني العقد والتصرف....................29

البند الثالث العقد والالتزام...................31

اولا - في الفقه الإسلامي 31

ثانيا - موقف الفقه القانوني والقوانين المعاصرة.......33

البند الرابع العقد والمراحل السابقة عليه 38

اولا - الوعد بالتعاقد.........................38

ثانيا - الوعد بجعل (الجعالة / الجائزة).........44

المبحث الثاني حرية التعاقد واشتراط الشروط 46

المطلب الأول حرية الإرادة في إنشاء العقد.........47

البند الأول الاتجاه المضيق...................47

البند الثاني الاتجاه الموسع 49

البند الثالث الاتجاه الوسط 52

البند الرابع الرأي الراجح 55

البند الخامس حرية التعاقد في القانون المعاصر 57

المطلب الثاني حرية الإرادة في اشتراط الشروط 58

البند الأول الشروط بين الاباحة والحظر 59

اولا - الشروط محظورة 59

ثانيا - الشروط مباحة 59

ثالثا - الاتجاه الراجح 61

البند الثاني تقسيمات الشروط 62

البند الثالث أنواع الشروط 67

اولا - الشروط من حيث الصحة والبطلان 67

ثانيا - الشروط من حيث التعليق والتقييد والإضافة 69

المبحث الثالث تقسيمات العقود 72

المطلب الأول العقود من حيث الوصف 72

البند الأول العقد الصحيح والعقد غير الصحيح 73

البند الثاني العقد النافذ والعقد الموقوف 77

البند الثالث العقد اللازم والعقد غير اللازم 78

المطلب الثاني العقد من حيث الآثار 80

البند الأول العقد المنجز 80

البند الثاني العقد المضاف إلى المستقبل 82

البند الثالث العقد المعلق 83

المطلب الثالث العقود من حيث الطبيعة 85

البند الأول عقود فورية التنفيذ 85

البند الثاني عقود مستمرة التنفيذ 85

البند الثالث نتائج التمييز بين العقدين 86

المطلب الرابع العقد من حيث الغرض 87

البند الأول عقود التمليكات 87

البند الثاني الاسقاطات 88

البند الثالث عقود التفويض والإطلاق 88

البند الرابع التقييدات 88

البند الخامس التوثيقات 88

البند السادس الشركات 89

البند السابع عقود الحفظ 89

الفصل الثاني انعقاد العقد 90

المبحث الأول التراضي 93

المطلب الأول وجود التراضي 93

البند الأول الرضاء وتمييزه عن بعض المصطلحات 94

البند الثاني الإرادة والتعبير عنها 97

البند الثالث توافق الإرادتين 133

اولا - الافصاح عن الإرادة 133

ثانيا - موافقة القبول للإيجاب 134

ثالثا - علم كل متعاقد بما صدر من الآخر 138

رابعا - اتصال القبول بالإيجاب في مجلس العقد 138

خامسا - صور خاصة لتوافق الإرادتين 143

سادسا - العربون 146

سابعا - صورية العقد 149

ثامنا - أثر الموت أو فقدان الأهلية في التعبير عن الإرادة 151

البند الرابع إنشاء العقد بالإرادة الواحدة 153

اولا - دور الإرادة المنفردة في العمل القانوني 153

ثانيا - تعاقد الشخص مع نفسه 156

ثالثا - النيابة في التعاقد 161

رابعا - الفضالة 178

البند الخامس الخيارات 180

اولا - خيار المجلس 181

ثانيا - خيار الشرط 184

ثالثا - خيار التعيين 187

رابعا - خيار الرؤية 189

خامسا - خيار العيب 192

المطلب الثاني صحة التراضي 196

البند الأول أهلية التعاقد 197

اولا - الأهلية 197

ثانيا - تمييز الأهلية عما يشتبه بها من أوضاع 202

ثالثا - مراحل الأهلية 206

رابعا - أهلية المرأة 220

خامسا - عوارض الأهلية 225

البند الثاني عيوب الإرادة 247

اولا - الإكراه 247

ثانيا - الغلط 252

ثالثا - الغبن والتغرير 257

المبحث الثاني محل العقد (المعقود عليه) 264

المطلب الأول المحل الموجود والممكن 264

البند الأول المحل الموجود 265

البند الثاني المحل الممكن الوجود 269

المطلب الثاني المحل المعين أو القابل للتعيين 271

المطلب الثالث قابلية المحل لحكم العقد شرعا 274

المطلب الرابع القدرة على تسليم محل العقد 276

المبحث الثالث السبب 280

المطلب الأول السبب في الفقه الإسلامي 280

البند الأول فكرة السبب في الفقه الإسلامي 280

البند الثاني علم المتعاقد بالباعث 282

اولا: القصد غير المشروع ظاهر في العقد 282

ثانيا - القصد غير المشروع غيرظاهر في العقد ولكن علم به المتعاقد الآخر 282

المطلب الثاني السبب في القانون المدني الفرنسي 283

البند الأول النظرية التقليدية للسبب 284

البند الثاني النظرية الحديثة في السبب 286

البند الثالث التصرف المسبب والتصرف المجرد 287

المطلب الثالث السبب في القوانين المدنية العربية 288

البند الأول معنى السبب 288

البند الثاني إثبات السبب 291

المبحث الرابع مراتب الصحة والبطلان في العقد 292

المطلب الأول العقد المكروه 292

المطلب الثاني العقد الصحيح 293

البند الأول العقد الصحيح النافذ اللازم 294

البند الثاني العقد الصحيح النافذ غير اللازم 295

البند الثالث العقد الصحيح الموقوف 296

المطلب الثالث العقد الباطل 302

البند الأول تعريف البطلان 302

البند الثاني تجزئة البطلان 303

البند الثالث خصائص البطلان 305

البند الرابع نتائج البطلان 306

المطلب الرابع العقد الفاسد 309

البند الأول تعريف العقد الفاسد 309

البند الثاني أسباب فساد العقد 311

البند الثالث نتائج فساد العقد 313

الفصل الثالث آثار العقد 316

المبحث الأول أثر العقد من حيث الاشخاص 316

المطلب الأول أثر العقد بالنسبة للمتعاقدين 316

البند الأول الخلف العام 317

البند الثاني الخلف الخاص 324

البند الثالث الدائنون 326

اولا: الحجر على المدين المفلس 327

ثانيا - عدم سريان تصرف المدين الضار بحق الدائن 329

المطلب الثاني أثر العقد بالنسبة للغير 330

البند الأول التعهد عن الغير 330

البند الثاني الاشتراط لمصلحة الغير 332

المبحث الثاني أثر العقد من حيث المضمون 334

المطلب الأول تفسير العقد 334

البند الأول القاعدة العامة في تفسير العقد 335

البند الثاني قواعد كلية فقهية في تفسير العقد 340

المطلب الثاني تحديد نطاق العقد 351

البند الأول العرف والعادة 352

البند الثاني طبيعة الالتزام 353

المطلب الثالث تنفيذ العقد 355

البند الأول تنفيذ العقد باعتباره شريعة المتعاقدين 356

البند الثاني الاستثناءات على قاعدة العقد شريعة المتعاقدين 357

الفصل الرابع انتهاء العقد 370

المبحث الأول انتهاء العقود اللازمة 370

المطلب الأول تنفيذ العقد اللازم أو عدم تنفيذه 370

البند الأول تنفيذ العقد 371

البند الثاني عدم تنفيذ الالتزام 372

المطلب الثاني الفسخ 376

البند الأول القاعدة العامة للفسخ 376

البند الثاني الاستثناءات 378

المطلب الثالث الاقالة 379

المطلب الرابع انتهاء المدة وهلاك المحل 382

البند الأول انتهاء مدة العقد 382

البند الثاني هلاك المعقود عليه 384

المبحث الثاني انتهاء العقود غير اللازمة 386

المطلب الأول العقود غير اللازمة مطلقا 386

المطلب الثاني العقود غير اللازمة أصلا 389

البند الأول عقود غير لازمة أصلا وملزمة في بعض الأحوال.... 389

البند الثاني عقود غير لازمة في بعض الظروف.............. 391

المبحث الثالث انتهاء العقد بالوفاة 394

المطلب الأول الوفاة في عقود التمليك 394

البند الأول عقد الشركة 394

البند الثاني المضاربة 395

المطلب الثاني الوفاة في عقود المنفعة 396

البند الأول عقد الإجارة.................... 396

البند الثاني عقد الإعارة 398

البند الثالث عقد المزارعة والمساقاة 399

المطلب الثالث الوفاة في عقود العمل 401

البند الأول عقد الوكالة 401

البند الثاني عقد الايداع 402

البند الثالث عقد الاستصناع 403

المطلب الرابع الوفاة في عقود الضمان 404

T0148118

Printed in the United States
By Bookmasters